福建省优秀出版项目

福建朱子学

高令印　陈其芳　著

海峡出版发行集团

福建人民出版社

图书在版编目（CIP）数据

福建朱子学 / 高令印，陈其芳著. -- 2 版. --福州：
福建人民出版社，2023.12

ISBN 978-7-211-09135-5

Ⅰ.①福… Ⅱ.①高… ②陈… Ⅲ.①朱熹（1130—
1200）—哲学思想—研究—福建 Ⅳ.①B244.75

中国国家版本馆 CIP 数据核字（2023）第 129300 号

福建朱子学
FUJIAN ZHUZIXUE

作　　者：高令印　陈其芳		
责任编辑：潘静超		
美术编辑：白　玫		
责任校对：李雪莹		
出版发行：福建人民出版社	电　　话：0591-87533169（发行部）	
网　　址：http://www.fjpph.com	电子邮箱：fjpph7211@126.com	
地　　址：福州市东水路 76 号	邮政编码：350001	
经　　销：福建新华发行（集团）有限责任公司		
印　　刷：福州印团网印刷有限公司		
地　　址：福州市仓山区建新镇十字亭路 4 号		
电　　话：0591-87881810		
开　　本：787 毫米×1092 毫米　1/16		
印　　张：50.75		
字　　数：806 千字		
版　　次：2023 年 12 月第 2 版		
印　　次：2023 年 12 月第 1 次印刷		
书　　号：ISBN 978-7-211-09135-5		
定　　价：180.00 元		

序

张岱年

朱熹的学说称为闽学，这是因为朱熹的学术活动主要是在福建一带进行的。闽学与北宋的濂、洛、关之学并称为"濂、洛、关、闽"，这是宋明时代占统治地位的思想。朱熹在世期间，经常和江西陆九渊的"心学"、浙江陈亮的"功利"之学进行辩论。学派的划分与地域有一定的关系，而福建地区是朱学的主要根据地。

朱熹生前，弟子遍于南宋各地，而以福建为最多。朱熹死后，备受尊崇，他的学说成为元明清时代的官方哲学。福建的朱学更是传授不绝。

高令印、陈其芳同志将朱熹及其福建籍的弟子、再传弟子和后学汇集在一起，考察其事迹，剖析其思想，写成《福建朱子学》一书，这对于研究福建学术史，是有重要意义的，是地方学术史的专著，同时也是对于中国哲学通史的重要补充。

近年各省分别表彰本省的乡贤，这对于发掘更多的学者思想家，对于丰富哲学通史的研究，都有一定的裨助。这是应该肯定的有益的工作。

1985 年 1 月序于北京大学

目　　录

绪　　论

朱熹是中国宋代理学的集大成者，是孔子之后最主要的思想家、教育家。著名学者钱穆说："在中国历史上，前古有孔子，近古有朱子……旷观全史，恐无第三人堪与伦比。……自有朱子，而后孔子以下之儒学，乃重获新生机，发挥新精神，直迄于今。"[①] 南宋末以来，朝野定论：中国文化的主体儒学，其代表者前期是孔子，后期即朱熹，后先相继；而且，以"四书"为代表的儒家典籍大都经过朱熹比较准确的整理和注释，研究孔子思想也就是研究朱熹的孔子思想。因此，中国传统文化的主体儒学被概括为"孔朱学"。

朱熹思想形成于南宋时的福建，被称为闽学，亦可称为福建朱子学。它超出福建范围成为国家的主体思想和世界性的学说之后，一般称其为朱子学。

一　朱子学与福建朱子学

朱子学派在福建产生和形成，以及超出福建范围成为国家的主体思想和世界性的学说之后，仍在福建继续衍进和发扬光大，成为福建文化的主流。

朱子学原是地域性学派，被称为闽学，初期活动于闽、浙、赣交界之武夷山一带。闽学是与北宋江西庐山濂溪周敦颐的濂学、河南洛阳程颢程颐的洛学、陕西关中张载的关学等相并称的。福建地区称为"闽"，

---

① 钱穆：《朱子学提纲》，见《朱子新学案》，巴蜀书社1986年版，第1页。

最早见于先秦典籍《山海经·海内南经》，谓"闽在海中"①。《周礼·夏官司马》谓有"七闽"。唐玄宗开元二十一年（733 年），置福建经略使，首次出现福建名称；唐代宗大历十二年（777 年），始用古称闽中或闽作为福建的简称。闽学即福建朱子学。

闽学这个概念出现于朱熹卒后不久。明清之际的黄宗羲在讲到南宋末年学者王应麟（1223—1296）时说：

> 咸淳元年七月，除著作郎时，汤文清公为太常少卿，与先生邻墙居，朝夕讲道，言关、洛、濂、闽、江西之同异。②

咸淳为南宋度宗年号，其元年为 1265 年。此处提及闽学概念的时间是朱熹卒后 65 年。元朝道学（理学）盛行，亦称闽学盛行。清蒋垣说：

> 姚枢（按元朝广西柳城人）弃官隐于苏门……以道学自任，刊《小学》、"四书"并诸经传注，以惠学者。③

《小学》、"四书"（即《四书集注》）皆朱熹著作。朱熹门人建阳蔡沈著《书经集传》，是闽学的代表性著作。是书和福建早期理学家崇安胡安国的《春秋传》，是元、明、清时代朝廷科举取士的教本之一。此后，明清理学家宋濂、解缙、薛瑄、陈鼎、蒋垣等先后说：

> 自孟子之殁，大道晦冥，世人摭埴而索涂者千有余载。天生濂洛关闽四夫子，始揭白日于中天，万象森列，无不毕见，其功固伟矣。而集其大成者，唯考亭子朱子而已。……朱子之学菽粟布帛也，天下一日不可无也。④
>
> 上溯唐、虞、夏、商、周、孔，下及关、闽、濂、洛，根实精明。⑤

———————

　　① ［汉］许慎：《说文解字》，把"闽"字编在虫部，非门部，意为此地区不开化，"大虫"（野兽）多。

　　② ［清］黄宗羲等：《宋元学案》卷八十五，《深宁学案·深宁文集附录》。以下引《宋元学案》，均不注明年代和作者。全书引用古籍，注释统一在第一次出现时体现年代和作者。

　　③ ［清］蒋垣：《八闽理学源流》卷上。

　　④ ［明］宋濂：《文宪集》卷五，《理学纂言序》。

　　⑤ ［清］张廷玉等纂：《明史》卷一百四十七，《解缙传》。

　　濂、洛、关、闽之书，一日不可不读；周、程、张、朱之道，一日不可不尊；舍此而他学则非矣。①

　　我太祖高皇帝即位之初，首立太学，命许存仁为祭酒，一宗朱氏之学，令学者非"五经"、孔孟之书不读，非濂、洛、关、闽之学不讲。成祖文皇帝，益张而大之，命儒臣辑"五经"、"四书大全"及《性理全书》，颁布天下。②

　　濂、洛、关、闽皆以周、程、张、朱四大儒所居而称。然朱子徽州人，属吴，乃独以闽称何也？盖朱子生长于闽之尤溪，受业于李延平及崇安胡籍溪、刘屏山、刘白水数先生。学以成其德，故特称闽。盖不忘道统所自。亦犹邵子范阳人，游学于洛，因家焉，遂为河南人是也。③

"不忘道统所自"，是从传授系统的意义上来讲的。由于北宋末年和南宋初年的游酢、杨时、胡安国、刘子翚、刘勉之、罗从彦、李延平（侗）等人的倡导，福建理学兴盛起来，朱熹直接或间接地师承他们，由此跟北宋理学的奠基者周敦颐等联系起来。近代以来知名学者梁启超、张岱年说：

　　福建，朱晦翁（熹）侨寓地也，宋以来称闽学焉。④

　　闽学与北宋的濂、洛、关之学并称为"濂、洛、关、闽"，这是宋明时代占统治地位的思想。朱熹在生期间，经常和江西陆九渊的"心学"、浙江陈亮的"功利"之学进行辩论。学派的划分与地域有一定的关系，而福建地区是朱学的主要根据地。⑤

　　以上所引诸大学者之说，不仅强调学派的地域性，更是推崇闽学和朱熹。钱穆说：

---

①　［明］薛瑄：《读书续录》卷四。

②　［清］陈鼎：《东林列传》卷二，《高攀龙传》。

③　《八闽理学源流》卷上。

④　梁启超：《近代学风之地理分布》，见《饮冰室文集》第4册，云南教育出版社2001年版，第154页。

⑤　高令印、陈其芳：《福建朱子学》张岱年《序言》，福建人民出版社1986年版，第1页。

> 后人言北宋理学，必兼举周、张、二程，然此事之论定，实由朱子。
>
> 朱子于北宋理学，不仅汇通周、张、二程四家，使之会归合一。……故朱子虽为理学大宗师，其名字与濂溪、横渠、明道、伊川并重，后人称为濂、洛、关、闽，然朱子之理学疆境，实较北宋四家远为开阔，称之为集北宋理学之大成，朱子决无愧色。[①]

把朱熹与周敦颐、张载、程颢、程颐并列，认为闽学是濂、洛、关诸理学的集大成者，集传统文化之大成，建立起庞大完整严密的理学思想体系。

近代以来一些知名学者研究，游酢、杨时及其后的罗从彦、李延平、朱熹等，他们只是闽中理学的师承系统，游、杨所传道南学的核心义理"默坐澄心"之教到李侗为止；朱熹另辟蹊径，创立闽学。"从师承上说，朱子当然是延平弟子；但若专就理之脉传而言，朱子实不传龟山、延平之学。黄梨洲所谓'龟山三传而得朱子，而其道益光'，实只是单从师承上说的仿佛之见。朱子所光大的，乃伊川之道，并非龟山之学。龟山一脉，实到延平而止。"[②] 知名朱子学家刘述先说：

> 程门另一高弟杨龟山倡道东南，再传弟子李侗（延平）即为朱子之业师。但朱子并未契于龟山一系的"默坐澄心"之教，且不幸延平早逝，不得不自己努力，强探力索，苦参中和，一直到三十九岁才真正找到自己成熟的思路。朱子自述早年误以"性为未发，心为已发"，乃在未发上面用不上工夫，不免急迫浮露。后来仔细咀嚼伊川（程颐）遗教，特别是"涵养须用敬，进学则在致知"二语，才涣然冰释，为问题找到了满意的答案，从此认定性即是理，心则周流贯彻、通贯乎未发、已发，在未发时只是涵养，已发之后则用省察。如此静养动察，分有所属，而静贯动静，自此不复有疑。[③]

① 钱穆：《朱子新学案》，巴蜀书社 1986 年版，第 18、19 页。
② 蔡仁厚：《新儒家的精神方向》，台北学生书局 1984 年版，第 211 页。
③ 刘述先：《文化与哲学的探索》，台北学生书局 1986 年版，第 267 页。

但是，闽中历代学者，如明朱衡的《道南源委》、清蒋垣的《八闽理学源流》、清李清馥的《闽中理学渊源考》、清张伯行的《濂洛关闽书》等，皆把朱熹之前的闽中理学（道南学）与闽学等同起来，认为它们都是闽学。事实上，道南学并非全是"默坐澄心"。前后相继的学术派别，后者对于前者，有继承也有摒弃，是学术思想发展的一般规律。这就是冯友兰所说的，不是"照着"讲，而是"接着"讲。[①] 认为朱熹绕过游酢、杨时、罗从彦、李侗等闽中早期理学家的思想，直承程颐，所谓"程朱理学"即程颐朱熹理学，是片面的、绝对化的说法。据统计，朱熹等闽学家们在研究"四书"等著作中，大量引用游酢、杨时、罗从彦、李侗等人的观点阐明自己的思想。朱熹与自己一脉相承业师的学术思想具有深刻的继承关系。游、杨等是闽学的先驱者，道南学是闽学的直接根源，没有道南学就不可能有闽学。道南学是"前闽学"。[②]

朱熹通过福建的道南理学家，继承和发展了北宋河南洛阳程颢、程颐等的理学思想。南宋孝宗淳熙九年（1182年）七月，朱熹在提举两浙东路常平茶盐公事任内奏劾前知台州唐仲友不法，为唐之姻亲、宰相王淮所嫉。据记载：

> 时吏部尚书郑丙、监察御史陈贾，奉时相意，上疏毁程氏之学，以阴诋朱子。[③]

这里的"程氏之学"是泛指洛学等中原理学。闽学是中国古代社会后期理学思潮在福建地区发展起来的一个重要派别，它不是历史上的一般闽中之学，它与中国古代社会后期理学思潮相关联、共始终，这是其核心部分。

在朱熹时，由于金朝势力的扩张，朱熹所生活的南宋王朝的统治区域被压缩到仅江南一角，岌岌可危。这种形势促使南宋统治阶层内部矛盾激化。像朱熹这样的部分中等阶层的代表，不像大官僚地主阶层那样

---

① 冯友兰：《三松堂全集》第4卷，河南人民出版社1986年版，第5页。
② 林拓：《文化的地理过程分析——福建文化的地域性考察》，上海书店出版社2004年版，第47页。
③ ［明］戴铣：《朱子实纪》卷四，《年谱》。

安于既得利益，对国家的前途和命运置之不顾，而是效仿孔孟的行为，一再上疏皇帝，试图说服他们学习圣贤遗教，奉行先王的修身、治国、平天下之大道。因此，从儒家的道统论来讲，朱子学又被称为道学。当时，兵部侍郎林栗说：

> 熹本无学术，徒窃张载、程颐之绪余，为浮诞宗主，谓之道学，妄自推尊。所至辄携门生十数人，习为春秋、战国之态，妄希孔、孟历聘之风。绳以治世之法，则乱人之首也。①

此是对朱熹的污蔑之词，但是从另一方面也说出朱子学的特点和学派性。他们进而把朱子学称为伪学，朱熹为"伪学之魁"，朱子学派为"伪学之党"。②

20世纪30年代，福建协和大学福建文化研究会创办的《福建文化》杂志，刊出"福建理学"专号③，把历代福建理学系统概括为"福建文化"，福建朱子学是"福建文化"的核心部分。20世纪末以来，在研究和发扬宋明理学的热潮中，笔者撰写出版《福建朱子学》专著④；鉴于中国古代社会于唐宋间由前期往后期过渡，政治、经济、文化重心由北方中原一带转移到南方闽、浙、赣之武夷山一带，以福建朱子学为主体形成新的国家文化重心，提出"武夷文化"说，朱子学是"武夷文化"的核心部分。⑤"福建文化""福建朱子学""武夷文化"，可以说是闽学概念的进一步发挥。

由此可见，以朱熹为代表的朱子学派，在福建学术史上先后出现过闽学、道学、福建文化、福建朱子学、武夷文化等不同的称谓、不同的表达方式。

在朱熹卒前，朱子学已具备了完整的思想体系，形成了比较严密的学术派别。朱熹及其门人多立书院以教，登坛会讲，著书立说。当时书

---

① ［元］脱脱等：《宋史》卷三百九十四，《林栗传》。
② 以上见［明］陈邦瞻：《宋史纪事本末》卷八十，《道学崇黜》。
③ 第4卷第24期，1937年4月。
④ 福建人民出版社1986年初版。
⑤ 参见高令印：《简明中国哲学通史》，厦门大学出版社2002年版，第339—340页。

院林立。明戴铣记述与朱熹有关的书院有 27 所[1]。朱熹学徒繁盛，仅就有籍贯的登门求教、明言奉侍、自称弟子者，即所谓正式门人，就有 378人[2]，分别来自福建、浙江、江西、湖南、安徽、江苏、四川、湖北、广东、河南、山西等地，可谓来自全国。由于朱熹门人在全国各地传播朱子学，形成了不同的朱子学系，如福建系、浙江系、江西系等。清人蒋垣说：

> 朱门受业最多，最知名者黄榦、李燔、张洽、陈淳、李方子、黄灏、蔡沉、辅广。而黄榦门人最多，潘柄、杨复、陈宏、何基、饶鲁皆其高弟。基传之王柏，柏传之金履祥，履祥传之许谦；饶鲁传之吴中行，中行传之朱公迁。时与朱熹同任道学者吕祖谦、张栻。祖谦受业于候官林之奇。当时，杨、胡、林、朱、黄、蔡之学盛行于江之东南。张栻，成都绵竹人。至宗宁间，魏了翁筑室白鹤山下，以所闻辅广、李燔之学授教生徒，由是蜀人尽知义理之学，则闽学传之西蜀矣。理宗时，元杨惟中建周子祠，以二程、张、杨、游、朱六君子配。末又姚枢隐于苏门，以道学自任，刊《小学》、"四书"及蔡氏《书传》、胡氏《春秋传》，而闽学至于河溯矣。此八闽道学源流之大概也。[3]

朱子学之盛行自南而北，而迄于东西，不局一方，不限一时，源远流长，汪洋澎湃。清张伯行说：

> 至考亭朱子、勉斋黄氏，师弟之授受，朋友之讲习，奋然兴起者，如云汉之昭回，如江河之莫御。理学名区，独盛于闽，不惟比拟伊洛，直与并称邹鲁。而程子"道南"之一语，遂符合如左券。噫嘻！闽滨东海，屹立武夷诸名胜，元气融液，人与地会，当吾世复有兴者。乌知后之视今，不犹今之视昔也。尔诸生景行前哲，能自振拔，以斯道为己任。吾见闽学之盛行，且自南而北，而迄于东西，不局于一方，不限于一时，源远流长，汪洋澎湃。道之所谓流

---

① 《朱子实纪》卷七，《书院》。
② 参见陈荣捷：《朱子门人》，台湾学生书局 1982 年版，第 11 页。
③ 《八闽理学源流》卷上。

动而充满、弥沦而布濩者，于是乎统贯于"载道"之人矣！①

张伯行的这段话，十分深刻地论述了朱子学超出福建范围，在全国和东亚的发展和传播，具有十分深刻的意义。

我们在本书内所阐述的是福建系朱子学，即福建朱子学。

在朱熹的一生中，除在浙江、江西、湖南、安徽从政和游学约 3 年外，其余近 70 年都在福建，其门人自然以福建为最多，经考证可靠者，有 164 人，其中朱熹家乡建阳地区有 99 人②。因此，在朱子学诸学系中，福建朱子学最为强大，致使福建历代有"海滨邹鲁"之称。

总起来说，朱熹是闽学的创始者和领袖。因为闽学与朱子学都是以朱熹为首的学派，南宋时闽学和朱子学是一致的，而朱熹之后闽学和福建朱子学也具有相同的意义。

二　福建朱子学是儒学复兴的产物

由先秦孔子开创的儒家思想，至西汉董仲舒提出"独尊儒术"后，便成为中华民族的主体文化思想。到了东汉后期，占主导地位的儒学暴露出其内在的矛盾。因为把儒家定为一尊，文化划一有序，就会逐渐导致僵化。文化的主要承担者知识分子，跟政治紧密地联系在一起，成为社会上层的既得利益者，或者说成为统治者的工具。他们只是沉溺于正统官学（经学）之中，而无探索新思想。文化是国家民族的精神支柱和生活方式，同衣食住行一样不可须臾离。旧的正统官学停滞不前，不能满足社会对文化思想的需求，自然就不能一直维系人心，社会政治必然动摇。东汉的"党锢之祸"又极力迫害知识分子。因此，上层社会承担不了文化思想的重任，文化思想的活力自然就转移到民间。这就必然使根植于民间的道家思想发展起来。

两汉之后的三国两晋，兴盛起来的道家思想与儒家思想相结合，形

---

① ［明］朱衡：《道南源委》卷首，《原序》，商务印书馆 1936 年版，第 1—2 页。
② 参见陈荣捷：《朱子门人》，台湾学生书局 1982 年版，第 11 页。

成玄学。玄学的经典是《周易》《老子》《庄子》"三玄"，是用道释儒，是儒学发展的新阶段。由于道家的"无"在玄学中得到发扬，而"无"又与佛教的"空"相通，于是在两汉之际传入中国的佛教便有了发展的契机；在东汉产生的土产品民间信仰道教，与舶来品佛教争高低，其思想贫乏，"夷夏论"敌不过佛教，便以先秦道家老子作教主，把《老子》作为自己的理论发展起来。经过南北朝，儒、佛、道三教由论争到融合。到了隋唐，由于老子（李耳）与皇帝同姓（其实皇帝之李是少数民族，与李耳之李不同），得到朝廷的崇奉，道教进一步壮大起来；佛教中国化，成为社会上层建筑的核心部分；而中华民族的主体文化思想儒学却奄奄一息。这时，佛教势力最大，南北朝隋唐皇室大都笃信佛教，知识分子大都出入佛、道。佛、道倾国奉，几成主体。朱熹说：

> 某尝叹息，天下有些英雄人，都被释氏引将去，甚害事！……某尝说，怪不得今日士大夫，是他心里无可作的，无可思量，"饱食终日，无所用心"，自然是只随利欲走……盖佛氏勇猛精进、清净坚固之说，犹足以使人淡薄有守，不为外物所移也。若记览词章之学，这般伎俩，如何救拔得他那利欲底窠窟动？[①]

朱熹十分忧患："三世之后，亦必被他转了！"[②] 国亡先亡文化，是非常严峻的问题！

正是因为中华民族的主体文化儒学动摇，社会人心堕落。唐末五代人道扫地，人无廉耻。最显明的例子是冯道，竟是五代"五朝元老"，厚颜无耻至极。知名学者牟宗三说，"汉、唐两代为盛世，国势强大，典章制度亦甚多可取之处，但于道德性方面正视人道、人性的学问，偏无所用心。宋儒深感唐末五代社会的坠落，与人道的扫地，因而以其强烈的道德意识复苏了先秦的儒学。"又说：

> 宋儒是真能清澈而透澈地立于道德意识上而用其诚的，因而亦真能把握儒圣立教之本质。新儒学的兴起，五代的堕落是直接唤醒

---

① ［宋］黎靖德编《朱子语类》卷一百三十二，《本朝六·中兴至今日人物下》。
② 《朱子语类》卷一百二十六，《释氏》。

其道德意识的机缘；但其兴起的机缘还不止此，还有另一方面，就是对佛教的抵御，间接地因佛教之刺激而益显其"道德性的性理"之骨干之不同于佛、老。……

残唐、五代衰乱，世道人心败坏，人无廉耻，这是最大的惨局。在这个背景下才要求儒家的复兴。宋、明儒家完全是道德的觉醒。宋儒的兴起就是对着残唐五代的人无廉耻而来的一个道德意识的觉醒。道德意识的觉醒就是一种存在的呼唤，存在的呼唤就是从内部发出来的要求。①

一般认为，唐、宋两个时代，唐比宋文化高，外国人也以唐称中国，把中国人名为唐人。但是，唐的文化是表面的、形象化的，没有树立起和传承下来中国文化的内在本质。接着唐的五代十国，人们无道德意识，人心不古，社会混乱，政权割据和反复更替，人民生活陷于水深火热之中。相反，宋朝的文化最成熟，人们的道德意识最高。南宋末年朝廷大势已去，还出现了文天祥等伟大的民族英雄！当代最权威的史学家陈寅恪、邓广铭等，谓"华夏民族文化，历数千载之演进，造极于赵宋之世"②，宋代文化"在中国整个封建社会历史时期之内，可以说是空前绝后的"③。

在中华民族主体文化思想儒学存亡、兴废的关键时刻，率先提出复兴道学（即理学、新儒学）的是唐朝学者韩愈和与韩愈同登"龙虎榜"（唐德宗贞元八年，792 年）进士的晋江人欧阳詹。他们极力排佛，以复兴中断了的儒家道统为己任。理学开始时称为道学，韩愈提出一个与佛教法统相对立的儒家道统。欧阳詹曾任国子监四门助教。从明代起，有人认为欧阳詹也是理学（道学）的开创者。清李清馥认为："闽学开自有唐欧阳四门倡起，彼时人文未著也。"④ 这里所谓闽学，即理学（道学）。欧阳詹的理学观点和韩愈差不多，只是在文学和反佛方面没有韩愈出名。

---

① 牟宗三：《宋明儒学的问题与发展》，华东师范大学出版社 2004 年版，第 18、74 页。

② 陈寅恪：《邓广铭宋史职官志考证序》，《金明馆丛稿二编》，上海古籍出版社 1980 年版，第 245 页。

③ 邓广铭：《谈宋史研究的几个问题》，《社会科学战线》，1986 年第 2 期。

④ ［清］李清馥：《闽中理学渊源考》卷一，《文靖杨龟山先生时学派》。

和欧阳詹同时的闽中莆田人林蕴，也和韩愈、欧阳詹一起提倡儒家道统，亦反对佛教。基于当时中国古代社会才开始向后期过渡，适应这种社会性质需要的韩愈、欧阳詹、林蕴的理学（道学）思想也未充分地发展起来，正如上引李清馥所说的，"彼时人文未著也"。值得注意的是，欧阳詹、林蕴的理学（道学）思想，却说明了早在唐代理学萌芽阶段，闽中就出现理学。复兴儒学的任务最后是由福建朱子学者完成的。

著名的北宋学者周敦颐、程颢、程颐、张载，以及邵雍等，确立理学，分别创立了濂、洛、关等诸理学派别。他们基本上把中华民族的主体文化思想儒学复兴起来，重建道统，重新树立起孔子的崇高地位。但是，北方的少数民族女真很快就入主中原，北宋灭亡。金人文化落后，发展不了高度发达的中原文化。中华民族的主体文化思想儒学又到了一个存亡、兴废的关键时刻，道统即将中断，唯一的出路是把理学移植到南方。当时大哲学家邵雍说：

> 天下将治，地气自北而南；将乱，自南而北。今南方地气至矣，禽鸟飞类，得气之先者也。①

"地气"即国家的文化重心。于是，闽中学者游酢、杨时，以及胡安国、王蘋、陈渊、罗从彦等，适应历史的需要，到北方河南或在朝廷等地拜师学道。游、杨拜师程颢、程颐，"程门立雪"，学成回闽时，程颢目送之曰："吾道南矣！"他们"载道南归"。"道南"是中国文化重心由北方中原一带逐渐往南方转移的源头活水。

游、杨等之理学三传而至朱熹，进一步以儒学融合佛、道之学，深入研究古代典籍，注疏辨伪，认为《易》是卜辞，《诗》多讲男女情爱，《书》为伪书，《礼》是秦汉后作品，《春秋》三传皆历史，推倒两汉以来树立起的"五经"在国家上层建筑中的主导地位，用《大学》《中庸》《论语》《孟子》"四书"代替"五经"的权威，准确地指出"四书"才真正能体现出以孔子为代表的中国文化的内在本质。朱熹把它们联成一体，并精加注释，形成集大成的新儒学（理学）思想体系。朱熹的《四书集

---

① ［宋］邵伯温：《邵氏闻见录》卷十九。

注》成为元、明、清时代儒学教育和科举取士的标准教科书。在宋代以前称为"周（公）孔"，之后称为"孔孟"，这是中国文化的重大转折。从佛教传入中国到朱熹时约千年。可以说，朱熹重新建立起儒家的道统和树立起孔子的崇高地位，把中国文化的主导权从佛、道那里夺回来，使中国文化生命返本归位，并开创出中国文化发展的光辉灿烂的未来。这就是历代常说的朱熹"继绝学"。朱熹集濂、洛、关等诸理学以至整个传统文化之大成，创立闽学，在闽、浙、赣之武夷山一带形成了国家新的文化重心。有的称其为武夷文化，闽学是其核心。当时和朱熹齐名的大理学家张栻说："当今道在武夷。"① 指的就是国家的文化重心转移到闽、浙、赣之武夷山一带。南宋的首都在临安（今浙江杭州），是国家的政治中心。据中国经济史学家研究，中国"经济重心南移至北宋后期已接近完成，至南宋则全面实现"②，至此实现了国家政治、经济、文化重心的南移。

清高宗乾隆元年（1736 年），状元马易斋治闽，深领意会闽中理学之渊源，题书"道南理窟"四个大字欲刻武夷山崖未果；后其子马应璧任职崇安县，于乾隆四十二年（1777 年）将其父"道南理窟"摹刻于武夷山五曲溪南晚对峰石壁上，正对着游酢之水云寮和朱熹之武夷精舍，数里外就可以看到。"道南理窟"遂成为游酢、杨时等"道南"和福建朱子学兴盛以至中国文化重心南移至武夷山一带的象征。

三　朱熹之后福建朱子学的繁盛

在朱熹卒后，福建朱子学者大体上都恪守师训，遵循着朱熹的思想，因而无大创新。朱熹集理学之大成，把理学系统推向完成形态，朱子门人难有较大发展的余地。在程颢、程颐等时代，理学尚属初期，理与气之关系尚未确立，仁的概念还在发展中，因此二程门人杨时、游酢等人，

---

① 《宋史》卷三百九十五，《王阮》。
② 郑学檬：《中国古代经济重心南移和唐宋江南经济研究》，岳麓书社 1996 年版，第 17 页。

能或以觉或以一体言仁，为理学别开新境界。理学发展到朱熹时盛极难继，只能守成，是自然趋势。朱子门人大都根据朱熹的《四书集注》等著作，探讨心性、道德等问题。他们在完善朱子学的理学思想体系上，也有许多新的贡献。

南宋末年，朱子学由禁止转为大倡，朱熹门人由被压抑转为被推崇，朱子学盛极一时，整个江南为朱子学之天下。在这种情况下，居于朱熹家乡的福建朱子学者十分活跃，他们对朱子学多有阐发。朱子学于宋元间超出福建范围而成为国家的主体思想和世界性学说后，在其故乡福建仍然继续衍变发扬光大，著名朱子学家层出不穷，使朱子学的思想体系进一步完善和充实，不仅完善和发展了朱熹的思想体系，并使其成为福建传统文化的核心部分，对福建文化的发展起了巨大的推动作用。清人陈衍锟在讲到元末明初著名闽学家吴海时说：

> 闽学之倡也始于龟山（按指杨时），其盛也集于朱子，其末也振于西山（按指真德秀）。又二百余年，而剩夫陈氏（按指陈真晟）、翠渠周氏（按指周瑛）、虚斋蔡氏（按指蔡清）。向非有先生（按指吴海）之辟邪崇正，倏然挺出于绝续之间，何以继已往而启将来哉！①

这里陈衍锟讲杨时是闽学的创始者，是明清学者的一般观点。上面已有指出，实指闽中早期理学，或称之为道南学。陈衍锟所强调的是，在朱熹之后，吴海在福建朱子学发展过程中具有继往开来的关键性地位。对吴海之后的明代福建朱子学，清代闽籍知名朱子学家李清馥说：

> 由元阅明成化间，蔡虚斋、陈剩夫、周翠渠诸贤，后先（按指朱熹）讲学，起而倡述之，经学称一时之盛。中明以后，学术漓杂。②

"学术漓杂"，是指明中叶王阳明心学出现后，攻击朱子学，全国朱子学研究急趋下坡。阳明学是经由朱熹后学，南宋末年的真德秀、魏了翁，

---

① ［明］吴海：《闻过斋集》卷首，陈衍锟《序》。
② 《闽中理学渊源考》卷首，《原序》。

元朝的许衡、吴澄，明朝的吴与弼、陈献章等人，从朱子学中发展出来，然后与朱子学相对立。这在哲学上叫做异化，即从母体分化出来后又和母体相对抗。这在日常生活中的实例是很多的。王阳明始终打着朱子学的旗号与朱子对立，如其撰写《朱子晚年定论》等。但是，闽学却在和阳明学的辩论中有一定的发展，至清代而不衰。清代闽籍知名朱子学家李光地说：

> 吾闽辟在天末，然自晦庵朱子以来，道学（按闽学）之正为海内宗。至于明兴科名，与吴越争雄焉。①

"与吴越争雄"，就是福建朱子学与以阳明学为代表的江浙文化并驾齐驱，不相上下。特别是清代初年，李光地等福建朱子学学者，为纠正明中叶以来阳明学派对朱子学诋毁所造成的影响，竭力提倡朱子学，使闽中朱子学复兴起来。

由两汉开始的中国古代儒家思想学术的思维方式——经今古文学，到了宋明，又演变成为宋汉之学。清代前期以朱子学为核心的宋学盛行。一般认为，当时的宋学程朱学派，以福建朱子家李光地等为代表。李光地是清初提倡朱子学的代表者，在理论和实践上都达到了他那个时代朱子学的最高水平。经今文学与宋学接近，强调"经学即理学"②，通过义理思辨，重在发扬经书中的"微言大义"，倾向于哲学。清张伯行在抚闽期间，编辑《濂洛关闽书》19卷，闽士翕然向风，大开朱子学研究之风。

到了近代，在辛亥革命前，统治阶级的指导思想仍然是朱子学；就是在辛亥革命后，朱子学仍然有很大的影响。直至五四运动后，朱子学才告终结。就福建而论，这时期的著名福建朱子学者有刘存仁、陈庆镛、王仁谌、陈书、辜鸿铭等。由于这个时期中国沦为半殖民地半封建社会，居于东南沿海福建的一些朱子学者，对列强剥削压迫和民族耻辱有特别深刻的感受。他们基于民族自强，特别发挥朱子学中的"致用"思想。

朱子学本来是地域性的学派，由于它的理论价值愈来愈被封建统治者所认识，后来成为控制整个国家社会意识形态的主体思想，成为政治、

---

① ［清］李光地：《榕村全书》第一一册，《重修文庄蔡先生祠序》。
② ［清］张穆：《顾亭林先生年谱》，《国史儒林传》。

法律、道德、艺术、教育等上层建筑各个领域的指导原则，成为巩固封建统治秩序的强大精神支柱。福建朱子学者在朱子学的形成、完善和发展中起了主导作用。朱子学是中国哲学史发展的一个重要阶段，因此对朱子学有重大贡献的福建朱子学者要充分肯定。他们对中国哲学中的许多重要哲学范畴，如理与气、道与器、一与多、两与一、知与行、理与欲、性与情、格物致知、生生不穷等，都有不同程度的探讨，丰富和发展了这些重要哲学范畴的内涵。陈亮、王夫之、颜元、戴震、章太炎等在批判他们的过程中，对这些哲学范畴又作了进一步研究和阐发。福建朱子学是中国哲学发展过程中的重要环节，他们的思想是理学发展的重要思想资料。从中国哲学发展的整个历史来看，由朱熹创始在福建发展的福建朱子学，其理论思维的经验教训是值得特别重视的。

四　福建朱子学的一般特点

福建朱子学在漫长的发展过程中，著名学者层出不穷，著述极为丰富。他们基于朱熹的庞大理学思想体系，形成了福建朱子学自己的特点。由于朱熹集理学之大成，体大蕴邃，内容包括了自然和社会各个方面的问题，因此不是单个学者所能全面继承、阐扬和发展的。全面继承和阐发朱子学非集体力量不可。福建朱子学是历代福建朱子学者的共同成果。

第一，福建朱子学者大都穷年累月地精研儒家经典和各种文献知识，进一步充实朱熹所建立起来的庞大的理学思想体系。他们积累了相当丰富的古代思想资料，并根据自己思想体系的需要加以吸收和扬弃。福建朱子学者，平生笃信孔孟和朱熹，表彰孔孟之道和朱子学不遗余力。他们的学问，虽各有差异，但总离不开孔孟之道和朱子学的根本。他们给朝廷的上书，对后来学者的传授，所撰写的论著和往来书信，无非直抒自己习研孔孟之道和朱子学的心得。例如，朱熹门人陈淳，用思孟学派讲求道德性命的学说来理解朱熹的"理"，提出"天理只是人事中之理而具于心者也，天理在中而著见于人事，人事在外而根于中，天理其体而人事其用也⋯⋯天理之节文而后有人事之仪则",天理只是日用人事间。①
他们认为,"理"在社会生活中表现为"仁","天理"便是"仁"。② 这是
在新的历史条件下对"理"的解释和阐发。对于汉儒,他们继承了董仲
舒的目的论和天道观,抛弃其粗糙的天人感应和关于灾异的怪诞之说。
对于魏晋玄学,他们反对王弼等人以无为本的虚无主义,而吸取其思辨
的论证方法。对于盛行于隋唐时期的佛道之学,朱熹及其门人虽然视其
为异端邪说,却吸取其中哲理性的东西。对于周敦颐、程颢、程颐、张
载、邵雍等的理学思想的继承更是直截了当。在他们的论著中,所引用
的基本上都是二程等哲学家们的言论。福建朱子学学者是善于采取各家
之精要而加以融合贯通的,哪怕是气学家张载的思想,他们也把其最高
哲学范畴的"气"加以改造,使其成为产生天地万物的中介。对于历史
上的一些学说,他们都经过一番吸收,而作为构造福建朱子学庞大思想
殿堂的砖石,纳入他们的理学思想的轨道。

第二,福建朱子学是哲学、政治、道德三位一体的学说。先秦的思
孟学派就具有这一特点。他们都是把孔子的仁学推向内省的方向,把道
德力量夸大成为决定一切的东西。这种思想主要表现在《大学》《中庸》
里。到了汉代的董仲舒,又把人伦关系抬高到至尊无上的地位。思孟学
派和董仲舒学说的特点,通过程朱为福建朱子学者所继承和发扬。福建
朱子学者把封建的政治道德包括在天理之内,使哲学更加政治化和道德
伦理化。因此,我们可以说,福建朱子学是哲学化的政治学和道德学。
如果说这三位一体的学说是孔子开其端,思孟和董仲舒继其后,那么在
以朱熹为创始人的福建朱子学那里,就是这种哲学、政治、道德三位一
体的完成和实施。

第三,福建朱子学具有推崇"四书"和重义理、轻训诂的学风。在
福建朱子学者中,无论朱熹或是他的门人及其后继者都十分推崇"四
书",他们称之为"四子书",即孔子《论语》、孟子《孟子》、曾子《大
学》、子思《中庸》(《大学》《中庸》原是《礼记》中的两篇短文,作者

---

① [宋]陈淳:《北溪字义》。
② 《北溪字义》。

不一定是曾子、子思）。福建历代的朱子学者都十分重视朱熹的《四书章句集注》。据清人陈衍《福建通志》统计，福建朱子学者关于"四书"的讲义或精义之类的著作，约 150 余种。例如，真德秀著《四书集编》、熊禾著《四书纂疏》《四书标题》、黄日煦著《四书朱注补》、郑芳著《四书章句集注表义》、周华著《四书章句集注集说》、林希元著《四书存疑》、蔡清著《四书蒙引》等，皆为发挥"四书"和朱熹《四书章句集注》的道德性命的精粹著作。

《大学》《中庸》《孟子》三书，汉儒并不重视；直至韩愈、李翱、二程，特别是到了朱熹，却来了个异乎寻常的重视，把它们和《论语》一起奉为经典中的经典，是儒家经典精华选本。朱熹把《大学》看成是"为学的纲目""修身治人的规模"。他说：

> 先通《大学》，立定纲领，其他经皆杂说在里许。通得《大学》了，去看他经，方见得此是格物致知事，此是正心诚意事，此是修身事，此是齐家、治国、平天下事。①

在朱熹看来，《大学》是个容纳儒学的"间架"②。对于《中庸》，朱熹认为是"孔门传授心法"③的经典。朱熹花了 40 年的时间对"四书"进行注释，"四书"和朱熹的《四书章句集注》是福建朱子学者代代相传的教本，视为不可改易的金科玉律。

福建朱子学者对"四书"等儒家经典虽然仍是注释，但他们在学风上却异于汉唐学者的注经。汉唐学者注经，大抵比较注意经书的原意，注意文字的训诂和名物的考证，这种训诂和考证是极其烦琐的。朱熹注释则着重在阐述"四书"中的义理，并加以引申和发挥，其意超出"四书"之外，实际上是把"四书"纳入自己的理学思想轨道。这种学风，成为朱熹之后福建朱子学者研究儒家经典的共同方法。福建朱子学者在学风上具有不空谈、务致用的传统。对此，《四库全书总目提要》经部总叙曰：

---

① 《朱子语类》卷十四，《大学·纲领》。
② 《朱子语类》卷十四，《大学·纲领》。
③ ［宋］朱熹：《四书章句集注·中庸章句》。

洛、闽继起，道学大昌；摆落汉、唐，独研义理；凡经师旧说，俱排斥以为不足信。其学务别是非，及其弊也悍。

所谓"悍"，就是指福建朱子学者"攻驳经文，动辄删改之类"。①

福建朱子学者以教授传经为事。他们认为，尊儒家正学，拒异端邪说，必须专心致志于经传。他们注重儒家经典，轻艺文，反对拘泥章句训诂，主张文必以理胜，崇尚节义道德。其治学术必详治行，以治行本于学术。他们主张切实，认为自己所学所行的朱子学是深微实践之学；认为忠恕之极功全在于精积日久天理烂熟，察理体道；认为学问下手工夫只在日用行间。他们反对陆（九渊）王（阳明）空言虚静，不假用力。他们认为，要实行孔孟的践履之学，必须尊崇朱子之学；欲尊朱子之学，必先辟谬陆王之学。他们把儒家的义理归结为致知力行，以践履为第一要义。

福建朱子学者这种务实精神，表现在他们有比较强烈的事业心上。有人说福建的朱子学者大都高谈阔论，不切实际，于社会毫无用处。这是指那些假道学家，是一些非正统的理学末流。其实，真正的朱子学者，不论在朝廷任事，或是在地方务政，大都能提出一些切合时宜的治世办法和改革措施，倡仁义，讲道德修养，有较好的政绩，比那些贪官污吏好得多。另一些福建的朱子学者，死后被抬进孔庙或乡贤祠，成为人们崇拜的偶像，如蔡沈、黄榦、真德秀、蔡清、黄道周等，就是由于他们为国家做了一番事业，被人们认为品学兼优，应该得到人们的崇敬和学习。

第四，福建朱子学者都恪守朱熹的"心法"说。所谓"心法"，就是说人们的言行必须通过心，而此心非主敬无以操持之。清人张伯行评述陈淳"朝夕研究，于以探心法之渊源，究性学之奥赜"②。黄榦在讲到朱熹的"心法"时说：

进道之要固多端，且刊落世间许多物欲外慕，一切荣辱得失利

---

① 以上见 ［清］皮锡瑞：《经学历史》第十章，《经学复兴时代》。
② ［清］张伯行：《正谊堂续集》卷三，《陈北溪文集序》。

害，皆不足道，只要直截此心无愧无惧，方见得动静、语默皆是道理。①

陈真晟之书多言心学，提出"心学图"。他说："圣要四说，系于法天之图，曰主一无适，曰整齐严肃，曰常惺惺法，曰其心收敛不容一物。"②"惺惺"为警觉、清醒之意。此处陈氏所谓心，非佛教禅宗和陆王学派之言心，而是通过主敬操持使心集中于封建之伦理道德上。他们认为，穷理致知，力行道德，修身齐家治国平天下，其本源之地，只是此心之敬而已。张伯行在讲到陈真晟时说：

> 或问余曰：陈布衣先生之书多言心学，近世立言之士谓心学，异端之教也。先生以之为言可乎？予应之曰：横渠谓观书当总其言以求作者之意；如不得其意，而徒以言，则圣贤之言，其为异端所窃而乱之者，岂可一二数！孔子言道德，老子亦言道德；言道德同，而其为道德者不同。吾儒言心，释氏亦言心。孔子曰：从心所欲不逾矩。孟子亦曰：学问之道无他，求其放心而已。释氏乃曰：即心即佛。是释氏徒事于心，何尝知学。吾儒之用功则不然，以穷理为端，以力行为务，体之于心，而实推之于家国天下而无不当。至语其本源之地，不过曰：此心之敬而已。自尧舜以讫周公、孔子，自孔子以讫周、程、张、朱，未有能舍是以为学者。上蔡谢氏曰：常惺惺法，在吾儒言之则为敬，在释氏言之则为觉。先生之言心，不过谓其活变出入无时，非主敬无以操持之也。可与异端之虚无寂灭同日语哉？③

可见，闽学治心之学非心学派的心学，前者为认识论和道德修养论，后者为本体论。

第五，福建朱子学者具有特别强烈的宗派色彩。福建朱子学者都反复宣扬道统论，认为程朱直接继承了尧、舜、禹以至孔、孟圣圣相传的"道"。他们突出朱熹在孔孟之道中的地位和作用，并奉若神明地百般加

---

① ［宋］黄榦：《勉斋集》，序。
② ［明］陈真晟：《陈剩夫先生集》，序。
③ ［清］张伯行：《正谊堂文集》卷七，《陈布衣文集序》。

以维护。他们极力攻击异端。朱熹力排佛老，后来又与心学大师陆九渊大辩于信州鹅湖寺（在今江西铅山）。朱门攻击陆学为"禅学"，陆门讥讽朱学为"支离"，二门互为水火。朱熹之后的福建朱子学者始终以维护朱子学为己任。他们对于朱子学的异端，深恶痛绝，发辞批驳，寸步不让。

福建朱子学者的宗派性还表现在其宗派组织上。学派如果从表面上看，只是传道和学道的关系。由于他们有自己的学说、师承和书院，形成了党派性。朱熹公开说：

> 不惟不疾君子之为党，而不惮以身为之党；不惟不惮以身为之党，是又将引其君以为党而不惮也。①

上引林栗弹劾朱熹中说其是"所至辄携门生数十人，妄希孔孟历聘之风，邀索高价，不肯供职"，②并不是没有根据的。在朱子学遭禁之时，监察御史沈继祖攻击朱熹"收召四方无行义之徒"③，戴着高帽子，穿着宽衣服，系着大带子，如鬼如魅。这些话当然是言过其实，是对朱熹进行诬告，但是也说明朱子学派的异乎寻常的宗派性。这种集团性和宗派主义性质，在朱熹之后的福建朱子学者中或强或弱地流传着。

朱熹卒后，福建朱子学者为朱子学的确立和发展而努力。他们弘扬师说，攻讦异端，羽翼朱门，不为权势和时论所左右。由于朱门弟子的活动和当时朝廷政治形势的变化，在朱熹死后九年，即南宋宁宗嘉定二年（1209 年），朱熹被赐谥曰文。嘉定五年（1212 年），由于福建朱子学者刘爚的请求，宁宗皇帝批准朱熹的《四书章句集注》立于学宫，作为法定的教科书。之后，福建朱子学者极力维护和宣扬朱熹及其学说的地位，从而使朱熹的头衔越加越大：宋理宗宝庆三年（1227 年）赠太师追封信公；理宗绍定三年（1230 年）改追封徽国公，"用邹充例"即按祭祀孟子礼仪来祭朱熹；元仁宗延祐二年（1315 年）诏定朱熹《四书章句集注》试士子；元惠宗至元元年（1335 年）下诏兴建朱熹祠庙；明朝廷

---

① ［宋］朱熹：《朱子文集》卷五，《与留丞相书》。
② ［清］黄中编《朱子年谱》卷三。
③ ［宋］叶绍翁：《四朝闻见录》丁集。

下令天下学宫祭祀朱熹，与孔子一样，每年春秋各祭祀 1 次；清康熙五十一年（1712 年）升朱熹为"十哲之次"，配享孔子。随着朱熹头衔的加大，其学术地位越来越高，朱子学遂成为控制整个国家的正宗意识形态，形成为"非朱子学不讲""宗孔子者，不得不宗朱子"的局面。①

在福建的朱子学者中，原出于陆王之门者而治朱子学，必须专主朱子学，并入室操戈攻击陆王之学。例如，陈第（字秀立，明朝连江人）早年曾师事笃信陆王学说的许孚远（浙江人，曾任福建巡抚）；董应举（字崇扬，闽县人）曾向刘宗周（曾任职福建）学王阳明之学；郑亦邹（字居仲，漳州人）是许孚远的四传弟子，出身于王学之门；等等。这些人后来转向朱子学，并攻击阳明学。这也说明福建朱子学者排斥异己的宗派性特点。

第六，福建朱子学者遵循朱熹"华夷之辨'高于'君臣之分"的观点，一般都具有民族气节。南宋时福建成为抗金的后方基地，南宋和明朝灭亡后又成为抗元复宋和抗清复明的前哨。明清两朝在福建的前朝遗民特别多。福建地处沿海，偏僻且山多，容易藏匿不甘异族压迫的前朝遗民。这些人不满新王朝的统治，志于圣学，成为著名学者。明朝时福建沿海深受倭寇的扰乱，清朝中期以后福建又饱受外国帝国主义列强的侵略。因此，爱国思想成为具有民族大义的福建朱子学者的共同特点。南宋的黄榦、蔡沈、陈淳、真德秀等福建朱子学家民族大义特别强烈。他们反对对异族屈膝求和，主张抵抗。他们爱自己的国家，强烈反对异族侵略。元朝时的熊禾、吴海誓志不仕，不为异族服务。清朝时的福建朱子学者也具有一定的民族气节。刘存仁、郭尚先、陈庆镛、辜鸿铭等学者都非常爱国，希望自己的国家民族富强，反对帝国主义侵略，其中陈庆镛尤为突出。民族大义是福建朱子学者的共同特点。

第七，福建朱子学者大都认为得道必须生活刻苦，学习颜子精神。他们常以古人所谓"咬得菜根，则百事可做"自励。因此，他们有的带有禁欲主义色彩。这多少与福建人的刻苦特性有关。朱熹居家讲学时，

---

① 清康熙《婺源县志》卷六十六，[清] 张缓《重建三贤祠碑记》。

"家故贫"，"箪瓢屡空，晏如也。诸生之自远而至者，豆饭藜羹，率与之共"。①蔡元定因其师朱熹事牵连流放，同其子沈杖履行走三千里至湖南道州（今道县），脚为之流血。道州穷僻，山川风物悲凉凄怆，居者率不能堪。他们父子相对独以义理自怡悦。元定卒于道州，其子沈徒步护枢归，有赠送金帛而义不可受者皆却之。蔡世远中举任官，"景况似诸生时，而贫约亦复不异，知不以势分之荣易吾性分之素"②。

五　福建朱子学的地域性和学术派别

（一）地域性

福建朱子学形成之前，福建早期理学主要在闽北流传，即杨时、游酢等人的道南学。福建朱子学形成后，扩展到福建各地，大致分为下列四个地区。

1. 武夷山地区

建溪一带的建州、邵武、剑浦三地组成早期福建朱子学的中心地带。两宋之际，前闽学道南学系、"胡氏五贤"学系等皆在这个地区。

朱熹创建闽学与理学相联接的重要中间环节，是朱熹的父亲朱松。朱松入闽任官后，活动于闽北道南学的中心地带，交游极为广泛。他师事罗从彦，与李侗为同门友。临终时托孤于刘子羽，又把朱熹的学业委托给刘勉之、刘子翚、胡宪。这些学者皆为知名的道南学理学家，其学直接或间接地渊源于北宋理学。朱熹本人遵父遗言，拜李侗为师，使自己的思想有了一个大的飞跃。以朱松为中介，朱熹与当时闽北各理学群体形成联络网络，由此他才有可能于日后博取各派所长而开创自己的学说。

朱熹在建阳寒泉精舍、崇安武夷精舍、建阳沧洲精舍等进行讲论，

---

① 《宋史》卷二百三十五，《朱熹传》。
② 《正谊堂文集》卷六，《答蔡闻之》。

培养出大批后继者，从理论和实践上形成自己完整的学术思想体系和强大的福建朱子学学术派别，并一直延续下去，代代有传人。

武夷山地区的福建朱子学的强盛，一直延续到元明清时代。

2. 莆田福清一带

在沿海地区莆田、福清等地，理学很早就很活跃。明宋濂说：

> 考亭（按指朱子学）未兴，艾轩林公光朝独倡道莆阳，从者如归市，红泉东井之学仍闻于天下。网山林公亦之实绍艾轩之传。网山之后，乐轩陈公藻又起而继之。乐轩家长乐，网山居福清，咸来讲学东井而风声所被，气泽所薰，人皆有邹鲁之行及乎？①

此外，王蘋（信伯）也是该地区的一位重要理学家。王蘋"世居福之福清，自其考始寓平江，蘋师事河南程颐，视其高弟龟山杨时为后进，而时独深许可之，每以为后来师门成就者惟蘋也"。②莆田林艾轩与福清王蘋一系知名的就有莆田方翥、长乐陈长方等人。这里还有崇安叶廷珪门下的弟子，如福清黄祖禹、莆田陈俊卿及仙游叶颙等人。在南宋中期，以莆田、福清为中心而以林光朝为代表的理学学者不但"道学倡莆，诗亦莆之祖"③。这些理学学者的活动影响，超过了闽县、侯官一带。

人们往往有一种错觉，以为福建朱子学在闽北兴起后便辐射整个福建各地，进而认为闽北便是两宋福建的学术中心。其实不然，沿海地区的理学在朱熹创立闽学之前已颇具规模，也有自己的领袖人物和活动中心。林栗、郑丙在"庆元党禁"时攻击朱熹，尽管有政治上的原因，也体现不同地区文化上的某种抗衡之势。

莆田、福清一带，还有郑樵，比朱熹稍早，虽不算是闽学家，也是精通儒学的，其《通志》的价值是与莆田这个地名联系在一起的，朱熹等历代福建朱子学家们至为推崇。此外，莆田、福清一带还有陈均的《九朝编年备要》等，以及刘克庄（莆田人）、王迈（仙游人）、敖陶孙（福清人）、林希逸（福清人）等思想家。

---

① ［南宋］黄仲元：《四如先生文稿·序》。
② ［宋］王蘋：《王蘋著作集》卷五，《国史传》。
③ ［清］吴之振等辑：《宋诗钞》，《艾轩诗钞》。

莆田、福清一带理学中心，与闽北有很大的不同，而后朱熹及后学陈淳等到这个地区活动，很快成为福建朱子学的中心地带。

3. 闽南地区

早在理学萌芽时期的唐朝，泉州就出现了欧阳詹。宋黄裳说：

> 南海之滨，去中国远矣。士风儒教久在寂寥之中，无振发之者，（欧阳）詹于是时特起而鸣焉，是可尚也，虽然詹以小才鸣，而和詹者知为文辞而已。①

欧阳詹的影响非常之大。元理学家吴澄说："闽人之贵进士，由泉之人始，由是文物浸盛，波流及宋之季。"②

泉州、漳州等地的文化特色是儒与商结合。正如刘克庄所说："闽人务本亦知书，若不耕樵必业儒。惟有桐城南郭外，朝为原宪暮陶朱。"③至于社会风俗，泉州多是"妇暴面""芒屦负担，与男子杂作"。朱子学家浦城真德秀两次知泉州，更是致力于改变风俗。④ 海外贸易导致晋江与福建其他地区有所不同：

> 人物庶繁，驿道四通，海商辐凑，夷夏杂处，权豪比居，诉讼既多，积习仍薄，自非裁断明敏，何以镇压轻浮？⑤

泉州、漳州地区朱子学的兴盛全靠后来学者们自己的努力。安海因为是朱熹最早从政、讲学之处，而被称为"闽学开宗"之地。朱熹早年任同安主簿及知漳州前，曾多次途经泉州等地，交游者甚多。当时同安比较落后，而朱熹任职时其理学思想还不成熟，朱熹本人的声望还不够高，与朱熹的交流者多属学友，未作弟子门人。闽南地区朱子学的展开主要是朱熹任漳州知府期间。当时闽学学派已形成，且具有强大的影响力。朱熹重视州学，提倡学术，许多学人慕名受教，一时间漳州成为闽

---

① ［宋］黄裳：《演山集》卷二十三，《见吕参政书》。
② ［元］吴澄：《吴文正集》卷二十八，《送姜曼乡赴泉州路录事序》。
③ ［宋］刘克庄：《后村先生大全集》卷十二，《泉州南郭诗》。
④ ［宋］真德秀：《真西山文集》卷四十，《泉州科举谕士文》《再守泉州劝谕文》《泉州劝孝文》。
⑤ ［宋］郑侠：《西塘集》卷八，《代谢仆射相公》。

南朱子学的中心。陈淳、郑可学、赵唐卿等人都是这一时期进入朱门的。朱熹回崇安时，不少闽南学人跟去，回来后又继续讲学，研讨朱子学，扩大影响，使闽南地区福建朱子学进一步繁盛起来，如杨至、陈易辈称清源（泉州）学派。朱熹离开漳州后，漳州李唐咨、泉州杨至、莆田郑可学等为中心，形成三个朱子学的分支群体。闽学在泉州、漳州传播之深入，形成中心，可以绍熙元年（1190 年）在漳州刻刊朱熹《四经章句集注》为标志。

到了元明时代，闽南地区的朱子学研习更为兴盛。他们视野广泛，涉猎各种经书，形成自己的学风和特点。如晋江的易学、漳浦的诗学，闻名全国。

4. 闽县侯官一带

"福州治侯官，于闽为土中，所谓闽中也"[1]。此是"闽中"的一个说法。蔡襄说：

> 福建一路州军，建、剑、汀州，邵武军连接两浙江南路，乘船下水三两日可至福州城下，其东界连接温州，并南接兴化军，泉州、漳州，各在海畔，四向舟船可至闽中，诸州皆福州为根本。[2]

闽县、侯官最突出的便是"古灵四先生"，即陈襄、郑穆、陈烈、周希孟，这四位均为侯官人。清全祖望说："安定、泰山并起之时，闽中四先生亦讲学海上"，"宋仁之世，安定先生起于南，泰山先生起于北"，"闽海古灵先生于安定盖稍后"，"其孜孜讲道"，门人弟子"过千人"，"倡道之功，则固安定、泰山之亚，较之程、张为前茅焉"。[3] 陈襄称"以兴学养士为先务，以明经笃行为首选"[4]。

> 闽中自古灵先生倡道，其后游、杨、胡三子（按皆闽北人）得程氏之传，先生（按指陆祐）自得之也。东莱吕居仁入闽，福州诸子如李楠、林之奇、李樗皆从游焉。居仁归浙，之奇辈无所卒业，

---

① ［宋］曾巩：《道山亭记》。
② ［宋］蔡襄：《端明集》卷二一，《乞相度开修城池》。
③ 《宋元学案》卷五，《古灵四先生学案》。
④ ［宋］陈襄：《古灵集》卷十五，《常州请顾临秘校主学书》。

适先生自楚中归，大喜，群造其门。①

南宋中期，闽县、侯官的郑丙等不少士人都投到莆田理学家的门下。从某种意义上讲，莆田、福清是福建沿海地区的文化中心，其影响力远甚于闽县、侯官一带。朱熹卒后，黄榦成为福建朱子学者的领袖。黄榦是朱熹的女婿，守师道最严，他与闽县、侯官一带的朱子学者广泛联系，对这个地区的闽学产生很大的影响。

闽县、侯官一带朱子学的兴盛也与朱熹本人的出游有关。朱熹曾数次出游福州，有许多弟子入门。"庆元党禁"时期，他又接受福州人黄榦建议，避祸福州，辗转于古田、长溪、闽清、长乐等地，坚持讲学，从游者甚众，吸收许多门人，使闽中形成强大的朱子学派别。

附　元代福建朱子学学者地域一览表②

地　域		学者	学术活动或成就纪要	资料来源
福州路	福州路福宁	王都中	《本斋集》	《宋元学案》卷90、《宋元学案补遗》卷90、《八闽通志》卷72、《闽书》卷172
	福州路三山	余　载	《韶舞九成乐补》	《闽中理学渊源考》卷40
	福州路闽县	吴　海	《闻过斋集》《闻过斋诗集》《命本录》	《宋元学案补遗别附》卷3、《闽中理学渊源考》卷42、《闽书》卷126
	福州路三山	林文琰	韩信同门人	《宋元学案》卷64、《宋元学案补遗》卷64、《闽中理学渊源考》卷40
	福州路长乐	林　清	经明行修，屡辟不就	《闽书》卷126、《闽中理学渊源考》卷35

---

①　《宋元学案》卷五，《古灵四先生学案》。

②　林拓：《文化的地理过程分析——福建文化的地域性考察》，上海书店出版社2004年版，第95—102页。

续表

地　域	学者	学术活动或成就纪要	资料来源
福州路福宁	林仲节	《四灵赋》，登进士第	《闽中理学渊源考》卷40、《闽书》卷122、《八闽通志》卷55
福州路永福	林泉生	《觉是集》、《诗义矜式》十二卷、《古今制度通纂》二卷、《春秋论断》，天历年间进士	《宋元学案补遗别附》卷3、《闽中理学渊源考》卷35、《八闽通志》卷62、《闽书》卷78
福州路宁德	孙　骁	善经学登进士	《宋元学案补遗》卷49、《闽中理学渊源考》卷40、《闽书》卷123
福州路古田	张以宁	《春秋·春王正月考》、《翠屏集》、《胡传辨疑》，师从韩信同，泰定年间进士	《宋元学案》卷64、《宋元学案补遗》卷64、《闽书》卷76
福州路长乐	敖继公	《仪礼集说》《敖教授文集》	《宋元学案》卷52、《宋元学案补遗》卷22、《闽中理学渊源考》卷35
福州路	梁　益	《诗传旁通》《三山稿》	《宋元学案补遗》卷49
福州路长乐	郭　隆	《春秋传论》《梅溪集》，《四书》《易》等皆有著述，今不传	《宋元学案补遗别附》卷3、《闽中理学渊源考》卷35、《八闽通志》卷63、《闽书》卷77
福州路宁德	陈　普	《石堂先生遗集》《孟子纂图》《四书句解》《石堂先生诗》《朱子武夷棹歌注》	《宋元学案》卷64、《宋元学案补遗》卷64、《闽中理学渊源考》卷40、《八闽通志》卷72、《闽书》卷130

福州路

续表

地　　域	学者	学术活动或成就纪要	资料来源
福州路长乐	陈仲文	倡程朱之学于乡人	《闽中理学渊源考》卷 35、《八闽通志》卷 63、《闽书》卷 126
福州路长乐	陈有霖	为义学，集邻里乡人讲学其中	《闽中理学渊源考》卷 35、《闽书》卷 126
福州路宁德	陈自新	《起兴集》，尤精于《易》	《宋元学案补遗》卷 10、《闽中理学渊源考》卷 40、《八闽通志》卷 72
福州路福宁	黄　宽	《五经解疑》《梅壑集》	《宋元学案》卷 64、《闽中理学渊源考》卷 40、《闽书》卷 130
福州路连江	郑思肖	著述不详	《宋元学案补遗》卷 27、《闽中理学渊源考》卷 35
福州路闽县	钟耆德	博极群书，诗文浑雄严整	《闽中理学渊源考》卷 35
福州路宁德	韩信同	《书经讲义》《易经旁注》《书解集》《史类纂》《三礼》	《宋元学案》卷 64、《宋元学案补遗》卷 64、《闽中理学渊源考》卷 40、《八闽通志》卷 72、《闽书》卷 128
福州路长乐	欧阳优	《四书释疑》《五经旨要》《性理字辨》《格物启蒙》《忠孝大训》《女范》《幼学》	《闽中理学渊源考》卷 35、《闽书》卷 126
福州路宁德	陈尚德	《四书集解》《书传补遗》《易说》《咏史》《算书》	《八闽通志》卷 72
福州路福宁	郑　轼	著述不详	《宋元学案》卷 64
福州路永福	郑　杓	《衍极》	《宋元学案补遗》卷 92、《闽中理学渊源考》卷 35、《闽书》卷 47

福
州
路

续表

地　　域		学者	学术活动或成就纪要	资料来源
邵武路	邵武路光泽	危德华	精于诗	《闽中理学渊源考》卷39、《闽书》卷130
	邵武路邵武	李炎子		《宋元学案补遗》卷70
	邵武路邵武	李学逊	《易精解》《中星仪象》，尤精于《易》	《闽中理学渊源考》卷39、《八闽通志》卷70、《闽书》卷130
	邵武路光泽	李应龙	《春秋纂例》《孝经集注》《四书讲义》	《闽中理学渊源考》卷39、《八闽通志》卷70、《闽书》卷130
	邵武路邵武	陈士元	《武阳志略》《武阳耆旧诗宗》	《闽中理学渊源考》卷39、《闽书》卷130
	邵武路邵武	黄元实	著述不详	《宋元学案补遗别附》卷39，《八闽通志》卷52、卷70，《闽书》卷116
	邵武路邵武	黄清老	《樵水集》《四书一贯》《春秋经旨》，泰定年间进士	《闽中理学渊源考》卷39、《八闽通志》卷52、卷70，《闽书》卷116
	邵武路邵武	黄镇成	《尚书通考》《秋声集》《周易通义》《中庸章旨》	《闽中理学渊源考》卷39、《八闽通志》卷70、《闽书》卷116
延平路	延平路将乐	张　本	《蒲轮赋》	《闽中理学渊源考》卷36、《八闽通志》卷64、《闽书》卷76
	延平路沙县	曹道振	博学通经，登进士第	《闽中理学渊源考》卷36，《闽书》卷56、卷102

续表

地　域	学者	学术活动或成就纪要	资料来源
泉州路同安	丘　葵	《易解义》《书解义》《诗口义》《春秋通义》《周礼补亡》《四书日讲》	《宋元学案》卷 68、《宋元学案补遗》卷 90、《八闽通志》卷 72、《闽书》卷 172
泉州路同安	丘子成	著述不详	《宋元学案》卷 70、《闽南道学源流》卷 16
泉州路晋江	许汝翊	《孝经析义训辞全书》	《闽中理学渊源考》卷 36
泉州路南安	陈士麟	性喜学，多所周通	《闽中理学渊源考》卷 36、《闽书》卷 127
泉州路同安	陈必敬	与丘葵讲濂洛学	《闽中理学渊源考》卷 33
泉州路晋江	傅定保	《四书讲稿》	《宋元学案补遗》卷 97、《闽中理学渊源考》卷 36、《闽书》卷 88、《八闽通志》卷 63
泉州路晋江	杨相孙	笃学程朱	《闽中理学渊源考》卷 33
泉州路	赵必晔	赵汝腾之孙，有学行	《宋元学案》卷 49、《闽中理学渊源考》卷 36
泉州路惠安	卢　琦	《圭峰集》，至正年间进士	《宋元学案补遗》卷 47、《闽中理学渊源考》卷 36、《闽书》卷 89
泉州路晋江	诸葛晋	复朱文公书院	《闽中理学渊源考》卷 36、《闽书》卷 82
泉州路晋江	诸葛泰	力学经传，奥义多所发明	《闽书》卷 82、《闽中理学渊源考》卷 40

泉

州

路

续表

地 域		学者	学术活动或成就纪要	资料来源
漳州路	漳州路龙溪	王吉才	笃志古道，尤明典礼	《八闽通志》卷68、《闽中理学渊源考》卷36、《宋元学案补遗别附》卷3、《元儒考略》卷4、《闽书》卷117
	漳州路龙溪	周 祐	有史才	《闽中理学渊源考》卷36、《八闽通志》卷52、《闽书》卷117
	漳州路龙溪	林广发	《三溪集》	《宋元学案补遗别附》卷3、《闽中理学渊源考》卷36、《八闽通志》卷68、《闽书》卷117
	漳州路龙溪	黄元渊	倾资兴建书院	《闽中理学渊源考》卷36、《闽书》卷117
兴化路	兴化路莆田	方德至	究心程朱、授徒养亲，至正年间进士	《闽中理学渊源考》卷35、《闽书》卷108、《八闽通志》卷59
	兴化路莆田	朱文霆	《葵山集》，泰定年间进士	《宋元学案补遗》卷49、《闽中理学渊源考》卷35
	兴化路莆田	林以顺	著述不详，至治年间进士	《闽中理学渊源考》卷35、《闽书》卷129
	兴化路莆田	林以辨	究心程朱之学，尤善说诗	《闽中理学渊源考》卷35、《闽书》卷129
	兴化路莆田	林冈孙	延祐五年进士	《闽中理学渊源考》卷34、《八闽通志》卷54
	兴化路莆田	林重器	寓三山，为教谕	《闽中理学渊源考》卷35

续表

地　　域	学者	学术活动或成就纪要	资料来源
兴化路莆田	林善同	《顾氏义妾诗》	《闽中理学渊源考》卷 35、《八闽通志》卷 54、《闽书》卷 108
兴化路莆田	陈　旅	《安雅堂集》《经世大典》《陈众仲文集》《国朝文录》	《宋元学案》卷 92、《宋元学案补遗》卷 92、《闽中理学渊源考》卷 36、《闽书》卷 108
兴化路莆田	陈　硕		《宋元学案补遗》卷 92
兴化路莆田	陈中立	受经于惠安卢琦	《闽中理学渊源考》卷 36、《闽书》卷 129
兴化路莆田	刘　浃		《宋元学案别附》卷 3
兴化路莆田	刘有定	《原范吟》，精于易	《闽书》卷 129
建宁路建安	丘富国	《周易辑解》《易学说约》《经世补遗》	《宋元学案》卷 70、《闽中理学渊源考》卷 38
建宁路建阳	朱　沂	朱熹曾孙，任考亭书院山长	《闽中理学渊源考》卷 38，《宋元学案补遗》卷 49
建宁路崇安	江　志	事熊禾，私淑文公	《闽中理学渊源考》卷 37、《闽书》卷 128
建宁路崇安	李　文	游熊禾之门，声闻四驰	《闽中理学渊源考》卷 37
建宁路政和	陈楠老	著述不详	《闽中理学渊源考》卷 38、《闽书》卷 100
建宁路崇安	虞光祖	师事熊禾，博综经史	《闽中理学渊源考》卷 37、《闽书》卷 98

（左侧纵列分区：兴化路；建宁路）

续表

地　　域		学者	学术活动或成就纪要	资料来源
建 宁 路	建宁路建安	邹天瑞	忠孝廉节	《闽中理学渊源考》卷38、《闽书》卷55
	建宁路建宁	邹文慧	讲程朱学，推为建学理学之首	《闽中理学渊源考》卷38、《闽书》卷92
	建宁路建安	雷　杭	《周易注解》，时称"雷氏易"	《宋元学案补遗别附》卷3、《闽中理学渊源考》卷38
	建宁路建安	雷　机	《易斋》《龙津》《碧玉环》《黄鹤矶》《环中》等	《闽中理学渊源考》卷38、《八闽通志》卷64、《闽书》卷57
	建宁路建安	雷德润	精于《易》，旁通诸子及律历数术	《宋元学案别附》卷3，《闽中理学渊源考》卷38，《闽书》卷50、卷92
	建宁路建阳	熊　禾	《勿轩集》《熊勿轩集》《勿轩诗集》《文公要语》《周易集疏》《勿轩易学启蒙图传通义》《三礼考略》《春秋通解》《朱文公先生小学集注大成》	《宋元学案》卷64、《宋元学案补遗》卷64、《宋元学案补遗别附》卷2、《闽中理学渊源考》卷37
	建宁路崇安	赵　若	《涧边集》	《闽中理学渊源考》卷38、《闽书》卷128
	建宁路建安	刘　边	《自家意思集》《读史摭言》	《闽中理学渊源考》卷37、《闽书》卷128
	建宁路建阳	蒋　易	《皇元风雅》《国朝风雅杂编》《鹤田文集》	《宋元学案补遗》卷92

续表

地　　域		学者	学术活动或成就纪要	资料来源
建 宁 路	建宁路建安	郑仪孙	《易图说解》《大学中庸章句》《史学蒙求》《笺注性理字训》	《宋元学案》卷70、《闽中理学渊源考》卷38、《闽书》卷128
	建宁路建安	苏　照	工诗义，善儒术，后进多师之	《闽中理学渊源考》卷38、《闽书》卷128、《八闽通志》卷66
	建宁路建安	张　复	《性理遗书》，泰定年间进士	《闽书》卷124

（二）派别

朱熹集儒家思想之大成，体大蕴邃，内容包括自然、社会和思维的诸多方面，这诸多方面之间也有许多矛盾。闽学创始者的这种思想特点，不是单个学者所能全面继承、阐扬和发展的，在传承和衍变过程中必然分化，从而形成不同的福建朱子学派别。福建朱子学在闽中漫长的传承和衍变过程中，著名学者层出不穷，其著述极为丰富多彩。

1. 经学派

福建朱子学学者坚守朱熹的治学传统，穷究古代经典，大都一生研治"四书""五经"，特别重视朱熹的《四书章句集注》。基于明初国家考试，"专取'四子'及《易》《书》《诗》《春秋》《礼记》'五经'命题"，更激发学者们研治"四书""五经"的热忱。据记载：

> "四书"，主朱子《集注》，《易》主程《传》、朱子《本义》，《书》主蔡氏《传》及古注疏，《诗》主朱子《集传》，《春秋》主左氏、公羊、谷梁三《传》及胡安国、张洽《传》，《礼记》主古注疏。永乐间，颁"四书"、"五经"《大全》（按即《五经四书大全》），废注疏不用。其后《春秋》亦不用张洽《传》，《礼记》止用陈澔《集说》。[①]

---

① ［清］张廷玉等：《明史》卷七十，《选举志》二。

这就是全国科举考试采用程朱学派的"四书""五经"注解为主。到了明永乐年间（1403—1424），胡广奉敕编的《五经大全》《四书大全》《性理大全》，专供科举取士之用。特别是，其中的《性理大全》70卷，主要选取宋儒周敦颐的《太极图说》《通书》，张载的《西铭》《正蒙》，邵雍的《皇极经世》，朱熹的《易学启蒙》《家礼》，蔡沈的《洪范皇极》等。由于皇室极力提倡，程朱学派的经学更加盛行。

福建朱子学学者极力推崇朱熹治"四书"的重义礼、轻训诂的学风。据清陈衍《福建通志》统计，福建朱子学学者关于"四书"讲义或精义之类的著作，有150多种。例如，黄日煃著《四书朱注补》，郑芳著《四书章句集注表义》，周华著《四书章句集注集说》，林希元著《四书存疑》，蔡清著《四书蒙引》等，皆为发挥"四书"道德性命的精粹著作。明嘉靖前后，晋江一地闽学学者的"四书""五经"著作占闽中总数的五分之一。漳浦的《诗经》研究响动海内外。特别是，福建闽学学者以精研《易经》闻名全国，晋江一地研《易》名家就有数十位，著作八九十种。全国研究《易经》首推晋江，而晋江又以蔡清、陈琛、苏浚三家为最。蔡清的《易学蒙引》、陈琛的《易学浅说》、林希元的《易学存疑》、苏浚的《易说》，代表了明代的易学水平。蔡清之《易》精而密，陈琛之《易》高而朗，苏浚之《易》广而大。他们的易学相表里，其共同特点是阐发和充实朱子学，羽翼朱熹。

福建朱子学学者治经，最有名的是熊禾。熊禾不仅是元代朱子学著名经学家，在全国也享有很高的声誉。他认为，"微夫子'六经'，则五帝三王之道不传；微文公'四书'，则夫子之道不著，人心无所为主"，"文公殁且百年，门人传习寖益失真。余以为文公之学不行，文公之道不传也。曩游浙中，尝因受业于敬堂刘先生，得闻文公晚年所以与勉斋黄先生、潜室陈先生论学之要旨，然后乃知文公之学，其体全体，其用大用，与世之所言第以资诵说者固不同也"。他说：

> 考亭夫子集正学大成，平生精力在《易》、"四书"。《诗》仅完书，开端而未竟，虽付之门人九峰蔡氏犹未大畅厥旨。"三礼"，虽有《通解》，缺而未备者尚多。至门人勉斋黄氏、信斋杨氏粗完《丧》、《祭》二书，而授受损益精意竟无能续之者。若《春秋》，则

不过发其大义而已……余与君相与讲切缕指盖十有七年矣，《易》、《诗》、《书》仅尔就绪，《春秋》更加重纂，则皇帝王伯之道亦粗备矣。"三礼"乃文公与门人三世未了之书……当终吾生以毕兹事。①

熊禾的著作有《四书标题》《易学图传》《周易集疏》《勿轩易学启蒙图传》《春秋通义》《春秋通解》《三礼考略》《诗选正宗》等，学术和文化价值很高，《四库全书·集部·别集类》等选录。

2. 理气体用派

由于福建朱子学正统派学者的研究，使朱子学更加完善和充实，范畴更加精密，与其他理学派别相比较具有自己的更为显著的理论特点。同时，他们卫师门最力，对有损于朱子学的其他学说严加排斥。正统派主要有黄榦、陈淳、李方子、真德秀等学者。

黄榦是朱熹的女婿，坚守师说最严。黄榦著有《论语注语问答通解》《周易系辞传解》《孝经本旨》《圣贤道统传授总序说》《朱子行状》等。特别是，黄榦完成了朱熹未完成的《仪礼经传通释》。宋末足以光其师传而为有体有用之说者，就是黄榦。体是指本体，即理、太极，用是指理之流行发用。体用关系表现为"理一分殊"，即一理散为万物，万物复归一理。黄榦说：

> 道（理、太极）之在天下，一体一用而已。体则一本，用则万殊。一本者，天命之性；万殊者，率性之道。天命之性，即大德之敦化；率性之道，即小德之川流。惟其大德之敦化，所以语大莫能载；惟其小德之川流，所以语小莫能破。语大莫能载，是万物统体一太极也；语小莫能破，是一物各具一太极也。万物统体一太极，此天下无性外之物也；一物各具一太极，此性无不在也。②

黄榦还用实际行动实践他的有体有用之学，如他在从政期间筹备边防和全民作战等。在黄榦看来，理不是寂然不动的，它通过阴阳五行化生男女雌雄及丰富多彩的世界万物。这就把朱子学思想中世界统一性和多样

---

① ［元］熊禾：《勿轩集》卷三、《考亭书院记》卷二、《送胡庭芳序》卷二、《送胡庭芳后序》。
② 《勉斋集》卷一，《复叶味道书》。

性的问题更加具体化了。

朱熹提出的道统论，已把其本人放入孟轲之后道统的继承者之中，但是朱熹本人不好说自己在道统中的重要地位。黄榦把"传承道统"看作是朱熹的最大成就，并把道统的内涵概括为"主敬以立其本，穷理以致其知，克己以灭其私，存诚以致其实"四句，是符合朱熹思想的。①

在朱熹门人中，陈淳被认为是学术最醇正、卫师门最力者。他对朱子学的最大的贡献是谨守朱子家法，撰成解释理学名词概念的名著《四书性理字义》。如他对太极的论述，很符合朱熹的意蕴。他说：

> 太极只是理，理本圆，故太极之体浑沦。以理言，则自末而本，自本而末，一聚一散，而太极无所不极其至；自万古之前，与万古之后，无端无始，此浑沦太极之全体也。②

陈淳把太极当作一物。所谓浑沦，即像云雾一样，犹张载谓气聚散于太虚。陈淳认为，理在社会生活中表现为仁。人能事事按天理，纯是天理便是仁。他还把心视为一物，并谓"合理与气方成个心"。陈淳使朱熹的学说更加精密细致，特别是在理气、心性方面发挥了朱子学。

李方子以所闻录朱熹训语 200 多条，朱熹对其评价甚高。明末清初黄宗羲在讲到李方子时说：

> 性端谨纯笃。文公谓之曰："观公为人，自是寡过；但宽大中要规矩，和缓中要果决。"遂以"果"名斋。居家竟日危坐，未尝倾侧；对宾客一语不妄发。……（李方子）尝曰："吾于学问，虽未能周尽，然幸于大本有见处。此心常觉泰然，不为物欲所渍尔。"③

李方子对闽学的最大贡献是撰《紫阳年谱》3 卷。南宋魏了翁说：

> 吾友李公晦方子尝辑先生之言行，今高安洪史君友成为之锓木，以寿其传。高安之弟天成属余识其卷首。呜呼！帝王不作，而洙泗之教兴，微孟子，吾不知大道之与异端果孰为胜负也。圣贤既熄，

---

① 《勉斋集》卷三，《圣贤道统传授总序说》。
② 《宋史》卷四百三十，《陈淳列传》。
③ 《宋元学案》卷六九，《沧洲诸儒学案》。

而关洛之学兴，微朱子亦未知圣传之与俗学果孰为显晦也。韩子谓孟子之功不在禹下，余谓朱子之功不在孟子下。余生也后，虽不及事先生，而与公晦及辅汉卿广，昔者尝共学焉。①

李方子的《紫阳年谱》虽早已失传，但它是最早的朱熹年谱，后来出现的几十种朱熹年谱大都沿袭李谱之体例。

真德秀未亲炙朱熹而私淑之，一般称其为朱熹的私淑弟子。真德秀师事朱熹门人詹体仁，应是朱熹再传，不能算是朱熹的私淑弟子。他的著作有《大学衍义》《读书记》《四书集编》《心经》《文章正宗》等。真德秀的学术成就很高，清张伯行说："得孔孟之心传，可以继文公后而成一代大儒也。"② 他深刻地发挥了朱熹的理不离器的思想。他说："一物一器，皆有形而下之象及形而上之理也。如灯烛为器，其所以能照物，则理也。余可类推。"③ 真德秀墨守朱熹学说，其思想没有跳出朱熹学说的范围。

在"庆元党禁"时期，朝廷宣布朱熹为伪学罪首，朱熹门人有的遭到迫害，如蔡元定被流放至道州而死；有的害怕受牵连而离去。这时真德秀却不为时论所动，以传播朱子学为己任，讲理学，行理学，极力向朝廷建议解除学禁，发扬朱子学。

福建朱子学正统派，知名者还有元朝的韩信同（字伯循，号古遗，1266—1347，宁德人）。他一生未应科举，入元不仕。他是朱熹四传弟子（即朱熹——辅广——韩翼浦——陈普——韩信同）。韩信同极力推崇朱熹的《四书章句集注》。他主张躬行实践，强调切己工夫。韩信同说："读《论》《孟》不知以门弟子所问为己问，孔孟所答为己闻，非善为'四书'者也。"④ 韩信同的著作有《四书标注》《三礼图说》《易经旁注》《诸史类纂》等。邱葵（字吉甫，号钓矶，同安人）一生未仕宦，始终以朱子学为依归。据记载：

---

① ［宋］魏了翁：《朱子年谱序》。
② ［宋］真德秀：《西山文钞》卷首，《西山文钞序》。
③ 《西山文钞》卷八，《西山问答》。
④ 《宋元学案》卷六四，《潜庵学案》。

　　亲炙吕大圭、洪天锡之门最久。风度端凝，如鹤立振鹭。宋末科举废，杜门励学，不求人知……所著有《易解义》……元时倭寇至其宅，他无所犯，惟取遗书以去，故其著述多无传。①

黄师雍（字子敬，福州人）特别强调名节，"元降御笔，但云守官无本，官职之辞观文之命"。② 方公权（莆田人）在宋曾任广州教授、太常主簿，入元不仕，固有气节，人称石岩先生，著《古易义》。③ 此外，还有敖继公（长乐人）中进士后归里务农；梁友直（福州人）隐居治学，以朱子学为精神支柱；吴海（福州人）虽生活在元末，也未曾出来做官。元代闽学学者知名者还有宁德人陈自新，长乐人欧阳佹、郭隆，邵武人黄镇成、黄清老，莆田人陈旅、刘有定，建瓯人张复、雷铉，龙溪人林发，等等，都忠实于朱熹的学说，属于福建朱子学正统派。

　　明代知名福建朱子学学者大都忠实于朱熹学说，属于朱子学正统派。如林雍（字万容，龙溪人）笃信朱子学，据记载：

　　请进周惇颐、程颢、程颐、朱熹于颜、曾、思、孟之后，列为八配，又请祀陈淳两庑。……从布衣陈先生真晟相师友，日与徒侣，讲明正学……清风高节，海内倾仰。漳人谓北溪之后，得正学之传者真晟与雍二人配。④

林玭（字廷珍，侯官人），以《易》学倡导东南，"从游者屡满，蔡文庄清亦往师焉"⑤。

　　在清代，李光地虽提出"徒以言出夫子（按指朱熹）而不敢疑之也，又乌能信"⑥ 的朱子学研究方法，但是他是根据朱熹的某些观点和当时社会的需要说的，他在清代朱子学的复兴和重新走向正宗地位上起了决定性的作用。因此，李光地仍属于闽学正统派。特别是，李光地全面研究

---

① 《闽中理学渊源考》卷三十三。
② 《宋史》卷四百二十四，《黄师雍列传》。
③ ［韩国］李退溪：《宋季元明理学通录》，见《增补退溪全书》（三），首尔成均馆大学校大东文化研究院，第496、520页。
④ 《闽中理学渊源考》卷八十一。
⑤ 《闽中理学渊源考》卷四十三。
⑥ ［清］李光地：《榕村集》卷八，《尊朱要旨》。

《朱子语类》140 卷和《朱子文集》100 卷，摘录其精华，成《朱子全书》100 卷，对朱子学此后的传播起了巨大作用。综观《朱子全书》的诸多部分，确实抓住了朱熹的基本思想，充分地反映出了李光地的闽学正统思想。此外，清代的蔡世远、雷铉等也属福建朱子学正统派，上边已有讲到。

3. 象数派

福建朱子学象数派开始于朱熹门人蔡元定。蔡元定的父亲蔡发，于"《易》象、天文、地理、三式之说，无所不通"①。蔡元定有象数学家的象数传统。蔡元定在师事朱熹过程中，通过阐述北宋邵雍的《皇极经世》，发挥其道家倾向的象数朱子学思想。蔡元定著有《大衍详说》《律吕新书》《燕乐原辩》《皇极经世指要》《地理古经》《发微论》等。蔡沈再把蔡元定的象数和朱熹的理进一步结合，撰成《洪范皇极》，形成成熟的象数朱子学思想体系。蔡元定长子蔡渊、次子蔡沆和蔡沈长子蔡模、次子蔡抗等，都治象数朱子学。蔡氏父子祖孙的朱子学象数派思想，是很全面的。

蔡元定遵循朱熹的学术方向，补充朱熹忽视象和数的问题。他的《纂图指要》是其《皇极经世指要》的前半部分，大都解释邵雍的各种象，因而"晦庵朱子谓其于康节（邵雍）之书，推究缜密"②。蔡元定认为，数即理，理即数，在天地为五行，在社会人际为五常。他把理判为阴阳，阴阳中又有阴阳，以至无穷。他说：

> 一动一静之间者，《易》之所谓太极也……阴阳之中又各有阴阳……刚柔之中又有刚柔……主乎动静，所谓太极也。③

这就补充了朱熹关于理（太极）生气（阴阳为气，五行为气之质）、气生万物（理气合一）的逻辑结构的若干环节。蔡元定的著作《发微论》，用一刚一柔来说明动静、聚散、雌雄、生死、逆顺、分合、强弱、浮沉、福祸、善淫等现象，以有形察无形，有浓厚的神秘性和宿命论。蔡元定精通天文、地理、乐律、象数、兵阵等，其《律吕新书》，一方面循着古

---

① ［宋］朱熹：《晦庵集》卷八三，《跋蔡神与绝笔》。
② ［明］胡广：《性理大全书》卷七，《皇极经世书一》。
③ 《性理大全书》卷八，《皇极经世书二》。

代音乐中十二律（十二个音调）的规则；另一方面运用象数把十二天干配上十二律，把一年中的十二个月附会在上面。他把作为阳律的蕤宾生阴律大吕，汉时是下生，他改为上生；汉时十二律中大吕、夹钟、仲吕三个阴律是由下生推算出来的，而他改为由上生而推算出来。从科学的观点来看，这种改变都是比较合理的。蔡元定的"《律吕新书》发千古之蒙昧"①，成为中国音乐史上的名著。

朱熹说："季通平生著述多谦让，寄寓于某书集中云。"② 朱熹的《易学启蒙》是蔡元定起草的，其《四书章句集注》他也发表了很多意见。

蔡沈是蔡元定的季子，是朱熹门人中最有创见者。他根据朱熹的理和蔡元定的象数，构成自己具有象数学特点的朱子学思想体系。他用北宋邵雍的《皇极经世》分析《尚书·洪范》，著《洪范皇极》和《书经集传》两书。《洪范皇极》像蔡元定的《皇极经世指要》阐发阴阳、刚柔一样，通过 81 个范畴论证天地、理气、体用、动静等，以至接触到的动植物等自然现象。《书经集传》是应朱熹遗嘱所撰的，其中有一部分是朱熹的初稿整理而成的。是书不少地方独出新意。

此外，南宋的林光朝（字濂之，莆田人）和其三传弟子林希逸（字肃翁，号鬳斋，福清人）是当时知名的象数朱子学家。他们和蔡氏父子祖孙同时，是相互影响的。林光朝著《易解》，林希逸著《易讲》。他们根据理学象数学、儒家易学、老庄道学深究何晏、王弼玄学，把阴阳家和道家的辩证法思想结合起来，构成为象数朱子学辩证法思想体系。

明代著名的朱子学家张岳，其思想掺杂了浓厚的象数学观点。如张岳说：

> 有象则有数，盈天地间皆象也。因象起数皆可显造化之体，惟其所起有偏全，故其显于是者时有不神尔。③

这是用象数来说明一理与万殊的关系。

明代象数朱子学著作特别多：张廷芳的《易经十翼章图蕴义》、黄克复的《易备忘》、温良的《易经讲义》、李聪的《易经外义发凡剔要》、李

---

① ［清］蓝鼎元：《棉阳学准》卷五，《道学源流》。
② 《闽中理学渊源考》卷二十五，《备考》。
③ ［明］张岳：《小山类稿》卷十一，《太玄集注序》。

逢期的《易经随笔》、郑贤的《易说》、诸葛俊的《易经集说》、黄志清的《易说》、蔡存远的《周易正说》、项忠的《易说》、陈敦豫的《易经典引》、史于光的《易经正蒙》、邱瑷的《易说》、林文明的《易经草说》、林性之的《易经浅说》、蔡润宗的《易经正言》、黄光昇的《读易私议》、王宗澄的《易经儿说》、蔡元伟的《易经聚正》、赵建郁的《周易说》、史朝宜的《易说》、张汪的《易注》《易释》、翁尧英的《易传节解》《太极图说》、郭文焕的《易经注解》《太极图注释》、李贽的《九正易因》、许天琦的《易学管见》、孙振宗的《易学说约》等。

清代象数朱子学著作有：王命岳的《杂封牖中天》、陈迁鹤的《论易》、蔡方升的《易解参考》、丁莲的《易经萃解》、李基丰的《易经初进集解》、薛人龙的《周易说约》、谢巩的《易经提要》、黄国仪的《易经集说》《大象集说》《周易牖中天》《象辞集说》《序卦集说》《说卦集说》《杂卦传集说》《易大传上下集》《反对象义》《采集易图说》《毛春庄易说》《章本清易说》《易经全图》《天然图》《易原》、吴映的《周易令辑》、蔡澄的《周易解题纪要》《变卦图说》、庄名夏的《周易象解》《易经精说》、施世湖的《参订陈紫峰易经浅说》、柯廷瓒的《易经发蒙》、柯廷璟的《周易解》、林滨海的《易系辞解》、释海印的《周易说》等。

清代著名的朱子学家童能灵，其"三才"统一说含有浓厚的象数学思想。他根据古代河图、洛书的传说，编造出一套天、地、人的图式，用以推断自然界和人类社会的变化。在童能灵看来，在理、数、象的关系中贯串了数。这是符合朱熹的《易》学思想的。

4. 理心折衷派

朱熹在世时，就有心学派陆九渊的弟子转来向朱熹求学。他们的学术，大都折衷于朱陆之间，主理心折衷。例如，包氏三兄弟，本为陆九渊的门人。陆九渊去世后，高宗绍兴九年（1139年）一月，包扬（字显道）带生徒14人，诣朱子精舍中，执弟子礼。当时，朱熹"令（黄）义刚（显道）问所以来故"，了解何以离开陆门而来朱门求学。朱熹次日即"皆依精舍规矩，说《论语》"。[①] 包扬之兄包约，字详道；包扬之弟包

---

① 《朱子语类》卷一百一十九，《训门人七》。

逊，字敏道。清黄宗羲说："包显道、详道、敏道，同学于朱、陆，而趋向于陆者成分为多。"并谓他们"喜谈禅"。

对于包扬，黄宗羲又说：

> 先生（按指包扬）在南丰（江西）时尝诋朱子。有"读书讲学，充塞仁义"之语。朱子以告象山。象山亦大骇，答以"此公好立虚论，须相见时稍减其性"。后遗显道书，责其怪。及象山卒，显道率其生徒诣朱子精舍中，执弟子礼。蔡季通（元定）之贬也，朱子将为经营。显道以福祸已定，不必徒加劳攘。朱子善之。然显道尝葺朱子语为四卷，今多载入《语类》中。其间有显道平时之言，托于朱子。如所载胡子《知言》一章，以书为溺心志之大窜者。后黎靖德编朱子语，始削去之。①

朱熹主要训其勿以清虚寂灭滔溺其旨，即指责其禅学、心学倾向。

元代的福建朱子学理心折衷派首推陈旅。陈旅（字众仲，莆田人）官至国子监丞。其论著辑为《安雅堂集》。他推崇朱子学，又有明显的陆九渊心学倾向。他讲朱学，兼主陆学。他竭力反对朱陆两家门户之见，主张两者融合为一。

明朝的陈茂烈主张朱子学应吸取陈献章心学的内容。陈茂烈（字时周，莆田人）官至监察御史。其著有《省克录》《静思录》等。他曾奉命出使广东，受学于陈献章之门，接受了其"以心为本"的观点。他认为，朱熹哲学的矛盾，就是在于心与理没有完全合一，因而用力之方也就无法一致起来。他提出在静坐中体会心本体即理，因为没有离开心的理。明朝的林希元也具有明显的理心折衷派观点。林希元说：

> 朱陆之辩近日纷纷，皆所谓矮人看场者。来教谓恐未实着力是也。譬之金，朱子如百炼之金，陆子煅炼之功或未至。要之，皆真金也。今人则以铜而包金者耳，何以论金哉！②

林希元对朱陆之辩有比较客观的看法，认为其本质是一致的。像林希元

---

① 《宋元学案》卷七七，《槐堂诸儒学案》。
② ［明］林希元：《林次崖先生文集》卷五，《与舒国裳修撰同年书二》。

这样不以门户之见对待异己学说，不能不说是一种科学态度。明朝马明衡（字子莘，莆田人），曾受业王阳明，崇尚王学。有人认为，福建有王学，应自马明衡始。他又信仰朱子学。他认为，在事事物物上穷理，不能明吾心之德。因此，他提出心与理应该是一，不能是二。心与理合一才能知与行一致。他著有《尚书疑义》《子莘集》等。

此外，具有理心折衷倾向的知名福建朱子学学者，还有莆田的方重杰、林有年，晋江的王仕重，邵武的王岳、朱昂，泰宁的黄克正，福清的卓帮清，漳平的曾汝檀、陈九叙，等等。

5. 三教合一派

福建朱子学三教合一派，主张儒、释、道融合为一，其代表人物有元朝黄镇成、明朝林兆恩等人。

黄镇成（1288—1362，字元镇，号存斋，邵武人）著有《易通义》《尚书通考》《秋声集》等。黄镇成崇尚朱子学，又相信心学，主张理心合一，认为理与心不能分开。他由此反对迂阔空疏之言，强调经世致用。他具有民族气节，元朝政府屡请不仕，筑室南城耕读，号田耕舍。

林兆恩（字懋勋，号龙江，1517—1598，莆田人）著有《三教历代会编要略》《宇合篇》《林子》等，世称三教先生。他30岁前治朱子学，后兼治道、释，倡三教归儒说。他所谓三教一门，就是儒、释、道在理气心性上的一致性。他主张，儒教道德伦理日用以立本，道教修心炼性以入门，释教虚心本体以极则。他为了使佛、道人伦世俗化，要求和尚、道士娶妻生子，"三纲之，五常之，士之，农之，工之，商之，而与儒教为一"[1]。今吕景琳说：

> 在林三教所设计的社会中，没有儒释道的严格区分而只有士农工商的职业不同，人伦礼教是这个社会的纲维和轴心，而三教则是人们唯一虔诚的宗教信仰。[2]

林兆恩的"三教合一"，已把儒学变成儒教，超出了朱子学的范围。

---

① [明]林兆恩：《林子全集》，利部。
② 吕景琳：《李贽与明末三教合一思潮》，见《中国文化研究集刊》第1辑，复旦大学出版社1984年版，第237页。

6. 经世致用派

在福建朱子学的衍化过程中出现经世致用派，是时代的需要。

朱子学的理本论体系，一开始就受到南宋主气者陈亮（字同甫，1143—1194，浙江永康人）、叶适（字正则，号水心，1150—1223，浙江永嘉人）等人的批判。他们反对朱熹的"理在气先"，强调"理在气中"。到了明代，主气者罗钦顺（字允升，号整庵，1465—1547，江西泰和人）直接批判当时著名的福建朱子学家林希元。[①] 特别是到了清初，气学家王夫之（字而农，号薑斋，1619—1692，湖南衡阳人）、戴震（字慎修，号东原，1723—1777，安徽休宁人）等，直接分析朱熹格物践履学说的错误之所在。福建朱子学学者在受到这些人的批判后，有的逐步认识到朱子学的弱点，或多或少地吸取气论的一些因素，从而福建朱子学学派中逐步分化出一批具有气学思想因素的学者，形成为经世致用重要派别。早在南宋朱熹门人陈淳那里，就讲到"太极只是浑沦"[②]。用浑沦释理，已含有气论的因素。到了明代，多个福建朱子学学者具有气学倾向。例如，明朝王春复（字学乐，晋江人）官至广西布政使等，著有《四书疑略》《周易疑略》等。他在任江西泰和县令时，结识罗钦顺，接受其对王阳明心学的批判和朱子学的改造，提出"理不离气""理气为一""格物即亲手习其事"等。明朝李廷机（字尔张，晋江人）官至大学士，著有《宋贤事汇》《汉唐宋名臣录》《易经纂注》《性理经要》等。他是陈琛门人，在陈琛闽学基础上，提出经世致用说。明朝林俊（字待用，莆田人）官至刑部尚书，著有《尚书精蕴》《西经解》等。他推崇朱熹哲学中的气论，并以此探索荀子、韩非、张载的气论，提出理是物之理，理是物之然，气是事物的本体，用气论观点改造理学。

六　福建朱子学的两大领域

福建朱子学的重大特点和优点，是著述的义理诠释与事迹考察的辨

---

① ［明］罗钦顺：《困知记》附录，《答林次崖金宪》。
② ［宋］陈淳：《北溪字义》卷下，《太极》。

析并行，形成福建朱子学研究的两个大领域。

对于著述的义理诠释，就是历来学者们对朱子学的研究。这里主要说明事迹考察的辨析。

福建朱子学思想的核心命题是"性与天道"，论及经学、哲学、道德、宗教、文学、美学、科学、教育、史学、政治、经济等中国文化的诸领域。性，即人性，闽学家也讲物性。先秦典籍《中庸》说："天命之谓性，率性之谓道，修道之谓教。"《易·乾卦·象辞》说："乾道变化，各正性命，保和太和，乃利贞。"提出性、道、教三个范畴。福建朱子学家们沿着这三个范畴，综合《大学》《论语》《孟子》等，探讨"性与天道"的问题。

福建朱子学思想体系的出发点是天理论。他们所继承的是儒家的"为己之学"，朱熹之后的闽学学者称之为"治心之学"，把成就"内圣成德和外王事功"作为核心价值。福建朱子学是由躬行践履来展示自己的天理论思想体系的。一般处理朱子学思想之不当，乃是由于受到西方主客观相分立二元论思想的影响，先由其形上学天道观讲起，然后才讲他的心性论、践履论，这样的讲法是整个的本末倒置，以致把握不到朱子学思想的核心价值之所在。

朱子学的创立者朱熹，是由"中和"问题的参究把握住制心的枢要的，其天理论之形上学由此逼出。这就是遵循孔子的下学（日用践履）上达（心性理天）的"为己之学""内圣之学"之教的。朱熹说：

> 道学不明，元来不是上面欠却工夫，乃是下面元无根脚。若信得及，脚踏实地，如此做去，良心自然不放，践履自然纯熟，非但读书一事也。[①]

这种由具体体会抽象的思维方式，福建朱子学学者是代代相传的。直到清代，著名的福建朱子学家李光地奉旨纂辑《朱子全书》，仍是从小学、大学起，然后及于天道性命之说。清张伯行在讲到明知名闽学家陈真晟时说：

---

① 《朱子语类》卷十四，《大学·纲领》。

> 吾儒之学则不然，以穷理为端，以力行为务，体之于身，而实推之于家国天下而无不当，至语其本源之地，不过日此心之敬而已。①

这就是说，朱子学是门唯理的和实践的学问，是以格物穷理和居敬存养并进互发为主旨的新儒学。他们遵循程氏的"涵养须用敬，进学在致知"的教导，将居敬存养即实践工夫作为学说加以提倡。这是闽学所独具的特色。闽学的居敬存养包含两个要素：一是内在的心性存养，二是对天理的体认。这两者是紧密地联系着的，是不可分割的整体。

福建朱子学学者是思想家、哲学家、教育家，更为重要的是文化家。在朱子学思想的研究中，学者们应特别注重其以文教化的功能。朱子学家以言教人，更为重要的是以身教人。朱熹所到之处叫"过化处"，是其后历代文化教育和精神文明昌盛的中心。直至今天，反复走"朱子之路"，已成为精神文明建设的一个途径。

福建朱子学的事迹考察辨析之所以成为研究的一大领域，就是因为朱子学是"为己之学"，是"内圣之学"，福建朱子学家们概括为"治心之学"。朱熹所到之处为"过化"，就是因为朱熹以身教人。明福建朱子学家陈真晟认为，要先得朱子之心，"拳拳以主敬穷理修己为首训，以口耳浮靡之习为痛革，正与程氏心教之法相表里，真所谓大哉皇言者矣"，"乞请补程朱心学以端国本，澄治源而正风化"②，"主敬穷理"就是治心。清福建朱子学家童能灵说：

> 心者万化之源，由心而著之于身，则为言行；由心而施之于事，则为政教。故古人之学必先有以治其心。治心之道奈何？曰：必欲其清而不欲其浊也，欲其定而不欲其扰也……由是内以检其身而枢机不失，外以施诸事而政教旁达焉。③

为了阐发朱熹的治心之学，陈真晟著《心学图说》，把主敬存心（穷理）和知行并进两个方面结合起来，强调"治心修身"是朱子学的入门要道。④

---

① ［明］陈真晟：《陈剩夫集》，张伯行《原序》。
② 《陈剩夫集》卷二，《再上当路书》。
③ ［清］童能灵：《冠豸山堂文集》卷二，《澄心堂碑记》。
④ 《陈剩夫集》卷二，《答耻斋周荐举人书》。

闽学的心学与心学派的心学是根本不同的，前者为认识论和道德修养论，后者则是本体论。对此，清张伯行在讲到陈真晟时有深刻的分析。他说：

> 或问余曰：陈布衣先生之书多言心学，近世立言之士谓心学，异端之教也。先生以之为言可乎？予应之曰：横渠谓观书当总其言以求作者之意；如不得其意，而徒以言，则圣贤之言，其为异端所窃而乱之者，岂可一二数！孔子言道德，老子亦言道德；言道德同，而其为道德者不同。吾儒言心，释氏亦言心。孔子曰：从心所欲不逾矩。孟子亦曰：学问之道无他，求其放心而已。释氏乃曰：即心即佛。是释氏徒事于心，何尝知学。吾儒之用功则不然，以穷理为端，以力行为务，体之于心，而实推之于家国天下而无不当。至语其本源之地，不过曰：此心之敬而已。自尧舜以讫周公、孔子，自孔子以讫周、程、张、朱，未有能舍是以为学者。上蔡谢氏曰：常惺惺法，在吾儒言之则为敬，在释氏言之则为觉。先生之言心，不过谓其活变出入无时，非主敬无以操持之也。可与异端之虚无寂灭同日语哉！先生取圣要四说系于法天之图，曰主一无适，曰整齐严肃，曰常惺惺法，曰其心收敛不容一物。嘻！尽之矣！[①]

可见陈真晟言心与心学派言心，字句相同而实质不同，正如孔子、老子皆言道德，其含义各异；子思、陆九渊皆言尊德性，其本质不同；韩愈、朱熹皆言道统，而途径背驰。

福建朱子学的这套修养工夫，展现出朱子学的丰富多彩的文化内容和实用价值。福建朱子学是成熟心智、健全人格、安身立命之学。

七　福建朱子学研究的价值意义与方法

福建朱子学的传承与衍变，到清末民初基本终结，其后是对它的研

---

① 《正谊堂文集》卷七，《陈布衣文集序》。

究与发扬，古为今用。

　　在中国近代，西学东渐，压制国学。特别是五四时期，把国家的落后、民族的受辱归罪于传统文化，"打倒孔家店"，朱子学受到严厉批判。但是，曾国藩、唐鉴、张之洞、严复、辜鸿铭、冯友兰、梁漱溟等，推崇维护朱子学。唐才常的《〈朱子语类〉已有西人格致之理条证》（1898年）、谢无量的《朱子学派》（1916年）、辜鸿铭的《中国文明的历史发展》（1924年）、周予同的《朱熹》（1929年）、吴其昌的《朱子之根本精神——即物穷理》（1930年）、唐文治的《紫阳学术发微》（1930年）、吕思勉的《理学纲要》（1931年）、陈中凡的《两宋思想述评》（1931年）、冯友兰的《朱熹哲学》（1932年）、姚廷杰的《朱学钩玄》（1934年）、高名凯的《朱子论心》（1935年）等，是这个时期重要的朱子学著作。这些著作的作者，都是这个时期知名的学者，他们都十分肯定朱子学的学术文化价值，特别是试图从其"即物穷理"等思想中梳理出现代科学意识，寻求中国现代化的文化传统精神。

　　民国十九年（1930年）阴历九月十五日朱熹诞辰前后，全国学术界开展了纪念朱熹的活动，全国性报刊出版专号。如12月27日，上海《大公报·文学副刊》出版专号"朱晦翁诞生八百年纪念"，刊出吴其昌《朱子之根本精神——即物穷理》等多个知名学者的文章，发扬朱熹的文化思想。在朱熹长子朱塾的出生地建瓯博士府举行了祭祀"朱文公诞辰八百周年"，持续3天。

　　到了现代，朱子学被认为是唯心论，曾一度受到批判。特别是20世纪后半期，"文化大革命"期间，在"批林批孔"运动中，南方批判"孔子第二"朱熹，朱熹及其后学的思想受到严厉批判，福建朱子学事迹受到不同程度的破坏。如当时出版的《朱熹的丑恶面目》《朱熹丑史》《批判朱熹专辑》等，书内目录和文章题目就使人啼笑皆非，诸如"反理学的鼓吹者""反法的急先锋""两面三刀""朱熹理学是杀人的软刀子"等。[①]但是，正是在这十分严峻之时，福建人极力维护福建朱子学的事迹和其

---

　　①　分别是上饶地区革命委员会政治部宣传组等编写《朱熹的丑恶面目》，江西人民出版社1975年版；福建师范大学历史系工农兵学员批判朱熹小组编写《朱熹丑史》，福建人民出版社1976年版。

学说。在闽北，知名者有张木良、马照南、朱清、蒋步荣、金文钦、朱庆珪、黄向阳、庄炳璋等。厦门大学教授陈在正、周祖譔、李家田、高令印等，被上级派至闽北"批林批朱"，他们不仅不批朱，还保护和搜集大量朱子学事迹，如在建瓯发现丢弃于乱石中的朱熹"对镜写真题以自警"石刻碑，极其珍贵。后来高令印撰写出版的《朱子事迹考》，主要依据这个时期搜集的文献。当时，厦门大学校刊室下放闽北的干部陈天霖，把朱熹在闽北的遗迹大部分拍摄成照片，撰写成《武夷山水》一书。[①] 所有这些，都在严峻时期保护了朱子学事迹和传播了其思想。

改革开放后，基于精神文明建设和物质文明建设相结合，中国社会科学院、全国中国哲学史学会等国家学术单位和知名学者，倡导研究和发扬宋明理学。1981 年 10 月由全国中国哲学史学会等举办的"杭州宋明理学研讨会"、1987 年 12 月由厦门大学等举办的"厦门朱子学国际学术会议"，邀请美国、日本等海外学者参加，引导了而后国内外研究程朱理学的大方向，省内外以至国外形成研究朱子学的热潮。在福建，专业和业余工作者，特别是省市县方志工作者，运用马克思主义的观点和方法，全面开展福建朱子学的理论研究和资料搜集工作。福建朱子学的主要人物大都成立研究会、宗亲会、基金会，以闽学和闽学人物为纽带深入开展闽台文化交流活动，对祖国的统一和团结作出了很大的贡献。

当今世界对儒家思想现代化掀起研究热潮，自然对集儒家思想之大成的朱子学也加以特别重视。几年来，国际间频繁地举行朱子学和与朱子学有关的国际学术会议，特别是对朱子学的分支韩国退溪的研究热潮，对福建朱子学研究产生了很大的影响和促进作用。数十年来，福建对朱熹之后朱子学故乡福建朱子学的衍变和发展，它在福建开发和文明中所起的重大作用，以及它在国外的传播和影响等，很多学者进行了深入的研究，频繁地举行形式不断翻新的有关福建朱子学的活动，如研讨会、文化节、宗亲会、"走朱子之路"等，在学术、文献搜集整理上都取得了很大的成绩。

对朱熹之后的福建朱子学，它在故乡福建的衍变和发展，南宋元明

---

①　陈天霖：《武夷山水》，福建人民出版社 1980 年版。

清时代已有些学者进行研究。但是，他们所撰写的闽学"源流""渊源考"，以及"道南原委"之类的著作，多为罗列人头的记传体，大同小异，没有全面综合论述闽学的一般特点、历史作用和社会价值，对我们今天研究福建朱子学无多大借鉴之处。

我们今天研究福建朱子学，在资料上要全面搜集，在观点上要发凡起例，运用马克思主义的观点和方法进行综合分析。古为今用，对照富强、民主、文明、和谐、自由、平等、公正、法治、爱国、敬业、诚信、友善等社会主义核心价值观念，为提升现代人的思想文化水平服务。习近平总书记说：

> 要加强对中华优秀传统文化的挖掘和阐发，使中华民族最基本的文化基因与当代文化相适应、与现代社会相协调，把跨越时空、超越国界、富有永恒魅力、具有当代价值的文化精神弘扬起来。[①]

只有从这样的高度去认识福建朱子学思想的地位和价值，紧密地结合着社会主义建设和国家文化发展战略，努力实现其创造性转化、创新性发展，才能不断地提升福建文化的软实力、影响力和竞争力，把闽学文化打造成国家级、世界级的文化品牌。

在福建朱子学的研究上，过去纯学术的经院式的研究，扼杀了朱子学的生机和价值。因此，必须开启研究的新境界，用解释的方法代替阐述的方法，在"应用"上下工夫，挖掘福建朱子学思想的借鉴、启示价值。首先，在福建朱子学的观念中有今天人们照着做的部分。时代在前进，总要从已积累的哲学文化总体中把符合进步潮流的成果转化为现时代的文明。如"仁义道德"，其共性、超越性就适应现代社会。仁是确立人的主体性格，说明人的存在和价值；义则规定人在言行和思想中必备的德性素质，二者显示出人之所以为人的本质存在。朱熹说："仁者，人之所以为人之理也。然仁理也，人物也，以仁之理合于人之身而言之，乃所谓道者也。"[②] "仁义道德"是常理常道，我们今天可以照着做。其次，赋予某些福建朱子学观念以现代价值。此即所谓"旧瓶装新酒"，亦

---

① 《习近平谈治国理政》第二卷，外文出版社 2017 年版，第 340 页。
② 《四书章句集注》，《孟子集注》卷七，《尽心下》。

即冯友兰所说的"抽象继承法"。朱熹说："释言空，儒言实。释言无，儒言有。……释氏虚，吾儒实。释氏二，吾儒一。释氏以事理为不紧要而不理会。"① 就是在佛家的空理中填进实理，便成为儒家的思想。利用佛家的外壳，装进新的内容。实际上，佛家的"月印万川"是朱子学家"理一分殊"的来源之一。再次，创造性的诠释。中国古代经今文学，有所谓"六经注我"等命题②，主要就是创造性的诠释。对于朱子学的命题、观念，不仅指出其本意是什么，可以进一步指出应当、应该说什么，从中启发、引申出什么，等等。"应用"是一种加工、启示，可以保留其框架，装进新的内容，肯定其积极因素，抛弃其消极因素，从中悟出一些道理，这些道理可能是朱子学家们本人也没有想到的，像有人从八卦中悟出二进制那样。例如，朱子学家的教学方法与现代教学改革、人才培养，朱子学家们办书院的经验与当今社区书院的创办，朱子学家道德教育的得失与现代道德教育的结构，朱子学的伦理思想与现代的社会病，朱陆之争与现代学术争鸣，等等。现在有人撰写《朱子学启示录》之类的具有强烈时代感和现实感的著作。这种开启朱子学研究新境界的势头，是时代和现实的要求和需要，是福建朱子学研究的正确方向。

福建朱子学在新儒学中特别突出的特点，是强调成贤成圣，是"治心"之学，是"内圣外王"之学。以传统方式按学科分类、不同角度的研究已趋向饱和，再这样继续下去，会在过去已涉及的理、气等问题上兜圈子，难有突破性的进展。特别是，很多研究成果缺乏可读性和普及性，作者群即读者群，在朱子学著作的范围内反反复复，扼杀了其思想的生机和文化价值。因此，必须继往开来，开发出福建朱子学思想研究的新领域和新境界，把其成熟心智、健全人格、安身立命之学的内在本质阐发出来，成为福建文化强省建设、构建和谐社会的主要资源，为提升现时代人们的道德伦理风尚服务。

---

① 《朱子语类》卷一二六。
② ［清］章学诚：《文史通义》卷一，《内篇一·易教上》。

第一章　福建朱子学形成的社会 基础及思想渊源

福建朱子学不是历史上的一般闽中之学，它是中国古代社会后期新儒学（理学）思潮在福建地区产生发展起来的一个重要派别，它与中国古代社会后期新儒学思潮相关联、共始终，是其核心部分。因此，研究福建朱子学的产生，要从唐宋期间中国社会和思想的大局入手，探讨其产生的社会基础和思想条件。

据史学家们研究，唐宋期间，基于朝廷承认土地私有化和农民起义"等贵贱，均贫富"号召等，中国封建社会由前期往后期过渡，经济、政治、文化重心由北方往南方转移，致使福建地区产生闽学，并扩大上升为国家的主体文化思想——新儒学（理学）。这是福建地区历史的社会基础和思想条件决定的。[①]

一　福建朱子学形成的社会基础

中国古代经济重心本来在北方，到了唐宋时期逐步往南方转移。"中国古代经济重心南移的时间下限，亦即其终点，应确定在宋代。具体地说，经济重心南移至北宋后期已接近完成，至南宋则全面实现了"[②]。

学者们对中国古代经济重心南移过程之完成制定出三条标准，即"人口众多，劳力充足；主要生产部门的产量与质量名列前茅；商品经济

---

①　侯外庐等主编《宋明理学史》上卷，人民出版社1984年版，第5页。郑学檬：《中国古代经济重心南移和唐宋江南经济研究》，岳麓书社1996年版，第17页。

②　郑学檬：《中国古代经济重心南移和唐宋江南经济研究》，岳麓书社1996年版，第17页。

发达"①。我们用此标准检讨衡量这个时期福建社会的发展状况。

（一）社会的矛盾

朱熹活动的 12 世纪后半期，正是中国社会民族矛盾和阶级矛盾十分激烈的时代。在方腊等领导的农民起义沉重打击下的北宋王朝，遭受居住在中国北部的金人入侵。1126 年金兵攻陷了宋朝的首都开封，俘虏了宋徽宗赵佶和钦宗赵桓，宣告了北宋王朝的灭亡。以赵构为首的宋朝皇室退到长江以南，于 1127 年在临安建立起南宋王朝。在此以后的 150 年间，民族矛盾、阶级斗争和统治阶级内部相互倾轧极为激烈和复杂。朱熹经历并参与了这些激烈复杂的矛盾和斗争。

南宋建立后，由于金兵不断地南下入侵，南宋王朝岌岌可危。广大汉族人民展开了轰轰烈烈的抗金斗争。抗金是汉族民众的正义要求。但是，南宋王朝向金朝屈膝投降。高宗绍兴九年（1139 年），秦桧代表高宗皇帝接受和议：宋向金称臣，年贡银 25 万两，绢 25 万匹。这使民族矛盾更加尖锐了。同时，地主阶级除了利用他们的政治地位和特权大肆兼并土地外，还通过其经济地位和特权尽量购买土地，"以田私相贸易，富者贪于有余，厚立价以规利"②，致使"势官富姓，占田无限"③。这样，社会贫富更加两极化了，形成"有力者无田可种，有田者无力可耕"④ 的极其严重的社会问题。地主对农民进一步剥削，战争的负担又都落到农民身上，赋税和高利贷日重，连年灾荒，人民生活极为痛苦。据记载：

> 宋南渡，郡为近服地。考之宋郡志，常赋之外，有上供钱，有经总制钱，有物力钱，又有坑冶司银，其他名目色色不尽数。夫宋斯时何时也！君夫之仇未复，夷狄之耻未雪，正宜卧薪尝胆，计图兴复。乃君臣之间，无经国之虑，游燕湖山，日以诗酒为乐，皇子册妃，王姬下嫁，郊祀赏赉，动以数百万计。经费不赀，岁以为常。夫用之既广，取之民者必多；取之既多，则民之贫者日甚。如人四

---

① 郑学檬：《中国古代经济重心南移和唐宋江南经济研究》，岳麓书社 1996 年版，第 13 页。
② ［宋］陈均：《九朝编年备要》卷二十七，《秋七月复方田》。
③ 《宋史》卷一百七十三，《食货志》。
④ ［宋］李焘：《续资治通鉴长编》卷二十七。

肢既伤，众体残废，区区腹心无独存之理。宋之不振良有以也①。

同时，在朱熹生活的福建，特别是其家乡闽北，天灾十分严重。"（绍熙）二年（1191年）二月，大风雨雹，仆屋杀人。三月癸酉，大风雨雹，坏庐舍五千余家，禾、麻、蔬、果皆损"。"绍熙元年（1190年）十二月，大雪深数尺，查源洞寇张海作乱，民入山者多冻死。戊申，海寇浦城县，焚杀数百家"②。"南平：淳熙四年（1177年）五月庚子，大水，至于壬寅，漂民庐千余家；十六年（1189年）九月，大火，毁民居，存者无几；绍熙二年（1191年）四月，霪雨至于五月"③。因此，当时"穷谷之民，衣麻御冬，煨芋，卒岁且终其身，有不识金钱为何物者"④。由于人民实在生活不下去，反抗剥削压迫的斗争此起彼伏。单就当时朱熹生活的福建而言，特别是朱熹的家乡闽北，农民起义几乎年年发生。据记载：建炎元年（1127年），建州军校张员起义，杀死守臣张勤、转运使毛奎；二年建州卒叶侬起义，攻陷建州、福州、宁德；四年范汝为起义，攻陷建州建阳崇安、福州、南平、邵武等地。此外，绍兴十三年（1143年），在闽南暴发了以管天下、伍黑龙、满山红等人为首的农民起义，起义军攻打福建的漳、泉、汀、建四州，还进兵广东梅州、江西虔州等。绍兴十九年（1149年）春，建宁府瓯宁县回源峒社八子起义，攻破了建阳；同年夏，张大一、张大二在回源洞起义。同时，汀、漳、泉有何白旗起义。孝宗淳熙十一年（1184年），江老大又在汀州起义。

在民族矛盾和阶级斗争十分激烈的情况下，朱熹积极为朝廷出谋献策，企图缓和与解决这些矛盾和斗争。在民族矛盾问题上，朱熹站在主战派一边，一直希望收复失地，结束南宋半壁山河的局面。朱熹早年曾发表过激烈的抗金主张，批评讲和之害，提出富国强兵的政策，以抵抗金朝统治者的扩张。后来，朱熹认识到，朝廷政治腐败，国力虚弱，只有首先把朝廷纪纲整顿好，励精图治，把国家治理好，然后才谈得上抗金收复失地。因此，他曾提出解决当时社会政治、经济问题的一些改良

① 明嘉靖《延平府志》卷五，《食货》。
② 乾隆《福建通志》卷六十五。
③ 民国《南平县志》卷二，《灾祥附》。
④ 民国《建瓯县志》卷十九，《礼俗》。

方法，并在其从政数年间，用实际行动推行自己的政治主张。同时，朱熹积极进行思想理论研究，"只欲修葺小文字以待后世，庶小有补于天地之间"①。

（二）经济的发展

尽管南宋的社会矛盾尖锐复杂，作为南宋大后方的福建，经济却有很大的发展。

经济发展的一个重要因素是人口的骤增。

早在汉唐时期，北方民众就不断地移入福建地区，至两宋期间达到高潮。北宋朝廷施行土地私有制，土地兼并更加严重，贫苦农民的土地越来越少；加上北宋有契丹、西夏的骚扰，南宋有女真、蒙古的入侵，民族斗争的战场均在北方中原一带，而南方则相对稳定。特别是"靖康之难"（1126 年，金兵俘获徽、钦二帝，北宋灭亡）后，战乱更加频繁，迫使北方民众寻找生存空间，出现中国历史上又一次人口大规模地往南迁移。据记载：

> 当时入闽有三条大道，一是从分水关经崇安入闽，二是由杉关经光泽、邵武入闽。三是越仙霞经浦城入闽。三条入闽大道都在闽北，而闽北山青水秀，社会安定，故避乱入闽的中原人士，在闽北安家者甚多。《八闽通志·风俗》："自五代乱离，江北士大夫、豪商、巨贾多避乱于此（指闽北），故建安备五方之俗。"宋知蕲州杨唤晚在宣和六年（1124 年）五月二十五日在《东阳族谱·序》中亦称："自五季丧乱，闽独僻在海隅，浦城又邻衢信，当山水无瘴疠，非若齐、秦、晋、楚九达之地。故兵革罕及，而明哲保身兹焉避者尤多。②

由于大量民众移入福建，人口急剧增加。北宋太平兴国年间（976—983）福建全路人口户数 467815；到元丰初年（约 1078 年），福建全路人

---

① 《晦庵集》卷二十五，《与吕伯恭书》。

② 蒋仁、余奎元：《朱熹学术在闽北产生的条件》，武夷山朱熹研究中心编《朱熹与中国文化》，学林出版社 1989 年版，第 154—155 页。

口户数增至 1043839；崇宁元年（1102 年），福建全路人口户数增至 1061759；南宋绍兴三十二年（1162 年），福建全路人口户数增至 1390566。① 南宋诗人陆游说：

> 自高宗皇帝至今天子，历四圣，宽赋薄征，休养元元（按应为气），岁且屡丰，公饶私余，生齿繁滋。考之《九域图》，郡户八万七千九百有奇，今增五万四千二百有奇，为户十四万二千一百有奇，可谓盛矣！而邵武一邑，独当户五万六千四百有奇，为郡境十之四则吾邑顾不又盛哉！②

陆游这里讲的只是邵武县人口的增长情况。再看福州地区人口的增长情况。据记载：

> 邦民皓首不识兵革，以故生齿繁毓。国初（按约太祖建隆年间，960—963）主客户凡九万四千五百一十；景德（按真宗年号，1004—1007）一十一万四千八百六十二；治平（按英宗年号，1064—1066）一十九万七千一百七十六；元丰（按神宗年号，1078—1085）二十一万一千五百四十六；建炎（按高宗年号，1127—1130）以来，户主二十七万二百有一，口四十万七千三百四十四。以今较之，户加建炎五之一，口加三之一。③

约在北宋前期，延平府（南剑州）56670 户，到了两宋间，增加到 157089 户。两宋期间，建宁府 197137 户、439677 口，泉州 255758 户、358874 口，等等。当时只计算户数，每户平均二三口，实际人口比这里的数字要多得多。④

　　人口的增加，劳动力资源充足，劳动者"力勤"，劳动质量高，闽学家真德秀称之为"良农"。真德秀对"良农"标准进行了总结：

> 凡为农人，岂可不勤？勤且多旷，惰复何望。勤于耕畲，土熟

---

① 参见方彦寿：《建阳刻书史》，中国社会出版社 2003 年版，第 45 页。
② ［宋］陆游：《渭南文集》卷二十，《邵武县兴造记》。
③ ［宋］梁克家：《三山志》卷十，《版籍·户口》。
④ 郑学檬：《中国古代经济重心南移和唐宋江南经济研究》，岳麓书社 1996 年版，第 199—200 页。

如酥；勤于耕耔，草根尽死；勤修沟塍，蓄水必盈；勤于粪壤，苗稼倍长；勤而不懈，是为良农。①

勤劳再加上生产技术的提高，在自然经济占主导地位的历史时期，必然促进农业生产的发展。

福建地区多山，山地约占三分之二，其余是丘陵、平原。福建的先民闽越族人数较少，较大规模的开发是北宋以来北方移民入闽之后。他们带着中原先进的生产工具与经验，定居于福建各地，成为经济发展的主力军。福建地区气候温暖，雨量充足，适合农作物的生长，农业、林业、水果业的栽种是当时经济发展的基本部分。

福建地区的农业发展，突出表现在耕山填海上，扩大了耕地面积。福建沿海人口稠密，商业发展，对农业提出较高的要求，推动农民开垦荒地海涂；重视利用土地，精耕细作。南宋初年，福建耕地面积达11万多顷以上，比北宋初年增加了很多。

同时，还兴修水利。水利建设当推福州、泉州、连江、莆田等为最。连江知县曾模，"开浚东湖塘二十余里，造水闸，筑岸塍一百二十余所，溉田二千余亩"。还有赵汝愚疏治福州西湖，灌溉附近土地等。最为有名的是神宗熙宁年间（1068—1077），李宏在莆田筑木兰陂灌溉莆南平原。据记载：

> 李长者弘，应诏相地木兰山下为今坡。地在钱下林上，溪广水漫，布石柱三十二间，纵横钩锁，上下数里，布长石，浪不能啮干流溪，南行为大沟七，小沟一百有九，以分受之，长四十余里，广十余里。创洋城、林墩、东山三斗门，泄水入海。②

木兰陂遏溪通渠以溉南洋，灌溉莆田木兰溪以南的广大平原。木兰陂是当时最大的水利工程。此木兰陂现存，是国家重点文物保护单位。

当时，就闽北的水利建设来说，浦城有陂坝520座，建安有陂坝255座，邵武有陂坝129座。普遍地出现用筒车灌溉高田，并出现水碓。这

---

① 《真西山文集》卷四十，《福州劝农文》。
② 以上见［清］陈池养：《莆田水利志》卷一，《木兰陂图说》，咸丰刻本。

就使农业种植品种和收获量大大增加。①

　　杨时在萧山任职时，仿福建的水利建设，主持疏通萧山湘湖，灌溉九乡 13 万亩，至今仍造福于当地人民。

　　朱熹在提举浙东常平茶盐公事期间，台州先旱后涝。朱熹在台州造六闸。现遗址仍存。

　　在人们衣食中占主导地位的棉花，是宋代福建人由海外引进来的，然后再传播至全国。"木绵一名吉贝，谷雨前后种之，立秋时随获所收。"种子以"惟中间时月收者为上，须经日晒燥，带绵收贮，临时者再晒"。苗高 2 尺，打去冲天心。棉桃成熟时"旋熟旋摘，随即摊于箔上，日曝夜露，待子粒干，取下制造"，即取下轧花去籽。② 可见，当时棉花生产技术已相当科学。朱熹父朱松有咏吉贝诗：

　　　　炎海霜雪少，畏寒直过忧；驼褐阻关河，吉贝亦可裘。③

南宋棉花的种植和棉织业的发展，是中国经济史上的重大事件。这也说明当时福建手工业技术的先进。

　　竹是福建的特产，是生产日用品的原料。闽北遍地竹林，是当时竹纸的主要产地。建阳麻沙刻书业所用的纸，即其地所产扣纸，优点是不蠹。在真德秀著述中有讲到福建产甲纸。造纸业和文化的发展是互相促进的。建阳麻沙刻书业在下节"文教的兴盛"中论述。

　　南宋时，闽北的陶瓷业也进入鼎盛时期。位于建阳县水吉镇池中、后进两个村山坡上的"建盏"御窑，是宋代八大窑系之一，所产黑釉瓷器，在日月光照耀下能发出如珠似玉的各种奇光异彩，远销国内外。

　　当时，闽北矿冶业，生产铁为主，还有铜、银、铅等。冶炼技术相当高。据记载，神宗元丰年间（1078—1085）全国各路铁矿场 79 处，福建有 11 处。④ 银场有数十处。浦城因奖（今属忠信乡）矿能生产铜银混合品，还能将两种金属分离提炼出来。建州的蔡池、邵武郡的黄齐，有

---

① 参见朱维幹：《福建史稿》上册，福建教育出版社 1985 年版，第 187 页。

② ［元］王祯：《农书》卷十，《木绵》。

③ ［宋］朱松：《韦斋集》卷三，《吉贝》。

④ 陈衍德：《宋代福建矿冶业》，见《福建论坛》1983 年第 2 期。

用胆水（一种矿泉水，含有硫酸铜）浸铜法提炼出胆铜（赤铜）来。[①]

南宋全国对外开放的城市泉州列为第一，两宋期间是国家最大的港口，说明当时福建造船业和商业的发达。泉州对内对外贸易至为发达。若欲船舶泛至外国贸易，则自泉州便可出海。从泉州出口的商品主要有陶瓷器等，有德化、安溪、晋江和江西、浙江等诸窑的产品。当时泉州港拥有巨型海舶，载重 2000 多斛，几乎和全球港口都有联系和往来。

早在北宋崇宁三年（1104 年）、靖康元年（1126 年），国家就在泉州设立"市舶"（海关）机构，管理对外贸易。

到了南宋，泉州"市舶"（海关）管理机构进一步完善和发展。乾道四年（1168 年），提举市舶程祐之奉调广东时设宴饯别纪事留名石刻（九日山），场面巨大，说明"市舶"（海关）地位之高。[②]

（三）科技的进步

农商和手工业的发展是科学进步的标志。

海船航行，必然要求造船工业和指南针设备的先进。早在北宋时，闽、浙沿海一带的造船业和海上贸易就很发达。

南宋科学家沈括，对指南针进行了改进和制作。又有人在沈括的基础上制作成罗盘。两宋期间，指南针普遍用于航海。徽宗宣和年间(1119—1125)，朱彧说："舟师识地理，夜则观星，昼则观日，阴晦观指南针。"[③] 这是朱彧在广州港的见闻。

北宋末年，同安人苏颂（字子容，1020—1101）同韩公廉等，于哲宗元祐三年（1088 年）创造了世界上第一座水运仪象台，更说明宋代科学发展水平之高。据记载："颂既邃于律算，以吏部令史韩公廉有巧思，奏用之。授以古法。为台三层，上设浑仪，中设浑象，下设司辰。贯以一机，激水转轮，不假人力。时至刻临，则司辰出告星辰躔度。所次占候，测验不差晷刻。昼夜晦明皆可推见。前此未有也。"[④] 苏颂的水运仪

---

① 参见［清］徐松：《宋会要辑稿·食货》卷十一、五十一。

② 福建省政协文史资料委员会编《福建摩崖石刻精品》，福建人民出版社 2005 年版，第 180 页。

③ ［宋］朱彧：《萍洲可谈》卷二。

④ 清嘉庆《同安县志》卷十三，《苏公传》。

象台成功地把时钟机械和观测用浑仪结合起来，比欧洲出现同性质的浑仪早 700 多年。苏颂不仅是当时世界上第一流的天文学家，他还是药物学家、政治家、思想家。他官至右仆射兼中书门下侍郎。著有《新仪象法要》《图经本草》《迩英要览》《谭训》等。

苏颂的思想对朱熹和其他福建朱子学学者具有很大的影响。朱熹在创办同安县学的过程中，特立苏颂祠于县学，借以鼓励后学。朱熹说：

> 右某等，伏睹故观文殿大学士、太子太保致仕、赠司空赵郡苏公，道德博闻，号称贤相，立朝一节，终始不亏。自其高曾，世居此县，比因游宦，始寓丹阳。今忠义、荥阳二坊故宅基地，宛然尚在，而后生晚学不复讲闻前贤风节、学问源流，是致士风日就彫弊。某等今欲乞改荥义坊为丞相坊，仍于县学空闲地架造祠堂一所。不惟增修故事，永前烈之风声，庶以激厉将来，俾后生之竦饬。谨具状申主簿学士，伏乞备申县衙，照会施行。[①]

朱熹首建的苏丞相正简祠堂，是同安历代县学、书院教育的中心。

跟朱熹差不多同时和同乡（建阳）的宋慈（字惠父，1186—1249），在法医学上达到了当时世界上最先进的水平。宋慈幼师事朱熹弟子吴稚（字和中，稚亦作雉），在太学读书时为朱熹的私淑弟子、著名的闽学家真德秀所器重。宋慈于南宋宁宗嘉定十年（1217 年）中进士，任赣州信丰县主簿。宋慈为官清正，勤政爱民。他任长汀知县时，曾采取改变运盐路线和降低盐价的办法，减轻人民的负担。任南剑州（今南平市）通判时，适荒年灾歉，他劝富户开仓赈济。理宗端平二年（1235 年），为朱熹私淑弟子魏了翁幕属，后任广州提刑，雪冤禁暴，8 个月诀辟狱囚 200 余人，革粤吏数年不予详复之积弊。后改任江西提刑知赣州，为防民贩盐滋事，使民保伍，讯其出入。理宗淳祐八年（1248 年），为广东经略安抚使，知广州，卒于任上。淳祐七年（1247 年），完成了法医学专著《洗冤集录》5 卷，奉旨颁行，成为南宋末年刑狱官吏必读之书。宋慈根据自己多年任判案所积累的经验和丰富的医学知识，在该书中详细地叙述了

[①] 《晦庵集》卷二十，《代同安县学职事乞立苏丞相祠堂状》。

验尸步骤、尸体勘别、四时尸变、死因究竟、真假伤痕，以及凶杀、自刎、绳缢、服毒、火烧、水溺等，涉及医学内、外、妇、儿、伤、骨诸科和生、病、药诸理及诊治、急救、解剖等许多方面的学问。是书是世界上第一部权威法医学著作，比西方国家最早的意大利菲德里法医学著作早350多年。元、明、清三代，也把该书作为刑官必读之书。15世纪中叶以来，该书传到国外，先后被翻译成朝、日、法、英、俄、德、荷等诸国文字流传。宋慈的法医学思想，对朱熹门人蔡沈、黄榦、真德秀等，以及其后闽学学者，在确立自己为官利民思想的过程中有较大的影响。

朱熹基于当时的科学水平，在天文学、地质学等自然科学领域有很深的造诣，将在下面朱熹思想的内容"自然科学"节论述。

基于当时的科学发展水平和学术风气，朱熹和其主要后学在创建闽学思想的过程中，不断地吸取当时自然科学的成果，对自然界进行观察和深入研究，把朱子学的哲学世界观建立在坚固的科学基础之上。

（四）文教的兴盛

宋朝廷基于唐末五代武臣乱政的教训，奉行重文轻武的国策，着意扶持文化教育事业。

民国初年，陈衍说："文教之开，吾闽最晚，至唐始有诗人。至唐末五代，中土诗人时有流寓入闽者，诗教乃渐昌；至宋而日益盛。"[1] 韩偓、崔道融等唐末文人，避乱入闽治学，改变了闽人未知学的状态。抚养教育朱熹的崇安刘子羽、刘子翚，其先辈系"五季之乱，由京兆之万年县迁入闽中，散居建阳、浦城"[2]。胡安国的先世胡瓌、李纲的父亲李夔等也是这个时候由北方迁居闽北的。[3] 福建崇安（今武夷山市）五夫里张氏宗堂所列祖位，谓其祖先是北宋陕西关中大理学家张载。据高令印所著《朱熹祖籍由鲁至闽考》，朱熹的远祖邾子春秋时居住于邾国，邾国即今山东邹县，"春秋后八世而（邾）为楚所灭，故子孙去邑为朱氏，世居沛

---

① 陈衍：《补订〈闽诗录〉叙》。
② 光绪《刘氏宗谱》卷首，《胡宪序》。
③ 《杨时集》卷三十二，《李修撰墓志铭》。

国相县"①。沛国在今安徽境内。后因避党锢之祸又迁至江西等地，至南宋时定居于闽北。朱熹因远祖与孔孟同乡而自豪。因此，朱熹在个别文章中自称"邹䜣"②"吴郡朱熹"③"丹阳朱熹"④"平陵朱熹"⑤等。"䜣"通"熹"，即邹县朱熹。"丹阳"，系指今安徽当涂境内东南之小丹阳镇，古属丹阳郡，非今江苏之丹阳县。平陵县原属丹阳郡，县治早已撤置，故址今历史地图上仅标明平陵山名。⑥邾国故址已被考古发掘所证实。⑦

两宋期间及其前后，辽、金等非汉族人入主中原，北方大批有民族气节的爱国志士不愿为异族服务，退至闽北武夷山一带隐居治学。著名历史学家顾颉刚在给胡适的信中论到唐末五代以来外省人为避战乱而入闽时说：

> 福建幸未扰及，当时湖南、江西、浙江故家世族搬去的很多，所以能够形成一种文化。⑧

外省人，特别是其中的北方人，他们都是从文化发达的地区来的，本身文化水平较高，有的世代以儒学为业，把先进的文化带到福建，再和当地风俗习惯相结合，便形成一种较高的具有特色的地域性文化。

同时，福建也有许多学者，把外省先进的文化带到福建来。唐末五代的禅宗大师霞浦人灵祐、长乐人怀海、建瓯人慧海、莆田人本寂黄檗，以及道教学者泉州人谭峭等，都到过浙江、江西等地传教。他们回闽后，传播外地文化。如怀海（因居江西奉新百丈山，称百丈大师，720—841），运用中国儒家的宗法制度，改造印度式的佛教戒律，制定出一套适合于中国禅宗传法特点的清规戒律，叫作《百丈清规》或《禅门规

　　①　《新唐书》卷七十四上，《宰相世系表》。

　　②　《晦庵集》卷八十四《书〈周易参同契考异〉后》，《朱子遗书二刻》之《周易参同契注》、《阴符经注》。

　　③　《晦庵集》卷七十五《家藏石刻序》、卷八十三《跋李参仲行状》。

　　④　《晦庵集》卷七十五《赠李尧举序》、卷八十一《跋郑景元简》、卷八十二《曾文昭公与朱给事帖》《跋蔡端明献寿仪》《跋叶氏慕堂诗》等。

　　⑤　《晦庵集》卷八十五，《题魏府藏赵公饮器》。

　　⑥　参见高令印：《朱熹籍贯由鲁至闽考》，载《齐鲁学刊》1983年第6期。

　　⑦　参见《世界朱氏联合会会讯》2006年第18期。

　　⑧　《顾颉刚致胡适的信》，见《胡适日记》上册，中华书局1985年，第85页。

式》，使印度佛教戒律中国化，成为中国佛教禅林制度的创始人，在中国佛教史上占有很重要的地位。朱熹多次讲到《禅门规式》，强调"人心有散缓时，故立许多规矩来维持之"①、"先生曰：只做《禅苑清规》样做，亦自好"②。再如谭峭（字景升，号紫霄真人，生卒年不详），是五代时期的大哲学家，他到北方"经终南、太白、太行、王屋、嵩、华、泰、岳，迤逦游历名山"。谭峭杂糅汉唐以来儒、佛、道的思想，提出以虚、气、化等范畴为核心的哲学思想，为宋明理学家们从不同方面所吸取和效法，成为唐宋哲学发展中的一个承上启下的中坚人物。③

最为有名的就是北宋建阳人游酢、将乐人杨时等到河南洛阳拜程颢、程颐等为师，把理学移植到福建，成为闽中闽学创立的最重要的先驱者，成为中国文化重心由北往南转移的源头活水。

文教的兴盛和造纸、雕版印刷业是紧密地联系在一起的，两者相互促进，造纸、雕版印刷业至为发达。祝穆有记载南宋"富沙、崇化两坊产书，号为图书之府"，又称潭阳书林。雕版印刷业的匠户数以千计。书坊刻书的内容、种类、印数多，特别是印行大量的"四书""五经"，被称为"小邹鲁"。④

建阳书坊环境优美，朱熹爱之。据记载：

> 龙湖山在崇化、崇政二里间，又名龙峰，山上有古庵，朝大同峰，尖秀特异；而罗岩黄连峰，左右排列，风烟益胜。庵内有井，冬夏不竭。旧有龙藏于此，故名。朱子诣大同，曾冒雨登之，爱其幽胜，筑室以居。与蔡元定帖云："书堂高敞，远胜云谷、武夷，他时可相聚也。"今废址犹存。⑤

朱熹是学问家，是离不开刻书业的，建阳书坊是与朱熹紧密地联系在一起的。朱熹广泛阅读使用了麻沙、崇化刻版的书籍。书坊现在还有遗址、遗物。

---

① 《朱子语类》卷十二，《持守》。
② 《朱子语类》卷七，《小学》。
③ 参见高令印、陈其芳：《谭峭在唐宋哲学发展中的地位》，《福建论坛》1984 年第 4 期。
④ ［宋］祝穆：《方舆胜览》卷十一。
⑤ 民国《建阳县志》卷二，《山川》。

朱熹本人也精通金石镌刻。朱熹在任福建同安县主簿期间，抛弃县官陋俗，与下层人接近，教授其从事金石镌刻，培养工艺人才，促进了泉州木刻书版事业的发展。据考察，泉州历代书版刻工俱出于近郊涂门的田庵村，而其祖传的刻艺为朱熹所传授。今人吴堃在《泉州的木版镌刻和书坊》中说：

> 田庵这村落，为洪姓聚族而居，据其故老所述，他们的祖先自宋代即从安徽省迁泉，他们全族从事于刻版技术，认为与朱熹来泉讲学有关。我们访问过田庵几位老艺人，俱说他们的一世祖洪荣山，从朱熹学习金石镌刻，初时镌刻私章，逐渐发展到木刻乃至书版。随着文化事业的发达，操这技艺的日见增多，到了元朝，该村前此一部分从事经商的人也全部弃商就艺，后来更传到邻乡的淮口、后坂两村。考朱熹于绍兴十八年（一一四八）登进士，二十一年（一一五一）任同安主簿，其来泉州讲学当开始于此，如果靖康间开元寺《大藏经》的确系出于泉州的刻工，则早在二十五年前，泉州已有刻版工人了。但田庵洪氏向朱熹学刻金石成为专业刻版，根据田庵旧俗，每当旧历二月十五日，家家户户必须张办筵席，在刻有"祖师朱文公"（朱熹）字样的木牌前供奉，轮流祭祀。这一礼节足证他们刻版艺术是出自朱熹的传授。[1]

这里值得注意的是，朱熹的祖籍是今安徽歙县，朱熹所传授的泉州金石刻工正是从安徽迁来的侨民。

（五）人才的崛起

从晋至五代以来，中原士人入闽从政知名者有王彬（王导之弟）任建安（今建瓯）太守、刘锟林禄任晋安（今福州）太守、李崇黄元任晋江郡守、王审知为闽王等。

宋代福建的文化与王审知关系密切。他治闽崇儒兴学，培养人才，极力发展文化教育事业。据记载：

---

[1]　《泉州工商史料》第3辑，1984年5月内部发行，第135—136页。

　　（王审知）兴崇儒道，好尚文艺，建学校以训诲，设厨馔以供给。于是兵革之后，庠序皆亡，独振古风，郁更旧俗。岂须齐鲁之变，自成洙泗之乡。此得以称善教化矣。怀尊贤之志，弘爱客之道，四方名士，万里咸来。①

战争混乱之后，教育破坏，典籍丧失，王审知"亟命访寻，精于缮写，远贡刘歆之阁，不假陈农之求。次第签题，森罗卷轴。……常以学校之设，是为教化之原，乃令诱掖童蒙，兴行敬让，幼已佩于师训，长皆置于国庠，俊造相望，廉秀特盛。"② 对于王审知在闽中的文教建设，后人评价很高：

　　王氏据有全闽，虽不知书，一时浮光士族，与之俱南。其后折节下士，开四门学。以育才为急，凡唐宋士大夫避地而南者，皆厚礼延纳，作招贤院以馆之。闽之风声，与上国争列。③

在用人方面，王审知就地取才，用闽人在闽中从事政府机要工作。他以翁承赞为相，徐寅掌书记，陈峤为大事从，黄滔为节度推官，皆是北方入闽定居者。

王审知在闽中的文化教育和用人理念，使闽中涌现出大批人才，对后来宋朝廷在闽中人才的使用有很大的影响。

上面讲到宋朝廷奉行重文轻武的国策，用文人，崇儒术。对科举制度进行改革，以文取士，激发社会各阶层人士为求取功名而倾心研习经史、诗赋；给予上层文人优厚的政治待遇，得到朝廷的重用。同时，这也基于南方经济的发展，朝廷对南方经济的倚重。今林拓说：

　　进入宋代，迎面而来的便是福建文化的高度繁荣。各种统计不断说明两宋福建各类人才的涌现与文化地位的显赫：《宋史》所列《儒林传》和《道学传》中闽人17位，居全国第一；"福建出秀才"列为全国第一；两宋进士总数约为28900多人，福建占了近五分之

---

① ［清］吴任臣：《十国春秋》卷九十，附钱昱：《忠懿王庙碑》。
② 《十国春秋》卷九十，附于竞：《王审知记功碑》。
③ ［清］陈云程：《闽中摭闻》卷一。

一，居全国第一；《宋元学案》立案学者988人，福建178人，居全国第一；《宋史》闽人位宰辅之职，居全国第三位；《全宋词》福建北宋词人14人，居全国第六位，南宋词人63人，居全国第三，若以著名词人而论，福建29人，亦居全国第三位；《宋诗纪事》福建诗人128位，居全国第二位……至于宋代文献言及福建文化之盛，更是接踵而至，"冠带诗书，翕然大肆人才之盛，甲于天下"；"今世之言衣冠文物之盛，必称七闽"，以至朱熹慨然叹曰："天旋地转，闽浙反居天下之中。"①

北宋中期以后，南方的知识分子逐步大批参政；到北宋末年，朝廷中最活跃的人士大都是南方的知识分子。他们通过科举进入政坛，仅就中央机构的宰相来说，北宋就有陈升之、章得象、章淳、吴育、吴充、曾公亮、苏颂、蔡确、吕惠卿、李纲等。他们得到参政的机会，在国家政权中成为重要力量，大都是改革派的中坚。后来，南方士人在政治上扮演的角色进一步重要。"范仲淹起于吴，欧阳修起于楚，蔡襄起于闽，杜衍起于会稽，余靖起于岭南，皆为一时名臣。"② 他们大多数参与或赞助新政改革。王安石变法中的核心人物均为闽、赣士人，吕惠卿、章淳就是福建人。他们在改革运动中所起的重大作用，反映出福建上层士人政治力量的强大。

福建上层人才崛起和成为改革派的中坚，反过来说明福建经济力量的强大。在国家政府中的地位重要，也反映出中国文化重心往南方转移。所以，在福建产生的闽学，很快上升为国家的主体思想。

朱熹生活的南宋王朝，其统治地区被压缩到仅江南一隅，北方大批汉族爱国知识分子南迁至后方基地闽、浙一带。当时，朱熹的家乡崇安、建阳等闽北地区，离政治中心首都临安（今杭州）较近，汇聚了大批知识分子，成为议论朝政、学术研究的中心。在这里，有许多著名的学者。就思想家来说，有略早于朱熹的游酢、杨时、胡安国、胡宏、胡宪、胡

---

① 林拓：《文化的地理过程分析——福建文化的地域性考察》，上海书店出版社2004年版，第47—48页。

② 《渭南文集》卷三，《论选用西北士大夫札子》。

寅、刘勉之、刘子翚、罗从彦、李侗、朱松等；和朱熹同时的有张栻、吕祖谦，他们和朱熹并称为"东南三贤"。他们大都属于庶族地主阶层，不像大官僚地主阶层那样安于既得利益，对国家的前途和命运置之不顾，而是模仿孔孟的行为，企图说服皇帝和各级官吏，学习圣贤遗教，奉行先王的修身、齐家、治国、平天下之大道。例如，南宋熊克记载的高宗绍兴年间的两桩事：

> 左仆射秦桧，与故给事中胡安国，及其子、徽猷阁直学士寅皆厚善。寅是年省其所生母于建州，复还湖南。桧以白金助其行。寅书谢之，略曰："愿公修政用贤，勿替初志。尊内攘外，以开后功。"桧谓其讥己，始大怒之。……福州旧行产盐法，民岁输钱而受盐于官。其后法坏，输钱如故，而民不得盐，其间多私鬻以给食，而官亦不问。至是帅臣、龙图阁学士张宗元始再榷盐，犯者滋众，人不以为是。帅司属官胡宪上书于宗元，告以为政大体。宗元不悦。久之，宪请岳祠而去。同时在幕中，有轻薄者用其姓名，为诗嘲之曰："献陈利害如何益！"盖宪献同音，谓胡宪也。①

这些闽中学者十分关心民族、国家的存亡问题。他们聚会议论时事，撰写奏疏，向朝廷和地方官府提出积极的建议。孝宗隆兴元年（1163 年）十一月，朱熹应诏赴京，在他给皇帝上疏中的一些问题就是预先在家乡和李侗等讨论过，其上疏是根据李侗所说的当时国家衰败的根源在于"三纲不立，义利不分"的意见撰写的。②

但是，由于当时朝廷极端腐败，他们的改良政见得不到采纳，本人也多数得不到重用。于是，他们大都从事于思想理论研究和文化教育。清王懋竑在讲到朱熹时说：

> 先生守南康、使浙东，始得行其所学，已试之效卓然，而卒不果用。……及是知道之难行，退而奉祠，杜门不出，海内学者尊信益众。然忧世之意未尝亡也。③

①　[宋] 熊克：《中兴小记》，福建人民出版社 1985 年版，第 411、423 页。
②　[清] 王懋竑：《朱子年谱》卷一。
③　《朱子年谱》卷三。

朱熹在崇安南 30 里的武夷山筑紫阳书院（后称武夷精舍），和友徒深究学术和讲学。朱熹等人教研的宗旨是："惟诸君子相与坚守而力持之，使义理有以博其心，规矩有以约其外。"① 于是，海内学者尊信益众，在武夷山形成南宋一个重要的学术研究和文化教育的中心，在当时和其后都具有重大的意义。史称自朱熹开紫阳书院，诸大儒云从星拱，流风相继，迄元明以至于今，而闽学集濂、洛、关之大成，则皆讲学于此山者。清人何瀚说：

> 迄朱文公开紫阳书院，四方响道者云集，诸贤儒相继星拱，如蔡氏之咏归堂、南山书屋，游氏之水云寮，熊氏之洪源书院，真氏与詹氏筑室慢亭峰，其最著者。且与文公前后主管（武夷）冲佑观者，共二十有四人，皆当时名儒。是终宋之世，诸名贤之行藏出处，皆名山所托重者也。后乎宋者，元则有杜清碧，于平川结思学斋、怀有轩，授徒讲学，名闻朝野。时有陈霍童居武夷，修明朱子之学，从游者数百人，称石堂先生。詹月屋、唐白云俱为武夷山长。虞伯仁作《太和宫记》，称隐空、建宫，依文公旧游为得也。明郭清螺《记武夷山房》谓，自文公五百年来，继以王文成、李见罗，为名山大川托重。高贤皆笃论也。明时坚重蕲林者，如湛甘泉、邹东廓、唐荆川、罗念庵、黄石斋诸儒，皆后先讲学于武夷。②

可见，闽学形成和发展于闽北武夷山地区，是有其深厚的思想文化基础的。今能看到的最早武夷精舍图，接近朱熹时代的武夷精舍，是笔者从民国早年《蒋叔南游记》中发现的，至为珍贵；笔者于"文化大革命"中到武夷山"批林批孔（朱）"时看到的武夷精舍，只剩下一边的厢房墙基，被海军医院占用。

以朱熹为代表的南宋统治阶层的思想家，经过一个时期的全面研究和总结中国思想文化的衍化和发展，根据现实社会的需要，摸索、寻找出闽学这种新儒学的思想意识形态。

———————————

① 《朱子文集》卷七十四，《谕诸职事》。
② ［清］董天工：《武夷山志》卷首，《原序》。

（六）儒学的复兴

人类生活主要包括物质的和精神的两个大方面。精神所需求的就是文化。春秋末年，孔子创立儒家文化，奠定了中华民族生存和发展的理论基础。西汉董仲舒提出"独尊儒术"，儒学成为中华民族的主体文化思想。佛教于两汉之际传入中国，当时又产生了道教。经过三国、两晋、南北朝，到了隋唐，佛教中国化，道教在与佛教论争中成为强大的宗教派别。儒、佛、道是中国传统文化的三大形态。但是，它们的地位和作用是不同的。知名学者蔡仁厚说：

> 道家（教）是中国土生土长的，但它不能担纲，相对于作为中国文化之主流的儒家而言，它是居于副从旁枝的地位，所以儒与道是"主从"的关系。佛教从印度来，它在中国是客位。而佛教亦自知这一点，所以能自觉守这个分，这就使它和儒家之间形成"主宾"的关系。①

对此，知名学者南怀瑾通俗地说：儒学"是粮食店，是天天要吃的"；"佛学像百货店，里面百货杂陈，样样俱全"，可买可不买；道学"则像药店，不生病可以不去，生了病则非去不可"。"'五四运动'的时候，药店不打，百货店也不打，偏要把粮食店打倒。打倒了粮食店，我们中国人不吃饭，只吃洋面包，这是我们不习惯的，吃久了胃会出毛病的"。亡国先亡文化，必须来个"文艺复兴运动"才能救中国。②

以儒学为主体的中国文化是国家民族的精神支柱和生活方式，和衣食住行等物质需求一样不可须臾离。但是，汉唐以来，儒家思想主体地位逐渐动摇。董仲舒用阴阳释儒，形成神秘主义的天人感应论。魏晋玄学用老庄释《易》，就是用道家思想解释儒家典籍，以无为本，无与空相通，招致两汉之际传入中国的主空佛教盛行；当时产生的五斗米道等道教——民间信仰，思想贫乏，在与佛教论争中以先秦老子做教主，把《老子》作为自己的理论，强大起来。三教经过论争融合，到了唐朝，佛

① 蔡仁厚：《新儒家的精神方向》，台北学生书局1982年版，第21页。
② 南怀瑾：《论语别裁》，复旦大学出版社1996年版，第6页。

教中国化，道教（家）老子（李耳）因和皇帝同姓（李唐），得到朝廷的支持，进一步壮大起来。这时儒家的地位最低，佛教势力最大，南北朝隋唐皇室都笃信佛教，中国知识分子大都出入佛、道。佛、道倾国奉，几成主体。而中华民族的主体文化思想儒学却奄奄一息。中国有成为佛教国家的可能。朱熹忧患地说："三世之后，亦必被他转了！"[①] 国亡先亡文化，是非常严峻的问题！

正是因为中华民族的主体文化儒学动摇，缺乏精神支柱，人们的思想品质败坏。没有了儒家的内圣成德，社会人心堕落。唐末五代人道扫地，人无廉耻。最显明的例子是冯道，竟是五代"五朝元老"，厚颜无耻至极。知名新儒家牟宗三说："汉、唐两代为盛世，国势强大，典章制度亦甚多可取之处，但于道德性方面正视人道、人性的学问，偏无所用心。宋儒深感唐末五代社会的堕落，与人道的扫地，因而以其强烈的道德意识复苏了先秦的儒学。"又说：

> 宋儒是真能清澈而透澈地立于道德意识上而用其诚的，因而亦真能把握儒圣立教之本质。新儒学的兴起，五代的堕落是直接唤醒其道德意识的机缘；但其兴起的机缘还不止此，还有另一方面，就是对佛教的抵御，间接地因佛教之刺激而益显其"道德性的性理"之骨干之不同于佛、老。

> 残唐、五代衰乱，世道人心败坏。人无廉耻，这是最大的惨局。在这个背景下才要求儒家的复兴。宋、明儒家完全是道德的觉醒。宋儒的兴起就是对着残唐五代的人无廉耻而来的一个道德意识的觉醒。道德意识的觉醒就是一种存在的呼唤，存在的呼唤就是从内部发出来的要求。[②]

一般认为，唐、宋两个时代，唐比宋文化高，外国人也以唐代表中国，把中国人称为唐人。但是，唐的文化是表面的、形象化的，没有树立起和传承下来中国文化的内在本质。接着唐的五代十国，人们无道德意识，人心不古，社会混乱，政权割据和反复更替，人民生活陷于水深

[①] 《朱子语类》卷一百二十六，《释氏》。

[②] 以上见牟宗三主编《宋明理学的问题与发展》，华东师范大学出版社 2004 年版，第 18、74 页。

火热之中。相反的，宋朝的文化最成熟，人们的道德意识最高。南宋末年朝廷大势已去，还出现文天祥等伟大的民族英雄！当代最权威的史学家陈寅恪、邓广铭等，谓"华夏民族之文化，历数千载之演进，造极于赵宋之世"[①]，宋代文化"在中国封建社会历史时期内，也可说是空前绝后的"[②]。

唐朝韩愈和闽籍欧阳詹等率先提出复兴道学（即理学、新儒学），他以孟子之后中断了的儒家道统的继承者自居。韩愈虽然没有能力且在当时历史条件下也不可能真正恢复中国主体文化儒学的权威，但是他却代表了儒学复兴的必然趋势。从中国文化的发展和巩固中国古代社会后期封建王朝的统治来说，韩愈的思路是对了。

北宋建立后，复兴儒学、抑制佛、道之学的趋势继续向前发展。宋太祖赵匡胤下令增修儒祠，塑绘先圣、先贤、先儒像。北宋王朝在崇儒的同时，也崇尚佛、道，提倡三教合流。在朝廷的大力提倡下，思想家必然沿着这个方向进行研究、探索。

在中华民族主体文化儒学存亡的关键时刻，朱熹等奋起排佛抑道，从根源上、根本上研究这个问题。他们首先研究汉唐时期中国主体文化儒学的经典"五经"，辨伪存真，推倒两汉以来树立起的"五经"在国家上层建筑中的主导地位，用《大学》《中庸》《论语》《孟子》"四书"代替"五经"的权威，准确地指出"四书"才真正能体现出以孔子为代表的中华文化的内在本质，使中华民族文化生命返本归位，并开创出中国文化发展的光辉灿烂的未来。

中华民族主体文化儒学的核心价值可以概括为内圣成德与外王事功，即"内圣外王"。就是《大学》所讲的"修身、齐家、治国、平天下"。所谓"外王"，就是用王道、文化治理天下。"外王"的前提是"内圣"，无"内圣"就无"外王"。儒学是成熟心智、健全人格、安身立命之学。

由上可见，以朱熹为代表的福建朱子学家们所生活的南宋时代，是一个需要新儒学（理学）的时代，这个任务是由朱熹等福建朱子学家们

---

① 陈寅恪：《金明馆丛稿二编》，上海古籍出版社1980年版，第245页。

② 邓广铭：《谈谈有关宋史研究的几个问题》，见《社会科学战线》1986年第2期。

最后完成的。他们重建道统，恢复孔孟儒学权威，并加以充实和当代化，使之适合于现实社会的需要。正是由于社会对这种思想文化的需要，才促使朱熹等理学家们创立这种满足社会需要的福建朱子学。

二　福建朱子学形成的思想渊源

（一）儒学

中国文化儒、佛、道三大形态，经过汉唐时期，佛、道极为盛行，儒家思想的主体地位发生动摇，即所谓道统中断。于是必须复兴儒家思想。首先打出复兴儒家思想旗帜的是唐朝韩愈和欧阳詹，接着唐宋时期许多学者参与，形成儒家思想发展的第二个大时期——宋明新儒学（理学）时期。以朱熹为代表的福建朱子学，不是历史上一般的闽中之学，虽然它有自己显明的思想特点和独立发展的历史，但是它集宋明新儒学之大成，是儒家思想复兴和提高的完成者。因此，福建朱子学是在宋明新儒学以及整个传统思想文化基础上产生和发展起来的。

1. 唐朝韩愈的道学

韩愈（768—824），字退之，今河南孟州人。24 岁中进士。历任国子监祭酒、监察御史等。著有《韩昌黎集》，其中《原人》篇是其哲学思想的纲领，提出天地人的最高根源是"道"。他的最大功绩，是竭力反对佛教，为恢复儒学的正宗地位而努力。他强调，内圣成德是中国文化最内在的本质。他深恐被异质文化佛教所扼杀，因而立志复兴儒家道统。他说：

> 先王之教者何也？博爱之谓仁，行而宜之之谓义，由是而之焉之谓道，足乎已无待于外之谓德。……吾所谓道也，非向所谓老与佛之道也。尧以是传之舜，舜以是传之禹，禹以是传之汤，汤以是传之文、武、周公，文、武、周公传之孔子，孔子传之孟轲。轲之死，不得其传焉。[①]

---

① 《韩昌黎集》卷十一，《原道》。

韩愈说道由他而粗传，虽灭死万万无恨。

朱熹对韩愈的著述反复研究，撰写《韩文考异》等多种著述，评价很高，从多方面吸取韩愈的思想。

2. 北宋初三先生

接着唐朝韩愈等道学（理学）思想的，是北宋的胡瑗（993—1059，今江苏泰州人。因世居陕西安定堡，学者称安定先生）、孙复（992—1057，今山西临汾人。因曾隐居泰山讲学，学者称泰山先生）、石介（1005—1045，今山东泰安人。曾隐居徂徕，学者称徂徕先生），被称为宋初三先生。胡瑗（安定）、孙复（泰山）、石介（徂徕），他们的年岁接近，笃学之风相若。他们以儒家的《周易》《论语》《春秋》等为依据，倡导道德性命，攻击释、道之学，继承和发扬韩愈的道统说。他们的思想揭开北宋理学的序幕。后世有称三先生之学是上承洙泗（孔孟）、下启洛闽（程朱）的先驱者，开宋代理学（新儒学）之先河。胡瑗著《论语说》等，孙复著《春秋尊王发微》等，石介著《徂徕集》等，都是讲理学的。

据记载，胡瑗、孙复、石介在学术上的地位是很高的。清全祖望说："宋世学术之盛，安定、泰山为之先河，程、朱二先生皆以为然。安定沈潜，泰山高明；安定笃实，泰山刚健。各得其性禀之所近，要其力肩斯道之传，则一也。安定似较泰山为更醇，小程子（程颐）入太学，安定方居师席，一见异之。讲堂之所得，不已盛哉。"[①] 宋末理学家黄震说：

> 宋兴八十年，安定胡先生，泰山孙先生，徂徕石先生，始以师道明正学，继而濂洛兴矣！故本朝理学虽至伊洛而精，实自三先生而始。故晦庵有"伊川不敢忘三先生"之语。震既钞读伊洛书，而终之以徂徕、安定笃实之学，以推其发源之自，以示归根复命之意，使为吾子孙者毋蹈或者末流谈虚之失，而反之笃行之实。[②]

这里讲到朱熹与洛学、宋初三先生的关系。新儒学的复兴，主要是儒家道德意识的觉醒，人格境界的重建。朱熹是从这个角度来说明洛学与宋

---

① 《宋元学案》卷首，《宋元儒学案序录》。
② 《宋元学案》卷二《殿丞孙泰山先生复》。

初三先生的源流关系的。

3. 北宋中原理学

接着胡瑗、孙复、石介等提出的新儒学（理学），北宋的周敦颐、程颢、程颐、张载，以及邵雍等，建立起理学思想体系，分别创立了濂、洛、关等理学派别，基本上恢复起中国主体文化思想儒学，初步树立起儒家在中国文化中的正宗地位。

濂学是北宋濂溪学派的简称。其创始人周敦颐（1017—1073），晚年居住于江西庐山莲花峰下小溪边从事学术活动，其故乡道州营道（今湖南道县）又有濂溪，故称其学派为濂学。周敦颐的庐山住处仿其营道故居筑濂溪书堂，是濂溪学派的大本营。濂学援道入儒，开创出理学（新儒学）的发展方向。南宋初朱震说：

> 陈抟以《先天图》传种放，放传穆修，修传李之才，之才传邵雍。放以《河图》《洛书》传李溉，溉传许坚，坚传范谔昌，谔昌传刘牧。修以《太极图》传周敦颐……敦颐作《通书》，程颐述《易传》，载造《太和》《三两》等篇。[①]

这段文字把北宋理学家的关系讲清楚了。周敦颐以儒家思想为主体，吸取佛、道思想，提出一个以"无极""太极"为主体的宇宙生成的哲学体系，创立濂学，著有《太极图说》《通书》等。

朱熹对周敦颐及其濂学至为推崇和赞赏。据记载：

> 淳熙八年，岁在辛丑，夏四月六日，后学朱熹、张扬卿、王沇、周颐、林用中、陈祖永、许子春、王翰、余隅、陈士直、张彦先、黄榦，敬再拜于濂溪先生书堂下。惟先生承天畀系道统，所以建端垂绪，启佑于我后之人者。厥初罔不在斯堂，用咸叹慕，低徊弗忍去。熹乃复出所诵说先生《太极图》，赞其义以晓。众咸曰：休哉。退。先生之曾孙正卿、彦卿，玄孙涛设馔光风霁月亭。祁真卿、吴兼善、僧志南与熹，敬书以志。[②]

---

① ［宋］朱震：《汉上易传》，经部一。
② 《晦庵集》卷八十四，《书濂溪光风霁月亭》。

此即淳熙八年（1181 年）四月。王沇字南卿，江西德安人。周颐字龟父。皆朱熹门人。

洛学的创始人是程颢（1032—1085）、程颐（1033—1107）兄弟，因其是洛阳（今属河南）人，并长期在洛阳进行学术活动，故名。程颢、程颐提出"天"即"理"，"天理"存在于人之心中，所以"心"也就是"天"，创立洛学。他们上承周敦颐等，通过其弟子游酢、杨时、谢良佐、吕大临等，下启朱熹，程（主要是程颐）朱理学便成为宋明理学的别名。洛学主要发挥孔孟的仁和敬的观念，认为这是道德伦理的根本，由此确立理是其最高的范畴。

洛学是福建朱子学的直接渊源，"程朱理学"已成为习惯用法。朱熹说："熹年十三四时，受其说（按指二程先生《论语说》）于先君。"中间历访师友，"慨然发愤，尽删余说，及其门人朋友数家之说"，著书立说。①

北宋理学，号称濂、洛、关三大派别，而其核心是洛学。二程讲学培养出许多弟子。其弟子及其后学在不同地区传播，便形成不同的学术派别。游酢、杨时、罗从彦、李侗等，在福建传播形成道南学派；谢良佐、胡安国、胡宏、张栻等，在湖南传播形成湖湘学派；周行己、刘安节、鲍敬亭及其后学薛季宣、陈傅良、叶适等，在浙江传播形成永嘉学派；王蘋在浙江传播形成吴学派，此派与江西陆学有学术渊源。当时最主要的三大学术派别都与二程洛学有渊源关系，即程朱理学、陆王心学、事功之学。列表如下：

$$
程颢、程颐洛学
\begin{cases}
游酢、杨时、罗从彦、李侗：道南学派（程朱理学）\\
谢良佐、胡安国、胡宏、张栻：湖湘学派\\
周行己、刘安节、鲍敬亭及薛季宣、陈傅良、叶适：\\
\quad 永嘉学派\\
王蘋：吴学派（与江西陆学有学术渊源）
\end{cases}
$$

关学的创建者张载及其弟子多为关中（今陕西函谷关以西的古称）人，故其学称之。张载（1020—1077）试图恢复先秦和两汉儒家气论的

----

① 《晦庵集》卷七十五，《论语要义目录序》。

权威，主张万物的本体是无形的气，由气的聚散形成为千变万化的客观现象，提出"气质之性""天地之性"等重要命题，并加以论述，创立关学。关学的特点，主要是发挥《周易》中关于气和阴阳的观念，其哲学是以气为出发点往前演进的，对有无、神化、聚散、性命等一系列的范畴做出了深入的分析。

对于福建朱子学与关学关系，从"庆元党禁"时反对朱熹的言论中也可以窥见一斑。例如，监察御史沈继祖说朱熹"剽张载、程颐之余论"①，兵部侍郎林栗弹劾朱熹"窃张载、程颐之绪余，为浮诞宗主，谓之道学"②。这不仅说明这些窃居高位者对国家的主体文化思想儒学的无知，也从反面说明福建朱子学与关学是有深刻的源流关系的。

理学象数学（也称先天学）的创始人邵雍（1011—1077），字尧夫，谥康节，今河南涿州人。他与周敦颐、程颢、程颐、张载合称北宋五子。邵雍据《易传》有关八卦形成的解释和道教的宇宙生成说，以及孟子的"万物皆备于我"的思想，建构宇宙图式和学说体系，推衍解说自然界和社会的人事变化，形成象数学。《皇极经世》是其代表著作。

邵雍之子邵伯温著《邵氏闻见录》，详细记载了邵雍日常生活和思想情况，以及象数学的创建过程，很值得阅读。

对于邵雍的理学象数学，朱熹认为，"高深闳阔，精密微妙"，"虽无言语，而所该甚广。凡今《易》中一字一义，无不自其中流出者"。③朱熹把邵雍的先天图与周敦颐的太极图相提并论，谓太极图不如先天图之大而详；二程只是说易理，忽视象数。因此，朱熹特别把象数九图置于其名著《周易本义》卷首，以补《伊川易传》之不足。福建朱子学家蔡元定依据朱熹所说"康节之学，其骨髓在《皇极经世》"，撰写《皇极经世指要》，是闽学的重要著作。④宋末理学象数学家黄瑞节说：

> 西山先生始终以易疏其说，于是微显阐幽，其说大著。学者由

① 《四朝闻见录》丁集，《庆元党》。
② 《宋史》卷三百九十四，《林栗列传》。
③ 《晦庵集》卷三十七《答林黄中》、卷四十六《答黄直卿》。
④ 《朱子语类》卷一百，《邵子之书》。

蔡氏而知《经世》，由《经世》而知易，默而通之可也。[1]

在理学象数学家看来，天地的兴起和人物的产生都在于数，数是天地万物的本体，天地万物的变化和多样性，都是数的不同表现。

周敦颐、程颢、程颐、张载、邵雍之学，奠定了理学（新儒学）的理论基础。由于北宋后期民族矛盾极为激烈，以致宋被金灭亡，复兴和发展儒学的任务并未由周、张、二程等最后完成。

理学形成于北宋，理学的主要著作，如胡瑗的《周易口义》，孙复的《春秋尊王发微》，周敦颐的《太极图说》《通书》，程颢、程颐的《明道文集》《易传》《二程遗书》，张载的《正蒙》《经学理窟》，邵雍的《皇极经世》，等等，都是在北宋完成的。自孔孟以至北宋诸子，以及释、道之学，都在北方中原一带。上述理学的奠基者大都生活在北方，因此其思想流传于北方。

4. 闽中早期理学（道学）

（1）欧阳詹、林蕴

欧阳詹（757—802），字行周。唐朝泉州晋江人，祖籍南安诗山。与韩愈同登"龙虎榜"（贞元八年，792 年）进士，名列韩愈之前。可是，欧阳詹十分佩服韩愈，他曾以国子监助教身份率太学生上书朝廷，请求任命韩愈为国子监博士，即记载的"率其徒伏阙下举（韩）愈博士"，就是请韩愈当他们的老师，欧阳詹自谓韩愈的学生。欧阳詹差不多与韩愈同时提出儒家道统。他曾任"国子监四门助教"。卒年 40 岁。[2] 遗存有《欧阳行周文集》。从明代起，有人认为欧阳詹也是理学（道学）的开创者。他倡导儒家道统、知天尽性之说。欧阳詹与韩愈一样，相信天命论。他认为，勿谓人在暗室可以瞒天，"神在无形，天不长慝，神实正直，神怒天诛，未始有极"，"神忿天忿，身无所隐"。因此要加强道德修养。欧阳詹具有敬天畏天的思想。欧阳詹的性三品说也和韩愈的观点差不多。他把受教育的人分为二等，"自性达物曰诚，自学达诚曰明，上圣述诚以

---

① 《性理大全书》卷十三，《皇极经世书七》附录。

② 以上见［宋］欧阳修：《新唐书》卷二百零三，《欧阳詹传》。

启明，其次自明以得诚"。① 清李清馥认为，"闽中儒学开先始于唐欧阳四门。""闽学开自有唐欧阳四门倡起，彼时人文未著也。"② 这里所谓闽学即理学（道学）。

朱熹研究过欧阳詹的著述，并考察欧阳詹的事迹，为欧阳詹的故居书联语：

> 事业经邦，闽海贤才开气运；文章华国，温陵甲第破天荒。③

此联语肯定欧阳詹系泉州（温陵）首个进士。这就纠正韩愈所说的"闽越之人举进士由詹始"④，即欧阳詹是闽中首个进士。这是不符合事实的。因为，闽中林藻贞元七年（791 年）进士，比欧阳詹早一年；薛令之神龙二年（706 年）进士，比欧阳詹早 86 年。⑤

林蕴（生卒年不详）字复梦，唐朝莆田人。德宗贞元四年（788 年）进士，历官邵州刺史等。曾和韩愈、欧阳詹一起提倡儒家道统，亦反对佛教。其著作原有 10 多卷，大部分散佚，今遗存有《林邵世集》。

据林振礼考证，"林蕴则以气节为朱熹所重。蕴应贤良方正科之策云：'臣远祖比干以谏而死，天不厌直，更生微臣也。'蕴仕蜀之际，刘辟反，晓以逆顺不听，复遗书切谏。辟怒，械于狱。将就刑，蕴视死如归。辟知不可服，舍之斥唐昌尉。后刘辟败，林蕴则名重京师。"⑥ 朱熹研究了林蕴的著述。

韩愈、欧阳詹、林蕴的理学（道学）思想也未充分发展起来，正如上引李清馥所说，"彼时人文未著也"。值得注意的是，欧阳詹、林蕴的理学（道学）思想，却说明了早在唐代理学萌芽阶段，闽中就出现理学。这对于闽学的创立是有一定影响的。

（2）海滨四先生

北宋初年，是理学的开创时代，北有"宋初三先生"胡瑗、孙复、

---

① 以上见［唐］欧阳詹：《欧阳行周文集》卷七《暗室箴》，卷六《自明诚论》。
② 《闽中理学渊源考》凡例、卷一《文靖杨龟山先生时学派》。
③ 参见林振礼：《朱熹与泉州文化》，福建人民出版社 1999 年版，第 44 页。
④ ［唐］韩愈：《欧阳生哀辞》。
⑤ 参见林振礼：《朱熹与泉州文化》，福建人民出版社 1999 年版，第 43 页。
⑥ 林振礼：《朱熹新探》，中国广播电视出版社 2004 年版，第 370 页。

石介，提出新儒学（理学）；而闽中则有侯官人陈襄（1017—1080）、陈烈（1012—1087）、周希孟（？—1054）、郑穆（1018　1092）"海滨四先生"。他们在朝廷往来，同时倡导理学。他们相互探讨，复兴与发挥儒学。清全祖望说：

> 宋仁之世，安定先生起于南，泰山先生起于北，天下之士从者如云，而正学至此造端矣。闽海古灵先生于安定盖稍后，其孜孜讲道则与之相埒。安定之门，先后至一千七百余弟子，泰山弗逮也，而古灵亦过千人。安定之门，如孙莘老、管卧云辈，皆兼师古灵者也。于时濂溪已起于南，涑水、横渠、康节、明道兄弟亦起于北，直登圣人之堂。古灵所得虽逊之，然其倡道之功，则固安定、泰山之亚，较之程、张，为前茅焉。[①]

全祖望并谓，"宋人溯导源之功，独不及四先生，似有阙焉。"这里，把当时南北理学之概况讲清楚了。

"海滨四先生"载道回闽，倡道于闽中，被称为在闽中较系统地倡导理学者。在"海滨四先生"中，陈襄最为有名。陈襄字述古，号古灵，学者称为古灵先生，北宋侯官（今福州市闽侯县）人。他26岁登进士，曾任著作佐郎、天章阁侍讲等。陈襄的著作有《易义》《中庸义》《国信语录》《古灵先生文集》等。其中《中庸讲义》较全面地论述了他的理学思想。他的哲学体系以"诚"为最高范畴，认为"诚"是天地万物的主宰者，人得到了"诚"也就达到了人生的最高境界；人不能丧失本心，丧失了本心就要加强道德修养，恢复本心。他所谓本心，是指遵守三纲五常的善心。

朱熹对"海滨四先生"的儒学评价很高，认为是真正的孔孟之道。由于他们在闽中传播儒学，遂使闽中成为"海滨邹鲁"。清蒋垣说：

> 福州当理学将兴之日，陈季慈、陈古灵、周公辟、郑宏中四先生相与倡明道学于天下，称为"海滨四先生"。德动朝廷，遂召陈季慈为国子直讲，而林文昭、黄勉斋继之，儒道大行。故吕东莱诗云：

---

① 《宋元学案》卷五，《古灵四先生学案》。

"路逢十客九青衿，半是同窗旧弟兄；最忆市桥灯火静，巷南巷北读书声。"朱子当时见诸儒辈出，大书"海滨邹鲁"四大字，扁于西关谯楼。则"海滨四先生"实振古人豪爱掺道化之始，以丕变旧俗，遂使闽邦荒裔得与圣人之居并传千古。①

上引清蒋垣又说："宋初'海滨四先生'与安定胡氏诸公同时倡道，有鲁一变之风。"朱熹认为，"海滨四先生"的儒学是孔孟之道，所以书题"海滨邹鲁"。福建历史上的有关文献，特别是各地的谱志，反复讲自己是"海滨邹鲁"。(浙、粤等东南沿海一带也这样称谓。) 一般讲，福建是"海滨邹鲁"，指的是朱子学发源和盛行于福建。人云亦云，觉得这是理所当然的。其实，这是不大符合历史实际的。这里特别强调，"海滨邹鲁"榜书出自朱熹，是朱熹的墨迹。"海滨"取之于"海滨四先生"，而"邹鲁"当时主要指"四先生"的思想，此后指以朱子学为核心的整个东南沿海的儒学思想。

(3) 武夷胡氏五贤

以北宋闽中崇安人胡安国为首的"胡氏家学"，是闽中早期理学的一大学系，包括胡安国、胡寅、胡宁、胡宏、胡宪五人父子叔侄。清李清馥说："胡氏父子叔侄，阐发经旨，绍述儒学，世以五贤并称。"② 他们的理学渊源于北方理学。胡安国 (1074—1138)，字康侯，号武夷。其学一方面直接来源于孙复，另一方面来源于二程的四大弟子之中的游酢、谢上蔡。胡安国潜心《春秋》20 多年，所著《春秋传》是理学的重要著作。当时学者研究《春秋》的著作甚多，唯胡安国的《春秋传》最为出名，是当时春秋学的最主要代表者。胡安国向朝廷进献其著《春秋传》，受到表彰，加封宝文阁直学士。元明科举取士，五经之《春秋》用胡安国《传》。胡安国还编著《上蔡语录》《资治通鉴举要补遗》《春秋年表》等。致堂即胡寅 (1098—1156)，字明仲，胡安国弟之子，进士，礼部侍郎兼侍讲，杨时门人。主心理合一说。著《胡致堂崇正辩》。胡宏 (1106—1162)，字仁仲，号五峰，胡安国季子。幼从杨时、侯仲良学，卒传安国

---

① 《八闽理学源流》卷上。
② 《闽中理学渊源考》卷三，《武彝胡氏家世学派》。

之学。洁身自好，不求闻达，不慕权势，不仕官职，卒于家。全祖望说："绍兴诸儒，所造莫出五峰之上。其所作《知言》东莱以为过于《正蒙》，卒开湖湘之学统。今豫章以晦翁故祀泽宫，而五峰阙焉，非公论也。"①。为学主性一理殊，性体心用。见解别具一格，受到正统理学家的非难。其观点俱见于其《知言》。朱熹著有《知言疑义》，与之论难。牟宗三对其评价很高，认为其在宋学中占有重要地位。其后继者知名者有张栻。

胡安国弟胡淳之子胡宪（1085—1162），字原仲，学者称籍溪先生。尝从谯定学易。致力于克己功夫。著《论语说》等。胡宪是朱熹父朱松临终时委托培养朱熹的三学者之一，朱熹受其学最久。胡安国次子胡宁（1109—1163），字和仲，学者称茅堂先生。曾知澧州等，因触怒秦桧，罢官归里，隐居治学。跟其父治《春秋》，著《春秋通旨》等。清谢山说：

> 致堂（胡寅）、籍溪（胡宪）、五峰（胡宏）、茅堂（胡宁）四先生并以大儒树节南宋之初，盖当时伊洛世适，莫有过于文定一门者。四先生殁后，广仲尚能禅其家学，而伯逢、季随兄弟游于朱、张之门，称高弟，可谓盛矣。茅堂还朝，秦相问曰："令兄有何言？"对曰："家兄致意丞相：善类久废，民力久困。"秦相已愠，因谓茅堂曰："先公《春秋》议论好，只是行不得。"茅堂曰："惟其可行，方是议论。"又问："柳下惠降志辱身，如何？"对曰："总不若夷、齐之不降不辱也。"遂以书劝避相位，以顺消息盈虚之理，秦相愈怒。一日，忽招茅堂饭，意极拳拳，归而台章已下。《宋史》只载其蔡京之对，且谓因致堂与秦相绝，遂并罢，不知茅堂自不为秦屈，不一而足，非以致堂之牵连也。②

这段记载，说明了胡氏诸贤之道德人品和爱国精神。

朱熹吸取"胡氏五贤"的观点很多。清全祖望说：

> 武夷诸子，致堂、五峰最著，而其学又分为二。五峰不满其兄

---

① 《宋元学案》卷四十二，《五峰学案序录》。
② 《宋元学案》卷三十四，《武夷学案·参议胡茅堂先生宁》。

之学，故致堂之传不广。然当洛学陷入异端之日，致堂独巋然不染，亦已贤矣。故朱子亦多取焉。①

以胡安国为首的武夷胡氏五贤是闽中理学的一大学系，衍化为以张栻为代表的湖湘之学。知名朱子学家真德秀说：

> 上蔡传之武夷胡氏（安国），胡氏传其子五峰（宏），五峰传之南轩张式（栻），此又一派也。②

武夷胡氏五贤之学，有的观点朱子学学者有所批评。但是，批评也是一种启示，吸取经验教训；而且，朱子学学者更多的是从中承续到许多观点。明彭时说：

> （胡氏五贤）俱为大儒，遂启新安朱氏（熹）、东莱吕氏（祖谦）、南轩张氏（栻）之传，而道学益盛以显。③

综观福建朱子学者的著述，引用、论述胡氏五贤之学多多。

此外，胡氏五贤多承续游酢。游酢是道南学的首要学者，是洛学与福建朱子学的桥梁。从这个意义上，胡氏五贤与朱子学也是有源流关系的。

（4）南剑四先生

杨时、罗从彦、李侗是一脉相承的师承关系，被称为"南剑三先生"。其实，还有个与杨时同时和齐名的游酢，将在下文说明。所以，应改称"南剑四先生"才符合历史事实。他们是洛学与福建朱子学的重要中介人物，是闽学的先驱者，有的称其为"前闽学"④。

北宋末年，文化落后的北方金人将入主中原，中原文化南移。适应历史的这种需要，闽中许多学者到中原拜师学习。如古田邵清学于张载，福清王蘋、沙县陈渊陈瓘罗从彦、建阳游酢游醇、将乐杨时等学于程颢、程颐。其中游酢、杨时"程门立雪"和其学成回闽时程颢谓"吾道南

---

① 《宋元学案》卷四十一，《衡麓学案》。

② 《西山读书记》卷三十一。

③ 嘉庆《建宁府志》卷十七。

④ "前闽学"是林拓提出的，见其《文化的地理过程分析——福建文化的地域性考察》，上海书店出版社 2004 年版，第 69 页。

矣",最为有名。他们"载道南归",在闽中传播周、张、二程之理学。①

在闽中二程的传人中,游酢、杨时最有代表性。游酢（1053—1123）,字子通,又改字定夫,号广平,因曾筑草堂于故乡廌山之麓,学者称之为廌山先生。北宋建州建阳县禾坪里（今建阳市麻沙镇长坪村）人。宋神宗元丰五年（1082年）登进士第。历官萧山县尉、泉州签判、和州知州、监察御史、太学博士、府学教授等,又历舒州、濠州而卒,享年71岁。因家人无财力运棺柩于原籍,葬于和州历阳县升城乡车辕岭（今安徽省含山县杨头区林场）。追封朝奉大夫,谥文肃。清德宗光绪十八年（1892年）从祀孔庙。游酢的著作有《易说》《中庸义》《诗二南义》《论语杂解》《孟子杂解》《廌山粹言》等,现存有《游文肃文集》8卷（或曰10卷）,其书法墨迹遗存编入《中国书法大字典》等之中。

杨时（1053—1135）,字行可,后改字中立,因曾隐居家乡龟山,学者称之为龟山先生,北宋将乐人。宋神宗熙宁九年（1076年）进士。历官余杭浏阳萧山知县、龙图阁直学士、右谏议大夫兼侍讲、工部侍郎等。于杨时卒年,赠左大中大夫,谥文靖。南宋高宗绍兴十二年（1142年）,追封吴国公。南宋度宗咸淳三年（1267年）,立龟山书院,御书"龟山书院"额。明宪宗成化元年（1465年）,敕建延平道南祠像祀,以罗从彦、李侗配享。明孝宗弘治八年（1495年）,从祀孔庙。杨时的著作主要有《经筵讲义》《诗经辨疑》《二程粹言》《经解》《孟子义》《礼记解》《中庸解》《春秋说》《周礼辨疑》《尚书讲义》《龟山易传》《龟山语录》《龟山文集》《杨时集》等。

游酢于20岁时在京师见程颐,程颐即谓其资可与适道,是年程颢办学即召游酢任教职,游酢即师事之,尽弃故所习而学之,即放弃词章之学而改为理学。再过9年,游酢和杨时一起至河南颍昌。杨时也开始师事程颢。他们"程门立雪",学成回闽时程颢目送之曰:"吾道南矣!"说的是游、杨二人"载道南归"。清左宰说:"孔孟之道得二程而明,故朱子以二程继闻知之统。二程之教得游、杨而广,故先儒以游、杨为亲炙

---

① 《宋史》卷四百二十八,《杨时传》。

之宗。"①

朱熹对游、杨"道南"至为赞赏，在建阳崇泰里云谷山建道源堂。据记载：

> 道源堂在崇泰里云谷山，宋乾道中朱子建，熊勿轩道源堂诗："伊洛何年此道南，道源堂上意谁参；古文夫子遗经六，建学文公精舍三。落落此生徒苦志，悠悠吾道岂空谈；是邦赖有贤师帅，扶植斯文首晦庵。"②

游酢、杨时在理学、政治、教育、文学、书法等中国文化的诸领域中都达到了他们那个时代所能达到的水平。他们的思想主要是在其从政生涯和相应的学术活动中形成的，他们的学术研究更多地是为了解决当时社会生活中的实际问题。游酢、杨时是两宋之际承上启下、继往开来的思想家，是两宋理学的典型代表者，是中国文化重心南移再兴的源头活水，是闽学的主要渊源。

据陈荣捷统计，朱熹的《四书章句集注》引用32个学者的语录731条，其中游酢21条、杨时73条、李侗13条。这里仅说《四书章句集注》中的引语，未及其他引语和观点。

南剑四先生的思想，是朱子学思想的直接渊源。游酢讲友胡安国陈瓘、门人陈侁（福建长乐人）等，皆是闽中著名的理学家。杨时传之罗从彦（1072—1135）。罗除从学于杨时外，还亲自到河南拜师程氏。罗又传之李侗（1093—1163）。李侗是朱熹的业师。此南剑诸贤是朱子学的直接渊源。南宋建立以来，朱熹等著名学者继续沿着游、杨、罗、李等人的思路进一步往前发展。南宋建立后，当务之急是重建社会理想和人格境界，恢复和确立国家的主体意识——儒家的道德伦理原则。

一般谓"道南第一人杨时"，是不符历史实际的。朱熹之前的闽中理学，程颢谓"吾道南矣"，游酢和杨时两人在场，这时还有古田邵清学于张载，福清王蘋、沙县陈渊陈瓘罗从彦学于二程等，他们共同把程氏洛

---

① 《游酢文集》，延边大学出版社1998年版，第18页。
② 民国《建阳县志》卷三，《园宅》。

学（理学）移植至福建。游酢卒于北宋灭亡前三年（徽宗重和五年，1123 年），其活动时期正是国家处于极端混乱的状态，人们无视思想理论问题，游酢和其弟子无人过问，因而其思想得不到系统的传授。杨时卒于南宋建立后的九年（高宗绍兴五年，1135 年），其在世时，为了重整国家，不同阶层和阶级的人们都十分重视思想理论问题。杨时仕于朝，被皇帝选为侍讲，提出激进的抗金主张，并奔走各地游说。杨时弟子 1000 多人，再传弟子罗从彦、李侗、朱松、刘勉之、刘子翚、朱熹、张栻等，当时在政治或学术上地位很高，发扬杨时思想，使杨时影响较大。因此，后世只说"道南第一人杨时"，不提还有个游酢，是不符历史实际的。

5. 中原理学入闽

周敦颐、程颢、程颐、张载、邵雍之学，奠定了理学（新儒学）的理论基础。理学由北而南入闽通过下列两个途径：一是在朝廷官员的交往受学。据记载：

> 元祐五年（按 1090 年），（朝廷）以孙复、胡瑗为国子监直讲。瑗字翼之，海陵人，为湖州教授时立经义治事之法。仁宗命令式于太学，称□定先生。闽怀安（按属福州府）刘彝、邵武游烈、汀州徐唐俱从受业。

> （嘉祐）七年（按 1062 年），以福州处士陈烈为国子监直讲，不至。字季慈，侯官人。与陈襄、周希孟、郑穆相与倡道于闽中，称海滨四先生。与孙复、胡瑗、周敦颐三人开宋朝理学之始。

> （北宋神宗熙宁）二年（按 1069 年），以张载为崇文院校书，寻辞归，字子厚，长安人。著有《正蒙》、西东《铭》行世，称为横渠先生，关中理学之始。闽古田邵清及门学《易》。

> （神宗元丰）七年（按 1084 年），端明殿学士司马光上《资治通鉴》，字君实，夏县人。闽莆田黄隐尊司马氏学，刘安世其高弟也。崇安刘勉之受业于安世，俱得司马氏之传。[①]

二是直接到河南拜师程颢、程颐等。据记载：

---

① 以上参见《八闽理学源流》卷上。

　　哲宗元祐元年（按 1086 年），以程颐为崇文殿说书，字正叔，颢之弟，著有《春秋》《易传》等书行世，称伊川先生。与兄颢俱得周敦颐正传，卒年七十五。敦颐理学之教得二程而益盛。闽福清王蘋，将乐杨时，沙县陈渊、陈瓘，崇安游醇、游酢，皆从二程受业。濂洛之教入闽，亦由此而盛。

　　罗从彦字仲素，先世自豫章避地南剑，闻杨时得河南程氏学，徒步往见。三日，即惊汗浃背，曰："不至是即虚过一生。"常与论易至乾九四爻。（杨）时云："伊川说甚善。"从彦即鬻田走洛，见颐问之。既而筑室山中，绝意仕进，终日端坐，间之溪上，吟咏而归。[①]

这其中最有名的是游酢、杨时受学于二程。据记载：

　　先是建安（按即今福建建瓯）林志宁游文彦博门下求教，彦博令往见颢及颐。志宁归以语酢，酢遂偕将乐杨时执弟子礼见颢于颍昌，尽弃所学而学焉。闻颢微言奥旨，欣然有得。久之，谓时曰："吾在春风和气中。坐三月矣！"……颢已前卒，酢事颐如事颢。颐瞑目而坐，酢与时同侍侧（按指在门外），日且暮久立不去；颐觉，则门外雪深三尺矣！[②]

这就是有名的"程门立雪"的故事，在历史上树立了尊师重道的典范。他们学成回闽时，"其归也，颢目送之曰：'吾道南矣！'"[③] 现在，崇安武夷山五曲的高山上还遗存有摩崖石刻"道南理窟"四个大字，由此而来。

　　理学入闽后，传播最力者为游酢和杨时。据记载：

　　游酢载道南归，创建州理学之始。……闽道学之统，与濂、洛、关并称者，首推建郡，实游定夫（按即游酢字）开其先也。[④]

　　自杨时传二程之学于闽，其道大行；而四先生之学，后乃寝息。[⑤]

---

① 以上参见《八闽理学源流》卷上。
② 清同治《重纂福建通志》卷一百八十五，《游酢传》。
③ 《宋史》卷四百二十八，《杨时传》。
④ 李兆民：《游廌山先生之遗》，见《福建文化》第四卷，第 24 期，1937 年。
⑤ 以上参见《八闽理学源流》卷上。

"海滨四先生"、邵清等之理学在福建没有发展起来。

杨时之学首先传给崇安的刘勉之；刘勉之"受业刘安世、杨时……其成就后学，则以朱熹为首。熹得道统之正，自勉之始"①。刘勉之是朱熹的启蒙老师和岳父。其次，杨时之学传给沙县的罗从彦，再由罗从彦传至延平（今南平市）的李侗，李侗传给建阳的朱熹。史称杨、罗、李、朱为二程的一、再、三、四传弟子。此即南剑四先生。

由上可见，福建朱子学直接和间接地来源于周敦颐、程颢、程颐等人，特别是二程。在二程的学说中，程颢比较倾向于心，程颐比较倾向于理，他们之间有某些差别，而其共同点则是理一元论的思想体系。程颢说："吾学虽有所受，天理二字却是自家体贴出来。"② 这是他们的名言。所谓"天理"，主要是指君臣、父子、夫妇、兄弟的伦常关系和仁、义、礼、智、信的伦理道德规范。

游酢、杨时、谢良佐、吕大临并称程门四大弟子。杨时年寿特高，活了 83 岁，有 1000 多个门人，知名者福建籍有罗从彦、刘勉之、胡寅、胡宏、陈渊等人，一时名声大噪，成为南宋初期帘卷东南最有影响的道南学派的领袖。杨时所谓得程门正宗，是把二程"天理"的宇宙论、格物致知的认识论、仁义礼智的道德论、义理之性和气质之性的人性论，以及"存天理，灭人欲"的修养论，继承过来，构成为自己的思想体系。杨时的主要著作《三经义辩》，是专门为反对王安石变法而撰写的，旨在"使邪说淫辞不为学者之惑"③。在宋金关系上，杨时坚决反对和议，在民族危机之际，表现出了其爱国主义思想。据记载："朱熹、张栻之学得程氏之正，其源委脉络皆出于时。"④

罗从彦字仲素，号豫章，南宋南剑州沙县人。官至博罗县主簿。罗从彦初至杨时处问学时，感到很相契，史称"（杨）时弟子千余人，无及从彦者"⑤。但是，又有人谓"豫章在及门中最无气焰"⑥。

① 《八闽理学源流》卷上，福建省图 1984 年复印本。
② ［宋］朱熹编《二程外书》卷十二，《右七事见邵氏闻见录》。
③ 《宋史》卷四百二十八，《杨时传》。
④ 《宋史》卷四百二十八，《杨时传》。
⑤ 《宋史》卷四百二十八，《罗豫章传》。
⑥ 《宋元学案》卷三十九，《豫章延平学案》。

此说实为偏见。我们纵观罗从彦的著述，可取之处甚多。例如，他说：

> 君子在朝则天下必治，盖君子进则常有乱世之言，使人主多忧而善心生，故天下所以必治；小人在朝天下必乱，盖小人进则常有治世之言，使人主多乐而怠心生，故天下所以必乱。[①]

> 天下之变不起于四方，而起于朝廷，譬如人之伤气，则寒暑易侵，木之伤心，则风雨易折。故内有李林甫之奸，则外有禄山之乱；内有卢杞之邪，则外有朱泚之叛。[②]

> 士之立朝，要以正直忠厚为本。……一于正直而不忠厚，则渐入于刻一于忠厚而不正直，则入于懦。[③]

罗从彦很注意从朝廷用人得当与否来考察社会的治乱。罗从彦的道德修养论，是把体察喜怒哀乐未发之时作何气象当作进学和养心的妙方，并自己用数十年的静坐工夫加以体认。从学于罗门者，李侗是高徒。

李侗字愿中，号延平，学者称延平先生，南剑州剑浦（今南平）人。据记载：

> （侗）年二十四，闻郡人罗仲素传河洛之学于龟山，遂往学焉。仲素不为世所知，先生冥心独契。于是退而屏居，谢绝世故。余四十年，箪瓢屡空，怡然有以自适也。其始学也，默坐澄心以验夫喜怒哀乐未发之前气象为何如，久之而知天下之大本真在乎是也。既得其本，则凡出于是者，虽品节万殊，曲折万变，莫不该摄洞贯，以次融释，各有条理，如川流脉络之不可乱，大而天地之所以高厚，细而品汇之所以化育，以至经训之微言，日用之小物，玩之于此无一不得其衷焉。由此操存益固，涵养益熟，泛应曲酬发必中节。[④]

李侗一生没有做过官，是一个身居草野极为注意道德修养者。他自己曾说："某村居兀坐，一无所为，亦以窘迫遇事窒塞处多，每以古人贫甚极

---

① 《罗豫章集》卷十一，《议论要语》。
② 《罗豫章集》卷十一，《议论要语》。
③ 《罗豫章集》卷十一，《议论要语》。
④ 《宋元学案》卷三十九，《豫章延平学案》。

难堪处自体，即啜菽饮水，亦自有余矣，夫复何言！"①

李侗是朱熹的业师。朱熹在《挽延平李先生》中说："闻道无余事，穷居不计年；箪瓢浑谩与，风月自悠然。"② 这就是李侗等道学家们的"圣人气象"。李侗的思想主要体现在道德修养上——静坐默识。李侗认为，"太极"是最高的"理"，而"理"应该在"知"字上狠下工夫。因为"理"与"心"为一，知"理"等于知"心"，而天之"理"与心之"理"的最高境界即是"中"。他按照程颐所说的"喜怒哀乐未发是言在中之义，只一个中字"③ 去思维。李侗把"中"看成是心的本体，即所谓"大本"。如何达到这个最高境界的"中"呢？必须通过静坐默识的工夫。朱熹说："李先生意，只是要得学者静中有个主宰存养处。"④ 有了"主宰"，心与理相通，发于事理便一通百通。因为心与理为一，心之理和物之理本来就是融合贯通而成为一体的。李侗说：

> 为学之初，且当常存此心，勿为他事所胜。凡遇一事，即当且就此事反复推寻以究其极，待此一事融释脱落，然后别穷一事。久之，自当有洒然处。⑤

李侗的这种为学循序渐进的思想方法是很有启发性的。朱熹说：

> 盖延平之言曰："吾儒之学，所以异于异端者，理一分殊也。理不患其不一，所难者分殊耳。此其要也。"⑥

在李侗看来，要从躬行践履来展示天理论的思想体系，即遵循孔子所说的"下学"（日用践履）上达（心性天理）之教。⑦ 朱熹非常赞赏李侗的这一思想。朱熹说：

> 道学不明，元来不是上面欠缺工夫，乃是下面元无根脚。若信

---

① 《宋元学案》卷三十九，《豫章延平学案》。
② 《晦庵集》卷二，《诗》。
③ 《二程遗书》卷十八。
④ 《晦庵集》卷四十四，《答梁文叔》。
⑤ 《朱子语类》卷十八，《近世大儒有为格物致知之说一段》。
⑥ ［清］王懋竑：《朱子年谱》卷一。
⑦ 《论语·宪问》。

得及，脚踏实地，如此做去，良心自然不放，践履自然纯熟。^①

这种由具体察抽象的思维方式，福建朱子学者代代相传。直到清代，著名的福建朱子学家李光地奉旨"纂集《朱子全书》，从小学、大学起，然后及于天道性命之说"^②。

朱熹于24岁时往见李侗。李侗与朱熹父朱松同是二程的再传弟子南剑州沙县罗从彦的学生。李侗是二程的三传弟子。高宗绍兴二十三年(1153年)，"夏将赴同安任，特往受学于延平李先生侗之门"^③。朱熹是在赴同安任途中路过南平拜见李侗的，即绍兴二十三年夏六月底或七月初。朱熹执父礼见李侗，向李侗介绍他在二刘胡处之所学。李侗对朱熹过去所学之禅学作了批评。朱熹起初"心疑而不服。同安官余，反复思之，始知其不我欺矣"^④。

朱熹和李侗交往前后10年，正式拜李侗为师是后5年。朱熹说："熹获从先生游，每一去而复来，则所闻必益超绝，盖其上达不已，日新如此。"^⑤ 朱熹师事李侗，是其思想一个大转变的时期。清福建朱子学家童能灵说：

> 朱子初好禅学，至此延平始教以从日用间做工夫，又教以只看圣贤之书，则其学亦一变矣。然有不能尽变者，如后此数年答人书驰心空妙之悔，是也。^⑥

朱熹经过李侗的教导，认识到过去所学佛教禅学思想空言无实，即其以君臣父子为幻妄，此后便致力于儒家的切实工夫。

从杨时到李侗的所谓"指诀"，是静中体认"未发之中"，被称为道南学。《礼记·中庸》曰："喜怒哀乐之未发谓之中，发而皆中节谓之和。中也者，天下之大本也；和也者，天下之达道也。致中和，天地位焉，万物育焉。"人在喜怒哀乐未发之前有一种纯是理的精神实体，它是天下

---

① 《朱子语类》卷十四，《大学一·纲领》。
② 《御纂性理精义》凡例。
③ ［清］童能灵：《子朱子为学次第考》卷一。
④ 《朱子年谱》卷一。
⑤ 《朱子文集》卷九十七，《延平先生李公行状》。
⑥ 《子朱子为学次第考》卷一。

的根本，体察了它，人就达到了圣人的境界，天下也就可以得到治理了。这是二程通过杨时在福建传授的。清全祖望说：

> 豫章之在杨门，所学虽醇而所得实浅。……一传为延平，则邃矣；再传为晦翁，则大矣。①

其实，朱熹早年对于静中体认"未发之中"似懂非懂，到了中年以后就根本不予理睬。李侗卒后，朱熹在追思其老师的传授时说：

> 李先生教人，大抵令于静中体认大本未发时气象分明，即处事应物，自然中节。此乃龟山门下相传指诀。然当时亲炙之时，贪听讲论，又方窃好章句训诂之习，不得尽心于此，至今若存若亡，无一的实见处，辜负教育之意。每一念此，未尝不愧汗沾衣也。②

实际上，朱熹还提出批评，认为"有病"。朱熹说：

> 道理不可专要去静处求，所以伊川谓只用敬，不用静，便说平也。③

这里，朱熹把"静"易为"敬"。朱熹约在 40 岁，才真正走上程颐的"涵养必以敬，而进学则在致知"的路向上来。朱熹说：

> 此两言者，如车两轮，如鸟两翼，未有废其一而可行可飞者也。④

（二）释道之学

清全祖望说："两宋诸儒，门庭径路半出入于佛、老。"⑤ 从中国古代思想发展的阶段来说，一般把理学看成是以儒学为主干，融合佛、道之学加以充实提高的产物。闽学作为新儒学的一个综合性核心派别，更是如此。以朱熹为代表的闽学学者，原则上以佛、道为异端，但是实际上也吸取了佛教的思想和思维方式，以及道家、道教的一些观点。可以说，

---

① 《宋元学案》卷三十九，《豫章延平学案》。
② 《晦庵集》卷四十，《答何叔京》。
③ 转引自《宋元学案》卷四十九，《晦翁学案》。
④ 以上见《晦庵集》卷六十三，《答孙敬甫》。
⑤ ［清］全祖望：《鲒埼亭集》卷三十一，《题真西山集》。

闽学是以儒家的道德伦理思想为核心、佛学的思辨结构为骨架、道教
（道家）的"道生万物"为线索而建立起的新儒学（理学）的思想体系。
他们是把佛教和道家、道教的世界图式和主静（净）去欲的思想，糅合
在儒家的纲常名教之中。

　　朱熹所谓释老之老，包括道家和道教。朱熹认为，《老子》书是应该
很好学习的。例如，他最爱《老子》第六章《谷神不死》，认为："谷之
虚也，声达焉，则响应之，乃神化之自然也。'是谓玄牝'。玄，妙也；
牝，是有所受而能生物者也。至妙之理，有生生之意焉，程子所以取老
氏之说也。"① 朱熹谓程颐的生生之学得之于老子，是确切而大胆之说，
因为程颐本人是禁止学生读老庄之书的。"生生"是程朱理学的基本思
想，道家是其来源之一。当然，此命题主要来源于《周易》。

　　朱熹自称道士，曾托名"崆峒道士邹䜣"，撰《周易参同契考异》
《阴符经考异》，并作《阴符经注》《参同契注》《调息箴》等。朱熹的始
祖邾子居住于邾国，邾国后为邹县；䜣通熹。因此，朱熹化名邹䜣，即
邹县朱熹。䜣意为融合，《礼记·乐记》中的"天地䜣合"之后，紧接一
句是"阴阳相得"，可见邹䜣还有哲学的意义。《参同契》为东汉道教学
者魏伯阳所著，寓意是将《周易》、黄老、炉火三家理法参照会同而契合
为一，是讲炼丹修生之术的。朱熹在《考异》中谓，《参同契》"文章极
好""文意古奥""为人妄解"等。朱熹用《参同契》之纳甲法阐发《易
经》义理和其象数学思想。《阴符经》亦称《黄帝阴符经》，意为来自传
说中的黄帝，说是唐朝兵法家李筌在石窟中发现的。朱熹在考注中认为，
该书是李筌的作品。朱熹特别重视《阴符经》中的天地生化万物的理论，
把《阴符经》中的思想哲学化。对上述道书在朱熹哲学思想中的地位，
后来的闽学学者虽然为朱熹作种种辩解，但是朱熹曾用功和有得于道家、
道教学说却是都不敢否认的。

　　东晋葛洪的《抱朴子》袭用道家语言，提出"元"是"自然之始祖
而万殊之大宗"，其性质是"眇昧乎其深也，故称微焉；绵邈乎其远也，
故称妙焉；其高则冠盖乎九霄；其旷则笼罩乎八隅"。道教的这种作为世

----

① 《朱子语类》卷一百二十五，《老氏·老子书》。

界本原的"元"，同朱熹等闽学家的"太极""理"，应该也是有渊源关系的。[①]朱熹明确说："今观道书，皆是发明太极。"朱熹说的太极、理，与道教所讲的统摄万物的"元"的性质差不多是相同的。闽学家的"敬""静"和"去人欲"，和道教的主静去欲是一脉相承的。朱熹等闽学学者还主管过台州崇道观、华州云台观等。这些道教宫观对闽学学者也有一定的影响。[②]

在福建朱子学的思想体系中象数学也占有很大的成分。周敦颐的《太极图》、邵雍的《先天图》、朱震的《汉上易卦图》等，都是用道家思想比附《易》，以八卦为基础，掺杂道士的炼丹理论，形成其象数学思想体系。象数学穿着神秘的外衣，实际上它的流传是和历代自然科学联系在一起的，是企图说明宇宙的起源的。闽学学者从多方面吸取了象数学的思想。像蔡元定、蔡沈用邵雍的象数学理论阐发其理学思想，是十分典型的。就是朱熹，也认为朱震的象数学中有合理成分。朱熹说：

> 互体自左氏以言，亦有道理。……王弼破互体，朱子发（震）用互体。朱子发互体，一卦中自二至五，又自有两卦，这两卦又伏两卦。林黄中便倒转推成四卦。四卦里又伏四卦。此谓互体。[③]

二程不言"数"，关学派提出不能以"数"名学，而以朱熹为代表的闽学学者却发扬其合理成分。蔡元定的思想体系就是建立在"数"的基础之上的。

福建朱子学的基本范畴理气说，与佛教华严宗、禅宗的理事范畴有许多相似之处。华严宗四祖澄观提出四法界：理法界、事法界、理事无碍法界、事事无碍法界。界即性义，无尽事理，皆有同一性，同一于心。心融万界，便成四法界。禅宗认为，理事不二，真佛如如，理法界是真实的，事法界是虚幻的；理事是互相融通的，理必须体现在事中。理是一个整体，不可分割，每一事物都是理之全体的体现。闽学家们就是利用佛教的理事思想来论证自己的理气、"理一分殊"的，并注入儒家的道

---

① 《抱朴子·内篇》。

② 《朱子语类》卷九十三，《孔孟周程》。

③ 《朱子语类》卷六十七，《易三·纲领下·卦体卦变》。

德伦理内容。朱熹说：

> 万物皆有此理，理皆同出一原，但所居之位不同，则其理之用
> 不一。如为君须仁，为臣须敬，为子须孝，为父须慈。物物各具此
> 理，而物物各异其用，然莫非一理之流行也。……近而一身之中，
> 远而八荒之外，微而一草一木之众，莫不各具此理。如此四人在坐，
> 各有这个道理，某不用假借于公，公不用求于某，仲思与廷秀亦不
> 用自相假借。然虽各自有一个理，又却同出于一个理尔。如排数器
> 水相似：这盂也是这样水，那盂也是这样水，各各满足，不待求假
> 于外。然打破放里，却也只是个水。此所以可推而无不通也。所以
> 谓格得多后自能贯通者，只为是一理。释氏云："一月普现一切水，
> 一切水月一月摄。"这是那释氏也窥见得这些道理。濂溪《通书》只
> 是说这一事。①

释氏此论在朱熹之前。很显然，是朱熹吸取释氏之学的。唐僧法藏说：
"圆融自在，一即一切，一切即一，不可说其状相耳。"② 闽学的理气不离
不杂、理一分殊论是与释氏这些论说有渊源关系的。

在南宋时，中国佛教禅宗的重心已由岭南转移至闽、浙、赣一带，
不少禅师和朱熹等福建朱子学者为友。朱熹自谓年十五六岁时，在崇安
县五夫里刘子翚处会一僧。与之语，颇觉有要妙处。乃赴试时，用他意
思胡说，遂得举。日本学者指出，朱熹赴试时，刘子翚搜其行箧，有
《大慧语录》1册。有的学者遂以此僧为大慧。③ 大慧即普觉禅师，名宗
杲（1089—1163），号妙喜，宋徽宗赐名佛日，宣城宁国（今安徽宣城）
人。他是具有代表性的文字禅师，著有《正法眼藏》《宗门武库》《普说》
《语录》等。当时他避乱入闽筑庵长乐，从之者50余人。

近人陆云锦在《芝园杂记》中综合地说明了福建朱子学与佛学的关
系。他认为，朱熹的一些用语，如虚灵不昧，出《大智度论》；不可限
量，出《华严经》；物我之理，固有之性，心之体用，吾心正而天地之心

---

① 《朱子语类》卷十八，《大学五·独其所谓格物致知者一段》。

② 《华严一乘教义分齐章》卷三。

③ 参见陈荣捷：《朱子新探索》，台湾学生书局1988年版，第641—647页。

正，活泼泼的，皆出佛书；等等。由此可见，朱熹吸取佛教思想是多方面的。清人童能灵说：

> 按朱子生平论禅学较之二程、张子尤悉且透，盖以其好之早而又久且笃焉，能深知其底蕴也。后世或疑诸大儒未尝亲究禅理之妙，误矣！①

朱熹等福建朱子学者，基于他们所吸取的佛教思想资料和思维结构形式，才形成为其思辨性较强的哲学思想体系。

佛教于汉代由印度传入中国，它与中国儒、道由依附、对立，经过近千年，到唐宋时代中国化，并被儒学吸取和消化。在唐代，华严、禅等宗中国化成功，仍是佛教；而宋代新儒学，已把佛学的一些思想吸收成为自己思想的组成部分，像吃营养强身一样。佛教中国化有两种形式，一是自身的中国化，即中国佛教宗派的确立；二是佛学融合中国传统文化里，即儒、释、道融合。这是中国文化发展史上的重大事件。现代知名史学家陈寅恪说：

> 佛教流布，实为世界文明史上，大可研究者。佛教于理性之学Metaphysics 独有深造。足救中国之缺失，而为常人所欢迎。惟其中之规律，多不合于中国之风俗习惯。（如祀祖、娶妻等。）故昌黎等攻辟之。然辟之而另无以济其乏，则终难遏之。于是佛教大盛。宋儒若程若朱，皆深通佛教者，既喜其义理之高明详尽，足以救中国之缺失，而又忧其用夷复夏也。乃求得而两全之法，避其名而居其实，取其珠而还其椟。采佛理之精粹以之注解四书五经。名为阐明古学，实则吸收异教。声言尊孔辟佛，实则佛之义理，已浸渍濡染。与儒教之传宗，合而为一。此先儒爱国济世之苦心，至可尊敬而曲谅之者也。故佛教实有功于中国甚大。而常人未之通晓，未之觉察，而以中国为真正教之国，误矣。自得佛教之裨助，而中国之学问，立时增长元气，别开生面。②

---

① 《子朱子为学次第考》卷一。
② 吴学昭：《吴宓与陈寅恪》，清华大学出版社 1992 年版，第 10—11 页。

这里谓福建朱子学融合佛学，是"爱国济世之苦心"，"救中国之缺失"，"中国之学问立时增长元气，别开生面"，是言前人所未言，是大胆之说，是很确切的。

（三）综罗百代

朱熹早年无学不学，从多方面接受知识。朱熹自己回忆说："某旧时亦要无所不学，禅、道、文章、楚词、诗、兵法，事事要学，出入时无数文字，事事有两册。"[①]朱熹之所以博学，是从幼年时期就打好基础的。朱熹早年学习的重点还是《论语》《孟子》。他比较成熟的早期著作是《论语要义》《论孟精义》等。这两本书撰成于其25岁左右。

朱熹受学于李侗，李侗只叫他看圣贤言语，直接学习和研究儒家经典。此后，他又进而全面研究了理学家和其他学者的大量著作，编辑和撰写了《二程遗书》《〈西铭〉解义》《〈太极图说〉解》《〈通书〉解》《近思录》《八朝名臣言行录》《通鉴纲目》等。《通鉴纲目》是仿《春秋》体例，节选评论北宋司马光的《资治通鉴》。对于《资治通鉴》，朱熹说："义例益精密，上下千有余年，乱臣贼子，真无所匿其形矣！"[②]

朱熹通过研究理学家和历代学者的著作，再直接追溯研究孔孟儒家经典。朱熹对"五经"进行了全面的研究和考证，辨伪存真，认为《诗序》非原作，其数十篇纯讲男女性爱；《古尚书》是伪书，《书序》和孔安国注皆非汉代作品；《礼记》是秦汉后诸儒之作；《易》非讲哲理，多释卜辞；《春秋》三传皆讲历史。因此，"五经"不适宜在国家上层建筑中占主导地位，起不了儒家内圣成德以文教化的大作用。汉代学者以"五经"为经学，唐朝钦定孔颖达等的《五经正义》为教科书；北宋孙复、石介、胡安国治《春秋》，司马光、王安石、张载、程颐注《易》，王安石研究《诗》《礼》等，皆成绩卓越。在朱熹之前，"五经"在国家上层建筑中占主导地位。朱熹提出用《大学》《中庸》《论语》《孟子》"四书"代替"五经"的权威。朱熹经过长期反复地研究"四书"，深刻

----

① 《朱子语类》卷一百四，《朱子一·自论为学工夫》。

② 《朱子年谱》卷一。

准确地看出"四书"体现了以孔孟为代表的儒家思想的真谛，真正能反映出中华民族的主体文化思想。朱熹以毕生精力撰编《四书章句集注》，对历代注家进行取舍，重义理轻训诂，超越了汉魏以来的对"四书"的所有注疏。朱熹把"四书"联成一个整体，形成新儒家的思想理论体系。

历代福建朱子学学者都直接或间接地研究历代儒家经典。例如，南宋末年黄榦的《论语通释》《圣贤道统传授总叙说》，蔡沈的《至书》《书经集传》，陈淳的《中庸大学讲义》《四书性理字义》，真德秀的《四书集编》《大学衍义》，等等，都是福建朱子学创立时期的重要著作，是福建朱子学学者研究儒家经典的主要成果。元代熊禾的《四书标题》《周易集疏》《春秋通解》，陈普的《孟子纂图》《四书五经讲义》，许衡的《鲁斋遗书》，刘因的《静修集》，吴澄的《草庐精语》；明代陈真晟的《正教正考会通》，蔡清的《四书蒙引》《易经蒙引》《考定大学传》，陈琛的《四书浅说》《易经浅说》，张岳的《三礼经传》《名儒文类》，林希元的《四书存疑》《易经存疑》《史定大学经传定本》，曹端的《四书详说》，薛瑄的《读书录》，吴与弼的《日录》；清代李光地的《周易通论》《洪范新旧说》《大学古本说》《中庸余论》《读论语札记》，蔡世远的《历代名臣传》，童能灵的《大学中庸说》《周易剩义》，雷铉的《读书偶记》，孟超然的《孟氏八录》，陈庚焕的《五经补义》，刘存仁的《易学钩元》，方东树的《汉学商兑》，等等。这些朱子学著作，对朱子学的范畴和体系作了充实和补充，有的是朱熹等朱子学的创立者言而未详而详之，或为朱熹之后的新论说。

清全祖望说：

> 朱子致广大，尽精微，综罗百代矣！江西之学，浙东永嘉之学，非不岸然，而终不能讳其偏。然善读朱子之书者，正当遍求诸家，以收去短集长之益。若墨守而屏弃一切焉，则非朱子之学也。[1]

历代学者谓以朱熹为代表的福建朱子学思想"集诸儒之大成"[2]，实不愧矣！

---

[1]　《宋元学案》卷四十八，《晦翁学案·晦翁学案序录》。

[2]　清乾隆《婺源县志》卷一，洪从龙：《宋咸淳己巳县志序》。

第二章 福建朱子学创立者朱熹思想的确立及基本内容

一 福建朱子学创立者朱熹的生平事迹

朱子名熹，字元晦、仲晦，号晦庵、晦翁等。祖籍徽州（今安徽歙县）婺源（今属江西）。朱熹的父亲朱松（1097—1143），字乔年，号韦斋，官至左承议郎、守尚书吏部员外郎兼史馆校勘。朱松于北宋宣和五年（1123年）八月来福建，任建州（府治在今建瓯）政和县尉，南宋建炎二年（1128年）三月更调南剑州（府治在今南平）尤溪县尉，七月到任，建炎三年（1129年）五月任期满后，闲居在尤溪朋友郑安道（字义斋）家里。建炎四年九月十五日（1130年10月18日），朱熹出生于尤溪郑安道家里。庆元六年三月九日（1200年4月23日），卒于建阳考亭沧洲精舍，享年71岁。11月20日，葬于建阳县塘石里大林谷（今黄坑）。朱熹自称为建人，其学说被称为闽学、福建朱子学、朱子学。

绍兴十七年（1147年）秋，朱熹18岁，举建州乡贡，次年春考中进士。绍兴二十一年（1151年）春，朱熹22岁，铨试中等，授左迪功郎，被任命为泉州府同安县主簿。历任泉州府同安县主簿、知南康军、提举浙东常平茶盐公事、知漳州、知潭州、焕章阁待制兼侍讲等。著有《四书章句集注》《周易本义》《诗集传》等，辑为《朱子文集》《朱子语类》《朱子全书》等。卒谥曰文，追封徽国公。淳祐元年（1241年）从祀孔庙，清康熙五十一年（1712年）升十哲之一，是与孔子后先相继的同等级的中国传统文化思想的巨人。集宋代以至其前传统文化思想之大成，其理学（新儒学）是中国古代社会后期的主体文化思想；并传至国外，成为"东亚文明的体现"①、世界性的学说。

（一）朱熹籍贯建州建阳

朱熹的籍贯存在分歧，近年来在全国范围历代家训的征集中，争议又起。笔者撰写《朱熹籍贯考辨》②，得到诸多学者的认同。有的说，通过此文的考证，朱熹是建州建阳人可以定论。

朱熹十分眷恋祖籍，其在序跋和论著中，有时书写远祖的籍贯"邹近"（邹县朱熹）、"丹阳朱熹"等③。这里从朱熹祖籍徽州婺源说起。

朱熹说："相传望出吴郡，秋祭率用鱼鳖。……唐天祐中，陶雅为歙州（按即徽州）刺史，初克婺源，乃命吾祖领兵三千戍之。……子孙因家焉。"④ 朱瓌为婺源初祖，朱熹为其九世孙。朱熹的祖父朱森、父朱松入闽定居，朱熹遵父遗言入籍建州建阳。朱熹籍贯建州建阳，祖籍徽州婺源。朱熹是福建人。

其世系列表如下：

| | 1 | 2 | 3 | 4 | 5 | 6 | 7 | 8 | 9 |

1. 朱熹以上三世迁闽定居

按照中国的传统，一般在新居住地居住三代后可以改变自己的籍贯。朱森、朱松入闽，至朱熹已是三代，朱熹还说"居闽五世"，朱松"为建人"⑤，是包括自己的子孙。也可以参考当今国家的规定。公安部 1995 年91 号文件规定：公民的籍贯应为本人出生时祖父的居住地（户口所在

---

① ［日］本岛田虔次语。见杜维明：《儒家哲学与现代化》，载中国文化书院讲演录编委会编《论中国传统文化》，生活·读书·新知三联书店 1988 年版，第 97 页。

② 载《福建日报》2017 年 10 月 30 日、《闽北日报》2017 年 10 月 27 日、《闽南日报》2017 年 11 月 10 日、《厦门日报》2017 年 11 月 19 日等。

③ 参见高令印：《朱熹籍贯由鲁至闽考》，载《齐鲁学刊》1983 年第 6 期。

④ 闽北朱子后裔联谊会编《考亭紫阳朱氏总谱》卷首《婺源茶院朱氏世谱原序》，1996 年 2 月印。

⑤ 闽北朱子后裔联谊会编《考亭紫阳朱氏总谱》卷首《婺源茶院朱氏世谱原序》，1996 年 2 月印。

地），祖父去世的填写祖父去世时的户口所在地，祖父未落常住户口的填写祖父应落常住户口地；公民登记籍贯后，祖父又迁移户口的，该公民的籍贯不再随之更改。1999 年，中共中央组织部和国家档案局联合下发的《干部履历表·填表说明》规定：祖父或曾祖父出生地和其长久居住地作为某个人的籍贯。

观朱熹祖父朱森、父朱松和朱熹本人在福建的事迹，均决意定居福建，而且后来朱熹入籍于建州建阳。

（1）朱森举家迁闽定居

朱熹的曾祖父朱绚的次子朱森（1075—1125），即朱熹祖父，赠承事郎，业儒，是儒学家。朱森兄弟四人，兄和两个弟弟早逝，婺源朱氏此支脉唯是朱森。[①] 北宋重和元年（1118 年），朱松登第进士，被任命为福建路建州（府治在今建瓯）政和县尉。朱森对婺源祖传遗产作了处理，"质其先业百亩"[②]，于宣和五年（1123 年），趁其子朱松赴任，举家八口人［朱森夫妇、三子（松、柽、槔）、二女、媳（朱松妻）］全部随之，迁入福建。朱熹说：

> 先世南来，八人度（关）岭（按仙霞岭）。[③]

当时朱松岳父祝确劝其不要全家入闽，不予采纳。[④] 一般认为，朱森举家迁入福建是为避方腊乱。其实，当时方腊起义（1120—1121）已被镇压下去，婺源一带社会趋于安定，乱不是主要原因。[⑤] 朱熹远祖历代多为仕宦之家，大都置有较多田产，至朱森以上"三世皆不仕"[⑥]。当时婺源朱森这支朱家近乎败落，入闽很大程度上是寻找新的发展契机。可是，朱森到福建仅两年即逝，葬于政和护国寺侧。朱松说：

> 某少贱贫，进不能操十百之金，贸易取赀，以长雄一乡；退不能求百亩之田，于长山大谷之中，躬耕以为养。反顾其家，四壁萧

---

① 清光绪《续修紫阳堂朱氏家乘·朱氏系图》。
② ［元］虞集：《朱氏家庙复田记》，载［明］戴铣：《朱子实纪》卷十一。
③ 《晦庵别集》卷二，《程允夫》。
④ 《韦斋集》卷首，《韦斋公年谱》。
⑤ ［清］王懋竑：《朱子年谱考异》卷一。
⑥ 《晦庵集》卷九十四，《勤朱府君迁墓记》。

然，沟壑之忧，近在朝夕。①

又说："先世之业已而呜咽流涕，以奉养日短为终身之忧。"② 可见，朱森举家入闽是拟定居，振兴家业。同时，更为重要的，朱森不忘初心。朱松说：

> 吾家业儒，积德五世矣。后必有显者，更当勉励，无坠先世之业。③

朱森眼光深远，有先见之明，后果然出现大儒朱熹。朱松也对朱熹说："故乡无厚业，旧箧有残书。"④

当时，正值两宋之际，中原已被文化落后的金朝占领，刚刚复兴起来的以程颢、程颐等为代表的中原新儒学（理学）由闽中学者游酢、杨时等移植于闽中，形成道南学，是继中原后新的国家儒学重心；且这里离首都临安（今杭州）近，是南宋国家的后方基地。要振兴朱氏一脉的儒学传统，只能入闽才行。朱松少年博览群书，深闻闽中儒辈叠出。朱森、朱松入闽近乎儒学移民。移民是个人或群体离开原住地，超过一定的行政界限，到另外地方定居。

（2）朱松入闽即决意入籍建阳

当朱松的岳父祝确劝其回婺源时，朱松婉言谢绝，说：

> 婺源先庐所在，兴寐未尝忘也。来书相劝以归，当俟国家克复中州，南北大定，归未晚也。⑤

明知"南北大定"不知何年何月，几乎不可能，显然是托词。朱松决意不回婺源，不是无力。其岳父祝确在徽州富至"半州"，"济人利物之事不胜计，虽倾赀竭力无吝色，乡人高其行"。⑥ 朱松即便穷，若有意回婺源，祝确也会支持他的。

---

① 《韦斋集》卷九，《上赵漕书》。
② 《韦斋集》卷十二，《先君行状》。
③ 《韦斋集》卷十二，《先君行状》。
④ 《韦斋集》卷四，《送五二郎读书诗》。
⑤ 《晦庵续集》卷三，《韦斋与祝公书跋》。
⑥ 《晦庵集》卷九十七，《外大父祝公遗事》。

朱松去世前，在闽整整 20 年（1123—1143），做官累计不到 6 年，都是和福建新儒学家们论道讲学。朱松入闽时 27 岁，即迫不及待地拜杨时女婿陈渊为师。据记载：

> （朱公松）因师友浦城萧顗子庄、剑浦（按南平）罗从彦仲素而得龟山杨文靖公河洛学问之要，拳拳服膺。①

"韦斋笃志于伊洛之学，其视游（酢）、杨（时）、罗（从彦）、李（侗），孰敢议此先后。"② 朱松说：

> 行年二十七八，闻河南二程先生之余论，皆圣贤未发之奥，始捐旧习，被除其心，以从事于致知诚意之学，虽未能窥其藩篱，然自是所为文，视十年之前，无十之三四。③

就是弃过去所学而学闽中学者所传二程新儒学。朱松几乎拜师或交友当时闽中所有的新儒学家。朱熹说：

> 先君子吏部府君亦从罗公（按从彦）问学，与（李侗）先生为同门友，雅敬重焉。尝与沙县邓迪天启语及先生，邓曰："愿中（按李侗字）如冰壶秋月，莹彻无瑕，非吾曹所及。"先君子深以为知言，亟称道之。④

清李丹桂说："韦斋（按朱松）独得伊洛之传于龟山杨氏（按时），盖自克励，日诵《大学》《中庸》之书，以用力于致知诚意之地。又与罗豫章（按从彦）、李延平（按侗）诸君子为友，讲明考证。"⑤

朱松入闽后，社会动乱，避难辗转各地，拒绝外任高官，始终不出福建范围，更不回故乡婺源。宣和五年（1123 年）八月，朱松 27 岁，任政和县尉，举家居政和，住官舍。此首次居政和，五年。"云根书院，在政和县治西五十余步。宋政和间，县尉朱松建"。⑥ 建炎二年（1128 年）

---

① ［明］程敏政：《新安文献志》卷六十三，周必大《宋史馆吏部赠通议大夫朱公神道碑》。

② 《韦斋集》卷首，《序》。

③ 《韦斋集》卷七，《上赵丞相箚》。

④ 《晦庵集》卷九十七，《延平先生李公行状》。

⑤ 《韦斋集·重刊韦斋集跋》。

⑥ 明嘉靖《建宁府志》卷十七，《学校》。

七月至次年十二月，朱松举家居尤溪，其中约一年任尤溪县尉，住官舍。这是首次居尤溪，约一年半。建炎三年十二月至建炎四年五月，举家居政和垄寺。这是第二次居政和，约五个月。建炎四年（1130 年）五月至绍兴元年（1131 年）冬，举家居尤溪郑安道的南溪别墅，朱熹就在这年的九月十五日出生于此。这是第二次居尤溪，约一年半。朱松说：

> 去年十二月初……携家上政和，寓垄寺。（按今年）五月初间，龚仪叛兵烧处州，入龙泉，买舟仓皇携家下南剑，入尤溪。而某自以单车下福唐（按福州），见程帅。在福唐闻贼兵破松溪隘，骎骎东下，已入建州，攻南剑甚急，又匆匆自间道还尤溪。六月十四日早到县，而贼兵已在十数里外矣。幸二舍弟已搬家深遁，是日即刻与县官同走至家间所遁处。……家中上下幸皆无恙，而随行及留寓舍中衣服、文字之类，皆无所损失。①

就中"二舍弟"，即朱柽、朱槔，说明全家在一起。绍兴元年（1131 年）冬至第二年春，又举家居长溪（今霞浦县）龟龄寺。绍兴二年春，朱松"欲携家之福州，度鸡屿洋，卜寓桐江，不果"②。绍兴三年，朱松寄家属于浦城，赴首都杭州应召，后举家居政和，约一年。次年，朱松的母亲程氏（朱森妻）病逝，葬母于政和将溪。这是第三次居政和。同年，朱松举家居尤溪，仍寓南溪别墅，约三年。绍兴七年，朱松 41 岁，举家迁居建瓯："遂筑精舍于（按建瓯城南）环沙之上，迁居焉。时文公已八岁矣。"③ 是年，朱松还举家居建阳城关其妹夫家。朱熹说："绍兴庚申，熹年十一岁，先君罢官行朝，寓建阳，登高邱氏之居。"④ 是年，朱松罢朝官，朝廷任命他知饶州，辞；赵鼎都督川陕荆、襄军马，给朱松个较高的官职，亦婉辞。而得到台州崇道观祠禄，即至建阳。朱松说：

> 余方食崇道之禄，来客于建（阳）。⑤

---

① 《晦庵续集》卷八，《韦斋与祝公书跋》。
② 以上见《韦斋集》卷首，《韦斋公年谱》。
③ 《韦斋集》卷首，《韦斋公年谱》。
④ 《朱子年谱》卷一。
⑤ 《韦斋集》卷十，《富沙驿记》。

不久，朱松举家又回建瓯，直至绍兴十三年（1143 年）三月，卒于建瓯环溪精舍。遵朱松遗嘱，次年祝夫人携子熹等居崇安五夫。

朱松考察福建各地，决定安家于建阳考亭。他"游潭阳（即建阳），见考亭溪山清邃，可以卜居，尝书之日记"①。朱松来不及在考亭定居即卒。"朱子不忘先君子之言，盖至晚岁而后能筑室，以承其志而终身焉。"② 后人称朱子为朱考亭，即是称颂朱子遵父训入籍之。朱松生前宦游闽中，见"溪山清邃"多处，而决定入籍建阳，原因是多方面的。考亭有个文化团体盖竹社，主要成员为考亭陈国器、陈和仲和朱松及其弟朱槔等，他们交往至深。考亭原名盖竹，唐末侍御史黄子棱，葬母于群玉乡三桂里盖竹山上，在半山筑亭，以望其母墓，曰望考亭，简称考亭。③ 朱松在《寄题陈国器容膝斋》中有"国器青云姿，逸志追孔鸾。曲肱数椽底，尚友千载前。……要知邱壑志，本初轩裳先"④ 句；朱松弟朱槔在《盖竹与陈和仲昆季》中有"朱陈自古同乡社，更约青云作往还"句。⑤ 这种情谊非同一般。还有，朱松和朱熹认为，这里是风水宝地。孝宗乾道六年（1170 年）正月，朱熹 41 岁，葬母于建阳县崇泰里后山天湖之阳，名曰寒泉坞（村），即今莒口镇。朱熹的岳父刘勉之原籍建阳马伏，侨居崇安白水，晚年回籍建阳，居住在离考亭很近的肖屯。刘勉之无子，视朱熹为己出，聘为婿，常带朱熹到考亭肖屯看望其岳父母，并葬岳父母于考亭。

上面讲到，朱森举家入闽时，还有朱松胞弟妹。朱松卒时他们都健在，并有一定的功名。但是，朱松并不把孤儿女和寡妻托付给他们，而托付异姓福建之朋友。这不是朱家贫困或不和睦，全是为朱熹习研儒学着想。朱熹大叔朱柽，字大年，任官承事郎，其在乾道七年（1171 年）前居政和，有子名朱熏。朱柽妻死于乾道七年，朱熹亲操丧葬诸事："来月之初，须且扶送叔母之丧还政和。"⑥ 朱熹说：

---

① 《韦斋集》卷首，《韦斋公年谱》。
② ［元］虞集：《考亭重建书院记》。见《朱子实纪》卷十一。
③ 清康熙《建阳县志》卷三，《杂类志》。
④ 《韦斋集》卷一，《寄题陈国器容膝斋》。
⑤ ［宋］朱槔：《玉涧集》，《盖竹与陈和仲昆季》。
⑥ 《晦庵集》卷四十四，《答方伯谟》。

> 近遭叔母之丧，别无得力子弟，丧葬之役，须当躬亲营奉，度至来春，方得了办。欲望朝廷矜怜，特赐宽假，许熹候叔母葬事了日，别听指挥，不胜幸甚。谨具状申尚书省，伏乞照会。①

> （叔母丧）熹贫家独力卜地营葬已及半年，未有次第。②

朱熹二叔朱槔，字玉澜，生二女梧、秋。朱槔自负有才，精于诗，上面已引用其诗作，著《玉澜集》。宋知名文学家尤袤说：朱槔"心胸雍容广大，有经世之志"，其诗"高远近道"。③朱熹大姑或说早逝，不见记载。二姑于建炎三年（1129 年）嫁于建阳城关登高山邱萧，生子邱子野。邱萧早逝，朱熹二姑 30 多岁守寡，家境困难。朱熹说：

> （府君）抚孤甥，教之学，而经理其家事，曲有条理，人无间言。④

朱松为甥邱子野定婚事。⑤《朱子文集》载有朱熹与邱子野唱和诗多首、书信多封。在朱松的教导下，邱子野有较高学识，精于易学。

（3）朱熹谢绝婺源朱氏迁回故乡请求

绍兴二十年（1150 年），朱熹 21 岁，以新进士的身份还乡祭祖，乡亲把朱森离乡时典押的百亩田产赎回，交还朱熹掌管，恳请他迁回故乡婺源。这时朱熹虽未入籍建阳，定居于福建之志已决，根本无意迁回故乡婺源。他把赎回的田产全部归入祠堂，"以其租入充省扫祭祀之用"⑥，并把长期乏人祭扫近亲之墓委托具体人负责管理。

朱熹也和朱松一样，在社会动乱和困难时不回故乡婺源。如在"庆元党禁"（1197—1200）时期，朱熹的生命安全没有保障，避迹无定所，始终在福建辗转。

朱松病危时，托孤于右朝议大夫刘子羽：

---

① 《晦庵集》卷二十二，《辞免召命状四》。
② 《晦庵集》卷二十二，《辞免召命状五》。
③ 《韦斋集·附玉澜集跋》。
④ 《晦庵集》卷九十七，《皇考左承议郎守尚书吏部员外郎兼史馆校勘累赠通议大夫朱公行状》。
⑤ 《韦斋集》卷十一，《定婚启》。
⑥ 《朱子年谱》卷一。

> 吏部侍郎韦斋朱松，疾病在家，托公筑室于舍傍，名曰紫阳楼，
> 教其子熹，卒以道义成立。①

朱熹和母等迁至刘子羽在其家乡崇安五夫屏山下潭溪旁所筑的紫阳楼居住。刘子羽致刘致中的信说："于绯溪得屋五间，器用完备；又于七仓前得地，可以树，有圃可蔬，有池可鱼，朱家人口不多，可以居。"②朱熹一家在此一直住到1192年迁到考亭，有50年。朱松还把朱熹的学业托付给刘子翚等三人：

> 手书告诀，所善胡公宪原仲、刘公勉之致中、刘公子翚彦冲，
> 属以其子，而顾谓熹往受学焉。③

他们精心培养朱熹。据记载："初屏山与朱子讲习武夷，去家颇远，时于中途建歇马庄，买田二百余亩，以供诸费，实与朱子共之，屏山既没，忠肃公珙（按刘子羽子）尽以畀朱子，资其养母。"④朱熹一家又特别得到刘勉之的照顾。朱熹说：

> 弃诸孤，先生慨然为经理其家事，而教诲熹如子侄。既又以其
> 息女归之。亲旧羁贫，收恤扶助，亦皆曲尽恩意。⑤

朱熹叔父朱槔有谓"孤侄携母依诸刘"⑥。朱熹久居崇安五夫，既成了家，又立了业。

综上所述，朱熹祖父朱森、父朱松一家从婺源迁居福建，朱熹生于福建，定居于福建，求学于福建，著述立说于福建，逝世于福建，墓也在福建，除二三年外出从政外近70年在福建，其学被称闽学。至今其子孙仍在福建。定一个人的籍贯要从实际出发，如果他三代定居于某地，就不能再说他的籍贯是其祖先的籍贯。特别是，观朱熹祖、父三代在福建的事迹，一开始就决意定居于福建。按照中国的传统，一般三代后就

---

① 清光绪《刘氏宗谱》卷一，《刘子羽》。
② ［宋］罗大经：《鹤林玉露》卷五。
③ 《晦庵集》卷九十七，《皇考左承议郎守尚书吏部员外郎兼史馆校勘累赠通议大夫朱公行状》。
④ 《朱子年谱》卷一。
⑤ 《晦庵集》卷九十，《聘士刘公先生墓表》。
⑥ 《韦斋集·附玉澜集》，《自作挽歌辞》。

可以改变其籍贯。

2. 朱熹自书"建人"、自署籍贯"建州建阳"

徽州婺源朱氏为修族谱，派人来福建调查迁移到这里的朱氏情况，并请朱熹为在编朱氏谱撰写序言。朱熹一生回婺源仅两次，初次上面已经讲到。另一次即淳熙三年（1176 年），朱熹 47 岁，主要是祭扫"复远祖墓"①，为撰写《婺源茶院朱氏世谱序》查对资料。这次回乡，朱熹发现祖墓不仅未管理好，上次花了很大力气找到的祖墓还少了三穴。朱熹至为感慨。淳熙十年（1183 年），朱熹在所撰写的《婺源茶院朱氏世谱序》中说：

> 先吏部（按指朱松）于茶院（按指朱瓌）为八世孙，宣和中始官建之政和，而葬承事府君于其邑，遂为建人。于今六十年，而熹抱孙焉，则居闽五世矣。……徽建二族，自今每岁当以新收名数更相告语，而附益之，庶千里之外，两书如一，传之永远，有以不忘宗族之谊。……求访三墓（按上述淹没祖墓）所在而表识之，以塞子孙之责。②

朱熹把建与徽并列，自书朱松是建人，建是福建朱氏的籍贯，入闽朱氏是福建人。这是考察朱熹籍贯的最主要的根据，是铁证。

朱熹晚年，据其父朱松遗言，定居于建阳考亭。据记载："绍熙壬子，文公始筑精舍，以继先志云。"③朱熹正式迁居建阳是光宗绍熙三年（1192 年），63 岁。而决定安家于建阳考亭，是其父朱松在世之时。绍兴十七年（1147 年），朱熹 18 岁，参加建阳乡贡考试。次年，朱熹入京会试，登第进士。据《王佐榜进士题名录》（又名《绍兴十八年同年录》）记载：

> 第五甲第九十人朱熹……本贯建州建阳县群玉乡三桂里，父为户。④

---

① 《朱子年谱》卷二。
② ［明］程敏政：《新安文献志》卷十八。
③ ［明］朱世泽：《考亭志·考亭图说》。
④ ［明］陆容：《菽园杂记》卷十四。

这也是铁证。朱玉是朱熹第十六代孙，其所编《朱子文集类编》翔实权威，得到学者们的肯定。三桂里即考亭。名录是据朱熹本人填报然后付刊的。此是籍贯，非住址。此时朱熹住址是"建州崇安县开耀乡五夫里"。朱熹从光宗绍熙三年（1192 年）移居考亭，至宁宗庆元六年（1200年）卒，在考亭共住 9 年。一方面，考亭是朱熹的父亲朱松生前决定入籍之地，另一方面这九年是朱熹思想成熟和完成的时期，因此"世以考亭称文公"①，谓"朱考亭"②，称朱子学为考亭学派。

中国古代科举考试对籍贯审查特别严格，如有谓"自昔以来，诸州户口，籍贯不实，包藏隐漏，废公罔私"③。宋代科学考试对籍贯的准确与否审查更为严格。凡是高祖以下直系亲属未得到籍贯者，不能参加考试。绍兴十七年（1147 年）秋，朱熹 18 岁，举建州乡贡，这说明他已获得建州籍贯，否则他必须回婺源应试。北宋景德年间（1004—1007）颁行的《考校进士程式》等规定：

> 贡不应法及校试不以实者，监官、试官停任。……士不还乡里而窃户他州以应选者，严其法。④

就是应考要到其籍贯地参加，否则要受到法律的制裁；对籍贯不符而参加考试，对失察官员予以停职处分。这样，谁敢不认真审察而弄虚作假！朱熹籍贯建州建阳，是实实在在的，没有虚假。

3. 朱熹署"新安朱熹"与署"吴郡朱熹""邹䜣"同，皆眷恋祖籍

有人认为，朱熹屡署"新安朱熹"或"紫阳朱熹"，这就充分地表明他以其祖籍为自己的籍贯，所以说，朱熹是新安人氏，或者徽州人氏，或者安徽人氏。朱熹对祖籍很眷恋，在序、跋和论著中屡署祖籍，甚至还署已消失的祖籍，这并不表明朱熹认为自己是徽州人或者安徽人。朱熹的祖籍是徽州（今属安徽）婺源（今属江西）。由于徽州在北宋宣和三年（1121 年）前曾称新安，又因新安有紫阳山，朱熹署"新安朱熹"或

---

① ［清］周亮工：《闽小记》卷二，《考亭》。
② 民国《建阳县志》卷三，《园宅》。
③ ［北齐］魏收：《魏书》卷一百一十，《食货志》。
④ 《宋史》卷一百五十五，《选举志》。

"紫阳朱熹"，这是讲祖籍。这在朱熹的序、跋和论著中多多。例如，"邹诉"[①]"吴郡朱熹"[②]"丹阳朱仲晦"[③]"平陵朱熹"[④] 等。宋俞德邻说：

> 朱文公解《周易参同契》，而云"邹诉"，释多不晓其义。闻之先辈，谓邹本春秋邾子之国，朱其后也。《乐记》读诉为熹，谓之邹诉，实文公姓名也。[⑤]

"邹诉"即邹县朱熹。东汉灵帝时（约 175 年前后），"司徒校尉（朱）寓，灵帝时坐党锢诛，子孙避难丹阳，因家焉"[⑥]。汉代今浙江以西为吴郡、丹阳（古之丹阳，在今安徽马鞍山东南，属当涂县，非今之丹阳县，今为小村镇）属地。东汉末年，又将吴郡分为吴兴和丹阳两郡，丹阳郡包括丹阳、溧阳等县。东汉献帝时（约 200 年前后），朱寓的后代"朱良，字朝重，徙居平陵"[⑦]。晋代曾置平陵县。南朝刘宋时，"平陵并入永世、溧阳二县，俱属丹阳"[⑧]。到了朱熹生活的南宋时代，已无平陵县名，其故地今《中国历史地图》仅见平陵山名。总之，新安、紫阳、邹、吴郡、丹阳、平陵等都是朱熹祖先的迁移居住之地。到了唐朝天佑年间（约 904 年），其祖先才定居于婺源。

　　朱熹屡署祖籍，而且还署在南宋时早已撤置的县名，这反映了他的怀祖思想，是和他遵循孔孟之道的思想紧密地联系在一起的。朱熹标榜自己与孔、孟同乡。孔、孟及其门人也确实多为今山东曲阜、邹县人。孔门高徒子游（字偃）的故乡虽不属曲阜、邹县，却是汉代的吴郡，因此又和朱熹的远祖同乡。此外，朱熹远祖于汉代徙居今苏南，是由于党锢避祸，是时宦官擅政，朝廷腐败，而党锢被诛者多为正直的读书人和廉洁清官。这也是朱熹引为自豪的。[⑨]

---

①　《晦庵集》卷八十四，《书周易参同契考异后》。

②　《晦庵集》卷八十三，《跋李参仲行状》。

③　《晦庵集》卷七十五，《赠李尧举序》。

④　《晦庵集》卷八十五，《题魏府藏赵公饮器》。

⑤　［宋］俞德邻：《佩韦斋辑闻》卷一。

⑥　清乾隆《日担山紫阳朱氏宗谱·原姓论》。

⑦　清咸丰《朱氏通谱·原流考》。

⑧　清嘉庆《溧阳县志·舆地》。

⑨　详见高令印：《朱熹籍贯由鲁至闽考》，载《齐鲁学刊》1983 年第 6 期。

（二）朱熹的家庭

基于上述，北宋宣和五年（1123 年），朱松父子举家迁入福建，其时徽州婺源之田产仅百亩亦质给别人。元虞集在《朱氏家庙复田记》中说：

> 婺源，文公朱子父母之邦也。其先吏部（按指朱松）在宋政和戊戌，以上舍出身调建州政和尉。丁艰服除，调剑（按即南剑州，治所在今福建南平）之尤溪。历靖康、建炎，至四年庚戌，文公生焉。乱亡未定，涪湛笕庾以自给。同郡张侯敦颐教授于剑，邀与还徽。而吏部之来闽，质其先业百亩以为资，归则无以食也。张侯请为赎之，计十年之入，可以当其直，而后以田归朱氏。癸亥吏部没，张侯以书慰文公于丧次，而归田焉。既葬吏部于建之崇安。丁卯，公自建宁举进士，明年登第，授同安簿。绍兴庚午，省墓于婺源，以其租入充省扫祭祀之用。乾道己丑，丁母忧。淳熙丙申，归省，故乡松楸已伤于乡人矣。与乡子弟讲学于汪氏之敬斋，修墓而去。宋之将亡，徽、建阻于兵，族人藏其契券而窃售之。又见侵于富民。而某丘某方父老犹识朱氏故物之所在也。……婺源守臣前进士干侯文傅，始复其宅基于城南，请于朝，得旨立徽国文公庙于其地。……田归朱氏之庙矣，今奉祀者文公五世孙勋。……至正丁亥二月望前。①

朱熹任职同安簿职后，婺源百亩之田虽赎归朱熹，但是朱熹决意不回婺源，用以"充省扫祭祀之用"。②

清王懋竑谓，"虞集《复田记》，此后人所增入，于《文集》《语录》其事皆无所考，不知虞何所据也。李本尚存其真，洪本删其首。按虞集作《复田记》句，则似元本所有，后人遂无从考证矣，今姑仍李本而附论之"③。王氏所谓"元本"，系指已失传的朱熹门人李方子所撰《紫阳年谱》3 卷。"似元本所有"为猜测之词，此足证王氏在撰《朱子年谱》时，

---

① 《朱子实纪》卷十一，《朱氏家庙复田记》。
② 《朱子年谱》卷一。
③ 《朱子年谱考异》卷一。

未见明戴铣《朱子实纪》有"按《虞学士集》作《复田记》略云：韦斋之仕于闽，尝质其先田百亩以为资，同邑张敦颐教授于剑，请为赎之。韦斋没，敦颐以书慰朱子于丧次，而归田焉"，有虞集《朱氏家庙复田记》全文。[①]戴氏《朱子实纪》是据朱熹门人李方子的《紫阳年谱》撰写的，其卷二至四《年谱》3卷直接渊源于李方子的《紫阳年谱》3卷，是现存《朱子年谱》之最早者。[②]此外，明王祎说：

> 徽之婺源，文公先生朱子父母之邦也。先生之先家歙之黄墩。唐天佑中，八世祖以官留居婺源，今州东万年乡松岩里其世所居也。盖自吏部公当宋宣和、建炎间，历建之政和、剑之尤溪尉，因葬其亲于政和。而生先生于尤溪，由是侨居建、剑之间。吏部之卒，复葬建之崇安，而先生遂定居于建矣。先生于绍兴戊午既登进士第，至淳熙丙申属予祠家食两，尝归婺源展省邱墓宗族而去。当丙申之归也，先垅松楸已伤于乡人，而与乡之子弟讲学于汪氏之敬斋，则故居已不复存。厥后事异而世殊，故居之遗址亦非朱氏子孙之所能有矣。……有元且三十年，五世从孙光始以诉于浙省闽宪，又将三十年，而吴郡于侯文传守是州，两府乃以其事诿之，然后故址以复；且请于朝，用颜子、孟子故宅立庙例，立朱子家庙于其地。得旨如所请，而家庙以建庙成之岁为后。至元乙亥，上距先生之殁一百三十有六年矣。然庙虽成而无田以为祭，朱氏故所有田百亩久占于富民。光复以为言，继而茶陵李侯祈佐是州，为之经理而尽复之，始得用其田入以共祀事。而五世适孙勋实自建来归奉祀焉。[③]

此记写于明太祖"洪武庚戌春正月"，即洪武三年（1370年）。[④]

总之，同乡人为之赎田，足见朱熹婺源家境之普通。

朱熹的父亲朱松，入闽至卒的20余年间，正值宋金两朝斗争最激烈之时，北宋灭亡、南宋初建，民族和阶级矛盾极其尖锐复杂，社会很不

---

① 《朱子实纪》卷二，《年谱》。
② 《朱子实纪》卷十一，《重建文公家庙记》。
③ ［明］王祎：《王忠文集》卷九，《重建徽国文公朱先生家庙记》。
④ 清光绪《续修紫阳堂朱氏家乘》卷一，《图象》等。

安定。特别是，朱松是激进的抗金派，遭到以秦桧为首的当权的投降派的排挤，致使由县尉改任镇监税，为当时官僚们所瞧不起的小吏，以至于奉祠闲居，住无定所，俸禄甚微，"厄穷卑辱"①，因此朱松在福建不可能置有固定田产。朱松的父亲朱森，在北宋徽宗宣和七年（1125 年）卒于朱松县尉治所之政和，贫不能归葬。朱熹说：

> （府君）政和八年，以同上舍出身，授迪功郎建州政和县尉。承事公卒，贫不能归，因葬其邑，而游官往来闽中。②

朱森葬在政和县西 20 里咸化里四都桂林坊护国寺西庑外，土名索谷，坐戌向辰，前有三台、文笔诸峰。文公手植树木，拱映秀茂。这是葬于公共的庙田里。到了朱熹做官后，才给朱森购置墓田。据记载：

> 按邵武《旧谱》云：文公置有墓田四十把，在第三都，地名李檀。收禾二十把，该白米七斗。官付主僧收掌。

"把"表示约数，就是 40 多亩、每亩收禾 20 多斗之意。③ 朱森墓在政和县铁山镇凤林村后护寺西侧，因其晚年在凤林村清居。明成化十四年（1478 年），福建提学周孟中倡修，由邑人王窗捐资在护国寺旁重修。1996 年，朱熹第二十五代孙、世界朱氏联合会会长朱祥南捐资重修。墓坐西北朝东南，鹅卵石铺地，中央是石碑，曰"宋承事郎朱公墓"。

两宋间，正是宋金矛盾最尖锐之时。朱松因"忤和议于朝"，遭秦桧攻击，被贬为权监泉州石井镇（今晋江安海镇）。高宗绍兴二年（1132 年）夏到任，至绍兴四年（1134 年）秋，朱熹等家人随之，朱熹在安海。这时，朱松在政治上是不得志的，在生活上是不安定的。这在朱熹三四岁的幼小心灵中是不会没有痕迹的。④

朱熹 8 岁时，即高宗绍兴七年（1137 年），跟父朱松由尤溪迁居建瓯。绍兴十三年（1143 年）三月，朱松病死于建瓯，年 47 岁。其实，朱松也无葬身之地，葬于崇安县西塔山灵梵寺侧，也是葬于公共的庙田里。

---

① 《韦斋集》卷十，《清轩记》。
② 《晦庵集》卷九十四，《皇考左承议郎守尚书吏部员外郎兼史馆校勘朱府君迁墓记》。
③ 以上清光绪《续修紫阳堂朱氏家乘》卷一《图像·索谷墓图》。
④ 摘自今晋江安海石井书院遗址碑文。

总之，无论在朱熹祖籍婺源或是福建，朱松都没有给朱熹留下财产。

朱松临死时托孤于崇安县五夫里的刘子羽。刘子羽一生大部分时间离开崇安五夫里，在朝廷从事政治和军事活动，在学术上没有高名，而且在朱熹16岁时（即朱熹迁居五夫里后的第二年）卒，朱熹在学业上受其教益很少。因此，刘子羽只能算是"收养"朱熹者。

绍兴十八年（1148年）春正月，19岁的朱熹娶其老师刘勉之之女刘清四为妻，不久其长子出生，此后共生三男五女。这是个很庞大的家庭。刘子羽之弟刘子翚与朱熹学习于武夷山，因五夫至武夷山较远，刘子翚于途中置田200亩"歇马庄"，名为供其学费，实为朱家以此为生活费用。

20岁左右的朱熹即成为一家之主，其求学和生计之艰难可想而知。这是朱熹刻苦自强的重要动力之一。绍兴十八年（1148年）八月，朱熹19岁，"中建宁乡举"。赴首都临安（今杭州）应试，殿试中得赐同进士出身。

朱熹中进士至到任同安主簿中间有数年。绍兴二十一年（1151年）十月，朱熹曾辗转行役于崇安附近的邵武、建阳等地，为家中生计寻一塾馆之职未果。

对于朱熹的婚姻，陈荣捷说：

> （刘清四）何年出世，何年结缡，则无可考。假若绍兴三年癸丑（1133年）出世，少朱子三岁，十七岁（1149年）出嫁，二十一岁生长子，四十三岁生幼女，则死时四十四岁，婚姻生活，只二十八年而已。[1]

《诗经·国风·桃夭》中有"之子于归，宜其家人"之语，此可以说明婚姻使朱熹更早地趋于成熟。关于其夫妇间关系，中国传统传记不予提及，以此为私人之事，与局外人无关。据上引陈荣捷推测，"其夫妇关系必甚圆满"。黄榦谓其"闺庭之间，内外斩斩。恩义之笃，怡怡如也"。[2]"内外斩斩"说明朱熹在家中是严格按照"男尊女卑"和"男女有别"的规

---

[1]　陈荣捷：《朱熹》，生活·读书·新知三联书店2012年版，第16—17页。

[2]　《勉斋集》卷三十六，《朱子行状》。

矩行事的，而"恩义之笃"似属中国古代夫妇之关系的一般辞语。

朱、刘结合的婚姻形式属于"择婿婚"。择婿婚是指女方家庭主动选择男方为女婿的一种婚姻形式，或称"赠女婚"。主要特点有女方选择男方，女方的条件（政治、经济等方面）优于男方，男方的前途往往需要依靠女方。这种不合"男尊女卑"传统的婚姻形式，自春秋以来就见诸史载，而魏晋以降逐渐盛行：

> 权门富室，均重择婿，而富戚豪家，依倚权势，更有以考选比试之法择婿者。……宋时此风，愈益盛行，宰相贵幸及士大夫之家，等而下之，至于土豪富室，莫不于春榜之时，竞觅佳婿。①

"择婿婚"仍然是女方嫁到男家，但由于女方处于优势位置，男方就有投靠依附女方之嫌，所以男方常常居于"准赘婿"的地位。

朱松临终命朱熹师事刘勉之，之后刘勉之便成为朱熹的岳父。15岁到17岁的朱熹主要以刘子翚为师。刚刚乡试成功刘子翚去世，离大成还很远。刘勉之在朱熹婚后承担了朱熹一家的生活和其学习费用，是理所当然的。特别是，刘勉之无子，过继堂兄之子思温，看重朱熹也是情理之中的事。而朱熹婚姻初期，还没有经济来源，生活上多依赖刘勉之也是理所当然的。朱熹亦曾自谓自己婚姻高攀，"自我少日，托昏高门"。②

论者认为，朱熹的这种婚姻直接影响了其女性观，即承袭儒家与二程的女性观的最主要内容：男女有别和男尊女卑。朱熹的主要爱情诗是《拟古八首》，下面录其第一首和第八首：

> 离离原上树，戢戢涧中蒲。娟娟东家子，郁郁方幽居。濯濯明月姿，靡靡朝华敷。昔为春兰芳，今为秋蘪芜。寸心未销歇，托体思同车。……众星何历历！严霄丽中天。殷忧在之子，起步荒庭前。出门今几时，书札何由宣？沉吟不能释，愁结当谁怜？临风一长叹，泪落如奔泉！③

---

① 陈鹏：《中国婚姻史稿》，中华书局1990年版，第288—290页。
② 《晦庵集》卷八十七，《祭刘子礼文》。
③ 《晦庵集》卷一，《拟古八首》。

有人认为，这是朱熹与刘氏新婚之后的情诗。但是朱熹自己却说：

> 向来初见拟古诗，将谓只是学古人之诗。元来却是如古人说"灼灼园中花"，自家也做一句如此；"迟迟涧畔松"，自家也做一句如此；"磊磊涧中石"，自家也做一句如此；"人生天地间"，自家也做一句如此。意思语脉，皆要似他底，只换却字。某后来依如此做得二三十首诗，便觉得长进。①

由此可见，朱熹的情诗只是其一种文字练习，更多的是学作诗的技巧，而"意思语脉，皆要似他底"，则感情内容仅是模仿而已。

朱熹恪守"男主外，女主内"的家庭模式，而刘清四则无疑是一个贤妻良母，她大约只活到 44 岁。她的死应与频繁生育、过度劳累有关。刘氏共生养了三男五女：长子朱塾，生于绍兴二十三年（1153 年）七月；次子朱埜，生于绍兴二十四年（1154 年）七月；长女朱巽，约生于绍兴三十年（1160 年）；次女朱兑，生于乾道元年（1165 年）；三子朱在，生于乾道五年（1169 年）；三女朱巳，生于乾道九年（1173 年）；四女朱癸，生于淳熙元年（1174 年）；五女朱小妹，生于淳熙三年（1176 年），朱熹时年 46 岁，刘氏约 43 岁。

从刘氏的生活经历可以看出，其家庭负担极其沉重，一家老小的生活重担都落在她的身上。朱熹大部分时间都不在家。不仅有八个子女，还有活到 70 高龄的婆婆祝氏也是刘清四供奉伺候。婆婆过世之后，刘氏以 40 多岁的年纪连续三年生下三个女儿。其时长子长媳却远在江西婺州，次子未娶，缺少帮手。而朱熹长期潜心于"往圣继绝学"之事业，靠朱熹泉州同安初仕后祠禄维持全家生计，所以朱熹也说当时是"贫病困蹙"。② 因此，刘氏贫困一生，是在劳累中早早病死的。

但是，值得注意的，在刘氏去世的 25 年间，朱熹未续弦再婚，特别是生前和卒时决定与刘氏合葬在一起。③

---

① 《朱子语类》卷一百三十九，《论文上》。
② 《晦庵集》卷九十四，《尚书吏部员外郎朱君孺人祝氏圹志》。
③ 以上参见林振礼：《朱熹新探》，中国广播电视出版社 2004 年版，第 7—11 页。

（三）朱熹的经历

1. 求学

朱松在临终时，托孤于刘子翚等三人，主要是在朱熹的学业方面。上面已有讲到。

对朱熹思想影响最大的是刘子翚。刘子翚（1101—1147），字彦冲，号屏山。他隐居武夷山研究学问达 17 年之久。刘子翚死时朱熹 17 岁。朱熹从 15 岁至 17 岁的两三年中，在受学于刘勉之的同时，经常到武夷山跟刘子翚学习。朝夕于侧，顿首受教。"屏山与朱子讲习武夷"[①] 的地方是水濂洞。现在那里仍有遗迹。

二刘早卒，朱熹受学胡原仲为最久。胡宪，学者称籍溪先生。从时间上讲朱熹受其学前后有 18 年之久。但是，这期间胡原仲在外做官多年，朱熹实际上受其学的时间不长。遍观朱熹论述，有关胡原仲的文字仅有《与籍溪胡先生》四书、《祭籍溪胡先生文》、《籍溪先生胡公行状》等数篇，而且讲到跟其学习的体会很少。

其实，朱熹在 24 岁以后，已转向师事李侗。朱熹在 24 岁时往见李侗。李侗，字愿中，号延平，剑浦（即延平，今南平）人。李侗与朱松同是二程的再传弟子南剑州沙县罗从彦的学生。李侗是二程的三传弟子。绍兴二十三年（1153 年），"夏将赴同安任，特往受学于延平李先生侗之门"[②]。朱熹是在赴同安任途中路过南平拜见李侗的，即绍兴二十三年夏六月底或七月初。朱熹执父礼见李侗，向李侗介绍他在二刘胡处之所学。李侗对朱熹过去所学之禅学作了批评。朱熹起初"心疑而不服。同安官余，（以延平之言）反复思之，始知其不我欺矣"[③]。

朱熹和李侗交往前后 10 年，正式拜李侗为师是后 5 年。朱熹说："熹获从先生游，每一去而复来，则所闻必益超绝，盖其上达不已，日新如此。"[④] 朱熹师事李侗，是其思想一个大转变的时期。清闽学家童能

---

① 《朱子年谱》卷一。
② 《子朱子为学次第考》卷一。
③ 《朱子年谱》卷一。
④ 《晦庵集》卷九十七，《延平先生李公行状》。

灵说：

> 朱子初好禅学，至此延平始教以从日用间做工夫，又教以只看圣贤之书，则其学亦一变矣。然有不能尽变者，如后此数年答人书驰心空妙之悔，是也。[①]

朱熹经过李侗的教导，认识到过去所学佛教禅学思想空言无实，即其以君臣父子为幻妄，此后便致力于儒家的切实工夫。

2. 仕途

一般讲朱熹从政 9 年，累积计算整整 7 年：朱熹任同安县主簿 3 年，知南康军 2 年，提举浙东常平茶盐公事 9 个月，知漳州 1 年，知潭州 2 个月，任焕章阁待制兼侍讲 46 日。

(1) 福建泉州同安县主簿

高宗绍兴十七年（1147 年）秋，朱熹 18 岁，举建州乡贡，次年春考中进士。绍兴二十一年（1151 年）春，朱熹 22 岁，铨试中等，授左迪功郎，被任命为泉州府同安县主簿。主簿之职，在南宋时是掌出纳官物，销注簿书。他到任是绍兴二十三年（1153 年）七月，24 岁。朱熹离任同安主簿之职的时间是绍兴二十六年（1156 年）七月，朱熹在同安任主簿之职整整 3 年。朱熹任期满后，从七月至次年一月离开同安，"奉檄走旁郡，因得并载其老幼，身送之东归"，[②] 回到崇安；"涉春而返"回同安后，他已不视簿事，并且搬出县府，住在陈氏家里。朱熹说："晨兴吟诵余，体物随所安；杜门不复出，悠然得真欢。"[③] 等待接替者。朱熹等到这年的冬十月，代者卒不至，以四考满罢归，最后离开同安。因此，说朱熹任同安县主簿 4 年，仅就其前后在同安的时间而言。

(2) 知南康军

朱熹归自同安，弥乐道，其于仕进泊如，直至知南康军（治所在今江西星子县，其间 23 年，以养亲请祠。朱熹在任有禄无事、住地听便的祠职期间，主要是在崇安武夷山和五夫里，进行教育和著述活动。这期

---

① 《子朱子为学次第考》卷一。
② 《晦庵集》卷七十七，《畏垒庵记》。
③ 《晦庵集》卷二，《再至同安假民舍以居示诸生》。

间的政治活动：绍兴三十二年（1162年）八月，朱熹应诏赴首都临安上封事，即所谓"壬午封事"，提出朝廷的当务之急是讲学、定计和任贤。朱熹在首都临安至这年的十月，然后归崇安。孝宗隆兴元年（1163年）十一月，朱熹又应诏至首都临安奏事垂拱殿，即所谓"癸未奏札"，提出大学之道在于明理，国家之计需顺理而行，而明理必须举贤才和致知格物。隆兴元年十二月，朱熹被任命为武学博士（军事顾问），他辞职不就，即请祠回至崇安。"壬午封事"和"癸未奏札"很能反映出朱熹30多岁时的政治和哲学观点。

孝宗淳熙五年（1178年），朱熹49岁，八月被朝廷任命为知江西南康军。朱熹是在淳熙六年（1179年）一月二十五日离开崇安，行至信州铅山俟命，寓止崇寿僧舍，陆子寿来访；三月三十日到任。淳熙八年（1181年）三月二十五日，离任东归，知南康军整整两年。

朱熹在南康军任内主要是办荒政和重建白鹿洞书院等兴学授徒，充分地表现出了朱熹的行政才干，也可以从他的施政和讲学的主旨中看出其哲学思想。朱熹说：

> 某为极口说《西铭》"民吾同胞物吾与也"一段。今人为秀才者便主张秀才，为武官者便主张武官，为子弟者便主张子弟。其所陷溺，一至于此。[①]

《西铭》是北宋哲学家张载的著作，其内容主要是讲"民胞物与"的泛爱的伦理思想。在朱熹看来，施政治国不能如"为秀才者便主张秀才"之类的就事论事，必须从人类万有都是天地所生，把全宇宙看作是一个大家族，从而说明每个人的道德义务，要爱一切人，如爱同胞手足一样。

（3）提举浙东常平茶盐公事

淳熙八年（1181年）闰三月二十七日，朱熹离开南康军，未就任新职提举江南西路常平茶盐公事，寻以女弟之讣，悲伤殊甚，宜不可以他适，遂罢前意。只走山南山北旬日，拜谒濂溪书堂而归，以四月十九日至家，回到崇安。

---

① 《朱子语类》卷一百六，《朱子三·外任·南康》。

因朱熹在南康救荒有方，宰相王淮推荐他提举浙东常平茶盐公事。时浙东荐饥，上轸宸虑，遂拜命不敢辞，即日单车上道。朱熹于这年的八月中旬从武夷山赴任。但是，还未走到任所，到了十一月，朱熹即到首都临安奏事延和殿。共七札，是谓"辛丑奏札"。到了这年的十二月六日，朱熹才到浙东任职（治所在今浙江萧山）。朱熹因在浙东奏劾前知台州唐仲友不法，为唐之姻亲宰相王淮等所嫉，到了次年九月十二日，朱熹即离任回家，他在浙东任职仅 9 个月。[①] 这时是 1182 年，朱熹 53 岁。

（4）知漳州

朱熹从浙东回崇安后，知道之难行，在家闲居五年，到了淳熙十五年（1188 年），朱熹 59 岁，六月应召到首都临安入对，奏事延和殿，共五札，是谓"戊申奏札"。朱熹奏札之后，十月又应召到首都临安，十一月上疏，是谓"戊申封事"。不久朱熹即归崇安。次年十一月，朱熹被任命知漳州。

朱熹于光宗绍熙元年（1190 年，61 岁）四月二十四日到漳州任职，次年三月复其秘阁修撰职，主管南京鸿庆宫，于四月二十九日离开漳州，在漳州任职仅一年。据方志和有关文献记载，朱熹在漳州，僚属励志，而不敢恣所欲。仕族奉绳检，而不敢于以私。胥徒易虑，而不敢行奸。豪猾敛纵，而不敢冒于法。平时习浮屠为传经礼塔朝岳之会者，皆为之屏息。平时附鬼为妖，迎游于街衢而掠抄于闾巷，亦皆相礼敛戢，不敢辄举。良家子女从空门者，各避精庐，或复人道之常。四境狗偷之民亦望风奔遁，改复生业。由此足见朱熹在漳州的治绩了。

（5）知潭州兼荆湖南路安抚副使

朱熹离开漳州直至建阳。这时是 1191 年，朱熹 62 岁。朱熹原居崇安的五夫里和武夷山，这时他决定迁居建阳。

绍熙二年（1191 年）九月，朱熹被朝廷任命为荆湖南路转运副使，次年十二月又被任命知静江府广南西路经络安抚使，皆辞官不就。绍熙四年（1193 年）十二月，朱熹被任命知潭州（今湖南长沙）兼荆湖南路安抚副使。于绍熙五年（1194 年）五月五日到任。这年的七月十一日，

---

① 参见《宋史》卷四百二十九，《朱熹传》。

朱熹应召赴首都临安，行且辞，十月至临安任焕章阁待制兼侍讲。朱熹在潭州任职仅两个月。朱熹在潭州主要做了两件大事：一是处理少数民族瑶族农民起义，用镇压、安抚、赈恤等办法把农民起义平息下去；二是办岳麓书院，讲学授徒。朱熹认为，当时湖南社会不安定的原因，是比年以来，师道陵夷，讲论废息，士气不振。他想通过儒家思想的教育，来消除人民的反抗意识，使社会安定。

(6) 焕章阁待制兼侍讲

朱熹于绍熙五年（1194 年）十月十一日任焕章阁待制兼侍讲。由于朱熹借向皇帝进讲的机会，多次进言，如谓"左右或窃其柄""臣恐名为独断，而主威不免于下移，欲以求治而反不免于致乱，盖自隆兴以来已有此失"，等等，[①] 引起宁宗皇帝和执政韩侂胄的不满，于是在这年的闰十月二十一日被宁宗皇帝解除待制兼侍讲职务。朱熹在首都临安任宁宗皇帝侍讲兼待制总共 46 日。朱熹任侍讲按黄榦行状说是 40 日，实为 46 日。余英时考证说：

> 樵川樵叟《庆元党禁》云："熹以十月辛卯入见，中间进讲者七，内引留身奏事者再，面对赐食各一，在朝甫四十有六日云。"……（朱熹）有《辞免待制改作说书状》（《文集》卷二三）可证。由于辞请最后未获批准，从朝廷方面说，朱熹任职从十月初五日便已算正式开始了。朱熹《谢谕笔与宫观状》云："右臣今日二十一日伏准降到御笔赐臣：'朕悯卿耆艾，方此隆冬，恐难立讲，已除卿宫观，可知悉。'……（《文集》卷二三）据此，则他的"焕章阁待制侍讲"职位在闰十月二十一日正式解除，任期止于闰十月二十日。从十月初五日到闰十月二十日，恰恰是四十六日。[②]

朱熹在被解除职务的第三天，即闰十月二十三日辞谢，随之离开首都临安。十一月十三日，朱熹至玉山（今属江西）讲学于县学；二十二日回到建阳。

朱熹在从政之外是奉祠，即任有禄无事、住地听便的祠职，获得俸

---

① 《晦庵集》卷十四，《经筵留身面陈四事札子》。

② 余英时：《朱熹的历史世界》下册，生活·读书·新知三联书店 2004 年版，第 552—553 页。

禄，支持生活，专事学术研究和讲学教育活动。奉祠，即管庙，是为安置年老力衰或与朝廷意见不合的高级官僚的名义官职。朱熹奉祠 21 年，累计 12 次：(1) 监潭州南岳庙，高宗绍兴二十八年（1158 年）十二月至绍兴三十二年（1162 年）五月，共 3 年 5 个月；(2) 再监南岳庙，绍兴三十二年（1162 年）六月至孝宗隆兴元年（1163 年）十二月，共 1 年 7 个月；（3）复监南岳庙，孝宗乾道元年（1165 年）五月至乾道三年（1167 年）十二月，共 2 年 7 个月；(4) 主管台州崇道观，孝宗淳熙元年（1174 年）六月至淳熙三年（1176 年）六月，共 2 年；(5) 主管武夷山冲祐观，淳熙三年（1176 年）八月至淳熙五年（1178 年）八月，共 2 年；（6）主管台州崇道观，淳熙十年（1183 年）二月至淳熙十二年（1185 年）二月，共 2 年；(7) 主管华州云台观，淳熙十二年（1185 年）四月至十四年（1187 年）四月，共 2 年；(8) 主管南京鸿庆宫，淳熙十四年（1187 年）四月至七月，共 3 个月；(9) 主管西京嵩山崇福宫，淳熙十五年（1188 年）七月至十二月，淳熙十六年（1189 年）一月至八月，前后共 1 年 2 个月；(10) 主管西太乙宫，淳熙十五年（1188 年）十二月至淳熙十六年（1189 年）一月，共 1 个月；（11）主管南京鸿庆宫，光宗绍熙二年（1191 年）三月至绍熙四年（1193 年）十二月，共 2 年 9 个月；(12) 提举南京鸿庆宫，绍熙五年（1194 年）十二月至宁宗庆元二年（1196 年）十二月，共 2 年。

宁宗庆元二年（1196 年），朱熹 67 岁，十二月以伪学罪首落职罢祠。至此，朱熹的政治生涯结束。此后，是履薄临深谅无几，且将余日付残篇。此后至卒，便是所谓"庆元党禁"时期。

到了庆元六年（1200 年），朱熹 71 岁，三月初九日（阳历 4 月 23 日）病死于建阳考亭沧洲精舍，阳历 11 月 20 日葬于建阳的唐石里（今黄坑）。

3. 讲论

朱熹在从政之外，主要是在崇安武夷山、建阳考亭等，从事著述和教育活动。

朱熹最早到武夷山是高宗绍兴十四年（1144 年）至绍兴十六年（1146 年）间，即其 15 岁至 17 岁时，跟刘子翚学习于水濂洞。此后，他经常到武夷山活动。淳熙十年（1183 年）四月，朱熹在武夷山五曲大隐屏下建成武夷精舍，遂迁居之。他的《怀潭溪旧居》曰：

> 忆住潭溪四十年，好峰无数列窗前；虽非水抱山环地，却是冬温夏冷天。绕舍扶疏千个竹，傍崖寒冽一泓泉；谁叫失计东迁缪，愈卧西窗日满川。①

朱熹 15 岁迁居崇安五夫潭溪旁之紫阳楼，至这时 54 岁迁居武夷山，恰好 40 年。他把五夫潭溪叫"旧居"，把至武夷山叫"东迁"，可知其这次迁至武夷山是定居。因为朱熹的夫人刘氏早在淳熙三年（1176 年）十一月病卒，武夷山基本上是定居。朱熹定居武夷山至光宗绍熙二年（1191 年，62 岁）迁至建阳考亭，前后八年。

朱熹在定居武夷山期间，领得有禄无事的祠职虚名，著述讲学，海内学者尊信益重。朱熹在武夷山时的主要著作有《太极图说解》《西铭解》《易学启蒙》《孝经刊误》《小学》等。朱熹闲居武夷山期间，是其思想体系发展到成熟的时期。

光宗绍熙二年（1191 年）四月二十六日，朱熹 62 岁，离任漳州直接至建阳考亭定居。建阳考亭是朱熹父亲朱松生前选定好的迁居之地，是朱氏在福建安家的地方。因此，明代以来有关朱熹的文献资料中有称其为建阳考亭人，称朱熹为朱考亭，称朱子学为考亭学派。朱熹在早年考进士时，所填写的籍贯是建宁府建阳县群玉乡三桂里，上面已有讲到。其所撰《婺源茶院朱氏世谱后序》谓，"先吏部于茶院为八世孙，宣和中始官建宁府之政和，而葬承事府君于其邑，遂为建人"②。

朱熹最初在考亭建的房屋不是精舍。两年后，因学徒增多，复造精舍于所居之侧。精舍即竹林精舍，建成于光宗绍熙五年（1194 年）。后来，因学徒又增多，竹林精舍进行扩建，更名为沧洲精舍，朱熹自号为沧洲病叟。其《水调歌头》曰：

> 富贵有余乐，贫贱不堪忧；谁知天路幽险，倚伏互相酬。……

---

① 《晦庵集》卷九。
② 《新安文献志》卷十八。

春昼五湖烟浪，秋夜一天云月，此外尽悠悠。永弃人间事，吾道付沧洲。①

用无限的感慨总结自己的经历！

朱熹居住在考亭至宁宗庆元六年（1200 年）三月病死，有十年之久。朱熹这时期主要著作有《孟子要略》《仪礼经传通解》《韩文考异》《资治通鉴纲目》《周易参同契考异》《诗传》《易本义启蒙》《楚辞集注》《书集传》等。

朱熹闲居考亭期间，是其思想体系最后完成的时期。

4. "庆元党禁"避难

光宗绍熙五年（1194 年）七月宁宗即位，十月朱熹任宁宗侍讲，讲《大学》。朱熹利用侍讲之便，攻击执政韩侂胄。韩为太皇太后的亲属。韩为排除异己，指示其党羽猛击朱熹及其学派。结果，朱熹仅做 46 日的皇帝侍讲，就被解职回建阳。朱熹离首都临安后，韩侂胄的势力益张，其党羽创"伪学"之名，诬朱熹为伪学罪首。宁宗庆元二年（1196 年），检察御史胡纮上疏列朱熹六罪，又丑行四项，故或云十罪。于是朱熹被褫职落祠。朱熹的政治生命至此结束。自此至庆元六年（1200 年）朱熹卒，史称"庆元党禁"时期。在这期间，朱熹及其主要门人，生命安全没有保障。

关于朱熹在"庆元党禁"期间的活动，朱熹和其后学有许多不合实际的记载。例如朱熹门人黄榦在《朱子行状》中谓，朱熹始终在建阳考亭"日与诸生讲学竹林精舍"②，撰述不停。庆元元年（1195 年），朱熹门人杨道夫，闻乡曲射利者多撰造事迹，以投合当政者之意，亟以告朱熹。朱熹回答说：

死生祸福，久已置之度外，不烦过虑。③

当时，曾有一人微讽朱熹，谓其"有天生德于予底意思，却无微服过宋

① 《晦庵集》卷十。
② 《勉斋集》卷三十六。
③ 《朱子年谱》卷四。

之意"①。据记载，孔子不悦于鲁、卫，逃至宋，宋桓司马欲杀孔子。孔子"微服而过宋"，仍主于宋贤大夫司城贞子。这就是说，"孔子虽当厄难，然犹择所主"②；而这时朱熹"却无微服过宋之意"，即逃跑了。对此，朱熹回答曰：

> 某又不曾上书自辩，又不曾作诗谤讪，只是与朋友讲习古书，说这道理，更不教做，却做何事？……遇小小利害，便生趋避计较之心。古人刀锯在前，鼎镬在后，视之如无物者，盖缘只见得这道理，都不见那刀锯、鼎镬。③

这时，朱熹门人劝其离开考亭避难。朱熹说：

> 祸福之来，命也。如某辈皆不能保，只是做将去，事到则尽付之。人欲避祸，终不能避德。今为避祸之说者，固出于相爱，然得某壁立万仞，岂不益为吾道之光！④

上述这种言论，朱熹及其门人是非常多的。

朱熹及其门人关于朱熹在"庆元党禁"期间的这些言论，在后世成了定论，方志、传记及其他有关论著，都极为赞赏。世称翔实的清人王懋竑《朱子年谱》卷四详细地记载了朱熹及其门人的这些言论。

其实，朱熹在"庆元党禁"时期"避迹无定所"⑤，曾数次离开建阳考亭，逃到福建各地避难。

庆元三年（1197年），朱熹避难顺昌。朱熹在《题袁机仲所校〈参同契〉后》中说：

> 予顷年经行顺昌，憩箐篁铺，见有题"煌煌灵芝，一年三秀；予独何为？有志不就"之语于壁间者，三复其词而悲之。不知题者何人，适与予意会也。庆元丁巳八月七日，再过其处，旧题固不复见，而屈指岁月，忽忽余四十年，此志真不就矣！道间偶读此书，

---

① 《朱子年谱》卷四。
② 《四书章句集注》孟子卷五，《万章章句上》。
③ 《朱子语类》卷一百七。
④ 《朱子年谱》卷四。
⑤ 清道光《重纂福建通志》卷二百七十三，《丛谈·福州府》。

并感前事，戏题绝句："鼎鼎百年能几时，灵芝三秀欲何为？金丹岁晚无消息，重叹筼筜壁上诗。"①

"庆元丁巳"即庆元三年（1197 年），正是"党禁"早期猛烈之时。从朱熹到顺昌的时间和心情，可知亦是避难。

福建泰宁发现朱熹撰并书的《春夏秋冬》四时诗石刻，证明朱熹在"庆元党禁"时期曾避难泰宁。据记载：

> 朱子题壁诗……朱子隐居小均（坳）时作也。时禁伪学，故不书名，以避祸也。版存邑诸生丁焰处。②

据记载，当时朱熹曾到长乐：

> 因避伪学禁寓邑之二都龙门，后人名其所寓楼曰紫阳；既复寓于方安里之龙峰岩，里人刘砥、刘砺兄弟从而受业焉，今其地称为晦翁岩。③

又据记载：

> 紫阳楼在后澳，知县事高赞建，朱子避伪学禁寓此，故名。④

龙峰岩后建龙峰书院：

> 龙峰书院在方安里，为宋儒刘砥、刘砺读书处。朱子避学禁寓此，二刘从而受业。明宏（弘）治间，知县潘府建为书院。⑤

据记载，朱熹曾到长溪：

> 旧志载，公随父寓龟龄，当在十四岁前（按见前"行踪"部分考证）。又庆元元年乙卯，公六十六岁，旧志载，庆元间禁伪学，公至长溪，主黄榦杨楫家。⑥

---

① 《晦庵集》卷八十四，《题表机仲所校〈慘同契〉后》。
② 清道光《重纂福建通志》卷四十六，《古迹·泰宁县》。
③ 清同治《长乐县志》卷十六《列传五·流寓》。
④ 清道光《重纂福建通志》卷四十，《古迹·长乐县》。
⑤ 清道光《重纂福建通志》卷六十二，《学校·长乐县》。
⑥ 清道光《重纂福建通志》卷二百七十六，《丛谈·福宁府》。

长溪在今霞浦县和福鼎县境内。杨楫字通老，朱熹门人。对此，民国《霞浦县志》有数处记载：

> 朱公祠在县治东，祀朱文公。……祠创于宋代。……公以伪学禁避地长溪，授学赤岸乡。及他适，学生林湜等不忍别，塑像以祀于其处。

> 文星明村在大南，宋庆元时禁伪学，朱元晦避地于此村，仰观天象曰：文星其复明乎？遂以名其地。

> 紫阳朱子，庆元间以伪学禁避地于闽，至长溪，主（按应为住）黄榦、杨楫家，讲学于石湖馆、龟龄寺、石堂等处，从游者甚众，而黄榦、杨复、林湜、高松、陈骏、郑师孟、龚郏、张泳其最著者也。过黄崎村，作《中庸序》。①

关于"作《中庸序》"：

> 黄崎山……朱子避伪学禁到此止焉。作《中庸序》于化家乡僻无纸，写序于异，后存入州库。②

据记载，朱熹曾避难闽县：

> 铁冶场在龙径溪傍，朱子以避伪学禁至此。③

铁冶坊在闽县，闽县即今闽侯县。

还有记载：

> 朱文公于伪学之禁，避迹无定所，其于闽清凡数至，所历名胜题识殆遍，如广济岩之"溪山第一"、白岩之"八闽岳祖"，皆其亲笔，现勒石尚存。第不知当日居停何地，想亦止在林正卿兄弟处也。

> 宋庆元间，严伪学之禁，朱文公避迹至连江，入安中里仁山留数日。主人礼奉甚周。公命取厅门书《大学》圣经其上，谓曰：留此为礼义之报。遂行。④

---

① 以上见民国《霞浦县志》卷二四《祠祀》、卷八《名胜》、卷八《寓贤》。
② 清嘉庆《福鼎县志》卷二，《山川》。
③ 清道光《重纂福建通志》卷三十八，《古迹·闽县》。
④ 清道光《重纂福建通志》卷二百七十三，《丛谈·福州府》。

朱熹的这些墨迹尚有遗存，有力地说明了上述记载的真实性。

近年在福建古田县杉洋挖掘出朱熹手书"蓝田书院""引月""聚星"等石刻，并有石室和相传朱熹当年夜观星象的聚星台，还发现木刻匾、条幅对联等。据记载：

> 蓝田书院在杉洋北门外，朱晦翁书"蓝田书院"四字勒石。……距书院左边数武有聚星台。相传宋韩侂胄迹伪学时晦翁尝潜居此处。台圮。后至光绪间，乡人窥其旧址，山明水秀，占掘为坟；及数尺，有万砖砌成七斗，斗中藏铜钱、铁筋，不知何用。后该地葬坟不利，另迁他处。乡之好义者立碑纪以"先贤遗迹"四字。其右边数武有一池，名引月池，晦翁书"引月"二字，惟署名则用"茶仙"。其池无论春冬，月初出时即照此池，故名曰引月。①

特别值得注意的是，"蓝田书院"四大字石刻上款题有"庆元丁巳春三月"，即宁宗庆元三年（1197 年）三月，是党禁最高潮时期；朱熹手书"引月"石刻，当地人传为因学禁而署假名"茶仙"。又据记载：

> 庆元间，韩侂胄禁伪学，逆寓古田。宗室诸进士与其门人构书院，延而讲学。所寄寓附县治者，扁其亭曰溪山第一。往来于三十九都……螺峰、浣溪、杉洋诸所，皆其游息而训诲也。文公尝曰：东有余、李，西有王、魏，盖自纪其乐育云。

> 邑人徐连中《重建溪山书院碑记》：邑东郭外溪山书院，旧系宋庆元间，紫阳朱子避伪禁，逆寓讲学之区。考古碑，溪山原作青溪，后人因朱子尝书"溪山第一"四字，慕其芳名，遂以易此。

> 朱子避地玉田时，韩侂胄遣人迹其后，将甘心焉。是人宁自刎死，不肯杀道学以媚权奸。邑人祀于溪山书院前，即今太保庙也。②

玉田是古田主要地区。清人万有正说：

> 蓝田书院旧有朱晦翁刻四大字，其半埋于土。历数武而上又有引月池，横沏"引月"，款出"茶仙"，共四字。……夫濂洛关闽之

---

①　民国《古田县志》卷十四，《学校》。

②　以上见民国《古田县志》卷三十五《流寓》、卷十四《学校》、卷三十七《杂录》。

学，至文公而集其成。当时新说纷纷，而文公一以诚意正心为本，斥逐遐方，几不自容。而我古田人士从游者，西山则有林择之、林扩之，螺峰则有黄直卿，浣溪则有魏评事，杉洋则有余隅、余毫、余范。①

石刻上款题"堂长李口口口学李元鼎立石"，下款题"宋庆元丁巳春三月吉旦"。方志还有较详细的记载。其中讲到《风雅集》，是书未有见到。其曰：

> 引月池石刻，在杉洋石室三面石壁，横镌"引月"二字，款泐"茶仙"二小字。蓝田八景曰天池。引月诗见《风雅集》。②

> 相传，庆元间，紫阳文公尝至此，书"蓝田书院"刻于石壁。其西五里为西斋院，曰擢秀书斋者。时余公隅字占之，偕其侄亮从文公游，与东莱、勉斋为友，著《克斋集》。同邑蒋康国、林夔孙、林师鲁、林大春、林允中皆游文公门。盖地邻延、建，近大贤之居、宜夫一时贤哲、闻风蔚兴。而晦公手迹，如"聚星"、"引月"，遍于高岩深广间也。③

对于古田水口荻洋，朱熹曾撰写《水口行舟》二首：

> 昨夜扁舟雨一蓑，满江风浪夜如何？今朝试捲孤篷看，依旧青山绿树多。

> 郁郁层峦夹岸青，春山绿水去无声。烟波一棹知何许？鷗鹭两山相对鸣。④

如果未到过古田水口荻洋，怎么能撰写出描写此地的诗篇呢！

据记载，在杉洋之西横路坂，朱熹书匾联"碧海开龙藏，青云起雁堂"，尚存。余偶余范读书处、兴贤书院、螺峰书院、溪山书院、浣溪书院、文昌阁，朱熹书匾，墨迹大都遗存。这些地方多为朱熹讲学之所。

---

① 民国《古田县志》卷二十四，《艺文·重建蓝田书院序》。
② 民国《古田县志》卷二十五，《金石》。
③ 民国《古田县志》卷二十四，《艺文·重建蓝田书院序》。
④ 《晦庵集》卷十。

欣木亭在溪山书院前，林用中与弟允中读书处，晦翁诗题："亭临口清川，登览自晨昏。佳哉阳春节，看此隔溪树。连林争秀发，生意各呈露。大化本无言，此身谁与晤。真欢水菽外，一笑知乐孺。聊复其徜徉，殊形乃同趣。"这些大都是"党禁"时期的事迹。①

福安县的龟仙山在福安治西。朱文公到此，乡人饭之。文公赠之句："水云深处神仙府，黍稻丰时富庶家。"②

霞浦县文星明村，庆元禁"伪学"，朱熹避地于此，仰观天象曰："文星其复明乎？遂以名其地。"后于此县治东建文公祠，祀朱熹。③

福鼎石湖书院，朱熹题词曰："溪流石作柱，湖影月为潭。"④ 福鼎县近年文物普查中，于太姥山的水湖发现一块元代的摩崖石刻，上面记述了朱熹在山中璇玑阁授徒讲学逸事，并载朱子草堂遗址。⑤ 遗址之上有巨石刻有"林下相逢"四字。保存有宋代瑞安人陈傅良《送长溪高国楹从学朱子诗》：

> 洛学今无恙，东南属此翁。从游虽已晚，趋向竟谁同？一第收良易，遗经语未终，归期定何日？我欲叩新功。

寿宁县水孟村，朱熹曾寓叶氏家中，为其书一联曰："水云深处神仙府，禾泰丰时钟鼎家。"武曲朱氏宅，朱子尝住其家，其有朱熹漆书曰："文章华国，诗礼传家。"⑥

朱熹在闽东的门人、讲友有二三十人，分布在古田、福安、连江、罗源、霞浦、福鼎、宁德等县。他们在"庆元党禁"期间关系至为密切。

方志记载的朱熹在"庆元党禁"时期"避迹无定所"，具有较高的学术价值。台湾知名学者韦政通说：

> 有关朱熹避难的情形，以往所知甚少，高足又是女婿的黄榦，在《朱子行状》中且说，朱熹在学禁期间，始终在建阳考亭"日与

---

① 民国《古田县志》卷十四，《学校》。
② ［明］何乔远《闽书》卷三十八，《杂记》。
③ 《闽书》卷二十四，《祠祀》。
④ 清嘉庆《福鼎县志》卷二，《名胜》。
⑤ 清嘉庆《福鼎县志》卷八，《艺文》。
⑥ 民国《霞浦县志》卷八，《名胜》。

诸生讲学竹林精舍"，撰述不停。执教于厦门大学哲学系的高令印，根据福建地方志和新出土的朱子墨迹，考证出朱熹不但在考亭附近的闽北避难，还逃到遥远的闽东等地避难，前后到过古田、长乐、长溪、黄崎山、闽清、连江等地，有时候且照样授徒讲学。这不但纠正了《行状》所言，也证实了《福建通志》中"避迹无定所"的说法。[①]

5. 著述

(1) 撰述

高宗绍兴二十年（1150 年），朱熹 21 岁：撰《曾子固年谱》1 卷，佚。曾子固（1019—1083），名巩，唐宋散文八大家之一。

绍兴二十五年（1155 年），朱熹 26 岁：编《牧斋净稿》，收入其早年诗作。"牧斋"为朱熹早年在五夫里紫阳楼内的室名。亦说是其于绍兴二十七年居南平西林院牧斋前后三年间所撰诗文。

绍兴二十七年（1157 年），朱熹 28 岁：撰《孟子集说》，佚。撰《诗集传》，佚。

绍兴三十二年（1162 年），朱熹 33 岁：撰《论语纂训序》（即《论语详说》），佚。

孝宗隆兴元年（1163 年），朱熹 34 岁：撰《论语训蒙口义》，佚。此书为儿童读论语作注解。撰《论语要义》，佚。此二书是其后《论语集注》的前身。

隆兴二年（1164 年），朱熹 35 岁：撰《困学恐闻》，佚。

孝宗乾道二年（1166 年），朱熹 37 岁：撰《杂学辨》1 卷。

乾道三年（1167 年），朱熹 38 岁：编《东归乱稿》。撰《诗序辨说》1 卷。与张栻、林用中合著《南岳唱和集》1 卷，附录 1 卷。

乾道六年（1170 年），朱熹 41 岁：撰《太极图说解》1 卷、《家礼》5 卷。据记载："淳熙二三年之间，朱子根据司马光的《书仪》一书，参考诸家之说，增损简裁成《家礼》一书，此书在寺院被人窃去，直至朱

---

① 韦政通：《"庆元学禁"中的朱熹》。见《朱子学刊》第 9 辑，黄山书社 1999 年版，第 182—183 页。

子死后会葬之日，始又重现。"①"（乾道）六年，……家礼成。"②

乾道八年（1172年），朱熹43岁：撰《西铭解》（又名《西铭解义》）1卷。此书至淳熙十五年（1188年）才公布于世。编《论语精义》10卷。此是将其所撰《论语要义》精选为此。到了淳熙七年（1180年，51岁），又改为《要义》，认为所收之语未必精。编《论语或问》20卷、《孟子或问》10卷。撰《资治通鉴纲目》59卷，序例1卷。此书是纲目提要，笔削北宋司马光之《资治通鉴》《通鉴目录》《举要历》以及胡安国之《资治通鉴举要补遗》4书，以授门徒。撰《中和旧说》，佚。撰《论性答稿》，佚。

乾道九年（1173年），朱熹44岁：撰《太极解》（又名《太极解义》《太极图说解》）1卷、《通书解》2卷。

孝宗淳熙元年（1174年），朱熹45岁：撰《古今家祭礼》2卷，佚。

淳熙二年（1175年），朱熹46岁：撰《阴符经考异》1卷。

淳熙四年（1177年），朱熹48岁：撰《论语集注》20卷、《论语或问》20卷、《孟子集注》14卷、《孟子或问》2卷、《大学章句》1卷、《中庸章句》2卷、《诗集传》20卷、《周易本义》12卷。撰《易传》11卷，佚。撰《诗集解》20卷，佚。

淳熙七年（1180年），朱熹51岁：撰《孟子要义》5卷，佚。

淳熙十三年（1186年），朱熹57岁：撰《小学》6卷，是书刘子澄等搜集资料，非撰者。撰《童蒙须知》1卷、《蓍卦考误》1卷、《易学启蒙》3卷。

淳熙十四年（1187年），朱熹58岁：由蔡元定首刊《诗集传》20卷。

淳熙十六年（1189年），朱熹60岁：撰《大学章句》1卷、《中庸章句》1卷、《中庸辑略》1卷、《大学或问》2卷、《中庸或问》3卷。

光宗绍熙元年（1190年），朱熹61岁：《四书章句集注》刊刻于漳州。其中《大学章句》1卷、《中庸章句》1卷、《论语集注》10卷、《孟

---

① ［宋］陈淳：《北溪先生大全文集》卷十四，《代陈宪跋家礼》。
② 《朱子实纪》卷二，《年谱》。

子集注》7 卷。章句是汉朝以来注经的一种方式，分章断句，更多的是发挥注者的思想。撰《楚辞协韵》1 卷，佚。

宁宗庆元二年（1196 年），朱熹 67 岁：撰《楚辞集注》8 卷及其《辨证》2 卷、《后语》6 卷。是书以王逸本为底本，删去《七谏》《九怀》《九叹》《九思》4 篇，增入贾谊《吊屈原》《服赋》，把屈原的 25 篇划为《离骚》类，宋玉 16 篇划为续《离骚》类，按赋、比、兴等古诗的不同形式手法进行解析。撰《翁季录》，佚。

庆元三年（1197 年），朱熹 68 岁：撰《周易参同契考异》1 卷、《琴说》（又名《琴律说》）、《韩文考异》10 卷。《韩愈文集》诸本互有异同，因以订正。其例为先摘取正文，考证之文夹注于内。

庆元四年（1198 年），朱熹 69 岁：约是年前后，撰《仪礼经传通解》37 卷。撰《损益象说》1 卷，佚。撰《童蒙须知》1 卷，佚。撰《诗风雅颂》1 卷，佚。

庆元五年（1199 年），朱熹 70 岁：撰《楚辞集注》8 卷、《楚辞后语》6 卷、《楚辞辨证》2 卷、《阴符经考异》1 卷。撰《书集传》部分稿，其余口授蔡沈，沈完成全书。

（2）编辑

高宗绍兴二十九年（1159 年），朱熹 30 岁：编《校定谢上蔡先生语录》3 卷。

孝宗隆兴二年（1164 年），朱熹 35 岁：编《延平答问》2 卷。

孝宗乾道二年（1166 年），朱熹 37 岁：编《周子太极通书》1 卷。

乾道四年（1168 年），朱熹 39 岁：编《二程遗书》25 卷，附录 1 卷。编《校正伊川易传》4 卷。

乾道八年（1172 年），朱熹 43 岁：编《八朝名臣言行录》24 卷。此书《前编》10 卷，《后编》14 卷，二部书。八朝即宋朝太祖、太宗、真宗、仁宗、英宗、神宗、哲宗、徽宗，取同时代人之文集及记事书所载八朝名臣言行有补于世教者录之成此书。

乾道九年（1173 年），朱熹 44 岁：编《伊洛渊源录》14 卷、《程氏外书》12 卷。编《弟子职》1 卷，佚。

孝宗淳熙元年（1174 年），朱熹 45 岁：编《古今家祭礼》20

卷，佚。

淳熙二年（1175 年），朱熹 46 岁：与吕祖谦合编《近思录》14 卷。编《家礼》5 卷。

淳熙三年（1176 年），朱熹 47 岁：编《婺源茶院朱氏世谱》1 卷，佚。（今本《世谱》是后人编的，其《世谱后序》是原谱朱熹撰写的。）

淳熙八年（1181 年），朱熹 52 岁：编《南轩文集》44 卷。

淳熙十三年（1186 年），朱熹 57 岁：编《孝经刊误》1 卷。

淳熙十六年（1189 年），朱熹 60 岁：编《中庸辑略》2 卷。

光宗绍熙元年（1190 年），朱熹 61 岁：编《书古经》4 卷序 1 卷、《春秋经》1 卷。编《四子》4 卷，佚。

（3）后人编辑

《朱子语类》140 卷，南宋理宗景定四年（1263 年），黎靖德编。根据各本《朱子语录》，互相参校，考其同异，拾遗正误，削去重复。南宋度宗咸淳六年（1270 年）刊行。

《朱子遗书》，清康熙浙江吕氏宝浩堂刊行，包括《近思录》《延平答问》《杂学辨》《中庸辑略》《论孟或问》《伊洛渊源录》《谢上蔡语录》等。

《朱子遗书二刻》，清贺瑞麟辑，西京清麓丛书刊行，包括《论孟精义》《易学启蒙》《诗序辨》《孝经刊误》《周易参同契注》《阴符经注》等。

《朱子文集》（又名《朱文公文集》《晦庵集》《朱子大全》《朱熹集》等）100 卷，《续集》11 卷，《别集》10 卷。南宋末朱在、余师鲁等编，有四部备要本等。今有郭齐、尹波点校，四川教育出版社 1996 年出版；陈俊民校订，台北德富古籍丛刊 2000 年出版。

《朱子全书》64 卷，清圣祖康熙五十二年（1713 年），李光地奉御旨编纂。

《朱子节要》20 卷（一说 14 卷），明高攀龙编。

《朱子语录类要》18 卷，黄榦门人叶士龙编。

《朱文公易说》23 卷，朱熹长孙朱鉴编，汇集朱熹有关说《易》的语录。

《朱子学的》2 卷，明邱濬编。

《朱子晚年定论》2 卷，明王阳明编。

《朱子书节要》14 卷，韩国李滉编。

《朱子文集大全类编》110 卷，清朱玉编。朱熹后裔清朱玉把《朱子文集》增入年谱、行状、历朝褒典等，名为《朱子文集大全类编》。

《朱子晚年全论》8 卷，清李绂编。

《朱文公诗集》4 卷，清杜庭珠编。

《朱子书说》7 卷，宋黄士毅编。汇集朱熹关于《书经》的言论。

《朱子学大系》15 卷，日本诸桥辙次、安冈正笃、冈田武彦等编，其第 4 至第 9 卷为《朱熹的主要著作》。

《朱子全书》（或名《朱熹全书》）30 册，朱杰人、严佐之、刘永翔主编，上海古籍出版社、安徽教育出版社 2000 年出版。是书把朱熹所有的著述都汇辑在一起。

二 朱熹思想的确立

朱熹思想的形成与确立，是基于上述社会的需要和思想文化的背景，以及朱熹自身的主客观条件。朱熹是在不断地吸收发展闽中理学先驱者的思想和历代思想文化的过程中实现两个转变，对濂、洛、关诸理学派别和闽中早期儒学思想的整合和提高的基础上，达到思想成熟，创建闽学、朱子学。

（一）由禅道之学转变到儒学为本体

朱熹出生于充满佛、道气氛的家庭中。祖父朱森、叔父朱槔和外祖父祝确、舅父祝华祝莘，皆究心佛典，母亲祝氏更是时时诵经拜佛。父亲朱松广与禅师、道士交游。朱熹回忆说："先君子少日喜与物外高人往还，而于净悟师为尤厚。"又说：

> 净悟，建阳后山人，晚自尊胜退居南山云际院，一室翛然，禅定之余，礼佛以百万计。年过八十，目光炯然，非常僧也。常为余

道富文忠、赵清献学佛事。其言收敛，确实无近世衲僧大言欺世之病。以是知先君子之厚之，非苟然也。①

朱熹在师事李侗之前，主要在崇安五夫里和武夷山求学。其间，朱熹直接和间接师事的是杨时道南学系的罗从彦、刘勉之、刘子翚等和武夷五贤（胡安国、胡寅、胡宪、胡宏、胡宁）。而朱松临终时把朱熹的学业托付于胡宪、刘勉之、刘子翚。清全祖望说：

> 白水（刘勉之）、籍溪（胡宪）、屏山（刘子翚）三先生，晦翁所尝师事也。白水师元城，兼师龟山；籍溪师武夷（胡安国），又与白水同师谯天授；独屏山不知所师。三家之学略同，然似皆不能不杂于禅，故五峰（胡宏）所以规籍溪者甚详。其时闽中又有支离先生陆祐者，亦于三先生为学侣焉。②

当时，朱熹之所学，儒、佛、道皆有，而禅学比较突出。后来朱熹回忆说：

> 某年十五六时，亦尝留心于此（禅）。一日，在病翁所会一僧，与之语。其僧只相应和了说，也不说是不是，却与刘说：某也理会得个昭昭灵灵底禅。刘后说与某，某遂疑此僧更有要妙处在，遂去扣问他，见他说得也煞好。③

这个禅师就是崇安五夫附近的开善寺道谦禅师。道谦与刘勉之、胡宪信奉的是径山宗杲派禅宗，而刘子翚所信奉的是天童正觉派。前者以主悟为特征，称之为看话禅；后者以主静为特征，称之为默照禅。但是，刘子翚在莆田通判任上结识能静坐入定的禅师后，又信奉正觉派禅宗。朱熹说："屏山少年能为举业，官莆田，接塔下一僧，能入定数日。后乃见了老，归家读儒书，以为与佛合，故作《圣传论》。"④ 了老，是正觉的大弟子思彻禅师。据记载：

① 以上见《晦庵集》卷八十四，《书先吏部与净悟书后》。
② 《宋元学案》卷四十三，《刘胡诸儒学案》。
③ 《朱子语类》卷一百四，《自论为学工夫》。
④ 《朱子语类》卷一百四，《自论为学工夫》。

公少年不乐读时文，因听一尊宿说禅，直指本心，遂悟昭昭灵灵一著。十八岁请举，时从刘屏山（子翚），屏山意其留心举业，暨搜其箧，只《大慧禅师语录》一帙耳。①

总之，朱熹在崇安五夫里和武夷山求学期间，实际上是接受佛教禅学时期。②

高宗绍兴二十三年（1153年），朱熹24岁，"夏将赴同安任，特往受学于延平李先生侗之门"③。朱熹是七月到达泉州同安县就任主簿之职的。从崇安五夫到泉州同安，必须经过南平。朱熹是在赴同安任途中路过南平拜见李侗的，即绍兴二十三年夏六月底或七月初。

李侗与朱松同是二程的再传弟子南剑州沙县罗从彦的学生。李侗是二程的三传弟子。

朱熹执父礼见李侗，首先向李侗介绍了他在二刘胡处所学之情况。李侗对朱熹过去所学之禅学作了批评。朱熹起初"心疑而不服。同安官余，反复思之，始知其不我欺矣"。④对朱熹受学于李侗的过程，方志有比较详细的记载：

初见侗，即与论禅。侗正其误曰："悬空理会，面前事却理会不得；道亦无元妙，只在日用间着实做工夫处理会，便自见也。"教熹看圣贤言语。熹将圣贤书读之，渐渐有味，顿悟异学之失。乃返博归约，就平实处为学，于道日进。侗喜之……云："此人别无他事，一味潜心于此。初讲学时，颇为道理所缚，今渐能融释于日用处，一意下工夫。若于此渐熟，则体用合矣。此道理全在日用处。熟若静处有而动处无，即非矣。"戊寅春，熹见侗于延平。庚辰冬，又见侗于延平，寓居舍旁西林院者阅月。壬午春，迎谒侗于建安，遂与俱归延平，复寓西林者数月。答问论难，及往来书甚夥。熹之能承圣道，皆得之于侗。⑤

①　[明]心泰：《佛法金汤编》卷十五，《朱熹》。
②　高令印：《中国禅学通史》，宗教文化出版社2004年版，第367—465页。
③　《子朱子为学次第考》卷一。
④　《朱子年谱》卷一。
⑤　嘉庆《南平县志》卷十一，《人物》。

朱熹前后五次拜见李侗：一是上面讲到的癸酉夏，即高宗绍兴二十三年（1153 年）六月底或七月初，朱熹赴同安主簿任路过南平特往见之，相处20 天左右，是时朱熹 24 岁；二是戊寅春，即绍兴二十八年（1158 年）一月，朱熹同安主簿任满回崇安途中，步行数百里再到南平见之，相处一个月左右，是时朱熹 29 岁；三是庚辰冬，即绍兴三十年（1160 年）十月，再到南平见之，寓李侗宅旁之西林院，朝夕往来受教，阅数月而后去，正式拜李侗为师，是时朱熹 31 岁；四是壬午春，即绍兴三十二年（1162 年）正月，朱熹到建州府治所之建安（今建瓯，当时李侗次子李信甫任建安主簿）见之，然后两人同归南平，又住西林院几月；五是癸未冬，即孝宗隆兴元年（1163 年）十月。朱熹和李侗交往前后 10 年，正式拜李侗为师是后 5 年。朱熹说：“熹获从先生游，每一去而复来，则所闻必益超绝，盖其上达不已，日新如此。”①

朱熹经过李侗的教导，认识到过去所学佛教禅学思想空言无实，即其以君臣父子为幻妄，此后便致力于儒家的所谓切实工夫。概括地说，就是“默坐澄心，体认天理”八个字。朱熹说：“李先生教人，大抵令于静中体认大本末发时气象分明，即处事应物自然中节，此乃龟山门下相传指诀”②。“于静中体认大本末发时气象”，是指体验一种没有任何思虑情感、物我两忘的心理状态，就是体验圣人喜、怒、哀、乐未发前之气象，即最崇高的道德人格精神境界。李侗说：

> 谓之有物，则不得于言；谓之无物，则必有事焉。不得于言者，视之不见，听之不闻，无声形接乎耳目而可以道也。必有事焉者，莫见乎隐，莫显乎微，体物而不可遗者也。学者见乎此，则庶乎能择乎中庸而执之隐微之间。不可求之于耳目，不可道之于言语，然有所谓昭昭而不可欺，感之而能应者，正惟虚心以求之，则庶乎见之。③

这是指心之道德本体，不可以闻见得，不可以思虑求，不是认知对象，

①　《晦庵集》卷九十七，《延平先生李公行状》。
②　《晦庵集》卷四十，《答何叔京》二。
③　［宋］朱熹：《延平答问》。

却是真实的存在，通过操存涵养即能得之。这是儒家道德人格的最高境界。

朱熹曾手书"鸢飞鱼跃"匾额来概括自己思想的这一转变。是匾原悬挂于他到南平见李侗时住的塘源李子坑西林寺（院），用以表明自己已接受儒家的伦理纲常思想。朱熹说：

> 熹近日因事方有少省发处，如"鸢飞鱼跃"，明道以为与必有事焉，勿正之意同者。今乃晓然无疑。日用之间，观此流行之体，初无间断处，有下工夫处。乃知日前自诳诳人之罪，盖不可胜赎也。此与守书册、泥言语全无交涉。幸于日用间察之，知此则知仁矣。①

"鸢飞鱼跃"原出于《诗·大雅·旱麓》："鸢飞戾天，鱼跃于渊。"朱熹解释说："鸢之飞全不用力，亦如鱼跃，怡然自得，而不知其所以然也。"② 用"鸢飞鱼跃"比喻圣王的所谓"教化明察"，使万物各得其所，以说明儒家伦理纲常思想的作用。对此，韩国李朝李退溪说：

> 鸢而必戾于天，鱼而必跃于渊，是君君臣臣父父子子各止其所而不可乱也。若如释氏之云，则鸢可以跃渊、鱼可以戾天矣，是安可同日而语哉！且子思以夫妇言之，所以明人事之至近，而天理在焉。③

李退溪的解释明白切当。朱熹手书"鸢飞鱼跃"匾已经被发现，现藏于福建建阳文化馆中。

（二）由苦参"中和"确立治心之学

李侗于孝宗隆兴元年（1163年，朱熹34岁）卒后，朱熹自己努力，强探力索，苦参"中和"。"中和"源于先秦《中庸》，即"喜怒哀乐之未发谓之中，发而中节谓之和"。到了乾道二年（丙戌，1166年，朱熹37岁），朱熹有"中和"之悟，谓之"丙戌之悟""中和旧说"。此是受程

---

① 《晦庵集》卷四十，《答何叔京》第一三书。
② ［宋］朱熹：《诗经集传》卷六，《大雅三》。
③ ［宋］朱熹：《四书或问》卷四，《中庸》第十二章至第二十章。

颐、胡宏的影响，在上述延平思想的基础上，提出：性为未发，心为已发。后来，朱熹逐步认识到性为未发、心为已发的观点有问题。朱熹说："乾道已丑（按五年，1169 年，朱熹 40 岁）之春，为友人蔡季通（元定）言之，问辨之际，予忽自疑……则复取程氏书虚心平气而徐读之，未及数行，冻解冰释。"① 提出：心兼已发、未发，性为未发，情为已发，心统性情。这就是"已丑之悟""中和新说"。至此，朱熹才真正走上程颐的"涵养须用敬，进学在致知"的路向上来。

综观朱熹对心性情的论说：性是理，心是气之灵，情是心气之发或之变，此便是"心性情三分"。仁只是性、只是理，恻隐之心与爱之情则属于气。谓"仁者，心之德、爱之理"，表示仁不是心、不是爱，只是"爱之所以然的理，而为心所当具之德"。这样，仁只成一个形而上的抽象的理，而不再是具体的活泼泼的生生之仁。仁这个"理"，必须通过心知之明的静涵后方能为心所具；仁这个"德"亦须通过心气之摄具此理，方能成为心自身之德。这就是说，德由理而转成，理不寓于心则不能成德。"心统性情"，统为统摄、统贯义，非统帅、统属义。心统性，是认知地、关联地统摄性而彰显之。这是心即统贯于"未发"之性。心统情，是行动地统摄情而敷施发用。这是心发出情，心统贯于"已发"之情。②

对于朱熹的"心统性情"说，金春峰形象地说：

> 用比喻说，朱熹讲的"心统性情"，犹如一自动切削车床。车床的切削活动是情，属于形而下之经营造作；其自动切削活动之原理，相当于性；车床相当于心，是具此理而统性情者。自动车床之切削活动是中性无色的，其活动之"所以然"之理，亦是中性无色的，因而是一纯自然系统。冯（友兰）先生说，朱熹讲的情犹如飞机之实际的运动，飞机之所以如此运动之规律或所以然是"理"，心则是此理之认知者。但心仅能认识此飞机之"理"，而非能统飞机活动之"情"。③

---

① 《晦庵集》卷七十五，《中和旧说序》。
② 以上参见《朱子语类》卷二十，《有子曰其为人也孝弟章》。
③ 金春峰：《朱熹哲学思想》，台北东大图书公司 1998 年版，第 2 页。

在朱熹看来，人性中有道心和人心，道心包含着仁、义、礼、智，人心包含着喜、怒、哀、惧、爱、恶、欲。前者是本然之性，是纯粹的精神作用；后者是气质之性，出自身体的欲求作用。人性易于跟随人的欲望，而又可借着自身的省察修养，避免人的欲望走入歧途。

"中和旧新说"是朱熹建立自己思想体系的起点。

朱熹于44岁时改定的《仁说》，对于闽学的确立至为重要。该文的上半部说：

> 天地以生物为心者也，而人物之生又各得夫天地之心以为心者也。故语心之德，虽其总摄贯通，无所不备，然一言以蔽之，则曰仁而已矣。请试详之。盖天地之心，其德有四，曰元亨利贞，而元无不统。其运行焉，则为春夏秋冬之序，而春生之气无所不通。故人之为心，其德亦有四，曰仁义礼智，而仁无所不包。其发用焉，则为爱恭宜别之情而恻隐之心无所不贯。故论天地之心者，则曰乾元坤元，则四德之体用不待悉数而足。论人心之妙者，则曰仁人心也，则四德之体用亦不待遍举而该。盖仁之为道，乃天地生物之心即物而在。情之未发而此体已具，情之既发而其用不穷。诚能体而存之，则众善之源，百行之本，莫不在是。此孔门之教所以必使学者汲汲于求仁也。[①]

《仁说》是朱熹仁为"心之德、爱之理"、心性情三分、理气不离不杂的理论基础。

（三）集诸儒之大成

朱熹创立的福建朱子学，历来称之谓"集诸儒之大成""集圣贤之大成""集濂洛关之大成""致广大，尽精微，综罗百代"等。对于"集大成"的内含，没有一致的看法。"集大成"原是孟子赞述孔子的。朱熹释《孟子》谓孔子集大成：伯夷"圣之清"，伊尹"圣之任"，柳下惠"圣之和"，皆小成；而孔子"圣之时"，合众小成而为大成。[②] 而朱熹新儒学之

---

① 《晦庵集》卷六十七，《仁说》。
② 《四书章句集注》，《孟子集注》卷九《万章下》。

成就，和孔子一样集前圣之大成。

1. 新儒学思想体系之完成

福建朱子学以儒家思想为主体，吸取佛、道之学和中国古代诸种思想，以及大量自然科学成果，去伪存真，广泛综合提高，构成了一个庞大的理学思想体系。他们把中国古代思想文化发展到一个新阶段，标志着中国古代社会意识形态臻至完备和成熟。

福建朱子学是以天理为中心和最高范畴的理学思想体系。天理是其思想的出发点和归宿。朱熹以理（太极）生气（阴阳为气，五行为气之质）、气生万物（理气合一）的逻辑结构来展示理产生天地万物和社会人事的过程。天理体现在社会伦理中就是仁义礼智，表现在政治生活中就是礼乐刑政。通过把天理的伦理化，使其日益世俗化，成为人人必须遵行的政治和道德原则。以一理万殊、万殊一理的理一分殊论，解决世界的多样性和统一性问题，用"化育流行"来说明天地之间一切品类的活动，如鸢飞戾天、鱼跃于渊，其中无一不体现着天理的作用。

在福建朱子学的政治理论中，依据古代典籍的基本思想，正君求治，要求统治者家齐于上而教化于下，即把仁义礼智和孝悌忠信修之于身，齐之于家，成为实践道德伦理的样板，然后去御众理而治国家。朱熹还提出了以德治为主的德治和法治不可偏废的主张；提出"学以明伦"的教育原则，"下学"而"上达"，即下学人事以明人伦，从而达到父子有亲、君臣有义、夫妇有别、长幼有序、朋友有信。由此上达对天理的体认，因为天理本来就体现在人伦之中。

福建朱子学学说，由太极而理气、阴阳，至于中正仁义、修齐治平，体用兼顾，完整齐全，是中国传统思想文化之总汇、"集大成"。

2. 创建四书学思想文化体系

朱熹等闽学家们，深研各种古代典籍，辨伪存真，用"四书"（《大学》《中庸》《论语》《孟子》）代替原在国家上层建筑意识形态中占主导地位的"五经"（《诗》《书》《礼》《易》《春秋》）的权威，准确地指出"四书"才真正能体现出以孔子为代表的中国思想文化的内在本质。他们认为，《论语》《孟子》直接记述孔孟的言行，而"五经"则只是关于孔、孟的间接资料。朱熹说："《大学》《中庸》《语》《孟》四书道理粲然，……何理不可究，何事不可处?"① 他们把"四书"看成是儒学的百科全书，认为"四书"包含了儒家思想的各个方面。朱熹说：

> 先读《大学》以定其规模，次读《论语》以立其根本，次读《孟子》以观其发越，次读《中庸》以求古人之微妙处。《大学》一篇有等级次第，总作一处，易晓，宜先看。《论语》却实，但言语散见，初看亦难。《孟子》有感激兴发人心处。《中庸》亦难读，看三书后方宜读之。……书只是明得道理，却要人做出书中所说圣贤工夫来。若果看此数书，他书可一见而决矣!②

朱熹把"四书"联成一体，并精加注释，形成以"四书"为核心的集大成的新儒学思想体系。朱熹的《四书章句集注》成为元、明、清时代国家科举取士和学校教育的标准典籍。《论语》在汉代仅为小学所必修。《孟子》在汉代以前不被认为是经书。《大学》《中庸》原是《礼记》中的两篇短文。朱熹用毕生精力研究"四书"，临终前三日还改《大学·诚意章》之注释。光宗绍熙元年（1190年），朱熹61岁，刊行《四书章句集注》，遂成为儒家经典之定本。闽学家们大都毕生致力于"四书"的研究。

清著名闽学家蓝鼎元说：

> 朱子之学，具在于"四书"、《易》、《诗集注》及《或问语录》、《近思录》、《小学》、《纲目》诸书，而尤以《大学》为入道之序。居敬以立其本，穷理以致其知，克己以灭其私，存诚以致其实。所以集周程之大成，绍鲁邹之嫡统。前圣后贤之道，该括全备，则又孔孟以后之一人也。③

明邱锡说："若吾夫子于群贤之经，则删定之，缵述之，而集群圣之大成者也。文公于诸儒之书，则去取之，考正之，而集诸儒之大成者也。"④闽学家们通过注释"四书"，充分地阐发了自己的思想。他们通过注释

---

① 《朱子语类》卷十四，《大学一·纲领》。
② 《朱子语类》卷十四，《大学一·纲领》。
③ 《棉阳学准》卷五，《道学源流》。
④ 乾隆《武夷山志》卷一在，《重修武夷书院记》。

"四书"集儒家学说之大成。

3. 儒家道统内涵之完善

道统原是唐代韩愈提出来的，认为一脉相承的传道之统由尧、舜、禹、汤传之文、武、周公，"文、武、周公传之孔子，孔子传之孟轲。轲之死不得其传焉"。韩愈认为，中断的"道由愈而粗传"。①朱熹抛开韩愈，认为他和周敦颐、程颢、程颐、张载直接继承到孟轲中断了的道统。朱熹说："河南程氏两夫子出，而有以接乎孟氏之传。……虽以熹之不敏，亦幸私淑而与有闻焉。"②

朱熹于孝宗淳熙十六年（1189 年）首次使用"道统"概念时，曾引述了《书经·大禹谟》中的"人心惟危，道心惟微，惟精惟一，允执厥中"，作为道统的内涵，其核心是"存天理，灭人欲"。朱熹说：

> 孔子所谓"克己复礼"，《中庸》所谓"致中和""尊德性""道问学"，《大学》所谓"明明德"，《书》曰"人心惟危，道心惟微，惟精惟一，允执厥中"，圣贤千言万语，只是教人"存天理，灭人欲"。③

朱熹以自己所理解的道统内涵为标准，选择周、程、张为道统传授之主要脉络，而把汉、唐以来诸儒排斥在道统之外，是可以理解的。因为，汉、唐以来诸儒对儒学没有重大贡献。汉董仲舒是用阴阳家的思想解释孔、孟之道；唐人韩愈是用道统来对抗佛家的法统，没有哲理；北宋邵雍的象数过于道家气味，至南宋朱熹的先师和老师杨时、罗从彦、李侗、刘勉之、刘子翚等，其哲学论为方法论，他们所谓一脉相传的"指诀"只是于静中体察喜怒哀乐未发之气象。所有这些儒家思想的代表人物，对于儒学都未有多少阐发，因而很难把他们容纳于从孔、孟直至朱熹这个道统系列之中。

在儒家道统中，朱熹特别尊崇程颢、程颐。二程在理学上有特殊贡献，在道统中占有重要位置是当然的。朱熹列周敦颐于其间，是因为其

---

① 《韩昌黎全集》卷十一，《原道》，卷十八《与孟尚书书》。
② 《四书章句集注》，《大学章句序》。
③ 《朱子语类》卷十二，《持守》。

传《太极图说》《通书》于二程，把自己所继承的孔孟之道传给二程。此外，张载在理学上的贡献是对"气"的阐发，"气"被朱熹吸取为由理产生世界万物的中间环节。

总之，在朱熹哲学中，其主要范畴太极、理、气、性、心等，是通过周、程、张等而渊源于孔孟的。可见，朱熹的理学思想，从道统论上来说亦属集大成。

4. 国家的主体思想

福建朱子学的庞大新儒学思想文化体系，在朱熹创立后很快上升为中国古代社会后期社会上层建筑意识形态的核心部分，成为国家的思想文化主体。明邱锡在《重修武夷书院记》中说：

> （文公）集诸儒之大成者也。夫子以前之群圣，行斯道于当时，而夫子则述之于后世者也；文公以前之诸儒，亦明斯道于当时，而文公则传之后世者也。斯道之明也，犹斯道之行也，非有功于人，而实有功于天地也。[①]

邱锡所谓"斯道之明"，即指闽学学说更全面和更完整，超越时空，对整个中国古代社会后期都是适用的。因而对统治者治国平天下更具有实际意义，即邱锡谓"斯道之行""实有功于天地"。

正因为如此，以朱熹为代表的闽学思想，从南宋末年以来七八百年中，始终是国家的主体思想，是社会上层建筑意识形态的核心部分，是不可动摇的国家的和民族的精神支柱和生活方式。

5. 健全人格安身立命之学

福建朱子学所承续的是周公、孔子以至濂、洛、关传承下来的全民族的思想文化，是常理常道，不是一时之见、一家之说。常理常道，是恒常不变的理，是人们所当行的道，它不完全是一套专门的知识，而是我们天天生活的依据，就是上面讲到的精神支柱和生活方式。离开常理常道，人的价值意义就不能表现出来。这是人与动物相区别的标志。所以，闽学是行为之学，是实践之学。

---

① 明崇祯《武夷山志》卷十六。

　　福建朱子学重实践，就必然正视实践的主体——人的生命。人的生命有正负两个方面。正面是德性生命，负面是气质生命（或说情欲生命）。对于正面的德性生命，要进一步涵养充实、发扬上升，以求得圆满。对于负面的气质生命（情欲生命），予以变化和节制，即变化气质，化掉气质中的偏与杂，使情欲纳入轨道，如男女之性纳入夫妇之伦。

　　福建朱子学的道德实践，分主客观两个方面，前者是完善自己的德性人格，后者是成就天下事物。这就是常说的内圣成德和外理事功，即"内圣外王"。闽学的世界观即人生观。人们所追求的精神境界，包括个人和人类两个方面价值的最高实现。它要求自身圆满成就内在德性和外在事业。这种境界，是人们终身奋斗的最高目标。台湾知名学者蔡茂松说：

　　　　朱子学的特色是，以众人的立场来论学，来如何做学问、如何修养，以达到圣贤的境界。所以说朱子学是圣学。圣学是成圣之学，是成就为圣贤的一门学问。在朱子的思想中，圣人是人格道德完美的人。①

　　成圣，必须从学入手，所以叫作"为己之学""治心之学"。闽学家认为，人们要用全部的生命力去追求它，把追求它看得比人生的其他一切方面都重要。人最根本的是要懂得生命的意义价值，如何安顿自己生命。比如说，实现了外在的平等自由和物质生活富裕后，人生的意义价值在哪里？只是尽情地享用吗？在当今太平盛世，自由平等、物质生活富裕的人，为什么还会去自杀?! 这就是没有安顿好自己的生命。有人不懂得活着的意义价值，或失去活着的意义价值，闽学之圣学是对人的生命意义价值的回答。在闽学学者看来，一个人即使财产很多，但是他的内心还会空虚；唯一可以克服内心空虚的，是在自己内心树立起生命的意义价值。人的道德伦理的责任，不全是基于外在的要求，是发自自己的生命力，是自己的生命力有这种要求。你往政治、经济或科学、宗教里去找是找不到的，只能求诸自己。这就是儒家所说的"为仁由己"②，

---

① 蔡茂松：《朱子学》，台北大千世界出版社 2007 年版，第 7 页。
② 《论语·颜渊》。

"譬如为山，未成一篑，止，吾止也；譬如平地，虽覆一篑，进，吾往也"。① 这里以堆山和平地为喻，成功或失败全由自己的努力与否。这是对闽学道德修养的生动描写。

闽学是成熟心智、健全人格、安身立命之学。

（四）朱熹的政治主张

朱熹初入政界时，由于高宗和秦桧等人的投降妥协活动，抗金屡遭失败。绍兴十一年（1141 年），宋金签订了"绍兴和议"，以割让中原土地、岁贡银绢各二十万和向金称臣换取偏安于一隅，更加激起了人民的反抗和斗争。朱熹从小接受父亲朱松的爱国思想，十分关心治国、抗金。他在同安任内，据记载：

> 苟利于民，虽劳无惮。职兼学事，选邑之秀民充弟子员，访求名士以为表率，日与讲说圣贤修己治人之道。②

朱熹在绍兴二十三年（1153 年）七月去同安赴任到绍兴二十六年（1156年）七月任满，没等人去接任就把行李和眷属搬回崇安家里。"归自同安，弥乐道，其于仕进泊如也"③，"遂乞岳庙差遣"④，即请了差监湖南潭州（今长沙）南岳庙的俸禄，在崇安南 30 里的武夷山，筑室读书，研究治国之道。

绍兴三十一年（1161 年），金兵分四路南侵，严重威胁了南宋王朝。次年，孝宗即位，诏求直言，要朝廷内外陈述政见。朱熹乘机上疏，向皇帝提出激烈的抗金主张。他说：

> 夫金人于我有不共戴天之仇，则其不可和也，义理明矣。……所谓讲和者，有百害无一利，何苦而必为之？夫复仇讨贼，自强为善之说，见于经者，不啻详矣。⑤

---

① 《论语·子罕》。
② 《勉斋集》卷三十六，《朱子行状》。
③ 《朱子实纪》卷二，《年谱》。
④ 《晦庵集》卷二十二，《申建宁府状一》。
⑤ 《晦庵集》卷十一，《壬午应诏封事》。

即用儒家思想来挽救南宋的危难形势。接着，朱熹向皇帝建议三策。他说：

> 然求其所谓要道先务而不可缓者此三事是也：夫讲学所以明理而导之于前，定计所以养气而督之于后，任贤所以修政而经纬乎其中。天下之事无出乎此者矣。①

朱熹所谓"讲学"，就是主张熟讲《大学》中的"格物致知以极夫事之变"，使"意诚心正而所以应天下之务"。所谓"定计""任贤"，就是"罢黜和议，追还使人"，"闭关绝约，任贤使能，立纪纲，厉风俗"，"数年之外，志定气饱，国富兵强"，"图之中原故地"，解救人民疾苦。② 由于当时强敌金兵的严重威胁，南宋朝廷昏乱，国家政令反复无常，人民不知所从，朱熹提出用《大学》的"格物、致和、诚意、正心、修身、齐家、治国、平天下"的理论系统来统一人民的思想和意志，使皇帝振作起来，用贤修政，发愤图强，重建大宋帝国。这种政治主张，当时在客观上对国家和人民是有利的。因为宰相汤思退正倡和议，当然不高兴朱熹的这种激烈言论，勉强留他在首都国子监任武学博士，做军事顾问。朱熹辞官不就，仍回福建崇安武夷山，研究学问，著述讲学。这期间有20多年，他多次上疏陈述政见，都得不到皇帝的采纳，自己也得不到朝廷的重用，因此虽屡次有人推荐，皇帝也多次召见他，他屡辞朝命，总是不出来。他聚徒讲学，力图在社会上宣传自己的思想，扩大影响。

　　朱熹出任官职的目的，是要推行和实现他的政治主张，如果这个目的达不到，他就辞官不就。例如，在绍兴二十九年（1159年），执政陈康伯推荐朱熹任职，"会言路有托抑奔竞以沮之者，以故不就"，他托病辞了。孝宗乾道元年（1165年），朝廷催促朱熹就职，因宰相洪适、执政钱端礼等"复主和论，不合，请祠归"，又辞了。乾道六年（1170年），"侍郎胡铨以诗人荐"，次年被召，因"言既不行"，"以禄不及养辞"③。但是，在孝宗淳熙五年（1178年），朝廷任命朱熹知江西南康军（今星子），

---

① 《晦庵集》卷十一，《壬午应诏封事》。
② 以上均见《晦庵集》卷十一，《壬午应诏封事》。
③ 以上见《朱子实记》卷二，《年谱》。

叫他到那里治旱荒。他就从武夷山一径赴任。到任后，一方面，他"劝上户有力之家，切须存恤，接济本家地客"①，有余米平价出粜，否则根究施治；另一方面，他上疏皇帝说：

> 早降睿旨，许依分数放免税租外，更令转运、常平两司多拨钱米，应副军粮，准备赈济。②

朱熹在江西南康军治荒过程中，向皇帝报告民情、要求赈济灾民的奏状十几篇。朱熹还以政府出钱米筑坝修堤，饥民就役，以工代赈。此外，朱熹还大办郡学。他访着了唐朝李渤讲学的白鹿洞书院遗址，奉请修复，招徒讲学，宣传他的政治主张。由于朱熹在南康军办荒政成绩卓越，由宰相王淮推荐，于淳熙八年（1181 年）把他从江西调到浙东提举常平茶盐公事，治理浙东的灾荒。朱熹接到这个调动后，"即日单车就道"，马上赴任。关于朱熹在浙东治荒的情况，《宋史》本传有详细的记载：

> 熹始拜命，即移书他郡，募米商，蠲其征，及至，则客舟之米已辐辏。熹日钩访民隐，按行境内，单车屏徒从，所至人不及知。郡县官吏惮其风采，至自引去，所部肃然。凡丁钱、和买、役法、榷酤之政，有不便于民者，悉厘而革之。于救荒之余，随事处画，必为经久之计。有短熹者，谓其疏于为政，上谓王淮曰："朱熹政事却有可观！"③

荒政办得这样熨贴，正是由于行己所好。

朱熹自任同安主簿到在浙东提举常平茶盐公事，凡 30 余年，之间办荒政，特别是他大部分时间居住在闽北乡镇间，和下层人民比较接近，目睹了人民的悲惨生活。据记载，有一次，朱熹访婿未遇，其女儿出葱汤麦饭留之，意谓简亵不安。朱熹即题诗说："葱汤麦饭两相宜，葱补丹田麦疗饥；莫谓此中滋味薄，前村还有未炊时。"④ 这说明朱熹比较懂得

---

① 《晦庵集》卷九十九，《劝谕救荒》。
② 《晦庵集》卷十六，《乞放免租税及拨钱米充军粮赈济状》。
③ 《宋史》卷四二九，《朱熹传》。
④ ［宋］朱熹：《坚瓠集》丙集卷二，《葱汤麦饭》。

人民的疾苦。同时，由于朱熹参与和经历了朝野的一系列斗争，使他懂得了一些统治阶级内部的腐败情况。另一方面，在宋金关系上，自孝宗隆兴二年（1164 年）签订"和议"后，30 年来两朝处于休战状态。这就是说，在南宋这个时期民族矛盾处于相对稳定状态，而阶级矛盾尖锐，逐渐上升为主要矛盾，社会危机日益暴露出来。在朱熹看来，当时国家的根本问题是解决宋朝国内的问题。要利用宋金休战的历史空隙，集中力量把自己国内搞好，从思想、财政和军事上作充分准备。然后收复失地，取得抗金的胜利。因此，朱熹由原先比较激进的和抽象的抗金口号，逐渐发展和形成攘外必须修政的具体主张。一方面，他对主和派仍进行批评；另一方面，他提出富国强兵的具体措施。孝宗淳熙十六年（1189年），朱熹 60 岁，他拟向皇帝提出十大主张：

> 深为陛下筹之，则若讲学以正心，若修身以齐家，若远便嬖以近忠直，若抑私恩以抗公道，若明义理以绝神奸，若择师傅以辅皇储，若精选任以明体统，若振纲纪以厉风俗，若节财用以固邦本，若修政事以攘夷狄，凡是十者，皆陛下所当警动自新而不可一有阙焉者也。[①]

朱熹对每一项都做了详尽的说明。由上可见，朱熹的修政攘夷的政治主张更加系统化和具体化了。在朱熹的这些政治主张中，有的是其过去观点的重复，我们在前面也有讲到。下面选择几项略加分析。

第一，"精选任以明体统"，就是调整君臣关系，以维护最高统治阶层的统一。他说：

> 所谓精选任以明体统者，臣闻人主以论相为职，宰相以正君为职，二者各得其职，然后体统正而朝廷尊，天下之政必出于一而无多门之弊。苟当论相者，求其适己而不求其正己，取其可爱而不取其可畏，则人主失其职矣。当正君者，不以献可替否为事，而以趋和承意为能，不以经世宰物为心，而以容身固宠为术，则宰相失其

---

① 《晦庵集》卷十二，《己酉拟上封事》。

职矣。二者交失其职，是以体统不正，纲纪不立，而左右近习皆得以窃弄威权，卖官鬻狱，使政体日乱，国势日卑，虽有非常之祸伏于冥冥之中，而上恬下嬉，亦莫知以为虑者。①

朱熹深刻地揭露了封建统治者内部的腐败情况。在封建社会里，朕即国家，皇帝至高无上，是绝对的统治者。朱熹敢于提出君宰分权，在当时是大胆的主张。朱熹认识到君主为所欲为，最后会导致封建王朝的覆亡。因此，他提出限制君主的权力，调节统治阶级内的矛盾，使各种力量趋于平衡，以维护社会的稳定。

第二，"振纲纪以厉风俗"，就是制定法制，整顿封建统治秩序，赏罚分明，形成好的社会风尚。朱熹说：

何谓纲纪？辩贤否以定上下之分，核功罪以公赏罚之施也。何谓风俗？使人皆知善之可慕而必为，皆知不善之可羞而必去也。然纲纪之所以振，则以宰执秉持而不敢失，台谏补察而无所私，人主又以其大公至正之心恭己于上而照临之，是以贤者必上，不肖者必下，有功者必赏，有罪者必刑，而万事之统无所缺也。纲纪既振，则天下之人自将各自矜奋，更相劝勉，以去恶而从善，盖不待黜陟刑赏一一加于其身，而礼义之风、廉耻之俗已丕变矣！②

朱熹还提出广招贤良，通过清洗贪官酷吏，将大批有才学和有德行的人充实官僚机构。

第三，"节财用以固邦本"，就是节用恤民，发展生产。朱熹说：

所谓节财用以固邦本者，臣闻先圣之言，治国而有节用爱人之说。盖国家财用，皆出于民，如有不节而用度有阙，则横赋暴敛必将有及于民者，虽有爱人之心，而民不被其泽矣！是以将爱人者，必先节用，此不易之理也。……更察民情，棰挞号呼，有使人不忍闻者。而州县岁入多作上供，起发则又于额外巧作名色，寅缘刻剥，

---

① 《晦庵集》卷十二，《己酉拟上封事》。
② 《晦庵集》卷十二，《己酉拟上封事》。

此民力之所以大穷也。计其所以至此，虽云多是赡军，然内自京师，外达郡邑，上至宫禁，下至胥徒，无名浮费亦岂无可省者。窃计，若能还内帑之入于版曹，复破分之法于诸路，然后大计中外冗费之可省者，悉从废罢，则亦岂不能少有所济，而又择将帅，核军籍，汰浮食，广屯田，因时制宜，大为分别，则供军不赀之费庶几亦可减节，而民力之宽，于是始可议矣！[①]

朱熹明确提出，当时赋税名目很多，十分繁重，是人民穷困的主要原因。只有节约开支，"广屯田，因时制宜"，发展生产，增加农业收入，才能轻徭薄赋。朱熹这些措施，完全是为了收揽人心和巩固封建政权，但是人民毕竟可以得到好处。

由于朱熹提出的积极建议得不到朝廷的采纳，不能发挥实效，他一再辞官不就。到了绍熙五年（1194年），朱熹66岁，由宰相赵汝愚推荐，召任焕章阁待制兼侍讲，这些专门在皇帝面前进讲经史和治国大道理的官，位置是很超脱的，由于宁宗对朱熹执弟子礼，于是朱熹对宁宗大讲先王之学和治国之道。起初，宁宗很虚心听讲，并将讲义传给宫中诵读。不久，韩侂胄执政擅权，对朱熹的忠言直谏进行打击，对朱熹的委任几度变更。韩侂胄的党徒指责朱熹的学说为"伪学"，说朱熹及其门人是"逆党"。胡纮、沈继祖还提出了朱熹十大罪状，并说他的门人蔡元定帮助他行妖术。于是，宁宗就下诏罢免朱熹的官，还夺了他的道观俸禄。至此，朱熹的政治生涯就结束了。到了第五年，即宁宗庆元五年（1199年），立伪学党籍，共有59人。险恶之人乘之，群攻伪学日急，使朱熹的门人无所容身。据说，那时朱熹的门人，有的到深山隐藏，不敢露面；有的易衣冠，狎游市肆，以说明未跟朱熹学礼义。但是，朱熹仍继续著述讲学不停。有人劝他不要讲了，他却笑而置之。次年，朱熹病终时，跟前只有范念德、蔡沈等几个门徒和儿子朱在。后来党禁解除，宋理宗宝庆二年（1226年），赠朱熹为太师，追封信国公。理宗淳祐元年（1241年），追封朱熹为徽国公，并从祀孔子庙。

---

① 《晦庵集》卷十二，《己酉拟上封事》。

三　朱熹思想的基本内容

　　学科分类文、史、哲等，是近代兴起的。中国古代把各种学科都纳入经学之中，因此经学最为综合。现代学者们对经典进行整理和研究，按照现代学科分类，将之分为哲学、伦理学、政治学、经济学、文学、史学、自然科学等。所以，我们论述朱熹的基本内容，不按一般讲法，先论述他最综合的经学。

（一）经学

1. 经与经学

　　中国古代典籍浩如烟海，前人分为经、史、子、集四类。经是指以孔子为代表的儒家典籍。近年倡导读经者，基于释、道之学也是中国文化的组成部分，把《老子》《坛经》等也列为经。先秦儒家典籍主要有六经，即《诗》《书》《礼》《乐》《易》《春秋》。因《乐》有目无书，说法不一，汉人删去而增入《孝》《论语》，合称七经。唐人把《礼》析为《周礼》《仪礼》《礼记》，再加上《春秋》三传《左传》《公羊传》《谷梁传》，以及《尔雅》，宋人增进《孟子》，总称十三经。此外，宋人从《礼记》中分化出《大学》《中庸》，再加上《论语》《孟子》合称"四书"，是经书的选本。著名台湾经学家林庆彰说：

　　　　先秦有所谓《易》、《诗》、《书》、《礼》、《乐》、《春秋》六经。汉兴以后，《乐经》亡佚，仅剩《五经》。东汉时，又有"七经"之目，即在《五经》之外加上《论语》、《孝经》。唐时，孔颖达作《周易》、《尚书》、《毛诗》、《礼记》、《左传》等五经义疏，称为《五经正义》，后来贾公彦又撰《周礼义疏》、《仪礼义疏》；徐彦撰《公羊义疏》；杨士勋撰《谷梁义疏》。这九部经书的义疏，世或称为"九经义疏"。唐文宗开成二年（837），刻石经，则以《周易》、《尚书》、《毛诗》、《周礼》、《仪礼》、《礼记》、《春秋左氏传》、《春秋公羊传》、《春秋谷梁传》、《论语》、《孝经》与《尔雅》为《十二经》。自北宋起，孟子渐受推崇。南宋初，有人假托孙奭为《孟子》作义疏，《十三经》之名从此确立。

此外，宋人将《大学》、《中庸》，从《礼记》中裁篇而出，加以表彰，至南宋朱熹时，为《大学》、《中庸》作"章句"，为《论语》、《孟子》作"集注"，称为《四书章句集注》，《四书》之名也告确立。就《论语》或《孟子》来说，既是《十三经》之一，也是《四书》之一，两者并存，并无不妥。但就《大学》或《中庸》来说，它们虽是《四书》之一，却不是《十三经》之一，而仅是《十三经》中《礼记》一书的两篇论文而已。自宋以来，《大学》、《中庸》已由《礼记》系统中转入《四书》系统。……（论经）应兼顾《十三经》和《四书》两个系统。①

林庆彰对经书的概括说明是深刻的，是研究经学首先要知道的。

经学是指训解、阐述和研究儒家经典之学。战国时的儒家学者已开始阐释儒家经典，好经术，尚礼乐。至西汉，经学大盛。经学之名见于《汉书》：兒宽"见上（按指汉武帝），语经学。上说之，从问《尚书》一篇"②。西汉"独尊儒术"后，经学成为国家正宗的思想文化。先是有注重名物训诂的古文经学与注重微言大意的今文经学两派，到东汉末年两派合流，实际上古文经学占上风，逐渐形成所谓汉学。到宋代又形成所谓宋学。梁启超说："汉人解经，注重训诂名物，宋人解经，专讲义理。"③

经学是以儒家经典作为注释和研究的对象，并结合各个时代社会历史发展的需要，提出一些新的见解，为现实社会服务。离开儒学，便无经学。而离开经学，也谈不上儒学的流传和发展。既不能把经学与儒学混为一谈，亦不可把二者截然分开，看不到它们之间的密切联系。

朱熹在汉唐训诂注疏之经学的基础上，在新儒学诸派思想的指导下，结合时代的需要，提出自己系统的经学思想。关于朱熹之经学，周予同、

---

① 林庆彰：《清初的群经辨伪学》，华东师范大学出版社 2011 年版，第 1—2 页。
② 《汉书》卷五十八，《兒宽传》。
③ 梁启超：《儒家哲学》，岳麓书社 2010 年版，第 44 页。

邱汉生、蔡方鹿、林庆彰、姜广辉等有全面深刻的论述。^① 朱熹的经学包括了经学的各个领域，诸如四书学、易学、诗经学、尚书学、礼学、春秋学、孝学等。

在中国经学史上，以朱熹为代表的福建朱子学经学，是宋学的核心部分。朱熹集宋代经学之大成。朱熹经学在中国经学史上占有十分重要的地位。

2. 四书学及其他

"四书"是儒家经典的精选本。著名经学家周予同说：

> 按《论语》，汉文帝时曾立博士，《汉书·艺文志》附于六经之末。《孟子》本战国儒家之一支脉；赵岐《孟子题词》虽谓文帝时亦尝立博士，然其说不可甚信；《汉志》以来，向列于子部儒家，与《荀子》并称《孟》《荀》。至《大学》与《中庸》，本《小戴礼记》中之二篇；《汉志》有《中庸说》二篇、《隋志》有戴颙《中庸传》二卷、梁武帝《中庸讲疏》一卷，《中庸》别行，古已有之；惟《大学》一篇，向附《戴记》，李唐以前，未有别行之本。自宋儒性理之学兴，于是升《孟子》以配《论语》，出《学》、《庸》以别《戴记》。……朱熹承小程之学，以四书为其哲学上之论据，于是殚精悉力，从事训释。既成《四书章句集注》十九卷，复撰《四书或问》三十九卷；而其他《论孟精义》、《论孟要义》、《学庸详说》等之初稿复稿尚不计焉。^②

朱熹的《四书章句集注》，是儒家经典的精选读本。其中《大学章句》1卷、《论语集注》10卷、《孟子集注》7卷、《中庸章句》1卷，共19卷。光宗绍熙元年（1190年），朱熹首次刻刊于漳州。这部书集朱熹40年之功而成。这部书的形成是基于朱熹下列诸书：《论语要义》，已佚，取二程及其门人、朋友数家之说，补辑订正。此书是朱熹以后所著《论

---

① 参见朱维铮编《周予同经学史论著选集》（增订本），上海人民出版社1983年版；邱汉生：《四书集注简论》，中国社会科学出版社1980年版；蔡方鹿：《朱熹经学与中国经学》，人民出版社2004年版；林庆彰：《清初的群经辨伪学》，华东师范大学出版社2011年版；姜广辉：《中国经学史》，岳麓书社2022年版。

② 朱维铮编《周予同经学史论著选集》（增订本），上海人民出版社1983年版，第168页。

语集注》的前身。《论孟集义》34 卷，取二程、张载、杨时、游酢等 12 家之说，荟萃条疏。此书是后来成《论语孟子集注》的基础。《四书或问》39 卷（其中《大学》2 卷、《中庸》3 卷、《论语》20 卷、《孟子》14 卷），把纷杂不一的诸家之说梳理，并把取舍的道理设问答由门人议论。《孟子问辨》11 卷，阐述《孟子》的义理与践履。《论语详说》（又名《训蒙口义》）8 卷，已佚。此为儿童读《论语》作注解，有句解章旨和自己的心得。此外，朱熹还有诸多关于"四书"的著述，皆是《四书章句集注》的预备著述。

朱熹在《四书章句集注》里，很少引用汉唐注家之说，主要是理学家的言论，更多的是朱熹自己的注解。据统计，《四书章句集注》征引历代注家 50 多人，其中引程颢、程颐 239 处，尹焞 99 处，杨时 72 处，范祖禹 69 处，谢良佐 48 处，胡安国 42 处，张载 29 处，赵岐 26 处，吕大临 16 处，吴棫 14 处，李郁 13 处，苏轼、苏辙 13 处，林之奇 11 处，张栻 10 处，孔安国、孔文仲 8 处，游酢 8 处，徐氏 8 处，洪兴祖 7 处，侯仲良 5 处，丰积 5 处，晁说之 5 处，郑玄 5 处，邹浩 4 处，马融 4 处，陈旸 4 处，李侗 4 处，王安石 3 处，刘安世 3 处，王勉 3 处，张氏 2 处，董仲舒 2 处，邵雍 2 处，吕希哲 2 处，陆元朗 2 处，周孚先 1 处，赵匡 1 处，黄祖舜 1 处，刘勉之、邢昺 1 处，曾几 1 处，何休 1 处，周敦颐 1 处，何镐 1 处，晁错 1 处，诸葛亮 1 处，潘兴嗣 1 处，儿宽 1 处，范浚 1 处，丁公著 1 处，王肃 1 处。此统计可以看出，《四书章句集注》引二程言论居于首位，其次是二程的弟子和后学，以及张载、胡安国等理学家的言论。再就是苏轼、王安石、吴棫等宋学学者和郑玄、马融、赵岐等汉学学者的资料。由此可见，朱熹对理学、宋学、汉学的远近亲疏的认同程度，也体现了朱熹对二程以来"四书"学研究成果的吸取，并在此基础上加以发展，以宋学义理取代汉学训诂。[①]

朱熹首创"四书"之名，首次将"四书"结集，并将《大学章句》《论语集注》《孟子集注》《中庸章句》合在一块刻刊。"四书"的排列，

---

① 参见王国轩：《二程与〈四书集注〉研究》，《中州学刊》1989 年第 1 期；蔡方鹿：《朱熹经学与中国经学》，人民出版社 2004 年版，第 266—267 页。

按照"四书"的逻辑顺序、内在结构和由易到难的"入道之序",即由《大学》而《论语》、而《孟子》、而《中庸》之次第,目的是为了阐发圣人之道。朱熹说:

> 某要人先读《大学》,以定其规模;次读《论语》,以立其根本;次读《孟子》,以观其发越;次读《中庸》,以求古人之微妙处。《大学》一篇有等级次第,总作一处,易晓,宜先看。《论语》却实,但言语散见,初看亦难。《孟子》有感激兴发人心处。《中庸》亦难读,看三书后,方宜读之。[①]

在朱熹看来,《大学》不仅是"四书"之先,而且是儒家思想之先导。因为《大学》系统地论述了三纲领(明明德、亲民、止于至善)、八条目(格物、致知、诚意、正心、修身、齐家、治国、平天下),以及治学、践履次第,是修身、治国的纲领。通过治《大学》,打下根基,才能真正明白儒家思想之意蕴。对于朱熹的这个说法,黄榦讲得更为确切明白:

> 先生(朱熹)教人,以《大学》《语》《孟》《中庸》为入道之序,而后及诸经。以为不先乎《大学》,则无以提纲挈领而尽《论》《孟》之精微;不参之以《论》《孟》,则无以融会贯通而极《中庸》之旨趣。然不会其极于《中庸》,则又何以建立大本,经纶大经,而读天下之书,论天下之事哉?[②]

朱熹用"四书"替代"六经"的权威,使"四书"在国家上层建筑意识形态中占主导地位,是其四书学的要旨。朱熹说:

> 河南程夫子之教人,必先使之用力乎《大学》《论语》《中庸》《孟子》之书,然后及乎"六经"。盖其难易远近大小之序,固如此而不可乱也。故今刻四古经,而遂及乎此"四书"者,以先后之。且考旧闻,为之音训,以便观者。又悉著凡程子之言及于此者,附于其后,以见读之之法,学者得以览焉。抑尝妄谓《中庸》虽七篇

---

① 《朱子语类》卷十四,《大学一·纲领》。
② 《勉斋集》卷三十六,《朝奉大夫文华阁侍制赠宝谟阁直学士通议大夫谥朱先生行状》。

之所自出，然读者不先于《孟子》而遽及，则亦非所以为入道之渐也。①

朱熹深研各种典籍，辨伪存真，认为《诗》多讲男女情爱，《书》为伪书，《礼》是秦汉后作品，《易》是卜辞，《春秋》三传皆历史，推倒两汉以来树立起的"五经"在国家上层建筑意识形态中的主导地位，用"四书"代替"五经"的权威，准确地指出"四书"才真正直接体现出以孔子为代表的中国文化的内在本质。在宋代前，称为"周（公）孔"，之后称为"孔孟"，这是经学史的重大转折，是中国思想文化学术发展史的重大转折。

朱熹强调"四书"重于"六经"。但是，他并没有否定"六经"，他们对"六经"以至"十三经"都有深入的研究。朱熹的经学是全面的。除四书学外，还有易学、诗经学、尚书学、礼学、春秋学等。

易学是朱熹经学之重要内容，在朱熹的整个经学思想体系中占有重要地位。朱熹主张直求《周易》之经文本义，推说其义理。他将义理、卜筮、象数、图书相结合，把宋易之义理派、象数派和图书学统一起来，集其大成。朱熹针对程颐过分讲义理而轻视象数，以及象数派的忽视义理的偏向，提出"《易》本卜筮之书"，其辞必根于象数，由此求经文本义；又提出经传相分，把《周易》分为伏羲、文王、孔子三圣之《易》，探求伏羲之《易》的原始本义。认为古《易》经传相分，彖、象、文言等与经各在一处，后世义理学派把经传混合为一，使得经文本义晦而难明。朱熹把易学的发展分为以卜筮为教和以义理为教两大阶段，强调义理、卜筮、象数相结合，集理、占、数为一体，从而克服程颐义理学派和邵雍象数学派之不足。在这个过程中，将《周易》的原理高度哲理化。

朱熹由早期的著《易传》到后来著《周易本义》，又由《周易本义》到著《易学启蒙》，再对《周易本义》作修改的思想发展过程，其易学思想最终趋于成熟。朱熹的易学思想集中体现在他所著的《周易本义》和他与蔡元定合著的《易学启蒙》，以及其《文集》《语类》等有关易说的论述里。

---

① 《朱子文集》卷十四，《书临漳所刊四子后》。

3. 经学的特点与方法

汉唐儒者大多用对"六经"训诂注疏的方法来治经，不注重通过治"六经"来阐发义理。而宋学学者，尤其是朱熹等福建朱子学学者，主要是通过治"四书"来阐发义理和新儒学的天理论，故"六经"和"四书"分别为汉学学者和宋学学者所看重，而成为各自治经学所主要依据的经典。这在朱熹提出"四书"重于"六经"思想后的南宋更是如此。

朱熹站在时代发展的高度，以理学理论为标准，在对经书的阐释中，发挥新儒学的义理，用重义理及天理论的理学思维模式取代传统汉学的单纯注经模式。鉴于唐末五代社会动乱中士风败坏、纲常沦丧，宋代宋金斗争中投降意识严重，朱熹特别强调以"礼"整治纲纪，发挥《春秋》大义，尊王攘夷，振兴民族精神。朱熹说：

> 夫金虏于我有不共戴天之仇，则其不可和也，义理明矣。……所谓讲和者，有百害无一利，何苦而必为之？夫复仇讨贼、自强为善之说，见于经者，不啻详矣。[①]

在这里，朱熹引经据典，"复仇讨贼、自强为善之说，见于经者"。接着，他向皇帝建议三策，即讲学、定计、任贤。当时由于强敌金兵的严重威胁，朝廷昏乱，政令不一，人民不知所从，朱熹提出用《大学》中的格物、致知、诚意、正心、修身、齐家、治国、平天下的理念来统一人民的思想和意志，使皇帝振作起来，用贤修政图强，重建国家。

福建朱子学学者治经，主张通经致用，强调结合当前社会的实际问题，通过解释经书，将经书义理与解决当时社会的迫切问题联系起来，发明经旨，注重义理，有感而发，力求突破前人治经寻章摘句的学风，趋向于从义理的纵深处进行探索，发挥自己的社会政治见解，对经书作出符合现实需要的新解释，为现实社会服务。朱熹说：

> 《大学》"明明德于天下"，只是且说个规模如此。学者须是有如此规模，却是自家本来合如此，不如此便是欠了他底。……只是见得自家规模自当如此，不如此不得。到得做不去处，却无可奈何。

---

① 《晦庵先生文集》卷十一，《壬午应诏封事》。

规模自是着恁地，工夫便却用寸寸进。若无规模次第，只管去细碎处走，便入世之计功谋利处去。若有规模而又无细密工夫，又只是一个空规模。外极规模之大，内推至于事事物物处，莫不尽其工夫，此所以为圣贤之学。①

朱熹在对《大学》的注解中，把三纲领"明明德""亲民""止于至善"中的明德与天理相联系。朱熹说："明德者，人之所得乎天，而虚灵不昧，以具众理而应万事者也。……盖必其有以尽夫天理之极，而无一毫人欲之私也。"② 强调通过自明其德，又推己及人，去私欲，达于至善，以尽天理之极。"明明德于天下"，从格物入手，通过修身，内修圣人之德，而治国平天下，由内圣达于外王。朱熹强调，治《大学》的目的最终是为了穷理，如果穷得理，对《大学》的注解，乃至经文，都可不用。朱熹的经学诠释，对经文的注解，是为发挥义理并为论证天理论服务的。朱熹说：

> 圣人不令人悬空穷理，须要格物者，是要人就那上见得道理破，便实。只如《大学》一书，有正经，有解，有《或问》。看来看去，不用《或问》，只看注解便了；久之，又只看正经便了；又久之，自有一部《大学》在我胸中，而正经亦不用矣。然不用某许多工夫，亦看某底不出；不用圣贤许多工夫，亦看圣贤底不出。③

在朱熹看来，穷理须建立在格物的基础上，就是要遵循《大学》的人道之序下工夫。朱熹的《大学》系统，其《大学或问》与《大学章句》详略互补，《或问》可帮助理解《章句》（"注解"），《章句》是解释《大学》经文的，朱熹要求学者"看《大学》，且逐章理会。须先读本文，念得，次将《章句》来解本文，又将《或问》来参《章句》。须逐一令记得，反覆寻究，待他浃洽"④。这就是说，圣贤之学，继天地之志，述天地之事，范围天地之化而不过，曲成万物而不遗。立此规模，就是教人

---

① 《朱子语类》卷十七，《大学四·古之欲明明德于天下一段》。
② 《四书章句集注·大学章句》。
③ 《朱子语类》卷十四，《大学一·纲领》。
④ 《朱子语类》卷十四，《大学一·纲领》。

们尽此道德修养工夫。朱熹说：

> 《春秋》义例、《易》爻象，虽是圣人立下，今说者用之，各信
> 己见，然于人伦大纲皆通，但未知曾得圣人当初本意否。……今欲
> 直得圣人本意不差，未须理会《经》，先须于《论语》《孟子》中专
> 意看他。①

朱熹基于治经发扬义理的宗旨，其治经之方主要是"虚心切己"法。朱熹在长期的治经实践中总结出来的别具特色的经典释读方法——"虚心切己"的经典释读法，强调阅读儒家经典，既要虚心以求本义，又要切己体察义理。把虚心与切己、客观的读书以求本义与主观体察以明义理结合起来，既避免以己意推说经文本义而与本文正意不符，又防止停留在文字表面而不反求诸身以体察义理。朱熹说："读书须是虚心切己。虚心，方能得圣贤意；切己，则圣贤之言不为虚说。"所谓虚心，指学者读经书时要虚其心，站在客观的立场，不要把己见带进去。朱熹说："看文字须是虚心，莫先立己意，少刻多错了。……大抵义理，须是且虚心随他本文正意看。"所谓切己，指在虚心读书。求得经文本义的基础上，反身求诸己，把自己带进去体验省察，使自家精神与圣贤之旨契合，体认出义理来，并贯彻到日用中去。朱熹强调，"读书，须要切己体验，不可只作文字看。"朱熹说：

> 学者当以圣贤之言反求诸身，一一体察。须是晓然无疑，积日
> 既久，当自有见……读书，不可只专就纸上求理义，须反来就自家
> 身上推究。秦汉以后无人说到此，亦只是一向去书册上求，不就自
> 家身上理会。②

朱熹治经，重视治心，强调内外结合，通过读书以切己体察，不能只向外读书求文义而不从自家身上理会义理。朱熹说："学问，就自家身己上切要处理会方是，那读书底已是第二义。"朱熹把读书放在切己体察以自明本心之义理之后，是"学者第二事"，这充分体现了朱熹虚心切己

---

① 《朱子语类》卷一百四，《朱子一·自论为学工夫》。
② 以上见《朱子语类》卷十一，《大学五·读书法下》。

法的鲜明特点。①

在中国经学发展史上，汉学、宋学各具特点，都为中国经学的发展做出贡献。汉学的特点是重训诂，宋学的特点是重义理。但是，并不是说，汉学不阐发微言大义，宋学不训诂考辨，只是有所偏重。朱熹把二者有机地结合起来。朱熹在经典诠释方法上提出训诂与义理相结合的方法，就是吸取汉学、宋学各自的特点而加以综合创新的。朱熹说：

> 秦汉以来，圣学不传，儒者惟知章句训诂之为事，而不知复求圣人之意，以明夫性命道德之归。至于近世，先知先觉之士始发明之，则学者既有以知夫前日之为陋矣。然或乃徒诵其言以为高，而又初不知深求其意。甚者遂至于脱略章句，陵籍训诂，坐谈空妙，展转相迷，而其为患反有甚于前日之为陋者。②

这里，朱熹批评治经中的两种偏向：一是秦汉以来由于秦始皇焚书和战乱，儒家经典遭到很大的损坏，以至汉学学者只知训诂章句而不知求圣人之意，于性命道德的来源上未明；二是宋代以来的新儒学学者发明义理和性命道德之学，却徒诵其言，不知深求其义理的内在根据，以致不讲究章句训诂，谈空说妙，此弊端更甚于汉学的流弊。

基于上述汉学、宋学的流弊，朱熹提出训诂与义理相结合的经典诠释方法原则，朱熹说："字求其训，句索其旨，未得乎前，则不敢求其后；未通乎此，则不敢志乎彼。如是循序而渐进焉，则意定理明而无疏易凌躐之患矣。是不惟读书之法，是乃操心之要。"③主张通过对经典字、句的训诂考索，掌握经意以明理。朱熹强调，对经文的"字求其训，句索其旨"在前，而"意定理明"在后，二者的结合有一个循序渐进的过程，从其先后次第上表明训诂考索是发明义理的基础和前提；而发明义理则是训诂考索进一步深化的结果，二者相辅相成，缺一不可。由此，朱熹站在宋学的立场，对汉学重训诂考释的方法多有吸取，他要求学者做到：

---

① 《朱子语类》卷十，《学四·读书法上》。
② 《晦庵集》卷七十五，《中庸集解序》。
③ 《晦庵集》卷七十四，《读书之要》。

　　学者观书，先须读得正文，记得注解，成诵精熟。注中训释文意、事物、名义，发明经指，相穿纽处，一一认得，如自己做出来底一般，方能玩味反覆，向上有透处。若不如此，只是虚设议论，如举业一般，非为己之学也。曾见有人说《诗》，问他《关雎》篇，于其训诂名物全未晓，便说"乐而不淫，哀而不伤"。某因说与他道："公而今说《诗》，只消这八字，更添'思无邪'三字，共成十一字，便是一部《毛诗》了。其他三百篇，皆成渣滓矣！"……始知前日空言无实，不济事，自此读书益加详细云。①

在这里，朱熹对于汉学诠释经典的方法表示认同，并举出治《诗经》的例子。朱熹指出，不能不讲训诂，如《诗经》，如果于其训诂名物全不知晓，只讲所谓的诗旨，那么三百篇诗岂不皆成了渣滓！这是批评宋学学者"空言无实"之弊。朱熹说："自晋以来，解经者却改变得不同，如王弼、郭象辈是也。汉儒解经，依经演绎；晋人则不然，舍经而自作文。"②魏晋玄学以老庄思想解经，是经学讲义理的新风气，宋学学者应予以吸取。但是，朱熹也看到玄学家"舍经而自作文"，与汉儒的"依经演绎"不同。汉人"依经"，晋人"舍经"，这是他们的不同。朱熹肯定汉人以经典为据，否定晋人以自作文为据。

　　朱熹是宋学的集大成者，提出训诂与义理相结合作为经典诠释的方法原则。朱熹站在宋学的立场上，对汉学训诂考释的方法加以吸取，批评宋学空言义理而义理无据的流弊，这就超越了汉学、宋学之对立，建立起自己的经学思想体系。③

（二）哲学

1. 无极而太极

周敦颐据《易经·系辞上传》"易有太极，是生两仪"之说，著《太极图说》，谓"无极而太极。太极动而生阳，动极而静；静而生阴，静极

---

① 《朱子语类》卷十一，《学五·读书法下》。
② 《朱子语类》卷六十七，《易三·纲领下》。
③ 以上参考蔡方鹿：《朱熹经学与中国经学》，人民出版社 2004 年版，第 558、559、541—543 页。

复动。一动一静，互为其根。分阴分阳，两仪立焉"。① 此说当时学者并不大注意。程颢、程颐不言太极。张载《正蒙·参两》与《大易》提到太极。邵雍以"道为太极""心为太极"。② 陈淳说：

> 谓道为太极者，言道即太极，无二理也。谓心为太极者，只是万理总会于吾心。此心浑沦，是一个理耳。③

朱熹采用太极说论述理的意义与理气关系，所以表彰《太极图说》，使之在其编《近思录》中居于首位。孙奇逢《理学宗传》、胡广等《性理大全》、李光地《性理精义》皆如此排列。朱熹谓周子著此图以传二程。"程子不以《太极图》授门人，盖以未有能受之也"。④

朱熹释"极"为"至极无余之谓"。朱熹说："太极者如屋之有极，天之有极，到这里更没去处。"⑤ 意为至、终、尽、穷、极。含有动静转运之意。古训亦以"极"为"中"，朱熹所不取。理学家吴澄说："太极者，盖曰此极乃甚大之极，非若一物一处之极。"⑥ 朱熹说：

> 极者，至极之义，标准之名。常在物之中央，而四外望之，以取正焉者也。故以极为在中之准的则可，而便训"极"为"中"则不可。⑦

朱熹以太极只是天地万物之理。在天地言，则天地中有太极。在万物言，则万物中各有太极。朱熹说：

> 盖天地之间，只有动静两端，循环不已，更无余事。此之谓易。而其动其静，则必有所以动静之理焉，是则所谓太极者也。……圣人谓之太极者，所以指夫天地万物之根也。⑧

---

① 《宋史》卷四百二十七，《周敦颐传》。
② ［宋］邵雍：《皇极经世书》。
③ 《北溪字义》卷下，《太极》。
④ 《朱子语类》卷九十四，《周子之书·太极图》。
⑤ 《朱子语类》卷九十四，《周子之书·太极图》。
⑥ 《吴文正集》卷四，《无极太极说》。
⑦ 《晦庵集》卷七十二，《皇极辨》。
⑧ 《晦庵集》卷四十五，《答杨子直》。

在朱熹看来，太极只是二气五行之理，非别有物为太极。心具太极，是谓心之理是太极，而非谓心即太极。太极既为天地万物之理，又是造化之枢纽。

在朱熹的著述里，把"太极"与"无极"联系在一起比较少。"无极"出自《老子》第28章。朱熹释"无极"为"只是极至更无去处"，"至无之中，乃至有存"，"至无之中，乃万物之至有"，"至高至妙，至精至神，更没去处"。[①]朱熹注《太极图说》首说："上天之载，无声无臭"。下自注："是解无极二字"。朱熹说：

> （伏羲、文王）皆未尝言太极也，而孔子言之。孔子……未尝言无极也，而周子言之。……周子所以谓之无极，正以其无方所，无形状。以为在无物之前，而未尝不立于有物之后。以为在阴阳之外，而未尝不行乎阴阳之中。以为通贯全体，无乎不在，则又初无声臭影响之可信也。[②]

朱熹强调，"无极而太极"，不是说太极之外还有无极。无中自有此理，又不可将无极便做太极。"无极而太极"，此"而"字轻，指无次序。无次序即无时间之先后，不是无极之后别生太极，太极之上先有无极。"以其无器与形，而天地万物之理无不在，是故曰'无极而太极'。以其具天地万物之理而无器与形，故曰'太极本无极'也。是岂离乎生民日用之常，而自为一物哉。"[③]朱熹说：

> 先生之精，立图以示。先生之蕴，因图以发。而其所谓无极而太极云者，又一图之纲领。所以明乎道之未始有物，而实为万物之根柢也。夫岂以为太极之上，复有所谓无极者哉。[④]

朱熹反复说明这个问题："周子曰：'无极而太极'，盖云无此形状，而有此道理耳。""'无极而太极'，只是无形而有理。周子恐人于太极之外，更寻太极，故以无极言之。""'无极而太极'，盖恐人将太极做一个

---

① 《朱子语类》卷九十四，《周子之书·太极图》。
② 《晦庵集》卷三十六，《答陆子静》第四书。
③ 《晦庵集》卷七十八，《隆兴府学濂溪先生祠记》。
④ 《晦庵集》卷八十，《邵州州学濂溪先生祠记》。

有形象底物看。故又说无极。言只是此理也。"今曰'而'，则只是一理。'无极而太极'，言无能生有也。""只为这本来都无物事，故说'无极而太极'。""太极只是理，理不可以动静言。惟动而生阳，静而生阴。理寓于气，不能无动静。""有这动之理，便能动而生阳。有这静之理，便能静而生阴。既动则理又在动之中。既静则理又在静之中。""只太极之动便是阳，静便是阴。方其动时，则不见静。方其静时，则不见动。然动而生阳，亦只是且从此说起。""不是动后方生阳，盖才动便属阳，静便属阴。动而生阳，其初本是静。静之上又须动矣，所谓动静无端。""太极犹人，动静犹马。马所以载人，人所以乘马。马之一出一入，人亦与之一出一入。盖一动一静，而太极之妙，未尝不在焉。此所谓所乘之机，无极二五所以妙合而凝也。"①

关于太极与动静之关系，朱熹"向以太极为体，动静为用。其言固有病。后已改之，曰太极者本然之妙也，动静者所乘之机也。此则庶几近之"。"盖谓太极含动静则可（以本体而言也）。谓太极有动静则可（以流行而言也）。若谓太极便是动静，则是形而上下者不可分，而易有太极之言亦赘矣。"②

朱熹不同意用体用理解静动。他认为，太极本来就是涵有动静之理的，却不能以静动分体用。这是因为，静即太极之体，动即太极之用。"譬如扇子，只是一个扇子。动摇便是用，放下便是体。才放下时，便只是这一个道理。及摇动时，亦只是这一个道理。"③ 朱熹的门人大都沿着朱熹的这个说法发挥。如陈普，人和万物两端的胚胎既成，就能繁衍无穷。究其最终的根源在于"理"，理是生物之本体。

2. 理气不离杂

程颢、程颐发明理之大旨，但未及言气。朱熹吸取张载的气论，全面论述了理气，提出理气不离杂说。

朱熹由古代的尊天上升到讲理。西汉董仲舒提出天人感应论，断定天是有意志的。朱熹认为，天不外是苍苍之形体，而天意是理。这就摒

---

① 以上见《朱子语类》卷九十四，《周子之书·太极图》。
② 《晦庵集》卷四十五，《答杨子直》。
③ 《朱子语类》卷九十四，《周子之书·太极图》。

弃了原先对天认识的宗教神秘主义色彩。朱熹说：

> 天之所以为天者，理而已。天非有此道理不能为天。故苍苍者即此道理之天。①

天即理，是朱熹哲学的本色。由此，他把人们对天的认识上升到哲学本体论的高度。

朱熹每每理气联用。朱熹说："人之所以生，理与气合而已。"② "故人物之生，必得是理，然后有以为健顺仁义礼智之性。必得是气，然后有以为魂魄五脏百骸之身。"③ "有理，便有气，流行发育万物。" "天下未有无理之气，亦未有无气之理。" "不论气之精粗，莫不有是理。" "有是理，便有是气，但理是本"。④

对于理气的不同特点，朱熹反复说明。朱熹说："聚而生，散而死者，气而已。……故聚则有，散则无。若理则亘古今常存，不复有聚散消长也。"⑤ 又说：

> 天地之间，有理有气。理也者，形而上之道也，生物之本也。气也者，形而下之器也，生物之具也。是以人物之生，必禀此理然后有性，必禀此气然后有形。其性其形虽不外乎一身，然其道器之间，分际甚明，不可乱也。⑥
>
> 所谓理与气，此决是二物。但在物上看，则二物浑沦，不可分开各在一处，然不害二物之各为一物也。若在理上看，则虽未有物，而已有物之理。然亦但有其理而已，未尝实有是物也。大凡看此等处，须认得分明，又兼始终，方是不错。⑦
>
> 先生答《黄商伯书》有云：'论万物之一原，则理同而气异。观万物之异体，则气犹相近，而理绝不同。'问'理同而气异'，此一

---

① 《朱子语类》卷二十五，《论语七·与其媚于奥章》。
② 《朱子语类》卷四，《性理一·人物之性气质之性》。
③ 《四书或问》卷一，《大学·经一章》。
④ 《朱子语类》卷一，《理气上·大极天地上》；卷四，《性理一·人物之性气质之性》。
⑤ 《朱子语类》卷三，《鬼神》。
⑥ 《晦庵集》卷五十八，《答黄道夫》。
⑦ 《晦庵集》卷四十六，《答刘文叔》。

句，是说方付与万物之初，以其天命流行，只是一般，故理同。以其二五之气，有清浊纯驳，故气异。下句是就万物已得之后说。以其虽有清浊之不同，而同此二五之气，故气相近。以其昏明开塞之甚远，故理绝不同。……气相近，如知寒煖。……人与物都一般。理不同，如蜂蚁之君臣，只是他义上有一点子明。……其他更推不去。①

朱熹认为，在事物之先，此理已具。"理未尝离乎气。然理形而上者，气形而下者。自形而上下言，岂无先后？理无形，气便粗，有渣滓。""此本无先后之可言。然必欲推其所从来，则须说先有是理。然理又非别为一物，即存乎是气之中，无是气，则是理亦无挂搭处。""如阴阳五行，错综不失条绪，便是理。若气不结聚时，理亦无所附着。"或问先有理后有气之说，朱熹：

不消如此说。而今知得他合下是先有理后有气邪？后有理先有气邪？皆不可得而推究。然以意度之，则疑此气是依傍这理行。及此气之聚，则理亦在焉。盖气则能凝结造作，理却无情意，无计度，无造作。只此气凝聚处，理便在其中。

问天地未判时，下面都却已有否？答曰："只是都有此理。天地生物千万年，古今只不离许多物。"②

朱子论太极动静，以太极比人，动静比马。人乘马，马之出入，人随之而出入。曹端评之说："谓理之乘气，犹人之乘马。马之一出一入而人亦与之一出一入，以喻气之一动一静，而理亦与之一动一静。若然，则人为死人，而不足以为万物之灵。理为死理，而不足以为万化之原。"③黄宗羲驳之曰："抑知理气之名，由人而造。自其浮沉升降者而言，则谓之气。自其浮沉升降不失其则者而言，则谓之理。盖一物而两名，非两物而一体也。薛文清有日光飞鸟之喻。一时之言理气者，大略相同耳。"④

① 《朱子语类》卷四，《性理一·人物之性气质之性》。
② 以上见《朱子语类》卷一，《理气上·太极天地上》。
③ ［明］曹端：《太极图说述解·辨戾》。
④ 《明儒学案》卷四十四，《诸儒学案上二·学正曹月川先生端》。

朱熹进一步指出，理离不开气，理气不离不杂。理属形而上，气属形而下，这个界限不能混淆；而理寓于气，理离开了气就无挂搭处。朱熹说：

> 天地之间有理有气。理也者，形而上之道也，生物之本也；气也者，形而下之器也，生物之具也。是以人、物之生必禀此理，然后有气；必禀此性，然后有形。[①]

在朱熹看来，理无情意、无计度、无造作，是形而上的实有，只存有不活动，不能妙运气化生生；气则能依理而行，凝结造作。

一般认为，朱熹主理气不杂，是理气二元论者。其实，分理气为二，不一定就是二元论。所谓二元论，是指理气二者平行各自为主。朱熹理气二分，只是形而上下之分判，不涉及理为主、气为主的问题，理与气仍然是主从关系。有主有从，显然不是二元论。朱熹强调，理本无形，又无独发之理。天下无无理之气、无无气之理。理是本体，看起来是无为，实际上是无不为的，其作用随寓而发，妙用显行。

有说朱子学"唯理"，阳明学"唯心"，是不明白学术之实的外行话、浮滥语。在学术用语上要特别谨慎，要规范化，不然会造成学术思想上的疏离、误解。

对于朱熹理气关系的道德意识，韩国李朝"海东之朱子"李退溪明白直说。李退溪说：

> 人之一身，理气兼备，理贵气贱。然理无为而气有欲。故主于践理者，养气在其中，圣贤是也；偏于养气者，必至于贱性，老庄是也。[②]

李退溪还强调，理在上位、气在下位，上位贵、下位贱。理是本体，看起来无为，实际上是无不为的。

朱熹认为，心只有一个，那就是合理气而成的心。人之生，同得天地之气以为体，同得天地之理以为性，理气合而为心。天即理，其四德

---

① 《晦庵集》卷五十八，《答黄道夫》。
② 《增补退溪全书》，韩国成均馆大学大东文化研究院1978年版，第1卷第335页。

是元、亨、利、贞。元、亨、利、贞之理以为性，即五常仁、义、礼、智、信。四德五常上下一理，未尝有间于天人之分。然其所以有圣愚人物之不同，是气的作用，不是元、亨、利、贞之所致。

朱子学是主张严格地区分理和气的，并以理来治气，由气顺从理，才能确立其道德意识。也就是说，理智和情感应和谐统一。由理智来克治情感，社会才能和谐进步。

"理一分殊"是闽学的核心范畴，是其由微观到宏观、由宏观到微观的框架，概括出其基本的世界观和人生观。朱熹说："盖延平之言曰：吾儒之学，所以异于异端者，理一分殊也。理不患其不一，所难者分殊耳。此其要也。"① 这是说"理一分殊"至为重要。

对于心性情、四端七情等与理气的复杂关系，朱熹用"理一分殊"加以说明。朱熹说：

> 如为君须仁，为臣须敬，为子须孝，为父须慈。物物各具此理，而物物各异其用，然莫非一理之流行也。②

世界上的事事物物，都有个内涵，即理。例如，教师教好学生是"教师"之理，父母养育和培养好子女是"父母"之理，等等，以此类推。而其上还有个总理，即"天理"。人、物之理都是由"天理"分殊出来的。朱熹借用佛家"月印万川"的说法予以形象地说明。

这样，朱熹给传统的"天人合一"观念赋以"理一分殊"的新意，找到了天（自然界）如何衍化出人、物，使中国人的世界观更加严密完整。朱熹说："此虽出于一时之臆见，然窃自谓正发明得天人无间断处。"③ 说此是自己的一大创见。

"理一分殊"含有人生的最高和最终目标和境界。他们据此建立起完整的思想文化体系：天道（理气）——人道（心性）——天人（理心）合一（通过知行）。这就是宇宙理气论、道德心性论、践履知行论。知行是认识"理一分殊"和实现"天人合一"的途径和方法。"理一分殊"具

---

① 《延平答问》卷上，《赵师夏跋》。
② 《朱子语类》卷十八，《大学五·独其所谓格物致知者一段》。
③ 《晦庵集》卷四十，《答何叔京》。

有共性与个性、一般与个别的意义，也不完全相同。

"理一分殊"展示出朱子学的多方面的文化价值：个人身心的修养整合，个人与社会、国家、自然界的合理互动——从亲亲到仁民、爱国、爱物。这是一条由近及远、由亲到疏、由低到高的自觉、自然的过程。这诸方面的综合就能呈现出"大和谐"。这是朱子学的核心价值，是很有实际、实践意义的。

现在常常讲的"和""同""求同存异"，用"理一分殊"去理解，就会有新的意义、价值。"和"的对立面是"同"，相同的东西整合是"同"；而"和"的前提是"异"、差异，差异才能使"和"的内容丰富多彩，像烹调一样。绝对不能把"和"看成是"同"。"同则不继"，就不能前进，更说不上创造力。必须通过"不同"来展现"和"的价值。

3. 心统性情

朱熹是基于自己的理气论来说明心、性、情三分和心统性情的。

朱熹认为，心是气之灵。朱熹说：

> 心者，气之精爽。
>
> 所觉者，心之理也；能觉者，气之灵也。
>
> 问："灵处是心，抑是性？"曰："灵处只是心，不是性。性只是理。"①

这就是说，心是气之灵，能知觉，有动静；而其所以知觉所以动静的所以然之理，则是性。因此，心既不是性也不是理。

在朱熹看来，性只是理，性即理。朱熹说：

> 性即理也。
>
> 生之理谓性。
>
> 性则纯是善底。②

朱熹认为，性不是心，也不是情。心与情皆属气，只有性才是理。性是纯善的理。

---

① 以上见《朱子语类》卷五，《性理二·性情心意等名义》。
② 以上见《朱子语类》卷五，《性理二·性情心意等名义》。

朱熹把情看做气之变，即气之发。

在朱熹看来，性是理，心是气之灵，而情则是气之发或之变，此便是"心性情三分"。《朱子语类》说：

> 问：心性情之辨，曰："程子（颐）云：'心譬如谷种，其中具生之理是性，阳气发生处是情。'"推而论之，物物皆然。①

"心统性情"，统为统摄、统贯义，非统帅、统属义。心统性，是认知地、关联地统摄性而彰显之。这是心统贯于"未发"之性。心统情，是行动地统摄情而敷施发用。这是心发出情，心统贯于"已发"之情。朱熹说：

> 性是未动，情是已动，心包得已动未动。盖心之未动则为性，已动则为情，所谓心统性情也。
>
> 性以理言，情乃发用处，心即管摄性情者也。②

性是未动（未发），情是已动（已发），心则统摄未发之性和已发之情。心性情虽然三分，但是无论静时未发之性和动时已发之情，都为心所统摄。列表如下：

在道德修养上，朱熹强调涵养、察识。"涵养于未发"，即把心涵养得"镜明水止"，就可以达到心静理明。心静，就能复其虚灵，复其虚灵知觉以明理，而性（理）因心知之摄具而彰显出来。情是从心上发出来的，情因事（如好恶喜怒哀乐）而发，所以朱熹叫"察识于已发"，通过察识使情之发用中节合理，达到崇高的道德境界。

朱熹认为，情之恻隐、羞恶、辞让、是非是发于仁、义、礼、智之性。喜、怒、哀、惧、爱、恶、欲是接触外物其形动于中，缘境而出现

---

① 《朱子语类》卷五，《性理二·性情心意等名义》。
② 以上见《朱子语类》卷五，《性理二·性情心意等名义》。

的。四端都是善的，无四端之心非人；七情善恶未定，故一有之而不能察识，则心不得其正；必发而中节，然后才谓之和。二者虽皆是理气所致，而因其所从来，各指其所主与所重，才能说之某为理某为气。

理气合而为心，自然有虚灵知觉之妙。静而具众理，是性；而盛贮该载此性者，则是心。动而应万事，是情；而敷施发用此情的是心。故曰心统性情。

朱熹的理气为心说，强调四端，理之发，纯善；七情，气之发，有善有恶。这就言简意赅地说明了心是统性情的。

人性中有人心和道心，道心包含仁、义、礼、智；人心包含着喜、怒、哀、惧、爱、恶、欲。前者是本然之性，是纯粹的精神作用；后者是气质的，出自身体的欲求作用。人性易于跟随人的欲望，而人可以借着自身的涵养、察识，避免人的欲望走入歧途。朱熹说：

> 本然之性，固浑然至善，不与恶对，此天之赋予我者然也。然行之在人，则有善有恶。做得是者为善，做得不是者为恶，岂可谓善者非本然之性？只是行于人者有二者之异，然行得善者，便是那本然之性也。[1]

总之，性是理，心是气之灵，情是心气之发或之变，此便是"心性情三分"。仁只是性、只是理，恻隐之心与爱之情则属于气。谓"仁者，心之德、爱之理"，表示仁不是心、不是爱，只是"爱之所以然的理，而为心所当具之德"。这样，仁只成一个形而上的抽象的理，而不再是具体的活泼泼的生生之仁。仁这个"理"，必须通过心知之明的静涵后方能为心所具；仁这个"德"亦须通过心气之摄具此理，方能成为心自身之德。这就是说，德由理而转成，理不寓于心则不能成德。至于"心统性情"，统为统摄、统贯义，非统帅、统属义。心统性，是认知地、关联地统摄性而彰显之。这是心即统贯于"未发"之性。心统情，是行动地统摄情而敷施发用。这是心发出情，心统贯于"已发"之情。[2]

---

① 《朱子语类》卷一百一，《程子门人》。
② 蔡仁厚：《朱子学的特色及其时代意义》，见陈来编《哲学与时代——朱子学国际学术研讨会论文集》，华东师范大学出版社 2012 年版，第 1—4 页。

对于心统性情，清福建朱子学家陈庚焕有一段精彩的比喻。陈庚焕说：

> 心，譬如官府衙门。心统性情：性具众理，譬如官府有是敕，敕内开载，事事皆其职掌；情应万事，譬如官府奉此敕，照敕行事，事事皆得施行。气质，譬如官之才调。气质有昏明、厚薄、强弱。昏，如官糊涂。明，如官晓事。厚，如官有心。尊，如官无情。强，如官出力。弱，如官畏事。①

陈庚焕用气质划分人的智力贤愚和能力的强弱，即是所谓情。

4. 四端七情

"四端七情"是闽学的重大命题。四端，源于《孟子》之"恻隐之心，仁之端也；羞恶之心，义之端也；辞让之心，礼之端也；是非之心，智之端也"。端，是指善性表露的开端，四端是纯善的。七情，源于《礼记·礼运》之"何谓人情？喜、怒、哀、惧、爱、恶、欲七者，勿学而能。"七情具有从善或从恶的两种可能。四端与七情的关系，是理气与心性情的关系，即四端、七情的来源问题。

这个问题，朱熹说："四端是理之发，七情是气之发。……心包情性者也，自其动者言之，虽谓之情亦可也。"② 这个讲法含糊，不明确。又提出：性为未发，心为已发。后来，朱熹逐步认识到"性为未发、心为已发"的观点有问题。朱熹说："乾道己丑（按五年，1169 年，朱熹 40 岁）之春，为友人蔡季通（元定）言之，问辨之际，予忽自疑……则复取程氏书虚心平气而徐读之，未及数行，冻解冰释。"③ 明确提出：心兼已发、未发，性为未发，情为已发，心统性情。至此，朱熹才真正走上程颐的"涵养须用敬，进学在致知"的路向上来。

在朱熹看来，四端理之发，纯善；七情气之发，有善有恶。四端是依理而发出来的情，却不能说情是从理上发出来的。理是发之所以然，是气发时所遵依的标准，而实际的发者乃是气。就是发之者是气，而所

---

① ［清］陈庚焕：《惕园全集·性道图》。
② 《朱子语类》卷五十三，《孟子三·公孙丑中》
③ 《晦庵集》卷七十五，《中和旧说序》。

以发之者是理。据孟子所说，本心即性，心性是一，心亦是理，四端即是本心性体自身之发用，因此可以说四端是理之发或发于理。但是，据朱熹的"心性情三分、理气二分"思想结构，"四端是理之发"的真实含义，只能说四端是依理而发出来的情，不能说四端之情是从理上发出来的。

韩国知名学者郑仁在在《朱子学在韩国的展开》中，以韩国伦理学的发展过程，深刻地说明了朱熹"四端七情"说的道德伦理价值。他说：

> 朝鲜中期的四七论争，而是着重分辨义理实践之根据；也为拥护朱子学正统、批异端提供坚实的理据。当时阳明学也传入朝鲜，……退溪为辨明阳明心学与朱子学心学的不同，乃研究《心经附注》，并批判程敏政折衷朱陆的态度，以保存纯粹的朱子学。……经过朝鲜中期的辩论后，朝鲜儒学对朱子学的理解，达到哲学的高度。随之发展的，便是以自律的精神，遵行并落实《朱子家礼》，由此有"礼学"的发展。换言之，礼学是理学的内在化或心学化的结果。礼学蓬勃发展后，也独立于理学之外，独自发展，并与政治相结合。在围绕丧服问题上，礼学分为"南人派"、"西人派"，双方辩论极为激烈，遂出现所谓的"礼讼"。朝鲜后期，经两乱（按指壬辰倭乱、丙子胡乱）之祸后，为导正社会民心，有拥护朱子学正统派的学者，也有受西学（天主教）传入影响而要求改革社会的学者。由此产生以北学与西学为主的"实学"，试图摆脱朱子学的笼罩。朝鲜末期，为西学东渐时期，为了对抗西洋文物，不论岭南学派或畿湖学派，皆积极参与并展开"卫正斥邪"运动。透过以上的论述，"本源朱子学"与"修正朱子学"在韩国的展开，确有清晰脉络可寻，而韩国朱子学的特色，亦昭然若揭。[①]

在这里，郑仁在先生深刻地说明了朱熹的"四端七情"左右韩国数百年道德伦理思想发展史的过程。由此可见，朱熹的"四端七情"说在道德伦理文化上的重大价值。

---

① 黄俊杰主编：《东亚朱子学的同调与异趣》，台湾大学出版中心 2006 年版，第 328—329 页。

《礼记·中庸》中有谓"喜、乐、哀、乐之未发谓之中，发而皆中节谓之和。中也者，天下之大本也；和也者，天下之达道也。致中和，天地位焉，万物育焉"。就是认为人在喜、怒、哀、乐未发之前有一种精神实体，它是天下的根本，操存、省察了它，人就达到了圣人的境界，天下也就可以得到治理了。

这种操存、省察"未发之中""已发之和"的问题，本来是杨时、罗从彦、李侗等道南一脉的"相传指诀"。[①] 后来，理学家曾讨论操存、省察的先后问题。朱熹早年主张先省察、后操存，即人应该先在自己的思想中找寻善的苗头，然后紧紧抓住，加以培养扩充；后来主张"人自有未发时，此处便合存养，岂可必待发而后察，察而后存耶"？[②] 即认为人在喜、怒、哀、乐诸情"未发"时就要操存，不能等待"已发"时再去省察。操存、省察是逐步深入（"愈说愈密"）的过程；喜、怒、哀、乐兼人心、道心，"未发之中全是道心，中节则人心无非道心矣，且中节则喜、怒、哀、乐无非恻隐、羞恶、辞让、是非之心"，把"未发""已发"与道心、人心联系起来。

5. 涵养致知

在福建朱子学学者看来，人之修身养性的最高境界是具备仁、义、礼、智四德。仁为四德之首。朱熹指出，"仁者，人之所以为人之理也。"[③] 朱熹在《玉山讲义》中也反复讲到，四德之中以仁为首，因为仁包括其他三德。程颐说："心譬如谷种。生之性，便是仁也。"[④] 真德秀说：

> 人受天地之中以生，而仁、义、礼、智之性具于其心。仁虽专主于爱而实为心体之全德；礼则专主于敬而实天理之节文也。然人有是身则耳、目、口、体之闻不能无私欲之累，以违于礼而害夫仁。……特以克己复礼告之，盖欲其克去有己之私欲而复于天理之本然。[⑤]

---

① 《晦庵集》卷四十，《答何叔京》。
② 《晦庵集》卷三十二，《答张钦夫》。
③ 《四书章句集注》，《孟子集注》卷七《尽心章句下》。
④ 《二程遗书》卷十八。
⑤ 《四书集编》卷六，《论语集编卷六·颜渊第十二》。

因此，福建朱子学家们无日不言仁，在仁上下功夫。他们特别强调孔子讲的"为仁由己"①，注重人的尊严、独立人格，肯定人有内在生命价值的泉源，提高和升华主体的自觉性。

为仁之方，以敬为要。"主敬"是朱子学家的最主要的修养工夫。所谓敬，就是主一无适，把心集中于儒家的道德伦理之上。朱熹在答门人问题时说：

> 敬字工夫，乃圣门第一义，彻头彻尾，不可顷刻间断。敬之一字，真圣门之纲领，存养之要法。一主乎此，更无内外精粗之间。……敬则万理具在。仲思问："敬者，德之聚？"曰："敬则德聚，不敬则都散了。"敬胜百邪。只敬则心便一。敬，只是此心自做主宰处。……敬不是只凭坐地。举足动步，常要此心在这里。敬非是块然兀坐，耳无所闻，目无所见，心无所思，而后谓之敬。只是有所畏谨，不敢放纵。如此则身心收敛，如有所畏。常常如此，气象自别。存得此心，乃可以为学。②

在主敬修养上，他们较多地吸收了佛教禅学的心地工夫。朱熹反复表明，"佛家于心地上煞下工夫"，"佛家说心处尽有好处"，等等。他们最欣赏释、道的主要有两个方面。一是警省。朱熹说：

> 大抵学问须是警省。且如瑞岩和尚，每日间常自问："主人翁惺惺否？"又自答曰："惺惺。"今时学者却不如此。人之本心不明，一如睡人都昏了，不知有此身。须是唤醒，方知。恰如磕睡，强自唤醒，唤之不已，终会醒。某看来，大要工夫只在唤醒上。然如此等处，须是体验教自分明。……心只是一个心，非是以一个心治一个心。所谓存，所谓收，只是唤醒。人惟有一心是主，要常常唤醒。须是猛省。③

惺惺，警省意。此引前面几句，反其意是要求儒者学习释者的惺惺法。

---

① 《论语·颜渊》。
② 《朱子语类》卷十二，《学六·持守》。
③ 《朱子语类》卷十二，《学六·持守》。

当然，儒、释所警省的内容是不同的。朱熹认为，"人心有散缓时，故立许多规矩来维持之。但常常提警，教身入规矩内，则此心不放逸，而炯然在矣。心既常惺惺，又以规矩绳检之，此内外交相养之道也。"① 这里说的"规矩"，朱熹也以《禅苑清规》比之。"（或言）尝思欲做一小学规，使人自小教之便有法，如此亦须有益。先生曰：只做《禅苑清规》样做，亦自好。"② 此指唐高僧怀海所制《百丈清规》。"样做"，即按《百丈清规》的形式做。朱熹又说："某常说，吾儒这边难得如此，看他（禅者）下工夫，直是自日至夜，无一念走作别处去。学者一时一日之间，是多少闲杂念虑。如何得似他？"③ 这是说儒者要学习禅者的精神专一集中的修养工夫。

二是淡泊名利。朱熹说：

> 某尝说，怪不得今日士大夫，是他心里无可作做，无可思量，饱食终日无所用心，自然是只随利欲走。问有务记诵为词章者，又不足以救其本心之陷溺，所以个个如此。只缘无所用心，故如此。前辈多有得于佛学，当利害祸福之际而不变者。盖佛氏"勇猛精进、清净坚固"之说，犹足以使人淡泊有守，不为外物所移也。若记览词章之学，这般伎俩，如何救拔得他那利欲底窠窟动！④

> 妙喜赞某禅师有曰："当初若非这个，定是做个渠魁。"观之信然。其气貌如此，则世之所谓富贵利达，声色货利，如何笼络得他住！他视之亦无足以动其心者。⑤

这是讲一些释、道之人人格高尚，值得学习。

程颐讲的"涵养须用敬，进学则在致知"，福建朱子学学者反复引用论说，认为致知须用涵养、涵养必用致知是入德之门。因为"此二言者，体用本末，无不该备"⑥。"此两言者，如车两轮，如鸟两翼，未有废其一

---

① 《朱子语类》卷十二，《学六·持守》。

② 《朱子语类》卷七，《学一·小学》。

③ 《朱子语类》卷一百二十六，《释氏》。

④ 《朱子语类》卷一百三十二，《本朝六·中兴至今人物下》。

⑤ 《朱子语类》卷四，《性理一·人物之性气质之性》。

⑥ 《晦庵集》卷三十五，《答刘子澄》。

而可行可飞者也。"①

6. 格物力行

中国古代的认识论是围绕《大学》提出的"格物"而展开的。朱熹曾谓，"自十五六时，知读是书（按《大学》）而不晓格物之义，往来于心，余三十年"②。可见，朱熹一直着力于格物上。格，意为至、极，也可以理解为接近。物即事物。朱熹提出"天下之事皆谓之物"③，包括自然界和社会中的各种现象，当然也有心理现象和道德规范。

《大学》提出"格物"概念，却无具体内容。朱熹认为，《大学》之格物内容遗失，于是他为之补传。朱熹强调，合天地万物而言只是一个理，格物而穷理。他说：

> 盖人心之灵莫不有知，而天下之物莫不有理。惟于理有未穷，故其知有不尽也。是以《大学》始教，必使学者即凡天下之物，莫不因其已知之理而益穷之，以求至乎其极。至于用力之久，而一旦豁然贯通焉，则众物之表里、精粗无不到，而吾心之全体大用无不明矣。此谓格物。④

在这里，朱熹十分明确地把主客观置于认识与被认识的关系，是中国哲学史上认识论的里程碑。

朱熹在《白鹿洞书院揭示（学规）》中提出博学、审问、慎思、明辨为格物之事。其在《朱子语类》中随时解答门人问题，大都讲此四目。如其谓，"且就事物上格去。如读书，便就文字上格。听人说话，便就说话上格。接物，便就接物上格。精粗大小，都要格它"⑤。身之内与身外之物，都要格。"须是四方八面都理会教通晓，仍更理会向理来，譬如吃果子一般。先去其皮壳，然后食其肉。又更和那中间核子都咬破，始得。"⑥ 格物之目的是穷理。"所谓穷理者，事事物物各自有个事物底道

---

① 《晦庵集》卷六十三，《答孙敬甫》。
② 《晦庵集》卷四十四，《答江德明》。
③ 《朱子语类》卷十五，《大学二·经下》。
④ 《四书章句集注》，《大学章句·右传之四章释本末》。
⑤ 《朱子语类》卷十五，《大学二·经下》。
⑥ 《朱子语类》卷十八，《大学五·独其所谓格物致知者一段》。

理，穷之须要周尽。"朱熹与门人问答，每每以"格物穷理"连用，因为物内有理，通过格物而穷其理。在格物穷理中，读书是重要方法。①

格物就能致知。致，推极、推出之意。《朱子语类》多处谓，推到极处，穷究彻底，真见真知，得道（规律）而通其余。格物是就个性说，致知是就共性（全体）说。格物是逐物而格，以个性知共性；致知是触类旁通，以共性知个性。格物是物物上穷其至理，致知是吾心无所不知，是理与心之联接。两者是合一的，"格物致知亦是因其所已知者推之以及其所未知，只是一本，元无两样工夫也"。② 此即谓致知在格物之中，非格物之外另有致知，两者是同时的。

格物致知是与知行联系在一起的。朱熹说："格物致知为用力之始，然非谓初不涵养履践，而直从事于此也；又非为物未格、知未至，则意可以不诚、心可以不正、身可以不修、家可以不齐也。"③ 格物致知是知，涵养践履是行。"知与行工夫须着并到。知之愈明则行之愈笃，行之愈笃则知之益明；二者皆不可偏废。"④ 由此，福建朱子学学者深刻论述了知行的问题。

知行是中国传统哲学认识论的核心问题。知行先后、难易之争贯穿了中国哲学史认识论的始终。朱熹在知行先后问题上，犹如其理气论一样，本无先后，如鸟之双翼、车之两轮，而推论之也可以说知先行后。闽学学者反复强调，知行常相须，如目无足不行，足无目不见，二者皆不可偏废。朱熹说："知而未能行，乃未能得之于己……此所谓知者，亦非真知也。真知则未有不能行者。"⑤ 真知则必行，因为能行才算真知。此与后来王阳明所说的"知而不行，只是未知"之知行合一论有所一致。其所不同的是，朱熹的知是通过格物穷理所得，而王阳明则是由良知所得，不须格物。

上面讲到，朱熹所说的格物之"物"，是指天下所有事物，包括心理

---

① 《朱子语类》卷十五，《大学二·经下》。
② 《晦庵集》卷五十九，《答陈才卿》五。
③ 《晦庵集》卷四十二，《答吴晦叔》九。
④ 《朱子语类》卷十四，《大学一·纲领》。
⑤ 《晦庵集》卷七十二，《杂学辨》。

现象和道德规范。因此，通过格致与力行的反复进行，使其道德伦理意识不断提高，以致达到贤圣境界。

（三）道德伦理学

儒家哲学所追求的精神境界，包括个人和人类两个方面的价值的最高实现，即圆满成就内在的德性和外在的事业。对此，孔子概括为"仁"。"仁"是儒家思想的核心。儒家把"仁"作为终生奋斗的最崇高目标，即现代所讲的"终极关怀"。为此，必须从学入手，所以叫做"为己之学"，即孔子所说的"古之学者为己"①。就是说，人们要用全部的生命力去追求它。现代人谈论道德伦理问题，陷入完全的相对主义，非此即彼，非彼即此，或者把道德伦理的责任交给所信仰的超自然力量（宗教）或社会党派；而儒家把道德伦理的责任归之于自己的生命力，是自己的生命有这种要求。也就是说，生命的价值和意义须往自己内心里找出根源，再发扬光大，然后人们的行为就发挥出社会作用，才有文明的创造、文化的发展。

为了实现"终极关怀"和"为己之学"，朱熹全面论述了为君子成贤圣与道德伦理规范，及其践履程序和工夫，内容十分丰富，是现代人道德伦理建设的最主要的资源。

1. 为君子成贤圣

朱熹认为，学者必须对君子与贤圣有个明确的认识，然后才有为学的阶梯和目标。

朱熹指出，君子不像器皿那样只有一定的用途，是事事都能做，无所不通。朱熹说：

> 君子不器，事事有些，非若一善一行之可名也。贤人则器，获此而失彼，长于此又短于彼。贤人不及君子，君子不及圣人。②

古代人知识范围狭小，无所不通也是相对于一定的范围说的。而贤人则像器皿一样，只有一定的用途，其作用范围狭小，"获此而失彼，长于此

---

① 《论语·宪问》。
② 《朱子语类》卷二十四，《君子不器章》。

短于彼"。"君子不及圣人"。这是因为：

> 圣人事事会，但不见用，所以人只见它小小技艺。若使其得用，便做出大功业来，不复有小小技艺之可见矣。①

> 圣人只是一个大本大原里发出，视自然明，听自然聪，色自然温，貌自然恭，在父子则为仁，在君臣则为义。从大本中流出，便成许多道理，只是这个一便贯将去。所主是忠，发出去无非是恕。②

> （贤圣）这一个道理，从头贯将去，如一源之水，流出为千条万派。不可谓下流者不是此一源之水。人只是一个心，如事父孝，也是这一心。事君忠，事长弟，也只是这一心。老者安，少者怀，朋友信，皆是此一心。精粗本末，以一贯之，便无余法。③

在朱熹看来，君子是介于贤与圣之间的，即贤人、君子、圣人历阶而上。君子具有承前启后的作用，靠近圣人，是成圣的关键。

在朱熹看来，才德出众才是君子。因为有德有才才有用；有德无才，则不能用。若无才而徒有节，虽死无益。朱熹说："德者体也，才者用也。君子之人亦具圣人之体用，但其体不如圣人之大，而其用不如圣人之妙耳。"④ 朱熹主张德才兼备、体用合一。以道德与才用并用，用才用来体现道德。朱熹深入至人的本质里进行探讨。朱熹说：

> 才也是性中出，德也是有是气而后有是德。人之有才者出来做得事业，也是它性中有了，便出来做得。但温厚笃实便是德，刚明果断便是才。只为它气之所禀者生到那里多，故为才。⑤

温厚笃实，是指人之温良、忠厚、诚实。温良、忠厚是自持工夫，诚实是待人接物之态度。有了这种德性就能做出善的事业来。这就是朱熹所讲的"能为善而本善者是才"。做善事必须有才，刚明果断就是才。此意谓刚强、明理、果断、勇敢，这也是德的内容。可见，德才是一致的。

---

① 《朱子语类》卷三十六，《太宰问于子贡章》。
② 《朱子语类》卷四十五，《子曰赐也章》。
③ 《朱子语类》卷二十七，《子曰参乎章》。
④ 《朱子语类》卷二十四，《君子不器章》。
⑤ 《朱子语类》卷五，《性情心意等名义》。

朱熹说："德而不才，德匪其德；才而不德，乃才之贼。"他要求德者要有才，德才兼备才是君子，才能成圣人，为人民国家做出大事业来。不能说才出于气，否则才便"有善有恶"；只能说才是"性中出"，做出的事业是性中有的。①

　　朱熹强调，在德才全备、体用兼尽的前提下，由德制才，德决定才。"有道德，则功术乃道德之功，道德之术。无道德，则功术方不好。"② 道德无妨于事功，事功必待于道德。"有禹汤之德，便有禹汤之业。有伊周之德，便有伊周之业。终不如万石，君不言而躬行，凡事一切不理会。有一家便当理会一家之事，有一国便当理会一国之事。……新民必本于明德，而明德所以为新民。"③ 德者，得之于己；才者，能有所为。它们是体用的关系，体决定用，用表现体，体用是一源的。他又说：

　　　　圣主于德，固不在多能，然圣人未有不多能者。夫子以多能不可以律人，故言君子不多，尚德而不尚艺之意，其实圣人未尝不多能也。……圣人自是多能。今若只去学多能，则只是一个杂骨董底人，所以说"君子多乎哉？不多也"。④

这就是说，既无圣人之聪明，便不能尽去学圣人之多能。朱熹意中之圣人，必是道德事功兼具，其事功是道德之事功，故表现出来的多是道德，不是多能之事功。这里，朱熹强调不能离开道德而多能事功，否则就"只是一个杂骨董底人"。就是因为很难真正做到这一点，所以说君子不多。

　　朱熹进一步指出，君子近乎圣人，有时候君子就是圣人。"才如何全做不好？人有刚明果决之才，此自是好。德亦有所谓昏德。若块然无能为，亦何取于德？德是得诸己，才是所能为。若以才德兼全为圣人。"⑤ 这说明，真正做到君子，就离圣人不远，就能成为圣人。因此，朱熹提出要把为君子成圣人作为为学之道。这样，为学才有目标，才有动力。

---

①　《晦庵集》卷九十四，《承务郎李公墓志铭》。
②　《朱子语类》卷二十三，《道之以政章》。
③　《朱子语类》卷六十一，《万章问孔子在陈章》。
④　《朱子语类》卷三十六，《太宰问于子贡章》。
⑤　《朱子语类》卷一百三十四，《历代一》。

朱熹说：

> 问："古之学者，始乎为士，终乎为圣人。"此言知所以为士，则知所以为圣人矣。今之为士者众，而求其至于圣人者，或未闻焉。岂亦未知所以为士而然耶？将圣人者固不出于斯人之类，而古语有不足信者耶？颜子曰："舜何人哉，予何人哉。"孟子所愿则学孔子。二子者，岂不自量其力之所至而过为斯言耶？不然，则士之所以为士而至于圣人者，其必有道矣。①

此文是朱熹在同安时所作，乃其早年语。当年他就知道为学（士）之最终目标，即为成圣人，为学是为君子成圣人之途辙；途辙正，道路虽远而终至。他认为，学者与君子、圣人之不同，只在勉强与自然、生与熟之别。有的学者做得和君子、圣人一样，但不坚固，又会失却；而君子、圣人则是自然坚固。"圣只是做到极至处，自然安行，不待勉强，故谓之圣。"②"圣人事事做到，恰好处。"③"圣人熟，学者生。圣人自胸中流出，学者须著勉强。"④"圣人则皆自然流行出来，学者则须……用推将去。圣人则动以天，贤人则动以人。"⑤他还说：

> 学者是学圣人而未至者，圣人是为学而极至者。只是一个自然，一个勉强尔。惟自然，故久而不变。惟勉强，故有时而放失。因举程子说："孟子若做孔子事尽做得，只是未能如圣人。"龟山言："孔子似知州，孟子似通判权州。"此喻甚好。通判权州，也做得，只是不久长。⑥

这就是说，君子、圣人固无异于常人。由常人至君子、圣人，就是由生到熟。为学就要以圣人为标准，否则就无以为学。朱熹说："舜诚大圣人，不可及也。而古之人有颜子者？其言曰：'舜何人也？予何人也？有

---

① 《晦庵集》卷七十四，《策问》。
② 《朱子语类》卷五十八，《伯夷目不视恶色章》。
③ 《朱子语类》卷二十四，《吾与四言章》。
④ 《朱子语类》卷二十一，《曾子曰吾日三省吾身章》。
⑤ 《朱子语类》卷二十七，《子曰参乎章》。
⑥ 《朱子语类》卷二十一，《曾子曰吾日三省吾身章》。

为者亦若是。'夫岂不知舜之不可以几及而必云尔者？盖曰：学所以求为圣人，不以是为标的，则无所望走而之焉耳。"① 此文朱熹作于 37 岁，其当时已知是理。"舜之不可以几及"，是说圣人难为，而又不能不为。不为就无以为，做人就无意义了。

君子、圣人无异于常人，皆是一般，所做之事是一样的。朱熹强调，"不要说高了圣人。高后，学者如何企及。越说得圣人低，越有意思。"② "若以圣贤比圣贤，则自有是与不是处，须与他分个优劣。"③ 学者、君子、贤圣是相对的，是可以贯通的，都皆由人事做起。"方其下学，人事之卑，与众人所共，又无奇特耸动人处。"④

学者、君子、贤圣皆由人事做起，就是皆践履儒家的道德伦理。道德伦理是人们生活的准则和生命的表现。道德观是体，伦理观是用。体即是理论，用即是实践，两者是统一的。为了把道德体现于伦理之中，儒家规定了一整套践履程序和工夫，即所谓"三纲八目"，由此使人们能达到为君子成贤圣的人格境界和大同和谐社会。

2. 道德与伦理

福建朱子学是"治心之学""内圣外王之学"，对儒家的道德伦理进行全面的阐释和发扬，并贯串到自己的行为之中，以身作则和以文教化（即所谓"过化"），使儒家的道德伦理成为成熟心智、健全人格、安身立命之学。福建朱子学对儒家的道德伦理的诸范畴及其修养工夫进行综合，形成一套完整严密的道德伦理修养体系。朱熹全面论述了这个问题。

（1）五德

儒家的道德纲领，是仁、义、礼、智、信五德，也叫做五常。这是做人的道理，人之所以为人的表征，社会人际关系的基本准则。朱熹结合社会实际，深入地进行阐释。

仁 孔子释仁为"爱人"。许慎《说文解字》释仁字为"二人"，表示人与人之间相互关系的基本原是相爱。那么如何爱呢？孔子有具体的

---

① 《晦庵集》卷七十五，《林用中字序》。
② 《朱子语类》卷四十四，《莫我知也夫章》。
③ 《朱子语类》卷五十八，《伯夷目不视恶色章》。
④ 《朱子语类》卷四十四，《莫我知也夫章》。

说明。孔子说:

> 仁者人也,亲亲为大。……亲亲之杀……礼所生也。[1]

即要在人类中讲爱,而且要先从自己的亲人开始,然后以爱亲人的标准扩大到人、物,即老吾老以及人之老,幼吾幼以及人之幼,亲亲而仁民,仁民而爱物。《吕氏春秋》明确地把仁爱限定在人类之内,谓"仁也者,仁乎其类""不仁于他物,独仁于人"[2]。

朱熹释仁为爱之理。朱熹说:仁是爱之理,爱是仁之用。"仁主于爱,便有爱亲、爱故旧、爱朋友底许多般道理。"[3] 朱熹认为,仁是人心之根本德性,是人心固有之天理,而天理之本性是生生不息的,故仁又可以叫做生之理。有爱才有生,故生理之实质是爱,即其谓仁为"爱之理"。现代有人释"仁"为"人人",如古人讲"君君""臣臣"一样,就是人其人,即把人当人之意。自己要争取做人,也要把别人看作是人。仁之于人,是先天本有的,是人之内在生命,人之所以为人的标准,即朱熹所说的"仁者,人之所以为人之理也。然仁理也,人物也。以人之理合于人之身而言之,乃所谓道者也"。[4] 就是说,如果没仁,就不是人,是禽兽。朱熹又说:

> 孔门之教所以必使学者汲汲于求仁也,其言有曰:"克己复礼为仁。"言能克去己私复乎天理,则此心之体无不在,而此心之用无不行也。又曰:"居处恭,执事敬,与人忠。"则亦所以行此心也。又曰:"事亲孝,事兄弟,及物恕。"则亦所以行此心也。又曰:"求仁得仁。"则以让国而逃,谏伐而饿,为能不失乎此心也。又曰:"杀身成仁。"则以欲甚于生,恶甚于死,为能不害乎此心也。此心何心也?在天地则块然生物之心,在人则温然爱人利物之心,包"四德"而贯"四端"者也。[5]

---

① 《中庸》第二十章。
② 《吕氏春秋》卷二十一,《爱类》。
③ 《朱子语类》卷二十,《有子曰其为人也孝弟章》。
④ 《四书章句集注》,《孟子》卷七,《尽心章句下》。
⑤ 《晦庵集》卷六十七,《仁说》。

"克己复礼"，能使此心之体无不在和其用无不用，便是仁之纲领。行仁所表现出来的各种善行，皆只是一个心。如事父孝，是这一心。事君忠，事兄悌，只是这一心。老者安，少者怀，朋友信，皆是此心。朱熹确切地理解到，孔子所说的"克己"不完全是克制，是自觉的内在超越，是人生的最高标准和境界。

　　义　义之本意为事之宜、正义。朱熹说："义者，事之宜也。"① 义是事之所当然和人之所应为。孟子说："人皆有所不为，达之于其所为，义也。……人能充无穿逾之心，而义不可胜用也。人能充无受尔汝之实，无所往而不为义也。"② 在孟子看来，人要树立起公正的信念，并推己及人，即用公正的信念对待别人，就实现了义。朱熹在释《易·坤卦·文言》之"君子敬以直内，义以方外。敬义立而德不孤"时说：

　　　　君子主敬以直其内，守义以方其外。敬立而内直，义形而外方。义形于外，非在外也。敬义既立，其德盛矣！不期大而大矣。德不孤也，无所用而不周，无所施而不利。孰为疑乎？③

君子对内诚敬以求其有秩序，对外行义以求其合乎事理。按敬义的原则行事，合乎道德伦理规范，在社会人际关系中就不会孤立了。

　　孔子说：

　　　　义者宜也，尊贤为大。……尊贤之等，礼所生也。④

这是讲义的实施，首先应该尊重和运用贤人的才能，并形成制度。此意是很有实际意义的。

　　《易》谓"立人道，曰仁与义"⑤。仁讲做人，义讲秩序，合之是整个社会之道。著名的闽籍学者辜鸿铭说：

　　　　仁以爱人，义以断事，发挥而光大之，庸讵不足使世界改恶迁善，而息争解纷耶！⑥

---

① 《四书章句集注》，《论语集注》卷一，《学而第一》。
② 《孟子·尽心下》。
③ 《周易本义》卷一，《周易上经》。
④ 《中庸》第二十章。
⑤ 《易·说卦传》。
⑥ 辜鸿铭：《义利辨》，《辜鸿铭文集》，岳麓书社1985年版，第16页。

礼　礼是指人们的社会行为规范和典章制度。朱熹说:"礼者……人事之仪则也。"①《左传》说:"礼,经国家、定社稷、序民人、利后嗣者也。"② 礼是处理人与人、个人与社会国家关系的。礼这种行为规范跟今天讲的法律不同。法律是靠外在的权力来推行的,具有强制性。人遵守法律往往是被动的,具有抗拒心理。礼是靠传统的习惯和公认的经验来维系。人对礼有敬畏,使人服膺,感到合适,为人所好。因此,人服从礼是主动的。礼对人虽也有强制性的一面,但是这种强制性服从于强大的社会舆论。违礼首先是自己感到良心上过不去,有内疚之感。礼之所以有这种特点,就是因为礼是由义而起的。

智　智的涵义是识和才。唐李鼎祚说:"孔子曰:仁者乐山,智者乐水,则智之明证矣。"③ 水象征着地球运行至北方时(太阳从南回归线北返)万物所具有的属性。所以智与五行的北方水相应。水性寒。水寒则静。智是大脑的功能,大脑对内外环境的要求是喜冷恶热,喜静恶动。这就是孔子所说的"智者乐水"的涵义。朱熹说:"知(智),犹识也。"④指智具有一定的知识和才能,能明辨是非。

信　朱熹说:"以实之谓信。……信者,言之有实也。"实即诚,诚即信。古代人有剖竹为符,合而以信,叫做"合符信"。信是社会人际关系的安全阀,是人际关系的精神纽带。孔子曰:"言必信,行必果。""与朋友交,言而有信。"⑤ 信德契约化。

对于"五德",朱熹作了简要、综合的概括。朱熹说:

> 仁义礼智,自天之生人,便有此四件,如火炉便有四角,天便有四时,地便有四方,日便有昼夜昏旦。天下道理千枝万叶,千条万绪,都是这四者做出来。四者之用,便自各有许多般样。且如,仁主于爱,便有爱亲、爱故旧、爱朋友底许多般道理。义主于敬,如贵贵,则自敬君而下,以至"与上大夫、下大夫言"许多般;如

---

① 《四书章句集注》,《论语集注》卷一,《学而第一》。
② 《左传·隐公十一年》。
③ 《周易集解》卷一。
④ 《四书章句集注》,《大学章句》。
⑤ 《论语集注》,《子路第十三》,《学而第一》。

尊贤，便有"师之者，友之者"许多般；礼、智亦然。但是，爱亲爱兄，是行仁之本。仁便是本了，上面更无本。如水之流……仁便是水之源了。①

信德是东汉时才提出来的，先秦只讲四端。

理想的德性是五德兼具，使之保持动态平衡，由致"中和"而达到为君子成贤圣的境界。东汉扬雄说：

或问仁、义、礼、智、信之用？曰：仁，宅也；义，路也；礼，服也；智，烛也；信，符也。处宅，由路，正服，明烛，执符。君子不动，动斯得矣。②

这里讲的"君子不动，动斯得矣"，意为五德全具才是君子贤圣。

（2）五伦

儒家的道德纲领仁、义、礼、智、信五德，亦叫做五常，是儒家社会思想的理论基础，它们必须体现于人们的伦理关系之中才能发挥作用。儒家的伦理纲领是君臣、父子、夫妇、兄弟、朋友五伦。明朱子学家薛瑄说：

人之所以异于禽兽者，伦理而已。何谓伦？父子、君臣、夫妇、长幼、朋友五者之伦序是也。何谓理？即父子有亲、君臣有义、夫妇有别、长幼有序、朋友有信，五者之天理是也。③

在五伦中，君臣、父子、夫妇三伦最为重要，称为"三纲"。朱熹说："纲，网上大绳也。三纲者，夫为妻纲，父为子纲，君为臣纲也。"④三纲（三伦）或五伦，中心思想是明尊卑上下。儒家把伦理和道德概括起来叫做"三纲五常"，简称纲常。《白虎通》说："人皆怀五常之性，有亲爱之心，是以纪纲为化，若罗网之有纪纲而万目张也。"⑤

---

① 《朱子语类》卷二十，《有子曰其为人也孝弟章》。
② ［东汉］扬雄：《扬子云集》卷一，《法言·修身篇》。
③ ［明］薛瑄：《敬轩文集》卷十二，《戒子书》。
④ ［宋］朱熹：《通书·乐上解》。
⑤ ［汉］班固：《白虎通义》卷七，《三纲　六纪》。

（3）五德（五常）体现于五伦（三纲）之中

对于五德（五常）与五伦（三纲），朱熹有深入的论述。

"君为臣纲"——"忠"　国君具有最高权威和享有最大权力，主宰一切，作为臣子必须绝对服从，恪守"忠"的道德规范。朱熹说："尽己之心而无隐，所谓忠也。"又说：

> 尽己只是尽自家之心，不要有一毫不尽。如为人谋一事，须直与他说这事合做与否。若不合做，则直与说这事决然不可为。不可说道，这事恐也不可做，或做也不妨。此便是尽忠。[1]

就是对上要竭尽心之意，毫无隐瞒。"忠者，诚实不欺之名。"[2]

值得注意的是，朱熹讲"忠"，除了"臣事君以忠"外，还强调"君使臣以礼"。他说：

> 为君当知为君之道，不可不使臣以礼；为臣当尽为臣之道，不可不事君以忠。君臣上下，两尽其道，天下其有不治者哉！

这里明显地包含着君臣双方是一种对应关系，并非单独要求臣民对君主的绝对服从。下要对上负责，上也要对下有礼。"君臣上下，两尽其道"，是很有实际意义的。[3]

"父为子纲"——"孝"　在家庭中，父是一家之长，居于最高的地位，作为子女的必须遵守"孝"的道德规范。朱熹说："善事父母为孝。""父在，子不得自专。……父没，然后其行可见，故观此足以知其人之善恶，然又必能三年无改于父之道，乃见其孝。不然，则所行虽善，亦不得为孝矣。"[4] 朱熹并不主张愚孝。他还指出，"父母有过，下气怡色，柔声以谏也。"[5] 朱熹讲"父为子纲"，是基于家庭是国家的出发点和基础上讲的。"其为人孝弟，则必须柔恭，柔恭则必无犯上作乱之事。"[6]

---

① 《朱子语类》卷二十一，《曾子曰吾日三省吾身章》。

② 《朱子语类》卷二十七，《子曰参乎章》。

③ 《朱子语类》卷二十五，《君使臣以礼章》。

④ 《四书章句集注》，《论语集注》卷一，《学而第一》。

⑤ 《四书章句集注》，《论语集注》卷二，《里仁第四》。

⑥ 《朱子语类》卷二十，《有子曰其为人也孝弟章》。

"夫为妻纲"——"节""别"　做妻子的要服从丈夫,从一而终,不受第三者引诱,遵守"节"的道德要求。朱熹说:"盖闻人之大伦,夫妇居一,三纲之首,理不可废。是以先王之世,男各有分,女各有归,有媒有娉,以相配偶。是以男正乎外,女正乎内,身修家齐,风俗严整,嗣续分明,人心和平,百物顺治。"① 站在今天的观点上,这里并不是一无是处。朱熹早年在福建同安任主簿时,曾说:

> 访闻本县自旧相承,无昏姻之礼,里巷之民贫不能聘,或至奔诱,则谓之引伴为妻,习以成风。其流及于士子富室,亦或为之,无复忌惮。其弊非特乖违礼典,渎乱国章而已。至于妒娟相形,稔成祸衅,则或以此杀身而不悔。习俗昏愚,深可悲悯。欲乞检坐见行条法,晓谕禁止。仍乞备申使州,检会《政和五礼·士庶婚娶仪式》行下,以凭遵守,约束施行。②

朱熹所指责的"引伴为妻",是指不具备结婚条件和不办理结婚手续而私奔苟合者,虽然对于贫苦百姓因无钱置备聘礼而追求爱情是一种限制,但是他同时斥责"士子富室"也这样干,"无复忌惮",勾引良家女儿、有夫之妇,渎国章酿祸殃。并强调,士庶婚娶,仪式行下,以凭遵守,约束施行。朱熹说:"士民当知夫妇婚姻,人伦之道,媒妁聘问礼律甚严。而此邦之俗,有所谓管顾者,则本非妻妾,而公然同室;有所谓逃叛者,则不待媒娉,而潜相奔诱。犯礼违法,莫甚于斯。宜亟自新,毋陷刑辟。"③ 这应该是对的。

对于朱熹的上述论说,陈淳进一步说:

> 天之生人,独阴不生,独阳不成,必阴阳合德,然后能生成。是夫妇亦天所命,自然如此也。然乾道成男,坤道成女,其分固一定而不可乱。则夫夫妇妇之所以当别,亦岂自外来乎?④

夫妇关系是"天所命",乾(天)为夫,坤(地)为妇,乾健而坤顺,应

---

① 《晦庵集》卷一百,《劝女道还俗榜》。

② 《晦庵集》卷二十,《申严昏礼状》。

③ 《晦庵集》卷一百,《劝谕榜》。

④ 《北溪大全集》卷五,《君臣夫妇兄弟朋友根原》。

该夫支配妇,妇受夫支配。夫为妇纲,其"别"一定不可变。

3.修养程序与工夫

那么,怎样把五德体现在五伦(三纲)之中呢?儒家规定了一整套践履程序和用功工夫,这就是《大学》所讲的"三纲领八条目":"明明德""亲民""止于至善","格物""致知""诚意""正心""修身""齐家""治国""平天下"。五德是体,五伦和三纲八目是用,由此便构成个人、家庭、社会的整个网络。对此,朱熹在《大学章句》中作了深入的论述。

在"三纲领八条目"中,"修身"是中心环节。因此应先从修身说起。

(1)修身

修身有三个目的,即《大学》所说的:"大学之道,在明明德,在亲民,在止于至善。""明明德",是说要把自己的德性修养得光明清净,不为私欲所蔽。朱熹在《大学章句》中认为,明德就是人之性得乎天而虚灵不昧,能具众理而应万事。但是,因有气禀所拘,人欲所蔽,则有时而昏。然其本体之明则有未尝息者。故学者当因其所发而遂发之,以复其初。对于"明明德",《语类》记载了朱熹的一段话:

> 《大学》"明明德于天下",只是且说个规模如此。学者须是有如此规模,却是自家本来合如此,不如此便是欠了他底。……只是见得自家规模自当如此,不如此不得。到得做不去处,却无可奈何。规模自是著恁地,工夫便却用寸寸进。若无规模次第,只管去细碎处走,便入世之计功谋利处去。若有规模而又无细密工夫,又只是一个空规模。外极规模之大,内推至于事事物物处,莫不尽其工夫,此所以为圣贤之学。①

这就是说,圣贤之学,继天地之志,述天地之事,范围天地之化而不过,曲成万物而不遗,立此规模,并亦尽此工夫。"亲民",是说修养要以国家民众的利益为标准。亲民,即亲亲而仁民。亲民有教养之意。对于

---

① 《朱子语类》卷十七,《古之欲明明德于天下一段》。

"亲民",朱熹说:

> 古之圣贤,别无用心,只这两者是吃紧处:明明德便欲无一毫
> 私欲,新民便欲人于事事物物上皆是当。正如佛家说,"为此一大事
> 因缘出见于世",此亦是圣贤一大事也。千言万语,只是说这个道
> 理,教他掌天柱地。①

圣贤之学,要以明德、亲民来掌天柱地。天地须人扶持,而人则须圣贤
扶持。至于"止于至善",朱熹说:"言明明德、新民皆当上于至善之地
而不迁。盖必其有以尽夫天理之极而无一毫人欲之私也。"② 朱熹释"止"
为"必至于至善之地而不迁","至善"为"事理当然之极至"。就是说,
"明明德""亲民"要达到"至善"的境地。

修身的方法即格物致知、诚意正心。朱熹强调,言欲致吾之知,在
即物而穷其理。人心之灵莫不有知,天下之物莫不有理。学者即凡天下
之物莫不因其已知之理而益穷之,以求至乎其极。用力之久,一旦豁然
贯通,则众物之表里、精粗无不至,而吾心之全体大用无不明。格物致
知,穷致事物之理,欲其极处无不到。格物致知后必然诚意正心。朱
熹说:

> 物格者,物理之极处无不到也。知至者,吾心之所知无不尽也。
> 知既尽,则意可得而实矣。意既实,则心可得而正矣。③

"诚意"是"无自欺""慎其独"。《大学》说:"所谓诚其意者,毋自欺
也,如恶恶臭,如好好色。此之谓自谦,故君子必慎其独也。"毋,禁
止;自欺,知为善去恶而心之所发未实之;谦,足;独,人所不知己所
独知。就是说,不要自己欺骗自己,在个人独处时不做亏心事,使其恶
恶则如恶恶臭,好好则如好好色。

(2) 齐家

儒家的最大特色是重视家庭,被视为整个社会关系的根源。儒家的

---

① 《朱子语类》卷十七,《此篇所谓在明明德一段》。

② 《四书章句集注》,《大学章句》。

③ 《四书章句集注》,《大学章句》。

道德伦理思想体系就是建立在家庭关系之上的。现在的国家一词，即是由家到国，所以叫国家。五伦中的父子、夫妇、兄弟即是家庭关系。

齐家的前提是修身。《大学》说：

> 所谓齐其家在修其身者，人之其所亲爱而辟焉，之其所贱恶而辟焉，之其所畏敬而辟焉，之其所哀矜而辟焉，之其所敖惰而辟焉。故好而知其恶，恶而知其美者，天下鲜矣。故谚有之曰："人莫知其子之恶，莫知其苗之硕。"此谓身不修不可以齐其家。

辟为偏意。亲爱、贱恶、敬畏、哀矜、傲惰五者会使人偏心。朱熹说："溺爱者不明，贪得者无厌，是则偏之为害，而家之所以不齐也。"①

齐家即治家，《大学》提出以孝、悌、慈和仁、让为治家内容，闽学学者都有深入的论述。

（3）治国、平天下

齐了家必然要跨出家庭的范围，走入社会治国、平天下。《大学》说：

> 所谓治国必先齐其家者，其家不可教而能教人者无之，故君子不出家而成教于国。孝者所以事君也，弟者所以事长也，慈者所以使众也。……一家仁，一国兴仁；一家让，一国兴让。②

孝道不仅是每个家庭成员必须履行的义务，也是考察每个社会成员道德品质的主要标准。"移孝为忠"，把孝道由家庭扩大到社会国家，由家庭的亲属关系，即家长对子女的支配关系，来处理个人与社会国家的关系。有国者居家能兴仁让之风，则上行下效，国家社会自然就会兴起仁让之风，把亲亲之情推广到国家社会。这样，孝道就具有强大的社会功能，或者说是社会的纽带，这种功能或纽带就成为社会安定的基础。

对于上述思想，《大学》中有所综合，其曰：

> 古之欲明明德于天下者先治其国，欲治其国者先齐其家，欲齐其家者先修其身，欲修其身者先正其心，欲正其心者先诚其意，欲

---

① 《四书章句集注》，《大学章句》。
② 《四书章句集注》，《大学章句》。

　　诚其意者先致其知，致知在格物；物格而后知至，知至而后意诚，意诚而后心正，心正而后身修，身修而后家齐，家齐而后国治，国治而后天下平。自天子以至于庶人，壹是皆以修身为本。其本乱而末治者否矣。其所厚者薄，而其所薄者厚，未之有也。

朱熹说："本谓身也，所厚谓家也。"① 这就是上面所讲的，在儒家的道德伦理践履程序和工夫中，修身是关键。

　　德才全备即君子，为君子即可成圣人。闽学的君子贤圣和道德伦理思想，是通过个人（个体）到群体的不断反思和人格的逐渐完善，由修身、齐家到治国、平天下的道德伦理践履，以达到国家社会和谐一致的理想。"一方面，个人的精神要通过转化社会来完成自我，另一方面要通过身、心、灵、神这四个层面逐渐深化"。② 这就是说，出发点是每个人的人格塑造，而个人（个体）人格的塑造又不能离开社会群体，而落实、体现于社会群体之中。这种社会人文主义是企图通过道德伦理理想而转化为社会现实政治经济的。这种君子、圣贤的东方人的思想传统，是闽学的基本思想。

　　由上可见，闽学是历史的，更是现实社会的。基于当今世界众多的学者，从各个不同角度研究和弘扬朱子学，把朱熹的思想和人格介绍给现代人，将会使人们对人生价值和生活意义进行再认识，使孔子、朱熹所建立起来的中华文化主导人们的精神力量和生活方式，成为挽救人类社会道德伦理危机的良方之一，促进社会健康地往前发展。

　　以朱熹为代表的福建朱子学，不仅具有真理的价值，更具有实践价值。闽学家们言出躬行，他们的言行影响了当时的社会，更为后世所效法。在物质文明高度发达而人的心灵日见贫乏的今天，闽学于世道人心大有裨益。这是我们研习闽学的最主要的体会和反复表明的。

　　4. 人心道心
　　北宋理学家有讲到人心、道心，没有论说。程颐说："人心，私欲

---

　　① 《四书章句集注》，《大学章句》。
　　② 薛涌：《文化价值与社会变迁——访哈佛大学教授杜维明》，见钟敬文等主编《东西方文化研究》创刊号，河南人民出版社 1986 年版，第 210 页。

也。道心，正心也。""人心私欲故危殆，道心天理故精微。"①

朱熹不厌其详地讲人心、道心问题，其因重道统。道统之传授，源于《伪古文尚书·大禹谟》："人心惟危，道心惟微。惟精惟一，允执厥中。"此为道统传授之内涵。儒家道统传授不必如佛家"以心传心"，而要辨别心的纯杂。由此，便产生人心、道心的问题。

朱熹认为，此心之灵，其觉于理者道心，其觉于欲者人心也。"只是个公与私，只是一个天理、一个人欲。"后来又觉得"人心人欲也，此语有病……陆子静亦以此语人"②。朱熹说：

> 心者人之知觉，主于身而应事物者也。指其生于形气之私者而言，则谓之人心。指其发于义理之公者而言，则谓之道心。③

这是说，"人心道心，一个生于血气，一个生于义理。饥寒痛痒，此人心也。恻隐羞恶是非辞逊，此道心也。"如喜怒，人心。"须是喜其所当喜，怒其所当怒，乃是道心。"④ 人心，如孟子言耳目之官不思。道心，如言心之官则思。用朱熹的话说："自人心而收之，则是道心。自道心而放之，便是人心。"如是"心只是一个心，只是分别两边说"。⑤

朱子以上引程颐言"人心私欲，道心天理"之"私欲"太重。"盖心一也。自其天理备具，随处发见而言，则谓之道心。自其有所营为谋虑而言，则谓之人心。夫营为谋虑，非皆不善也。"⑥ 此即程颐所谓天理、人欲，亦"不是有两物，如两个石头样相挨相打。只是一人之心，合道理底是天理，徇情欲底是人欲，正当于其分界处理会"。如孟子云操之则存，舍之则亡。"心安有存亡？此正人心、道心交界之辨"。人心尧舜不能无。道心桀纣不能无。虽圣人不能无人心，如饿食渴饮之类。虽小人不能无道心，如恻隐之心是也。大抵人心、道心只是交界，不是两个物，"人心不成都流，只是占得多。道心不成十全，亦是占得多"。圣人之所

---

① 《二程遗书》卷十九、卷二十四。
② 《朱子语类》卷七十八，《大禹谟》。
③ 《晦庵集》卷六十五，《大禹谟》。
④ 《朱子语类》卷六十二，《中庸一·纲领》。
⑤ 《朱子语类》卷七十八，《大禹谟》。
⑥ 《晦庵集》卷三十二，《答张敬夫》。

以为圣人，则圣人全是道心主宰也。^①要使道心常为一身之主，而使人心听命。王阳明以此分作二心，盖未细究朱熹一心说。其所谓道心为心体，为良知，为心体之自然，均与朱子之言无碍。若谓"率性之谓道，便是道心。但着些人的意思在，便是人心"，此是直述朱熹之说。至于必以道心为主，人心听命，则以人心惟危、道心惟微之故。^②朱熹说：

> 如单说人心，则都是好。对道心说著，便是劳攘物事，会生病痛底。^③

人心非全不好，故不言凶咎而言危。其所以危，则因人心出于形气之私，故有私之底本，可为善，可为不善，且易于从恶，故不可靠。人心无方向，不知是非，无义理，正在欲堕未堕之间，故危而难安。朱熹说：

> 人心易动而难反，故危而不安。义理难明而易昧，故微而不显。惟能省察于二者于公私之间，以致其精而不使其毫厘之杂，持守于道心微妙之本以致其一，而不使其有顷刻之离。则其日用之间，思虑动作，自无过不及之差，而信能执其中矣。^④

所谓道心为主人心听命，朱熹以舵船将卒喻之。此不是分心为二。朱熹评佛氏以心观心之失，不可能自陷其误。所谓为主听命，即变化气质。盖道心杂出于人心之间，微而难见，因此必须精之一。如是则人心为道心所节制，人心皆成道心，达乎性命之理，则虽人心之用，亦无非道心。道心为主，而人心亦可化为道心。

天理、人欲是道德伦理的重大问题。朱熹《中庸章句》序撰于孝宗淳熙十六年（1189 年）；宁宗庆元四年（1198 年）传《大禹谟》；其《朱子语类》以至《朱子文集》书札等都有讨论理欲。朱熹关于人心、道心之言，皆晚年之事。

陆九渊对朱熹道统之人心、道心之说有所论及。其说"人心，人伪也。道心，天理也"，不对。陆九渊说："指人心为人欲，道心为天理，

① 以上见《朱子语类》卷七十八《大禹谟》，卷六十二《中庸·章句序》。
② 《传习录》下。
③ 《朱子语类》卷六十二，《中庸·章句序》。
④ 《晦庵集》卷六十五，《大禹谟》。

此说非是。心一也，人安有二心?"① 其或早年于朱熹以人欲、天理分人心、道心有所警发，亦未可知。象山没有见到朱熹的《书集传》。对于《中庸章句》序，陆九渊应有所闻，未有评语。至戴东原著《孟子字义疏证》大骂宋儒，谓天理、人欲之说是"以理杀人"，人心、道心之辨便终结。

朱熹之后的福建籍闽学学者一般不讨论人心、道心问题，大都按着朱熹、陈淳的论说施行践履。

5. 天理人欲

天理、人欲是道德伦理的重大问题。《中庸》有讲到天理、人欲。《礼记》说："好恶无节于内，知诱于外，不能反躬，天理灭矣。……人化物也者，灭天理而穷人欲者也。"②

天理、人欲之辨，发端于张载。张载认为，上达反天理，下达徇人欲。"烛天理如向明，万象无所隐。穷人欲如专顾影间，区区于一物之中"。此说儒家传统并不能息欲，只是节而不能灭。张载《正蒙》还屡言天德天道。天德是体，天道是用，俱是天理。要穷神知化，变化气质，复乎天理。此与《中庸》之尽性与达天德，无有分别。张载说："天人异用，不足以言诚。"③ 诚则天人合一，亦即理欲合一。王夫之注此句说："理，天也。意欲，人也。"此说以天人为异域，不确。意欲非天理。后来王夫之有所修正："理不行于意欲于中，意欲有时而逾乎理，天人异用也。"其谓理不行于意欲之中，意欲中理不运行，则人欲胜天理。王夫之注张载"饮食男女，皆性也"句说："理皆行乎其中也。"④

程颢、程颐对天理、人欲的论说很有贡献。程氏说："天下善恶皆天理。谓之恶者本非恶，但或过或不及，便如此。""万物皆只是一个天理。""天理云者。……更有甚穷已。不为尧存，不为桀亡。……元无少欠，百理具备。""人于天理昏者，是只为嗜欲乱著。""万物无一物失所，

---

① 陆九渊：《象山集》卷三十五、三十四，《语录》。
② 《礼记·乐记篇》。
③ 《正蒙·诚明篇》。
④ [清]王夫之：《张子正蒙注》。

便是天理时中。"这些是二程的共同观点。① 此外，程颢说："人心惟危，人欲也。道心惟微，天理也。惟精惟一，所以至之。允执厥中，所以行之。"程颐认为，不是天理，便是私欲。无人欲，即皆天理。理欲不能并立。程颐又说："人心私欲故危殆，道心天理故精微，灭私欲则天理明矣。"② 二程皆主存天理，而存之道在诚敬。程颢说："'天理'二字，却是自家体贴出来。"③ 此为理学名言。上引《乐记》只云中节，而程颢却视天理为宇宙原则，人生之至善，有如西方哲学的自然律（Natural Law），亦即康德之无上律令。即自己由诚而明，与天为一。所有视听言动，不止合礼，至中和，更使天人浑然一体。

朱熹反复言天理、人欲。朱熹强调，人欲隐于天理之中。有个天理，便有个人欲。人欲中有个天理。日用之间莫非天理。朱熹讲的理欲非二，是其一大贡献。天理、人欲之分界是朱熹又一贡献。朱熹说："人之一心，天理存则人欲亡，人欲胜则天理灭，未有天理人欲夹杂者。""天理人欲常相对。"此讲天理、人欲不相容。所谓相对，乃"是底即天理之公，非底乃人欲之私"。"此胜则彼退，彼胜则此退。""天理人欲，几微之间。""天理人欲之分，只争些子。故周先生（周敦颐）只管说'几'字，然辨之又不可不早，故横渠（张载）每说'豫'字。"因此，天理、人欲乃同是一心，而理欲升沉，如水之清浊，不在诚欲而在善恶。朱熹说：

> 天理人欲，无硬定底界，至是两界分上功夫。这边功夫多，那边不到占过来。若这边功夫少，那边必侵过来。

在朱熹看来，"有个天理，便有个人欲。盖缘这个天理，须有个安顿处。才安顿得不恰好，便有人欲出来。"④

朱熹的《知言疑义》，引胡宏《知言》说："天理、人欲，同体而异用，同行而异情，进修君子宜深别焉。"对此，朱熹评说："此章亦性无

---

① 以上见《二程遗书》卷二上、卷五。
② 《二程遗书》卷十一、卷二十四。
③ 《二程外书》卷十二。
④ 以上见《朱子语类》卷十三，《力行》。

善恶之意。"① 胡宏同体异用说，本是《知言》中一个问题，不是其哲学中心。而与朱熹之说不同，故批评之。牟宗三谓同体指"同一事体"而非体用之体。其实，胡宏并未如朱熹所说天理、人欲混在一起。胡宏言天理、人欲之分，实与程朱无异。胡宏说："帝王之所以顺天理，承天心，公天下之大端大本也。……暴主之所以纵人欲，悖天道，私一身之大孽大贼也。"② 朱熹反对胡宏主要是其以好恶言性，其他方面分别不大。

朱熹进一步指出，"所谓天理，复是何物？仁、义、礼、智岂不是天理？君臣、父子、兄弟、夫妇、朋友岂不是天理。"③ 这是说，仁、义、礼、智四德便是"天理"。天理便是仁，居仁由义，即循天理。"仁""义"是天理之自然，若"仁"等四德是体、是理，它们必须体现于人伦之中。父慈、子孝、兄悌、夫敬，都是天理之自然。由此，便推出天理是善的。据《朱子语类》记载：

> 问："程子曰天下善恶皆天理，何也？"曰："恻隐是善，于不当恻隐处恻隐，即是恶；刚断是善，于不当刚断处刚断，即是恶。虽是恶，然原头若无这物事，却如何做得。本皆天理，只是被人欲反了，故用之不善而为恶耳。"

这里讲仁、义。仁恻隐、慈爱；义刚断，规范行为。因此，"恻隐""刚断"本来都是"善"的，但是"恻隐""刚断"不当便转化为"恶"。这里所说的"不当"，是指"过与不及"。上引又说："问：'善恶皆天理如何？'曰：'此只是指其过处言，如恻隐之心仁之端，本是善，才过便至于姑息；羞恶之心义之端，本是善，才过便至于残忍。故它下面亦自云谓之恶者本非恶，但或过或不及便如此。'"④ "恻隐"和"羞恶"本是"仁""义"之端，本是"善"的；但是"过"了便是"姑息""残忍"，即转变为"恶"。

对朱熹的天理论，真德秀有所补充，肯定人有些情欲是合理的。真

---

① 《晦庵集》卷七十三，《胡子知言疑义》。
② ［宋］胡宏：《知言》卷六。
③ 《晦庵集》卷五十九，《答吴斗南》。
④ 以上见《朱子语类》卷九十七，《程子之书三》。

德秀说：

> 好勇、好货、好色之心皆天理之所有，而人情之所不能无者。
> 然天理人欲同行异情，循理而公于天下者，圣贤之所以尽其性也；
> 纵欲而私于一己者，众人之所以灭其天也。二者之间不能以发（按
> 极短时间）而其是非得失之归相去远矣。①

人之利欲亦本于天理。真德秀说："循天理则不求利而自无不利。"② 欲求
利者不得利，不求利者而得利。真德秀的这种说法日常生活中的例子是
很多的。

福建朱子学家们把"人欲"看成是"恻隐""羞恶"的反面。如人之
残忍，其反面便是恻隐；如放火杀人，可谓至恶，若去炊饭，杀其人之
所当杀，还是天理。"欲"是有区别的，对于物质生活的正当要求和欲望
不能说是恶的。据《朱子语类》记载：

> 问："饮食之间，孰为天理，孰为人欲？"曰："饮食者，天理
> 也；要求美，人欲也。"……不为欲所昏，则浑然天理矣！天理、人
> 欲，无硬定底界，至是两界分上功夫。这边功夫多，那边不到占过
> 来。若这边功夫少，那边必侵过来……凡人不进便退也。……只此
> 一心，但看天理私欲之消长如何尔。以至千载之前，千载之后，与
> 天地相为始终，只此一心。

朱熹把人们对日常饮食的要求，说成是"天理"；把超出当前社会的物质
生活水平，而"要求美味"，便是"人欲"。若是饥欲食、渴欲饮，则此
欲仍是天理。

"天理"与"人欲"是相反相成的。就"天理"与"人欲"相成说，
朱熹说：

> 有个天理，便有个人欲。盖缘这个天理，须有个安顿处。才安
> 顿得不恰好，便有人欲出来。天理人欲分数有多少，天理本多，人

---

① 《四书集编》，《孟子集编》卷二，《梁惠王章句下》。
② 《四书集编》，《孟子集编》卷一，《梁惠王章句下》。

欲便也是天理里面做出来。虽是人欲，人欲中自有天理。①

"天理"与"理"一样需要有个安顿和寄搭的地方，这个地方便是"欲"，但是由于安顿"不恰好"或"不当"，便有"人欲"产生出来。从这个意义上说，"天理"与"人欲"是相互存依的。朱熹认为，天理、人欲分数有多少，天理本多，人欲便也是天理里面做出来的。既然"人欲"是从"天理"里面做出来，两者便不可相离，而共同处在一个统一体中。因此，"人欲"自有"天理"。

就"天理"与"人欲"相反说，有公私、是非、善恶之别。朱熹说：

> 同是事，是者便是天理，非者便是人欲。如视、听、言、动，人所同也，非礼勿视、听、言、动，便是天理；非礼而视、听、言、动，便是人欲。②

"是"的是"天理"，"非"的是"人欲"。

基于"天理"与"人欲"之相反，朱熹便提出二者之相克。朱熹说：

> 人只有个天理、人欲，此胜则彼退，彼胜则此退，无中立不进退之理。凡人不进便退也。
>
> 人之一心，天理存则人欲亡，人欲胜则天理灭。③

这种"天理、人欲相胜之地，自家这里胜得一分，他那个便退一分；自家这里退一分，他那个便进一分。"④ 一方进，一方退；一方胜，一方败。便是"天理"一方战胜"人欲"一方。"天理"与"人欲"之战，犹如刘邦与项羽垓下之战，便是一方吃掉一方。

对于如何"存天理，灭人欲"，朱熹设喻说：

> 如剥百合，须去了一重，方始去那第二重……如做屋柱一般，且去了一重粗皮，又慢慢出细。今人不曾做得第一重，便要做第二重工夫去。

---

① 以上见《朱子语类》卷十三，《力行》。
② 《朱子语类》卷四十，《子路曾皙冉有公西华侍坐章》。
③ 以上见《朱子语类》卷十三，《力行》。
④ 《朱子语类》卷五十九，《五谷种之美者章》。

克去"人欲"犹如剥百合，一层一层地往里剥，剥尽了，"天理"自明。"克得那一分人欲去，便复得这一分天理来；克得那二分己去，便复得这二分礼来。"① "存天理，灭人欲"的过程，就是"克己复礼"的工夫，而不是在克己之外，别有复礼之功。"克己"就能"复礼""复理"，"灭人欲"就能"存天理"。"克己复礼"的道德修养过程，便是"遏人欲、存天理"的修养过程。克己复礼为仁，言能克去己私、复乎天理。

朱熹还进一步指出，要把人欲纳入天理的轨道，如男女之欲纳入夫妇之伦。朱熹说："人之一心，天理存则人欲亡，人欲胜则天理灭，未有天理人欲夹杂者。学者须要于此体认省察之。大抵人能于天理人欲界分上立得脚住，则尽长进在。"②

朱熹的结论是：

> 孔子所谓"克己复礼"，《中庸》所谓"致中和、尊德性、道问学"，《大学》所谓"明明德"，《书》曰："人心惟危，道心惟微，惟精惟一，允执厥中"。圣贤千言万语，只是教人"明天理，灭人欲"。③

清儒戴震大反宋儒理欲说："此理欲之辨，使君子无完行者，为祸如是也。"④ 近儒亦有攻击宋明儒理欲说为杀人工具。"以理杀人"曾是口头禅。此已超出学术范围，成为为政治服务的口号。

6. 义利

义利之辨，源自《论语》"君子喻于义，小人喻于利"。⑤ 董仲舒的"正其义不谋其利，明其道不计其功"之名言，为理学家所乐道。⑥ 以后义利分明，势不两立。邵雍说："尚义必让，君子道长。尚利必争，小人道行。"又说："尚利则乱，尚义则治。"⑦ 程颢说："大凡出义则入利，出

---

① 以上见《朱子语类》卷四十一，《颜渊问仁章》。
② 《朱子语类》卷十三，《力行》。
③ 《朱子语类》卷十二，《持守》。
④ ［清］戴震：《孟子字义疏证》卷下。
⑤ 《论语·里仁》。
⑥ 《汉书》卷五十六，《董仲舒传》。
⑦ ［宋］邵雍：《伊川击壤集·义利吟》。

利则入义。天下之事，惟义利而已。"程颐说：

> 孟子辨舜跖之分，只在义利之间。言间者，谓相去不甚远，所争毫末尔。义与利只是个公与私也。才出义，便以利言也。只那计较，便是为有利害。①

杨时说："自非狙诈之徒，皆知义足以胜利，然不为利疚而迁者几希。……由孔子而后，为天下国家，不以利言者，唯孟子一人守得定。"又说："荆公（按王安石）云：'利者阴也，阴当隐伏。义者阳也，阳当宣著。'此说源流发于董仲舒。然此正王氏心术之蔽。观其所为，虽名为义，其实为利。"② 以上为北宋理学家一般见解，皆以义利不兼容，二者乃公私争让治乱之分，然义终能胜利。

朱熹在上述见解的基础上，提出自己的观点。朱熹在答"君子喻于义章"之问题时说："见义理底，不见得利害。见利害底，不见得义理。"或问义利之别，朱熹答说："只是为己为人之分。"③ 朱熹答刘季章说："天下只有一理。此是即彼非，此非即彼是，不容并立。故古之圣贤，心存目见，只有义理，都不见有利害可计较。日用之间，应事接物，直是判断得直截分明。"④ 答时子云说：

> 但请逐日那三五分功夫，将古今圣贤之言，剖析义利处，反复熟读。时时思省义理何自而来？利欲何从而有？二者于人孰亲孰疏？孰轻孰重？必不得已孰取孰舍？孰缓孰急？初看时似无滋味，久之须自见得合剖判处，则自然放得下矣。⑤

以理欲分义利，是理学家们一般见解。朱熹多从哲学上讲。朱熹说："仁义根于人心之固有，利心生于物我之相形。"⑥ 此谓义乃人心之自然，利则因我之物欲而生。张栻说："学者潜心孔孟，必得其门而入。愚以为

---

① 《二程遗书》卷十一、卷十七。
② ［宋］杨时：《龟山集》卷十一，《京师所闻》。
③ 《朱子语类》卷二十七《君子喻于义章》，卷十三《力行》。
④ 《晦庵集》卷五十三，《答刘季章》。
⑤ 《晦庵集》卷五十四，《答时子云》。
⑥ 《朱子语类》卷十三，《力行》。

莫先于义利之辩。盖圣学无所为而然也。……凡有所为而然者，皆人欲之私，而非天理之所存。此义利之分也。"①

陆九渊与朱熹意见每每不同，而义利观点上却差不多。淳熙八年（1181 年），陆九渊访朱熹于南康。朱熹请其登白鹿洞书院讲席，讲君子喻于义章，说得痛快，听者流涕。朱熹请书讲义，寻以讲义刻于石。此略说：

> 人之所喻，由其所习，所习由其所志。志乎义，则所习者必在于义。所习在义，斯喻于义矣。……故学者之志，不可不辩也。……专志乎义，而日勉焉。博学、审问、谨思、明辨，而笃行之。由是而进于场屋，……由是而仕，……其得不谓之君子乎？②

朱熹与陈亮有义利之辩。陈氏主义利双行，王霸并用。三代与汉唐并非义利之别，只是做尽做不尽耳。朱熹则以天理人欲，不必求之于古今王霸之说，反之吾心义利邪正之间便见。此义利之辩不了了之。

陈淳的《性理字义》，特别设义利一节。其说：

> 义与利相对而实相反。才出乎义便入乎利，其间相去甚微，学者当精察之。自文义而言，义者天理之所宜，利者人情之所欲。欲是所欲得者。就其中推广之，才是天理所宜底，即不是人情所欲。才是人情所欲底，即不合于天理之所宜。天理所宜者，即当然而然，无所为而然也。人情所欲者，只是不当然而然，有所为而然也。天理所宜是公，人情所欲是私。如货财、名位、爵禄等，此特利之粗者。如计较强弱、多寡便是利，如取己之便宜亦是利，求名觊效，如徇己自私，如徇人情而为之，如有外慕底心，皆是利。③

义利不容，是福建朱子学家义利思想的一个方面。另一方面，他们认为，义亦可以为利。程颐说："利物足以和义。"④ 又说：

①　[宋] 张栻：《南轩集》卷十四，《孟子讲义序》。
②　《象山集》卷二十三，《白鹿洞书院讲义》。
③　《北溪字义》卷下，《义利》。
④　《伊川易传》卷一，《周易上经》。

阴为小人，利为不善，不可一概论。夫阴助阳以成物者，君子也，其害阳者小人也。夫利和义者，善也，其害义者，不善也。……凡顺理无害处便是利。君子未尝不欲利。然孟子言何必曰利者，盖只以利为心则有害。①

朱熹赞同这个观点。朱熹说：

义利犹头尾然。义者宜也，君子见得这事合当如此，却那事合当如彼。但裁处其宜而为之，则何不利之有？君子只理会义，下一截利处，更不理会。小人只理会下一截利。②

朱熹在答刘季章时说："孟子说未有仁而遗其亲，未有义而后其君，便是仁义未尝不利。"③ 此是讲义利之分不在效果而在用心。此是朱熹与陈亮争辩之焦点。

"义"与"利"之辨是和"天理"与"人欲"之辨联系着的。朱熹说：

仁义根于人心之固有，天理之公也；利心生于物我之相形，人欲之私也。循天理，则不求利而自无不利；徇人欲，则求利未得而害己随之。所谓毫厘之差，千里之缪。此孟子之书所以造端托始之深意，学者所宜精察而明辨也。……惟仁义则不求利，而未尝不利也。④

"义"是先天固有的心，属于"天理"之公；"利"出于物我的相互比较，是后天的，属于"人欲"之私。若遵循"天理"，不求"利"而无不"利"；循人欲，求"利"不得反而害己。这是说，追求"利"要按义（即"天理"）原则去做。

"义"是天理之所宜。在朱熹看来，"宜"，是说"合当如此"。"天理之所宜"便是"天理"所当做的，合乎"义"的。朱熹说：

① 《二程遗书》卷十九。
② 《朱子语类》卷二十七，《君子喻于义章》。
③ 《晦庵集》卷五十三，《答刘季章》。
④ 《四书章句集注》，《孟子集注》卷一，《梁惠王章句上》。

如今做官，须是恁地廉勤。自君子为之，只是道做官合著如此。
自小人为之，他只道如此做，可以得人说好，可以求知于人。

做官应当廉勤，这便合乎"天理"之所宜。也可以说，这便是"宜之
理"。因此，当门人问"《集注》谓义者，天理之所宜，仁说又谓义者宜
之理"，有何不同？朱熹回答："只宜处便是义，宜之理，理之宜，都一
般。但做文恁地变，只如冷底水、热底水，水冷底、水热底一般。"这是
说，两者没有本质不同，只是做文时的表述方式不同。①

朱熹进一步解释"义"为"心之制"。他说：

心之制，却是说义之体。程子所谓处物为义是也；扬雄言义以
宜之；韩愈言行而宜之之谓义。若只以义为宜，则义有在外意。须
如程子言处物为义。则是处物者在心而非外也。

事之宜，此事合当做，彼事不合当做，只是指处物而言，似与人们的道
德无关。因此，朱熹进一步规定"义"为"心之制"。此是说"事之宜虽
若在外，然所以制其义，则在心也。程子曰：处物为义，非此一句，则
后人恐未免有义外之见。如义者事之宜，事得其宜之谓义，皆说得未分
晓。盖物之宜，虽在外而所以处之，使得其宜者，则在内也"。所以使事
"得其宜"的，不在外，而在于"心"。在这个意义上说，"心"起着支配
的作用。"问：'心之制是裁制？'曰：'是裁制。'问：'莫是以制其心？'
曰：'心自有这制，制如快利刀斧，事来劈将去，可底从这一边去，不可
底从那一边去。'"可见，"义"是"天理之所宜"，是"心之制"，根于
人心之固有；是先验的"仁""义"之"心"；它是"君子"所具有的，
而"小人"往往所不具备。②

在朱熹看来，利是人情之所私欲。朱熹反复讲了这个观点。"小人只
理会下一截利，更不理会上一截义。盖是君子之心，虚明洞彻，见得义
分明；小人只管计较利，虽丝毫底利也自理会得。""利"就是只计较利
害，或只计较对自己有利无利，而不顾"义"。"且如有白金遗道中，君

---

① 以上见《朱子语类》卷二十七，《君子喻于义章》。
② 以上见《朱子语类》卷五十一，《孟子见梁惠王章》。

子过之曰，此他人物，不可妄取；小人过之，则便以为利而取之矣。"君子讲"义"，不当得就不取，小人不管当得不当，取之为"利"，这便是"人情之所欲"。朱熹说：

> 昨有李某，当寿皇登极之初，上一书极说道学恁地不好，那时某人在要路，故以此说投之，即得超升上州教官。前日某方赴召到行在，忽又上一书，极称道学之美，他便道某有甚势要，便以此相投，极好笑。①

这是说为自己的升官，而投上司所好，出尔反尔。对此，陈淳在《北溪字义》中注说：

> 利者，人情之所欲。欲是所欲得者。……如货财、名位、爵禄等，此特利之粗者。如计较强弱多寡，便是利；如取己之便宜，亦是利；求名觊效，如徇己自私，如徇人情而为之，如有外慕底心，皆是利。②

不该如此而如此的"人欲"，便是人情之所欲。陈淳之说是符合朱熹原意的。

此外，朱熹在《朱子语类》中，对何谓"徇己是私""徇人情""觊效""外慕"等，释为"如为己谋则尽心，为他人谋则不尽心"，是"徇己是私"；"凡事不顾理之当然，只徇人情而不解决"，是"徇人情"；"如先难后获，先事后得，皆是。先尽其在我所当为，而不计其效"，是"觊效"；"如今科举之学，全是外慕"。这些都是"利"。"利"为"人情所欲"，"人欲"为"私"，那么"利"就必然为"私"。因此，可以说是"天理人欲，义利公私"。朱熹说："将天下正大底道理去处置事，便公；以自家私意去处之，便私。"③ 对此，陈淳在其《义利》《学义》等中也有说明：

> 才是人情所欲底，即不合于天理之所宜……只是不当然而然，

---

① 　以上见《朱子语类》卷二十七，《君子喻于义章》。
② 　《北溪字义》卷下，《义利》。
③ 　《朱子语类》卷十三，《力行》。

有所为而然也。天理所宜是公，人情所欲是私。^①

在陈淳看来，"利"是"人欲之私"，是由"气禀"决定的。小人于利，他见这一物便思量做一物事，计较精密，更有非君子所能知者，是他气禀中自元有许多鏖糟恶浊底物。所以才见那物事，便出来谋私利。由于"气禀"中原来就有恶浊的，所以便有"人欲之私"而与之相应。因此，"利"对"义"来说，则"利"为不善。

福建朱子学家们力辨"义利"之别，是为了"自天子以至于庶人，人人得其本心以制万事"^②，不去追求不应该得到的物质利益或各种权益，去掉种种物质的和精神的奢求，使人际和谐，社会安定。

从上述"人欲"之所必然，可以看出闽学学者并不完全否认"利"，他们提出的是"重义"而"轻利"。朱熹在《拙斋记》中说：

> 尝闻之，天下之事不可胜穷，其理则一而已矣。君子之学，所以穷是理而守之也。其穷之也，欲其通于一；其守之也，欲其安以固。以其一而固也，是以近于拙。盖无所用其巧智之私，而唯理之从。极其言，则正其谊（义）不谋其利，明其道不计其功，是亦拙而已矣。^③

在这里，动机和效果是统一的。在闽学家们看来，好的动机必然有好的效果，动机和效果相对立只是个别现象。

（四）政治学

1. 正君使臣

《礼记》说："君以民为本。"^④"以民为本"是儒家政治学的核心。类似的说法还有："民惟邦本，本固邦宁。"^⑤"民为贵，社稷次之，君为轻。"^⑥荀子以舟水喻君民关系，即水能载舟，亦能覆舟，由此来警戒和

---

① 《北溪字义》卷下，《义利》。
② 《晦庵集》卷七十五，《送张仲隆序》。
③ 《晦庵集》卷七十八，《拙斋记》。
④ 《礼记·缁衣》。
⑤ 《尚书·五子之歌》。
⑥ 《孟子·尽心下》。

防范君主们的为所欲为。① 闽学的正君说，就是以此为前提和基础的。

朱熹认为，正君心是天下事之大根本，其余都是小根本。君权神授，天下之事千变万化，其端无穷，无一不本于人主之一心。人主之心正，则天下之事无一不出于正；人主之心不正，则天下之事无一能得于正。君心正则以正朝廷，正朝廷则以正百官，正百官则以正万民，正万民则以正四方。朱熹强调，南宋王朝只剩下东南一隅之半壁江山，都是因为不讲帝王之学、不讲正心，以致君心不正；君主的心术正与不正，直接关系到国家的兴衰存亡。眼下最要紧的是正君心，这乃是治国之首先要做的。②

朱熹据《大学》中所说的，"自天子以至于庶人，壹是皆以修身为本"，强调"盖欲治人者不可不先于治己，欲体道者不可不先于知道。此则天下国家之达道通义，而为人君者，尤不可以不审"。按照《大学》之"三纲领"（明明德，亲民，止于至善）、"八条目"（格物，致知，诚意，正心，修身，齐家，治国，平天下），修身要达到三个目的，即上引"三纲领"，就是朱熹所说的"明明德于天下，自新以新其民"，以及止于至善。明德的实质，归结为自觉辨别邪正，去私而立公，把自己内在的德性充分地表达出来，从而把亲民达到至善的地步。而修身的方法，就是格物致知和诚意正心。朱熹说：

> 物格者，物理之极处无不到也。知至者，吾心之所知无不尽也。知既尽，则意可得而实矣。意既实，则心可得而正矣。③

"诚意"是"无自欺""慎其独"。《大学》说："所谓诚其意者，毋自欺也。如恶恶臭，如好好色。此之谓自谦，故君子必慎独也。"所谓自欺，就是知为善去恶而心之所发未实之。谦，足；独，人所不知己所独知。不要自己欺骗自己，在个人独处时也一定要不做亏心事，使其恶臭则如恶恶臭，好色则如好好色。这里的关键是一个"诚"字，就是诚信无欺。

---

① 《荀子·哀公》。
② 参见《晦庵集》卷十一，《戊申封事》等。
③ 《晦庵集》卷十五，《经筵讲义》。

朱熹的正君心，是其反对君主专制的开明专制论。朱熹说：

> 盖君虽以制命为职，然必谋之大臣，参之给舍，使之熟识，以求公议之所在，然后扬于王庭，明出命令，而公行之。是以朝廷尊严，命令详审，虽有不当，天下亦皆晓然知其谬之出于某人，而人主不至独任其责。臣下欲议之者，亦得以极意尽言而无所惮。此古今之常理，亦祖宗之家法也。今者陛下即位未能旬月，而进退宰执，移易台谏，甚者方骤进而忽退之，皆出于陛下之独断，而大臣不与谋、给舍不及议，正使实出于陛下之独断，而其事悉当于理，亦非为治之体，以启将来之弊；况中外传闻，无不疑惑，皆谓左右或窃其柄，而其所行，又未能尽允于公议乎！此弊不革，臣恐名为独断，而主威不免于下移；欲以求治，而反不免于致乱。①

他认为君主制定的政令，要与大臣、官吏公议，共同制定决策，提高到"古今之常理""祖宗之家法"的高度，目的在于促使大臣、官吏公议朝政，得以极意尽言而无所畏惧。朱熹说："朝廷正而内外远近莫敢不一于正矣。监司得其人而后列郡之得失可得而知，郡守得其人而后属县之治否可得而察，重其任以责其成，举其善以惩其恶。夫如是，则事之所谓利，民之所谓休，将无所不举；事之所谓病，民之所谓戚，将何所不除。"② 这种开明专制论表达出了中下层官僚地主士大夫谋求参政的强烈要求。

朱熹的这种"公议"观点，应该是来源于道南学派的游酢。游酢撰《论士风疏》，向皇帝建议朝廷"倡清议于天下"③，由民众公开评议官吏的好坏，即今天所说的实行群众监督，用舆论使他们改邪归正。

2. 进贤退奸

"尊贤使能"是儒家的一贯政治主张。孔子说："仁者人也，亲亲为大；义者宜也，尊贤为大。亲亲之杀，尊贤之等，礼所生也。"④ 尊贤就

---

① 《晦庵集》卷十四，《经筵留身面陈四事札子》。
② 《晦庵集》卷十一，《壬午应诏封事》。
③ 《游廌山集》卷四，《论与风奏疏》。
④ 《中庸》第二十章。

要使能，充分发挥其才能。朱熹说：

> 为政在人，取人以身，故不可以不修身；修身以道，修道以仁，故思修身不可以不事亲。欲尽亲亲之仁，必由尊贤之义，故又当知人。亲亲之杀，尊贤之等，皆天理也，故又当知天。①

朱熹强调："治天下莫过于亲贤。""所谓亲贤者，乃治天下者不易之务。若当务之急，是随其时势之不同。尧之历象治水，舜之举相去凶，汤之伐夏救民，皆所务之急者。"② 朱熹认为，"官无大小，凡事只是一个公。若公时，做得来也精采，便若小官，人也望风畏服；若不公，便是宰相，做来做去，也只得个没下梢。"③

在朱熹看来，当时之急务是进贤退奸。朱熹说："大开公正之路，使宗社尊安，生灵有庇。"④ 他特别强调，不成才之人，不能参与政治。朱熹反复指出，"今世士大夫惟以苟且逐旋挨去为事，挨得过时且过，上下相咻，以勿生事，不要十分分明理会事，且恁鹘突，才理会得分明，便做官不得……一切刓方为圆，且恁随俗苟且，自道是年高见识长进"。这是讲得过且过的官员。他接着说：

> 当官者，大小上下，以不见吏民，不治事为得策。曲直在前，只不理会。庶几民自不来，以此为止讼之道。民有冤抑，无处伸诉，只得忍过；便有讼者，半年周岁，不见消息，不得了决，民亦只得休和。居官者遂以为无讼之可听。风俗如此，可畏！可畏！⑤

这种不治事的官吏，不顾民之死活，真是可怕！这样下去，国家能太平吗？

因此，只有选拔才能做官，才能把国家治好。朱熹在《己酉拟上封事》中提出选才之标准："选之以其能正己而可畏，则必有以得自重之士。而吾所以任之不得不重；任之既重，则彼得以尽其献可替否之志，

---

① 《四书章句集注》，《中庸章句》右第十九章。
② 《朱子语类》卷六十，《知者无不知也章》。
③ 《朱子语类》卷一百十二，《论官》。
④ 《晦庵集》卷二十七，《答尤延之书》。
⑤ 以上见《朱子语类》卷一百八，《论治道》。

而行其经世宰物之心。而又公选天下直谅敢言之士，使为台谏、给舍，以参其议论，使吾腹心耳目之寄，常在于贤士大夫，而不在于群小；陟罚臧否之柄，常在于廊庙，而不出于私门。如此而主威不立、国势不强、纲维不举、刑政不清、民力不裕、军政不修者，臣不信也。"① 在朝廷和地方政权中都是刚明公正不谋私利的贤士，国家就必然纲纪立、刑政清、军政修、民力裕，从而国势强。

对于选拔才能做官，真德秀有进一步的说明。他认为，做官必须做到四事而能去民十害。他在《谭州谕同官咨目》中说："何谓四事？曰律己以廉、抚民以仁、存心以公、莅事以勤是也。何谓十害？曰断狱不公、听讼不审、淹延囚系、惨酷用刑、泛滥追呼、招引告讦、重叠催税、科罚取财、纵吏下乡、低价买物是也。"由此，他提出为官要以身作则。他在《矩堂记》中说：

> 始吾恶隶于己者之不忠也，故其立朝宁以尽言获罪而不敢不以父事吾君；恶长人者之不仁也，故其居官宁以救菑获谤而不敢不以子视吾民。尝以掾属事台府矣，其情不吾察，吾患焉，故为长吏必思所以通其下之情；尝以监司临所部矣，其令不吾行，吾病焉，故虽为一道帅，而于使者之命未尝忽。私居而挠公府，吾尝不平之，故于其所寓不敢以毫发干焉；大家而朘细民，吾尝弗直之，故于乡党邻里，虽无以厚之，而亦不敢伤之也。②

朱熹特别强调改革地方吏治。朱熹说：

> 国初，缘藩镇强，故收其兵权，置通判官。今已无前日可防之弊，却依旧守此法，可谓不知变也。只通判是要何用？缪者事事不管，只任知州自为，强者又姿意妄作，以挠郡政，是何益哉？"③

朱熹提出各路只置一人为刺史之职，称之为按察使，其下却置判官数员以佐之，如转运判官、刑狱判官、农田判官之类。农田专主婚田，转运

---

① 《晦庵集》卷十二，《己酉拟上封事》。
② 以上见《西山文集》卷四十、卷二十五。
③ 《朱子语类》卷一百十二，《论官》。

专主财赋，刑狱专主盗贼，刺史总之。有事上奏朝廷，则由刺史为之发奏，如果刺史不肯发，则许判官自径申御史台、尚书省，以分刺史之权。这就会除暴安民，社会稳定。

朱熹激烈反对当时压抑人才的"荫恩""资考"制度。"荫恩"制是宋代官禄的世袭制度。曾经与国家共休戚而有卓著建树的公卿，其子孙可以世袭其前辈祖先的爵禄与官职。朱熹认为，这些公卿的子孙，既不知义理，又莫不骄奢淫逸，参与治理国家有害而无利。他主张以德才兼备的"草茅新进之士"取而代之，将他们破格晋升为公卿之位。"资考"制则是宋代凭资格晋升官职的制度。朱熹认为，官吏晋升不能凭"资考"，而应当选用贤能。他说："今日学官，只是计资考迁用，又学识短浅，学者亦不尊尚。"① 朱熹的这种主张是很有价值的。

3. 为政以德与刑

朱熹与门人有段关于政治的问答，很能说明福建朱子学家们的一般政治思想：

> 吴英茂实云："政治当明其号令，不必严刑以为威。"曰："号令既明，刑罚亦不可弛。苟不用刑罚，则号令徒挂墙壁尔。与其不遵以梗吾治，曷若惩其一以戒百？与其鹘实检察于其终，曷若严其始而使之无犯？做大事，岂可以小不忍为心！"②

国家颁布的法律制度是"号令"，"刑罚"是施行"号令"的。这里，朱熹讲的国家政权和维护这个政权的法律制度，是闽学政治学说的核心问题。

孔子说："道之以政，齐之以刑，民免而无耻；道之以德，齐之以礼，有耻且格。"③ 此是后世德治先于法治的理论渊源。朱熹说：

> 愚谓政者，为治之具；刑者，辅治之法。德礼则所以出治之本，而德又礼之本也。此其相为终始，虽不可以偏废，然政刑能使民远罪而已。德礼之效，则有以使民日迁善而不自知。故治民者不可徒

① 《朱子语类》卷一百九，《论取士》。
② 《朱子语类》卷一百八，《论治道》。
③ 《论语·为政》。

恃其末，又当深探其本也。①

"政"是指法制禁令，即统治的工具。"刑"是辅助统治的方法。"德礼"是统治工具和方法的根本。德礼高于政刑，是朱熹的基本主张。《朱子语类》记载董铢与朱熹的问答：

> 或问：为政以德。曰：为政以德，不是欲以德去为政，亦不是块然全无所作为，但德修于己而人自感化。然感化不在政事上，却在德上。盖政者，所以正人之不正，岂无所作为？但人所以归往，乃以其德耳。故不待作为而天下归之，如众星之拱北极也。②

这是孔子修己以安百姓的思想。

朱熹指出，省赋为德政之本。当时，赋税名目繁多，除夏秋二税的农业正税之外，有经总制钱、月桩钱、版账钱等，其中经总制钱竟达正税的三倍。而农业正税本身也有，正税加耗、折帛钱、和买、和籴、科配等。此外，还有身丁税、商税、盐税、酒税等。朱熹认为，罢去冗费，而悉除无名之赋，方能救百姓于汤火之中。若不认百姓是自家百姓，便不恤。他主张须一切从正赋，凡所增各色，一齐除尽，民方始得脱净。朱熹在知漳州任上，曾奏除属县无名之赋700万，减经制钱400万。

荒年赈济是朱熹德政的重要措施。最为突出的是，他到处推广社仓，为灾民提供免息贷粮。他强调，荒年所当忧者不止于饿殍，而在于盗贼，蒙其害者不止于官吏，而上及于国家。孝宗乾道三年（1167年）秋，福建崇安发大水，朱熹奉府檄视察灾区。他走遍了崇安各地，认识到"今时肉食者，漠然无意于民，直是难与图事"③。为了赈灾救贫，照顾鳏寡孤独，他提出设立社仓于五夫里。他说："山谷细民无盖藏之积，新陈未接，虽乐岁，不免出倍称之息，贷食豪右，而官粟积于无用之地，后将红腐，不复可食。愿自今以来，岁一敛散，既以纾民之急，又得易新以藏。俾愿贷者出息什二。又可以抑侥幸、广储蓄。即不欲者勿强。岁或不幸，小饥则弛半息，大侵则尽蠲之。于以惠活鳏寡，塞祸乱原，甚大

---

① 《四书章句集注》，《论语集注》卷一，《为政第二》。
② 《朱子语类》卷二十三，《为政以德章》。
③ 《晦庵集》卷四十三，《答林择之》。

惠也。诸著为例。"①

朱熹所创立的五夫社仓，具有官办的性质。他在《延和奏札四》中说：

> 臣所居建宁府崇安县开耀乡，有社仓一所，系昨乾道四年，乡民艰食，本府给到常平米六百石……依旧贷与人户，冬间纳还。臣等申府措置，每石量收息米二斗。自后逐年依此敛散。或遇小歉，即蠲其息之半；大饥，即尽蠲之。至今十有四年，其支息米，造成仓敖三间收贮，已将元米六百石纳还本府。其见管三千一百石，并是累年人户纳到息米。已申本府照会，将来依前敛散，更不收息，每石只收耗米三升。系臣与本乡土居官及士人数人共掌管。遇敛散时，即申府，差县官一员监视出纳。以此之故，一乡四五十里之间，虽遇凶年，人不阙食。

朱熹在奏札中，请孝宗皇帝批准他的五夫社仓"行下诸路州军"。②"淳熙八年公疏其法，请行天下，从之。后寝废，今遗址犹存，条约具在。"③现遗存的五夫社仓、朱子社仓，虽是后人修复的，能反映出朱熹当年倡导社仓的情况。在朱熹创立五夫社仓的带动下，别处闻风相继设立。"立社仓崇安县凡十七所"。④

社仓不是朱熹最早提出来的。据南宋李心传记载，社（义）仓创建于北宋仁宗庆历元年（1041年）。他说："惟闽中魏元履、处士朱元晦先生尝置于里社，每岁以待乡民，至冬而取，有司不与焉。今若以义仓米置仓于乡社，令乡人之有行谊者掌之，则合先生之遗意矣。"⑤

据记载："社仓、举子仓，非官司所掌，其原出于乡先生、卿大夫，念饥民苟求一饱而轻犯刑辟者，于是与其里人仗义协力，买田策谷，立为社仓。每乡一所，乡官一名主其出纳。每岁以九月敛收，五月给借，是曰社仓。又念贫民之迫于寒窭，生子弗能举者，相与议立举子仓，以

---

① 《晦庵集》卷七十七，《建宁府崇安县五夫社仓记》。
② 以上见《晦庵集》卷十三，《延和奏札四》。
③ 嘉庆《崇安县志》卷二，《仓》。
④ 嘉靖《建宁府志》卷二十，《古迹》。
⑤ ［宋］李心传：《建炎以来朝野杂记》甲集卷十五，《义仓》。

赈给之。凡四等以下之家，遇受孕五月以上者，附书于籍至免，乳日人给米一石二斗。乡官专主名数，主首僧专司出纳。其所支米以帅司义庄及仓司佃户租课充给。"①

基于朱熹的恤民思想，其后福建朱子学学者为政特别强调施仁政，收民心。真德秀从其性善论出发，认为行仁政是天理决定的。真德秀在《论田里戚休之实》中说：

> 天地造化无他作为，惟以生物为事，观夫春夏秋冬、往古来今，生意流行何尝一息间断，天地之心于此可见。万物之生既从天地生意中出，故物物皆具此理（按指有仁的本性），何况人为最灵，宜乎皆有不忍人之心也。然人有是心而私欲间断，故不能达之于用；惟圣人全体本心，私欲不杂，故有此仁心，便有此仁政，自然流出，更无雍遏。天下虽大，运于此心而有余矣。②

真德秀认为，圣人之心随感而应，故其所行无非不忍人之政。施仁政，是真德秀长期从政的经验总结。

对于范汝为农民起义被镇压后的记载，亦可知农民揭竿而起的原因和范汝为起义的影响。例如，和朱熹同时的南宋著名学者熊克说：

> 建国瓯宁县有洞曰回源，其地与建阳接境，乃建炎初剧寇范汝为窃发之地，民性悍而习为暴，小遇饥馑即群起剽掠。去岁因旱，凶民杜八子乘时啸聚，首破建阳，逐官吏，杀居民。是夏，张大一、李大二复于洞中作过。本路帅臣，乃率官军荡定。进士魏掞之谓民之易动，盖缘艰食。乃请于提举常平官袁复一，得米一千六百以贷乡民，至冬而取，遂置仓于邑之长滩铺。自后再岁散敛如常，民得以济，不复思乱，而草寇遂熄。③

范汝为的农民起义迫使统治者让步和实行改良政策。

朱熹对此也有深切的议论。他说：

---

① 明嘉靖《建宁府志》卷二十，《古迹》。
② 《大学衍义》卷五，《天理人心之善》。
③ ［宋］熊克：《中兴小纪》，福建人民出版社1985年版，第415页。

乾道戊子（按 1168 年）春夏之交，建人大饥。予居崇安之开耀乡。知县事诸葛侯廷瑞以书来，属予及其乡之耆艾左朝奉郎刘侯如愚，曰："民饥矣！盍为劝豪民发藏粟，下其直以振之。"刘侯与予奉书从事，里人方幸以不饥。俄而盗发浦城，距境不二十里，人情大震，藏粟亦且竭。刘侯与予忧之，不知所出，则以书请于县于府，时敷文阁待制信安徐公哲知府事，即日命有司以船粟六百斛溯溪以来，刘侯与予率乡人行四十里受之黄亭步下，归籍民口大小仰食者若干人以率受粟。①

由上可见，统治阶层中的知识分子，时时注视农民的起义和反抗，试图从中总结出历史经验和教训。

在中国古代社会里，占统治地位的思想的发展和形式的变换，都是和农民的起义和反抗联系在一起的。北宋末和南宋时的农民起义，提出"均贫富"，要求土地，怀疑神、佛、祖先。祖先是儒家伦理的崇拜对象之一。这样，被汉代董仲舒神化了的天命论儒学和隋唐以来盛行的佛教，对现实社会都不大适用了。生活在南宋腹地的统治阶级中的知识分子，必然要研究和总结这些问题，寻找出适合于现时社会需要的思想统治武器。

朱熹在从政期间十分重视风俗教化，约民以礼，摒息讼风，政教齐下，树正气，正民风。如朱熹在南康，通过走访体察民情，针对民间利弊，下教三条以治民俗颓败、士风衰敝：一是延访高明之士献计，二是令父老教戒子弟，三是劝民遣弟子入学。朱熹说：

（白鹿洞书院）四方之士多来受业，其后出为世用，名迹彰显者甚众。……其后既有军学，而洞之书院遂废。累年于今，基地埋没。近因搜访，乃复得之。窃惟庐山，山水之胜甲于东南。老、佛之居以百十数。中间虽有废坏，今日鲜不兴葺。独此一洞，乃前贤旧隐，儒学精舍，又蒙圣朝恩赐褒显。所以惠养一方之士，德意甚厚。顾乃废坏不修，至于如此。长民之吏，不得不任其责。②

---

① 《晦庵集》卷七十七，《建宁府崇安县五夫社仓记》。
② 《晦庵集》卷二十，《申修白鹿洞书院状》。

在军学孔庙左侧，修建曾任过南康知军、上继孔下启程心传道统的先贤濂溪之祠；右侧建立忠教仁义、大节显名的南康故人陶靖节、刘西涧父子、李公择、陈了翁的五贤祠，仰先人儒道典范，以发扬淳厚的民风。朱熹在《知南康榜文》和《又牒》中说：

> 本军背负匡庐，前据彭蠡，地势雄秀，甲于东南。禹迹所经，太史所游，有圣贤之遗风。下逮东晋陶氏，则长沙靖节，祖孙相望。爰及圣朝刘氏，则屯田秘丞，父子相继，皆有德业，著在丹青，宜在风声气俗犹有存者。后来之秀，接踵比肩。……右出榜星子、都昌、建昌县并市曹，晓谕管下士民父老等，请详前项事理，逐一遵禀，仰副圣朝爱民敦化之美意。……（右牒）遍呈寄居过往贤士大夫，恐有知得本军上件事迹详细，切幸特赐开谕……赴军衙申说，切待并行审实，措置施行。[①]

上引朱熹"榜文""牒"，即如今之"告示""通告"，就是张贴于公众场所，向民众调查先贤事迹，然后予以修复弘扬，以激励后学，改变民风。

在潭州任上，朱熹施政不仅有法治，更有礼治，德教和刑罚相结合，以"三纲五常"来拯救世风，使人性复善，振兴士风学风，光大湖湘理学。朱熹还在长沙城内修建纪念屈原的三间忠洁侯庙，在北门城隍庙内修建纪念抗金死难志士的五忠祠，以弘扬爱国主义精神。

4. 严法制平冤案

在漳州任上，朱熹为刹住词讼之风，迅速依法判决词讼243件，以告诫民众。他先官后民，严厉吏治，对官吏违法扰民事理彰著者，依法送狱；劝谕官户士宦之家，安分循理，克己利人，不可恃强凌弱。对于郡民蛮横无理的词讼，坐罪遭刑；而对于争竞些少钱米田宅者，则感发其善心，予以规劝，妥善解决。

朱熹强调公正办案，予夺之间不得差误，务必不扰良民，不长奸恶。朱熹说：

> 契勘本州近准提刑行司判下词状，计二百四十三道。其间官吏

---

① 《晦庵集》卷九十九，《知南康榜文》《又牒》。

违法扰民事理彰著者，即已遵依送狱根治；其有关系一方百姓公共利害而非一旦所能遽革者，亦已广行咨询，别行措置讫。其余词状，亦有只是一时争竞些少钱米田宅，以致互相诬赖，结成仇雠，遂失邻里之欢，且亏廉耻之节，甚则忘骨肉之恩，又甚则犯尊卑之分。细民如此，已足伤嗟，间有自称进士学生、宦族子弟而其所诉，亦不免此。此邦之俗，旧称醇厚，一旦下衰至于如此，长民者安得不任其责？又何忍一切徒以柱后惠文为事，而不深求所以感发其善心者哉！又况所论，或人数众多，或地里遥远，或事非干己而出于把持告讦之私，或词涉虚妄而肆为诡名匿迹之计。前此未知情由，便行追对；及至得实，善良被扰，已不胜言，虑之不深，徒自悔咎。今已刷出所承判状，委官置籍，先索案祖，逐旋看详，然后逐人引问供对，庶几深审，得见实情，予夺之间，不至差误。①

朱熹特别劝谕要孝顺父母，恭敬长上，和睦宗姻，周恤邻里。各修本业，莫作奸盗，莫纵饮博，莫相斗打，莫相论诉。不得宰杀耕牛。对事迹显著者，当依条格挂赏。对不率教者，申举依法究治。他要求"保伍"和"保人"。

在漳州任上，朱熹闻知郡人高登蒙冤32年，即上书《乞褒录高登状》，竭力陈情，为高登昭雪。

高登（？—1159），字彦先，号东溪，漳州漳浦县人。北宋宣和年间太学生。刚正耿直，不畏权贵，奏劾奸党，屡被诬陷。靖康之难时，伏阙上书，力主抗金，请诛卖国贼蔡京、童贯等，后又因反对秦桧，入狱。于绍兴二十九年（1159年）死于容州。朱熹上状，朝官响应，光宗下诏，对高登"追复原官，仍赠承务郎"。福建安抚使、福州知府赵汝愚批准建高东溪祠。朱熹撰写《高东溪先生祠记》，又先后写《谒高东溪祠文》《又谒高东溪祠文》，还题写一副对联：

　　　　获鹿感鱼，千秋称孝子；朋东仇桧，万古识忠臣。

两道横额："忠孝双全""百世师表"。② 淳熙十四年（1187年），朱熹在

---

① 《晦庵集》卷一百，《漳州晓谕词讼榜》。

② 程楷：《尚论千载前　简编有遗芳——读朱熹"诗书"名联》，载《朱子文化》2012年3期。

所撰《漳州州学东溪先生高公祠记》中说：

> 公没之后二十余年，延平田君澹为郡博士，乃始求其遗文刻之方版，又肖公像而奉祠之，以风厉其学者。间因郡人王君遇来求文以为记属予。……予惟高公孤高之节既如彼，而诸贤崇立之志又如此，则予文之陋诚不宜久，以疾病为解，强起书之，辞不逮意。林（按当时漳州太守林元仲）侯试为刻之，陷置祠壁，漳之学子与凡四方之士，往来而有事于此者，读之，果能有所感慨而兴起乎哉！①

田澹，南剑州剑甫县人，进士。时任漳州州学教授，刻印高登文集。②

5. 抗金治军

朱熹所生活的时代，宋、金激烈对抗，朱熹始终坚持民族大义，一贯主强抗金，收复失地，恢复中原。朱熹的这种民族精神，闽学学者都是一直坚持的。

高宗绍兴三十一年（1161 年），南宋朝廷在一批主战将领和贤臣的艰苦奋战下，抗金取得一些胜利，收复了一批失地。奉祠在家的朱熹，十分振奋激动，欢欣鼓舞，赋诗多首，以示庆贺，并期望朝廷要乘胜追击，还表示自己要出山报国。同时，向掌握朝政大权、素不相识的黄枢密上书，提出在当时有利形势下，应采取抗金复国的对策。不久，形势逆转，高宗又对金称臣求和。朱熹十分沉痛，四处奔走呼号，他到参知政事周葵府第抗论，又向新任宰相张俊呈献分兵进取中原的大计。③

绍兴三十二年（1162 年），孝宗即位，诏求直言，朱熹乘机上疏，向皇帝提出激烈的抗金主张。他在《壬午应诏封事》中说：

> 夫金人于我有不共戴天之雠，则其不可和也义理明矣。……所谓讲和者，有百害无一利，何苦而必为之？夫复雠讨贼、自强为善之说，见于经传者，不啻详矣。④

接着，他向皇帝建议三策，即讲学、定计、任贤。当时由于强敌金兵的

---

① 《晦庵集》卷七十九，《漳州州学东溪先生高公祠记》。
② 以上参见方征：《被遗忘的田澹》，载《朱子文化》2006 年第 1 期。
③ 参见《晦庵集》卷二十四，《与黄枢密书（辛丑冬）》。
④ 《晦庵集》卷十一，《壬午应诏封事》。

严重威胁，朝廷昏乱，政令不一，人民不知所从，朱熹提出用《大学》中的格物、致知、诚意、正心、修身、齐家、治国、平天下的理论来统一人民的思想和意志，请皇帝振作起来，用贤修政图强，重建国家。因宰相汤思退正倡和议，当然不高兴朱熹的这种激烈言论，勉强留他在首都国子监任武学博士，做军事顾问。朱熹辞官不就，仍回乡著述讲学。

这年秋，朱熹被孝宗召见于垂拱殿，上札奏事，坚论外攘夷狄的复仇之义，痛斥议和之计。他根据李侗的教导，以君臣父子的"三纲五常"论证宋金的"不共戴天"和抗金用兵的正义性，认为"今日所当为者，非战无以复雠，非守无以制胜，是皆天理之自然，非人欲之私忿也"。他请孝宗"亟罢讲和之议，大明黜陟，以示天下，使知复雠雪耻之本意未尝少衰"。他还从军事上提出了收复中原的方略："表里江淮，合战守之计以为一，使守固而有以战，战胜而有以守，奇正相生，如环之无端，持以岁月，以必复中原、必灭寇仇为期而后已。"①

孝宗乾道元年（1165 年）夏，朱熹在朝中贤臣的力荐下，又奉诏进京供职，但是他看到大多数朝臣沉浸在苟安的歌舞升平之中，再次痛斥议和之非，愤而离都。孝宗淳熙十五年（1188 年），朱熹上《戊申封事》，仍坚持抗金主战复国的立场；但是，他清醒冷静地看到了政治、经济和军事形势的变化，宋金之间已形成相持局面，主张正本修政，裕民持守，数十年后再向北用兵。

朱熹离任同安主簿后的 20 多年中，主要任有禄无事的祠职，大部分时间居住在闽北乡镇间，和下层人民比较接近，目睹人民的悲惨生活。由于他参与和经历了朝野的一系列斗争，知道统治阶级内部的腐败情况。宋金关系自孝宗隆兴二年（1164 年）签订和议后，30 年来处于休战状况。这样，阶级矛盾逐渐上升为主要地位。他根据对当时形势的分析，提出励精图治的政治主张。直到临终，朱熹还念念不忘恢复中原，他对弟子们叹息说："某要见复中原，今老矣，不及见矣。"②

朱熹在《庚子应诏封事》中指出，恤民之实在省赋，而省赋之实在

① 《晦庵集》卷十三，《垂拱奏札二》。
② 《朱子语类》卷一百三十三，《夷狄》。

治军。他把省赋与治军联系在一起。

宋朝军、财权悉在中央，致使当时全国军队费用不足，无以建树，羸弱无战斗力。朱熹说：

> 财用不足，皆起于养兵，十分（之）八分是养兵，其他用度止在二分之中。古者刻剥之法，本朝皆备，所以有靖康之乱。……今朝廷尽力养兵，而兵常有不足之患。自兵农既分之后，计其所费，却是无日不用兵也。

宋初以来，选任将帅，一是选曾任边郡郡守者，一是帅臣子弟而谙于军事者。朱熹认为，这不是唯才是用。他强调，朝廷选拔将帅要公议，务求忠勇沉毅，实经行阵，曾立劳效之人。择帅须用严毅，素有威名，足以畏压人心，则喜乱之徒不敢作。"今日诸生，坐于屋下，何以知其能？纵有韩（信）、白（起）复生，亦何由辨之"。他提出通过实践选拔将帅："兵以用而见其强弱，将以用而见其能否。"以"用"作为衡量将帅贤能的标准，实际上就是强调在具体的军事斗争实践中选拔将帅。他接着说："边警之时，两兵相抗，恁时人才自急。且如国家中兴，张（浚）、韩（世忠）、刘（錡）、岳（飞）突然而出，岂平时诸公所尝识者？不过事期到此，厮拶出来耳。"朱熹认为，北宋灭亡，其原因由于州郡无兵无财。今日之患，却在于主兵之员多，朝廷虽知其无用，姑存其名，日费国家之财，不可胜计。他主张解散京师之兵，精练州郡之兵，责成各州郡太守，练习士卒，修治器甲，筑固城垒，以强化各方之守备。[①]

朱熹还主张恢复宋初的"更戍法"。"当今要复太祖兵法，方可复中原。"这就是每年对兵实行"更戍"卫边，如："福建之兵趯去饶州，饶州之兵趯去衢信，衢信趯去行在，迤逦趯去准上。今年如此，明年又趯去。"这样，既训练了军队，而京师又"全无养兵之费，岂不大好"。[②]朱熹说：

> 须就今日边郡官田，略以古法，画为丘井沟洫之制，亦不必尽

① 以上见《朱子语类》卷一百十，《论兵》。
② 《朱子语类》卷一百十，《论兵》。

> 如《周礼》古制，但以孟子所言为准，画为一法，使通行之。边郡之地已有民田在其间者，以内地见耕官田易之，使彼此无疆场之争，军民无杂耕之忧。此则非惟利于一时，又可渐为复古之绪。①

这是讲边郡屯田。此屯田民兵之源，一是军之汰卒，北来之归正者；二是才勇事艺之人；三是诸军子弟之骁勇者。朱熹说："兵民兼用，各自为屯。彼地沃衍，收谷必多。若做得成，敌人亦不敢窥伺。兵民得利既多，且耕且战，便是金城汤池。兵食既足，可省漕运，民力自苏。"②

朱熹指出，战争是关系人之生死、国之存亡的大事，是杀人、耗物的凶器，所以不可轻举妄动，只能不得已而用之。他说："天下事最大而不可轻者，无过于兵刑。临陈时，是胡乱错杀了几人。所以老子云：'夫佳兵者，不祥之器，圣人不得已而用之。'"③ 用兵作战，胡乱杀人，人死不能复生，所以不可轻易兴兵作战，只能不得已而用之。因此，用兵必须慎之又慎。朱熹是十分强调慎用兵、不得已而用兵的。

为了备兵行战，提高军队战斗力，朱熹主张教民而战；不教民而令民去战，则等于叫民去送死。他在阐释《论语·子路》之"子曰：'善人教民七年，亦可以即戎矣'"和"子曰：'以不教民战，是谓弃之'"时，一再申明"教民而战"的重要性。他说：

> 教民者，教之以孝弟忠信之行，务农讲武之法。即，就也。戎，兵也。民知亲其上，死其长，故可以即戎。……以，用也。言用不教之民以战，必有败亡之祸，是弃其民也。④

朱熹认为，古代"以民为兵""兵出于民"，故圣人教民习武，以修武备，使之去战，方可胜利。不教民习武，令民去战，则是弃民。因为自古以来，就有战争发生，就有用兵作战之事。"黄帝亦曾用兵战斗，亦不是全然无所作为也。"⑤ "若征伐也免不得，亦如征有苗等事，又如黄帝大段用

---

① 《晦庵集》卷二十五，《答张敬夫》。

② 《朱子语类》卷一百十，《论兵》。

③ 《朱子语类》，卷一百十，《论刑》。

④ 《四书章句集注》，《论语集注》，《子路第十三》。

⑤ 《朱子语类》卷二十五，《管仲之器小战章》。

兵。"所以古人很注意"修武备""习武事""教民战"的问题，即使像尧、舜、黄帝这样的圣君，亦不例外。

其所以如此，是因为当独夫民贼、无道之人残害民众之时，只得用武力征服、讨伐，方可以杀止杀，解救生灵，解民倒悬。朱熹说："纣之时，天下大乱，得武王仗仁义、诛残贼，天下遂大治。……汤、武之征伐，只知一意恻怛救民而已，不知其他。"[①] 他认为，"成汤东征西怨，南征北怨，皆是拯民于水火之中，此是行仁也"。朱熹清楚地揭示了以义伐不义的战争，是为了救民于水火之中。这种战争，虽然死人，但是却是行仁的义举，故得到人民的拥护、欢迎，而有"东征西怨，南征北怨"的群情，唯恐救之不及。如此说来，用兵作战，必不可免，只有常备，才能常胜。[②]

朱熹继承了"兵者诡道""兵不厌诈"的思想，肯定"兵甲诡名不可免"，所以对敌作战必须用诡诈之术，欺骗敌人，战胜敌人。他认为："军中若无此，便不足以使。"据此，朱熹主张指挥作战的将帅必须运用诈术。还必须懂得齐正、分合的战术。国家应当以此为标准来选择任用将帅。他说：

> 兵法以能分合为变，不独一阵之间有分合，天下之兵皆然。今日之兵，分者便不可合，合者便不可分。[③]

正因为南宋军中的将帅不懂得诡诈、奇正、分合之术，所以不能战胜金虏，恢复中原，中兴复国。这使朱熹深以为忧，深以为憾，故反复论之。

朱熹虽曾被皇帝任命为武学博士，但他是个书生，其所以辄语兵事，累言兵政之弊，是为抗击金虏，图谋中兴。朱熹不仅在文论中阐发自己的军事主张，而且在诗词中抒发了自己的抗敌情怀，展现了一个爱国者的高尚品格。

6. 政绩

对于朱熹从政的成绩，以漳州为例说明之。朱熹知漳仅一年，施行

---

① 以上见《朱子语类》卷二十五，《子谓韶尽美矣章》。
② 《朱子语类》卷五十三，《以力假仁章》。
③ 《朱子语类》卷一百十，《论兵》。

约馈、宽赋、简役、劝农、厉兵、善政等，社风民俗日上。官曹励节而不敢纵欲，宦族循法而不敢以私。胥徒易虑而不敢行奸，豪猾敛踪而不敢冒法。众民由"好佛"而"崇儒"，由"嬉顽"而"习礼"。社会安宁，民无夜警，外户不闭。

对于朱熹在漳州的政绩，其门人陈淳有综合记载。陈淳说：

> 先生在临漳，首尾仅见一期。以南陬敝陋之俗，骤承道德正大之化，始虽有欣然慕，而亦有愕然疑、哗然毁者。越半年后，人心方肃然以定。僚属励志节，而不敢恣所欲。仕族奉绳检，而不敢干以私。胥徒易虑，而不敢行奸。豪猾敛踪，而不敢冒法。平时习浮屠为传经礼塔朝岳之会者，在在皆为之屏息。平时附鬼为妖，迎游于街衢而抄掠于闾巷者，亦皆相视敛戢，不敢辄举。良家子女从空门者，各闭精庐，或复人道之常。四境狗偷之民亦望风奔遁，改复生业。至是及期，正尔安习先生之化，而先生又行。[①]

由于朱熹的"过化"，漳郡逐渐由俗未知礼而成为礼义之邦、"海滨邹鲁"。朱熹的教化与法治，歪风邪气受到整肃。一直影响至今天，现在漳州地区的民众，大都还在遵循当年朱熹的教化。

对于朱熹在漳州的惠民措施，百姓感恩载德，在云洞岩半山处为其立祠纪念。

（五）经济学

朱熹所生活的南宋时代，宋室南渡重建，以临安（今杭州）为首都，国家的经济重心转移至闽、浙、赣一带。在北方金人的强力压迫下，半壁山河的南宋，除了政治文化问题外，当务之急是发展经济，解决国家的财政困难，稳定人民的生活。在这种形势下，朱熹及其后学提出许多经济观点。

1. 重农

中国古代社会最基本的经济来源是农业，发展农业生产是当政者首

---

① 《北溪大全集》卷十，《郡斋录后序》。

先要考虑的。朱熹强调，"民生之本在食，足食之本在农，此自然之理也"。朱熹说：

> 契勘生民之本，足食为先，是以国家务农重谷，使凡州县守倅，皆以劝农为职，每岁二月载酒出郊，延见父老，喻以课督子弟，竭力耕田之意。盖欲吾民衣食足而知荣辱，仓廪实而知礼节，以共趋于富庶仁寿之域，德至渥也。[①]

在朱熹看来，如果不发展农业生产，就不能创造社会财富。朱熹提出官吏必须很好地管理农业生产，以劝农为职。当职久处田间，习知稼事，兹忝郡寄，职在劝农。地瘠税重，民间如不勤力于耕种耘耨，有效地组织农业生产，民众以至国家经济问题将十分严重。

因此，朱熹在为官施政和向朝廷的建议中，反复提出重视农业，并提出许多改进农业的措施，希望官员督促组织施行。

一是不误农时。在朱熹对农业的论述中，强调不误农时。他认为，错过了季节，就会影响农作物的正常生长，要掌握农作物的生长规律。他说：

> 今来春气已中，土膏脉起，正是耕农（种）时节，不可迟缓。仰诸父老，教训子弟递相劝率，浸种下秧，深耕浅种。趁时早者，所得亦早；用力多者，所收亦多。无致因循，自取饥饿。

他强调，"秧苗既长，便须及时趁早栽插，莫令迟缓，过却时节"。这是劝农民早浸种下秧，抢季节。朱熹所生活的闽北地区，一般是在清明节时插秧。

二是改良土壤。在朱熹看来，改良土壤是提高农业生产的重要手段。他指出：

> 大凡秋间收成之后，须趁冬月以前，便将户下所有田段一例犁翻，冻令酥脆；至正月以后，更多著变数，节次犁耙，然后布种，自然田泥深熟，土肉肥厚，种禾易长，盛水难干。

---

① 《晦庵集》卷一百，《劝农文三》、卷九十九《劝农文一》。

改变了土壤团粒结构，保持了水分，就会土肉肥厚，土块酥脆，生土变肥土，自然庄稼就长得好，增加粮食收获量。"耕田之后，春间须是拣选肥好田段，多用粪壤，拌和种子，种出秧苗。其造粪壤，亦须秋冬无事之时，预先划取土面草根，煅曝烧灰，施用大粪拌和，入种子在内，然后撒种。"用草木灰和大粪（即人粪）拌和种子撒种，这样就使入土的种子在发芽过程中直接地较快地吸收草木灰和大粪中的氮、磷、钾等养分，促进农作物的较快生长。

三是加强田间管理。禾苗种下之后，如果不加强田间管理，及时松土、除草、施肥，也是不行的。朱熹说：

> 禾苗既长，秆草亦生，须是放干田水，子（仔）细辨认，逐一拔出，踏在泥里，以培禾根；其塍畔斜生茅草之属，亦须节次芟削，取令净尽，免得分耗土力，侵害田苗，将来谷实必须繁盛坚好。

四是兴修水利。兴修水利，既可防旱，又可防涝。朱熹特别强调，"陂塘之利，农事之本"。朱熹说：

> 陂塘之利，农事之本，尤当协力兴修。如有怠惰，不趁时工作之人，仰众列状申县，乞行惩戒；如有工力浩瀚去处，私下难以筹集，即仰经县自陈，官为修筑。如县司不为措置，即仰经军投陈，切待别作行遣。

如何兴修水利，朱熹提出几种办法：一是由陂塘用水得利人协力兴修，多蓄水，准备将来多灌溉；二是对于兴修陂塘持怠惰态度的，列状申县，给予惩戒；三是对于水利工程比较浩大的，费用较大而私下难以筹集，则报县由政府来修筑。

五是多种经营。多种经营是科学种植农作物的方法，它不仅充分地利用土地的肥力，也可以间种些经济作物，增加农民的经济收入，在青黄不接时予以接济。朱熹指出，"种田固是本业，然粟、豆、麻、麦、菜蔬、茄芋之属，亦是可食之物，若能种植，青黄未交，得以接济，不为无补。今仰人户，更以余力，广行栽种"。朱熹说：

> 山原陆地，可种粟、麦，麻、豆去处，亦须趁时竭力耕种，务

> 尽地力。庶几青黄未交之际，有以接续饮食，不至饥饿。

利用山地、旱地，种植粟、麦、麻、豆、菜蔬、茄芋等作物，不仅不会减少水田的稻谷种植面积，而且把不能种植水稻的田地开发起来，便能增加生产。同时，由于作物生长期的不同，粟、豆、麦等可在水稻未收成的青黄不接时收获，便可接济饥荒。

朱熹主张可利用多余劳力，大力广种多种，扩大生产门路。朱熹说：

> 蚕桑之务，亦是本业。而本州从来不宜桑柘，盖缘民间种不得法。今仰人户常于冬月多往外路买置桑栽，相地之宜，逐根相去一二丈间，深开窠窟，多用粪壤，试行栽种。待其稍长，即与削去细碎拳曲枝条。数年之后，必见其利。如未能然，更加多种吉贝麻苧，亦可供备衣著，免被寒冻。

朱熹把蚕桑地看成是农本，食、衣缺一不可。朱熹强调，"桑麻之利，衣服所资，切须多种桑柘、麻苧"。要设法种植桑树，饲养蚕茧。这些经济作物，不仅可提供市场蚕茧，增加收入，而且可备自己衣着，免受寒冻。同时，在不宜植桑的地方，种植麻苧，纺线织布。

六是奖励垦荒。朱熹在任福建漳州知府时，反复提出奖励垦荒，特别是讲到由于"官司有俵寄之扰"，致田地荒芜，农民不敢去开垦。朱熹说：

> 本州管内荒田颇多，盖缘官司有俵寄之扰，象兽有踏食之患，是致人户不敢开垦。今来朝廷推行经界，向去产钱官米各有归著，自无俵寄之扰。本州又已出榜劝谕人户陷杀象兽，约束官司不得追取牙齿蹄角。今更别立赏钱三十贯，如有人户杀得象者，前来请赏，即时支给。庶几去除灾害，民乐耕耘。有欲陈请荒田之人，即仰前来陈状，切待勘会给付，永为己业，仍依条制与免三年租税。

在朱熹看来，产生荒田的原因有二：一是"俵寄"的干扰，二是象兽的糟蹋，致使农民不敢开垦。朱熹的"经界法"，使无俵寄的问题得以解决；同时约束官吏不得勒取农民陷杀象兽，并给予奖励，杀一头象兽赏钱30贯，以解决象兽踏食的祸害。如果有人愿意垦荒，可以到官府报请。不仅开垦出来田地永为己业，而且可免三年的租税。①

朱熹长期生活于闽北乡下，目睹农民的生活困苦，极为关注农民的农业生产，而且也很懂得农作物的种植生成规律。从浸种、下秧、插秧到除草、收割等，深耕细作，不误农时，整个农作物的生长过程，了如指掌。

2. 井田经界

在朱熹的"为政以德"思想中，重视制民以产。朱熹说：

> 荀氏论曰："……夫土地者，天下之大本也。《春秋》之义，诸侯不得专封，大夫不得专地。今豪民占田，或至数百千顷，富过王侯，是自专封也；买卖由己，是自专其地也。"……就未悉备井田之法，宜以口数占田，为立科限，民得耕种，不得买卖，以赡贫弱，以防兼并，且为制度张本，不亦宜乎！②

土地是天下人民生存和发展的根本。朱熹看到了土地占有上的两大弊病：一是"专封"，豪强占田连州跨郡，数百千顷，而贫者无立锥之地；二是"专地"，豪强通过土地买卖，兼并土地。为了改变当时豪强地主"自封""自专"兼并土地，缓和土地兼并，改革田制，抑制大地主，保持和恢复中小地主的经济地位，朱熹提出以"井田之法"解决。

朱熹称赞林勋在《本政书》中提出的"井田"设想："今本政之制，每十六夫为一井，提封百里，为三千四百井，率税米五万一千斛、钱万二千缗；每井赋二兵、马一匹，率为兵六千八百人，马三千四百匹，岁取五之一以为上番之额，以给征役。无事则又分为四番，以直官府，以给守卫。是民凡三十五年而役使一遍也。"林勋的《本政书》，还得到陈亮的赞扬："勋为此书，考古验今，思虑周密，可谓勤矣。世之为井地之学者，孰有加于勋者乎？"③朱熹主要是赞赏是书所讲每乡开具字号田。朱熹说："林勋《本政书》：每乡开具若干字号田，田下注人姓名，是以

---

① 以上见《晦庵集》卷九十九《劝农文一》，卷一百《劝农文三》。
② 《晦庵集》卷六十八，《井田类说》。
③ 《宋史》卷四百二十二，《林勋传》。

田为母，人为子，说得甚好。"① 朱熹说：

> 井田之法，宜以口数占田，为立科限，民得耕种，不得买卖，以赡贫弱，以防兼并，且为制度张本，不亦宜乎？

孟子的井田制，强调收什一之税，要求八家同养百亩公田，先公后私；而朱熹井田法则强调"以口数占田"（即"计口授田"）和"不得买卖（土地）"，其目的在于赡贫弱和防兼并。

朱熹主张"井田制"，名为复古，实为改革。"以口数占田"，即按人口来占有土地，能限制豪民霸占大量土地。他依"井田制"的授田方法，描绘出"口数占田"的设想。朱熹说：

> 一夫一妇受私田百亩，公田十亩，是为八百八十亩。余二十亩以为庐舍。出入相交，仟望相接，疾病相救。民受田，上田夫百亩，中田夫二百亩，下田夫三百亩。岁更耕之，换易其处。其家众男为余夫，亦以口受田如此比。士、工、商家受田，五口乃当农夫一人。②

这样，从户主到子女，从农民到士、工、商都计口授田。田分上、中、下三等。考虑到士、工、商的工商业收入，故以5口抵农民1人授田。这是"均田"法。

"不得买卖"，是限制官僚大地主通过买卖占有大量土地。朱熹希望通过禁止买卖来控制土地所有权的转移。他认为这样既可以照顾贫弱，又可防止兼并。

朱熹的这种善良设想，在当时历史条件下，是不可能实现的。

因"井田制"难于施行，朱熹又提出新的恤民构想，即"正经界"。他认为，孟子论王道，以制民产为先。今井田之制未能遽讲，而财利之柄制于聚敛掊克之臣，朝廷不恤诸道之虚实，监司不恤州县之有无，而为州县者又不复知民间之苦乐。他说：

> 愚意莫若因制国用之名而遂修其实，明降诏旨，哀悯民力之凋

---

① 《朱子语类》卷一百十一，《论民》。
② 以上见《晦庵集》卷六十八，《井田类说》。

悴，而思所以膏泽之者，令逐州逐县各具：民田一亩，岁入几何？输税几何？非泛科率又几何（一县内逐乡里不同者亦依实开）？州县一岁所收金谷总计几何？诸色支费总计几何（逐项开）？有余者归之何许？不足者何所取之？俟其毕集，然后选忠厚通练之士数人，类会考究，而大均节之，有余者取，不足者与，务使州县贫富不至相悬，则民力之惨舒亦不至大相绝矣。……是则虽未能遽复古人井地之法，而于制民之产之意，亦仿佛其万一。如此，然后先王不忍人之政，庶乎其可施也。①

孝宗淳熙十六年（1189年）十一月，光宗即位，任命朱熹知漳州，朱熹感到推行和实现他的政治主张的时机到了。因此，翌年正月他就"对镜写真题以自警"，表示自己要竭尽毕生精力推行和发展儒家思想，维护封建统治制度。到了四月，他到漳州就任。朱熹在漳州至绍熙二年（1191年）四月底，仅逾年，却做了很多事。他一到任，就"奏除属县无名之赋七百万，减轻总制钱四百万"②。最主要的是，向朝廷提出在漳州"正经界"。他说：

> 版籍不正，田税不均，虽若小事，然其实最为公私莫大之害。盖贫者无业而有税，则私家有输纳欠负追呼监系之苦；富者有业而无税，则公家有隐瞒失陷岁计不足之患。③

朱熹为了纠正这种"田税不均"的现象，提出普查核实田亩（正版籍），编造鱼鳞图（造账画鱼鳞图），随田纳税（均田赋），平衡税收，"打量步亩，从实均摊"，使"民无业去产存之弊"，"豪家大姓不容侥倖隐瞒"④，使富者有业有税，取有余而与不足。做到"随产均税，特许过乡通县均纽，庶几百里之内轻重齐同"⑤。按人口占有土地，禁止土地买卖。朱熹说：

---

① 《晦庵集》卷二十五，《答张敬夫书四》。
② 《宋史》卷四百二十九，《朱熹传》。
③ 《晦庵集》卷二十一，《经界申诸司状》。
④ 以上见《晦庵集》卷一百，《劝农文三》《晓示经界差甲头榜》。
⑤ 《宋史》卷一百七十三，《食货上一·农田》。

细民业去产存，其苦固不胜言，而州县坐失常赋，日朘月削，其势亦将何所底止？然而此法之行，其利在于官府、细民，而豪家大姓、猾吏奸民皆所不便。故向来议臣屡请施行，辄为浮言所沮，甚者至，以汀州盗贼藉口，恐胁朝廷。殊不知往岁汀州累次贼盗，正以不曾经界，贫民失业，更被追扰，无所告诉，是以轻于从乱，其时初未尝有经界之役也。①

豪家大姓有力之家，包并民田而不受产，则其产虚桩在无业之家；冒占官地而纽租，则其租俵寄于不佃之户。奸胥猾吏，夤缘作弊，走弄出入，不可稽考。贫民下户，枉被追呼、监系、箠楚，无所告诉。至于官司财计，因此失陷。则又巧为名色，以取于民。……务使田税均平，贫富得实，免致贫民下户困于兼并豪猾之手。虽知应役之人不无少扰。然欲革百年深锢之弊，为斯民久远之计，势不得已者。②

"经界法"目的是抑制豪强地主过分剥削掠夺，解决土地兼并与赋税不均的问题。朱熹说：

今上下匮乏，势须先正经界。赋入既正，总见数目，量入为出，罢去冗费，而悉除无名之赋，方能救百姓于汤火中。若不认百姓是自家百姓，便不恤。③

除去无名的苛捐杂税，罢冗费，这显然是农民的普遍要求。但是，真正做到"正经界"是很难的，"量入为出"也很难做到。"救百姓于汤火"，是善良的愿望，能起一点抑制作用也就不错了。

朱熹在注释《孟子·滕文公》"夫仁政，必自经界始"章时说：

经界，谓治地分田，经画其沟涂封植之界也。此法不修，则田无定分，而豪强得以兼并。故井地有不均，赋无定法，而贪暴得以多取，故谷禄有不平。此欲行仁政者之所以必从此始，而暴君污吏，

---

① 《晦庵集》卷十九，《条奏经界状》。
② 《晦庵集》卷一百，《晓示经界差甲头榜》。
③ 《朱子语类》卷一百十一，《论民》。

则必欲慢而废之也。有以正之，则分田制禄，可不劳而定矣。①

孟子以"正经界"作为行"仁政"的重要措施。"经界"是土地所有权的地理标志。"正经界"是为了土地均、谷禄平，即国家皇室、贵族、官吏有关土地分封和世袭爵禄得以确定。如果说"经界"不正，是由于"暴君污吏""慢其经界"的话，那么"慢"就是"井田"中公田与私田之间的"经界"。因是公田"慢"私田，则是"暴君污吏"对于"井田"的破坏。朱熹继承了孟子"经界"说，把"经界"看作是给予土地所有权以法律效力。由于当时豪强大肆兼并，出现了"业去产存"和"有产者无税，有税者无产"②的状况。因此，朱熹倡导行"经界法"，"置立土封桩摽界至"③，使田税均平。但是"暴君污吏"为贪暴多取，必欲慢而废"经界"，所以朱熹似乎主张"田有定分"，即限制占田数，作为缓和土地兼并的措施。

这是有利于朝廷和农民的改革措施，遭到大官僚地主的激烈反对，结果"方行遽罢"④，以失败而告终。

此外，宋末元初的闽学家熊禾，激烈反对豪强兼并土地。他说：

> 举天下农桑大利，上不在国，下不在民，而悉归于兼并封君之家。……耕夫织妇终岁丝丝而计，粒粒而数，有不得以遂其一日之温饱者矣。……不能制民之产，则虽朝讲夕究徒为空言；月要岁成亦无益于实政也。⑤

熊禾正视"耕夫织妇终岁丝丝而计，粒粒而数，有不得以遂其一日之温饱者"的现实，主张用"制民之产"的办法来解决。这种同情受苦受难的劳动者的人民性思想，在当时统治阶级中是难能可贵的，所以说是十分深刻的。

3. 节用薄赋

当时国家的基本财政收入是赋税，因此不纳税是不行的。朱熹认为，

---

① 《四书章句集注》，《孟子集注》卷三，《滕文公章句上》。

② 《朱子语类》卷一百八，《论治道》。

③ 《晦庵集》卷一百，《晓示经界差甲头榜》。

④ 《晦庵集》卷二十三，《辞免湖南运使状二》。

⑤ ［宋］熊禾：《勿轩集》卷一，《农桑辑要序》。

国家要节约，减少财政开支，就可对农民进行"薄赋"。朱熹说："有土有财而言，以明足国之道，在乎务本而节用，非必外本内末，而后财可聚也。"① 有土即有国。而国家富足的道理，在于"务本"而"节用"。《大学》以"德"为"本"、为"外"，以财为"末"、为"内"。朱熹"非必外本内末"说，认为不必遵循外德内财的旧说，而后聚财。把"聚财"作为"足国之道"的重要条件，这是对《大学》的新解说。

朱熹提出，"节用"首先是人君的问题。他说：

> 如今民生日困，头只管重，更起不得，为人君为人臣，又不以为急，又不相知，如何得好。这须是上之人一切扫除妄费，卧薪尝胆，合天下之智力，日夜图求，一起而更新之，方始得。……不知名园丽圃，其费几何？日费几何？下面头会箕敛以供上之求。②

只有人君、大臣以身作则，卧薪尝胆，不搞什么名园丽圃，扫除一切不必要的开支，下面才不会重敛以供上求。光宗绍熙五年（1194 年），朱熹在首都临安（今杭州）向皇帝面奏四事，其一就是谏光宗勿修葺旧日东宫三数百间。朱熹说：

> 数日来，乃闻有旨修葺旧日东宫，为屋三数百间，外议皆谓陛下意欲速成，早遂移跸，以为便安之计。不惟未能抑损，乃是过有增加。臣不知此果出于陛下之心、大臣之议、军民之愿耶？抑亦左右近习倡为此说以误陛下，而欲因以遂其奸心也。臣恐不惟上帝震怒，灾异数出，正当恐惧修省之时，不当兴此大役，以咈谴告警动之意；亦恐畿甸百姓饥饿流离，阽于死亡之际，忽见朝廷正用此时大兴土木，修造宫室，但以适己自奉为事，而无矜恻悯怜之心。或能怨望忿切，以生他变。③

其次是裁减军用。当时养兵的费用占国家整个财政年度开支的 80%，除了专为增加军费而加征的"月桩钱""版账钱"以外，国家以及地方行

---

① 《四书章句集注》，《大学章句》。
② 《朱子语类》卷一百十一，《论民》。
③ 《晦庵集》卷十四，《经筵留身面陈四事札子》。

政开支，只得在两税以外，附加繁重的赋税。朱熹说：

> 财用不足，皆起于养兵。十分八分是养兵，其他用度，止在二分之中。古者刻剥之法，本朝皆备，所以有靖康之乱。……合当精练禁兵，汰其老弱，以为厢兵。①

在朱熹看来，这样庞大的军事开支，怎不使国家贫困？国家养了一批老弱的冗兵，不仅影响军队的战斗力，而且增加了国家财政开支。国家赋税的收入尽以供军使用，州县别立名目巧取是不可避免的。只有汰去坐食之兵，才能禁止州县苛敛，使其省赋，恤民，老百姓才能得保生业。

从朱熹个人的节用，也看出其节俭思想。

孝宗淳熙六年（1179 年），朱熹在南康军任内修建白鹿洞书院。他说："本军已有军学可以养士。其白鹿洞所立书院，不过小屋三五间，姑以表识旧迹，使不至于荒废堙没而已。不敢妄有破费官钱，伤耗民力。"② 朱熹具有不事浮华的思想。我们以朱熹结庐、衣食、应酬等数端，可窥见其俭用。

（1）结庐

朱熹数迁其居，结庐多处，皆美其名曰精舍、书堂、晦庵等，其实建筑极为简陋，皆茅宇、柴扉。朱熹从不主张大兴土木，他曾批评"彭子寿造居甚大，何必如此"③。朱熹在崇安五夫里的住宅，名曰紫阳楼或紫阳书堂，实仅"得屋五间"④。因不够居住，才加"增葺"。朱熹说："前此失于会计，妄意增葺敝庐，以奉宾祭。工役一兴，财力俱耗。又势不容中止，数日衮冗方剧，几无食息之暇也。"⑤ 朱熹在武夷山所建武夷精舍实仅"小屋三数间"。朱熹说："武夷九曲之中，比缚得小屋三数间，可以游息。春间尝一到，留上旬余。溪山回合，云烟开敛，旦暮万状，信非人境也。"⑥ 朱熹的武夷精舍，其所喜爱的是自然景色。

---

① 《朱子语类》卷一百十，《论兵》。
② 《晦庵集》卷二十，《申修白鹿洞书院状·小贴子》。
③ 《朱子语类》卷一百二十，《训门人八》。
④ ［宋］丁传靖辑：《宋人轶事汇编》卷一七，《朱熹》。
⑤ 《晦庵集》卷四十《答何叔京》第四书。
⑥ 《晦庵集》卷三十六，《答陈同甫》第三书。

后来朱熹徙居建阳考亭，是在已买得人旧屋的基础上，再架更旬月可毕工的一小书楼。对此，朱熹说："去岁归来，计度不审，妄意作一小屋，至今方得迁居。然所费百出，假贷殆遍。今尚未能结裹圆备，其悔始虑之不精也。"① 此即朱熹离任漳州知府之后不久。这时，朱熹有官禄俸余，"囊中才有数百千，工役未十一二，已扫而空矣。将来更须做债方可了办，其悔始谋之率尔也"②。当时，朱熹在考亭建造的房子，名为精舍，是其教学和居住最急需的。朱熹说：

> 今且造一小书院，以为往来、干事、休息之处。他时亦可藏书宴坐。然已不胜其劳费，未知来年复如何也。③

朱熹尝欲立一家庙，因"力不能办"，只在厅事之侧堂上置先祖牌位。朱熹一生守礼甚严，葬母后每月朔望皆至墓所奠几筵。如果其财富丰足，是会建立一座好家庙的。

（2）衣食

关于朱熹的衣食，其门人黄榦说："其自奉，则衣取蔽体，食取充腹，居止取足以障风雨。人不能堪，而处之裕如也。"④

也谓朱熹与诸生平日"豆饭藜羹率与之共"。朱熹一生中绝大部分时间活动于乡镇间，颇了解下层民众的疾苦。曾有记载朱熹这样一件轶事，有一次朱熹访婿未遇，其女儿以葱汤麦饭款待，感到不安。朱熹即题诗曰："葱汤麦饭两相宜，葱补丹田麦疗饥；莫谓此中滋味薄，前村还有未炊时。"⑤ 这不仅说明了朱熹平时的食用情况，也看出他对农民的疾苦寄予同情。据叶绍翁记载：

> （胡纮）谒考亭先生于武夷精舍。先生待学子惟脱粟饭；至茄熟，则用姜醯浸三四枚共食。胡之至，考亭先生遇礼不能殊。胡不悦，退语人曰："此非人情，只鸡樽酒，山中未为乏也。"⑥

---

① 《晦庵集·别集》卷三，《朱鲁叔》。
② 《晦庵集·续集》卷四，《与陈同父》。
③ 《晦庵集》卷五十一，《答黄子耕》第七书。
④ 《勉斋集》卷三十六，《朝奉大夫文华阁特别赠宝谟阁直学士通议大夫谥文朱先生行状》。
⑤ ［清］郑方坤：《全闽诗话》卷四。
⑥ 《四朝闻见录》卷一，《胡纮李沐》。

据说，朱熹由此得罪胡纮。后来胡纮做监察御史，劾赵汝愚（时为宰相），且诋其引用朱熹为伪学罪首。此故事是稍后于朱熹的南宋叶绍翁所记，当为真实可靠。不过胡纮诋毁朱熹，此为其表面现象。

（3）应酬

黄榦说："宾客往来，无不延遇；称家有无，常尽其欢。于亲故，虽疏远必致其爱。于乡间，虽微贱必致其恭。吉凶庆吊，礼无所遗；赒恤问遗，恩无所阙。"①

尽管朱熹财力不足，但其馈赠别人的记载却很多。例如，程深父死，用钱1000购香、茶于其灵前焚香点茶；吕伯恭妻死，初不能奠，后遣人赍赙礼奉问；门人方耕道病，赠钱50千并人参3两；回赠志南上人安乐茶20瓶。对此，朱熹说："寄惠黄精笋、干紫菜多品，尤荷厚意。偶得安乐茶分上廿瓶，并杂碑刻及唐诗三册，漫附回便。"②

国家厉行节约，财政不那么困难，自然对百姓就可以"薄赋"。在朱熹看来，当时为了增加财政收入，赋税的刻剥十分繁重，且弊病很多。官吏横敛无数，民不聊生，"丁钱至有三千五百者"。他说："此外有名目科敛不一，官艰于催科，民苦于重敛，更无措手足处。""今日有一件事最不好，州县多取于民，监司知之当禁止，却要分一分，此是何义理？"州县官吏巧立名目，横征暴敛，人民苦于重敛，以致不能聊生。③

朱熹针对这种重敛的情况，提出"恤民""省赋"主张。朱熹的基本原则是："宁过于予民，不可过于取民。"④他写道："臣尝谓天下国家之大务，莫大于恤民。而恤民之实在省赋，省赋之实在治军。若夫治军省赋以为恤民之本，则又在夫人君正其心术，以立纪纲而已矣。""恤民之实在省赋，省赋之实在治军"，是对当时社会矛盾的深刻之见，切中时弊。

朱熹在任地方官期间，目睹赋税苛重，对于社会带来的"荒畴败屋""流移四出"景象深感痛心，请求朝廷减轻赋税，以使"一方憔悴困穷之

---

① 《勉斋集》卷三十六，《朝奉大夫文华阁特别赠宝谟阁直学士通议大夫谥文朱先生行状》。
② 《晦庵集·别集》卷三，《志南上人》。
③ 《朱子语类》卷一百十，《论民》。
④ 《朱子语类》卷十六，《大学·传十章释治国平天下》。

民，自此庶几复有更生之望"，能够继续生存下去。少取就是"薄赋"。
朱熹说：

> 南康为郡……赋税偏重，比之他处或相倍蓰，民间虽复尽力耕
> 种，所收之利或不足……为子孙久远之计。……故臣自外任之初，
> 即尝具奏，乞且将星子一县税钱特赐蠲减；又尝具申提点坑冶司，
> 乞为敷奏，将夏税所折木炭价钱，量减分数"。①

朱熹时代的国家税收除正税农业税之外，名目不可胜计，诸如"经总制
钱""月桩钱""版账钱"等。仅"经总制钱"的征收，竟达正税的三倍；
另外两税的附加税如耗米、折帛钱、和买、和籴、科配等，层出不穷，
而使人民陷于汤火之中。

朱熹主张除夏、秋正税以外，其他名目的苛捐杂税统统取消。他说：
"须一切从民正赋，凡所增名色，一齐除尽，民方始得脱净。""从民正
赋"，是为民向朝廷请命。农民无力纳税，甚至尽力耕种一年，所收还不
足赋税。于是农民只得逃亡，"所有田业或抛荒、或隐没，都无归著。"②
结果，不仅民贫，而且国家赋税征收的负担者也大量减少，而造成国家
财政的匮乏。因此，朱熹极力主张除尽正税以外的赋税，以减轻百姓赋
税负担。

明闽学家蔡清提出均田平赋的思想，是从同情农民的立场出发的。
蔡清说：

> 吾良民旦夕疲筋骨曾无卓锥之产者何限！各处之无征田粮洒派
> 贫民又何限！……豪右巧计僭据者又何限！

蔡清在长期从政和居乡中，认识到豪强地主兼并土地的严重性。他呼吁
"丈量田亩"，提出："哀多益寡，称物平施""限民名田""量减寺院多余
田亩分给贫民为业""截长补短""授田以民"等措施，认为，均田平赋，
"此其所大利者民也官也"！蔡清的这些思想是十分可贵的。③

---

① 以上见《晦庵集》卷十一，《庚子应诏封事》。
② 《朱子语类》卷一百十一，《论民》。
③ 以上见 [明] 蔡清：《虚斋集》卷四，《民情四条答当路》。

4. 货币

在朱熹时代，由于手工业和商业的繁荣，商品交换频繁，作为交换手段的货币广泛流行。当时已有铜钱、铁钱、纸币等。因此，朱熹也讲到货币的问题。

（1）流通职能

南宋的货币不是全国统一的，有区域分别，如两淮的"交子"，东南的"会子"，四川的"川引"，湖北的"会子"等，它们只能在自己的地区内流通，在其他地区则不通行。朱熹说：

> 两淮铁钱交子，试就今不行处作个措置，不若禁行在会子不许过江，只专令用交子。如淮人要过江买卖，江南须自有人停榻交子，便能换钱。又不若朝廷捐数万贯钱在江南收买交子，却发过淮南，自可流通。

据《朱子语类》记载：

> 论淮西铁钱交子。曰：交子本是代钱，今朝廷只以纸视之。今须是铜钱交子，不得用于淮。铁钱交子，不得用于江南。又须江南官司置场，兑换铜钱交子，乃可行耳。①

朱熹认为，这种地区性的货币流通，妨碍和限制了商品的交换。据记载：

> 然自绍兴末年，铜钱禁用于淮，而易以铁钱，会子既用于淮而易以交子，于是商贾不行，淮民以困。右司谏陈良祐言交子不便，诏两淮郡守、漕臣调其利害，皆谓所降交子数多，而铜钱并会子不过江，是致民旅未便。②

因此，朱熹提出政府要设置兑换场所，规定一定的兑换率。如政府在江南设兑换两淮"交子"的机构，淮人过江买卖方便，从而加强了两淮与江南的经济联系；而政府所收的"交子"，也可发回两淮，自可流通。在自给自足的自然经济占支配地位的宋代，货币不仅是流通手段，

---

① 以上见《朱子语类》卷一百十一，《财》。
② 《宋史》卷一百八十一，《食货下三》。

而且是流通的渠道。

从全社会来看，不能没有一定流通渠道来促使商品流通的货币。这种渠道只能由货币来担当，否则商品流通很难实现。但是，朱熹对货币职能的认识是很不全面的，他对货币的支付、储藏、价值职能，似乎都没有论述，是个缺陷。

（2）发行量与流通商品的调节

货币流通数量的多寡要与商品流通的需要自行调节，否则会造成市场的混乱。"绍兴末，会子未有两淮、湖广之分，其后会子太多而本钱不足，遂致有弊。"[1] 这种由于货币发行数量过多而引起货币价值的贬值，朱熹已经认识到。据《朱子语类》记载：

> 或论会子之弊，曰：这物事轻了，是诱人入于死地。若是一片白纸，也直一钱在，而今要革其弊，须得从重头理会方得。

如果流通中的货币数量增多，而商品数量不变，则币值下跌而物价上升；反之，如果流通中的货币数量减少，不能满足商品流通的需求，则币值上升物价下跌。在朱熹看来，这个问题要解决。据朱熹门人吴必大在《朱子语类》中记载："必大因言：'铁钱之轻，亦缘积年铸得多了，又只用之淮上十余郡，所以至此益贱。'先生（朱熹）遂言：'古者只是荒岁方铸钱，《周礼》所谓国凶荒札丧，则市无征而作布。既可因此以养饥民，又可以权物之重轻。盖古人钱阙，方铸将来添。今淮上亦可且住铸数岁，候少时却铸（次年臣僚请罢舒蕲鼓铸）。'"这里朱熹未讲清楚。货币充作价值的尺度并规定商品的价格，而不是商品的价格由流通中货币数量的多寡来决定的。商品价格是商品价值的货币表现，先有商品价值才有其货币表现。朱熹似乎以货币数量的多寡来权衡，本末颠倒。货币数量超过其对象物的价值，会造成通货膨胀。[2]

（3）纸币的出现及其弊端

南宋时，由于铜的产量少，加上商品流通的需求，不法分子坏铜钱改铸铜器。朱熹说："东南铜钱，已是甚少，其坏之又多端，私铸铜器

---

① 《宋史》卷一百八十一，《食货下三》。

② 以上见《朱子语类》卷一百十一，《财》。

者，动整四五缗坏了。只某乡间旧有此，想见别处更多。"① 为了保证货币的流通量，朱熹反对改铸铜钱为铜器。更为严重的是，铜器外流。朱熹说：

> 又有海舶之泄，海船高大，多以货物覆其上，其内尽载铜钱，转之外国。朝廷虽设官禁，那曾检点得出。其不廉官吏，反以此为利。又其一，则淮上透漏，监官点阅税物，但得多纳几钱，他不复问，铜钱过彼（指金朝）极有利，六七百文，可得好绢一匹。若更不禁，那个不要带去？②

这就造成宋朝严重的钱荒。因此，公私商品交易和政府军政财务开支不得不以纸币为主。纸币本身没有价值，只是代替金属货币充当流通的手段。南宋政府由于没有足够的金属货币（铜钱）作为商品流通中所需要的金属货币量而大量发行纸币，便引起了纸币的贬值。

历代学者囿于朱熹与陈亮的"王霸义利"之辨，以为朱熹只谈理气、心性而不言利益，因而只注意其伦理道德学说，而甚少研究其经济思想。这是误解。朱熹思想是全面的，说其集大成是实实在在的。朱熹的形而上学思想是与现实社会息息相关的，是指导现实社会生活的理论基础。③

（六）教育学

教育是闽学学者最主要的事业。他们一生致力于建立精舍，开办书院，创办官学、私学，以讲学、著述为己任，接引后学。黄榦谓，朱熹"一日不讲学，则惕然以为忧"，培养出大批人才。④ 他们制定学规，编撰教科书，在长期教学活动中形成了自己的教育思想，在当时和历代有很大的影响。

1. 教育目的

基于儒家的内圣成德和外王事功的基本思想，朱熹强调教育首要的

---

① 《朱子语类》卷一百一十一，《财》。
② 《朱子语类》卷一百一十一，《财》。
③ 参见张立文：《朱熹思想研究》，中国社会科学出版社 2001 年版，第 97—102 页。
④ 《勉斋集》卷三十六，《朝奉大夫文华阁侍制赠宝谟阁直学士通议大夫谥文朱先生行状》。

是明"本"。朱熹说：

> 后世学校之设，虽或不异乎先王之时，然其师之所以教，弟子之所以学，则皆忘本逐末，怀利去义，而无复先王之意。以故学校之名虽在，而其实不举，其效至于风俗日敝，人材日衰，虽以汉唐之盛隆，而无以仿佛乎三代之叔季，然犹莫有察其所以然者。顾遂以学校为虚文，而无所与于道德政理之实，于是为士者求道于老子、释氏之门，为吏者责治乎簿书期会之最，盖学校之仅存而不至于遂废者，亦无几耳。①

这就是说，由于学校教育的教学目的不明确，"怀利去义""忘本逐末"，学校虽然还存在，但是无异于虚设，无有道德政理之实，因而教育便一代不如一代，比三代季世还不如。

那么，这个"本"是什么呢？就是儒家的"道"。朱熹说："道者，古今共由之理。如父之慈，子之孝，君仁，臣忠，是一个公共底道理。德便是得此道于身，则为君必仁、为臣必忠之类皆是自有。"② 这是因为，人之以生，天与之以仁、义、礼、智之性，而赋予君、臣、父、子之伦，制其事物之当然之则。可见，明"道"就是明道德伦理。朱熹又说："父子有亲，君臣有义，夫妇有别，长幼有序，朋友有信，此人之大伦也。庠序学校，皆以明此而已。"③ 朱熹在《静江府学记》中又说：

> 古者圣王设为学校，以教其民。由家及国，大小有序，使其民无不入乎其中，而受学焉。而其所以教之之具，则皆明其天赋之秉彝，而为之品节以开导而劝勉之，使其明诸心，修诸身，行于父子、兄弟、夫妇、朋友之间，而推之以达乎君臣上下、人民事物之际，必无不尽其分焉者。……此先王学校之官，所以为政事之本，道德之归，而不可以一日废焉者。④

先王设学校以教民，因赋开导，使其明心修身，行于父子、兄弟、夫妇

---

① 《晦庵集》卷七十八，《静江府学记》。
② 《朱子语类》卷十三，《力行》。
③ 《四书章句集注》，《孟子集注》卷三，《滕文公章句上》。
④ 《晦庵集》卷七十八，《静江府学记》。

之间，而推之君臣、社会人际。古之君子以是行之其身，而推之以教其子弟，莫不由此。此其风俗所以淳厚而德业所以崇高的原因。

在儒家看来，人们一日不能离开父子、君臣、夫妇、长幼、朋友五者之伦理；也不能一日离开仁、义、礼、智、信五者之道德。因此，父子有亲，君臣有义，夫妇有别，长幼有序，朋友有信，此五者为圣王教民之目。朱熹说：

> 昔者圣王作民君师，设官分职，以长以治，而其教民之目，则曰：父子有亲，君臣有义，夫妇有别，长幼有序，朋友有信，五者而已。盖民有是身，则必有是五者，而不能以一日离；有是心，则必有是五者之理，而不可以一日离也。是以圣王之教，因其固有，还以导之，使不忘乎其初。然又虑其由而不知，无以久而不坏也，则为之择其民之秀者，群之以学校，而联之以师儒，开之以《诗》《书》，而成之以礼乐。凡所以使之明是理，而守之不失，传是教而施之无穷者，盖亦莫非因其固有而发明之，而未始有所务于外也。夫如是，是以其教易明，其学易成，而其施之之博，至于无远之不暨，而无微之不化。此先王教化之泽所以为盛，而非后世所能及也。①

朱熹重建江西庐山白鹿洞书院，亲撰《白鹿洞书院揭示（学规）》，其五教之目，即"父子有亲，君臣有义，夫妇有别，长幼有序，朋友有信"。此简要地揭示出尊德性、道问学、道德伦理之要旨。这是中国教育史上的里程碑。对此五教之目，朱熹说："右五教之目，尧舜使契为司徒，敬敷五教，即此是也。学者，学此而已。"② 又说："臣闻昔者帝舜以百姓不亲，五品不逊，而使契为司徒之官，教以人伦：父子有亲，君臣有义，夫妇有别，长幼有序，朋友有信。"③ 朱熹把此"五伦"概括为"五教"，"五伦"或"五教"便是朱熹教育的根本目的。朱熹说："父子有亲，君臣有义，夫妇有别，长幼有序，朋友有信，此人之大伦也。庠序学校，

---

① 《晦庵集》卷七十九，《琼州学记》。
② 《晦庵集》卷七十四，《白鹿洞书院揭示》。
③ 《晦庵集》卷十四，《戊申延和奏札一》。

皆以明此而已。"① 这样，朱熹就把"明人伦"作为国家各类学校的共同的教育目的。

朱熹据《大学》所说的"自天子以至于庶人壹是皆以修身为本"，十分强调修身适用于所有的人。朱熹说：

> 古之圣王，设为学校，以教天下之人，使自王世子、王子、公侯、卿大夫、元士之适子，以至庶人之子，皆以八岁而入小学，十有五岁而入大学。必皆有以去其气质之偏，物欲之蔽，以复其性，以尽其伦而后已焉。此先王之世，所以自天子至于庶人，无一人之不学，而天下国家所以治日常多，而乱日常少也。②

"明人伦"是人人所必须的。通过教育，使人去其气质之偏、物欲之蔽，而恢复其天命之性，做到尽人伦。

朱熹对教育的宗旨，在《玉山讲义》中还有综合的说明："圣贤教人为学，非是使人缀缉言语，造作文辞，但为科名爵禄之计，须是格物、致知、诚意、正心、修身，而推之以至于齐家、治国，可以平治天下，方是正当学问。诸君肆业于此，朝夕讲明于此。"③ 齐家、治国、平天下，为封建国家的最终教育目的。

2. 教育体制

早在殷商时期，中国就已经出现学校。在周代，正式出现中央和诸侯所办的国学，以及地方所办的乡学。当时的国学就分为小学和大学，入学者大都是贵族子弟。这一分法一直延续下来。对于小学，朱熹说：

> 人生八岁，则自王公以下至于庶人之子弟皆入小学，而教之以洒扫、应对、进退之节，礼、乐、射、御、书、数之文。④

可见，小学教育有两方面的职能，一是品德教育，教之如何做人；二是知识教育，教之如何做事，合之为德、智、体、美四个方面的统一。礼属德育，乐属美育，射、御属于体育，也有军事技能；书、数属智育。

---

① 《四书章句集注》，《孟子集注》卷三，《滕文公章句上》。
② 《晦庵集》卷十五，《经筵讲义》。
③ 《晦庵集》卷七十四，《玉山讲义》。
④ 《晦庵集》卷七十六，《大学章句序》。

其中，德育为首位。

洒扫、应对、进退之节，是指对于道德伦理规范的践履。儿童幼稚，只教他如何去做。《朱子语类》有反复的说明。小学是事，如事君、事父、事兄、处友等事，只是教他依此规矩做去。就是教儿童按照"忠""孝""悌""信"等道德伦理规矩去做。由于小儿只是学怎样去做，而不明白所以这样做的道理，没有辨别的能力。因此，在教儿童洒扫、应对、进退之事时，也避免其染上恶习。"圣人教小儿洒扫、应对，件件要敬谨，外家子侄，未论其贤否如何，一出来便齐整，缘是他家长上元初教诲得如此。"只有从小很好地教其洒扫、应对，长大了便不会养成坏习惯，这就是要从小打下好的基础。至于礼、乐、射、御、书、数，则是所谓"六艺"。这里既有贵族所用的礼乐，也包括实用的知识技能。"古人便都从小学中学了，所以大来都不费力。如礼、乐、射、御、书、数，大纲都学了，及至长大，也更不大段学，便只理会穷理致知工夫；而今自小失了，要补填，实是难。"①

此外，朱熹在《题小学》中说："古者小学，教人以洒扫、应对、进退之节，爱亲、敬长、隆师、亲友之道，皆所以为修身、齐家、治国、平天下之本，而必使其讲而习之于幼稚之时。欲其习与知长，化与心成，而无扦格不胜之患也。"这些都是属于酬酢之事。

同时，朱熹也注意到儿童教育内容的多样化。譬如，在洒扫、应对、入孝、出弟之外，还可以"行有余力，诵诗读书，咏歌舞蹈"。② 根据儿童的特点，"授书莫限长短，但文理断处便住；若文势未断者，虽多授数行亦不妨"。还要根据男女的区别，对女孩子需要教"如曹大家《女诫》，温公《家范》，亦好"，等等。③

受小学教育后，便入大学。当时周京城郊外有辟雍，天子常到辟宫射箭或泛舟，其中有学宫。东边有东序，西边有瞽宗，北边有上庠，南边有成均，分别在辟雍之四门，故叫做四门学，都属于大学。大学也是养老、祭祀和举行典礼的地方。

---

① 　以上见《朱子语类》卷七，《小学》。
② 　以上见《晦庵集》卷七十六，《题小学》《小学题辞》。
③ 　《朱子语类》卷七，《小学》。

到了宋代，朱熹说：

> 及其十有五年，则自天子之元子、众子，以至公卿大夫元士之
> 适子，与凡民之俊秀，皆入大学。而教之以穷理、正心、修己、治
> 人之道。此又学校之教，大小之节，所以分也。①

大学没有"庶人"弟子的份，它只限于统治阶层。真正"民之俊秀"入
大学是很难的，大学教育的范围是很狭隘的。

大学有九年。隔年考查一次，即第三、五、七、九年考查。第七年
的考查符合标准者名为小成，第九年的考查符合标准者名为大成，毕业
后可量才授官。

大学开学时，学生要诵《诗经》中的《鹿鸣》《四牡》《皇皇者华》，
说明是要学习从政。具体学习要十分认真，在《礼记·学记》有详细的
规定。

在大学阶段，以《大学》为教学内容。朱熹说：

> 子程子曰：《大学》孔氏之遗书，而初学入德之门也。于今可见
> 古人为学次第者，独赖此篇之存，而《论》《孟》次之。学者必由是
> 而学焉，则庶乎其不差矣！②

《大学》原是《礼记》中的一篇，朱熹把它独立出来，与《论语》《孟子》
《中庸》合为"四书"，朱熹撰写的《四书章句集注》，为元朝后诸朝科举
考试的标准教科书。《大学》的结构为经1章，传10章，其内容是讲格
物、致知、诚意、正心、修身、齐家、治国、平天下，是儒家伦理、政
治、哲学的纲领性文献。大学以此为教材，可知古代大学教育的基本内容。

朱熹说："大人之学，穷理、修身、齐家、治国、平天下之道是也。"
"穷理""修身""正心""齐家"是内事，即是讲自身的修养；"治国"
"平天下"是外事，即是《大学章句序》中所说的"治人"。由此可见，
小学与大学的教育内容是有区别的。③ 据记载：

---

① 《晦庵集》卷七十六，《大学章句序》。
② 《四书章句集注》，《大学章句》。
③ 《晦庵集》卷十五，《经筵讲义》。

问："小学、大学如何？"曰："小学涵养此性，大学则所以实其理也。忠、信、孝、弟之类，须于小学中出；然正心、诚意之类，小学如何知得，须其有识后，以此实之。大抵大学一节一节恢廓展布将去，然必到于此而后进；既到而不进，固不可；未到而求进，亦不可。且如国既治，又却絜矩，则又欲其四方皆准之也。"①

小学与大学的教育内容既有联系，亦有区别。大学教育主要是培养高级人才。朱熹说："国家建立学校之官，遍于郡国。盖所以幸教天下之士，使之知所以修身、齐家、治国、平天下之道，而待朝廷之用也。……其有慨然兴起于学，而明乎所以修身、齐家、治国、平天下之道者，是则伯谏之德之修之验也夫！"② 这就是说，通过教育培养朝廷的有用之才，为国家服务。

中国古代教育的经典内容，在汉代是"六经"，亦叫"六艺"，即《诗》《书》《礼》《乐》《易》《春秋》，汉代以后除去《乐》，称为"五经"。朱熹以"四书"代替"五经"。朱熹把《大学》《论语》《孟子》《中庸》联成"四书"，零散的儒家经典有了个精确选本，并精加"集注"，使中国古代文化以"四书"为骨干，形成完善的思想体系。朱熹说：

先读《大学》以定其规模，次读《论语》以立其根本，次读《孟子》以观其发越，次读《中庸》以求古人之微妙处。《大学》一篇有等级次第，总作一处，易晓，宜先看。《论语》却实，但言语散见，初看亦难。《孟子》有感激兴发人心处。《中庸》亦难读，看三书后方宜读之。先看《大学》，次《语》《孟》，次《中庸》。果然下工夫，句句字字，涵泳切己，看得透彻，一生受用不尽。只怕人不下工夫，虽多读古人书，无益。书只是明得道理，却要人做出书中所说圣贤工夫来。若果看此数书，他书可一见而决矣。……《论语》如田亩阔狭去处，逐段子耕将去。……须熟究《大学》作间架，却以他书填补去。③

---

① 《朱子语类》卷十四，《大学一·纲领》。
② 《晦庵集》卷七十五，《送李伯谏序》。
③ 《朱子语类》卷十四，《大学一·纲领》。

朱熹并未否认"六经"的教育功能。他在《论语课会说》中说："古之学者，潜心乎六艺之文，退而考诸日用，有疑焉则问，问之弗得弗措也。古之所谓传道、授业、解惑者，如此而已。后世设师弟子员，立学校以群之，师之所讲。……自秦汉以迄今，盖千有余年，所谓师弟子者，皆不过如此。"① 古代教师以《六经》为传道、授业、解惑的教本，后世亦应这样。

不仅如此，朱熹还提倡学习"六经"之外的史籍。据《朱子语类》记载，朱熹说："先看《语》《孟》《中庸》，更看一经，却看史，方易看。先读《史记》，《史记》与《左传》相包，次看《左传》，次看《通鉴》，有余力则看全史。……凡读书，先读《语》《孟》，然后观史，则如明鉴在此，而妍丑不可逃。若未读彻《语》《孟》《中庸》《大学》，便去看史，胸中无一个权衡，多为所惑。"不过，朱熹主要还是读"六经"。②

对于"六经"，朱熹提出新的认识。他认为，《易》之作，本只是为卜筮，如极数知来之谓，占莫大乎蓍龟，是兴神物。他说：

> 盖古人淳质，不似后世人心机巧，事事理会得。古人遇一事，理会不下，便须去占。占得乾时，元亨便是大亨，利贞便是利在于正。古人便守此占，知其大亨，却守其正以俟之。

他确定《易》是一部卜筮的书，是符合《易》的本来面目的。既然本为卜筮而作，便否定了《易》具有神圣不可违背的经书的性质。他又说：

> 上古民淳，未有如今士人识理义峣崎；蠢然而已，事事都晓不得。圣人因做《易》，教他占，吉则为，凶则否，所谓通天下之志，定天下之业，断天下之疑者，即此也。及后来理义明，有事则便断以理义。③

在朱熹看来，古人很淳朴，不晓得"义理"，因此而有《易》之作；后人明"理义"，事事理会得，便不卜以决疑，而是断以"义理"，这就动摇

① 《晦庵集》卷七十四，《论语课会说》。
② 《朱子语类》卷十一，《学五·读书法下》。
③ 以上见《朱子语类》卷六十六，《易二·卜筮》。

了《易》为经的神圣的地位。对于《诗》，朱熹认为，《诗》不是如孔子所说的是讲"思无邪"的。如"圣人言郑声淫者。盖郑人之诗，多是言当时风俗男女淫奔，故有此等语"。[①] 至于孔子删《诗》，朱熹说："那曾见得圣人执笔刚那个，存这个，也只得就相传上说去。"[②] 以为孔子删《诗》为传说，并不可靠。如果以郑、卫之《诗》，都是"鄙俚之言"，"男女淫奔相诱之语"，则《诗》为经书的地位也就产生疑问了。对于《春秋》，朱熹认为，未必如先儒所言，字字有义。孔子当年是想写二三百年的历史的，并没有寓褒贬于其中。如果"要去一字两字上讨意思，甚至以日月、爵氏、名字上皆寓褒贬"，便是穿凿附会了。"或有解《春秋》者，专以日月为褒贬，书时月则以为贬，书日则以为褒，穿凿得全无义理。"[③] 这样，《春秋》也不具经书的地位。朱熹认为，《礼》学多不可考，盖其为书不全，考来考去，考得更没下梢。故学《礼》者多迂阔。"其他礼制皆然，大抵存于今者，只是个题目在尔。""古礼繁缛，后人于礼日益疏略。然居今而欲行古礼，亦恐情文不相称。"他说：

> 古礼于今实难行，尝谓后世有大圣人者作，与他整理一番，令人苏醒，必不一一尽如古人之繁，但仿古之大意。[④]

对于"三礼"，朱熹认为，《仪礼》为主，大戴《礼》与小戴《礼》为《仪礼》之传。这样《礼》的经书地位也没有了。此外，怀疑《古文尚书》为伪书，清人考据学派的学者予以肯定。

由此可见，朱熹把"四书"作为主要教育内容，辅以"五经"、史籍。早年他在同安县学时，就发布《谕学者》《谕诸生》《谕诸职事》等文告，强调读"四书""五经"，要求入圣贤之域，纠正只追求科举考试的偏向。后来在南康郡任上，向孔庙虔诚地献上《南康谒先圣文》，亲自任白鹿洞书院洞主，以《大学》之意制订《白鹿洞书院学规》，并主讲"四书""五经"。后来，把《白鹿洞书院揭示》推广到岳麓书院，以"四

---

① 《朱子语类》卷八十一，《狄童》。
② 《朱子语类》卷八十，《诗一·纲领》。
③ 《朱子语类》卷八十三，《春秋·纲领》。
④ 以上见《朱子语类》卷八十四，《礼一·论考礼纲领》。

书"为主要。

3. 教育内容

福建朱子学书院教育和民间自由讲学的内容，全是孔孟程朱思想。早在朱熹时，就主张"'六经'、《语》、《孟》，皆圣贤遗书，皆当读"。[①] 朱熹早年强调儒家经典都要读，中年以后提出书院的教学内容主要是"四书"。陈荣捷说：

> 在《朱子文集》卷七四，在《白鹿洞书院堂策问》与《白鹿洞书院学规》两者所保存的文献，都显示出其重点多在《语》、《孟》。除强调读书之要外，对《语》、《孟》这些经典，都有专篇。与朱子在 1153—1156 年任县主簿时，同安县学中授课与问答相较显而易见也，以前侧重者为所有儒家经典，而现在则仅侧重选授几种。朱子在 1190 年编辑《大学》、《论语》、《孟子》以及《中庸》为四子书，在以后的数百年，"四书"支配了中国人的思想。我们可以设想，在白鹿洞书院所授的课程，乃是从一般儒家经典演进到四子书的一个过渡时期呢![②]

在朱熹之后的闽学书院中，皆以朱子学为宗。张伯行在讲到崇安武夷山紫阳书院时说：

> 钦定《紫阳全书》以教天下万世，其论遂归于一。始知学者之所以为学与教者之所以为教，当以紫阳为宗。而俗学、异学有不得而参焉者矣。不佞乐与多士恪遵圣教，讲明朱子之道，而身体之。

书院的教学目标，大抵以朱熹的《白鹿洞书院揭示》为准，讲明义理以修其身，然后推己及人，治国平天下。书院的主持人和教授，大都是著名的闽学家和乡贤，如"鳌峰书院，延揽名儒，讲求程朱之学，有罗源蔡学博，训士有方，日近诸生，教以修身励行之旨，不专器人于语言文字之间"。蔡氏品学兼优，循循善诱，年六十仍亲自讲论，诸生服

---

① 《朱子语类》卷十三，《力行》。
② 《朱子与书院》，台北《史学评论》，1985 年版，第 9 期。

教。像林则徐、陈化成等这样出类拔萃的人物，就是出身于鳌峰书院。①

应该特别强调的，大多数的福建朱子学书院是以教育为中心，同时又是学术研究的胜地，他们把教学、研究和收藏图书、刊刻经籍等结合起来。因此，书院的教学研究内容是多方面的。再加上教育的普及，"有教无类"，各界士子都可以入学。方大琮在《与乡守项寺丞书》中说："吾邑（按福州永福县）家书玄诵，人试律令，非独士为然，工、农、商各教子读书，虽牧儿食盍妇，亦能口诵古人语言。"②

这说明教育的普及程度。工、农、商等各行各业皆能重视对子弟的教育。不少商人为了经商的需要，更为重视教育。福建历史上许多商人受到了比较好的教育。一般认为，闽商的文化素质高，经商能力强，到海外得到当地统治者的重视。宋代以来，中国著名的海商大都是福建人。到了近代，由于西学的传入，书院也涉及西学的许多方面，而其主旨乃是闽学的致用精神。

4. 教学方法

闽学学者在自己长期的教学活动中，对教与学的方法有深刻的认识，形成了他们自己的一套教学方法。这里讲三个方面。

（1）因材施教

因材施教是中国古代教育的重大特点。"因"是根据，"材"是学生的智能高低或特点。孔子说："由也果""赐也达""求也艺。"③ 孔子又说："从我于陈蔡者，皆不及门者也。""德行：颜渊、闵子骞、冉伯牛、仲弓。言语：宰我、子贡。政事：冉有、季路。文学：子游、子夏。"④ 孔子将自己的十大弟子分为德行、言语、政事、文学四科。对此，朱熹解释说："目其所长，分为四科，孔子教人，各因其材，于此可见。"⑤ 这是朱熹借孔子的教学方法，启发出自己因材施教的教学方法。因为学生的"材"有所不同，就得因材施教，划分不同的科目。朱熹借孔子之因

---

① 以上见《正谊堂文集》卷九《紫阳书院碑记》、卷十二《蔡恭靖先生墓志铭》。
② ［宋］方大琮：《宋宝章阁直学士忠惠铁庵方公文集》卷二十一。
③ 《论语·雍也》。
④ 《论语·先进》。
⑤ 《四书章句集注》，《论语集注》卷六，《先进第十一》。

材施教，提出自己的观点。他认为，教师根据每个学生的特点，而分别科目，进行不同的教育，这是培养学生成材的重要方法。朱熹说：

> 德行者，潜心体道，默契于中，笃志力行，不言而信者也；言语者，善为辞令者也；政事者，达于为国治民之事者也；文学者，学于《诗》《书》《礼》《乐》之文，而能言其意者也。盖夫子教人，使各因其所长以入于道。①

这是讲根据每人的特长而使之"入于道"。他又说："草木之生，播种封殖，人力已至，而未能自化。所少者，雨露之滋耳，及此时而雨之，则其化速矣。教人之妙，亦犹是也。"这是说人的成长犹草木之生，如得及时雨，便能迅速变化生长；依人特点，进行教育，也能迅速成长。又说："圣贤施教，各因其材，小以成小，大以成大，无弃人也。"材有大小，教育的任务是，根据材的不同，而使其小成小材，大成大材，都能成材。这就是各因其所长而教之。②

（2）教学相长

教学相长是福建朱子学教学方法的又一个重大特点。《礼记》说："学，然后知不足；教，然后知困。知不足，然后能自反也；知困，然后能自强也。故曰教学相长也。"③朱熹据《孟子》的记载："昔者子贡问于孔子曰：'夫子圣矣乎？'孔子曰：'圣，则吾不能。我学不厌，而教不倦也。'子贡曰：'学不厌，智也；教不倦，仁也。仁且智，夫子既圣矣！'"④得出师生在教与学中皆日新其德、共同进步的结论。朱熹解释说：

> 学不厌者，智之所以自明；教不倦者，仁之所以及物。⑤

在这里，孔子、朱熹把"学"看作是智，而把"教"看作是仁。前者是对己，后者是对人，所以叫作"及物"。他们把教学相长看成仁智，是非

---

① 《四书或问》卷十六，《论语·先进第十一》。
② 以上见《四书章句集注》，《孟子集注》卷七，《尽心章句上》。
③ 《礼记·学记》。
④ 《孟子·公孙丑上》。
⑤ 《四书章句集注》，《孟子集注》卷二，《公孙丑章句上》。

常高尚的。

（3）知行并进

朱熹认为，知行必须并进，要把读书与体察结合起来。《朱子语类》反复记载了朱熹的说法：

> 学者当以圣贤之言，反求诸身，一一体察，须是晓然无疑，积日既久，当自有见，但恐用意不精或贪多务广，或得少为足，则无由明耳。

不能为读书而读书，必须反求诸身，从自家身上一一体察。"读书须要切己体验，不可只作文字看。""读书不可只专就纸上求理义，须反来就自家身上（以手自指）推究。"这就是说，读书不是目的，目的是体察。只有联系自家，才能真正有所得。如果不切己体察，读书有何用，"今人读书，多不就切己上体察。但于纸上看，文义上说得去便了，如此济得甚事，何必读书，然后为学。"朱熹说：

> 一向就书册上理会，不曾体认著自家身己，也不济事。如说仁、义、礼、智，曾认得自家如何是仁，自家如何是义，如何是礼，如何是智，须是著身己体认得。如读学而时习之，自家曾如何学，自家曾如何习，不亦说乎。

这种学以致用，贯串了闽学家的教学"知行并进"的教育传统。[①]

上面讲的是朱熹教学方法的"教"的主要方面，而其"学"的方面，其在《白鹿洞书院揭示》中有极为言简意赅的说明。必须特别注意的是，朱熹所谓"学"，包括了知与行两个方面，且强调行。其学规讲得极其全面。其中"五教之目"，上面第一节已有引述，其余全部抄录如下：

> 博学之，审问之，慎思之，明辨之，笃行之。
>
> 右为学之序。学、问、思、辨四者，所以穷理也。若夫笃行之事，则自修身以至于处事、接物，亦各有要，其别如左：
>
> 言忠信，行笃敬，惩忿窒欲，迁善改过。

---

① 《朱子语类》卷十一，《读书法下》。

右为修身之要。

正其义，不谋其利。明其道，不计其功。

右处事之要。

己所不欲，勿施于人。行有不得，反求诸己。

右接物之要。

熹窃观古昔圣贤所以教人为学之意，莫非使之讲明义理，以修其身，然后推以及人，非徒欲其务记览、为词章，以钓声明、取利禄而已也。……圣贤所以教人之法具存于"经"，有志之士，固当熟读深思而问辨之。苟知其理之当然，而责其身以必然，则夫规矩禁防之具，岂待他人设之而后有所持循哉！……特取凡圣贤所以教人为学之大端，条列如右，而揭之楣间。诸君其相与讲明遵守，而责之于身焉，则夫思虑云为之际，其所以戒谨而恐惧者，必有严于彼者矣！①

朱熹上列为学之序、修身之要、处事之要、接物之要，已为其后历代学者所赞赏和熟知、履行。

（七）宗教学

宗教是信仰。社会必须有信仰，没有信仰的社会是不可能存在的。信仰发自人们心灵的最深处，是人们最崇高、最净洁精神的结晶，它能给人们意志、希望，认识人生的意义、价值，使道德伦理理性化，升华人格境界。因此，宗教是意识形态，是文化，是人类精神生活所必需的。当然，只有国家允许和赞同的信仰才是宗教。邪教的根本点在于反国家性和反世俗生活。国家应对合法的宗教给予尊重，信仰自由。

1. 朱熹的宗教意识和论宗教功能

一般讲，福建朱子学的宗教思想，多集中于其对释、道之教（学）的判释和吸取上。以儒家思想为主体、包释道之教（学）在内，是中国传统文化三大基本形态。此外，还有民间信仰，以及摩尼教等，朱子学都有涉及，其本身亦具有宗教意识和功能。

① 《晦庵集》卷七十四，《白鹿洞书院揭示》。

儒家是中国传统文化的"主",佛教是"宾",道教(家)是"从",三教在中华民族文化生命中有不同的价值和作用。知名学者南怀瑾形象地说儒家是"粮食店"、佛教是"百货店"、道教(家)是"医药店",从不同方面把三教综合成为中华民族成熟心智、健全人格、安身立命之学。[①] 三教不同,而又都在中国文化整体之中,相互作用,水乳交融。这种三向互动,导致儒学的释道化和释道之学的儒学化。儒学的释道化,使儒学像吃营养强身一样,获得新生命,走向繁荣;而释道之学的儒学化,则使释道之学依附于儒学,在一定程度上削弱了释道之学的独立性,使其衰微。基于儒、释、道的互动,使闽学思想具有鲜明的宗教品格与功能。

知名中国哲学史家任继愈说:

> 朱熹认为天地之大德曰生,天地有生物之心。人也有从天得来的爱物之心——仁。没有"仁"的人,不成为人,没有"仁"的天地不成为天地。朱熹为学,不仅在于纯知识的探求,他确实用实践来体验古代圣人的教导。以朱熹对《论语》"观过斯知仁矣"理解为例:……"若谓观己过,窃尝试之,犹觉未稳。若必俟有过而后观,则过恶已形,观之无及,久自悔咎,乃是反为心害而非所以养心;若曰不俟有过而预观平日所偏,则此心廓然本无一事,却不直下栽培涵养,乃预求偏处而注心观之,圣人平日教人养心求仁之术,似不如此之支离也。"(《朱子文集》卷六七)可见朱熹的为学,不是口头讲论,确实从体验中得来,它不是纯思辨之学,而是指导行为的学问,它是宗教而不是哲学。宗教不是教人会说,而是教人去做的。……朱熹的"天",不是活灵活现的人格神,而是封建宗法化的理性之神,它不具有人形,而具有人性,有"盎然生物之心"。……天是君权的神学依据,地是天的陪衬,师是代天地君亲立言的神职人员,握有对封建制度最高的解释权。正如佛教奉佛、法、僧为三宝,离开了僧,佛和法就无法传播。[②]

---

① 南怀瑾:《论语别裁》,台北老古文化事业公司1991年版,第6—7页。

② 任继愈:《朱熹与宗教》,载《中国社会科学》,1982年第5期。

把儒家思想说成宗教是任氏的观点。这里取其对朱熹思想宗教价值意义的分析。在朱子学中确实具有宗教价值意义。朱熹说："吾儒家若见得道理透，就自家身心上理会得'本领'，便自兼得禅底；讲说辨订，便自兼得教底；动由规矩，便自兼得律底。事事是自家合理会。"① 朱熹把儒家学说比附为佛教的禅、教、律，具有宗教意识和功能，应该是符合实际的。

2. 朱熹对诸宗教派别的评论

(1) 用理气释雷电鬼神等民间信仰

朱熹对于一些民间信仰，大都用哲学进行理论分析，作出符合当时科学水平的解释。例如，朱熹不信日月蚀为灾异，认为皆是阴阳二气的衰微，古人以其为预兆，盖因古人不懂得历法。对于下雨打雷，认为只是气，如今之鞭炮，"盖郁积之极而迸散者也"。朱熹说："恐发动了阳气，所以大雪为丰年之兆者。雪非丰年，盖为凝结得阳气在地，来年发达，生长万物。"对于雹，朱熹释"雹"为"雨"从"包"，"是这气包住，所以为雹也"。当时有雹为蜥蜴含水吐出，即龙行雨之说。朱熹解释说，蜥蜴状如龙，属阴。阴气感应而成雹。朱熹说："龙，水物也。其出而与阳气交蒸，故能成雨。但寻常雨自是阴阳气蒸郁而成，非必龙之为也。"② 朱熹对于天气之怪异，均以阴阳二气之解释，排弃了宗教神秘主义之信仰。

对于民间盛传的鬼、鬼火、佛灯等，朱熹也认为是未散之气。朱熹说：

> 俗言佛灯，此是气盛而有光。又恐是宝气，又恐是腐叶飞虫之光。……昔人有以合子合得一团光。来日看之乃一腐叶。……此中有人随汪圣锡（按汪应辰）到峨眉山，云五更初去看。初布白气，已而有圆光如镜。其中有佛然。其人以手裹头巾，则光中之佛亦裹头巾，则知乃人影耳！③

这是讲到峨眉山绝高处金顶晨观佛光的事。现在还有人深信真有佛光，

---

① 《朱子语类》卷八，《总论为学之方》。
② 以上见《朱子语类》卷二，《理气下·天地下》。
③ 《朱子语类》卷一百二十六，《释者》。

而八九百年前朱熹就揭穿了这个谜底。

对于世俗所谓冤鬼、神仙，朱熹亦以理气释之。朱熹说：

> 世俗大抵十分有八分是胡说，二分亦有此理。多有是非命死者，或溺死，或杀死，或暴病卒死。是它气未尽，故凭依如此。又有是乍死后气未消尽。是它当初禀得气盛，故如此。然终久亦消了。盖精与气合，便生人物。"游魂为变"，便无了。如人说神仙，古来神仙皆不见，只是说后来神仙。如《左传》伯有为厉，此鬼今亦不见。①

伯有后有子产为其立嗣，故其冤气释消。朱熹曾说，漳州有妇与人通奸而杀夫。其鬼冤气不散而为祟，及妇与奸夫决罪偿命后乃息。人鬼亦如雷如雹，是虹霓之类，日久必散。

朱子反对迷信，莫若其不肯入祖籍徽州婺源之五通庙。朱熹至徽州婺源省墓，乡人以其地五通庙为最灵，力迫其谒五通庙，朱熹不去。是夜族人设宴，朱熹饮酒至醉。次日，一蛇出现在阶旁。众人皆以为不谒庙之故，益劝谒之。朱熹愤然说："某幸归此，去祖墓甚近。若能为祸福，请即葬某于祖墓之旁，甚便。"②朱熹发大脾气，仅此一次。

朱熹基本上不信鬼神，却不是全不注意民间习俗，未完全脱离民间信仰。朱熹说：

> 神杀之类，亦只是五行旺衰之气。推亦有此理。但是后人推得小了，太拘忌耳。晓得了，见得破底好。如上蔡（按谢良佐）言："我要有便有，我要无便无。"方好。③

朱熹还说："鬼神死生之理，定不如释家所云，世俗所见。然又有其事昭昭，不可以理推者。此等处且莫要理会。"④

（2）严禁摩尼教

朱熹早年簿泉州同安和晚年知漳州时，均与摩尼教（明教）发生过

---

① 《朱子语类》卷六十三，《中庸·第十六章》。
② 《朱子语类》卷三，《鬼神》。
③ 《朱子语类》卷一百三十八，《杂类》。
④ 《朱子语类》卷三，《鬼神》。

关系。"庆元党禁"时，监察御史沈继祖奏劾朱熹六大罪状，开头就是"剽张载、程颐之余论，寓以吃菜事魔之妖术，以簧鼓后进"。[1]其中"吃菜事魔"即指摩尼教。沈氏是道听途说以诬陷朱熹。学者多回避或否定这个问题，既不利于弄清事实，也没有为朱熹辩解。其实，在这个问题上，朱熹是非常正面的。

摩尼教出现于 3 世纪，由波斯人摩尼创立，后发展为世界性宗教。675 年，摩尼教传入中国新疆一带，然后逐步进入中国内地。约 8 世纪，回纥登里可汗立为国教。唐王朝为平息"安史之乱"，向登里可汗求援。762 年，登里可汗派兵进入洛阳等地，于是在长安、扬州等地建立摩尼教寺庙，逐渐流传。唐武宗"灭佛"，摩尼教被禁止，此后宋、元、明、清历代也限制摩尼教，遂使其湮没。

据明何乔远《闽书》记载，摩尼教法师呼禄于唐会昌年间（841—846）到福建，死后葬于泉州清源山下。[2]据学者考证，绍兴二十三年（1153 年）秋，朱熹在泉州同安主簿任上，与同僚往泉州清源山考察呼禄法师墓。朱熹当时作的诗《与诸同寮谒奠北山过白岩小憩》中有"明灵自安宅"一句，其中"明灵"即指"明教之灵"，整句意为"呼禄法师安息于此"。[3]朱熹榜书"勇猛精进"木刻匾原悬挂于泉州摩尼教寺——草庵中。1933 年冬，弘一法师挂锡于此，在"勇猛精进"木刻匾后半截书一段小字："岁次癸酉，与传贯法师同住草庵度岁，书此以作遗念。除夕朝演音，时五十有四，贻赠庵中。"此匾于"文化大革命"中下落不明。这些只能说明作为学者的朱熹曾对摩尼教事迹进行考察，且当时朱熹正处于由禅道向儒学转变的过程之中。

绍熙元年（1190 年）四月，61 岁的朱熹知漳州，次年三月离任，整整一年，政绩卓越。他大力实施社会改良，转变社会风俗。他的《劝谕榜》首条就是：

一、禁约保伍互相纠察事件：常切停水防火，常切觉察盗贼，

---

① 转引自林振礼：《朱熹新探》，中国广播电视出版社 2004 年版，第 211 页。

② 《闽书》卷七，《方域志》。

③ 《晦庵集》卷一，《与诸同寮谒奠北山过白岩小憩》。

常切禁止斗争。不得贩卖私盐，不得宰杀耕牛，不得赌博财物，不得传习魔教。保内之人互相觉察，知而不纠，并行坐罪。[①]

其《劝女道还俗榜》说：

> 盖闻人之大伦，夫妇居一，三纲之首，理不可废。……降及后世，礼教不明，佛法魔宗乘间窃发，唱为邪说，惑乱人心，使人男大不婚、女长不嫁，谓之出家修道，妄希来生福报。……于是不婚之男无不盗人之妻，不嫁之女无不肆为淫行。……息魔佛之妖言，革淫乱之污俗，岂不美哉！[②]

这里的"传习魔教""佛法魔宗""魔佛"，均指摩尼教，而非指佛教。

佛教是当时国家认同的宗教。朱熹尊重佛教，并大量吸取佛教的合理成分充实儒学。综观朱熹有关佛教的论说，从没有与如这里所引两榜所用如此激烈的语言攻击佛教。另一方面，摩尼教不被当时国家认同，对朝廷构成威胁，或视为邪教。据朱熹的朋友陆游在《老学庵笔记》中记载，"闽中有习左道者，谓之明教。亦有明教经"。"此魔也，奈何与之游？"参与活动的读书人回答说："不然，男女无别者为魔，男女不亲授者为明教。明教，妇人所作食则不食。"陆游曾取其经文观看，认为内容荒诞不经，"俚俗习妖妄之所为"。[③] 陆游在《应诏条对状》中，谓摩尼教之害甚于"盗贼之兴"，请朝廷予以取缔：

> 伏缘此色人，处处皆有，淮南谓之二桧子，两浙谓之牟尼教，江东谓之四果，江西谓之金刚禅，福建谓之明教、揭谛斋之类，名号不一。明教尤甚，至有秀才、吏人、军兵，亦相传习。其神号曰明使。又有肉佛、骨佛、血佛等号。白衣乌帽，所在成社。伪经妖像，至于刻版流布，假借政和中道官程若清等为校勘，福州知州黄裳为监雕。以祭祖考为引鬼，永绝血食，以溺为法水，用以沐浴。其他妖滥，未易概举。……汉之张角，晋之孙恩，近岁之方腊，皆

---

① 《晦庵集》卷一百，《劝谕榜》。
② 《晦庵集》卷一百，《劝女道还俗榜》。
③ ［宋］陆游：《老学庵笔记》，青岛出版社2002年版，第202页。

是类也。①

可见，当时朝野视摩尼教为邪教。正因为如此，摩尼教打着佛教旗号传播。所以朱熹称其为"魔佛"。

基于上述分析，朱熹在漳州全盘否定的"魔佛"不是佛教，而是摩尼教。此是事实，西方学者数人，"坚持'摩'为摩教，即吃菜事摩教，亦即摩尼教。其中 Erik zürcher 为中国佛教史世界权威，对我国历史上外来宗教，甚为熟识。彼谓南宋时代，摩尼教犹存云。"② 朱熹私淑弟子真德秀也有"莫习魔教，莫信邪师"的说法，把摩尼教称为邪教。③ 朱熹在漳州的论说与措施，使漳州地区"魔佛之妖言"得以平息，"淫乱之污俗"得以革除。④

（3）对佛道之学的阐释与吸取

中国佛教与道教（家）是中国文化的组成部分，福建朱子学家们是认同的。因此，他们大都对佛教、道教（家）进行深入的研究，于批判中予以吸取，充实朱子学思想体系。

朱熹认为，"佛家有三门，曰教，曰律，曰禅。禅家不立文字，只直截要识心见性。律本法甚严，毫发有罪。如云不许饮水，才饮水便有罪过。……教自有三项，曰天台教，曰慈恩教，曰延寿教。……天台教专理会讲解。慈恩教亦只是讲解。"⑤ 这里说的延寿教，后来无有论说。对于佛教的"三身"说，朱熹解释说：

> 佛氏所谓三身：法身者，释迦之本性也；报身者，释迦之德业也；肉身者，释迦之真身而实有之人也。⑥

这种说法，是符合佛教原意的。慧能在答智通时说："三身者：清净法身，汝之性也；圆满报身，汝之智也；千百亿化身，汝之行也。"⑦

---

① 《陆放翁全集》（上），《渭南文集》卷五，中国书店 1986 年版，第 27—28 页。
② 陈荣捷：《朱子新探索》，台湾学生书局 1988 年版，第 345 页。
③ 《西山文集》卷四十，《再守泉州劝农文》。
④ 参见林振礼：《朱熹新探》，中国广播电视出版社 2004 年版，第 203 页。
⑤ 《朱子语类》卷八，《总论为学之方》。
⑥ 《朱子语类》卷一百二十五，《论道教》。
⑦ 《景德传灯录》卷五。

朱熹指出，佛教的思想本质是"空"，而道家（教）则是"把有无做两截看"。朱熹说：

> 佛氏只是空豁豁然，和有都无了，所谓"终日吃饭不曾咬破一粒米，终日著衣不曾挂著一条丝"。若老氏犹骨是有，只是清静无为，一向恁地深藏固守，自为玄妙，教人摸索不得，便是把有无做两截看了。

佛只是指出米和丝、吃和穿都没在自性，只是现象，其本质是虚与无。朱熹以实践生活经验为真实，朴素地执着和相信这些是实有。但是，这只是信念，而并非理论上的证明。

《朱子语类》记载朱熹门人问佛、道之"无"有何不同：

> 问释氏之无与老氏之无何以异？曰："老氏依旧有，如所谓'无欲观其妙，有欲观其徼'是也。若释氏，则以天地为幻妄，以四大为假合，则是全无也。"

在朱熹看来，道家讲的"无"，仍然是有，与佛教的"无"不同。

朱熹反对佛教的轮回说，认为"以偷胎夺阴之说皆脱空"。① 朱熹说：

> 释氏却谓人死为鬼，鬼复为人。如此则天地间，常只是许多人，来来去去，更不用造化生生。必无是理。②

与佛教轮回说相联系的，是道教的长生不死，朱熹予以否定。朱熹说：

> 人言仙人不死，不是不死，但只是渐渐销融了不觉耳。盖他能炼其形气，使查滓都销融了。惟有那些清虚之气，故能升腾变化。……然久后亦须散了。且如秦汉间所说仙人，后来都不见了。③

当时，武夷山武夷君传为神仙，朱熹说："盖亦避世之士，生为众所臣服，没而传以为仙也。"④

---

① 以上见《朱子语类》卷一百二十六，《释氏》。
② 《朱子语类》卷三，《鬼神》。
③ 《朱子语类》卷一百二十五，《论修养》。
④ 《晦庵集》卷七十六，《武夷图序》。

在儒与佛、道的比较上，朱熹讲得最多。其总的观点是：

> 儒释之分，只争虚实而已。如老氏亦谓"恍兮惚兮，其中有物；窈兮冥兮，其中有精。"所谓物精，亦是虚。吾道虽有"寂然不动"，然其中粲然者存，事事有。①

> 以道为高远玄妙而不可学邪？则道之得名，正以人生日用当然之理，犹四海九州百千万人当行之路尔。非若老佛之所谓道者，空虚寂灭，而无与于人也。②

朱熹认为，儒家也讲无，而"无者无物，却有此理。有此理则有矣。老氏乃云：无生于有，有生于无，和理也无。便错了"③。

朱熹进一步指出，有这事便有这道理，而这道理即为有。朱熹说：

> 今人只见前面一段事，无形无兆，将谓是空荡荡，却不知道"冲漠无朕，万象森然已具"。如释氏便只是说空，老氏便只是说无。④

对于儒、佛"只争虚实"，具体到"识心见性"这个重大命题上，其区别是：儒以性为理，心含万理；而佛以性为清净、空寂。朱熹说：

> 释氏虽自谓惟明一心，然实不识心体。虽云心生万法，而实心外有法。故无以立天下之大本，而内外之道不备。……若圣门所谓心，则天序、天秩、天命、天讨、恻隐、羞恶、是非、辞让，莫不该备，而无心外之法。故孟子曰："尽其心者，知其性也，知其性则知天矣。"⑤

这是说，"释氏之言见性，只是虚见；儒者之言性，止是仁、义、礼、智，皆是实事。"⑥ 朱熹又说：

---

① 《朱子语类》卷一百二十四，《陆氏》。
② 《晦庵集》卷三十八，《答周益公》第三书。
③ 《朱子语类》卷九十八，《张子书之一》。
④ 《朱子语类》卷九十五，《程子之书一》。
⑤ 《晦庵集》卷三十，《答张敬夫》第十书。
⑥ 《朱子语类》卷一百二十四，《陆氏》。

佛氏所谓性，正圣人所谓心；佛氏所谓心，正圣人所谓意。心只是该得这理。佛氏元不曾识得这理一节，便认知觉运动做性……只认那能视、能听、能言、能思、能动底，便是性。视明也得，不明也得；听聪也得，不聪也得。……它最怕人说这理字，都要除掉了，此正告子'生之谓性'之说也。①

在朱熹看来，佛实际上取消了先验、内具之性，而以心之空灵虚明之本然作用为性。朱熹认为，在儒家，心虽然空灵虚明，但其中含具万理，实际就是仁、义、礼、智之理，归根到底则只是仁。此先验地含具万理之心乃心之本体，此本体即性。佛则以心之虚寂灵明即知觉之性为性。因此，朱熹说释氏之所谓性相当于圣人所谓心。朱熹进一步指出：

释氏所见，较之吾儒，彼不可谓无所见，但却只是从外面见得个影子，不曾见得里许真实道理，所以见处则尽高明脱洒，而用处七颠八倒，无有是处。儒者则要得见此心此理元不相离。②

朱熹认为，心（思想）除自然属性、情感作用，还先验地具有道德理性，这是人之为人之性。此性含之于心，当心（心官，报身）起用时，心不仅有自然之思的妙用，且能思其所当思，有知是、知非之良知妙用。朱熹说：

吾以心与理为一，彼以心与理为二，亦非固欲如此，乃是其所见处不同。彼见得心空而无理，此见得心虽空而万物咸备也。虽说心与理一，而不察乎气禀物欲之私，亦是见得不真，故有此病。此《大学》所以贵格物也。③

可见，在心性上儒佛之不同，不在心性本身，而在于心性的内容。

基于上述认识，朱熹就大胆地肯定佛教的心性观点。朱熹说：

因举佛氏之学与吾儒有甚相似处。如云："有物先天地，无形本寂寥，能为万象主，不逐四时凋。"又曰："朴落非它物，纵横不是

①《朱子语类》卷一百二十六，《释氏》。

②《晦庵集》卷五十九，《答陈卫道》。

③《晦庵集》卷五十六，《答郑子上》。

尘，山河及大地，全露法王身。"又曰："若人识得心，大地无寸土。"看他是甚么样见识。今区区小儒，怎生出得他手！宜其为他挥下也。①

由此，朱熹通过对佛氏心性的认识建立起自己的闽学心性思想体系。例如，慧能说："万法尽在自心，何不从自心中顿见真如本性。"② 朱熹说："天命之性……虽极微妙，然其实只是人心之中许多合当做底道理而已。"③ "性无形质而舍之于心。"④ 两者说法相同而内容不同。再如，慧能说："自性能含万法是大，万法在诸人性中。"⑤ 朱熹说："万事万化皆自此中（按指天命之性）流出，而实无形象之可指，故曰无极耳。"⑥ 慧能说："心量广大，犹如虚空，无有边畔，亦无方圆大小，亦非青黄赤白，亦无上下长短。"⑦ 朱熹说：

　　人之本心，其体廓然，亦无限量。⑧

　　人之一心，本自光明，不是死物，所谓存养，非有安排造作，只是不动著他，即此知觉炯然不昧，但无喜怒哀乐之偏，思虑云为之扰耳。当此之时，何尝不静？不可必待冥然都无知觉，然后谓之静也。⑨

这些说法都是从释氏语录中脱胎出来的，只是将"清净""不着境"等改成"光明""非有安排造作""炯然不昧"而已。

　　朱熹对释氏"明心见性""心静见理"等公开吸取，为我所用，就是为了从心性根源上攻倒佛教。这种"入室操戈"的内攻法，击中对方的要害，此后释氏再也不能占儒学的上风，而且日益式微。朱熹与释氏关于心量、心体、心性等论说，二程等诸理学家是没有的。因此，说理学

---

① 《朱子语类》卷一百二十六，《释氏》。

② 《坛经》第二，《般若品》。

③ 《晦庵集》卷四十五，《答廖子晦》第十八书。

④ 《朱子语类》卷六十，《孟子十·尽其心者章》。

⑤ 《坛经》第二，《般若品》。

⑥ 《晦庵集》卷四十五，《答廖子晦》第十八书。

⑦ 《坛经》第二，《般若品》。

⑧ 《晦庵集》卷六十七，《尽心说》。

⑨ 《晦庵集》卷七十二，《答孙敬夫》。

吸取、消化了佛学，主要是朱熹。知名学者陈寅恪所谓"新儒家即继承此种遗业而能大成者"，应该主要是指朱熹。[①]

此外，朱熹心性论之基本命题，即心体即性、性即理、人心道心等二分法，是与释氏的"一心开二门"联系着的。《大乘起信论》说：

> 显示正义者，依一心法有二种门。云何为二？一者心真如门，二者心生灭门，是二种门皆各总摄一切法。此义云何？以是二门不相离故。心真如者，即是一法界大总相法门体，所谓心性不生不灭；一切诸法唯依妄念而有差别，若离心念，则无一切境界之相。是故，一切法从本已来，离言说相，离名字相，离心缘相，毕竟平等，无有变异，不可破坏。唯是一心，故名真如。[②]

这就是说，有两种心：真如之心与生灭分别缘起之心。前者是心之本体，即真如、佛性。此真如、佛性，在朱熹体系中即真心、本心、道心、心之本体、性。它是超越的绝对，不生不灭。后者生灭门，则是分别之心，缘起之心。在朱熹体系中，这种生灭门即思虑营为以及种种情感、欲念之心。朱熹有时称之为人心。这两种心，不即不离，故称"一心开二门"。虽然在中国佛教史上《大乘起信论》的真伪及其作者有争论，但仍是中国化佛教禅宗最主要典籍。

朱熹说唐朝著名佛教理论家宗密的《圆觉经略疏》"前三卷好"，就指该三卷的"一心开二门"的思想。宗密说：

> 论中初唯一心为本源，二依一心开二门。一者心真如门，谓心性不生不灭。二者心生灭门，谓依如来藏与生灭合，名阿梨耶识。三依此识（按指阿梨耶识）明二义：一觉义，谓心体离念等。二不觉义，谓不如实知真如法一，不觉心起等。[③]

此处所谓"觉"，与朱熹"明明德"之觉、"俄而有觉"之觉、良知之觉皆源于天理之觉相当。"不觉"，与朱熹所谓源于人欲之心之觉相当。朱

---

①　冯友兰：《中国哲学史》（下），附录《审查报告三》，商务印书馆 2011 年版，第 614 页。

②　《大乘起信论》。

③　[唐]宗密：《大方广圆觉修多罗了义经略疏》。

熹思想的核心命题"理一分殊"论，是根源于佛教华严宗、禅宗的理事观的。朱熹说：

> 万理虽只是一理，学者且要去万理中，千头百绪都理会，四面凑合来，自见得是一理。……圣贤之学，非老氏之比。老氏说通于一，万事毕。其他都不说。少间又和那一都要无了方好。[①]

这与法眼文益说的如出一口："大凡祖佛之宗，具理具事。事依理立，理假事明。理事相资，还同目足。若有事而无理，则滞泥不通；若有理而无事，则汗漫无归。欲其不二，贵在圆融。"[②]

3. 外来文化中国化模式的创立

佛教于汉代由印度传入中国，它与中国儒、道由依附、对立，经过1000多年，到唐宋时代中国化，并被儒学吸取和消化。在唐代，华严、禅等宗中国化成功，仍是佛教；而宋代新儒学却把佛学作为自己的组成部分，就像吃营养强身一样。佛教中国化有两种形式，一是自身的中国化，即中国佛教宗派的确立；二是佛学融合中国传统文化里，即儒、释、道融合。这是中国文化发展史上的重大事件。陈寅恪说："佛教于性理之学 Metaphysics 独有深造，足救中国之缺失。""宋儒若程若朱，皆深通佛教者，既喜其义理之高明详尽，足以救中国之缺失，而又忧其用夷变夏也。乃求得两全之法，避其名而居其实，取其珠而还其椟。采佛理之精粹，以之注解四书五经，名为阐明古学，实则吸收异教。声言尊孔辟佛，实则佛之义理。已浸渍濡染，与儒教之传宗，合而为一。""自得佛教之禅助，而中国之学问，立时增长元气，别开生面。"[③]

清人全祖望谓"两宋诸儒，门庭径路半出入于佛、老"[④]。清人童能灵说：

> 朱子生平论禅学较之二程、张子尤悉且透，盖以其好之早而又

---

①　《朱子语类》卷一百十七，《训门人五》。

②　［唐］文益：《宗门十规论》，《理事相违不分触净第五》。

③　吴学昭：《吴宓与陈寅恪》（增补本），生活·读书·新知三联书店2014年版，第13—14页。

④　《宋元学案》卷八十一，《西山真氏学案》附录。

久且笃，能深知其底蕴也。后世或疑诸大儒未尝亲究禅理之妙，误矣！①

后人有的把朱熹等知佛误为信佛。这是论及朱子学以儒学融合释、道之学不该回避的问题。在朱子学家的言论思想中，有些词语、概念、范畴、命题、观点等与释、道之说同，难以说明谁源谁流。正如朱熹所说的，"佛学之与吾儒，虽有略相似处，然正所谓貌同心异，似是而非"②。因此，需要提出一个研究这个问题的基本原则。对于朱熹等以儒学融合释、道之学，除了那些明显地来源或启发于释、道之学外，是否可以这样理解：他们在把儒学与释、道之学比较优劣中，对释、道之学进行批判中，不自觉地、无形中就提高了自己，认识到自己有关观点的弱点之所在，以及把对方之合儒学的部分吸收过来，有的反其意而取之，从而充实丰富了自己。在与释、道之学的比较中，朱熹有个总的观点，或者说有个出发点。这就是他反复讲到的：

> 释言空，儒言实。释言无，儒言有。……释氏虚，吾儒实。释氏二，吾儒一。释氏以事理为不紧要而不理会。③
>
> 熹详老氏之言有无，以有无为二。周子（敦颐）之言有无，以有无为一。正如南北水火之相反。④

朱熹认为，释氏把事理置于心外，心与事理分开为二，故其心虚无；而儒者则心与事理为一，心中有事理，故其实有。一般来说，朱熹谓："释氏便只是说空，老氏便只是说无，却不知道莫实于理。"⑤朱熹基于这种实虚、有无观，在儒、释、道三教的相互比较中，知己知彼，以彼启己，取彼补己，或者反其意而用之。

这里有个非常重要的宋学思维方法问题。要想用儒学融合释、道之学，就必须对释、道进行研究，读其书明其义。在这方面，游酢、朱熹

---

① 《子朱子为学次第考》卷一。
② 《晦庵集》卷五十九，《答吴斗南》。
③ 《朱子语类》卷一百二十六，《释氏》。
④ 《晦庵集》卷三十六，《答陆子静》第六书。
⑤ 《朱子语类》卷九十五，《程子之书一》。

等新儒家学者做得最为成功。游酢就是因知禅而受到冷落的。当时胡五峰甚至说："定夫为程门罪人。"① 此是冤案。综观现存游酢所有著述，没有一句赞扬佛教禅学的，而批判佛教倒有不少。游酢说：

> 佛书所说，世儒亦未深考。……须亲至此地，方能辨其同异，不然难以口舌争也。②

朱熹说：

> 今金溪学问真正是禅，钦夫、伯恭缘不曾看佛书，所以看他不破。只某便识得他。试将《楞严》《圆觉》之类一观，亦可粗见大意。释氏之学，大抵谓若识得透，应千罪恶，即都无了。③

这就是所谓"不入虎穴，焉得虎子"。游酢、朱熹等宋儒把佛学之合理部分吸收消化，成为儒学的组成部分，如吃营养强身一样。游酢、朱熹等是以儒学融合释、道之宋学思维方式的主要确立者。

各个国家和地区，都是以自己的民族文化为精神支柱和生活方式。各个文化系统之间，也以友善或暴力的方式相互交流。能否正确地对待外来文化，吸取和消化外来文化充实和提高自己，是考察其是否有生命力的标志。在这方面，朱熹等闽学学者做得最为成功。陈寅恪说：

> （新儒家）然仍不忘其本来民族之地位。既融成一家之说以后，则坚持夷夏之论，以排斥外来之教义。此种思想上之态度，白六朝时亦已如此。虽似相反，而实足以相成。从来新儒家即继承此种遗业而能大成者。窃疑中国自今日以后，即使能忠实输入北美或东欧之思想，其结局当亦等于玄奘唯识之学，在吾国思想史上既不能居最高之地位，且亦终归于歇绝者。其真能于思想上自成系统，有所创获者，必须一方面吸收输入外来之学说，一方面不忘本来民族之地位。此二种相反而适相成之态度，乃道教之真精神，新儒家之旧

---

① 《宋元学案》卷二十六，《廌山学案》。
② ［宋］朱熹：《伊洛渊源录》卷九，《游察院》。
③ 《朱子语类》卷一百二十四，《陆氏》。

途径，而二千年吾民族与他民族思想接触史之所诏示者也。[①]

陈氏把"新儒家之旧途径"看成是本土文化对待外来文化的一般模式，过去、现在和将来都是基本如此。在现代，刘少奇首先把毛泽东思想界定为马克思主义中国化。今后西方文化传入中国以至东方，也只有采用这种形式才能生存和发展下去。否则，不仅存在不下去，强制实行还起破坏作用。

（八）自然科学

1. 自然科学的特点

理学，用现代的学术概念理解，包括许多学科，其中主要是哲学。哲学是世界观，是人对整个世界（自然、社会和思维）的最一般的观点，这种观点是比较完整、系统的思想体系。因此，在朱熹的理学思想体系中，包含有丰富的自然科学内容。

在朱熹时代，中国文化由内圣成德之成熟，开始外王事功，治国平天下，中国人的认识开始面向自然界，认识自然规律。如北宋末年的沈括（1031—1095），在讲到乐律时说："古人以为难知，盖不深索之。听其声，求其义，考其序，无毫发可移，此所谓天理也。"[②] 这就是要认识事物的内在规律。中国古代哲学的主要倾向是天人合一，即主客观是不可分割地联系在一起的，而朱熹则沿着先秦荀子所说的"凡以（可）知，人之性也；可以知，物之理也"[③] 的方向，提出合天地万物而言只是一理，格物而穷理。这就把主客观置于认识与被认识的对列关系。朱熹说：

> 致知，是自我而言；格物，是就物而言。若不格物，何缘得知。而今人也有推极其知者，却只泛泛然竭其心思，都不就事物上穷究。如此，则终无所止。[④]

这就把主客观对列起来，使其形成认识与被认识的关系，是近代西方发

---

① 冯友兰：《中国哲学史》（下），附录《审查报告三》，商务印书馆 2011 年版，第 614 页。
② 《梦溪笔谈》卷五，《乐律一》。
③ 《荀子·解蔽》。
④ 《朱子语类》卷十五，《大学二·经下》。

展起来的科学思维，是近代知识学意识。

格物是《大学》中提出来的，原是指格心，提高道德修养。把自然界作为格物的主要内容，是理学家们明确提出来的。朱熹说："天地中间，上是天，下是地，中间有许多日月星辰、山川草木、人物禽兽，此皆形而下之器也。然这形而下之器之中，便各自有个道理，此便是形而上之道。所谓格物，便是要就这形而下之器，穷得那形而上之道理而已。""上而无极、太极，下而至于一草、一木、一昆虫之微，亦各有理。一书不读，则阙了一书道理；一事不穷，则阙了一事道理；一物不格，则阙了一物道理。须要逐一件与他理会过。"朱熹又说：

> 虽草木亦有理存焉。一草一木，岂不可以格。如麻、麦、稻、粱，甚时种，甚时收，地之肥，地之硗，厚薄不同，此宜植某物，亦皆有理。

由此可见，对客观自然界的认识，是朱子学格物致知论中的主要内容。[①]

理一分殊是闽学本体论的骨架。他们认为，天地之心只是个生，人、物之所以生生不穷者以其有生。既然天地以生物为心，那么人、物得之必以之为心。整个天地之心是个大宇宙，一人一物之心是个小宇宙。天地之生万物，一个物里便有个天地之心。人心之理与万物之理都是由天地之理分殊出来的。这就是朱熹说的，"万物皆有此理，理皆同出一原。但所居之位不同，则其理之用不一。如为君须仁，为臣须敬，为子须孝，为父须慈。物物各具此理，而物物各异其用，然莫非一理之流行也。"在一理与万殊的关系上，朱熹强调由万殊认识一理。"圣人未尝言理一，多只言分殊。盖能于分殊中事事物物、头头项项，理会得其当然，然后方知理本一贯。不知万殊各有一理，而徒言理一，不知理一在何处。"朱熹说：

> 万理虽只是一理，学者且要去万理中千头百绪都理会，四面凑合来，自见得是一理。不去理会那万理，只管去理会那一理……只是空想象。[②]

---

① 以上见《朱子语类》卷六十二《中庸一·第一章》，卷十五《大学二·经下》，卷十八《大学五·近世大儒有为格物致知之说一段》。

② 以上见《朱子语类》卷十八《大学五·独其所谓格物致知者一段》，卷二十七《里仁篇下·子曰参乎章》，卷一百十七《训门人五》。

这种由分析到综合的方法，是近代自然科学的方法，也是朱熹等闽学家们用以研究自己哲学的主要手段。

此外，朱熹在对儒家经典的研究上，也应用了大量自然科学的材料。如其《楚辞集注》，其中就有许多自然科学的见解：

> 天之形，圆如弹丸，朝夜运转，其南北两端，后高前下，乃其枢轴不动之处。其运转者，亦无形质，但如劲风之旋，当昼则自左旋而向右，向夕则自前降而归后；当夜则自右转而复左，将旦则自后升而趋前，旋转无穷，升降不息，是为天体，而实非有体也。地则气之查滓，聚成形质者；但以其束于劲风旋转之中，故得以兀然浮空，甚久而不坠耳。……其曰九重，则自地之外，气之旋转，益远益大，益清益刚，究阳之数，而至于九，则极清极刚，而无复有涯矣。①

这里有许多天体结构方面的天才见解。

在朱熹等闽学家的著述和言语中，关于自然科学的深刻见解和用自然科学成果来论证其理学观点，随处可见。闽学是对自然、社会和思维的概括，具有十分突出的自然科学特征。

2. 自然科学的实践和成就

基于其时代的自然科学的发展水平和个人的天资才能，朱熹从幼年时对自然科学就很有兴趣。朱熹常说，"某自五六岁，便烦恼道：天地四边之外，是什么物事？见人说四方无边，某思量也须有个尽处。如这壁相似，壁后也须有什么物事。其时思量得几乎成病。"②

朱熹到了晚年，在"庆元党禁"最严厉的宁宗庆元三年（1197 年），已 67 岁，到福建古田杉洋避难，还设立夜观星象的聚星台。此聚星台于 20 世纪 80 年代初被发现。③ 古田杉洋是朱熹门人林择之、林扩之等的家乡。"聚星"台、"引月"池、"蓝田书院"，是朱熹等研究天文学等自然科学的基地。

---

① 《楚辞集注》卷三，《天问第三》。
② 《朱子语类》卷九十四，《周子之书·太极图》。
③ 《蓝田书院遗址再现朱熹题刻》，《福建日报》1981 年 3 月 18 日。

朱熹幼时提出的天文学问题，应该说是出于好奇心、求知欲。但是，幼时的问题却一直困扰着他，促使他后来出于自然科学情结而深入研究自然界的问题，把自己的哲学思想建立在更为坚实的基础之上。朱熹晚年对于"理先气后"的认识有所变化，较多地强调"气"，显然与其自然科学的研究有关。

朱熹基于对自然界有深入的认识，在创立自己的哲学思想体系过程中，强调观察各种自然现象，运用观察所获得的材料，反驳或提出各种见解。特别是，他用阴阳说来解释各种自然现象，这是中国古代自然科学家普遍运用的一种方法。他运用类推得出新知的自然科学方法，建立起自己哲学的格物致知论。朱熹的自然科学研究，对闽学思想体系的建立起了很大的作用。

综观闽学学者的自然科学研究，就其自然科学本身来说，取得了诸多方面的成就。

（1）天文学

朱熹在天文学上的突出贡献是明确提出了以"气"为起点的宇宙演化学说。朱熹说：

> 天地初间只是阴阳之气。这一个气运行，磨来磨去，磨得急了便拶许多渣滓；里面无处出，便结成个地在中央。气之清者便为天，为日月，为星辰，只在外，常周环运转。地便只在中央不动，不是在下。

这是对天地生成的典型表述，表达出了一幅宇宙演化的途径图景。朱熹认为，"太极"乃生物之初，阴阳结合是生长的基础。万物所生皆是如此，如牛羊草木，皆有牝牡，一为阴一为阳，始能生化万物。他把以易学阴阳原理为基础的生化观用于宇宙论，提出一个具有物理机制的天地生成图式，以元气旋转解释天地的生成。

在朱熹看来，地处于宇宙之中央，天包着地。他说："天以气而依地之形，地以形而附天之气。天包乎地，地特天中之一物尔。天以气而运乎外，故地㩐在中间，隤然不动。"宇宙中气的运转使得地能够悬空于宇宙中央。朱熹的解释克服了以往天文学家关于宇宙结构学说的弱点，把传统的浑天说发展到一个新的水平。①

朱熹的宇宙运行结构说，是具有物理机制的动力学系统。如果把"地在中央"改为"太阳在中央"，它就是其后 500 年才出现的笛卡尔（René Déscartes，1596—1650）关于宇宙形成的"以太旋涡假说"，也与其后 700 年才提出的康德（Immanuel Kant，1724—1804）关于宇宙形成的"星云假说"相类似。

此外，朱熹还解释了日月五星的运行方向、轨道与速度，月亮有盈亏、日食与月食，地球的北极与南极，各行星的不同亮度，日月运行轨道的变化，诸如此类的天文现象。据《宋史·天文志》所载，"朱熹家有浑仪，颇考水运制度"。浑仪，是中国古代测量天体方位的重要仪器。在《朱子语类》中，黄义刚"癸丑（按 1193 年，朱熹 63 岁）以后所闻"：

> 安卿问北辰。曰："北辰是那中间无星处，这些子不动，是天之枢纽。北辰无星，缘是人要取此为极，不可无个记认，故就其傍取一小星谓之极星。"……义刚言："楼上浑仪可见？"曰："是。"……又说："南极在地下中处，南北极相对。天虽转，极却在中不动。"

这里明确讲朱熹家有浑仪。由此可见，朱熹对天文学有很深入的研究。

朱熹特别强调"涵养天机"，把天文与人文紧密地结合在一起。在《朱子语类》中，记载了他的一段很有名的话：

> "为政以德"者，不是把德去为政，是自家有这德，人自归仰，如众星拱北辰。北辰者，天之枢纽。②

这段话具有重要价值。这就是朱熹到处讲的要"涵养天机"，实事求是，按客观事物的规则办事。

（2）地学

对于大地形成和地表变化，朱熹提出自己的独到见解。他说："天地始初混沌未分时，想只有水火二者。火之滓脚便成地。今登高而望，群山皆为波浪之状，便是水泛如此。只不知因甚么时凝了。初间极软，后

---

① 以上见《朱子语类》卷一，《太极天地上》。
② 以上见《朱子语类》卷二十三，《为政篇上·为政以德章》。

来方凝得硬。……水之极浊便成地。"① 这是主张地球水成说，与西方 18
世纪水成说很相似。当时，德国地质学家维尔纳（Abraham Gottlob
Werner，1749—1817）认为，地球最初是由原始的海洋浸没，岩石原是
海中的水经过化学沉淀而形成的结晶体。这与朱熹的说法差不多。至于
地表的构造，朱熹据沈括所说的"山崖之间，往往衔螺蚌壳及石子如鸟
卵者，横亘石壁如带，此乃昔之海滨"②。他进一步指出：

> 常见高山有螺蚌壳，或生石中，此石即旧日之土，螺蚌即水中
> 之物。下者却变而为高，柔者变而为刚，此事思之至深，有可验
> 者。……今高山上多有石上蛎壳之类，是低处成高。又蛎类生于泥
> 沙中，今乃在石上，则是柔化为刚。天地变迁，何常之有？③

朱熹这里讲的，被科学家评价很高。如英国科学史家梅森认为，朱熹这
段话"代表了中国科学最优秀的成就，是敏锐观察与精湛思辨的结合"④。
"问：天地会坏否？""生第一个人时如何？"朱熹说：

> 不会坏。只是相将人无道极了，便一齐打合，混沌一番，人物
> 都尽，又重新起。……（人）以气化。二五之精合而成形，释家谓
> 之化生。如今物之化生者甚多，如虱然。……造化之运如磨，上面
> 常转而不止。万物之生，似磨中撒出，有粗有细，自是不齐。又曰
> 天地之形，如人以两碗相合，贮水于内。以手常常掉开，则水在内
> 不出；稍住手，则水漏矣。⑤

朱熹关于天地坏否的观点，似是循环论，亦有佛家的世劫论。但是，他
是从事物自身的发展上来立论的，是从天地本身寻找原因的，与传统的
观点相比较是有新意的。朱熹在武夷山期间，反复观察武夷山架壑船棺，
他说："柩中虽骸，外列陶器，尚皆未坏。……前世道阻未通，川壅未决
时，蛮俗所居。"此说很有科学性，值得考古学家参考。民国时的许多知

---

① 《朱子语类》卷一，《理气上·太极天地上》。
② 《梦溪笔谈》卷二十四，《杂志一》。
③ 《朱子语类》卷九十四，《周子之书·太极图》。
④ ［英］斯蒂芬·F.梅森：《自然科学史》，上海译文出版社 1980 年版，第 75 页。
⑤ 《朱子语类》卷一，《理气上·太极天地上》。

名学者认为此是近代科学精神。①

此外，朱熹通过实地考察，发现《禹贡》中有关南方地理的论述与实际"全然不合"，认为研读《禹贡》必须以当今实际的地理为依据，并对如何研读该书提出了自己的看法。②

(3) 堪舆学

堪，指天道；舆，指地道。汉颜师古引张晏语说："堪舆，天地总名也。"③后来，把堪舆作为天地的代称，引申为堪为高有风处，舆为低有水处，形成术数家选择墓地、宅基等相地的一种学问。堪舆学对阴宅墓地和阳宅人居地的选择原则是背傍水，以上为屏蔽；尚山角偏上处，前有水流，视野开阔宽平，或有林木郁郁、道路畅顺。中国属北半球，最好面南背北。如在山地，最好有似双手环抱胸口的山。其内布局要方正，大门与房门要错开，等等。一般视治堪舆（看风水）为封建迷信，其实它里边含有深刻的生态环境自然美学的思想。

闽学家们在堪舆学上有相当的研究，如朱熹选择祖先和自己墓地、武夷精舍、考亭住宅等，皆从堪舆学上反复研究过。现在看，除了其浓厚的风水迷信思想外，其生态环境自然美学思想十分突出，很有环境科学的性质。例如，朱熹对北京自然环境的分析：

> 冀都（即北京）是正天地中间，好个风水。山脉从云中发来，云中正高脊处。自脊以西之水，则西流入于龙门西河；自脊以东之水，则东流入于海。前面一条黄河环绕，右畔是华山耸立，为虎。自华来至中，为嵩山，是为前案。遂过去为泰山，耸于左，是为龙。淮南诸山是第二重案。江南诸山及五岭，又为第三、四重案。④

在朱熹看来，北京位于华北平原与蒙古高原、东北松辽平原之间，西北是燕山山脉，西南是太行山脉，东边是渤海湾。北京的西、北、东三面都有天然屏障，只有南面是华北平原，其地形似半封闭的海湾。作为国

---

① 以上参见乐爱国：《"朱熹家有浑仪"略考》，载《朱子研究》2004年第1期。

② 以上参见乐爱国：《朱熹的理学与科学》，武夷山朱熹研究中心编《朱子学与21世纪国际学术研讨会论文集》，三秦出版社2001年版，第334—342页。

③ 《汉书》卷八十七，《扬雄传》。

④ 《朱子语类》卷二，《理气下·天地下》。

都，正是扼居庸以制胜，拥燕云以驭夏，内跨中原，外控朔漠。朱熹对北京地理环境的分析，充分地体现出中国传统思想天人合一、天人感应、制天命而用之的思想。

最佳的人居环境，是天人合一，研究天地对人的生理和感性知觉有否益处。在这方面，朱熹选择其云谷晦庵草堂最为典型。朱熹对门人说：

> 某尝登云谷，晨起穿林薄中，并无露水沾衣。但见烟霞在下，茫然如大洋海，众山仅露峰尖，烟云环绕往来，山如移动，天下之奇观也。[①]

这里的人居环境是"天下奇观"。朱熹说：

> 云关须早筑，基址要坚牢。栽竹行教密，穿池岸欲高。乘春移菡萏，带雪觅萧梢。更向关门外，疏泉斩乱蒿。
>
> 堂成今六载，上雨复旁风。逐急添茆盖，连忙毕土功。桂林何日秀？兰径几时通？并筑双台子，东山接水筒。[②]

朱熹原拟终老此山。他认为，这里是颐养天年的最佳地方。"山之林薄当益深茂，水石当益幽胜，馆宇当益完美，耕山钓水，养性读书，弹琴鼓缶，以咏先王之风，亦足以乐而忘死矣。"朱熹还说：

> （云谷）处地最高，而群峰上蟠，中阜下踞，内宽外密，自为一区。虽当晴昼，白云坌人，则咫尺不可辨，眩忽变化，则又廓然莫知其所如往。[③]

这样的生态环境，山水俱全，又自成一区，符合堪舆学的原则："真龙所住，去而复留，盘旋屈曲，穴占云头，万云拱挹，富贵千秋。"[④]

在朱熹时代，科学的发展还不可能精确地测定自然环境的海拔、地势、土壤、水质、风力、风向等，但朱熹利用堪舆学的一些观点分析居

---

① 《朱子语类》卷二，《理气下·天地下》。

② 《晦庵集》卷六，《云谷合记事目效俳体戏作三诗寄季通》。

③ 以上见《朱子文集》卷七十八，《云谷记》。

④ 朱人求等主编《朱子全书》第 26 册，《语录抄存·岳麓问答》，上海古籍出版社、安徽教育出版社 2002 年版，第 465 页。

住环境的天人地关系，从而得出一些科学观点。①

此外，朱熹对农作物的种植、兴修水利等还提出许多科学见解，在论及朱熹的经济思想中已略有讲到。

（九）文学

1. 文学理论

中国古代的文学观发源于《尚书·舜典》之"诗言志，歌咏言"。孔子说："诗可以兴，可以观，可以群，可以怨；迩之事父，远之事君。"②这是说，在孔子看来，诗是表现人的意志思想的，寓之于伦理纲常。后来，北宋周敦颐提出：

> 文，所以载道也；轮辕饰而人弗庸，徒饰也；况虚车乎？文辞艺也；道德实也。……不知务道德而第以文辞为能者，艺焉而已。③

周敦颐把文与道对立起来。程颐沿着这个方向，认为作文害道，文能"玩物丧志"。④

由此，儒家一般认为，工文艺非儒，把文艺看成是雕虫小技，为儒者所不齿。

朱熹综合各方面的观点，在周敦颐"文以载道"说的基础上，提出"道本文枝"的观点："文皆是从道中流出，岂有文反能贯道之理？文是文，道是道，文只如吃饭时下饭耳。若以文贯道，却是把本为末，以末为本。"朱熹说：

> 道者文之根本，文者道之枝叶。惟其根本乎道，所以发之于文，皆道也。三代圣贤文章皆从此心写出，文便是道。今东坡之言曰："吾所谓文，必与道俱。"则是文自文而道自道；待作文时，旋去讨个"道"来入放里面。此是它大病处。⑤

---

① 以上参见林振礼：《朱熹新探》，中国广播电视出版社 2004 年版，第 169—171 页。
② 《论语·阳货》。
③ ［宋］周敦颐：《通书》卷一，《文辞》。
④ 《二程遗书》卷三，《谢显道记忆平日语》。
⑤ 以上见《朱子语类》卷一百三十九，《论文上》。

在朱熹看来，"今人不去讲义理，只去学诗文，已落第二义。……今便学得十分好，后把作甚么莫道更不好"①。文道是合一的，文道不能分割，文是从道中流出来的。道是根本，文是枝叶，道比文更为重要，道是决定的因素。他的这一主张给予文学以一定的地位，从而完善并修正了此前理学家的文道观。

朱熹认为，写文章在于"主乎学问以明理，则自然发为好文章。诗亦然"。朱熹说：

> 贯穿百氏及经史，乃所以辨验是非，明此义理，岂特欲使文词不陋而已？义理既明，又能力行不倦，则其存诸中者，必也光明四达，何施不可发而为言，以宣其心志，当自发越不凡，可爱可传矣！②

十分显然，朱熹的文道观带有至为浓厚的理学气息，强调了只要明理，文章自然就好。

朱熹最主要的文学著作是《诗集传》《韩文考异》《楚辞集注》等，这些不朽著作，蕴涵朱熹的文学思想。

朱熹在《读唐志》中，不仅对古今文人作了个总的评价，还讲明了自己的"道本文枝"的文学观点。朱熹说：

> 道德文章之尤不可使出于二也。夫古之圣贤，其文可谓盛矣，然初岂有意学为如是之文哉！有是实于中，则必有是文于外。如天有是气，则必有日月星辰之光耀；地有是形，则必有山川草木之行列。圣贤之心，既有是精明纯粹之实，以旁薄充塞乎其内，则其著见于外者，亦必自然条理分明，光辉发越而不可掩，盖不必托于言语，著于简册，而后谓之文，但自一身接于万事，凡其语默动静，人所可得而见者，无所适而非文也。……孟轲氏没，圣学失传，天下之士背本趋末，不求知道养德，以充其内，而汲汲乎徒以文章为事业。

---

① 《朱子语类》卷一百四十，《论文下》。
② 《朱子语类》卷一百三十九，《论文上》。

接着，朱熹列举了包括庄子、屈原、司马迁在内的战国至西汉许多重要的学者和文学家，称他们虽然"先有其实而后托之于言"，但是"唯其无本而不能一出于道，是以君子犹或羞之"；至于宋玉、司马相如等，"则一以浮华为尚，而无实之可言矣"。东汉至唐，则称："东京以降，迄于隋、唐，数百年间，愈下愈衰，则其去道益远，而无实之文亦无足论。"竟似不值一谈。说到韩愈以道统自任，则讥其"弊精神縻岁月，又有甚于前世诸人之所为者"，而且"未免裂道与文以为两物"；至于欧阳修，"考其终身之言，与其行事之实，则恐其亦未免于韩氏之病也"。最后发出："呜呼，学之不讲久矣，习俗之谬，其可胜言也哉！"意思是后来人皆是道德不纯正，文章都没有什么价值。[①]

朱熹基于"道德文章不可出于二"的基本观点，十分强调文意的理性原则。朱熹说：

> 熹闻："诗者，志之所之，在心为志，发言为诗。"然则，诗者岂复有工拙哉？亦视其志之所向者高下如何耳。是以古之君子，德足以求其志，必出于高明纯一之地，其于诗固不学而能之。至于格律之精粗，用韵属对、比事遣辞之善否，今以魏晋以前诸贤之作考之，盖未有用意于其间者，而况于古师之流乎？近世作者，乃始留情于此，故诗有工拙之论。而葩藻之词胜，言志之功隐矣！[②]

朱熹论王维说："雪里芭蕉，他是会画雪。只是雪中无芭蕉，他自不合画了芭蕉。人却道他会画芭蕉，不知他是误画了芭蕉。"[③] 对此，沈括说："予家所藏摩诘（按王维）画《袁安卧雪图》，有雪中芭蕉。此乃得心应手，意到便成。故造理入神，迥得天意。此难可与俗人论也。"[④] 朱、沈同论王维之"雪里（中）芭蕉"，朱重意，沈重术，是文论不同，而不是圣俗之异。

当然，朱熹亦十分重视文之表达情感。如其在《跋唐人暮雨牧牛图》

---

① 以上见《晦庵集》卷七十，《读唐志》。
② 《晦庵集》卷三十九，《答杨宋卿》。
③ 《朱子语类》卷一百三十八，《杂类》。
④ 《梦溪笔谈》卷十七，《书画》。

中说：

> 虽不识画，而知此画之为真牛也。彼其前者，却顾而徐行；后者，骧首而腾赴，目光炯然。真若相语以雨，而相速以归者。览者未必知也。①

这就是说，绘画和作文，似是而非、真假难分才有意境，才有渲染和想象，才是好的作品。

清著名的闽学家蓝鼎元，对"文以载道"有深入的论述。他认为，"文所以明道也，必有益于天下、国家，为世道人心所不可缺者，然后为之。如以辞华而已何贵有是文哉！"蓝鼎元提出"文以气为主"的观点。蓝鼎元说：

> 善养浩然之气，则发为文章，正大雄厚，无靡曼邪僻之习。高者闻天，深者入渊，迅疾如风雷，镇重如山岳。而议论和平，近情切理，节奏闲雅，谐协宫商，斯可以谓之文矣。然非读书穷理以养其气者，不能也，故曰："文以气为主。"②

蓝鼎元的这个观点，是孟子的善养"浩然之气"那里来的。③ 其意是指人们的正义感，永往直前。

2. 文学创作

（1）诗词

《朱子文集》前 10 卷和《朱子文集·续集》卷一，是朱熹诗词集，共收诗 1230 首、词 19 首。朱熹的诗词创作从 19 岁始，至 71 岁卒，有 50 多年。据文学史家研究，其诗词创作分为早期（1148—1165，19—35 岁）、中期（1165—1194，35—64 岁）、晚年（1194—1200，64—71 岁）三个时期。④

朱熹的诗词宗《诗经》《离骚》。自谓"作诗须从陶、柳门中来"。朱熹最早（1151 年）的诗作，即谓"欲识渊明家，离离疏柳下。中有白云

---

① 《晦庵集》卷八十三，《跋唐人暮雨牧牛图》。
② 以上见《棉阳学准》卷四，《闲存录》。
③ 《孟子·公孙丑上》。
④ 参见杨国学主编《武夷文学研究》，中国戏剧出版社 2006 年版，第 153—188 页。

人，良非遁世者"。① 朱熹在《诗集传序》中说：

> 人生而静，天之性也；感于物而动，性之欲也。夫既有欲矣，
> 则不能无思；既有思矣，则不能无言；既有言矣，则言之所不能尽，
> 而发于咨嗟咏叹之余者，必有自然之音响节族而不能已焉。此《诗》
> 之所以作也。……诗者，人心之感物而形于言之余也。心之所感有
> 邪正，故言之所形有是非。惟圣人在上，则其所感者无不正，而其
> 言皆足以为教。其或感之之杂，而所发不能无可择者，则上之人必
> 思所以自反，而因有以劝惩之，是亦所以为教也。②

这是朱熹讲《诗经》的宗旨，也是其自己作诗的宗旨。朱熹的诗，在传
统诗的基础上进一步创新，具有十分显著的特点。

福建朱子学家蓝鼎元提出情、理、气三个方面相结合的诗词理论，
充实了朱熹的思想。蓝鼎元说：

> 诗以道性情，必真挚而后工焉。有一字不从肺腑中流出，非诗
> 也。诗必有义理，惟深于道者能知之。……凡作诗文，必有情、有
> 理、有气。三者缺其一不可也。读圣贤书，当句句返求诸己。思我
> 必能行之，思我必如何而后可以行之。切实体验方为有得。

蓝鼎元认为，无理无义的诗，浮谈无用。诗"可以觇人品，验德性，所
谓仁义之人，其言蔼如也。忠臣孝子，端人正士，才能志节，福泽勋名，
未有不隐跃流露于诗文之间者"。③

朱熹在同安任职时的诗作，多是描写自然景观和官余心境的。例如：

> 幽谷溅溅小水通，细穿危石认行踪。回头自爱晴岚好，却立滩
> 头数乱峰。
> 官署夜方寂，幽林生月初。闲居秋意远，花香寒露濡。故国异
> 时节，欲归怀简书。聊从西轩卧，尘思一萧疏。④

---

① 《晦庵集》卷一，《丘子野表兄郊园五咏》。
② 《晦庵集》卷七十六，《诗集传序》。
③ 《棉阳学准》卷四，《闲存录》。
④ 以上见《晦庵集》卷一，《涉涧水作》《同安官舍夜作二首》。

这两首诗大概是朱熹作于二十三四岁之时。诗中时空不断转换，远近、动静、声色协调，已有哲理诗的气息。

高宗绍兴三十一年（1161 年），在对金朝战争中，宋朝大胜，朱熹情不自禁，接连撰写了数首诗，抒发自己盼望恢复中原的迫切愿望。如朱熹说：

> 胡马无端莫四驰，汉家元有中兴期。旌裘喋血淮山寺，天命人心合自知。

> 汉节荧煌直北驰，皇家卜世万年期。东京盛德符高祖，说与中原父老知。①

孝宗乾道三年（1167 年）八月，朱熹往湖南长沙访张栻，同登衡山，双方唱酬，辑成《南岳唱酬集》；在返回途中所撰写的诗，又辑成《东归乱稿》。这段时间，是朱熹诗作的高潮。朱熹谓，"予与择之陪敬夫为南山之游，穷幽选胜，相与咏而赋之，四五日间，得凡百四十余首。……自与敬夫别，遂偕伯崇、择之东来。……首尾二十八日，然后至于崇安。始尽胠其橐，掇拾乱稿，才得二百余篇"②。前后合起来，有三四百篇。其中有曰：

> 披风兰台宫，看雨百常观。安知此山云，对面隔霄汉？群阴匝寰区，密雪渺天畔。峨峨雪中山，心眼凄欲断。吾人爱奇赏，递发临河叹。我知沍寒极，见晛今当泮。不须疑吾言，第请视明旦。蜡屐得雁行，篮舆或鱼贯。③

> 十载相期事业新，云何犹叹未成身？流光易失如翻水，莫是因循误得人。④

> 十年湖海一身轻，归对黎涡却有情。世路无如人欲险，几人到此误平生。⑤

---

① 《晦庵集》卷二，《闻二十八日之报喜而成诗七首》之一、五。
② 《晦庵集》卷七十五，《东归乱稿序》。
③ 《晦庵集》卷五，《风雪未已决策登山用敬夫春风楼韵》。
④ 《晦庵集》卷五，《次韵伯崇自警二首》之一。
⑤ 《晦庵集》卷五，《宿梅溪胡氏客馆观壁间题诗自警二绝》之一。

此外，这个时期也有词作，如《忆秦娥·雪梅二阕奉怀敬夫》之一：

> 梅花发。寒梢挂著瑶台月。瑶台月。和羹心事，履霜时节。野桥流水声鸣咽。行人立马空愁绝。空愁绝。为谁凝伫，为谁攀折？①

这首词，触景生情，寄托了作者对国家民族的忧患意识。词中"和羹心事"，即是表达报效国家的愿望。可是，环境冷酷犹如冰霜，无人欣赏，更无人援手。词人与好友张栻一样，空有一腔报国热情，却无人理会，只能感叹奈何。

朱熹到长沙访张栻回崇安后的 10 多年，绝大部分时间在闽北从事学术活动。其间在为《诗经》作注的《诗集传》中，朱熹继郑樵之后，力诋《诗序》，尽破汉儒毛、郑诸旧说。他提出了许多新的见解，如谓"凡诗之所谓风者，多出于里巷歌谣之作。所谓男女相与咏歌，各言其情者也"。② 这就把《国风》原是民歌的面目揭示出来了。

大约在孝宗乾道二年（1166 年），朱熹 36 岁，撰写了最为人称道、最脍炙人口的《观书有感》二首。其曰：

> 半亩方塘一鉴开，天光云影共徘徊。问渠那得清如许，为有源头活水来。
>
> 昨夜江边春水生，蒙冲巨舰一毛轻。向来枉费推移力，此日中流自在行。③

对于这两首诗的写作时间、地点、思想内容，以及题目、"源头"等，历来议论纷纷，众说不一。这里谨据陈荣捷的考证，其说：

> 全诗两首合而观之，中心思想为"中流自在"，不事安排。所以如此，乃因寻得源头，自然活水滔滔而来。洪波教授以为"方塘悟道"，等于王阳明（1472—1529 年）之"龙场悟道"，非过言也。是以历代各地立"活水亭"、"半亩方塘亭"、"天光云影亭"、"得源亭"、"溯源亭"、"源头活水坊"，以纪念朱子。各地纪念心切，遂以

---

① 《晦庵集》卷五，《雪梅二阕奉怀敬夫》之一。
② 《晦庵集》卷七十六，《诗集传序》。
③ 《晦庵集》卷二，《观书有感二首》。

此地方塘为《观书有感》诗之方塘。其志可嘉，史实则讹。言及悟道，乃朱子一生之事。照上面第一节"源头"所言，朱子终身以次觉悟天理。是则"中流自在"，非一时一地之事。谓此诗为 1166 年作，固为学者所公认。谓此诗乃此时参究中和旧说之心情，亦是一般学者之意见。两者均是理之当然。然太注重作诗之年，则忽略诗之本意。若谓此诗只限于此时之心情，其后便觉不同，岂非此诗以后不适用耶？朱子晚年乃有此意。盖每次觉悟后又有新觉悟，源头活水，来也不穷。此观书所以有感也。[1]

陈荣捷进一步谓，他同意张高评的观点，即"《观书有感》二首，亦以形象之描绘为基础，而提炼哲学意味，以象征博学知书，能使思虑清明，学问精深，能发挥无比力量，为朱子道问学而尊德性之一贯主张。"[2]

朱熹撰写了 50 多篇赞美武夷山水的名篇，如《天柱峰》《大隐屏》《大小藏峰》《升真洞》《宿武夷观妙堂》《游武夷答袁枢》《同吴公济游武夷》《武夷精舍杂咏》等。其中，最著名的是于孝宗淳熙十一年（1184年）撰写的《九曲棹歌》，前有序歌 1 首，共 10 首：

武夷山上有仙灵，山下寒流曲曲清。欲识个中奇绝处，棹歌闲听两三声。

一曲溪边上钓船，幔亭峰影蘸晴川。虹桥一断无消息，万壑千岩锁翠烟。

二曲亭亭玉女峰，插花临水为谁容？道人不复荒台梦，兴入前山翠几重。

三曲君看驾壑船，不知停棹几何年？桑田海水今如许，泡沫风灯敢自怜。

四曲东西两石岩，岩花垂露碧氍毹。金鸡叫罢无人见，月满空山水满潭。

五曲山高云气深，长时烟雨暗平林。林间有客无人识，欸乃声

① 陈荣捷：《论朱子〈观书有感〉诗》，《朱子学国际会议论文集》，台北"中研院"文哲研究所 1993 年版，第 19 页。

② 张高评：《宋诗之传承与开拓》，台北文史哲出版社 1990 年版，第 489 页。

中万古心。

　　六曲苍屏绕碧湾，茅茨终日掩柴关。客来倚棹岩花落，猿鸟不惊春意闲。

　　七曲移船上碧滩，隐屏仙掌更回看。却怜昨夜峰头雨，添得飞泉几道寒。

　　八曲风烟势欲开，鼓楼岩下水潆洄。莫言此处无佳景，自是游人不上来。

　　九曲将穷眼豁然，桑麻雨露见平川。渔郎更觅桃源路，除是人间别有天。[①]

《九曲棹歌》10首，一首一曲，相对独立，又相互关联，浓缩了山水辉映、美不胜收的武夷精华，表达出了诗人陶醉于武夷仙境时的由衷喜悦。

　　到了光宗绍熙二年（1191年），朱熹离漳州知府任，回闽北定居于建阳考亭。绍熙四年（1193年）十月，被任命为焕章阁待制兼侍讲；只有46日，即被解职回到建阳。随之，以伪学罪首落职罢祠，开始了"庆元党禁"时期（宁宗庆元元年至六年，1195—1200）。这将近10年的时间，朱熹的政治地位浮沉天上地下！这期间，他撰写的诗词和题辞，充分反映出其心境：

　　从容乎礼法之场，沉潜乎仁义之府，是予盖将有意焉，而力莫能与也。佩先师之格言，奉前烈之遗矩，惟暗然而日修，或庶几乎斯语。[②]

　　富贵有余乐，贫贱不堪忧。谁知天路幽险，倚伏互相酬。请看东门黄犬，更听华亭清泪，千古恨难收。何以鸱夷子，散发弄扁舟。鸱夷子，成霸业，有余谋。收身千乘卿相，归把钓鱼钩。春昼五湖烟浪，秋夜一天云月，此外尽悠悠。永弃人间事，吾道付沧洲。[③]

　　苍颜已是十年前，把镜回看一怅然。履薄临深谅无几，且将余

---

① 《晦庵集》卷九，《淳熙甲辰中春精舍闲居戏作武夷棹歌十首呈诸同游相与一笑》。
② 《晦庵集》卷八十五，《书画象自警》。
③ 《晦庵集》卷十，《水调歌头》。

日付残篇。①

此引第三首题目为《南城吴氏社仓书楼为余写真如此因题其上庆元庚申二月八日沧洲病叟朱熹仲晦父》，可知其撰写于宁宗庆元六年（1200 年）二月。朱熹于是年三月九日去世。回溯十年，即孝宗绍熙元年（1190年），即是此引第一首题词《对镜写真题以自警》的撰写时间。此引第一首诗中第一二两句，即指对镜写真自画像；后两句是写其在"庆元党禁"中的心境。第二首词题曰《水调歌头》，后人谓《沧洲歌》。朱熹很欣赏它，自己刻于沧洲精舍石壁上。其典故简释如下：沧洲，濒水处，意为隐居。倚伏，出自《老子》之"祸兮福所倚，福兮祸所伏"。东门黄犬，李斯助秦灭六国、定郡县制等，有大功；赵高诬斯谋反，腰斩于咸阳市中。斯常与子出门打猎，临刑出东门对其子说："吾欲与若复牵黄犬出东门逐狡兔，岂可得乎？"华亭清唳，西晋陆机为成都王司马颖大将军，在讨伐长沙王司马乂时失败，为颖所杀时曰："欲闻华亭鹤唳，可复得乎？"鸱夷子，即春秋楚人范蠡，助越王勾践灭吴后从商而大富，改名鸱夷子皮。

（2）散文

朱熹的散文，从内容上分，一是叙事散文，多见于其游记、山水记、名物记、墓志铭、祭文等；二是论述事理的政论散文，其中有封事，也有书札、序跋等；三是研究文学的文论，包括序跋、书札，以及诗话等；四是阐发理学思想的哲理散文，见于其封事、奏折、书札、序跋，以及碑记、铭文等。其中真正称得上是文学散文的，主要是叙事抒情、政论和文论三类。

朱熹在写作过程中，特别强调要有实际内容，持之有据，言之成理，旗帜鲜明，用语肯定。他说："作文字须是靠实，说得有条理乃好，不可架空细巧。大率要七分实，只二三分文。如欧公文字好者，只是靠实而有条理。"② 这在朱熹的政论文中表现得最为突出。如其在《壬午应诏封

①　《晦庵集》卷九，《南城吴氏社仓书楼为余写真如此因题其上庆元庚申二月八日沧洲病叟朱熹仲晦父》。

②　《朱子语类》卷一百三十九，《论文上》。

事》中说：

> 为天下国家者，必有一定不易之计，而今日之计不过乎修政事、攘夷狄而已矣，非隐奥而难知也。然其计所以不时定者，以讲和之说疑之也。夫金人于我有不共戴天之雠，则其不可和也，义理明矣。……今日讲和之说不罢，则陛下之励志必浅，大臣之任责必轻，将士之赴功必缓，官人百吏之奉承必不能悉其心力，以听上之所欲为。然则本根终欲何时而固，形势终欲何时而成，恢复又何时而可图，守备又何时而可恃哉？其不可冀明矣。①

朱熹的这类文章，批评皇帝，不留情面；揭露奸佞，一针见血；报告民瘼，实事求是；建议措施，旗帜鲜明，具体明确。其文字简洁明了，感情强烈，理直气壮。朱熹真股肱之臣，惜错君不能用耳。

朱熹在写作实践中，十分强调文辞的技巧，认为"文字奇而稳方好"。他最喜欢韩愈等人的文字。认为"人要会作文章，须取一本西汉文与韩文、欧阳文、南丰文（读）"，因为"司马迁文雄健，意思不帖帖，有战国文气象"，"退之要说道理，又要杂剧，有平易处极平易，有险奇处极险奇"，"韩文高，欧阳文可学。曾（南丰）文一字挨一字，谨严"。② 综观朱熹的文章，很有这些大文学家的特点。如其《西原庵记》全文说：

> 予少好佳山水异甚，而自中年以来，即以病衰，不克逞其志于四方，独闻庐阜之奇秀甲天下，而畸人逸士往往徜徉于其间，意常欲一往游焉，而未暇也。前年蒙恩试郡，适在此山之阳，乃间以公家职事得至其中。其岩壑幽深，水石奇怪，固平生所创见；而于岩壑水石之间，又得成纪崔君焉。乃信前所闻者之不诬也。君名嘉彦，字子虚，少慷慨有奇志，壮岁避地巴东三峡之间，修神农、老子术，东下吴、越，以耕战之策，干故相赵忠简公。赵公是之，会去相，不果行。君自是绝迹此山，按陈令举所述图记，得西原庵故址，于卧龙瀑水之东，筑室居焉。耕田种药，仅足以自给，而四方往来之

---

① 《晦庵集》卷十一，《壬午应诏封事》。
② 《朱子语类》卷一百三十九，《论文上》。

士，皆取食焉。其疾病老孤，无所与归之人，至者亦收养之。盖年逾七十矣，而神明筋力不少衰。予往造之，而君不予避也。一旦为予道说平生，相与太息。会予结屋卧龙，以祠诸葛丞相，世盖少识其意者，君独叹曰："此奇事也。"相为经纪其事，以迄有成。两年之间，相见者不知其几，而君未尝一言及外事，予以是益嘉君之为人，而重叹其既老，无所复用于世也。淳熙辛丑闰月之晦，予既罢郡，来宿卧龙，君曰："卧龙之役，夫子既书之矣，顾西原独未有记，复能为我书之乎？"予曰："诺哉！"于是悉次其说俾刻焉。新安朱熹记。[①]

是篇全文仅 400 多个字，据实际情形叙述，从宏观到微观，先景后情，纵横交织，层次分明，内容丰富多彩。文字简约，境界奇约，显示出作者善于发现美、欣赏美，有深厚的文学素养。

(3) 书画

朱熹早在 20 多岁时，就对金石文字有深湛的研究。他在《家藏石刻序》中说：

> 予少好古金石文字，家贫不能有其书，独时时取欧阳子所集录，观其序跋辨证之辞以为乐；遇适意时，恍然若手摩挲其金石，而目了其文字也。既又怅然，自恨身贫贱，居处屏远，弗能尽致所欲得如公之为者，或寝食不怡竟日。来泉南，又得东武赵氏《金石录》观之，大略如欧阳子书，然铨序益条理，考证益精博，予心亦益好之。于是，始胠其橐，得故先君子时所藏与熹后所增益者，凡数十种。虽不多，要皆奇古可玩，悉加标饰，因其刻石大小施横轴，悬之壁间，坐对、循行、卧起恒不去目前，不待披筐箧、卷舒，把玩而后为适也。盖汉魏以前刻石，制度简朴，或出奇诡，皆有可观，存之足以佐嗜古之癖，良非小助；其近世刻石，本制小者，或为横卷，若书帙，亦以意所便也。[②]

---

① 《晦庵集》卷七十九，《西原庵记》。
② 《晦庵集》卷七十五，《家藏石刻序》。

此序写于高宗绍兴二十六年（1156 年）八月，正是朱熹同安任满接替者未到等批书之时，其 27 岁。朱熹自青年时热衷于金石文字，至老不衰。

朱熹喜住山水佳处，爱游山水访古迹，自谓"平生罪我只春秋，更作嚣嚣万里游""群讥众诋不能忧"。[①] 他"天机活泼，常寄情于山水文字。南康之庐山，潭州之衡岳，建州之武夷、云谷，福州之石鼓、乌石，莫不流连题咏……携尊酒时饮一杯，竟日不倦。非徒效泥塑人以为居敬者"。[②] 他的足迹遍于闽、浙、赣、湘、皖之名山、古刹、书院，大都有题词留名、书匾题榜、撰书楹联，借以抒发情感。此外，还为人撰书了大量碑文，以及著作手稿等。因此，朱熹留下了许多墨迹石刻、木刻、手稿等。

朱熹的遗墨真迹，除了历代流传下来之外，近年有大量的发现。笔者于 20 世纪 80 年代出版的《朱熹事迹考》之"墨迹和碑刻""画像"等节中选载了一些。后来，陈荣捷之《朱子新探索》中"朱子墨迹""画人朱熹""朱子联语"等，比较详细地列出朱熹墨迹目录名称。接着，出版了数本《朱子遗墨》。现据台北"中研院"文哲研究所出版的《晦翁翰墨》，现存朱熹墨迹主要有：

一、题刻：忠孝　忠孝节义　静神养气　寒竹风松　浮玉　天风海涛　蓝田书院　高明　鸢飞鱼跃　鸢飞鱼跃联　正气　枕流　逝者如斯　引月　空谷传声　题江嗣宗宿涵晖谷书院题咏

二、《易·系辞》

三、《易·系辞本义》稿

四、《论语集注》草稿

五、诗：奉酬敬夫赠言并以为别　城南唱和诗　四季诗　蓝田书院留诗　与张栻诗

六、碑跋文稿札子：刘子羽神道碑　欧阳修集古录跋尾　任公帖跋文稿　上时宰二札子朝散郎札子

七、尺牍：与南老帖　中外帖　编辑文字帖　与允夫尺牍　所

---

① 《晦庵集》卷五，《次韵别范伯崇二首》。

② 民国《福建通志》列传十二，《朱熹传》。

居深僻帖 生涯帖 大桂 中帖 夏季帖 深秋帖 赐书帖 向往帖 三易裘葛帖 六月五日帖。①

这里列出的是现存朱熹墨迹的一部分，还有诸如书晋陶渊明《归去来辞》《黄中美神道碑》等。

朱熹书法艺术的特点，是与其哲学思想联系在一起的。朱熹在书法上重法度，强调整齐划一。清人黄锡藩说："尝观朱子论书一则，有曰字被苏、黄写坏。"② 苏轼、黄庭坚是宋代著名的书法家。他们的书法特点，是敢于打破前人的僵化格式，强调个人情感的自由抒发。朱熹在《题曹操帖》中说：

> 余少时曾学此表，时刘共父方学颜书庞腩帖。余以字画古今诮之，共父谓予："我所学者唐之忠臣，公所学者汉之篡贼耳！"时予默然，亡以应。今观此谓天道祸淫不终厥命者，益有感于共父之言云。③

朱熹在《议书》中还说，他由刘共父的批评始知书"取法不可不端"。朱熹在哲学上遵循孔孟之道，在书法上强调前人的格式，具有"苍郁沈深古雅，有骨有肉有韵"的特点。明人陶宗仪说："朱子继续道统，优入圣域，而于翰墨亦加之功。善行书，尤善大字。下笔即沈著典雅。虽片缣寸楮，人争珍秘，不啻玙璠圭璧。"④ 从朱熹的墨迹可以清楚看出，此评至为确当。明人董仲可说："紫阳夫子之道在天下，著书垂训之大与一言一字流传人间，皆道之所存也。"⑤ 后人是把朱熹翰墨与其理学联系起来看的，"天下之人宝朱子翰墨，尊其道也"。⑥

朱熹还精通金石镌刻。上面已有讲到。

朱熹精通绘画，已为学者们所认同。有谓，"朱紫阳画，深得吴道子

---

① 《晦翁翰墨》，台北"中研院"文哲研究所 1992 年版。
② ［清］黄锡藩辑：《闽中书画录》卷首，《跋朱子墨迹后》。
③ 《晦庵集》卷八十二，《题曹操帖》。
④ ［明］陶宗仪：《书史会要》卷六，《宋》。
⑤ 董仲可：《宋朱熹书翰文稿》，文物出版社 1961 年版。
⑥ 董仲可：《宋朱熹书翰文稿》，附傅贵传《题跋》，文物出版社 1961 年版。

笔法"①。言之者必亲自看到朱熹绘画，而非道听途说。朱熹在《跋吴道子画》中曰：

> 顷年见张敬夫家藏吴画《昊天观壁草》卷，与此绝相类，但人物差大耳。此卷用纸而不失色，又有补画头面手足外，应亦是草本也。……此卷断裂之余，所谓"天龙八部"者，亦不免为焦头烂额之客，岂三灾厄会仙圣所不能逃耶？是可笑也。吴笔之妙，冠绝古今，盖所谓不思不勉而从容中道者，兹其所以为画圣与。季路所藏名画甚富，计无出其右者。既以得观为幸，因记岁月于其后。②

《朱子语类》还有朱熹品评吴道子笔法：

> 秘书省画得唐五王及黄幡、绰明皇之类，恐是吴道子画。李某跋之，有云"画当如莼菜"。某初晓不得。不知它如何说得数句恁地好。后乃知他是李伯时外甥。盖画须如莼菜样滑方好。须是圆滑时方妙。③

由此可见，朱熹曾反复品评过吴道子画，所以"深得吴道子笔法"。对于朱熹精通绘画，其门人黄榦、李方子亦有肯定的论述："文词字画，骚人才士，疲精竭神，常病其难。至先生未尝用意，而亦皆动中规绳，可为世法。"④"外至文章字画，亦皆高绝一世。盖其包涵停蓄，溥博渊泉，故其出之者自若是其无穷也。"⑤

总之，朱熹精通绘画是无疑义的，有谓"画人朱熹"，不为过矣！⑥朱熹的绘画作品，现流传有朱熹对镜写真自画像。《朱子文集》中有《六先生画像赞》《张敬夫画像赞》《吕伯恭画像赞》《陈明仲画像赞》《程正思画像赞》。据陈荣捷考证，"除吕像外，亦朱子所绘矣"。朱熹说：

> 近作得六先生画像赞，谩录去。烦呈令舅一观，求其未当处。

———————————

① ［宋］陈继儒：《太平清话》卷三，宝颜堂秘笈本。
② 《晦庵集》卷八十四，《跋吴道子画》。
③ 《朱子语类》卷一百三十八，《杂类》。
④ 《勉斋集》卷三十六，《朝奉大夫文华阁侍制赠宝谟阁直学士通议大夫谥文朱先生行状》。
⑤ 《朱子年谱》卷四。
⑥ 陈荣捷：《朱子新探索》，台湾学生书局 1988 年版，第 741 页。

旦夕画成，当并以拜浼，早得刊定为幸耳。①

此自谓"旦夕画成"，《六先生画像》肯定为朱熹所绘无疑。

《朱子文集》有《聚星亭画屏赞》，其画屏亦可能是朱熹所绘。朱熹曰：

> 彼中亦有画手能以意作古人事迹否？此间门前众人作一小亭，旧名聚星。今欲于照壁上画陈太丘（实）见荀郎陵事，而无可属笔者，甚以为挠。今录其事之本末去，幸试为寻访能画者，令作一草卷寄及为幸。但以两幅纸为之，此间却自可添展也。②

即云无可属笔者，又云自可添展，可知此画朱熹至少有添笔加工润色。

此外，朱熹曾画诸葛武侯像、模尹和靖像等。

（十）美学

1. 美与美学

人们在社会生活中接触外界美的事物，有美的感觉和愉悦，产生美感。随着美和美感的发展，便出现审美意识集中表现的艺术，在长期艺术实践和研究的基础上，便形成诸种艺术。如文学、声乐、表演、造型、建筑等。这些艺术中，皆以审美为核心，形成美学。

在闽学的思想体系中，直接或间接地论述了美与美学的问题。

朱熹所谓美，是指美的外在表现形式和审美者的内在精神心态。朱熹说：

> 美者，声容之盛。③

声音的和谐、容貌的俊丽之美感，是由于声音、容貌美的对象与审美者的视听觉审美感官相互作用而产生的艺术美感、愉悦。充内形外之谓美。朱熹在讲到诗时说：

> 人生而静，天之性也。感于物而动，性之欲也。夫既有欲矣，

---

① 《晦庵集》卷四十四，《答方伯谟》第七书。
② 《晦庵集》卷六十四，《答巩仲至》第十七书。
③ 《四书章句集注》，《论语集注》卷二，《八佾第三》。

则不能无思。既有思矣，则不能无言。既有言矣，则言之所不能尽。而发于咨嗟咏叹之余者，必有自然之音响节族而不能已焉。此诗之所以作也。……诗者，人心之感物而形于言之余也。心之所感有邪正，故言之所形有是非。①

在朱熹看来，诗这种文学艺术美，是美的客观外在形式与审美者的内在精神状态的统一、合和。这里讲的诗的"正""是"，就是诗的美感与愉悦。

闽学有关美与美学的论述，有美的本体、自然美、人格美、艺术美、美的鉴赏、审美教育等，形成闽学的道德伦理美学的思想体系。

2. 美的本质

美的本质是善。"尽善尽美""心灵美"已成为口头禅。闽学家们把精神美感与道德伦理的善联系起来，认为美的内在本质是"善"。朱熹在注释孔子的"尽善尽美"时说：

善者，美之实也。②

在社会现实生活中，善就是美，美是以善这种伦理道德为内容的。精神上之所以体察到美感，就是因为体察到道德伦理的善。在朱熹看来，善与美有着内在的一致性，美不只是单纯的外在形式，而是在感性形式中得到完满实现的内在之善。朱熹进一步说：

力行其善，至于充满而积实，则美在其中而无待于外矣。③

这是朱熹对《孟子》"充实之谓美"的诠释。就是说，个体通过自我的努力，去力行本身所已有的内在善性，使善性充分地呈现出来，使自己具有高尚的精神品质和道德情操，使自己的自然形体由此而增光生辉。这种精神品质与道德情操之美，虽内在于形体之中，无需依赖于外在的表露，但是亦可以通过外发，而与事业或德业结合起来。审美者力行本身所具有的善性，使善性充满和积实于自己形体之内，具有高尚的道德品

---

① 《晦庵集》卷七十六，《诗集传序》。
② 《四书章句集注》，《论语集注》卷二，《八佾第三》。
③ 《四书章句集注》，《孟子集注》卷七，《尽心章句下》。

质和精神情操，人的自然形体由此而增光生辉。朱熹说：

> 和顺积中，而英华发外。美在其中，而畅于四支，发于事业，则德业至盛而不可加矣。①

善与美有着内在的一致性，美不再是单纯的外在形式，而是在感性形式中得到完满实现的内在之善。这种善美把精神美和感性美结合起来了。

朱熹这里说的"善"，实际上超出一般对"善"字内涵的理解，涵盖了儒家道德伦理的诸个方面。如朱熹在注释孔子"里仁为美"时说：

> 里有仁厚之俗为美，择里而不居于是焉，则失其是非之本心。②

这是讲仁德是人与人之间关系美的内涵。朱熹说：

> 不厌而文且理焉，锦之美在中也。③

平淡而不厌恶，简朴而有文采，温润而有纹理，锦衣之美就蕴涵于其中，都是君子之道。在这里，朱熹并没有把色之美停留在给人们以感觉的审美愉悦上，而是把它与道（理）融合在一起，只有这种美的理（道）才是真正的、永恒的美，它是具体美的根据。朱熹在回答"衣锦尚纲"时说："如今学者不长进，都缘不知此理。"④ 美依赖于道（理）而存在。

以道德伦理标准论美，就能把精神美和感性美结合起来，形成神妙莫测的精神境界，这是一种超越。在鉴赏艺术作品时，不光看一件艺术品所表现的形式美，还要捕捉外在形式美所体现蕴涵的那种不可言说、只可会意的神韵、意境。这种神韵、意境给人以无穷的回味，它不仅给人以精神美和感性美的愉悦，而且产生情感上的感通与共鸣，这就是闽学艺术美创作中所追求的神。这种"神"，是壮美、崇高之美、出神入化之美，是超越的道德伦理美，是崇高的精神境界。

福建朱子学家们的美学思想，是把外在形式的美、艺术创作者的道德情操与审美者精神状态三者资质融合为一，突出了道德精神在艺术美

---

① 《四书章句集注》，《孟子集注》卷七，《尽心章句下》。
② 《四书章句集注》，《论语集注》卷二，《里仁第四》。
③ 《四书章句集注》，《中庸章句》第三十三章。
④ 《朱子语类》卷六十四，《中庸·第三十三章》。

中的价值和作用。这是闽学美学所具有的特点，它体现在闽学文化领域的各个方面。

3. 诗文与艺术美

一般来说，美的表达方式主要是诗文和艺术。

诗文即文与诗，可以理解为文采，即高超的表达方法。如诗有比兴、夸张、象征、隐喻，以及艺术有造型、声乐、表演、建筑等等。如诗，朱熹说：

> 诗者，人心之感物而形于言之余也。心之所感有邪正，故言之所形有是非。惟圣人在上，则其所感者无不正，而其言皆足以为教，其或感之之杂，而所发不能无可择者，则上之人必思所以自反而因有以劝惩之，是亦所以为教也。[①]

诗是人的主观感受外物而激发出灵感，赋于言辞。感物有邪正、善恶，由此作为教化人们的手段，即所谓诗教。诗要起到教育的作用，必须使人感到愉悦，引起共鸣，心动神移，可喜可悲、或歌或泣，动情而接受其思想。这就是审美感受与意境。

朱熹主张质朴自然、平淡有味的风格美，反对华丽纤巧、刻意造作。这是朱熹的美学风格，也是福建朱子学审美的主流。朱熹说：

> 古人文章，大率只是平说而意自长。后人文章，务意多而酸涩。如《离骚》，初无奇字，只恁说将去，自是好。后来如鲁直，凭地著力做，却自是不好。[②]

朱熹把平说、自然看成是大美，是美的至高境界。

平淡自然而有韵味是闽学的美学风格。平淡中见美丽，说话中见韵味，可谓之平淡之美。这种审美意境，在平淡中超越平淡。朱熹说：

> 陶渊明诗，人皆说是平淡。据某看，他自豪放。但豪放得来不觉耳。其露出本相者，是《咏荆轲》一篇，平淡底人如何说得这样

---

① 《晦庵集》卷七十六，《诗集传序》。
② 《朱子语类》卷一百三十九，《论文上》。

言语出来。①

平淡而豪放之美，是朱熹美学的要旨。

福建朱子学还特别强调"和"之美，即把各种因素有机地联系起来，相依不杂，相分不离，彼此制约，而构成一个统一的整体。朱熹说：

> 和，便事事都要和，这里也恰好，这处也中节，那处也中节。若一处不和，便不是和矣。

朱熹认为，"顺于自然，便是和"，"发见出来，无非自然"，这就是朱熹的平淡自然之美。"和"是朱熹美学的最高境界，审美的理想。②

4. 山水美

自然美也是美的另一表达方式。

大自然是人们所欣赏的美的对象。朱熹在解释孔子"知者乐水，仁者乐山。知者动，仁者静；知者乐，仁者寿"的时候，认为孔子从个体人格修养上来说明智者和仁者在资质上的特点，审视大自然的不同。据《朱子语类》记载：

> 问："知者乐水，仁者乐山，是就资质上说，就学上说?"曰："也是资质恁地。但资质不恁地底，做得到也是如此。"③

朱熹释"乐"为喜好。"喜好"就是美的一种表达方式。即从"资质"上区别智者和仁者，就寓有人们对自然山水喜好的差异。智者之所以喜好水，认为水美，是由于水具有动的特性，知者达于事理，而周流无滞，有似于水，故乐水。朱熹以孔子水的"逝者如斯夫"的动态结构，比喻智者通达事理，似水的川流不息，畅通无滞。"且看水之为体，运用不穷，或浅或深，或流或激"④，揭示出水的川流不息与智者的通达事理的资质相互对称。仁者之所以喜好山，认为山美，是由于山具有静的特性。山之安静笃实，观之尽有余味。敦厚笃实，岿然安静的山，犹如仁者宽

---

① 《朱子语类》卷一百四十，《论文下》。
② 以上见《朱子语类》卷二十二，《论语·礼之用和为贵章》。
③ 《朱子语类》卷三十二，《论语·知者乐水章》。
④ 《朱子语类》卷三十二，《论语·知者乐水章》。

厚稳重、贫贱威武不移为资质。仁者与山两者构成了对应，"仁者安于义理，而厚重不迁，有似于山，故乐山"①。这样，便在智者、仁者与自然山水之间找到了某种样态上、特性上的沟通或会通点，构成一种相互对应的美。

以此类推，人们之所以会喜好某种自然对象，是由于自然对象的形态、特性引起人们精神心态的共鸣、同感或愉快、爱好，并把自然现象作为寄寓自己的情操、忧思、理想的对立物。朱熹说：

> 仰山庙极壮大，亦是占得山川之秀。寺在庙后却幽静。庙基在山边。此山亦小。但是来远。到此溪边上外面，群山皆来朝。寺基亦好。②

这是讲山与水结合之美。诸生皆言某庙为灵，而朱子却从美学观点考虑。智者、仁者的乐，并非一种事功上的满足和喜好，而是人对自然山水美的喜好和感受；这种喜好和感受，是一种内在的精神上的感应。

生态美学是人的一种生存观。"天之造化"之自然赋人形神，"地之涵养"之文化启人心智，人立于天地之间，与自然合而为一，在自然中体会生存的"真意"，追求"天人合一"的境界。朱熹在武夷山 50 多年，在书院、精舍讲学，一有闲暇便携友去观光踏青，游山历水。此外，朱熹还到处"寄情于山水文字"。据记载：

> 自号紫阳。箪瓢屡空。然天机活泼，常寄情于山水文字。南康之庐山，潭州之衡岳，建州之武夷、云谷，福州之石鼓、乌石，莫不流连题咏。相传每经行处，闻有佳邱壑，虽迂途数十里，必往游。携尊酒时饮一杯，竟日不倦，非徒效泥塑人以为居敬者。③

据《朱子语类》记说："梅雨溪流涨盛，先生扶病往观，曰：'君子于大水必观焉。'"④ 朱熹更有诗句云："知君便有刀头意，莫忘仙洲涧底

---

① 《四书章句集注》，《论语集注》卷三，《雍也第六》。
② 《朱子语类》卷三，《鬼神》。
③ 《福建通志》列传卷十二，《朱熹传》。
④ 《朱子语类》卷一百七，《杂记言行》。

泉。"① 如此亲近山水，足见其平生于山水之心，欣赏山水之美。遇山水佳处"莫不流连题咏"。朱熹赋诗赞美武夷山的诗篇很多，诸如《九曲棹歌》《天柱峰》《武夷漫题》《武夷精舍杂咏》《次韵傅丈武夷道中》等 50 多首。朱熹如此痴迷于山水，按他自己的说法就是可以为此"足以乐而忘死"。②"乐"首先在于在山水中，摆脱了生命的束缚——死，这是一种超越自身的自由而带来的喜悦美感，本身具有浓厚的审美意味。"乐"更在于能在山水中，感悟到"理"的存在。朱熹认为，合天地万物而言，只是一个理。"理"是朱熹理学的核心。朱熹又说：

> 未有天地之先，毕竟也只是理。有此理，便有此天地。若无此理，便亦无天地。无人无物，都无该载了。有理便有气，流行发育万物。③

> 宇宙之间，一理而已。天得之为天，地得之而为地，而凡生于天地之间者，又各得之以为性。④

这种"天人合一"境界，是最崇高、最神圣的大美，只有自己与山水、天地融合为一才体察到，是最崇高、最神圣的人格境界。

5.审美教育

福建朱子学家们借助于美的形式与手段进行形象化的、情感性的美学教育活动，其主要途径和方式是诗教、乐教、礼教、艺教、山水教等。其目的是以美为方式，以美引善，既培养人们的审美能力，更主要是借助美的感染、融化，使其进入善的领域，达到最崇高、最神圣的人格境界。

朱熹对孔子"志于道，据于德，依于仁，游于艺"解释说：

> 游者，玩物适情之谓。艺，则礼乐之文。射、御、书、数之法，皆至理所寓，而日用之不可阙者也。朝夕游焉，以博其义理之趣，则应务有余，而心亦无所放矣。此章言人之为学当如是也。盖学莫

---

① 《晦庵集》卷六，《次清湍亭韵两首》。
② 《晦庵集》卷七十八，《云谷记》。
③ 《朱子语类》卷一，《理气上·太极天地上》。
④ 《晦庵集》卷七十，《读大记》。

先于立志。志道，则心存于正而不他。据德，则道得于心而不失。依仁，则德性常用而物欲不行。游艺，则小物不遗而动息有养。学者于此，有以不失其先后之序、轻重之伦焉，则本末兼该、内外交养，日用之间，无少间隙。而涵泳从容，忽不自知其入于圣贤之域矣。①

朱熹的审美教育是化育之道，是兴于诗、立于礼、成于乐，是"天地之教"，统之则为"游于艺"。"游于艺"之"艺"，是"六艺"。此有两种说法：一是指"六经"，即《诗》《书》《礼》《乐》《易》《春秋》；二是指六种技艺，即礼、乐、射、御、书、数。据朱熹这里的意思，应主要是指"六艺"。而"六经"中的诗、礼、乐则应包括在内。朱熹认为，六种技艺是小学工夫。"游于艺"，就是兴于诗、立于礼、成于乐。朱熹所讲的这种从小学开始的人格修养的过程，就是美育教育的过程。

按当今观点，如果说在"志于道、据于德、依于仁、游于艺"之间，"游于艺"具有时间或操作上的先行性，那么在兴于诗、立于礼、成于乐之间，则不是简单的时间次序之先后，而是存在着化育层次的不断深入。这些思想主要体现于闽学家们的"四书"注解之中。

人格美育教育是一种情感愉悦中的化育工夫，这是它与其他教育方式的最大的不同之处，也是其化育之方的根本精神。朱熹说：

> 章句以纲之，训诂以纪之，讽咏以昌之，涵濡以体之，察之情性隐微之间，审之言行枢机之始，则修身及家，平均天下之道，其亦不待他求而得之于此矣。②

既学且修，身心且养，从而达到审美教育的目的。

（十一）历史学

1. 史学的综合性

中华民族历代的文化精神和生活方式，通过汉字这一传播媒介充分

---

① 《四书章句集注》，《论语集注》卷四，《述而第七》。
② 《晦庵集》卷七十六，《诗集传序》。

地记录表达出来，形成浩如烟海的典籍。对这些典籍，前人分为经、史、子、集四大类。经是指以孔子为代表的儒家典籍；史是指以反映历代国家历史、典章制度、土地等的文献；子是指历代学者的诗、文的汇集；集是指类书、丛书百科全书式的古代典籍的汇集。这些古代典籍，反映出中华民族文化传统的各个方面，是中华民族文化传统的结晶。

古人治学不细，把诸学科都纳入经学的范围内。清代学者提出史学最具有综合性，认为它涵盖了中国古代的所有学术领域，因为每个学科都需要首先考察历史发展，而且中国古代典籍都可以运用于历史的研究中。清代学者章学诚提出"六经皆史"的著名论断，得到著名学者龚自珍、章炳麟等的赞同。他们认为，六经是夏、商、周三代盛时各朝专官的掌故，是当时典章政教的历史记录，并非圣贤们为了垂教立言而故意编造出来的。

朱熹也是把经学、史学联系在一起的，提出"穷经观史以求义理""多读经史，博通古今"等，认为"士无不通之经，无不习之史，而皆可为当世之用矣"①。史学是闽学整个学术思想的基础。

朱熹学术思想的各个方面，其理论的提出，几乎都与他的史学分不开，他的四书学、易学、诗经学、尚书学、礼学、春秋学、孝经学等，都蕴含有历史学。当时没有学科划分，朱熹结合时代的需要，通过对诸经的训解阐释而提出自己的新思想。《朱子语类》卷十四至九十二都是直接讲朱熹的史学的，占整个《朱子语类》的一大半。其余的内容也与史学有密切联系。朱熹的其他著作，大多是对儒家经书、史学的注释和阐发，如著名的《四书章句集注》，以及《四书或问》《周易本义》《易学启蒙》《诗集传》《古今家祭礼》《仪礼经传通解》《孝经刊误》等。《朱子文集》中的诸多书信答问，大量的是与当时的众多学者讨论史学的问题，而其中的杂著，大部分内容也是对史学的论述。朱熹在对经书的阐述基础上发挥其历史观。

福建朱子学的史学，主要的是通过阐述儒家典籍，根据儒家典籍中

---

① 依次见《晦庵集》卷五十九《答龚伯著》、卷五十四《答江梦良》、卷六十九《学校贡举私议》。

的观点和材料，评价、编纂历史。

2. 正统论

西汉董仲舒提出夏为黑统、商为白统、周为赤统，"三统"循环的五行相生相胜的君权神授的历史观，后来班固明确宣称："汉承尧运，德祚已盛，断蛇著符，旗帜上赤，协于火德，自然之应，得天统矣！"[①] 将刘汉说成是上承三代的正统王朝。

朱熹在继三代为正统的基础上，提出自己的正统论。朱熹说："只天下为一，诸侯朝觐狱讼皆归，便是得正统。"大权是否归一，是正统的首要标准。据此，宋前只有周、秦、汉、西晋、隋、唐六个统一王朝称得上正统，其他难于归正统之列。对此，有两种情况。朱熹说：

> 有始不得正统，而后方得者，是正统之始；有始得正统，而后不得者，是正统之余。如秦初犹未得正统，及始皇并天下，方始得正统。晋初亦未得正统，自泰康以后，方始得正统。隋初亦未得正统，自灭陈后，方得正统。如本朝自太宗并了太原，方是得正统。[②]

这是讲正统之始。至于正统之余，是指正统王朝分裂，或偏安一地，如东晋、蜀汉。在这两种情况之外，便是无正统可言，称之为僭国或篡贼。

上引朱熹还指出，"三国当以蜀汉为正"。朱熹处于赵宋偏安江南，为蜀汉争正统实为赵宋争正统，以正名分，用伦理纲常来评判历史。

朱熹正统论的内在根据，是"以经为本"。他反复强调："为学之序，为己而后可以及人，达理然后可以制事，故程夫子教人先读《论》《孟》，次及诸经，然后看史，其序不可乱也。""示喻学校曲折，具悉雅志。今时教官，能留意如此者，诚不易得。然更在勉其学业，虽未能深解义理，且得多读经史，博通古今，亦是一事，不可只念时文，为目前苟简之计也。"他又说：

> 示喻令学者兼看经史，甚善甚善。此间来学者少，亦欲放此接之，但少通敏之姿，只看得一经，或《论》《孟》已无余力矣。所抄

---

① 《汉书》卷一，《高帝纪第一上》。
② 《朱子语类》卷一百五，《论自注书·通鉴纲目》。

切己处，便中得数段见寄，幸甚。然恐亦当令先于经书留意为佳。盖史书闹热，经书冷淡。后生心志未定，少有不偏向外去者，此亦当预防也。①

在朱熹看来，史著与经书等都是为了辨验是非、阐明义理；文辞多寡、辞采优劣不是史著好坏的标准，贯穿义理与否才是标准；史臣著史的职责（即史著的作用）在于规劝帝王弘扬德业、扬善弃恶、振兴国家。基于这种认识，朱熹对"苏黄门作《古史序篇》……于义理大纲领处，见得极分明，提得极亲切"，认为于世有补而大加褒扬。②

在朱熹看来，历史上的凶吉存亡、为戒为法的"粲然之迹、必然之效"，都"莫不具于经训史册之中"，③ 以此来讽劝帝王读经看史，辨析义理，改邪归正，励精图治。这种劝善惩恶之意，折射出朱熹要求编纂史著时要体现这一内容，而使史著发挥更大的社会作用。

3. 秉笔直书

著名的史学理论家章学诚说："史，所贵者义也，而所具者事也，所凭者文也。"④ 这里的义，是指思想意识、学术观点，即古人所说的史德。史学家著述，要实事求是，不能以主观的好恶去歪曲历史。义（史德）是治史的精神，再加事（掌握历史事实）、文（写作能力、文采），就能撰写出好的史书来。中国古代把历史著述看成是实录。有史德才能实录，就是善恶皆不隐的直书。班固在评价司马迁《史记》时谓，"其文直，其事核，不虚美，不隐恶，故谓之实录"。⑤

朱熹继承发扬了中国古代秉笔直书的史学传统。在朱熹看来，"史"是具有鉴戒作用的，应该"善善恶恶，是是非非，皆着存得在那里"⑥，否则难以垂训万世。只有像孔子那样据实著史，才是可以为鉴为戒的。因此，朱熹甚有感触地评论东晋陶侃之事，其引吴澥所著《辩论》说：

---

① 以上见《晦庵集》卷三十五《答吕伯恭》、卷五十四《答江梦良》、卷三十三《答吕伯恭》。
② 《晦庵集》卷五十四，《答赵几道》。
③ 《晦庵集》卷十四，《行宫便殿奏札二》。
④ 《文史通义》卷三，《史德》。
⑤ 《汉书》卷六十二，《司马迁传》。
⑥ 《朱子语类》卷一百三十四，《历代一》。

庾氏世总朝权，其志一逞，遂从而诬谤之耳。秉史笔者既有所畏，何所求而不得哉！……故也。今《晋史》欲诬士行，而乃以梦寐之祥，是其难明殆又甚于闺房哉！①

朱熹赞同吴澥的这种史观。

朱熹的这种著史不为权贵所左右的观点，据实而书，是与后来章学诚在《文史通义》中讲的"史德"完全符合的。

附：朱熹著作简介②

《四书章句集注》19卷　朱熹于1190年首次在漳州刊出。其中《大学章句》1卷、《中庸章句》1卷、《论语集注》10卷、《孟子集注》7卷。朱熹关于"四书"的著作还有：《论语要义》，取二程及其门人、朋友数家之说，补缉订正。此书已佚，是朱熹以后所著《论语集注》的前身。《论孟集义》34卷，取二程、张载、杨时、游酢等12家之说，荟粹条疏。此书为后来成《四书章句集注》之备用。《四书或问》39卷（其中《大学》2卷、《中庸》3卷、《论语》20卷、《孟子》14卷），说明纷错不一的诸家之说取舍的理由，设问回答学生。《孟子问辨》11卷，阐述《孟子》的义理与践履。《论语详说》（又名《训蒙口义》）8卷，此书已佚。此为儿童读《论语》作注解，有句解章旨和自己的心得。删改石敦《中庸辑略》2卷。

《西铭解》1卷　"西铭"原是张载《正蒙·乾称》中阐述社会观的一段话。二程推崇，名之《西铭》，未有解释。朱熹首为之解，发挥二程"《西铭》明理一分殊，扩前圣所未发"的思想。

《太极图说解》1卷

《通书解》2卷　发挥其"理在气先""理生气"的宇宙生成论。

《周易本义》12卷　是书根据吕祖谦所校定古文经传12篇所作的本

---

① 《晦庵集》卷二十，《乞加封陶威公状》。

② 对于朱熹的著述，前面朱熹生平事迹节的介绍与这里的介绍有很大的不同，且此是逝世的知名朱子学家陈其芳教授所撰写，有学术价值；本书的题例，在论述的每个福建朱子学家之后附有"著作简介"，前后应一致。

义，以上下经 2 卷，十翼自为 10 卷。朱熹著此书前后，作《易传》11
卷，为后来著作《周易本义》之备用。因是未定之说，后来不复刊行。
此书已佚。《易学启蒙》3 卷，发挥《周易本义》的宗旨。另著《蓍卦考
误》《元亨利贞说》《损益象说》各 1 卷，发明《周易》之揲蓍法和宗旨。

《书经集传》（未完稿）　　朱熹先作《禹谟》《金滕》《召诰》《洛诰》
《武成》诸篇之传，其他口授门人蔡沈，由其整理补充完成。朱熹把古文
《尚书》的经与传分开，认为诸序与《经》不合，不是孔子之作。因此，
朱熹编辑《尚书古经》4 卷、《尚书序》1 卷，分经与序仍为 59 篇，以存
古意。

《诗集传》12 卷　　又编《诗序辨说》1 卷、《诗风雅颂》4 卷、《序》1
卷。朱熹认为，《序》后出，不当引冠篇首，故别录为 1 卷，以存《诗
经》原始面貌。

《仪礼经传通解》23 卷　　又编《仪礼集传集注》14 卷、《古今家祭
礼》16 篇。

《孝经刊误》1 卷　　朱熹认为《孝经》多出后人附会，因作刊误。

《小学》6 卷　　其中内篇 4 卷为：《立教》《明伦》《敬身》《稽古》；外
篇 2 卷为：《嘉言》《善行》。是书内容为育童以"爱亲敬长隆师亲友
之道"。

《资治通鉴纲目》59 卷凡例 1 卷　　是书节录司马光所编撰《资治通
鉴》而成，凡例是朱熹手定，其门人依凡例定其纲目。

《八朝名臣言行录》24 卷　　八朝即宋朝之太祖、太宗、真宗、仁宗、
英宗、神宗、哲宗、徽宗，朱熹取同时代人之文集及记事书中所载宋朝
名臣言行之迹，有补于世教的，掇取其要，聚为此书。

《伊洛渊源录》14 卷　　是书系把周敦颐、邵雍、张载、二程及与二程
交游之门人弟子的言行按理学传授谱系编次。宋人谈理学宗派和分别理
学门户皆出于此书。

《阴符经考异》1 卷　　《阴符经》系唐人李筌伪作，朱熹因其内时有
精语，遂考定其文。

《周易参同契考异》1 卷　　是书是先与蔡元定相与订正，然后定稿的。

《韩文考异》10 卷　　《韩愈文集》诸本互有异同，朱熹因以考订。其

体例为先摘正文，所考夹注于下。

《楚辞集注》8 卷辨证 2 卷后语 6 卷　是书以王逸本为根据，删去《七谏》《九怀》《九叹》《九思》4 篇，增入贾谊《吊屈原》《服赋》两篇。把屈原的 25 篇划为"离骚"类、宋玉等人的 16 篇划归"续离骚"类，按赋、比、兴等古诗的不同表现手法进行解析。

朱熹所编辑理学家的著作有：

《程氏遗书》25 卷附录 1 卷　是书系将二程门人所录加以编次，其附录系行状之类。

《程氏外书》12 卷　是书系把程氏门人所记，又取他书所载程氏语录 152 条成集，以补《程氏遗书》所未备。

《近思录》14 卷　是书系与吕祖谦合编。把周敦颐、二程、张载之精要语 622 条，分成 14 个专题成册。

《谢上蔡语录》三卷　是书系把宋人所录谢良佐（上蔡）语录，加以删定成书。

后人所编辑的朱熹著作有：

《朱子语类》140 卷　南宋末黎靖德根据各本《朱子语录》，互相参校，考其同异，拾遗正误，削去重复。

《朱子遗书》　包括《近思录》《延平答问》《杂学辨》《中庸辑略》《论孟或向》《伊洛渊源录》《谢上蔡语录》等。

《朱子遗书二刻》　包括《论孟精义》《易学启蒙》《诗序辨》《孝经刊误》《周易参同契注》《阴符经注》。

《朱子大全》100 卷

《朱子全书》64 卷

《朱子节要》20 卷

《朱子文集》18 卷

《朱子语录类要》18 卷

《朱子经说》30 卷　汇集朱熹解释儒家经典的著作。

《朱子四书语类》80 卷　汇集朱熹解释"四书"的著作。

《朱文公易说》23 卷　汇集朱熹有关说《易》的语录。

《朱子书说》7 卷　汇集朱熹关于《书经》的言论。

第三章　南宋末年福建朱子学

一　福建籍朱熹门人为维护和传播朱子学而努力

朱熹一生近 70 年在福建从事学术著述和讲学教育活动。他在福建各地鼓励书院、学堂的设置，著书立说，编辑教科书，拟定学规，提倡易风俗的社会教育，培养了大批知识分子。因此，在朱子学诸学系中，福建朱子学派最为强大；朱熹门人，福建籍最多。黄榦说：

> 向来从学之士，今凋零殆尽。闽中则潘谦之、杨志仁、林正卿、林子武、李守约、李公晦。①

这是讲在"庆元党禁"年间，朝廷宣布朱子学为"伪学"、朱子学派为"伪党"，严加禁止。当时避祸离去的朱熹门人，大多数是外省来的，闽籍门人很少离去，福建朱子学者大有人在。福建籍朱熹门人董铢对欲避祸离去者喻以义理，使诸生翕然以定。闽籍朱熹门人傅伯成为太常侍，在朝廷力言朱子学不可视为伪学，公开大胆抗争，是福建朱子学者的典范。门人蔡元定被牵连贬徙道州（今湖南道县），同门刘砥、刘砺兄弟馈赠特厚，同门詹元善调护之。朱熹卒于"庆元党禁"最高潮时，然闽人不为时论左右，会葬者几千人，门人范念德为铸钱司主管，偕乡人受业者冒严寒徒步百里参加会葬。此足以说明闽学学者的党派性。黄榦在讲到"庆元党禁"时还有许多传播朱子学的朱熹门人时说：

---

① 《勉斋集》卷十六，《复李贯之兵部》。

闽中则潘谦之（柄）、杨志仁（复）、林正卿（学蒙）、林子武（夔孙）、李守约（闳祖）、李公晦（方子）。江西则甘吉父（节）、黄去私（义勇）、张元德（洽）。江东则李敬子（燔）、胡伯量（泳）、蔡元思（念诚）。浙中则叶味道（贺孙）、潘子善（时举）、黄子洪（士毅）。①

朱熹卒后，福建籍朱子门人为维护和传播闽学而努力。他们弘扬师说，攻讦异端，羽翼朱门，不为权势所左右。他们首先为恢复朱熹的名誉而努力。基于当时宋王朝政治形势的变化和需要，在朱熹门人的积极活动下，特别是由于其门人刘爚等人的请求，党禁解除，恢复了朱熹的名誉。此后，朱熹的头衔急剧加高，其学说逐步成为国家的主体思想。于是，闽籍朱子学者更加活跃，朱子学派从思想和组织上更加趋于完善，其发展有不可遏止之势。

当时，福建朱子学学者尊黄榦为领袖。南宋袁桷说：

> 朱子门人当宝庆（按即 1225—1227）、绍定（按即 1228—1232）间，不敢以师之所传为别录，以黄公勉斋在也。……顾门户异同，从不出勉斋之口，抑且当勉斋之存，使人不敢竞门户。②

此可看出福建朱子学学者的严密组织性。黄榦在福建籍朱熹门人中居于领袖地位是当时所公认的。南宋黄震说：

> 晦翁既没，门人闽中则潘谦之、杨志仁、林正卿、林子武、李守约、李公晦。……皆号高弟，独勉斋先生强毅自立，足任负荷……先生皆一一辩明。③

除黄榦外，朱子学派中被称为"领袖朱门"的是蔡元定及其子蔡沈，"蔡氏父子兄弟祖孙，皆为朱学干城"④。清孙奇逢说：

> 程门弟子多贤，朱门似为少让。以今观之，季通（按蔡元定

① 《勉斋集》卷十六，《复李贯之兵部》。
② 转引自［清］全祖望：《鲒埼亭集》卷四十四，《奉临川先生帖子一》。
③ 《日钞》。转引自《宋元学案》卷六十三，《勉斋学案》。
④ 《宋元学案》卷六十七，《九峰学案》。

字）、仲默（按蔡沈字），若桥若梓，殆所称千人之英、万人之杰者
乎！直卿（按黄榦字）叙道统。……其余诸子，各能自立，以发明
师说，尽无逊于程门。①

孙氏之《理学宗传》，重道统之传承而忽视对朱子学之有重大发展者，因
此不提"卫师门甚力，多所发明"②的陈淳，以及詹体仁、真德秀等。在
这些人中，除私淑弟子真德秀外，都是朱熹的及门弟子，他们是初期福
建朱子学派中的中坚学者，在中国理学发展史上享有重要地位。

　　由于闽籍朱熹门人为维护和传播朱子学而努力，朱子学巩固和发展
起来。

　　朱子学体大蕴深，独人难以全继，其后学只能从不同方面继承和发
展。但是，这就必然孕育着朱子学的分化趋势，这在以后的发展中就更
为明显。

　　对于朱熹门人之研究，有明戴铣之《朱子实纪》卷八《朱子门人》、
明宋端仪之《考亭渊源录》卷六至二四、韩国李朝李滉之《宋季元明理
学渊源录》卷一至八、清张伯行考订明朱衡之《道南源委》卷三至四、
清黄宗羲等之《宋元学案》、清蓝鼎元的《棉阳学准·道学源流》诸卷等
最为综合。对这些著述进行全面研究综合，撰写成专著，最权威者是今
陈荣捷之《朱子门人》一书。

　　据陈荣捷考证，朱熹门人有籍贯的登门求教、明言奉侍、自称弟子
者，即所谓正式门人，有488人，分别属于福建、浙江、江西、湖南、
安徽、江苏、四川、山东等。其中福建籍164人，占总数的三分之一，
且多为朱子学的中坚和骨干。③清张伯行说：

　　　昔孔氏之徒三千，而斯道赖以昭著。朱子门下知名之士如黄
　　（榦）、陈（淳）、蔡（元定、沈）、刘（爚）辈，亦不下数十余人。
　　故其著述最富，问答最多，而理学因之大明。④

---

① ［清］孙奇逢：《理学宗传》卷十七。
② 《宋元学案》卷首，《学案序录》。
③ 陈荣捷：《朱子门人》，台北学生书局1982年版，第1—5页。
④ 《正谊堂续集》卷五，《答冉永光检讨》。

这些都是福建籍朱子门人。在福建朱子学的发展史上，有"朱子传之蔡西山（元定）、九峰（沈）、黄勉斋（榦）、陈北溪（淳）、李果斋（方子）诸先生，而浦城真西山（德秀）又朱门之私淑也，有宋闽儒甲于天下"①之称。

对朱熹门人的研究，已成为福建朱子学研究的重大课题。今杨金鑫有综合说明，抄在下面，以窥全貌。其说：

> 朱熹于乾道诸儒中，其年最寿，讲学独久，门人极多。他的门人究竟有多少呢？南宋爱国诗人陆游（1125—1210）在为朱熹门人方伯谟（名士繇，一字伯休，福建莆田人）撰写的《墓志铭》云："朱公之徒数千百人。"② 其中以蔡元定（字季通）、蔡沈（字仲默）、黄榦（字直卿）、陈淳（字安卿）四人为其门人的代表。其门人之众，实为孔子以后所罕见。宋黎靖德编辑的《朱子语类》序中罗列《语类》的记录者97人。明代戴铣所编《朱子纪实》卷八"朱子门人"，列朱熹门人中号称高弟而有著作者68人，录有问答后见称许者71人，姓字爵邑仅存者180人。明代宋端仪著《考亭渊源》卷六以下皆朱熹门人。清代朱彝尊著《经义考》卷百八三至二八五，表列朱熹传易、传诗、授礼弟子，举其姓名、职衔、里籍。清代张伯行改订明代朱衡（1512—1584）之《道南源委》卷三、卷四包括朱熹门人若干，又附朱熹门人无事实可考者共19人，均限于福建。清代万斯同辑之《儒林宗派》，其中第九卷朱子学派，系朱熹建安派和建阳派数代传授表，第十卷表列"朱子门人"，包括各地区407人。明清之际黄宗羲编纂的《宋元学案》全宋80个学案，晦庵学案占了17个，《晦庵学案》末附有晦庵门人表。清代王梓材、冯云濠合编的《宋元学案补遗》，在这个基础上增补了朱熹门人若干人。在国外，研究朱熹门人的著作也逐渐增多。据美国陈荣捷教授介绍，较早的有朝鲜李滉（称号退溪，1501—1570）著《宋季元明理学通录》九卷，其中卷一至卷八为朱门诸子。近年来，日本田中谦二著《朱门

---

① ［清］蓝鼎元：《鹿洲初集》卷六，《送谢古梅太史还闽序》。
② 《渭南文集》卷三十六。

弟子师事年考》①，考定了弟子师事朱熹的次数与年期。陈荣捷著
《朱子门人》②，广采《朱子文集》、《朱子语类》、《宋史》、《朱子实
纪》、《考亭渊源录》、《万姓统谱》、《经义考》、《道南源委》、《儒林
宗派》、《宋元学案》、《宋元学案补遗》、《朱子年谱》等材料，将朱
熹门人的姓名、里籍、官职、事迹等详为列出，是当前研究朱熹门
人最为详细的著作。高令印《朱熹与岳麓书院》③ 第六章，根据朱熹
后裔第十六代孙朱玉编撰的《朱熹及门姓氏》④ 的记载，将有姓氏居
里可考之及门受业者442人，一一列出。其中福建184人，江南33
人，浙江63人，江西76人，湖广12人，河南4人，四川5人。此
外，居里未详者66人。朱熹称为老友不在弟子之列者1人（建阳蔡
元定），私淑之徒者1人（浦城真德秀），受教未及门者9人（建阳
熊克、熊节、熊刚大、宋慈、游九功、叶采、蔡谟、刘应李、熊
禾），叛徒2人（遂昌胡纮、晋江傅伯寿）。朱熹门人来自福建的最
多，次则江西、浙江、江南、湖广、四川、河南，可以说当时他的
门人遍布全国。⑤

杨氏这里讲的大都是福建籍朱熹门人，都是著名的福建朱子学家。

在福建朱子学的创立过程中，朱熹和门人对一些问题反复商讨，使
朱子学理论成熟。朱熹门人对朱子学的创立作出了重大的贡献。清著名
的朱子学家蓝鼎元，对朱熹门人对朱子学的贡献有段综合的说明。他说：

> 朱子门人，以蔡西山、九峰父子及黄勉斋、陈北溪为最。季
> 通……所著《律吕新书》，发千古之蒙昧。三子惟仲默闻道最早，文
> 公以《书传》属之；《洪范》之数久失其传，季通未及著论，曰：
> "成吾书者，沈也。"仲默阐发幽微，不愧父师之托。《书传》已立学
> 宫；《洪范皇极》秩然有天地万物各得其所之妙，非浅学所能窥测

---

① 《东方学报》，京都，1973年，第44期第128—147页；1975年，第48期第261—357页。
② 学生书局1982年版。
③ 华东师范大学出版社1986年版。
④ 清雍正八年（1730年）编《朱子文集大全类编》卷三。
⑤ 武夷山朱熹研究中心：《闽学通讯》，1989年3月，第13期第7页。胡纮为浙江庆元人，不
是遂昌人。

也。勉斋明睿端庄，造诣纯笃，朱子所望以传道，而勉斋卒能得其传。北溪发明正学，力排异端，《道统》《学统》诸篇，似道似学之辨，《字义详讲》《四书口义》诸书，深切著明。朱子谓"南来吾道得一安卿"，非阿好也。他如廖子晦之学有根据，刘子澄之切己力行，郑子上之议论精密，方宾王之亲切有序，李果斋之大本有见，李敬子之直谅朴实，陈才卿之肃然自乐，陈子融之志趣操守，辅汉卿之不为俗学声利所移，晏亚夫之进学意气，余正叔之见道稳实。皆一时高明之士，史迁所谓附骥尾而行益显者乎！西山真子私淑紫阳，当韩侂胄指斥伪学，禁锢善类之余，独慨然以斯文自任，而正学复明于世，所著《大学衍义》，有功于天下后世甚伟。临邛魏鹤山亦毅然自奋于摧废之后，立朝惓惓，以周程张朱诸君子易名，为请尊其统，而接其传。其为学，即物以明义，反身以求仁。①

蓝鼎元这里讲到蔡元定、蔡沈、黄榦、陈淳、廖子晦、刘子澄、郑子上、方宾王、李方子、李敬子、陈才卿、陈子融、辅汉卿、晏亚夫、余正叔、真德秀、魏鹤山等 17 位朱熹门人，并概括出他们的不同思想特点，都是福建朱子学思想体系的有机组成部分。蓝鼎元是清代有代表性的朱子学家，其《棉阳学准》可作为一部福建朱子学（理学）发展史。

这里参考有关朱熹门人诸家之说，主要是陈荣捷的《朱子门人》、刘树勋等的《闽学源流》所述，朱熹门人共有 514 人。其中福建籍有 175人，其主要著述和贡献列表于下：

（一）闽南泉州漳州（24 人）

姓　名	字　号	籍　贯	备　注
王　遇	字子合、子正号东湖	龙溪县	历任长乐县令、赣州通判、郎中等。
王力行	字近思	同安县	著《朱氏传授支派图》《文公语录》等。

① 《棉阳学准》卷五，《道学源流》。

续表

姓　名	字　号	籍　贯	备　注
许　升 又名升之	字顺之 号存斋	同安县	《朱子文集》有答许顺之书27通，并为之撰《许升字序》。
石洪庆	字子余	龙溪县①	
朱飞卿		龙溪县	
李唐咨	字尧卿	龙溪县	陈淳岳父。与陈淳同时学于朱熹。时称漳州贡士。
李克宗	字子能	南安县	
许子春	字景阳	同安县	
刘　镜	字叔光	惠安县	
杨仕（士）训	字尹叔	漳浦县	官至粮料院监。
杨履正	字子顺	晋江县	
杨　至	字至之	晋江县	蔡元定之婿。时称闽学清源派别。
陈　易	字复之	永春县	仕至怀安县（今属福建）丞。著《论孟解义》等。宁宗庆元二年（1196年）进士。
陈齐仲		同安县	
陈　淳	字安卿 号北溪 谥文安	龙溪县	著《北溪字义》等。授安溪主簿，未至而卒。
林易简	字一之	龙溪县	
张公巽	字子文、深道 号锦溪	惠安县	时称闽学清源派别。曾从学于张栻于长沙。

① 核《宋元学案》卷六十九，石洪庆为临漳人（今河北临漳），其时为漳州学正。此处疑误。

续表

姓　名	字　号	籍　贯	备　注
高　禾	字颖叔	晋江县	官至兵部郎中。孝宗淳熙八年（1181 年）进士。
施允寿	字伯和	龙溪县①	疑为讲友。
黄樵仲	字道夫	龙溪县	疑为讲友。孝宗淳熙十年（1183 年）进士。
柯　翰	字国材	同安县	疑为讲友。
傅伯寿	字景仁	晋江县	孝宗隆兴元年（1163 年）进士。知漳州、建宁府，迁礼部尚书等。
傅伯成	字景初　号竹隐　谥忠简	晋江县	官至侍郎，加龙图阁学士。孝宗隆兴初年与兄伯寿同登进士第。著《竹隐居士集》等。
蔡　和	字廷杰　号白石	晋江县	从朱熹弟子陈易受业，为陈淳讲友。时称紫阳别宗。

（二）闽北南剑州建宁府邵武郡（84 人）

姓　名	字　号	籍　贯	备　注
丁　克	字复之	崇安县	
上官谥	字安国	邵武县	官至广东四会县令。
吴　育	字春卿	建安县（今建瓯市）	
丘　珏	字玉甫	邵武县	
丘　膺	字子服	建阳县	

---

①　按《宋元学案》卷六十九，与石洪庆"同郡"，为漳州学正，似非龙溪人。

续表

姓　名	字　号	籍　贯	备　注
任希夷	字伯起 号斯庵 谥宣献	邵武县	孝宗淳熙二年（1175 年）进士。官至尚书。
邓　絅	字卫老	将乐县	邦老弟。
邓邦老 名疑为绚		将乐县	曾任道南书院院长。
朱　在	字敬之、叔敬	建阳县	朱熹季子。官至侍郎。
朱　埜	字文之	建阳县	朱熹仲子。差监湖州德清县酒库。
朱　塾	字受之	建阳县	朱熹长子。以荫补将仕郎。
江元益		邵武县	
江文卿 又名嗣		建阳县	
江　默	字德功	崇安县	孝宗乾道五年（1169 年）进士。官至县丞。
何　镐	字叔京	邵武县	官至县令。
叶文炳	字晦叔	浦城县	孝宗淳熙十一年（1184 年）进士。疑为讲友。
叶武子	字成之	邵武县	宁宗嘉定七年（1214 年）进士。
叶　湜	字子是	建安县（今建瓯市）	官至知县。
吕胜己	字季克 号渭川居士	建阳县	疑为讲友。知沅州（今湖南芷江）、杭州，官至朝请大夫。

续表

姓　名	字　号	籍　贯	备　注
吴　英	字茂实	邵武县	高宗绍兴三十年（1160年）进士。
吴　浩		邵武县	吴寿昌之子。
吴寿昌	字大年	邵武县	从游晦庵先生之门。
吴　雉（稚）	字和中	建阳县	宋慈之师
刘　炎（琰）	字潜夫 号扬堂	邵武县	
刘　爚	字晦伯 号云庄 谥文简	建阳县	官提举广东常平、尚书左郎、国子司业、工部侍郎等。乞罢伪学诏、朱熹白鹿学规颁示太学。著《礼记解》《云庄外稿》等。
刘　炳	字韬仲 号悠然翁 谥文安	建阳县	孝宗淳熙五年（1178年）进士。知应城县（今湖北），官至侍郎。刘爚弟。
刘刚中	字德言、近仁 号琴轩	光泽县	宁宗嘉定四年（1211年）进士。历任汉阳县（今湖北县名）主簿、兰溪县（今浙江县名）县丞。
刘　淮	字叔通 号泉翁、溪翁	建阳县	博学能文，尤以诗知名
刘　炯	字季铭	建阳县	刘爚弟。宁宗庆元五年（1199年）进士。历官进贤县（今属江西）、固始县（今属河南）县令等。
刘　瑾	字怀甫	建阳县	刘彦集之子，朱熹外甥。疑非弟子。

续表

姓 名	字 号	籍 贯	备 注
刘学古		崇安县	刘平父（坪）之子，朱熹女婿，疑非弟子。官至临桂县（今广西桂林）县令等。
李 吕	字滨老	光泽县	朱熹讲友。李方子祖父。
刘子寰	字圻父号篁栗翁	建阳县①	宁宗嘉定十年（1217年）进士。官至观文殿学士。
李 文	字士则	崇安县	
李方子	字公晦号果斋	光泽县	宁宗嘉定七年（1214年）进士。官至通判。著《朱子年谱》3卷。
李壮祖	字处谦	光泽县	官至闽清县县尉。
李宗思	字伯谦	建安县（今建欧市）	孝宗隆兴元年（1163年）进士。教授蕲州州学。
李 东	字子贤	邵武县	孝宗淳熙元年（1174年）进士。官至万安县县令。
李相祖	字时可	光泽县	李吕之子。
李闳祖	字守约号絅斋	光泽县	宁宗嘉定四年（1211年）进士。李吕之子。历官古田县县令、广西经略安抚司干。
周明作	字元兴	建阳县	
周震享		建阳县	偏重于心学。
俞闻中	字梦达	邵武县	孝宗淳熙八年（1181年）进士。历官南剑州通判、黎州知州。

---

① 亦说其是上饶人，居麻沙。

续表

姓　名	字　号	籍　贯	备　注
胡大时	字季随 号盘谷	崇安县	胡宏子。
范念德	字伯崇	建阳县	与朱熹同为刘勉之之婿。处理朱熹葬事。
范元裕	字益之	建阳县	范念德之子。朱熹三婿之一。
祝　穆 初名丙	字和父（甫） 号樟隐老人 谥文修	崇安县	父亲康国是朱熹表弟。
祝　癸		崇安县	祝穆弟。
真德秀	字景元、希元 号西山 谥文忠	浦城县	朱熹私淑弟子。历任尚书、参知政事、资政殿学士。
翁　易	字粹翁、醉翁	崇安县	通六经，尤精《春秋》。
张宗说	字岩夫 号玉峰逸老	崇安县	官至归州（今湖北）推官。
张彦清	字叔澄	浦城县	孝宗绍熙初年进士。官至庆元县令。
张显父	字敬之	顺昌县	
梁　瑑	字文叔	邵武县	
陈　范	字朝弼、仁复	崇安县	宁宗嘉定七年（1214 年）进士。历婺源尉、崇仁丞。
游九言 初名九思	字诚之 号默斋 谥文靖	建阳县	疑为讲友。
游　开	字子蒙	建阳县	

续表

姓　名	字　号	籍　贯	备　注
游仉	字和之	建宁（瓯）县	
游儆	字敬仲	剑浦县（今南平）	
童伯羽又名伯雨	字蜚卿	瓯宁县（今建瓯市）	
冯允中	字作肃	邵武县	曾任道州宁远县（今属湖南）县尉。
黄卓	字先之、德美	剑浦县（今南平）	
黄寅	字直翁	邵武县	
黄谦	字德柄	光泽县	
杨与立（㦛）	字子权	浦城县	光宗绍熙四年（1193年）进士。曾知遂昌县。杨道夫兄。
杨骧	字子节	浦城县	杨与立从弟。
杨道夫	字仲思	浦城县	杨与立从弟。
詹渊	字景宪	崇安县	宁宗庆元五年（1199年）进士。
詹体仁	字元善	浦城县	历任晋江丞、知福州、太常博士、直龙图阁等。
廖德明	字子晦号槎溪	顺昌县	孝宗乾道五年（1169年）进士。官至吏部。
熊节	字端操	建阳县	宁宗庆元五年（1199年）进士。官至县丞。著《中庸解》《智仁堂稿》《性理群书句解》等。

续表

姓　名	字　号	籍　贯	备　注
熊以宁	字伯诗 号东斋	建阳县	孝宗淳熙五年（1178 年）进士，授光泽主簿。
赵善佐	字佐卿	邵武县	官至知州。疑为讲友。
欧阳光祖	字庆嗣	崇安县	孝宗乾道八年（1172 年）进士。官至运干。
蔡元定	字季通 号牧奄 谥文节	建阳县	著《大衍详说》《律吕新书》《燕乐原辨》《洪范解》等。
蔡　渊	字伯静 号节斋	建阳县	蔡元定长子。
蔡　沉 出嗣，更名知方	字复之 号复斋居士	建阳县	蔡元定次子。官至运干。
蔡　沈	字仲默 号九峰 谥文正	建阳县	蔡元定季子。
蔡　杭	字仲节 号久轩 谥文肃		蔡元定孙。
蔡　模	字仲觉 号觉轩	建阳县	蔡元定孙。辑《续近思录》，著《论孟集疏》《河洛探颐》《易传集解》《大学衍说》等。
魏　椿	字元寿	建阳县	
魏应仲		建阳县	魏掞之之子。
饶敏学		邵武县	官至县令。曾建宝山书院。
饶　幹	字廷老	邵武县	孝宗淳熙二年（1175 年）进士。

（三）闽东福州、兴化军，以及闽西汀州（65人）

姓　名	字　号	籍　贯	备　注
方　耒	字耕道 号困斋	莆田县	孝宗乾道二年（1166年）进士。官至县令。
方　禾	字耕叟	莆田县	方耒弟。
方　壬	字若水	莆田县	方耒从弟。孝宗淳熙十四年（1187年）进士。官至主簿。
方　符	字子约（钧）	莆田县	方大壮从弟。宁宗庆元五年（1199年）进士。官至通判。
方士繇	字伯谟、伯休 号远庵	莆田县	著《远庵集》等。
方大壮	字履之 号履斋	莆田县	
陈　址	字廉夫	莆田县	
朱鲁叔		仙游县	尝宦衡阳（今湖南）。
余元一	字景思	仙游县	孝宗淳熙五年（1178年）进士。官至通判。
余　隅（偶）	字占之 号克斋	古田县	著《克斋文集》等。
余　范	字彝孙	古田县	
周季俨		兴化县	
林大春	字熙之 号愒斋	古田县	疑为讲友。
林仁实	号敏翁	永福县（今永泰县）	

续表

姓　名	字　号	籍　贯	备　注
林用中	字择之、敬仲 号东屏	古田县	曾任尤溪学政等。著《草堂集》等。
林充之		古田县	林大春弟。
林守道	字守一 号艾隐	长溪县（今霞浦县）	朱熹私淑弟子。
林成季	字井伯	莆田县	林光朝儿子。朱熹私淑弟子。
林师鲁	字鲁山	古田县	朱熹私淑弟子。
林得遇	字若时	仙游县	
林　湜	字正甫 号盘隐	长溪县（今霞浦县）	朱熹私淑弟子。官至直龙阁。著《盘隐类稿》等。
林学蒙 一名羽	字正卿	永福县（今永泰县）	曾任延平书院堂长。著《梅坞集》等。
林学履	字安卿	永福县（今永泰县）	林学蒙弟。
林宪卿	字公度 号存斋	怀安县（今闽侯县）	
林夔孙	字子武 号蒙谷	古田县	著《书本义》《中庸章句》《蒙谷集》等。
林　薯	字丕显	连江县	
唐　晔		闽县（今闽侯县）	朱熹私淑弟子。
高　松	字国楹	长溪县（今霞浦县）	曾为台州教授等。
许　伦	字幼度	闽清县	
陈士直	字彦忠	闽清县	

续表

姓 名	字 号	籍 贯	备 注
陈 缜	字德容、师文	罗源县	高宗淳熙八年（1181 年）进士。官至特奏。朱熹私淑弟子。
陈 骏	字敏仲	宁德县	孝宗乾道五年（1169 年）进士。著《论语孟子笔义》等书。
陈 守	字师中	莆田县	历官太府寺丞、工部员外郎等。丞相陈俊卿之子。
陈 宇	字允初	莆田县	官至太常少卿。陈俊卿从子。
陈 均	字平甫 号云岩	莆田县	赐迪公郎不受。朱熹私淑弟子。辑《宋九朝编年备要》等。
陈 定	字师德	莆田县	朱熹私淑弟子。陈守之弟。
陈 宓	字师复	莆田县	陈守之弟。官至知南康军、直秘阁。陈俊卿四子。
陈孔硕	字肤仲	侯官县	孝宗淳熙二年（1175 年）进士。官至修撰。
陈孔夙	字寅伯	侯官县（今闽侯县）	宁宗庆元五年（1199 年）进士。
傅 诚	字至叔 号雪洞	仙游县	孝宗淳熙二年（1175 年）进士。官至太常博士。
曾逢震	字诚叟	闽县（今闽侯县）	
程若中	字宝石	古田县	
程深父		古田县	

续表

姓　名	字　号	籍　贯	备　注
黄士毅	字子洪 号壶山	莆田县	
黄　榦	字直卿 号勉斋 谥文忠	闽县（今福州市）	官至知府。
黄　东	字仁卿	闽县（今福州市）	官至县丞。
郑申之	字惟任	长乐县	孝宗乾道五年（1169 年）进士。
黄　杲	字升卿	闽县（今福州市）	官至宣教郎。
黄　幹	字尚质	长溪县（今霞浦县）	官至直学士。
杨　方	字子直 号澹轩	汀州（今长汀县）	孝宗隆兴元年（1163 年）进士。官至提刑。
杨　复	字志仁、茂才 号信斋	长溪县（今霞浦县）	
杨　辑	字通老	长溪县（今霞浦县）	官至漕使。
赵汝腾	字茂实 号康斋	福州	理宗宝庆二年（1226 年）进士。官至尚书。
刘　砥	字履之 号存庵	长乐县	
刘起晦 又称启晦	字建翁	莆田县	官至秘书省正字。
刘　砺	字用之 号在轩	长乐县	刘砥弟。

续表

姓　名	字　号	籍　贯	备　注
季　柄	字谦之	怀安县（今闽侯县）	孝宗乾道四年（1168年）进士。
孙　调	字和卿	长溪县（今霞浦县）	
潘　植	字立之	怀安县（今闽侯县）	
郑文遹	字成叔 号庸斋	闽县（今福州市）	
郑性之 初名自诚	字信之	一说长乐 一说闽清	官至知枢密院事。
郑昭先	字景明	闽县（今福州市）	孝宗淳熙十四年（1187年）进士。官至丞相。
郑师孟 一名思孟	字齐卿 号存斋	宁德县（今福州市）	著《洪范解义》《六经注疏》等。
郑可学	字子上 号持斋	莆田县	官至司户。
龚　郯	字昙伯	宁德县	

二　黄榦

（一）生平事迹

黄榦，字直卿，号勉斋，学者称勉斋先生，福建长乐人，后徙居闽县（今闽侯）。生于南宋高宗绍兴二十二年（1152年），卒于宁宗嘉定十四年（1221年），年71岁。清世宗雍正二年（1724年），从祀孔子庙庭。黄榦父黄瑀官至监察御史。黄榦历任浙江嘉兴酒库、浙江临川县令、江西新淦县令、湖北汉阳知州、安徽安庆知府等。黄榦为官多有政绩，特别是对朝廷向金人退让求和进行激烈的批评，坚决主张抗战，并在汉阳、安庆任内，召募壮勇，巡城视察，防备金兵的侵掠，得到时人的赞赏。黄榦在为官时，修城、赈饥、听讼诸务纷杂，而崇儒讲学未尝少辍。他在安庆筑城期间，早上五更坐堂布置本日筑城事，随后处理政事及与僚佐讲究边防利病，之后出衙门督视城役，晚上入书院讲论经史。天天如此，直至去任为止。据记载：

> 榦遂归里，弟子日盛，巴蜀、江、湖之士皆来。编礼著书，日不暇给。①

黄榦是朱熹的女婿，与朱熹最为亲密，从 25 岁起至朱熹卒，始终跟朱熹学习。"晦翁朱夫子倡道东南，士之游其门者无虑数百人，独勉斋先生从游最久，于师门最为亲密。"②对于黄榦跟朱熹受学的过程，《宋史》本传记载：

> （父）瑀殁，榦（按时年二十五岁）往见清江刘清之。清之奇之……因命受业朱熹（按即淳熙三年，公元 1176 年）。时大雪，既至而熹他出，榦因留客邸，卧起一榻，不解衣者二月，而熹始归。榦自见熹，夜不设榻，不解带，少倦则微坐一倚，或至达曙……尝诣东莱吕祖谦，以所闻于熹者相质正……熹与榦书曰："吾道益孤矣，所望于贤者不轻。"后遂以其子（按第三女）妻榦……监台州酒务。丁母忧，学者从之讲学于墓庐甚众。熹作竹林精舍成，遗榦书，有他时便可请直卿代即讲席之语。及编《礼书》，独以丧祭二篇属榦；稿成，熹见而喜……病革，以深衣及所著书授榦，手书与诀曰："吾道之托在此，吾无憾矣！"讣闻，榦持心丧三年。③

因此，黄榦最能获得师传，对朱子学领悟最深，"具体而微者也"；对于朱熹的著作，"纂集考订之功居多"，"文公早知其足任吾道之托；而先生

---

① 《宋史》卷四百三十，《黄榦传》。
② 《正谊堂文集》卷七，《黄勉斋文集序》。
③ 《宋史》卷四百三十，《黄榦传》。

（按指黄榦）果能不愧负荷"①。黄榦在讲到自己学习朱子学的体会和如何继承、传播朱子学时说：

> 明德只得如章句所说，然其间亦难看，更以格字、致字、诚字、正字、修字与明字相参见得分晓、方理会得先生旨意。②

> 人不知义理……无以自别于物矣，及其周旋斯世，自少至老，纷纷扰扰，不过情欲利害之间……则三纲之沦、九法之斁，将亦何所不至哉。③

> 其为学也，穷理以致其知，反躬以践其实，居敬者所以成始成终也。……其为道也，有太极而阴阳分，有阴阳而五行具。禀阴阳五行之气以生，则太极之理各具于其中。天所赋为命，人所受为性，感于物为情，统性情为心，根于性则为仁义礼智之德，发于情则为恻隐羞恶辞逊是非之端，形于身则为手足耳目口鼻之用，见于事则为君臣父子夫妇兄弟朋友之常，求诸人则人之理不异于己，参诸物则物之理不异于人。④

黄榦为学最守师说，每每称具持师说，先师言之详矣等。他忠实于朱熹的思想，最得朱子学的真传，所以他在朱子学传承上贡献是很大的。

（二）有体有用论

在朱熹的哲学中，"太极"是主要哲学范畴。黄榦把"太极"看成是宇宙的本体。他说："有太极而阴阳分，有阴阳而五行具，太极二五妙合而人物生。"⑤黄榦认为，先有太极然后分出阴阳二气，有阴阳二气就产生金、木、水、火、土五种材料，太极、阴阳、五行结合就产生人与物。在这里，黄榦不同意理学家的传统说法，即认为太极生两仪，两仪生万物。黄榦提出，道（即太极、理）之体是二，不是在二之前加上一个一。这是黄榦的一个大胆创见，是对理学，也就是对朱子学的一个新的解释。

① 以上引文见《正谊堂文集》卷七，《黄勉斋文集序》。
② 《黄勉斋先生文集》卷一，《与胡伯量书》。
③ 《勉斋集》卷十七，《复赵立夫》。
④ 《勉斋集》卷三十六，《书朱子行状后》。
⑤ 《黄勉斋先生文集》卷三，《圣贤道统传授总序说》。

黄榦说：

> 至于道生一，一生二，二生三，三生万物，则老氏之所谓道，而非吾儒之所谓道也。……一阴一阳之谓道，道何尝在一之先？而又何尝有一而后有道哉！易有太极，易即阴阳也。太极何尝在阴阳之先？……尝窃谓太极不可名状，因阴阳而后见。一动一静，一昼一夜，以至于一生一死，一呼一吸，无往而非二也。因阴阳之二而反以求之太极，所以为阴阳者，亦不出于二也。如是则二者，道之体也。非其本体之二，何以使末流无往不二哉！①

黄榦基于这种"非其本体之二，何以使末流无往不二"的观点，坚持并发挥了朱熹的一分为二的辩证法思想。黄榦说："天下之物无独必有对，若只生一，则是独也。一阴一阳之谓道，道何尝在一之先？而又何尝有一而后有道哉！易有太极，易即阴阳也。太极何尝在阴阳之先？是生两仪，何尝生一而后生二？"② 黄榦明确指出，天下的事物都是一分为二的，没有只有一而没有二的，道就是一阴一阳，即一分为二的运动。太极中包括有阴阳两方面，所以能生出两仪。其他诸如一动一静、一昼一夜、一生一死、一呼一吸等，都是一分为二的表现，因而总括世界的"道"也是一分为二的。正因为事物都有二，所以"物各有终始，未有有始而无终，有终而无始"，"无物不变"。③

黄榦还具体分析了太极、阴阳、五行相结合而产生人和万物的情况。他说：

> 万物统体一太极，此天下无性外之物也；一物各具一太极，此性无不在也。……自性观之万物只是一样，自道观之一物各是一样。④

在黄榦看来，万物从本体上说只是一太极，此太极就是性，因此天下无性外之物；从性上说，万物都是一样。黄榦和朱熹一样，认为太极体现

---

① 《黄勉斋先生文集》卷三，《复杨志仁书》。
② 《黄勉斋先生文集》卷三，《复杨志仁书》。
③ 《黄勉斋先生文集》卷三，《复杨志仁书》。
④ 《黄勉斋先生文集》卷一，《复叶味道书》。

为万物，一物有一太极，一物有一性，所以万物又不一样，表现为千差万别的事物。

太极就是性。那么性又是什么呢？和朱熹一样，黄榦通过太极和理的关系，把性和理等同起来。黄榦说：

> 性即理也。自理而言则属乎天，以人所受而言则属乎人矣！属乎人者，本乎天也，故曰万物统体一太极，天下无性外乏物，属乎天者也；一物各具一太极，性无不在，属乎人者也。[1]

黄榦把万物之性、人之性都看作是"理"，人与万物都离不开理，是理产生的，都体现了理，而理又是属于天，所以又叫作"天理"。而万物之理又在人性中，所以又属于人。一切归于天理，是道学家的共同特点，当然也就是福建朱子学者的共同特点。黄榦也讲有物有则，但是他讲的是人的伦理道德关系。黄榦说：

> 有物有则。……有物者，就人身上有耳、有目、有手、有足、有君臣、有父子之类而言也。有此等物便有此当然之则，如耳聪、目明、手恭、足重、君仁、臣忠、父慈子孝之类是也。然此当然之则，固无物不体而此理之妙，实根于人性之本然，惟人之生各禀此有常之性，所以应事接物皆好此美德而不容已也。所谓美德，即所谓物之则也。[2]

黄榦认为，人有这些"事物"，就有这些事物之则，即君仁、臣忠、父慈、子孝之类的伦理道德关系。甚至说人之耳、目、手、足都有道理原则，即耳目为了明五常之理。这种讲法是有些荒唐可笑的。

不仅如此，黄榦还用道之体用关系来说明理一分殊。他说：

> 道（按即理、太极）之在天下，一体一用而已。体则一本，用则万殊。一本者，天命之性；万殊者，率性之道。天命之性，即大德之敦化；率性之道，即小德之川流。……语大莫能载，是万物统

---

① 《勉斋集》卷三，《中庸总论》。

② 《黄勉斋先生文集》卷一，《复叶味道书》。

体一太极也；语小莫能破，是一物各具一太极也。①

黄榦指出，道有体用两个方面。体者一本，是万殊之本，它盛大而无所不包，是统体万物之太极（理一之理），没有比它更大的东西；用者万殊，是体之分，太极体现在万物之中，成为万物之理，好像千支万脉的川河，尽管在那里流行。如果说，在朱熹那里是强调理（即太极）如何演化万物的世界图式，偏重于抽象理论的论证；那么在其门人黄榦那里，则是强调用"力行"伦理道德的修炼来体现理，偏重于理（即太极）的应用方面。这也是黄榦对朱子学的重要贡献。

在黄榦的宇宙观中，关于鬼神的解释也是继承朱熹的，而朱熹是继承张载的。黄榦和朱熹一样，用"气"的散开流行来解释所谓"鬼神"。他说：

祭祀鬼神……祖考之气虽散，而所以为祖考之气，未尝不流行于天地之间。祖考之精神虽亡，而吾所受之精神，即祖考之精神，以吾受祖考之精神，而交于所以为祖考之气。神气交感，则洋洋然在其上在其左右者，盖有必然而不能无者矣。②

黄榦认为，祭祖能神气交感。他认为，人死后气散在太空，流行于天地之间即是鬼神。这种解释，虽不科学，却是无神论的。

黄榦基于他的理的体用思想，认为日用常行，到处都是理。他说：

天理人心常行日用之间，存之则为圣为贤，去之则为下愚为不孝。③

因为理体现在日用常行中，本来一些高深难释的哲学范畴，黄榦用人们日常生活中的一些问题去解释，就十分明白了。

（三）认识论

在认识论上，首先，黄榦提出"物格知至"的命题。他认为，"物

---

① 《黄勉斋先生文集》卷一，《复叶味道书》。
② 《勉斋集》卷十六，《复李贯之兵部》。
③ 《勉斋集》卷一，《竹林精舍祠堂》。

格"是指天下万事万物的道理都能够推想得明白透彻；"知至"是指人们的知识富足，没有什么不知道的。人们的认识达到这样的程度，则"此心之理，炯然不昧"，因为"心便是性，性便是心"①。又由于性即理，心中具有万事万物之理，"物格知至"，就能达到心中之理全然明白。

其次，黄榦提出"穷理致知"的命题②。黄榦认为，认识的对象不是了解世界某一部分事物的现象，而是领会（探索）整个世界事物之理，穷理就是穷尽天下万事万物之理。但是，天下事物之理多至不可胜数，尽我们毕生精力也不能件件都穷得，因而必须用致知工夫才行。致知是指从已知之理推及未知之理。只要已知之理积累很多，就可以穷尽未知之理。黄榦说："万物之理无不完具，惟其各是一样，故须穷理致知，而万事万物之理方始贯通。"③ 人们的知识的确有许多是从推理得来的。黄榦的这种思想是有一定合理性的。

再次，黄榦提出"主敬致知两事相为经纬"的命题④。他说：

> 致知持敬，两事相发。人心如火，遇木即焚，遇事即应。惟于世间利害得丧，及一切好乐见得分明，则此心亦自然不为之动，而所谓持守者始易为力。若利欲为此心之主，则虽是强加控制，此心随所动而发，恐亦不易遏也。便使强制得下，病根不除，如以石压草，石去而草复生矣。此不可不察也。⑤

在黄榦看来，致知能更好地持敬，持敬也能更好地致知。致知与持敬不能相互分离，它们是统一的、互相促进的两个方面。在这里，黄榦把认识论和道德修养结合在一起了。致知是见理，这是认识论；持敬是存心，这是道德修养。他说："道问学所以致知，而尽乎道体之细。""尊德性所以存心，而极乎道体之大。"又说：

> 自性观之，万物只是一样；自道观之，一物各是一样。惟其只

---

① 《黄勉斋先生文集》卷三，《复杨志仁书》。
② 《黄勉斋先生文集》卷一，《复叶味道书》。
③ 《黄勉斋先生文集》卷一，《复叶味道书》。
④ 《勉斋集》卷八，《复胡伯量书》。
⑤ 《勉斋集》卷八，《复胡伯量书》。

是一样，故但存此心而万事万物之理无不完具。惟其各是一样，故须穷理致知而万事万物之理方始贯通。以此推之，圣贤言语更相发明只是一义，岂不自博而反约哉！①

由此可见，黄榦的认识论不是建立在社会实践上，而是讲体察圣贤言语。

又次，黄榦提出"默认实体"的修养认识原则。他说：

致知非易事，要须默认实体，方见端的。不然，则只是讲说文字，终日说说，而真实体段元不曾识。故其说易差，而其见不实；动静表里，有未能合一。②

黄榦认为，人的感觉器官容易受外界事物蒙蔽，因而闻见之知不可靠，而只有义理为心之主的德性之知才可靠。这就需要人们存天理去人欲，用义理之心去默识体认天理，方才对万事万物的理有所认识。若是一知半解，专从文字上去认识圣贤书上所讲的天理，终日高谈阔论，而真实体段原不曾识；其见不实，其说易差，与动静表里未能合一者，皆谈不上致知。

最后，黄榦提出"致知力行"的认识论原则。他说：

君子之中庸，小人之反中庸，皆生于气禀之清浊、物欲之多寡而有异也。故必知之明，行之力，而终之以勇，而后气禀物欲不能以累其固有而无不善也。③

"天下之理无不实欲人实用其力以全天理之实也。"④ 黄榦认为，只讲致知不行，还要力行，而且要勇往直前，才能确实体会到天下万事万物之理，才能成全天命所赋予人的善性。黄榦的认识论是道德实践论，他的认识的目的是完善人的道德品质。不过他所讲的致知离不开力行，而且要勇往直前地力行，是有其合理因素的。

由上可见，在黄榦看来，人的认识对象是天理所赋予的善性，认识

---

① 《勉斋集》卷八，《复叶味道书》。
② 《勉斋集》卷十五，《答陈泰之书》。
③ 《勉斋集》卷三，《中庸总说》。
④ 《勉斋集》卷三，《中庸总说》。

的途径是内心体认善性；认识的方法是持敬（即心中时时保持善德）。这是一种从思想到思想的唯心主义认识论。

（四）人性论

黄榦的人性论是和其认识论联系在一起的。他说："性即理也，自理而言则属乎天，以人所受而言则属乎人矣，属乎人者本乎天也。"①

在黄榦看来，理体现于物叫物理（物化），体现于人叫人性。人性是天命所给的，是上天以阴阳五行的理，交付于人。人得此理，修成仁、义、礼、智、信的美德，就是性。所以善是人之所固有的。人所固有而无不善，即性就是心，"心之明便是性之明"。心性不能分为二物，"心便是性，性便是心"，"心之能为性情之主宰者，以其虚灵知觉也"②。

黄榦用人性区别人心与道心。他说：

> 人心发于形气之私，道心原于性命之正。……虽上智（按指圣人）不能无人心。……以喜怒哀乐为人心者，以其发于形气之私也；以仁义礼智为道心者，以其原于性命之正也。人心道心相对而言，犹《易》之言器与道，孟子之言气与义也。人心既危而易陷，道心复微而难明，故当精以察之，则喜怒哀乐之间皆见其有当然之则；又当一以守之，使之无一念而不合乎当然之则，然后信能守其中而不失也。③

黄榦认为，人心是人身上发出来的，虽圣人不能无人心，如圣人也有喜怒哀乐、饥食渴饮之类；道心是从纯粹的天命之性发出来的，虽小人不能无道心，如小人亦有仁义礼智之类。道心是至善的，而人心则可善可不善。道心易受形气之私所蒙蔽，故微妙而难显现。人心易受形气之私所蒙蔽，若放任自流，必定危害社会和自身安全，所以人心易危而易陷。因此，人们要当心，使喜怒哀乐适得其中，即符合于仁义礼智。

那么，如何保持人性之善呢？黄榦认为，首先要戒惧谨独。人们时

① 《勉斋集》卷三，《中庸总说》。
② 《勉斋集》卷十三，《复杨志仁书》。
③ 《勉斋集》卷八，《复李公晦书》。

时刻刻要小心谨慎于善，"防其所未然而察其所以然"。其次，要知仁勇。知善力行，见善勇往直前。因为善与不善"皆生于气禀之清浊，物欲之多寡，而有异也。故必知之明，行之力，而终之以勇，而后气禀物欲不能以累其固有而无不善也"①。再其次，要诚，即事事真实无妄依理而行。

（五）道统论和对朱子学的传播

黄榦对朱子学的一个重要贡献是论定朱熹的道统地位。黄榦认为，朱熹集儒家道统之大成。黄榦阐发了理学家的道统说。他认为，道出于天，表现为天地万物和人事的变化；圣人能传天之道，故有道统。黄榦说："此道原之出于天者然也。圣人……继天立极，而得道统之传。"②

黄榦列出道统的传授次序：尧、舜、禹、汤、文王、武王、周公、孔子、颜子、曾子、子思、孟子、周敦颐、张载、二程、朱熹。黄榦说：

> 自周以来，任传道之责、得统之正者不过数人，而能使斯道章章较著者一、二人而止耳。……先生（按指朱熹）出，而自周以来，圣贤相传之道，一旦豁然，如大明中天，昭晰呈露。③

黄榦把"传承道统"看成是朱熹的最大成就。并谓"先师文公之学，具见'四书'，而其要则尤以《大学》为入道之序"。具体来说，黄榦概括为四句话，即"居敬以立其本，穷理以致其知，克己以灭其私，存诚以致其实"④。

在朱熹门人中，黄榦最忠于朱子学。他对其他学派如当时盛行的陆九渊开创的心学派、邵雍开创的象数学派、陈亮开创的经世致用学派等，采取折中调和的态度。黄榦说：

> 先生之道初无粗精，惟其合乎天理，当于人心者，是其所以为

---

① 《勉斋集》卷三，《中庸总说》。

② 《勉斋集》卷三，《圣贤道统传授总序说》。

③ 《勉斋集》卷三十六，《朱子行状》。

④ 《勉斋集》卷三，《圣贤道统传授总序说》。

道也。所谓执中者，正以其事事无适而非中也。①

对于陆九渊开创的心学派，黄榦就采取"执中"的态度。黄榦说："尊德性所以存心，而极乎道体之大；道问学所以致知，而尽乎道体之细。"② 当时陆氏门人只讲尊德性，而朱氏门人则只讲道问学。黄榦认为，两者都有片面性，应把两者结合起来才正确。

黄榦在中国哲学史上的重要地位是传播和推广朱子学，清张伯行说：

> 观其（按指黄榦）所以自厉与教人者，确乎其至实，凛乎其至严，见道明而守道笃。如此真可谓不负师传者。文公（按指朱熹）尝谓，南轩云亡，吾道益孤，所望于直卿者不轻。及作竹林精舍成，贻先生书，有他时便可请直卿代即讲席之语。较程子于龟山、和靖（按指杨时、尹和靖守师说最醇，为其师所信赖）等，其倚赖有倍重者也。……巴蜀江湖之士，皆来受学。推衍文公之道，以传诸奕世，其功不亦大乎！先生文集凡若干卷。……其义理精深，未易窥测。文章亦宏达，与文公气象不异。学者读其书，亦可知所师承矣。③

朱熹死后，其门人遍于闽、浙、赣、皖等省。他们对朱子学议论纷陈。但是，黄榦在世时，皆莫敢将其所记朱子语录传播出去，唯恐错衍师说而得罪黄榦。

一般说来，初传之朱子学大都出于黄榦之门。清人黄百家说：

> 黄勉斋榦得朱子之正统。其门人一传于金华何北山基，以递传于王鲁斋柏，金仁山履祥，许白云谦，又于江右传饶双峰鲁，其后遂有吴草卢澄上接朱子之经学。可谓盛矣！④

此叙朱学由宋而元，路线分明。黄榦曾知浙江临州（今杭州），何基从之学。王柏、金履祥均学于何基，而许谦学于金履祥。此金华四君子乃黄榦之四传。朱子学之盛行于浙江，黄榦之力也。黄榦为江西新淦县令时，

---

① 《勉斋集》卷六，《论语通辑》。
② 《勉斋集》卷八，《复叶味道书》。
③ 《正谊堂文集》卷七，《黄勉斋先生文集序》。
④ 《宋元学案》卷八十三，《双峰学案》。

其地饶鲁为其弟子；饶鲁之学为其弟子程若庸、吴澄所继承，此朱子学大盛行于元代江西源流。此外，朱子学之流于北方，与黄榦曾知德安（今湖北汉阳）有关。窦默避元兵逃至德安。县守以程朱性理之书予之①，由此可知黄榦把理学传于德安。元兵伐宋，入德安。姚枢得俘虏赵复，知其为理学家，携之归燕（今北京），使其在太极书院讲学，门徒百余人。程朱理学传之北方自此始。姚枢在北方刊朱熹《论孟或问》《小学》等书。其后，姚枢居辉州（今河南辉县）苏门，河南沁阳许衡至，尽录程朱传注以归。许衡以传朱子学为己任，于是朱子学在北方遂成独尊之势。可见，北方朱子学之传播，亦渊源于黄榦矣！

总之，黄榦是朱子学盛行于元代全国之桥梁。

附：黄榦著作简介

《周易系辞传解》1卷　内3篇，其中一篇为其安庆郡学讲义。

《仪礼经传通解续》29卷　实际只完成表礼15卷，祭礼14卷系杨复撰。此书主要通解表祭二礼，皆遵朱熹指示而作。在《四库全书》经部礼类、《西京清麓丛书》（正编）中有此书。

《孝经本旨》1卷　共24篇，皆是辑录诸经传之言孝者，并附以己意说明，以发明《孝经》之旨。

《论语注义问答通释》又名《论语通释》10卷　是书兼载《论语或问》，发明朱熹未尽之意。

《勉斋先生讲义》1卷　系其任汉阳知府时与士友讲说《孟子》之言，论述《孟子》7篇20章之旨，推演圣贤之道。

《朱侍讲行状》1卷　此书论述朱熹一生，称朱熹"绍道统，立人极，为万世宗师"。

《勉斋诗钞》1卷　在《宋诗钞补》中。

《黄勉斋先生文集》8卷　是书系《勉斋集》精选本。

《勉斋集》40卷　其中包括讲义、经说3卷、杂文36卷、诗1卷；宋刻本尚有附集、语录、年谱各1卷。清康熙本脱落较多，《四库全书》本改正。其诗文大致质直不雕饰，虽笔力未为挺拔，而气体醇实。其文

---

① 参见《元史》卷一百五十八，《窦默传》。

不持门户之见，如林栗极力攻击朱门，而黄幹祭林栗之文独能不泯没其所长；因政绩显著，其文务实际，力排空谈心性之言。

三 蔡元定、蔡沈

（一）蔡氏三世为朱子学干城

蔡元定是朱熹最接近的朋友和学生。蔡元定之父和子与朱子学关系都很密切。清人全祖望说："蔡氏父子兄弟祖孙皆为朱学干城。"[①] 所谓"干城"，即捍卫者。蔡元定的父亲蔡发和儿子蔡渊、蔡沆、蔡沈皆对朱子学的确立和发展起过一定的作用。蔡发字神与，对理学有很深的造诣。朱熹在《跋蔡神与绝笔》中曰：

> （蔡神与）既长，博学强记，高简廓落，不能与世俗相俯仰，因去游四方，闻见益广，遂于易象、天文、地理三式之说无所不通，而皆能订其得失。中年乃归，买田筑室于武夷之阳……杜门扫轨，专以读书教子为事。元定生十年，即教使读《西铭》。稍长，则又示以程氏《语录》、邵氏《经世》、张氏《正蒙》等书，而谓之曰："此孔孟之正脉也。"[②]

据清人全祖望所记，蔡元定对蔡发所教导的"孔孟正脉"是"深涵其义"[③]。蔡元定3个儿子渊、沆、沈皆为朱熹门人，其中蔡沈对朱子学特别有贡献。我们在这里主要评述蔡元定和蔡沈。

蔡元定，字季通，因登西山绝顶忍饥读书，学者称西山先生，建宁府建阳县人。生于南宋高宗绍兴五年（1135 年），卒于宁宗庆元四年（1198 年），年 64 岁。

蔡元定少受学于其父蔡发，博览二程、张载、邵雍之书，年 24 岁往

---

① 《宋元学案》卷六十七，《九峰学案》。
② 《晦庵先生文集》卷八十三，《跋蔡神与绝笔》。
③ 《宋元学案》卷六十二，《西山蔡氏学案》。

学于朱熹。① 蔡元定晚朱熹 5 岁。他初见朱熹时，朱熹"扣其学，大惊曰：'此吾老友也，不当在弟子列。'"蔡元定一生未做官，始终从学于朱熹，"遂与对榻，讲论诸经奥义，每至夜分。四方来学者，熹必俾先从元定质正焉"。他是朱熹门人领袖。直至宁宗庆元二年（1196 年），因伪学党禁，蔡元定以布衣编管湖南道州，临行时朱熹及从游者送别，还与蔡元定共同讨论道教典籍《参同契》。蔡元定临行时态度无异平时，而送行坐中有流涕者，朱熹却说："友朋相爱之情，季通不挫之志，可谓两得矣！"② 蔡元定至道州后，还和朱熹书信往还。蔡元定死于道州后，朱熹在祭文中说：

> 呜呼季通，而至此耶！精诣之识，卓绝之才，不可屈之志，不可穷之辩，不复可得而见矣！③

这段话是朱熹对其徒蔡元定人品和学问的高度评价，由此也可以看出朱蔡的深厚友情和密切的学术关系。朱熹在《刘公度》中说：

> 交游四十年，于学无所不讲，所赖以祛蒙蔽者为多。不谓晚年乃以无状之迹，株连及祸，遂至于此。闻之痛怛，不知涕泗之流落也。④

由此可见蔡元定在朱子学派中的作用。

蔡元定与朱熹的著作关系。据记载：

> 熹疏释"四书"，及为《易诗传》《通鉴纲目》，皆与元定往复参订。《启蒙》一书，则属元定起稿。⑤

朱熹在《答蔡季通》中曾提及"《启蒙》修了未？早欲得之"⑥；朱熹又谓，"季通平生著述多谦让，寄寓于某书集中"⑦。现在行世的朱熹的《易

---

① 参见《蔡氏九儒书》卷二。
② 以上见《宋史》卷四百三十四，《蔡元定传》。
③ 《晦庵先生文集》卷八十七，《又祭蔡季通文》。
④ 《晦庵别集》卷一。
⑤ 《宋史》卷四百三十四，《蔡元定传》。
⑥ 《晦庵先生文集》卷四十四。
⑦ 《蔡氏九儒书》卷首。

学启蒙》，实为蔡元定起草的；是书蔡元定起草后，"晦庵复删润之，始克成书"。此是翁易记载。翁易字粹翁，建宁府崇安县人，蔡元定的学生。此外，"'六经'、《语》、《孟》、《学》、《庸》之书，先生（按指朱熹）与之（按指蔡元定）讨论讲贯，则并驰其功焉"①，即朱熹的《四书章句集注》等书亦是朱熹在与蔡元定反复讨论的基础上写成的。总之，朱蔡在学术上是亲密无间的合作关系。

蔡沈，字仲默，隐居九峰，学者称九峰先生，是蔡元定第三子。蔡元定的次子蔡沆出继表兄虞氏，所以蔡沈仍以仲字排行。蔡沈生于孝宗乾道三年（1167年），卒于理宗绍定三年（1230年），年64岁。蔡沈一生未应科举，也未曾做官。在"庆元党禁"时期，朱熹许多门人怕受牵连而离去，而蔡沈却始终学习和阐发、宣扬朱子学。蔡元定被谪湖南道州时，蔡沈的长兄蔡渊在家奉母，而蔡沈事父去道州。蔡元定死于道州，蔡沈护丧以还。蔡沈的朋友真德秀在《九峰先生墓表》中说：

> 初，伪学之论兴，文公以党魁黜，聘君（按指蔡元定）亦远谪春陵（指道州），君徒步数千里以从。九嶷之麓，最楚粤穷僻处，山川风物，悲凉惨怆，居者率不能堪。君父子相对，以礼义相怡悦。②

由此可见，蔡氏父子不屈服于压力，可谓"不降其志，不辱其身"③。这是理学家为道捐躯的精神，是假道学家所做不到的！

蔡沈自小从学于朱熹。"熹晚欲著《书传》，未及为，遂以属沈"④。蔡沈在《梦奠记》中记载了他和朱熹的一些关系。他说：

> 庆元庚申（按即庆元六年，1200年）三月初二日丁巳，先生简附叶味道来约沈下考亭。……是夜，先生看沈《书集传》，说数十条，及时事甚悉，精舍诸生皆在，四更方退，只沈宿楼下书院。初三日戊午，先生在楼下改《书传》两章，又贴修《稽古录》一段，是夜说《书》数十条。……初八日癸亥，精舍诸生来问病，先生起

---

① ［南宋］翁易：《蔡氏诸儒行实》，见《蔡氏九儒书》卷首。
② 《西山文集》卷四十二，《九峰先生蔡君墓表》。
③ 《论语·微子》。
④ 《宋史》卷四百三十四，《蔡沉传》。

坐曰："误诸生远来，然道理只是恁地，但大家倡率做些坚苦工夫，须牢固着脚力，方有进步处。"时在坐者林子武夔孙、陈器之埴、叶味道贺孙、徐居父宇、方伯起、刘择之、成道、赵惟夫、范益之元裕及沈。……初九日甲子五更，令沈至卧内，先生坐床上，沈侍立，先生以手挽沈衣令坐，若有所欲言而不言者。……气息渐微而逝，午初刻也。……先君殁舂陵时，谓沈曰："先生老矣，汝归师事之。"未逾年先生亦殁。数奇命薄，学未有闻，而父师俱往，抱无涯之悲，饮终天之恨，几何不窘苦而遂死也。①

这段话很能说明蔡沈与朱熹的密切关系。朱熹死后，蔡沈极力维护朱熹及其学说。蔡沈在朱子学的发展过程中起了重要作用。

同时，蔡沈还继承和发展了其父蔡元定的学说。据记载：

《洪范》之数，学者久失其传，元定独心得之，然未及论著，曰："成吾书者，沉也。"沉受父师之托，沈潜反复者数十年，然后成书，发明先儒之所未及。②

此外，蔡沈对邵雍的学说也很有研究。

（二）蔡元定的哲学思想

蔡元定的哲学思想兼有义理和象数，具有明显的道家倾向。在福建朱子学者中，蔡元定是属于象数派的理学家。

蔡元定的老师朱熹不像二程那样置象数于不顾。蔡元定遵循朱熹的学术方向，重视研究象数学。据记载：

濂溪、明道、伊川讲道盛矣，因数明理复有一邵康节出焉；晦庵、南轩、东莱讲道盛矣，因数明理复有一蔡西山出焉。孔孟教人言理不言数，邵蔡二子欲发诸子之所未发，而使理与数灿然于天地之间，其功亦不细矣。③

---

① 《朱子年谱》卷四下。
② 《宋史》卷四百三十四，《蔡沉传》。
③ 《宋元学案》卷六十二，《西山蔡氏学案》。

蔡元定强调"因教明理"，谓："天地之间有理必有数，二者未尝相离；《河图》《洛书》与危微精一之语并传。"①

蔡元定通过阐述邵雍的《皇极经世》发挥其道家倾向的象数学思想。《皇极经世》是邵雍的代表作。是书共 12 卷，一至六卷中 50 篇和其各种图像，皆《周易》六十四卦说明世界的治乱；七至十卷讲"吕律声音"，称为内篇；十一、十二卷为《观物外篇》。全书大旨均借易卦推衍，形成象数学的思想体系，具有浓厚的神秘主义和宿命论色彩。

蔡元定对邵雍的《皇极经世》作了深入的研究。据记载：

> 西山先生始终以《易》疏其说，于是微显阐幽，其说大著。学者由蔡氏而知《经世》，由《经世》而知《易》，默而通之可也。②

> 西山蔡氏……著为《经世指要》一书，足以尽乎五十篇之义（指邵雍《皇极经世书》中除十四篇《观物内外篇》的篇数），而晦庵朱子谓其于康节之书，推究缜密矣。故今不复具载康节全书，但取蔡氏《指要》诸图增以诸家释例，纂为二卷，列于内外十四篇之首。③

> 《纂图指要》（指蔡元定《皇极经世指要》的第一部分）所疏最为醒畅，较邵伯子之说（即邵伯温《皇极经世书注释》）更优。故各图说一以西山为主。④

由上可知，蔡元定极重视《易》之图像和数。他说："数即理，理即数，在天为五行，在地为五形，在人为五常。"他相信气数之说，有所谓"闽中气数已极，亦欲分一二子孙别居荆湖间以为遗种之计"。⑤ 数是气数、命运。他说："穷达始知皆有命。"⑥

蔡元定的象数学中有许多辩证法因素。他说：

> 天下之事变化无穷……凡物旨有对（矛盾），……太极判而为阴

---

① 见［宋］罗大经：《鹤林玉露》卷二。
② ［明］胡广：《性理大全书》卷十三。
③ ［明］胡广：《性理大全书》卷七。
④ ［清］王植：《皇极经世全书解·例言》。
⑤ 《蔡氏九儒书》卷二，《西山公集·答江答功书》。
⑥ 《蔡氏九儒书》卷二，《西山公集·西斋自咏》。

阳，阴阳之中又有阴阳，出于自然，不待智营而力索也。……一动一静之间，《易》之所谓太极也。阴阳之中又各有阴阳，刚柔之中又各有刚柔。主乎动静所谓太极也。……理必有对待，数之自然也。①

蔡元定的乐论也反映了他的象数学的道家观点。中国古代音乐中有十二律即十二个音调。蔡元定把十二天干合上十二律，把一年中的 12 个月也加以配合，子、寅、辰、午、申、戌六个时辰称阳辰，配上黄钟、太簇、姑洗、蕤宾、夷则、无射等六个音律为阳律；丑、卯、巳、未、酉、亥六个时辰为阴辰，配上林钟、南吕、应钟、大吕、夹钟、仲吕等六个音律为阴律。阳律又称为律，阴律又称为吕。六个阳律称六律，六个阴律称六吕。蔡元定把音乐的十二律与一日的 12 个时辰、一年的 12 个月相比附。他说：

黄钟生十一律（即黄钟本身为一律，再派生出十一律，共为十二律），子、寅、辰、午、申、戌，六阳辰，皆下生。丑、卯、巳、未、酉、亥，六阴辰，皆上生。其上以三，历十二辰者，皆黄钟之全数。其下阴数以倍者（即算法倍其实）三分本律而损其一也。阳数以四者（即算法四其实）三分本律而增其一也。六阳辰当位自得。六阴辰则居其冲，其林钟、南吕、应钟三吕在阴，无增损也；其大吕、夹钟、仲吕三吕在阳，则用倍数方与十二月之气相应，盖阴之从阳，自然之理也。②

蔡元定把音律分为阳律与阴律，进而说，"阴之从阳，自然之理"，从而得出臣子服从君主、儿子服从父亲、妻子服从丈夫的封建伦理道德观点。蔡元定的这种观点来源于汉代象数学派的音乐理论。蔡元定根据汉代京房（道家人物）六十律中有六个变律的理论，在十二律之间加了六个变律，称为变黄钟、变林钟、变太簇、变南吕、变姑洗、变应钟。这六个变律的插入，可以使从每一个律开始"旋相为宫"时，在计算音程方面更加便利。京房附会八卦变为六十四卦，把十二音律变为六十音律。蔡

---

① 以上均见《皇极经世指要》。
② 《律吕新书》卷一，《黄钟生十一律第三》。

元定也附会太极生两仪，两仪生四象，四象生八卦，八卦变为六十四卦。他说：

> 黄钟独为声气之元。虽十二律八十四声皆黄钟所生。然黄钟二均所谓纯粹中之纯粹者也。[①]

从这些观点可以看出蔡元定学术上的道家倾向。

附：蔡元定著作简介

《律吕新书》2卷　其一为《律吕本原》13篇，其二为《律吕证辨》10篇。

《葬经今文》（又名《地学古经》）1卷　汇集堪舆名著加以己意成编。汇集之著作有：昆山盛符《新汇集》、樗里子《青鸟经》、张良《青霆经》、郭璞《葬书》、游光敬《集注狐首经》、陈抟《释注青囊经》等。

《发微论》1卷　此为相地之书，大旨用地道一刚一柔以明动静、观聚散、审背向、视雌雄、辨强弱、分逆顺、识生死、察微著、究分合、剔浮沉、定浅深、正饶减、详超避、知裁成等，共14则，递为推阐；以元感应1篇，明福善，祸淫之理。提出善观者以有形察无形。

《皇极经世指要》3卷　此书推论邵雍《皇极经世》，以伏羲卦图列之于前，以注疏附之于后。

《大衍详说》2卷　此书阐述《周易》筮法，说明因数明理，推崇《河图》《洛书》《先天图》。

《西山公集》1卷　在《蔡氏九儒书》中，其中有诗文书札10余篇。

（三）蔡沈的哲学思想

在蔡沈的思想中，不仅有朱熹的理，而且还有邵雍、蔡元定的术数，构成有自己特色的术数学思想体系。这就是说，蔡沈的学说是在朱熹思想的基础上，有很大的变革。明人陈真晟评之曰：

> 蔡九峰之学，未得为醇，只观其自序，乃以穷神知化与独立物

[①]　《律吕新书》卷一，《八十四声图第八》。

表者并言，亦可见矣。若物之表，果有一独立者，则是庄（子）、列（子）之玄虚。康节谓老子得《易》之体，正亦同此。是皆于体用一原、显微无间之旨，见得不透彻故也。[①]

陈真晟认为，体用割裂、理物分开是蔡沈哲学的主要特点。

蔡沈在师事朱熹的过程中，用数十年的时间专习《尚书》。他用邵雍的《皇极经世》中的所谓"先天数学"来分析《尚书》中的《洪范》篇，著《书经集传》《洪范皇极》两书，建立起自己的哲学思想体系。这两部书在一定程度上分别反映出其师朱熹和其父蔡元定的学术思想，并在中国封建社会后期有重大的影响。其中《书经集传》，曾和朱熹的《周易本义》《诗集传》及胡安国的《春秋传》等并列为科举的根据，遂成为元、明、清三代学者的必读课本。《书经集传》像朱熹的《四书章句集注》一样，用简明的文字诠释经典，阐发朱子学的义理，特别论证封建社会的三纲五常；《洪范皇极》像蔡元定的《皇极经世指要》阐发阴阳、刚柔、太少一样，通过 81 个范畴论证天地、阴阳、理气、体用、动静，以至接触到自然界动物、植物等自然现象。前者是一部理学正统派主要讲义理的著作，后者是一部理学象数派主要讲自然现象的著作。这两部书比较全面地反映蔡沈的哲学思想。

1. 数理论

蔡沈世界观的最高范畴是"数"。他认为天地万物是由"数"创造的。他说："天地之所以肇，人物之所以生，万事之所以得失者，亦数也。"[②] 这就是说，天地的兴起和人物的产生都在于"数"，"数"是世界万物的本原。

那么，"数"怎样创造天地万物呢？蔡沈认为，太极生阴阳（天、地），阴阳生五行（水、火、木、金、土五种物质），五行生万物。这样天地万物产生的过程都离不开"数"：太极一，阴阳二，五行五；一生二，二生五，五生天地万物。这就是所谓数生天地万物。在数生天地万物过程中，阴阳之二是重要的一环。蔡沈说：

---

① ［明］陈剩夫：《答何椒丘》。见《明儒学案》卷四十六，《布衣陈剩夫先生真晟》。
② ［宋］蔡沈：《洪范皇极内篇》序。

> 阴阳，非可一言尽也。以清浊言，则清阳而浊阴。以动静言，则动阳而静阴。以升降言，则升阳而降阴。以奇偶言，则奇阳而偶阴。①

例如，蔡沈用阴阳消长来解释一岁的气候变化过程。他说：

> 一数之周，一岁之运也。九数之重，八节之分也。一、一，阳之始也；五、五，阴之萌也。三、三，阳之中也；七、七，阴之中也。二、二者，阳之长；四、四者，阳之壮；五则阳极矣，六、六者，阴之长；八、八者，阴之壮；九则阴极矣。一、九首尾为一者，一岁首尾于冬至也。盖冬至二而余则一也。②

这里蔡沈的说法尽管是神秘主义的，但其意是企图说明一年气候变化的发展过程。蔡沈又说：

> 体天地之撰者，易之象；纪天地之撰者，范之数。数者始于一；象者成于二。一者奇，二者偶也。奇者，数之所以行；偶者，象之所以立。……先君子曰："《洛书》者，数之原也。"予读《洪范》而有感焉。③

蔡沈是根据邵雍和蔡元定的术数思想来解释天地万物的化生的。他们的错误就在于把客观事物的数量关系中抽象出来的数绝对化和神秘化，作为脱离物质的东西，成为创造天地万物的本体。

蔡沈还把天地万物的变化和多样性都归结为"数"的表现。他说：

> 始于一，参于三，究于九，成于八十一，备于六千五百六十一。八十一者，数之小成也。六千五百六十一者，数之大成也。天地之变化，人事之始终，古今之因革，莫不于是著焉。④

蔡沈认为，在数字当中，"一"是最根本的。数始于"一"。因三画而成卦，数成于"三"。例如，乾卦（☰）代表天，坤卦（☷）代表地。因在

---

① 《洪范皇极内篇》卷一，《皇极内篇上》。
② 《洪范皇极内篇》卷二，《皇极内篇中》。
③ 《洪范皇极内篇》序。
④ 《洪范皇极内篇》卷二，《皇极内篇中》。

《周易》中，阳是主进的，进到九，就达到极点，转变为阴，因此数终于"九"。用九九推进法，成于八十一。天地万事万物分为八十一大类，这是数的小成，是万事万物的最小数。八十一者又按九九推法，得出六千五百六十一。这个数目可以代表万事万物的数目，所以它是数的大成。天地的变化，人事的变化，古今的变化，都可以通过数来说明。蔡沈用九九推进法，机械地规定事物的数目，是极其荒谬的。在蔡沈的数字系列中，最重视一和九。他说："一者数之原也，九者数之究也。"① 因此，他把世界很多事物凑成九个数字。蔡沈又说：

> 分天下为九野，别地为九州，制人为九行。九品任官，九井均田，九族睦俗，九礼辨分，九变成乐，八阵制兵，九刑禁奸，九寸为律，九分造历，九筮稽疑，九章命算……②

这些归纳都是为了九这个数字拼凑起来的，有的是很牵强的。其实在中国历史上用其他数字如3、5、7等也可以罗列一系列名物出来。不过，照蔡沈的"以九为究"，还可以提出江分九派、宫有九门，地有九泉、天有九重、姓有九族、官有九牧、学术有九流等。关于其中的"九筮稽疑"，"稽疑"两字取自《洪范》，是谓考察疑点，用卜筮来解决问题之意。此外，其中"八阵制兵"是生硬不一致的例外，他没有用九军来代替八阵。总之，蔡沈的这一系列拼凑是毫无意思的；我们只要懂得他企图把世界上千差万别的事物归结为"数"就够了。蔡沈认为，世界统一于精神性的"数"，就像唯物主义者认为世界统一于物质一样。

不仅如此，蔡沈还把"数"看成是天地万物的规律。他说：

> 物有其则。数者，尽天下之物则也；事有其理。数者，尽天下之事理也。③

这就是说，万物万事都有自己的规律，"数"就是事物的规律；万事万物都有自己存在的理由，"数"就是事物存在的理由。

---

① 《洪范皇极内篇》卷二，《皇极内篇中》。
② 《洪范皇极内篇》卷二，《皇极内篇下》。
③ 《洪范皇极内篇》卷二，《皇极内篇中》。

蔡沈也讲太极（理）、气，但他的太极（理）、气被限制在数的范围之内，提出"知数即知理""因理以知数，因数以明理"①"数即理，理即数""气之即行，理无不在"等命题。蔡沈把数看作是无所不包的大间架，可以容纳微小和至大的各种事物。他说："理之所始，数之所起。微乎微乎，其小无形，昭乎昭乎，其大无垠！"又说：

> 有理斯有气，气著而理隐。有气斯有形，形著而气隐。人知形之数，而不知气之数；人知气之数，而不知理之数。知理之数，则几矣；动静可求其端，阴阳可求其始，天地可求其初，万物可求其纪，鬼神知其所幽，礼乐知其所著。生知所来，死知所去。《易》曰："穷神知化，德之盛也。"②

蔡沈的哲学体系是：数贯串于理（太极）生气、气生形（天地万物）之中，"知理之数，则几矣"③。蔡沈说：

> 冲漠无朕，万物具矣。动静无端，后则先矣。器根于道，道著器矣。一实万分，万复一矣。④

蔡沈这段话很重要，可说是其哲学思想的概括。冲是虚之意，漠是空之意。无朕，指没有迹象或先兆。在"冲漠无朕"时，万物之理已经存在。这就是程颢所谓的"冲漠无朕，万象森然已具"⑤。"动静无端"，也是出自程颢，意指一阴一阳循环往复没有起始，也没有终止。"器根于道"，就是器根于理，是从程颢的"有理则有器"⑥来的。"一实万分，万复一矣"，是程颐的说法。程颐曾谓，"万物皆是一理，至如一物一事虽小，皆有是理"⑦。朱熹在《中庸章句》中复述程颐的话："其书（按指《中庸》）始言一理，中散为万事，末复合为一理。""一实万分"，原出于周敦颐的《通书》，即"二气五行，化生万物。五殊二实，二本则一。是为

---

① 《洪范皇极内篇》卷二，《皇极内篇中》。
② 《洪范皇极内篇》卷一，《皇极内篇上》。
③ 《洪范皇极内篇》卷一，《皇极内篇上》。
④ 《洪范皇极内篇》卷一，《皇极内篇上》。
⑤ 《二程遗书》卷十五。
⑥ 以上见《伊川易传》卷一。
⑦ 《二程遗书》卷十五。

万一，一实万分"。由上可见，蔡沈的哲学是对程朱理学的阐发。理学家的根本原理，通过朱熹的师承和蔡元定的家教，被蔡沈全部接受下来了。蔡沈还说：

> 朱子曰："太极者，本然之妙也。动静者，所乘之机也。太极，形而上之道也。阴阳，形而下之器也。自形而下者观之，则动静不同时，阴阳不同位，而太极无不在焉。自形而上者观之，则冲漠无朕，而动静、阴阳之理已悉具于其中矣。"①

蔡沈释太极亦同理。蔡沈说：

> 有理斯有气，有气斯有形，形生气化而生生之理无穷焉。天地细缊，万物化醇，男女构精，万物化生。化生者塞，化醇者赜。覆土之陵，积水之泽，草木鱼虫，孰形孰色。无极之真，二五之精，妙合而凝，化化生生，莫测其神，莫知其能。②

蔡沈这段话是朱子学本体论的精确表述。这是程朱理学的精髓。不过，我们在这里要特别注意的是，蔡沈的本体论和朱熹等人的本体论所不同的，就是增加了"数"这个范畴。蔡沈讲了一大堆太极、理、气、器，最后化生万物的还是数的关系。蔡沈的哲学体系是把"数"作为出发点和基础的。在世界万物的演化过程中，始终贯串着数的关系。

此外，在蔡沈的体系中，心也占有十分重要的地位。蔡沈过分夸大心的作用，认为理出于心。蔡沈关于理出于心的命题，应该说是远离了朱熹的思想。蔡沈说：

> 人心至灵也，虚明之顷，事物之来，是是非非，无不明也。少则昏矣，久则怠矣，又久则弃之矣。无他，形器之私溺之也。人能超乎形器，拔乎物欲，达其初心，则天下之理得矣。……人之一心，实为身主，其体则有仁、义、礼、智之性；其用则有恻隐、羞恶、辞让、是非之情。方其寂也，浑然在中，无所偏倚，与天地同体，虽鬼神不能窥其幽。及其感也，随触随应，范围造化，曲成万物，

---

① 《洪范皇极内篇》卷一，《皇极内篇上》。
② 《洪范皇极内篇》卷一，《皇极内篇上》。

虽天地不能与其能。①

很显然，蔡沈关于心的思想，是颇受陆九渊的心学所影响的。

在蔡沈的哲学体系中，有时也存在一些辩证法思想的因素。例如，蔡沈肯定天地万物是发展变化的。他说，"周流不穷，道之体也。"这就是说，天地万物的无穷变化，就是道的变化。蔡沈又说："静不能以不动，动不能以不静。"蔡沈认为，世间没有绝对动或静的东西，动静总是相互联系的，因而任何东西都是变化的。天地万物的变化有两个阶段，即"变者化之渐，化者变之成"。在这里，蔡沈把"变"看成是渐变，把"化"看成是突变。这样，蔡沈不仅承认天地万物是变化的，而且是发展的。不仅如此，蔡沈还找到天地万物变化发展的原因，即阴阳的对立统一关系。蔡沈说：

> 幽明屈信（按指阴阳交错）以成变化者也。是故，阳者吐气，阴者含气，吐气者施，含气者化。阳施阴化而人道立矣，万物繁矣。②

蔡沈的结论是："非一则不能成两，非两则不能致一。"③ 这就是说，没有统一就没有矛盾两个方面的对立；反过来，没有对立的两个方面也就没有统一。蔡沈这些说法是正确的。

2. 认识论

蔡沈的认识论是先验论。他认为，万事万物的道理在我心中。因此，认识不必接触外世事物，只向内心寻找就可以了。他说：

> 数由人兴，数由人成，万物皆备于我，咸自取之也。④

这就是说，"数"的道理由人去掌握，万物的道理都在我心中，都可以自取而不必到心外去寻求。蔡沈提出"人心至灵，虚明之顷，事物之来，是是非非，莫不明也"，正确地看到心有认识事物的能力，但把这种认识

---

① 《洪范皇极内篇》卷一，《皇极内篇上》。
② 《洪范皇极内篇》卷一，《皇极内篇上》。
③ 《洪范皇极内篇》卷一，《皇极内篇上》。
④ 《洪范皇极内篇》卷二，《皇极内篇中》。

能力夸大了，绝对化了。他说：

> 止者，心之所止也。人心之灵，事事物物莫不各有至善之所而不可迁者。①

说人心可以认识各种事物的永远不变的绝对真理（至善），显然是违反常识的，因而是十分荒谬的。

那么，怎样在内心寻求世界万物的道理呢？蔡沈认为只要尽性就行，即所谓"尽性则见道见理"。人的本性是懂得万事万物道理的，只是由于物欲的蒙蔽而对万事万物的道理认识不清楚。如果能去除物欲，尽复自己的本性，则万事万物的道理就可以得到了。蔡沈认为，要尽性见理，关键在于对圣人的教导要有一片诚心，即是所谓"敬"。他说："敬者，圣学始终之要。未知则敬以知之，已知则敬以行之，不敬则心无管摄，颠倒眩瞀安能有所知，有所行乎？"②

蔡沈认为，圣人是天生的，生而知之，先知先觉。他又说：

> 天地者，万物之父母也。万物之生，惟人得其秀而灵……而圣人又得其最秀而最灵者，天性聪明，无待勉强，其知先知，其觉先觉。③

蔡沈这种先验主义的认识论，是其唯心主义本体论的必然结论。

蔡沈还认为，人的认识贵在真知真见。他说：

> 人非无知也，而真知为难；人非无见也，而真见为难。义之质人所知也，而犯义者多；礼之文人所见也，而越礼者众。以其知之非真知，见之非真见尔。……为其所为，不为其所不为。④

这就是说，义和礼是道德规范，是人的行为的准则，它规定了各类人应该做什么而不应该做什么。如果仅仅懂得它的内容和表现形式，而不能实行它，那不算真知真见。只有懂得它而又能实行它，才算真知真见。

---

① ［宋］蔡沈：《书经集传》卷一。
② 《洪范皇极内篇》卷二，《皇极内篇中》。
③ 《书经集传》卷四。
④ 《洪范皇极内篇》卷一，《皇极内篇上》。

3. 伦理道德学说

蔡沈和朱熹一样，继承了孟子的性善论，认为原始的人和物是禀阴阳二气而产生的。由于所禀阴阳二气之不同，便有人和物之区别。蔡沈说：

> 万物之生，惟人得其秀而灵，具四端，备万善，知觉独异于物，而圣人又得其最秀而最灵者。天性聪明，无待勉强，其知先知，其觉先觉，首出庶物。[1]

在这里，蔡沈不仅区别人与物，还区别圣人和凡人，显然是无稽之谈。所谓四端，就是指仁、义、礼、智四种道德品质。蔡沈认为，人一生下来就具有这四种道德品质。他说：

> 天之降命而具仁、义、礼、智、信之理，无所偏倚，所谓衷也。人之禀命而得仁、义、礼、智、信之理，与心俱生，所谓性也。[2]

这就是说，理是天降的，具有仁、义、礼、智四端，不偏不倚产生了人，因而人具有四端，这便是人之性。在这里蔡沈特别强调不偏不倚的衷（中）。他说：

> 中者，心之理，而无过不及之差者也。旧章者，先王之成法；厥度者，吾身之法度，皆中之所出者。……喜怒好恶皆出于私而非中矣，其能不乱先王之旧章乎？……其能不改吾身之法度乎？[3]

蔡沈认为，四端无所偏倚皆中才行。蔡沈还对四端作了具体说明。他说：

> 恻隐之心，仁之端也；羞恶之心，义之端也；辞让之心，礼之端也；是非之心，智之端也。[4]

蔡沈认为，人具备了这四端，一切言行都可以是善的，即所谓"具万

---

[1] 《书经集传》卷四。

[2] 《书经集传》卷三。

[3] 《书经集传》卷五。

[4] 《孟子·告子上》注。

善"。也就是说，在人的本性中有万善。由上可见，蔡沈是主张孟子的性善说的。

既然人的本性是善的，那么为什么还有恶呢？蔡沈认为，那是由于人的气禀所差和物欲所致。他说："气禀……中者少而偏者多也，此天下善恶之所由出。"① 蔡沈认为，天下人的善恶之分都是由于气禀不同引起的。气禀好的人很少，气禀偏的人却多。气禀好的人则善，气禀偏的人则恶。此外，人的善恶还与物欲多寡有关，物欲多者必恶，物欲少者则善。他说：

> 人惟私欲之念动摇其中，始有昧于理而不得其所止者。安之云者，顺适乎道心之正而不陷于人欲之危。
>
> 五者（按指君臣、父子、夫妇、兄弟、朋友）之理出于人心之本然、非有强而后能者。自其拘于气质之偏，溺于物欲之蔽，始有昧于其理，而不相亲爱，不相逊顺者。②

蔡沈的物欲，即理学家们所谓的人欲。只有去物欲（人欲），人的四端善性才能呈现出来。蔡沈说："本原之地非纯乎天德而无一毫人欲之私者不能也。本原澄澈，然后用人处己而莫不各得其当。"这就是说，只要去欲有理，天生下来的"本原"善性就会呈现出来。至于如何去欲存理，蔡沈提出敬和义。他说：

> 道者……不出敬与义之二言。盖敬则万善俱立，怠则万善俱废。
>
> 义则理为主，欲则物为之主。③

蔡沈认为，专心致知于理则是敬，依理而行则是义，只要沿着理、义这个方向修身养性，就能存天理和去人欲。此外，去欲存理，还需要圣人的教化才行。蔡沈说：

> 好生之德……入于民心，则天下之人无不爱慕感悦兴起于善，

---

① 《洪范皇极内篇》卷一，《皇极内篇上》。

② 《书经集传》卷一。

③ 《书经集传》卷三。

而自不犯于有司也。^①

这就是说，施法不如治心，只要圣人对民进行去欲存理的教育，就能使去恶从善，"不犯于有司"，天下就太平了。

4. 天命论的历史观

蔡沈的历史观是其世界观的推演。蔡沈说："则，有物有则之则。君臣之义，父子之仁，夫妇之别，长幼之序，朋友之信，是也。"^② 使哲学伦理化，把物则解释为人伦关系，这是蔡沈哲学的一个特点。蔡沈把其哲学直接运用于社会历史领域中，构成了他的天命论的历史观。蔡沈的天命论思想特重。他认为，天地万物皆出于天。他说："洪范九畴原出于天……禹顺水之性，地平天成，故天出书于洛，禹别之，以为洪范九畴。"^③ 这里"洪范九畴"即指天地万物。蔡沈基于这种天命论，认为帝王是天理和社会万善的体现。他说：

> 君民之使事虽有贵贱不同，至于取人为善则初无贵贱之间。盖天以一理赋之于人，散为万善。人君合天下之万善，而后理之一者可全也。

> 天之聪明，无所不闻，无所不见。无他，公而已矣。人君法天之聪明，一出于公，则臣敬顺而民亦从治矣。^④

在这里，蔡沈虽然把帝王说成是受天命而治理臣民的，是天理的体现者。但是，他认为帝王要治理臣民，首先帝王自己要具备完善的道德品质，"人君合天下之万善"，完全出于公心，这样使"臣敬顺而民亦从治"。这种观点在当时历史条件下是有可取之处的。

对于社会治乱的原因，蔡沈完全归之人心的邪正，首先是帝王之心的邪正。他说：

> 二帝三王之治本于道，二帝三王之道本于心。得其心，则道与治固可得而言矣。何者？精一执中，尧舜禹相授之心法也，建中建

① 《书经集传》卷一。
② 《书经集传》卷六。
③ 《书经集传》卷四。
④ 《书经集传》卷三。

极，商汤周武相传之心法也。曰德曰仁曰敬曰诚，言虽殊而理则一，无非所以明此心之妙也。至于言天，则严其心之所自出，言民，则谨其心之所由施。礼乐教化，心之发也；典章文物，心之著也。家齐国治而天下平，心之推也，心之德其盛矣乎！二帝三王，存此心者也；夏桀商受亡此心者也；太甲成王，困而存此心者也。存则治，亡则乱。治乱之分，顾其心之存不存如何耳！①

在蔡沈看来，尧、舜、商汤、周武王之所以把天下治理得好，就在于他们有善心，有义理之心。心正，就有正确的认识。有了正确的认识，就有正确的行动，因而天下就治。相反的，夏桀、商纣王之所以搞乱了天下，以致亡国祸身，就是因为他们没有发善心。心不正则认识不正。错误的认识必然产生错误的行动，因而天下大乱。由此可见，社会的治乱是由帝王心的邪正造成的。在这里，就劝说帝王去邪就正这点来说，在当时也是有一定意义的。不仅帝王之心要去邪就正，蔡沈还把这种思想扩展到一般意义上。他说：

明此心之妙用也，至于言天则严其心之所自出；言民则谨其心之所由施；礼乐教化，心之发也，典章文物，心之著也；家齐国治而天下平，心之推也；心之德其盛矣乎！②

蔡沈不懂得历史的发展有其不以人的意志为转移的客观规律，也不懂得社会的治乱在于政治措施是否符合社会发展的要求，是否能使劳动人民有比较安定的经济生活，是否能缓和阶级矛盾和发展生产，而空谈什么善心存与不存。这就无限夸大了心之作用。

上述蔡沈的天命论的历史观主要是其在《书经集传》中所表现出来的。此书是蔡沈在朱熹原有的一部分《书》说基础上完成的。朱熹在嘱咐蔡沈整理《尚书》的信中说：

年来病势交攻，困悴日甚。……看此气象岂是久于人世者！……最是《书说》未有分付处，因思向日喻及《尚书》，文义通

---

① 《书经集传》序。

② 《书经集传》序。

贯犹是第二义，直须见得二帝三王之心，而通其所可通，毋强通其所难通。……千万便拨置此来议定纲领，早与下手为佳。①

蔡沈出色地完成了朱熹所交给的任务。在《集传》中，蔡沈不仅用浅近简明的文字注释了《书经》，还有不少独出新义。清人陈兰甫说：

> 近儒说《尚书》，考索古籍，罕有道及蔡仲默《集传》者矣。然伪《孔传》不通处，蔡传易之，甚有精当者。②

蔡沈的《书经集传》特别值得注意的是，它精确地解释了孔孟之道。上引朱熹在信中叮咛嘱咐的，"直须见得二帝三王之心"，就是朱熹传授孔孟之道的宗旨。程颢说《中庸》一书是"孔门传授心法"，朱熹在《中庸章句序》中把"人心惟危，道心惟微，惟精惟一，允执厥中"作为尧、舜、禹、汤、周公、孔子相传授的心法。蔡沈在《书经集传》中继承了这一理学传统。所谓"心法"，就是德、仁、敬、诚。质言之，就是封建社会的三纲五常。

附：蔡沈著作简介

《书经集传》6卷 是书是在朱熹原有的一部分《书》说基础上完成的。它不偏重以往的烦琐考据方法，而以浅近简明的文字作注释。

《洪范皇极》5卷 是书分内外篇，包括81章，拟《易》六十四卦；论3篇，拟《易》之《系辞》《说卦》等传。此书，明理又明数，附会汉代刘歆《河图》《洛书》相为表里，八卦九章相为经纬之说，借书中之文以拟《易》之貌，以九九演为八一畴；用孟喜解《易》卦气值日之术；其揲蓍法以三为纲，积数为6561，是用焦千六十四卦各变六十四之法。

《至书》1卷 其自序曰："《至书》者，言于理之极至者也，远取尧、舜、禹、汤、孔、曾、思、孟之书，近述周、程、张、朱诸子之论理者。"此书现未有单行本，在丛书集成初编哲学类中。

《九峰公集》1卷 在《蔡氏九儒书》中。

---

① 《晦庵续集》卷三，《答蔡仲默》。
② ［清］陈澧：《东塾读书记》卷五。

四　陈淳

（一）学历

陈淳，字安卿，号北溪，学者称北溪先生，福建龙溪（今漳州市）人。生于南宋高宗绍兴二十九年（1159年），卒于宁宗嘉定十年（1217年），年59岁。陈淳一生未应科举，亦未做官，长期从事讲学教育和学术研究活动。政治上主张抗元，晚年授予泉州安溪主簿，未上任而卒。

陈淳早年在乡村从事训蒙儿童的教育活动，晚年到外地讲学。据记载：

> 居乡不沽名徇俗，恬然退守，若无闻焉，然名播天下。世虽不用，而忧时论事，感慨动人。郡守以下皆礼重之，时造其庐而请焉。嘉定九年，待试中都，归遇严陵郡守郑之悌，率僚属延讲郡庠。淳叹张陆王（张大旺盛之义），学问无源，全用禅家宗旨，认形气之虚灵知觉为天理之妙，不由穷理格物，而欲径造上达之境，反托圣门以自标榜，遂发明吾道之体统、师友之渊源、用功之节目、读书之次序为四章，以示学者。[①]

陈淳居乡训蒙的时候，初见朱熹。宁宗嘉定五年（1212年），赵汝谠任漳州知府，招陈淳"处以宾师之位"，"一时之硕儒学子问道踵至"。嘉定九年（1216年），待试中都杭州，学徒"远及川蜀，争投贽谒"[②]；返漳州时，路过严陵，郡守请他讲学，他讲了道学体统等四个问题，严厉批判了陆九渊学派的心学，维护了朱子学说；其后又到泉州讲学，直到病死。

陈淳是朱熹的高弟门人。在朱熹的门人中，陈淳为最晚出者之一。陈淳两次师事朱熹。一是在光宗绍熙元年至二年（1190—1191）朱熹任

① 《宋史》卷四百三十，《陈淳传》。
② 《北溪大全集》卷五十，《北溪外集·叙述》。

漳州知府期间。《宋史》本传说：

> （陈淳）少习举子业，林宗臣见而奇之，且曰："此非圣贤事业也。"因授以《近思录》（按朱熹编）。淳退而读之，遂尽弃其业焉。及朱熹来守其乡，淳请受教。熹曰："凡阅义理，必穷其原，如为人父何故止于慈，为人子何故止于孝。其他可类推也。"淳闻而为学益力，日求其所未至。熹数语人以"南来，吾道喜得陈淳"。门人有疑问不合者，则称淳善问。[①]

对此，清人张伯行有比较详细的记述。他说：

> 北溪陈先生，赋姿淳朴，颖悟过人，自少即高自期许，不同流俗，嗣得考亭夫子所编《近思录》读之，确然深信而不疑，第以无由亲炙为憾。阅十年，而考亭夫子出守其乡，遂录自警诗以赞，殊恨相见之晚，因训以凡阅义理，必须寻究根源。先生日求其所未至，而于下学上达之序，人心道心之微，莫不从其根柢而辨之详、讲之审。朱子尝称其善问，而以吾道得人为喜。是以学日进而道益明，阐明正学，排斥异端。著有《道学体统》等篇，似道似学二辨，不可谓非见道之切、卫道之严，而克自振拔者矣。无如功不及竟，而赍志以殁。然道以人传，人以学显，先生为朱门高弟。[②]

朱熹于光宗绍熙元年（1190 年）四月至漳州，陈淳因病于十一月方拜见朱熹。以训蒙牵绊，不得日侍。朱熹于次年四月二十日离任时，陈淳送至同安而后别，这次陈淳师事朱熹前后有四个月的时间。

二是在朱熹临死前一年，即宁宗庆元五年（1199 年）十一月中旬，陈淳与其岳父李唐咨同抵建阳考亭，次年一月五日拜别而归，有三个月的时间。《宋史》本传说：

> 后十年（按即宁宗庆元五年，1199 年），淳复往见熹，陈其所得，时熹已寝疾，语之曰："如今所学，已见本原，所阙者下学之功尔。"自是所闻皆要切语，凡三月而熹卒。淳追思师训，痛自裁抑，

---

① 《宋史》卷四百三十，《陈淳传》。
② 《正谊堂续集》卷三，《陈北溪文集序》。

无书不读，无物不格，日积月累，义理贯通，洞见条绪。……其语学者曰："道理初无玄妙，只在日用人事间。"①

陈淳遵循朱熹关于凡阅义理必穷其原的教导，其"所学，皆由切实致功寻求根柢而出"②。在朱熹门人中陈淳虽最为晚出，但在福建朱子学派中却占有重要地位。清全祖望说：

> 沧洲诸子，以北溪陈文安公为晚出。其卫师门甚力，多所发明。然亦有操异同之见而失之过者。③

全氏这段话简要地说明了陈淳在福建朱子学派中的地位，颇为中肯。陈淳尊师太过，门户之见太深，其诋毁他人之学太甚。例如，陈淳竭力为朱子学辩护，攻击陆九渊的学说。他说：

> （陆九渊）从来只有尊德性底意思，而无道问学底工夫。盖厌繁就简，忽下趋高者。其所精要处，乃阴窃释氏之旨而阳托诸圣人之传……最是大病。④

陈淳认为，陆学学问原无，全用禅家宗旨，认形气之虚灵知觉为天理之妙，不由穷理格物而欲径造上达之境，反托圣门以自标榜。⑤陈淳说：

> 今世有一种杜撰等人（按指陆九渊心学派），爱高谈性命，大抵全用浮屠作用是性之意，而文以圣人之言，都不成模样。据此意，其实不过只是告子生之谓性之说。此等邪说，向来已为孟子扫却。今又再拈起来，做至珍至宝说。谓人之所以能饮能食，能语能默，能知觉运动，一个活底灵底，便是性。⑥

> 近世儒者，乃有窃其形气之灵者以为道心，屏去道问学一节工夫，屹然自立一家，专使人终日默坐以求之。稍有意见，则证印以

---

① 《宋史》卷四百三十，《陈淳传》。
② 《正谊堂续集》卷三，《陈北溪文集序》。
③ 《宋元学案》卷首，全祖望《宋元儒学案序录》。
④ 《北溪大全集》卷三十一，《与姚安道》。
⑤ 参见［宋］陈淳：《严陵讲义》。
⑥ 《北溪字义》卷上，《性》。

为大悟，谓真有得乎群圣千古不传之秘。①

陈淳对陆九渊的批评太过分了。清人全祖望在《宋元学案》中引一段陈淳答郑节夫书，然后作按语，谓"此数语太过"，此是指陈淳说陆学"与道暗合案之实不相符"。②公平地说，陆学的修养论与孔子的修养论不合，而与孟子的修养论相合，即陆学与圣门有相合处。陆学、朱学与圣门都有相合和不相合处。陈淳是从门户之见攻击陆学的。此外，陈淳诋毁陈亮为"主论过卑者""陷学者于功利之域"③。其实，陈亮所排挤的还是陆九渊，是和陈淳共同的论敌。还有，当时吕祖谦、张南轩和朱熹齐名，被称为"东南三贤"；吕、张、朱三人同德同业，未易轩轾。而陈淳却有意贬吕、张而提高朱。他说：

> 南轩学已远造，犹专门固滞（按指圆守性无善恶之说），及晦翁痛与反复辩论，始翻然为之一变，无复异趣（按指张因朱而变）。东莱少年豪才藐视斯世，何暇窥圣贤门户（按指东莱留心文辞），及闻南轩一语之折，愕然屏去故习，道紫阳沿濂洛以达邹鲁（按指吕由张以达朱）。④

由上可见，陈淳是专以朱学之优比他学之弱，陷于片面性。

在朱熹门人中，陈淳被认为是多所发明和创见者。陈淳学术醇正，造诣精深，得朱熹之真传。陈淳在阐发师说的过程中，颇能博采众说，阐发义理，达到了融汇贯通。

（二）太极、理气、道器说

陈淳遵照朱熹的教导，认为理是世界的本体，是世界的最高主宰，它体现在世界万事万物之中。陈淳说：

> 二气流行，万古生生不息，不成只是空个气，必有主宰之者，

---

① 《北溪大全集》卷十五，《似道之辨》。
② 《宋元学案》卷十一，《北溪学案》。
③ 《北溪大全集》卷十五，《师友渊源》。
④ 《宋元学案》卷五十一，《东莱学案》。

曰理是也。理在其中，为之枢纽，故大化流行，生生未尝止息。①

这就是说，理是自然界运动变化的枢纽和主宰。

对于道，陈淳说：

道，流行天地之间，无所不在，无物不有。……若《易》所谓一阴一阳之谓道，孔子此处，是就造化根源上论。②

陈淳这里讲的道，其意义是与理相同，都是从本体论上看的。

但是，陈淳在分析具体问题时，有时又把道和理区分开来。他说：

道与理，大概只是一件物，然析为二字，亦须有分别。道，是就人所通行上立字，与理对说，则道字较宽，理字较实，理有确然不易底意。故万古通行者，道也；万古不易者，理也。③

陈淳把"道"作为天地变化和人生行动的原则，把"理"作为事物的本性和原则，而本性和原则都是万古不变的。陈淳认为，"道，犹路也。当初命此字，是从路上起意。人所通行，方谓之路；一人独行，不得谓之路。"这种人们万古通行的路，是什么样的路呢？陈淳说：

道之大纲，只是日用间人伦事物所当行之理。众人所共由底，方谓之道。大概须是就日用人事上说，方见得人所通行底意亲切。④

从"道是当行之理"看，陈淳所谓道理，实际上就是朱熹所说的理，不过陈淳把朱熹原来不可捉摸的理通俗化了，认为"道理初无玄妙，只在日用人事间"⑤。正因为道理在"日用人事间"，它是万古不变的，因此它"无一毫之妄"，是客观存在的。陈淳说：

天道流行，自古及今，无一毫之妄。暑往则寒来，日往则月来。春生了便夏长，秋杀了便冬藏。元亨利贞，终始循环，万古长如此，皆是真实道理为之主宰。如天行一日一夜一周而又过一度，与日月

① 《北溪字义》卷上，《命》。
② 《宋元学案》卷六十八，《北溪学案》。
③ 《北溪字义》卷下，《理》。
④ 《北溪字义》卷下，《道》。
⑤ 《宋元学案》卷六十八，《北溪学案》。

星辰之运行躔度，万古不差，皆是真实道理如此。又就果木观之，甜者万古甜，苦者万古苦；青者万古常青，白者万古常白；红者万古常红，紫者万古常紫；圆者万古常圆，缺者万古常缺。一花一叶，文缕相等对，万古常然，无一毫差错。……都是真实道理，自然而然。此《中庸》所以谓"其为物不二，则其生物不测"，而五峰亦曰："诚者，命之道乎。"皆形容得亲切。①

在自然界里，日月星辰的运行，四季的变化，草木花果的甜苦青红，文缕等对，元亨利贞的循环不息，是自然而然、万古不差、真实无妄的。陈淳把这种真实无妄的道理叫作"诚"。他认为，"诚字后世多说差了，到伊川方云无妄之谓诚，字义始明。至晦翁又增两字，曰真实无妄之谓诚，道理尤见分晓"②。这样，由思孟学派开其端的"诚"这个范畴，到陈淳这里其含义更为明确了。

气化流行，生成万物，在自然界是如此，在人类社会的贵贱、贤愚也是如此。陈淳说：

> 得气之清者不隔蔽，那理义便呈露昭著。如银盏中满贮清水，自透见盏底银花子甚分明，若未尝有水然。……或清浊相半，或清底少浊底多，昏蔽得厚了，如盏底银花子看不见。欲见得须十分加澄治之功。③

人似银盏子，气之清浊相半。气之清浊多少，决定人的贤愚，决定盏的银花子看得分明与否。尧、舜"贵为天子，富有四海……享国皆百余岁"，这都是天命决定的，都是归于天命。陈淳说：

> 问：天之所命，果有物在上面安排分付之否？曰：天者，理而已矣。古人凡言天处，大概皆是以理言之。程子曰：夫天，专言之则道也，"天且弗违"是也。又曰：天也者，道也。《论语集注》"获罪于天"曰："天即理也。"《易本义》："先天弗违，谓意之所为，默

---

① 《北溪字义》卷上，《诚》。
② 《北溪字义》卷上，《诚》。
③ 《北溪字义》卷上，《命》。

与道契。后天奉天，谓知理如是，奉而行之。"又尝亲炙文公说："上帝震怒"，也只是其理如此。天下莫尊于理，故以帝名之。观此亦可见矣。故上而苍苍者，天之体也。上天之体以气言，上天之载以理言。①

从陈淳这段话可以看出，他是一个自然神论者。这种主宰一切的理，不是人格的神，而是"绝对观念"。

陈淳和朱熹一样，认为太极即是理。他说："太极只是总天地万物之理而言，不可离了天地万物之外而别为之论。"② 但是，陈淳对太极本体的解释却和朱熹有很大的不同。陈淳用"浑沦"解释理，带有明显的二元论色彩。他又说：

太极只是理，理本圆，故太极之体浑沦。以理言，则自末而本，自本而末，一聚一散，而太极无所不极其至；自万古之前，与万古之后，无端无始，此浑沦太极之全体也。自其冲漠无朕，与天地万物皆由是出，及天地万物既由是出，又复冲漠无朕，此浑沦无极之妙用也。③

朱熹不把太极当作一独立物，而把太极当作理之极至；陈淳则把太极当作一物，产生天地万物之物。所谓浑沦，就是像云雾一样，茫茫之为浑沦。"总而言之，只是浑沦一个理，亦只是一个太极；分而言之，则天地万物各具此理，亦各有一太极"④。很显然，陈淳所谓浑沦之太极，是吸取了张载的唯气论的"太虚即气"之说的。张载谓"气聚散于太虚，犹冰凝释于水，知太虚即气"⑤。陈淳把太极释为似茫茫云雾，犹张载谓气聚散于太虚。陈淳明确指出，理（太极）是不能离开气的。他说：

其实，理不外于气。盖二气流行，万古生生不息，不成只是个空气，必有主宰之者，曰理是也。理在其中，为之枢纽，故大化流

---

① 《北溪字义》卷上，《命》。
② 《北溪字义》卷下，《太极》。
③ 《宋史》卷四百三十，《陈淳传》。
④ 《北溪字义》卷下，《太极》。
⑤ 《正蒙·太和篇》。

行生生未尝止息。①

在理气的关系上，陈淳虽谓以理为主，但他认为理在气中，理通过气而体现出来，这就把理和气合而为一了。陈淳说：

> 天只是一元之气流行不息如此。即这便是大本，便是太极。万物从这中流出去，或纤或洪，或高或下，或飞或潜，或动或植，无不各得其所欲，各具一太极去。个个各足，无有欠缺。亦不是天逐一去妆点，皆自然而然，从大本中流出来。②

如果说在朱熹那里是把气作为产生世界万物的中间环节，那么在其门人陈淳那里似乎要把气作为直接产生世界万物的本原了。因此，陈淳哲学和朱熹相比较具有明显的唯气论的倾向。

陈淳还论述了道和器的关系问题。他说：

> 形而上者谓之道，形而下者谓之器。自有形而上者言之，其隐然不可见底则谓之道。自有形而下者言之，其显然可见底则谓之器。其实道不离乎器，道只是器之理。人事有形状处都谓之器，人事中之理便是道。

> 道非是外事物有个空虚底，其实道不离乎物，若离物则无所谓道。且如君臣有义，义底是道，君臣是器。……若就事事物物上看，亦各自有个当然之理。且如足容重，足是物，重是足当然之理。手容恭，手是物，恭是手当然之理。如视思明，听思聪，明与聪便是视听当然之理。……以类而推，大小高下，皆有个恰好底道理，古今所通行而不可废者。③

"道不离乎物"等的说法来看，似乎像是唯物论。但是，陈淳所讲的道和器的关系，不是指客观事物及其规律之间的关系，而是封建人伦和封建道德之间的关系，是耳、目、手、足和视、听、言、动的封建规范之间的关系。

---

① 《北溪字义》卷上，《命》。
② 《北溪字义》卷上，《一贯》。
③ 《北溪字义》卷下，《一贯》。

（三）无鬼神思想

既然世界万物都是从气或太极（理）这个"大本中流出来"，人的生死也应该如此。陈淳说：

> 夫死生无二理，能原其始而知所以生，则反其终而知所以死矣。盖无极之真，二五之精，妙合而凝，乾道成男，坤道成女，二气交感，化生万物，此天地所以生人物之始也。人得是至精之气而生，气尽则死，得是至真之理所赋，其存也顺吾事，则其没也安死而无愧。始终生死，如此而已。自未生之前是理气，为天地间公共之物，非我所得与。既凝而生之后，始为我所主，而有万化之妙，及气尽而死，则理亦随之一付之大化，又非我所能专有，而常存不灭于冥漠之间也。今佛者曰："未生之前，所谓我者固已具；既死之后，所谓我者未尝亡。所以轮回生生于千万亿劫而无有穷已。"则是形溃而反于原，既屈之气有复为方伸之理，与造化消息辟阖之情殊不相合。[①]

在这里，陈淳用理气分合来解释所谓"鬼神"，来解释生死问题，用以驳斥佛教的所谓三世轮回之说，是有其合理因素的。此外，陈淳还用气的运动变化（"屈伸往来"）来解释鬼神问题。他说：

> 程子曰："鬼神者，造化之迹也。"张子曰："鬼神者，二气之良能也。"说得皆精切。造化之迹，以阴阳流行著见于天地间者言之。良能，言二气之往来，是自然能如此。大抵鬼神只是阴阳二气之屈伸往来。自二气言之，神是阳之灵，鬼是阴之灵。"灵"云者，只是自然屈伸往来恁地活尔。自一气言之，则气之方伸而来者，属阳，为神。气之已屈而往者，属阴，为鬼。如春夏是气之方长，属阳，为神。秋冬是气之已退，属阴，为鬼。其实，二气只是一气耳。

> 天地间无物不具阴阳，阴阳无所不在，则鬼神亦无所不有。大抵神之为言伸也，伸是气之方长者也。鬼之为言归也，归是气之已

---

① 《北溪大全集》卷十五，《似道之辨》。

退者也。自天地言之，天属阳，神也；地属阴，鬼也。就四时言之，春夏气之伸，属神；秋冬气之屈，属鬼。又自昼夜分之，昼属神，夜属鬼。就日月言之，日属神，月属鬼。又如鼓之以雷霆，润之以风雨，是气之伸，属神；及至收敛后，帖然无踪迹，是气之归，属鬼。以日言，则日方升，属神；午以后渐退，属鬼。以月言，则初三生明，属神，到十五以后，属鬼。如草木生枝生叶时，属神；衰落时，属鬼。如潮之来，属神；潮之退，属鬼。凡气之伸者，皆为阳，属神；凡气之屈者，皆为阴，属鬼。古人论鬼神大概如此，更在人自体究。①

陈淳这两段话是对中国古代无鬼神论思想的阐发，是无神论思想，在当时历史条件下所产生的一定的社会作用，是应该肯定的。

（四）知行并进的认识论

陈淳的认识论是和其世界观紧密联系在一起的。陈淳说：

> 天地间，同此一理，同此一气。理所以统乎气，而人心又为之主，随其所属大小，但精诚所注，理强而气充，自然有相感通，有若血脉之相关者。②

陈淳明确划分了认识的客体（对象）和认识的主体之间的界限。认识的客体（对象）是理、气，认识的主体是人的"心"。陈淳认为，认识的主体是能够认识客体的，即所谓"有相感通"，并且"人心又为之主"，就是"心"能能动地去认识客体，人的主观认识能力是无限的。陈淳说：

> 此心之量极大，万理无所不包，万物无所不统。古人每言学必欲其博，孔子所以学不厌者，皆所以极尽乎此心无穷之量也。③

所谓"尽乎此心"，就是"须是尽得个极大无穷之量，无一理一物之或遗，方是真能尽得心"。陈淳还论述了心的活动的"至灵至妙"。他说：

---

① 《北溪字义》卷下，《鬼神》。
② 《宋元学案》卷六十八，《北溪学案》。
③ 《北溪字义》卷上，《心》。

"虽万里之远，一念便到。虽千古人情事变之秘，一照便知。"在这里，陈淳讲的是人的心理活动和思维活动。心的无穷广大和心的活动的至灵至妙，这是人所特有的心理活动和思维活动。陈淳还有一段很精彩的论述，描述了人的心理活动和思维活动的多种情况。他说：

> 合数者而观，才应接事物时，便都呈露在面前。且如一件事物来接着，在内主宰者是心；动出来或喜或怒是情里面有个物能动出来底是性；运用商量，要喜那人要怒那人是意；心向那所喜所怒之人是志；喜怒之中节处又是性中道理流出来，即其当然之则处是理；其所以当然之根原处是命。一下许多物事都在面前，未尝相离，亦灿然不相紊乱。①

陈淳这段话是讲对待一件物时心、情、性、意、志、理、命等的呈露和其相互关系。这种对较复杂的心理活动和思维活动论述虽然是不科学的和不确切的，但它反映了当时的科学发展水平，是他把自然科学的成果应用于哲学认识论的一个尝试，是难能可贵的。

在陈淳的认识论中，特别强调格物穷理。陈淳认为，认识必须通过格物才能穷理，如果舍去格物工夫，就不能穷理。他说：

> 遂扫去格物一段工夫，如无星之称，无寸之尺，默坐存想，稍得髣髴便云悟道，将圣贤言语来手头作弄，其实于圣贤言语不甚通解。②

由此可见，陈淳把格物作为认识具体事物取得知识的开端。

陈淳所谓格物，就是力行。由于陈淳强调格物就是力行，他把格物致知改为致知力行，此即简称知行。陈淳说：

> 圣门用功节目，其大要不过曰致知与力行而已。致者，推之而至其极之谓；致其知者，所以明万理于一心而使之无所疑也。力者，勉焉而不敢怠之谓；力其行者，所以复万善于一己而使之无不备也。知不致，则真是真非无以辨，其行将何所适从？必有错认人欲作天

---

① 《北溪字义》卷上，《意》。
② 转引自《宋元学案》卷五十八，《象山学案》。

理而不自觉者也。行不力，则虽精义入神，亦徒为空言，而盛德至善竟何有于我哉？……然此二者亦非截然判先后为二事。犹之行者，目视足履，动辄相应，盖亦交进而互相发也。故知之明则行愈达，而行之力则知又益精矣。①

在这里，陈淳特别强调致知和力行并进，深刻指出"知之明则行愈达，而行之力则所知又益精"。陈淳还明确指出：

> 致知力行二事，当齐头着力并作，不是截然为二事先致知然后行，只是一套底事。行之不力非行之罪，皆知之者不真，须见善真如好好色，见恶真如恶恶臭，然后为知之至，而行之力即便在其中矣。②

> 二者亦非截然判先后为二事。犹之行者，目视足履，动辄相应。盖亦交进而互相发也。故知之明则行愈达，而行之力则所知又益精矣。③

在朱熹那里是知先行后，提出"义理不明，如何践履"④。就是只有先明白了义理（即知），才能做出合乎义理的事，才能以义理为标准来判断行的是非。陈淳提出知行"当齐头着力""犹之行者，目视足履，动辄相应"，是向气学认识论靠近。这是朱熹认识论的一个重要分化趋势。

至于陈淳所谓力行的内容，不是科学实践，仍然是理学家所规定的封建道德践履。陈淳说："其所以为致知力行之地者，必以敬为主。"⑤ 陈淳的认识论特别强调主敬工夫。这是程朱理学的共同观点。陈淳接着说：

> 程子谓"主一之谓敬，无适之谓一。"文公合而言之，曰："主一无适之谓敬"，尤分晓。

在理学家那里，"敬"亦叫"持敬"或"居敬"。就是主一，心思集中。这是理学家的一般认识方法。陈淳说："所谓敬者无他，只是此敬常存在

---

① 《严陵讲义·用功节目》。
② 《北溪文集》卷一〇，《答陈伯澡》。
③ 《北溪字义》卷下，《用功节目》。
④ 《朱子语类》卷九，《论知行》。
⑤ 《严陵讲义·用功节目》。

这里，不走作，不散慢，常惺地惺惺，便是敬。"例如，做事的时候，心思就集中在这件事上，不把第二件、第三件来参插，这就是主一，就是不二、不三。"无适"，就是"心常在这里，不走东，不走西，不之南，不之北"，集中一处，排除其他趋向。总之，所谓主敬，就是无事时敬在心上，集中注意力使心不受外界的物质引诱；有事时敬在事上，处理事物合乎封建道德标准。陈淳说：

> 《礼》谓"执虚如执盈，入虚如有人"。只就此二句体认持敬底工夫，意象最亲切。①

这就是说，就像手捧着一个盛满了水的器皿，如果心不在这里，走一步就会倾泼出来的；一定要心常在这上面，谨慎小心地捧着，不论走到哪里都不会倾泼出来。又如走进一间空房，尽管没有人，但也要"此心常严肃，如对大宾"。这里陈淳讲的"持敬"最为明白易懂。

由上可见，陈淳所谓"持敬的工夫"是对内心世界天理的体验工夫，是对封建道德的牢固的持守，不许"须臾有间""毫厘有差"。正因为如此，陈淳特别强调按圣贤书讲的人伦道德关系作为人的行为准则。他说：

> 读圣贤书……特与人事日用间以其言一一切身体之，一一见得确然不可移易为吾身中事。②

这就是说，在"与人事日用间"，即处理人与人之间的关系，处处合乎道德标准。

陈淳的居敬与佛家和道家的主静不同，并不是与外界隔绝，闭门静坐，也不是不思不虑。陈淳说：

> 圣门工夫自有次序，非如释氏妄以一超直入之说欺愚惑众，须从下学方可上达，格物致知然后动容周旋无阻。陆学厌繁就简，忽下趋高，阴窃释氏之旨，阳托圣人之传，最是大病。③

"静坐之说……道家……打坐只是欲醒定其精神魂魄，游心于冲漠以

---

① 以上见《北溪字义》卷上，《敬》。
② 《北溪文集》卷一〇，《答陈师濂》。
③ 《北溪文集》卷一〇，《与姚安道》。

通仙灵为长生计。佛家……打坐只是欲空百念绝万想，以常存其千万亿劫不死不灭底心灵知识，使不至于迷错个轮回超生之路。……圣贤之所谓静坐者盖持敬之道……收放心，涵养本原而为酬酢之地，不欲终日役役与事物相追逐。……心不能无思，所思出于正乃天理之形。思其所不当思则为坐驰。今欲终日默坐无所思便自忽然有觉悟，宁有是理?!"陈淳认为陆九渊之学就是佛家的主静，"江西之学不读书不穷理只终日默坐澄心，正用佛家之说。"①

（五）对人心、道心、天理、人欲、仁的阐释

陈淳所谓"心"是指心的知觉作用。陈淳是从哲学意义上讲心的，也就是讲人的神明。他所讲的心不同于生理学上的心脏。

在朱熹那里，认为心属气而具理，没有把心看作一物。陈淳把心看作一物。他说：

> 心者，一身之主宰也。人之四肢运动，手持足履，与夫饥思食，渴思饮，夏思葛，冬思裘，皆是此心为之主宰。如今心恙底人，只是此心为邪气所乘，内无主宰，所以日用间饮食动作皆失其常度，与平人异，理义都丧了，只空有个气，仅往来于脉息之间未绝耳。大抵人得天地之理为性，得天地之气为体，理与气合方成个心，有个虚灵知觉，便是身之所以为主宰处。然这虚灵知觉，有从理而发者，有从心而发者，又各不同也。②

陈淳强调心的重要性，主要是为说明心是主而不是客，但心能认识客。如果认识正确，就会有正确的动机和行为，它就是道心；反之，如果认识错误，就会产生不正确的动机和行为，它就是人心。陈淳说：

> 心之虚灵知觉一而已。其所以为虚灵知觉，由形气而发者，以形气为主，而谓之人心由理义而发者，以理义为主，而谓之道心。若目能视，耳能听，口能言，四肢能动，饥思食，渴思饮，冬思裘，

---

① 《北溪文集》卷一〇，《答西蜀史杜诸友》。
② 《北溪字义》卷上，《心》。

夏思葛等类，其所发皆本于形气之私，而人心之谓也。非礼勿视，
而视必思明；非礼勿听，而听必思聪；非礼勿言，而言必思忠；非
礼勿动，而动必思义；食必以礼……饮必有节……寒不敢袭，暑毋
褰裳等类，其所发皆原于理义之正，而道心之谓也。①

陈淳认为，人心里固有理，这种理不依赖于客观世界而独立存在。性就
是天理，它是至善的。从性流出来的是道心，从物欲触发的是人心。道
心是全善的，而人心则是有善有恶。"从理上发出来的"，就是正确的行
为和动机，亦即是仁、义、礼、智之心，就是道心。"从形气上发出的"，
就是不正确的行为和动机，亦即饥思食、渴思饮之类的心，就是人心；
道心对于饮食，要从理上考虑当不当饮食，如不食嗟来之食。陈淳和朱
熹一样，坚决反对佛家的"停思绝想"的困来即眠、饥来则食的禽兽式
的生活，至于佛家"无君臣父子等大伦"，更是极其荒唐的。陈淳谓"心
本活物，如何使之绝念不生？必欲绝之，死而后可"。陈淳在这里充分地
估计人生的价值。在朱熹那里，注重在善恶上解释人心、道心，而陈淳
则是注重在出发点上解释人心、道心，以感官的天然倾向为人心，以伦
理的天然倾向为道心，更注重于与外部世界的接触。因此，陈淳发展了
朱熹关于人心、道心的思想。

在陈淳看来，出于人自私目的的是人心，出于义理的目的是道心。
人心总是自秘的，它是臬危兀危不安的；道心总难免遭受人心的蒙蔽，
不易充分显露出来。封建道德修养的目的，在于努力使道心处于支配的
地位，而使人心服从道心的支配。这就是说，只有明理才能去欲。陈
淳说：

人有淡然不逐物欲者，而亦不进于天理，盖其质美而未学所去
者，止其粗而未及精，止其显而未及隐，其不复天理处便是人欲之
根尚在，潜伏为病未能去之净尽，而犹有阴拒天理于冥冥之间。②

因此，陈淳全面论证了天理和人欲的问题。

① 《北溪大全集》卷十五，《似道之辨》。
② 《北溪文集》卷一〇，《问目》。

何谓天理？何谓人欲？陈淳认为，天理就是天命。他说：

> 唐陆宣公谓："人事尽处，是谓天理"。盖到人事已尽地头，赤见骨不容一点人力，便是天之所为。此意旨极精微，陆宣公之学亦识到此。……天以全体言，命以其中妙用言。其曰"以理言之谓之天"，是专就天之正面训义言，却包命在其中。其曰"自人言之谓之命"，命是天命，因人形之而后见。故吉凶祸福自天来，到于人然后为命。乃是于天理中，截断命为一边，而言其指归尔。若只就天一边说，吉凶祸福，未有人受来，如何见得是命。①

天理就是天命。那么天命是什么呢？陈淳从字义上加以解释。说：

> 命犹令也，如尊命、台命之类。天无言作，如何命？只是大化流行，气到者物便生者物，气到那物又生那物，便似分付命令他一般。命一字有二义，有以理言者，有以气言者。……天命即天道之流行，而赋予于物者；就元、亨、利、贞之理而言，则谓之天道，即此道之流行而赋予于物者而言则谓之天命。如就气说，却亦有两般。一般说贫、富、贵、贱、夭、寿、祸、福……乃就受气之短、长、厚、薄、不齐上论，是命分之命。又一般如孟子所谓"仁之于父子，义之于君臣，命也"之命，是又就禀气之清浊不齐上论，是说人之智愚贤否。②

陈淳认为，各种义理，"其根源所自来，莫非天命自然，而非人所强为"。如"孝"，就是天命所自然。陈淳说：

> 天之生人，决不能天降而地出，木孕而石产，决必由父母之胞胎而生。天下岂有不由父母胞胎而生之人乎？而其所以由胞胎而生者，亦岂予之所必，而亦岂父母所能安排计置乎？是则子之于父母，信其为天所命，自然而然，人道之所不能无。俯仰戴履，自此身有生以至没世，不能一日而相离。如欲离之，必须无此身而后可。然人岂能无此身，岂能出乎天理之外哉？既不能无此身，不能出乎天

---

① 《北溪字义》卷上，《命》。
② 《北溪字义》卷上，《命》。

理之外，则是决不能一日而相离，既不能一日而相离，则决不可以不竭尽，决不可空负人子之名于斯世；决然在所当孝，而决不容于不孝。①

再如，夫妇之伦是天理（天命）。他说：

天之生人，独阴不生，独阳不成，必阴阳合德，然后能生成。是夫妇亦天所命，自然如此也。然乾道成男，坤道成女，其分固一定而不可乱。则夫夫妇妇之所以当别，亦岂自外来乎？②

夫妇关系是"天所命"，乾（天）为夫，坤（地）为妇，乾健而坤顺，应该夫支配妇，妇受夫支配。夫为妇纲，其"分"一定不可变。再如，兄弟关系也是"天理"（天命）。陈淳说：

天之生人，虽由父母之胞胎，然决不能一时群生而并出，必有先者焉，有后者焉。是兄弟亦天所命，自然如此也。思乎此，则兄弟之所以当友，亦岂自外来乎？③

总之，封建制度所规定的一切，陈淳都认为是天之所命，是天命决定的，不是人为的，因而是"合理的"，不可改变的。正因为天理体现在人们的伦理纲常中，也就在人们的日常生活中。陈淳说：

圣贤所谓道学者，初非有至幽难穷之理，甚高难能之事也，亦不外乎人生日用之常尔。盖"道"，原于天命之奥，而实行乎日用之间。在心而言，则其体有仁、义、礼、智之性，其用有恻隐、羞恶、辞逊、是非之情。在身而言，则其所具，有耳、目、鼻、口四肢之用，其所与，有君臣父子夫妇兄弟朋友之伦。在人事而言，则处而修身齐家，应事接物，出而莅官理国，牧民御众。微而起居言动，饮食衣服；大而礼乐刑政，兵财律历之属，凡森乎戴履千条万绪，莫不各有当然一定不易之则，皆莫非天理自然流行著见，而非人之所强为者。自一本而万殊，而体用不相离（按"不相离"即"一

---

① 《北溪大全集》卷五，《孝根原》。
② 《北溪大全集》卷五，《君臣夫妇兄弟朋友根原》。
③ 《北溪大全集》卷五，《君臣夫妇兄弟朋友根原》。

原"）也。合万殊而一统，而显微无少间也。上帝所降之衷，即降乎此也；生民所秉之彝，即秉乎此也。以人之所同得乎此而虚灵不昧，则谓之明德，以人之所共由乎此而无所不通，则谓之达道。尧舜与途人，同一禀也；孔子与十室，均一赋也。圣人之所以为圣，生知安行乎此也；学者之所以为学，讲明践履乎此也。……是岂有超乎日用常行之外，而自为一物，至幽而难穷，甚高而难能也哉！[①]

人在封建社会里所应该做的一切都是天命决定的，不可改变的。因此，天理并不神秘，人人都可奉行，而且一定要奉行。

奉行天理，就必须去人欲。前面已经讲到，陈淳把"饥思食渴思饮，冬思裘夏思葛"[②]，看作是人欲。这是将人的生理所需的物质欲望看作是人生不可避免的罪恶。陈淳反对佛教，实际上他又采取了佛教的禁欲主义。陈淳所肯定的正是封建礼教的神秘性和残酷性。陈淳要求人们克己去私，不逐物欲，刬掉人欲之根，使人之心纯是天理之公，而绝无一毫人欲之私。

陈淳认为，战胜了人欲，恢复了天理，就叫作仁。陈淳说："仁须是……此心纯是天理之公，而绝无一毫人欲之私。"[③] 陈淳对仁的解释比朱熹更为明确。朱熹给仁的定义为"心之德而爱之理"[④]。陈淳却认为，仁离不开爱，但不能以爱释仁。他说："爱虽不可以名仁，而仁亦不能离乎爱也。"仁离不开知觉，但不能以知觉释仁。陈淳说："仁者固能知觉，而谓知觉为仁则不可。若能转一步观之，只知觉处纯是天理，便是仁。"又说：

> 象山教人终日静坐，以存本心，无用许多辩说劳攘。此说近本又简易直捷。后进易为竦动，若果是能存本心，亦未为失。但其所以为本心者，只是认形气之虚灵知觉者，以此一物甚光辉灿烂，为天理之妙。不知形气之虚灵知觉，凡有血气之属皆能趋利避害，不足为贵。此乃舜之所为人心者，而非道心之谓也。今指人心为道心，

---

① 《北溪大全集》卷十五，《道学体统》。
② 《北溪大全集》卷十五，《似道之辨》。
③ 《北溪字义》卷上，《仁义礼智信》。
④ 《朱子文集》卷六十七，《仁说》。

便是告子生之谓性之说，蠢动含灵皆有佛性之说，运水搬柴无非妙用之说。故慈湖专认心之精神为性，指气为理，以阴阳为形而上之道。论天、论易、论道、论德、论仁、论义、论理、论智、论诚敬、论忠信万善，只是此一个浑沦底物。只此号不同耳，夫诸等名义，各有所主，混作一物，含糊鹘突，岂得不错。①

仁者，与万物为一体，但不能以与万物一体释仁。陈淳说：

仁者，固与万物为一体，然谓与万物为一体为仁则不可。若能转一步观之，只与万物为一体之前纯是天理流行便是仁也。②

此外，陈淳还指出，仁者克己，但不能以克己为仁；仁者公，但不能以公释仁，等等。那么，到底什么是仁？陈淳认为，知觉纯是天理，行事纯是天理便是仁。

附：陈淳著作简介

《北溪先生全集》54 卷　北溪为陈淳之生地，后人乃举以称之。是集为其子矩所编，共分五门：第一门，《讲义》14 卷，皆对诸生之讲导；第二门，《书问》4 卷，乃是陈淳所问于老师朱熹者；第三门，《答问》8 卷，是陈淳回答学生的问题；第四门，各种文体 13 卷，皆说经、论事、杂著、日记、论辩之类；第五门，各体裁诗 4 卷；附录，铭箴、赞疏 7 卷，后又附《北溪字义》（即《四书性理字义》）2 卷，又附外集 1 卷皆陈淳墓铭、传记之属。书末有补遗数则。此全集自宋至明万历已刊 4 次。清光绪七年（1881 年）又重刊。陈淳生平不以文章著名，故其诗文皆如语录。其诗文质朴真挚、无所修饰。

《中庸大学讲义》1 卷　系陈淳所闻于朱熹关于《大学》《中庸》之微旨加以己意，然后教授漳州、泉州一带学生。由其学生笔记而成册。

《北溪字义》（又名《四书性理字义》）2 卷补 1 卷附《严陵讲义》1 卷　书为其门人王隽所录，以"四书"字义分 26 门（即命、性、心、

---

① 转自《宋元学案》卷五十八，《象山学案》。
② 《北溪字义》卷上，《仁义礼智信》。

情、才、志、意、仁义礼智信、忠信、忠恕、一贯、诚、敬、恭敬、道、理、德、太极、皇极、中和、中庸、礼乐、经权、义利、鬼神、佛老），每拈一字详论原委，旁引曲证，以畅其论。例如，论"忠"，不专指事君；论"信"，不专指不疑，皆有特色。比书初刻南宋时永嘉赵氏，又有宋淳祐年间（1241—1252）临漳版，明弘治三年（1490年）重刻。后又有四明丰庆本、桐川施氏本。清朝顾秀虎校正诸本之异同，复取散见于他书者，录为补遗1卷。又附以《严陵讲义》1卷4条（即道学体统、师友渊源、用功节目、读书次第）。此系陈淳于嘉定九年（1216年）待试中都归过严陵，应郡守郑之悌之请，在郡学的讲稿。

《竹林精舍录》 系录陈淳去建阳拜访朱熹期间闻于师者。

《郡斋录》 系录陈淳在漳州拜访朱熹时所闻于师者。

《周易讲义》 1卷3篇，即原画、原辞，原旨，都是解释《易》中画卦辞传的。

《北溪文集》8卷 此书系精选陈淳著作，在清张伯所编的《正谊堂丛书》中。

《筠谷、濑口、金山所闻》《北溪语录》 为学生所记，陈淳加以笔削之。

《读春秋篇》

《礼解》

《女学》

《启蒙初诵》《训童雅言》 此两篇教育儿童读物。

五 真德秀

（一）生平事迹

真德秀，字实夫，改字景元，更字希元，号西山，学者称西山先生，福建浦城人。真德秀生于宋孝宗淳熙五年（1178年），卒于理宗端平二年（1235年），年58岁。真德秀弱冠举于乡，登宁宗庆元五年（1199年）

进士。历官江东转运副使、泉州知府、福州知府、潭州知府、中书舍人、礼部侍郎、参知政事、户部尚书、翰林学士等。真德秀为官 20 余年，"立朝不满十年，奏疏无虑数十万言，皆切当世要务，直声震朝廷。四方人士诵其文，想见其风采。及宦游所至，惠政深洽，不愧其言，由是中外交颂。都城人时惊传颒洞，奔拥出关曰：'真直院至矣!'果至，则又填塞聚观不置。"①

真德秀在朝廷一段时间，正值奸臣史弥远擅政。他不与之同流合污，因而受排斥打击；后来，史弥远又用爵禄拉拢名士，真德秀亦不为名利失节。他对同僚刘熵说："吾徒须急引去，使庙堂知世亦有不肯为从官之人。"于是遂力请去，离开朝廷出任地方官。由此可知，真德秀具有正直不阿的道德品质。真德秀主张闭关息民、强兵足食以抗金。他认为，金人不可怕，金人必亡，不必向其屈膝求和；只要君臣上下团结一心，必有进取。为此，真德秀请朝廷修垦田之政。他说：

> 自扬（州）之楚（州），自楚之盱眙（州），沃壤无际，陂湖相连，民皆坚悍强忍，此天赐吾国以屏障大江，使强兵足食为进取资。②

真德秀为官常用"廉仁公勤"四字督察自己和勉励部下。做官之方是遵循其老师詹体仁（朱熹学生）所讲的"尽心平心而已，尽心则无愧，平心则无偏"③。

他任江东转运副使时，当时旱、蝗灾极为严重，其所属太平、广德两州尤甚。真德秀与留守宪司大讲荒政，亲自到广德、太平两州救荒，发廪赈给，裁判不关心民间疾苦的贪官污吏。真德秀任泉州知府时，"番舶畏苛征，至者岁不三四，德秀首宽之，至者骤增至三十六艘。输租令民自概，听讼惟揭示姓名，人自诣州。泉多大家，为闾里患，痛绳之。有讼田者，至焚其券不敢争。海贼作乱。将逼城，官军败衄，德秀祭兵

---

① 《宋史》卷四百三十七，《真德秀传》。
② 《宋史》卷四百三十七，《真德秀传》。
③ 康熙《建宁府志》卷二十九，《真德秀传》。

死者，乃亲授方略，禽之。复遍行海滨，审视形势，增屯要害，以备不虞。"① 真德秀同情民困，有荒救荒，无荒则督促生产。他曾设立惠民仓、社仓、慈幼仓和置义田等，使百姓在青黄不接和灾荒时得到一些救济。真德秀勤于政事，"或劝啬养精神。德秀谓：无以惠民，仅有政平讼理，事当勉耳。"②

真德秀的学术渊源于朱熹，是朱熹的再传。在"庆元党禁"时期，朝廷宣布程朱理学为伪学，许多理学家遭到迫害，如蔡元定流放道州而死；理学名儒的书籍禁绝，朱熹许多门徒害怕牵连而离去，隐匿。但是，真德秀不为时论所动，不怕牵连，慨然以斯文自任，讲理学，行理学。未能亲炙朱熹而私淑朱熹，为朱熹的私淑弟子。据记载：

> 西山真先生去文公未远，其学一以文公为宗。自韩侂胄以伪学锢善类、禁绝近代大儒之书。先生独慨然以斯文自任，讲习而服行之。使正学复明于世者先生之力居多。……先生之学卓然有体有用，得孔孟之心传，可以继文公后而成一代大儒也。③

韩侂胄死后，真德秀出任参知政事（副宰相），提出解除学禁，大力提倡程朱理学。真德秀的学术如同他的政绩一样，为人所肯定，在南宋末和元代，真德秀已著名。到了明代，真德秀的学术益加得到重视，特别是他的《大学衍义》，为帝王所称道。据明人夏良胜所记，明太祖朱元璋问宋濂帝王之学何书最要，宋答以读真德秀之《大学衍义》；于是，朱元璋命侍臣将《大学衍义》书于庙堂两庑壁间，时睇观之。④

由于真德秀为社会文化的繁荣做出了贡献，到了明英宗正统年间即从祀孔庙。真德秀的学说出自朱熹，且墨守朱熹。一般说来，他没有跳出朱熹学说的范围，但亦有发展。清人雷铉说："先生（按指真德秀）未得亲事朱子，与朱子诸门人游，明体达用莫之先焉。故曰：朱子之学私淑而得其宗者，先生也。"又说：

---

① 《宋史》卷四百三十七，《真德秀传》。
② 乾隆《泉州府志》卷二十九，《名宦》。
③ 《西山文钞序》。
④ 参见［明］夏良胜：《中庸衍义》卷二。

先生《大学衍义》一书，历代奉为金鉴，深山穷谷亦多流布。……古圣大经大法，精义微言，洎历代典章制度，损益因革得失。学者不博究经史子集，考其宜古宜今之别，措之于用必扞格而难行。是书（按指《读书记》）纲领条贯，无所不备，学古议事择精语详，不致径约而入于寡陋，亦不至泛滥而失其统纪。故曰是盖格物致知之谱也。先生处为大儒，出为名臣，其学术事业，具载是书，与《大学衍义》互相发明，考之于学，合则正，离则邪；施之于政，得则治，失则乱。先生尝有言曰：如有用我，执此以往。疑专为经世宰物之方，顾于人心天命源流尤详密焉。①

全祖望说："西山之望直继晦翁。"② 真德秀在宣传朱熹学说方面，起了很大作用，是朱熹后学中较有影响的人物。他的学说是朱子学正宗，是正统的有代表性的福建朱子学者。

（二）世界观

真德秀世界观的主要范畴是太极和理。真德秀对这两个范畴的阐释基本上和朱熹是一致的，认为太极就是理；理是天下最可贵的，故叫作太极。他说：

所谓无极而太极者，岂太极之上别有所谓无极哉，特不过谓无形无象而至理存焉耳。盖极者，至极之理也，穷天下之物可尊可贵，孰有加于此者，故曰太极也。世之人以北辰为天极，以屋脊为屋极，此皆有形而可见者。周子恐人亦以太极为一物，故以无极二字加于其上，犹言本无一物只有此理也。自阴阳以下则丽乎形气矣，阴阳未动之前只是此理，岂有物之可名耶？③

真德秀把太极规定为无物而有理，是对朱熹释太极为"无形而有理"④ 的进一步发挥，是符合理学家关于太极的含义的。

---

① 《经笥堂义钞》卷上《真西山先生读书记序》。
② 《宋元学案》卷八十一，《西山真氏学案》。
③ 《西山文集》卷三十一，《问太极中庸之义》。
④ 《朱子语类》卷九十四，《太极图》。

无物而有理，就是理在物先，理是抽象的精神性的本体。真德秀说："浑然全体之理，无声臭之可言，无形象之可见。"[1]　"百行万善只是一理。"在真德秀看来，理是一个道理，是自然界和社会上各种事物的道理。不过，他对理内涵的规定性，主要是指道德性命。他说："道德性命者，理之精也。"[2]　又说：

> 理者何？仁、义、礼、智是也。人之有是理者，天与之也。[3]

在真德秀那里，理虽然包含有自然万物之道理，但主要是指人的行为之理。他把封建社会的道德规定看成是理的主要内容，作为人的规定性，如谓"君使臣以礼，臣事君以忠，朱子曰：二者皆理之当然，各欲自尽而已"[4]。这种对理的内涵的规定是理学思辨方法的产物。真德秀又说："人于日用事物间处处当理，然后为道，不可以日用事物便为道。"[5]　真德秀这几句话很值得注意，反映出他的理学思想的本质。在真德秀看来，人之"日用事物"之理在"日用事物"之先，不是人通过"日用事物"得出"日用事物"之理。理在事物之先，这是真德秀的基本观点。

理是事物的道理，真德秀把这种道理看成是事物的准则或规定性。他说：

> 理未尝离乎物之中，知此则知有物有则之说矣。盖盈乎天地之间者莫非物，而人亦物也，事亦物也。有此物则具此理，是所谓则也。以人言之，如目之视、耳之听，物也。视之明，听之聪，乃则也。君臣父子，夫妇长幼，物也。而君之仁、臣之敬、子之孝、父之慈、夫妇之别、长幼之序，乃则也。则者，准则之谓，一定而不可易也。[6]

这里有两层意思：一是"理未尝离乎物"，即理在物中。这句话似乎和上

---

① 《四书集编·孟子集编》卷三，《公孙丑章句上》。
② 《西山文集》卷十、三十一，《问答》。
③ 《西山文集》卷三十二，《代刘季文浦城县庠四德四端讲义》。
④ 《西山读书记》卷十二。
⑤ 《西山文集》卷三十一，《问答》。
⑥ 《大学衍义》卷五，《格物致知之要一》。

引"本无一物，只有此理"是不一致的。其实他是在理产生物的前提下来讲理和物的关系的。真德秀说："衣食作息，视听举履，皆物也。其所以如此，之义理准则，乃道也。"① 在理和物的关系上，真德秀特别强调理在物中，理是物的道理，"有此物则具此理"，是有合理因素的。二是把理看成是事物"一定而不可易"的准则，就是事物中本质的和稳定的东西，或者叫作事物的法则、规律。真德秀这种对理的阐释显然是和朱熹有所不同的。

真德秀和朱熹一样，改造阴阳五行之气，使其纳入自己的思辨哲学体系之中。以形气释阴阳五行，是真德秀世界观的一个特点。首先，他把世界上万事万物都归结为阴阳。真德秀说："天地造化，四序（时）流行，而其实不过一阴一阳而已。"② 又说：

> 天地虽大，万物虽多，其所不能违者阴阳而已。……阖辟之循环，往来之更代，此天地之性也。荣必易之以悴，盛必继之以衰；有终则有始，有杀则有生者，方物之情也。③

真德秀认为，阴阳矛盾运动贯穿在一切事物之中，没有矛盾就没有世界。正由于阴阳矛盾运动具有普遍性，因此各种具体的矛盾运动都是可以用阴阳来理解的。他说：

> 立天之道曰阴与阳；立地之道曰柔与刚；立人之道曰仁与义。是知天地之道不两则不能以立。……自两而一，则统之有宗，会之有元矣。故曰：五行一阴阳，阴阳一太极，是天地之理固然也。④

"不两则不能以立""自二而一"，就是没有对立就没有统一，没有矛盾就没有事物。真德秀这种思想，是他从《周易》中吸取过来的。他说："学《易》则知吉凶消长之理，进退存亡之道。"⑤ 此易评较为准确。

此外，真德秀进一步指出，事物的对立统一关系是客观存在的，是

---

① 《西山文集》卷三十一，《问答》。
② 《四书集编·孟子集编》卷三，《公孙丑章句上》。
③ 《大学衍义》卷十三，《格物致知之要一》。
④ 《四书集编·孟子集编》卷三，《公孙丑章句上》。
⑤ 《西山文集》卷三十一，《问答》。

不依人的主观意志为转移的。他说：

> 有天地则有万物，其巨细多寡高下美恶之不齐，乃物之情而实
> 天之理也。物各付物止于其所，吾何加损于其间哉。……欲一天下
> 之物而泯其一定之分，其蔽岂不甚矣哉？①

因对立统一关系是"物之情而实天之理"，"欲一天下之物而泯其一定之
分，其蔽岂不甚矣哉"，就是说违背客观事物的辩证法是要受到惩罚的！
由上可见，真德秀对阴阳的深刻分析和运用，含有较丰富的辩证法思想，
是其世界观中最有价值的部分。

那么，阴阳怎样表现为万事万物的呢？真德秀认为，阴阳是通过五
行表现为万事万物的。他说：

> 五行者，天之所生以养乎人者也。其气运乎天而不息，其财用
> 于世而不匮，其理则赋于人而为五常。以天道言之，莫大于此，故
> 居九畴之首。②

这里所谓"其则赋于人而为五常"，就是："人禀五行之秀以生，故其为
心也，未发则具仁、义、礼、智、信之性以为之体；已发则有恻隐、羞
恶、恭敬、是非、诚实之情以为之用。盖木神曰仁，则爱之理也，而其
发为恻隐；火神曰礼，则敬之理也，而其发为恭让；金神曰义，则宜之
理也，而其发为羞恶；水神曰智，则别之理也，而其发为是非；土神曰
信，则实有之理也，而其发为忠信。是皆天理之固然，人心之所以为妙
也。"③ 他说：

> 人之五常本于天之五行，五行运于天，而人得之以为性。木仁、
> 火礼、金义、水智、土信各有攸本，故自昔言性者曰五常而已。④

在真德秀关于五行的言论中，其谓"正道异端，如水火之相胜，彼胜则

---

① 《四书集编·孟子集编》卷五。
② 《大学衍义》卷二，《帝王为学之本》。
③ 《四书集编·论语集编》卷一。
④ 《大学衍义》卷五，《格物致知之要一》。

此衰，此强则彼弱"①，含有很多合理成分。在真德秀看来，阴阳五行的矛盾运动表现为元气的流行。他说："元气流行于天地之间，无一处之不到，无一时之或息也。""天只是一气流行，万物自生自长自形自色，岂是逐一妆点得如此。"② 但是，阴阳五行之气之所以运乎天地之间而形成万物，是由于理的支配。真德秀说：

> 阴阳二气流行于天地之间，来往循环终古不息，是孰使之然哉？理也。理之与气未尝相离。③

真德秀是在理产生气的前提下，认为理和气是相互依赖、不可分离的。有理必有气，有气必有理；无理无所谓气，无气也无所谓理。理在气中，理寓于气，是通过气来表现的。实际上，仍然是先有理、后有气，物质性的气是由精神性的理决定的，派生出来的。在真德秀的思想体系中，阴阳五行之气是理产生世界万物的中间环节。

关于道和器的关系，在真德秀的哲学体系中也占有一定地位。道与器最早是《易经》中提出来的，即"形而上者谓之道，形而下者谓之器"④。真德秀基于二程的道与器未尝相离的观点，对道与器的关系作了比较详细的阐述。他说：

> 器者有形之物也；道者无形之理也。明道先生曰："道即器，器即道，两者未尝相离。"盖凡天下之物，有形有象者皆器也，其理便在其中。大而天地，亦形而下者；乾坤乃形而上者。日、月、星、辰、风、雨、霜、露，亦形而下者；其理即形而上者。以身言之，身之形体，皆形而下者；曰性曰心之理，乃形而上者。至于一物一器，莫不皆然。且如灯烛者，器也，其所以能照物，形而上之理也。且如床卓，器也，而其用理也。天下未尝有无理之器；无器之理，即器以求之，而其理在其中。如即天地，则有健顺之理；即形体，则有性情之理。精粗本末，初不相离，若舍器而求理，未有不蹈于

---

① 《四书集编·论语集编》卷一。
② 《四书集编·论语集编》卷五、卷二。
③ 《大学衍义》卷五，《天理人心之善》。
④ 《周易·系辞上传》。

空虚之见，非吾儒之实学也。所以《大学》教人以格物致知，盖即物而理在焉。庶几学者有着实用力之地，不致驰心于虚无之境也。①

这里有两个值得注意的问题：一是真德秀的道就是他所谓的理，即"道者无形之理"，"道者，天理之自然"②。他又说："道只是当然之理而已，非有一物可以玩弄而娱悦也。"③ 他说：

> 道者，事物当然之理。……吾之所谓道者，君臣、父子、夫妇、昆弟、朋友当然之实理也。……志于道者，心存于义理也。④

二是真德秀从道和器的统一中去认识道和器的对立。从器的角度看，道（理）只有通过器才能体现，有器，其道理才有安顿处；从道（理）的角度看，道（理）产生器。

真德秀基于其理与气、器、物之不可分割的关系，进一步认为理是实在的，不是虚无的。他说：

> 形而上者理也，形而下者物也。有是理故有是物，有是物则具是理，二者未尝相离也。方其未有物也，若可谓无矣，而理已具焉，其得谓之无邪？老氏之论既失之而为清谈者又失之尤者也。若吾儒之道则不然。天之生物无一之非实，理之在人亦无一之非实。故立心以实意为主，修身以实践为贵，讲学以实见为是，行事以实用为功。⑤

实是对虚讲的。佛老以万象为空虚，故曰世界空虚。真德秀说：

> 释氏之言偶与圣贤相似者多矣。但其本不同，则虽相似而实相反也……其学以空为真，以理为障，而以纵横作用为奇特，故与吾儒之论正相南北。⑥

---

① 《西山文集》卷三十，《问答》。
② 《四书集编·孟子集编》卷三。
③ 《西山文集》卷三十一，《问答》。
④ 《四书集编·论语集编》卷二。
⑤ 《大学衍义》卷十三，《异端学术之差》。
⑥ 《四书集编·孟子集编》卷十二。

真德秀从理与物"未尝相离"得出理也是实有的,因而世界是实有的。

由上可见,在真德秀的哲学体系中,太极、理、道是相通的,是指精神性的本体;气、器也是相通的,是指具体的物质。理(太极)、道和气、器的关系,相当于精神和物质的关系,不过这种关系是头脚倒置的,是精神产生物质的。

为了说明精神性的理(太极、道)产生世界万物,理学家们提出"理一分殊"。"理一分殊"来源于佛教华严宗的"理事无碍""一即一切""一切即一"的命题。朱熹曾谓"万物各具一理,而万理同出一源。……释氏云:'一月普现一切水,一切水月一月摄。'这是那释氏也窥见得这些道理"[①]。真德秀的"理一分殊"论是在朱熹对此论说的基础上提出来的。他说:

> 夫子之一理浑然而泛应曲。当譬则天地之至诚无息而万物各得其所也。……至诚无息者,道之体也,万殊之所以一本也;万物各得其所者,道之用也,一本之所以万殊也。以此观之,一以贯之之实可见矣。……一以贯之,只是万事一理。……一本是统会处,万殊是流行处。在天道言之,一本是元气之于万物,有昆虫、草木之不同,而只是一气之所生,万殊则是昆虫、草木之所得,而生一个自是一个模样。在人事言之,则一理之于万事万物,有君臣、父子、兄弟、朋友动息洒扫应对之不同,而只是此理之所贯,万殊则是君臣、父子、兄弟、朋友所当于道者,一个自是一个道理,其实只是一本。……所谓众理者,本一理也。以是而贯通之,则天下事物之多,皆不外乎是而无不通矣。[②]

真德秀是用体用一元论来解释理一分殊的。总合天地万物之理,只是一个理,分开来,每个事物都各自有一个理,但都是一个根本理的体现。根本的理是本体,每个事物各具有的理是万殊,都是根本理的作用和运用,而且是根本理的整体的缩影。根本的理和万殊的理都是道,体用都是道,因此是体用一元。这就是真德秀所说的"至诚无息者,道之体也,

---

① 《朱子语类》卷十八,《大学五》。
② 《四书集编·论语集编》卷二。

万殊之所以一本也；万物各得其所者，道之用也，一本之所以万殊也"
的意思。真德秀说：

> 天下之理一而分则殊，凡生于天壤之间者莫非天地之子而吾之
> 同气者也，是之谓理一。然亲者吾之同体，民者吾之同类，而物则
> 异类矣，是之谓分殊。以其理一，故仁爱之仁无不遍；以其分殊，
> 故仁爱之施则有差。若以亲亲之道施于民，则亲疏无以异矣，是乃
> 薄其亲；以仁民之道施于物，则贵贱无以异矣，是乃薄其民。故于
> 亲则亲之，于民则仁之，而于物则爱之，合而言之则皆仁，分而言
> 之则有序。①

一理和万殊的关系包含有一般和个别、一和多的辩证法。真德秀提出各
个万殊都完美无缺地分别体现了一理，用之于分析社会上的伦理道德现
象，是很深刻的，是福建朱子学家共同的观点。

在鬼神问题上，真德秀也有比较深刻的见解。无鬼神论是真德秀世
界观中的一个重要方面。真德秀和朱熹一样，试图摆脱世俗鬼神迷信的
观点。世俗一般认为，"人死有鬼、有知、能害人"。对鬼神论的批判，
汉代唯物论者王充认为，"鬼神，阴阳之名也，阴气逆物而归，故谓之
鬼；阳气导物而生，故谓之神。神者，伸也"②。用阴阳二气解释鬼神，
是汉代以前唯物论者的一般观点。理学家们因袭了唯物论的这种观点，
并有所发挥。朱熹认为，"鬼神，通天地间一气而言，魂魄主于人身而
言。方气之伸，精魄固具，然神为主；及气之屈，魂气虽存，然鬼为主，
气尽则魄降而纯于鬼矣！故人死曰鬼。"③ 既然鬼神是气，而气是物，因
而鬼神无知，不害人，不主宰自然和社会。真德秀进一步把鬼神解释为
阴阳二气化生世界万物的自然现象。他说：

> 神者，气之伸；鬼者，气之屈。气之方伸者，属阳，故为神；
> 气之屈者，属阴，故为鬼。……山、泽、水、火、雷、风，……只
> 是阴阳二气而已。阴阳二气流行于天地之间，万物赖之以生，赖之

---

① 《大学衍义》卷十二，《吾道源流之正二》。
② ［汉］王充：《论衡·论死篇》。
③ 《晦庵集》卷四十四，《答梁文叔》。

以成，此即所谓鬼神也。今人只以塑像、画像为鬼神，及以幽暗不可见者为鬼神，殊不知山峙、川流、日照、雨润、雷动、风散乃分明有迹之鬼神。伊川曰："鬼神者，造化之迹。"又曰："鬼神，天地之功用。"横渠曰："鬼神，二气之良能。"①

真德秀强调，"鬼神，造化之迹。虽非不正，然非穷理之至，有未易明者。……元气之运，浑然无迹，而春生，秋杀默寓其中。"②

真德秀认为，鬼神是自然界生灭变化的一种状态。生、灭（杀）就是伸屈，就是阴阳二气所表现出来的自然物的生长、衰弱和春来寒往等的运动，因此根本没有人格的造物主。这就揭穿了世俗鬼神迷信的神秘外衣。应该说，真德秀这种对鬼神的解释尽管是不科学的，但在当时的历史条件下是应该充分肯定的。真德秀的鬼神论是无神论的。

真德秀还用无鬼论的思想对有鬼论进行了批判。首先，他认为神仙方士的长生不死说是无稽之谈。他说：

> 春夏不能常春夏，而有秋冬焉；旦昼不能常旦昼，而有暮夜焉；阖辟之循环，往来之变化，此天地之性也。荣必易之以悴，盛必继之以衰；有终则有始，有杀则有生者，万物之情也……人在天地间，是亦一物耳。而为神仙之学者则曰："吾能长生而不死，有是理乎？"③

真德秀认为，荣悴、盛衰变化是不依人的主观意志为转移的客观规律，有生必有死，没有主宰人的命运的人格神，因此神仙方士企图长生不死是不可能的。其次，真德秀批判了谶纬迷信之说，认为："六经者，先王之格言；而谶纬者，末世之邪说。……新莽之居摄也，假称符命以惑众听，因以行其篡窃之谋。"④ 他进一步说：

> 三纲五常礼之大体，三代（夏、商、周）相继皆因之而不能变，其所损益不过文章制度小过不及之间，而其已然之迹今皆可见，则

---

① 《西山文集》卷三十，《问答》。
② 《四书集编·论语集编》卷四。
③ 《大学衍义》卷十三，《异端学术之差》。
④ 《大学衍义》卷十三，《异端学术之差》。

自今以往或有继周而王者，虽百世之远所因所革亦不过此，岂但十世而已乎！圣人所以知来者盖如此，非若后世谶纬术数之学也。①

理学家把哲学伦理化，其目的是宣扬"存天理，去人欲"，他们必然反对迷信邪说。因此，真德秀的结论是"专用力于人道之所宜而不惑于鬼神"②。

（三）博文约礼的认识论

上面已经讲到，以朱熹为代表的福建朱子学家们的世界观是理借助于气派生天地万物的。在他们看来，重要的问题是要再返回到理，认识理。那么，如何从千差万别的事物返回到理呢？真德秀提出要在"博文约礼上用功"。这是真德秀异乎寻常的提法，是对理学的一个贡献。真德秀说：

> 学者于博文约礼上用功。……博文者，言于天下之理无不穷究，而用功之广也；约礼者，言以礼检束其身，而用功之要也。博文者，格物致知之事也；约礼者，克己复礼之事也。内外、精粗二者并进，则此心此身皆与理为一，从容游泳于天理之中。③

在真德秀看来，格物致知是认识的手段和方法，克己复礼是认识的标准和目的，把认识的手段、方法和认识的标准、目的结合起来，就能达到身心和理为一，即主观和客观得到统一，完成认识的任务。

1. 格物致知

"格物致知"源于《礼记·大学》。宋代理学家把"格物致知"作为认识论的中心命题。他们认为，格物致知就是即物穷理，即通过接近事物的认识方法而达到认识理的目的。对于"格物致知"，理学家们有不同的说法。在朱熹那里，认为"知在我，理在物"④，把主体和客体区分开来。真德秀对认识的主体和认识的客体的观点与朱熹有所不同。首先，

---

① 《四书集编·论语集编》卷一。
② 《四书集编·论语集编》卷三。
③ 《西山文集》卷三十一，《问答》。
④ 《朱子语类》卷十五，《大学二》。

他认为事物之理在人的本性之中，即在人的心中，主体和客体是合而为一的。他说：

> 孟子曰："万物皆备于我矣。"此言理之本然也。大则君臣父子，小则事物细微，其当然之理无一不具于性分之内也。①

他认为，"此心本来虚灵，万理具备，事事物物皆所当知。"② 这就是说，万理具于人的本性之中，"事事物物皆所当知"。因此所谓"格物"，即接近事物，只是启发内心所具之理的手段，要把主要工夫花在自己的身心之上。但是，这并不完全是心学家所谓的只在身心上做工夫。在真德秀看来，人先天具有的理是人的"本然之知"，亦即"良知"，不是义理之至极，因此人须以先验的理去推求事物之理，以此来扩充心中之理，使其达到义理之至极。真德秀所说的人先天具有的"本然之知"，是指人的认识能力。真德秀所说的事物之理并不是指客观事物的规律，而是指现实社会的人的伦理道德关系和仁、义、礼、智、信的义理。这就是说，真德秀要人们通过现实社会的人伦关系来领悟仁、义、礼、智、信等封建道德规范。

其次，理也在事物之中。真德秀说：

> 天下之理固根于人心，亦未尝不形见于事物。为学之方固当存养其德性，而亦不可不省察乎。③

在这里，真德秀又把认识的主体和客体区分开来了。在格物致知问题上，真德秀杂有心学（陆学）的成分。

在真德秀看来，理主要在人的心中，如果人的心中之理没有放逸、散失，就是一种"中"的状态。真德秀说：

> 其理散于事事物物之间，莫不有当然一定之则，不可过不可不及是所谓中也。……其体则极天理之正是名大中，其用则酌时措之

---

① 《四书集编·孟子集编》卷十三。
② 《四书集编·孟子集编》卷十三。
③ 《四书集编·论语集编》卷六。

宜是名时中。①

这种"中""大中""时中"，就是指做事要符合理，不要有左的或右的错误。在这种情况下，就要"常存此心"，或叫作守心，使心不要放逸、散乱。真德秀说：

> 人受中以生，全具天地之理，故其为心又最灵于物。……今为学之要，须要常持此心。……所谓本心即所谓仁也，便当存之养之，使之不失，则万善皆从此而生。②

这种守心，并不是不格物，也需要格物才能致知。但这种格物致知，首先要把工夫放在自己的本心上，即启发自己内心的直觉，使内心所具有之理表露出来。这在圣人尤其如此。真德秀说："圣人之心至虚至明，浑然之中万理毕具，一有感触则其应甚速，而无所不通。"就是说一接触到事物内心所具有的事物之理就会立即显现出来，像人们照镜子一样。不仅圣人，对一些有道德修养的人也是如此。但是"今人多是气质偏了，又为物欲所蔽，故昏而不能尽知，此圣贤所以贵乎穷理"③。由于人心被物欲所蔽，所以在行动上就必然不符合道德的要求。真德秀说："言虽发于口，实出于心；内有蔽陷离穷之病，则外有诐淫邪遁之失。"④ 因此，必须去蔽穷理。真德秀说：

> 心者，人之神明所以具众理而应万事者也；性则心之所具之理，而天又理之所从以出者也。人有是心莫非全体，然不穷理则有所蔽而无以尽乎此心之量。故能极其心之全体而无不尽者；必其能穷夫理而无不知者也。⑤

这种除物蔽以穷理，真德秀叫作收放心或养德性。他说：

> 善推其所为，此心之充拓也。求其放心，此心之收敛也。……

---

① 《大学衍义》卷十一，《吾道源流之正》。
② 《西山文集》卷三十，《问答》。
③ 《四书集编·孟子集编》卷十三。
④ 《四书集编·孟子集编》卷三。
⑤ 《四书集编·孟子集编》卷十三。

心一而已，由义理而发无以害之，可使与天地参。由形气而发，无以检之，至于违禽兽不远。①

德性谓得之于天者，仁、义、礼、智、信是也，收放心、养德性虽云二事，其实一事。盖德性在人本皆全备，缘放纵其心不知操存是致贼害其性，若能收其放心，即是养其德性，非有二事也。②

由此可见，收放心必须格物致知。

此外，上面已经提到，理未尝不在物中。欲知物中之理，更须格物。真德秀特别指出，人有格物致知穷理的能力。他说：

心即理，理即心。……学者诚能尽心于此，则可以不惑于彼也。……道正之，则心正而身修矣。③

这就是说，心中充满着理，心具有知理的能力。在真德秀的著述中比较详细地阐述了格物致知穷理的一系列问题。我们综观真德秀的有关论述，有下列几个方面。

第一，由具体到抽象。真德秀认为，认识事物之理，要按照由具体到抽象的顺序循序渐进，就可以达到目的。对此他提出三点：一是循迹知理。理虽无形而难知，但必有迹可循。真德秀说："事物之理虽若无形而难知，然其发见之已然则必有迹而易见。"④ 这是讲透过现象认识本质。真德秀又说：

浑然全体之理，无声臭之可言，无形象之可见，何以知其灿然有条若此。盖是理可验乃就他发处验得。凡物必有本根而后有枝叶，见其枝叶而知其必有本根。性之理虽无形，而端绪之发则可验，故由其恻隐所以必知其有仁；由其羞恶所以必知其有义；由其恭敬所以必知其有礼；由其是非所以必知其有智。使其本无是理于内，则何以有是端于外；所以有是端于外，必知有是理在内。⑤

---

① 《宋元学案》卷八十一，《西山真氏学案》。
② 《西山文集》卷三十，《问答》。
③ 《四书集编·论语集编》卷四。
④ 《四书集编·孟子集编》卷八。
⑤ 《四书集编·孟子集编》卷三。

这是讲从事物的外在形式认识事物的内在内容。

二是由末而知本。真德秀说：

> 其分之殊而理则一，学者当循序而渐进，不可厌末而求本。……无大小者理也，有序者事也。正以理无大小而无不在，以教人者不可不由其序而有所遗也。盖由其序则事之本末巨细无不各得其理，而理之无大小者莫不随其所在而无所遗。不由其序而舍近求远、处下窥高，则不惟其所妄意者不可得，而理之全体固已亏于切近细微之中矣。此所以理无大小而教人者尤欲由其序也。①

三是由常知变。真德秀认为为学（认识）必先知经（常），知经而后可以语权（知变）。他说：

> 经，常也；权；变也。常者一定之理，变者随时之宜。遇事之常，则但当守一定之理；遇事之变，则不得不小有移易以就夫权。权与经不可无辨。……然天下之理，惟其当然而已。当经而经当然也，当权而权亦当然也。则权虽异于经，而以其当然则亦只是经。②

由上可见，在真德秀的认识论中，包含有由个别到一般的认识论辩证法。

第二，持敬以立其本。真德秀把诚敬看成是知理之本。他说："为学之大本敬与致知而已矣。……非存心无以致知，而存心者又不可以不致知。"③

真德秀认为，敬与知是相辅相成的。知而不敬于义理必无所得，敬而不知必流于释氏之虚静。④ 他认为，理学的持敬不同于释氏的虚静。释氏的虚静是人心中"只见到空荡荡的物事"，而理学的持敬则如明鉴止水。"此心当如明鉴止水，不可如槁木死灰。鉴明水止，其体虽静，而可以鉴物，是静中涵动，体中藏用，人心之妙正是如此。"⑤ 在真德秀看来，水镜之明虽未照物，而能照理，无时不存，此即"静中涵动，体中藏

---

① 《四书集编·论语集编》卷十。
② 《四书集编·孟子集编》卷十三。
③ 《西山文集》卷三十三，《蔡仲觉名字说》。
④ 参见《西山文集》卷三十，《问答》。
⑤ 《西山文集》卷十八，《讲筵卷子·大学修身在正其心章》。

用"。心之奥妙也正在这里。内心持敬专一，虽未思虑，而神明昭彻，其理已具，以此应接事物，便会得心应手，事事中理。真德秀把一些偏离封建道德的行为都看成是害敬。他说：

> 敬者德之聚。仪狄之酒，南威之色，盘游弋射之娱，禽兽狗马之玩，有一于兹，皆足害敬。[①]

只有诚敬才行。真德秀又说："格物致知自属穷理工夫。……戒惧谨独者敬也，主静亦敬也，学者倘能居敬以立其本而又穷理以致其如，则学问之道无余蕴矣。"[②]

真德秀解释敬为主一无适，是本于程朱。他说：

> 程子曰："涵养须用敬，进学则在致知"。盖穷理以此心为主，必须敬以自持，使心有主宰，无私意邪念之纷扰，然后有以为穷理之基本。心既有所主宰矣，又须事事物物各穷其理，然后能致尽心之功。欲穷理而不知持敬以养心，则思虑纷纭，精神昏乱，于义理必无所得。知以养心矣，而不知穷理，则此心虽清明虚静，又只是个空荡荡底物事，而无许多义理以为之主，其于应事接物必不能皆当。释氏禅学正是如此。故必以敬涵养，而又讲学、审问、谨思、明辨以致其知，则于清明虚静之中，而众理悉备。其静则湛然寂然而有未发之中，其动则泛应曲当而为中节之和。天下义理，学者工夫，无以加于此者。自伊川发，而文公又从而阐明之。《中庸》尊德性道问学章皆同此意也。

> 学者用功，须当主于一。主者，念念守此而不离之意也。及其涵养既熟，此心湛然，自然无二无杂，则不待主而自一矣。不待主而自一，即所谓诚也。敬是人事之本，学者用功之要，至于诚则达乎天道矣。此又诚敬之分也。所谓主一者，静时要一；动时亦要一；平居暇日未有作为，此心亦要主于一，此是静时敬；应事接物有所作为，此心亦要主于一，此是动时敬。静时能敬，则无思虑纷纭之

---

①　转自《宋史》卷四百三十七，《真德秀传》。
②　《西山文集》卷三十一，《问答》。

　　患，动时能敬，则无举措烦扰之患。如此，则本心常存而不失。为
　　学之要，莫先于此。①

这就是说，要陶冶内心精神，使其不受外部事物的引诱和影响，使精力
全部集中在封建道德的修养和践履上。

　　那么，持敬工夫从何入手呢？真德秀认为，首先要对理产生崇敬畏
惧心情，收敛身心，使不失规矩，不逾法度。他说："敬奚所自始？曰：
自戒谨恐惧始。"② 又说：

　　持身以敬，则凛如神明在上，而无非僻之侵。……理义常为之
　　主，而物欲不能夺矣？③

这就是说，用先验的心中之理推求事物之理，持敬就是以信仰来确认这
种先验之理。

　　第三，学习。真德秀认为，要认识理还必须学习。首先，他指出，
人们的学问知识水平是不同的。真德秀说："人性皆善，而觉有先后，后
觉者必效先觉之所为，乃可以明善而复其初也。"④ 在这里，真德秀所谓
先知先觉、后知后觉，并不完全说是人有生知，而主要是指人们的学问
有高低。学问低的人要向学问高的人学习。这点应该是合理的。由于人
们之间学问知识的水平不同，因此学习是十分必要的，是认识理的一个
重要途径。真德秀认为，任何人都要学习，圣人也要学习。他说：

　　圣人虽是生知，何尝不学。如入大庙每事问，吾十有五而志于
　　学，便是学也。一物之中皆具一理，就那物中见得个理，便是上达。
　　如大而化之之谓圣。⑤

　　真德秀虽说圣人（这里指孔子）是生而知之的，但生知的圣人也要
学习，实际上就否定了生知。不过，他说研究物理在于懂得道德性命之
理是不完全对的。圣人、凡人都要学习，就是学习至为重要。真德秀说：

---

① 以上见《西山文集》卷三十、三十一，《问答》。
② 《西山先生真文忠公文集》卷三十三，《刘城伯字说》。
③ 《西山文集》卷四，《论初政四事》。
④ 《四书集编·论语集编》卷一。
⑤ 《四书集编·论语集编》卷七。

人而不学则无以知其所以为人之理，无以能其所以为人之事，固不足以谓之人矣。然学矣而不习，则表里扞格而无以致其学之之道；习矣而不时（按指不经常），则工夫间断而无以成其习之之功。……而于所学又必时时习之，则其心与理相涵而所知者益精。①

真德秀还特别指出，学习"只空思索"是不行的，必须"依行做事上体察"，才能真正学到东西。他说：

读书便是学，须缓缓精思其中义理方得，且如做此事亦是学，须思量此事道理是如何？只凭下头做，不思这事道理则昧而无得。若只空思索又不倚所做事上体察，则心总是不安稳，须是事与思互相发明。②

读书是学习，做事也是学习，思要联系实际思，而不能空思。真德秀这种学用结合的思想方法在当时是有积极意义的。不过，他所说的学习要在"所做事上体察"，是指践履伦理道德。

第四，循着事物的已然有常之迹认识其理。真德秀说：

天虽高，星辰虽远，然求其已然之迹，则其运有常，虽千岁之久，其日至之度，可坐而得；况于事物之近，若因其故而求之，岂有不得其理者。③

这就是说，根据事物的过去推知其现在，根据事物的现在推如其将来，即循着事物的规律认识事物。

上面论述的真德秀关于认识论的几个问题，是有可取之处的。真德秀还提出"惟学可以明此心，惟敬可以存此心"④，把学、敬、用结合起来，形成了一定的唯心主义认识论体系。

2. 克己复礼

通过格物致知达到致知穷理，使心与理一，言行须遵循此理、检验

① 《四书集编·论语集编》卷一。
② 《四书集编·论语集编》卷一。
③ 《四书集编·孟子集编》卷八。
④ 转自《宋史》卷四百三十七，《真德秀传》。

此理，心中要常存此理，就要约礼——克己复礼。真德秀说：

> 仁者，人之所以为人之理也。然仁，理也；人，物也。以仁之理合于人之身而言之，乃所谓道者也。……《中庸》所谓率性之谓道，是也。①

"率性之谓道"，就是在人的言行中遵循着理。要做到非礼不动。真德秀说："非礼不动此所谓敬也。敬则意诚心正在其中矣。……天下之理，一则纯，二则杂。纯则诚，杂则妄。修身不一，善恶杂矣；尊贤不一，邪正杂矣。"② 真德秀又说："仁者，心与理一，心纯是道理。……仁者，理即是心，心即是理，有一事来便有一理以应之……要克己复礼，若能克去私意，纯是天理，自无所忧。"③ 心与理一还要克己复礼，就是因为人有私欲之累，会违礼而害仁。真德秀说：

> 人受天地之中以生，而仁、义、礼、智之性具于其心。仁虽专主于爱而实为心体之全德；礼则专主于敬而实天理之节文也。然人有是身则耳、目、口、体之闻不能无私欲之累，以违于礼而害夫仁……特以克己复礼告之，盖欲其克去自己之私欲而复于天理之本然。④

可见，"克去己私复还天理便是仁"。真德秀认为，人心中之理，特别是掌握了程朱之理，它有无限的威力，它会克去人之私欲。这就是说，理论是能指导行动的。真德秀说：

> 诚能即先儒之说深穷其指而力行之，则一心可以宰万物，一理可以贯万事，而圣门之功用在我矣。⑤

真德秀强调，"人心虚灵包得许多道理。……虽有气质昏底亦可克治。"⑥ 他认为，只要能在行动中按程朱理学去做，就能宰万物，贯万事。真德

---

① 《四书集编·孟子集编》卷十四。
② 《大学衍义》卷一，《帝王为治之序》。
③ 《四书集编·论语集编》卷五。
④ 《四书集编·论语集编》卷六。
⑤ 《大学衍义》卷十一，《吾道源流之正》。
⑥ 《四书集编·孟子集编》卷十一。

秀这种观点是错误的，极大地夸大了程朱理学的作用。

由上可见，克己复礼就是践履道德规范，就是知行一致。真德秀把知行一致看得特别重要，认为是认识论的精粹（"精义"）。他说：

> 古者学与事一，故精义所以致用，而利用所以崇德。后世学与事二，故求道者以形器为粗迹，而图事者以理义为空言。……自圣门言之，则洒扫应对即性命道德之微，致知格物即治国平天下之本，体与用未尝相离也。①

在真德秀看来，"合所知所行为一致，讲贯乎此，则必践履乎此，而不堕于空谈无实之病，庶乎其可耳。"② 因为知的目的是为了行，知而不行是空，空洞的理论是没有用处的，是毫无意义的。真德秀说：

> 人所以求多闻者，是惟立事而已。学必施于事然后为有用之学，不然则所闻虽多，果何为哉？③

在真德秀看来，"有闻则必尊，不徒闻而已也；有所知则必行，不徒知而已也。"④ 学贵自用，只有知而能用、能行，才算真知。真德秀说："反身而诚只是个真知，真实知得则滔滔行将去见得万理与我为一。"⑤ 在用的问题上，真德秀特别强调要彻底，不能三心二意。他说：

> 言格物致知，必穷得尽，知得至，则如梦之觉。若穷理未尽，见善未明，则如梦之未觉。……好善必实然好之，如饥之必食，如渴之必饮。恶恶必实然恶之，如水之不可入，火之不可蹈。⑥

> 为是事者也必有是效，亦天理之自然也。然或先计其效而后为其事，则其事虽公而意则私，虽有成功亦利仁之事而已。若夫仁者则先为其事而不计其效，知循天理之自然而无欲利之私心也。董子

---

① 《西山文集》卷二十五，《铅山县修学记》。
② 《西山文集》卷三十一，《问答》。
③ 《大学衍义》卷三，《商高宗周成王之学》。
④ 《大学衍义》卷三，《商高宗周成王之学》。
⑤ 《四书集编·孟子集编》卷十三。
⑥ 《西山文集》卷三十，《问答》。

所谓仁人者，正其谊不谋其利，明其道不计其功，正谓此耳。①

在真德秀看来，依理而行，成败、利钝在所不计，即该做的就做，不要考虑后果。真德秀是反对功利主义的。特别值得注意的是，真德秀提出衡量一个人是否知行一致，就要看在关键之时的表现，或者说看在关键之时能否杀身以成仁。他说：

> 终食不违又是一节，乃是存心养性细密底工夫，然犹是平居暇日之事，可以勉而至者。至于造次急遽之时，患难倾覆之际，若非平时存养得已熟，至此鲜有不失其本心者。……心纯是理即是不违仁，杂以私欲便是违仁。②

只有在"造次急遽之时，患难倾覆之际"才能真正看出一个人是否知行一致。这就是真德秀所谓的"君子务穷理而贵果断，不徒多思"③。真德秀的这种思想是比较深刻的。

总之，在真德秀看来，学用不仅要达到一致，而且要达到融会贯通的地步。他提出要以孔子的学生颜渊为榜样："颜子深知义理之无穷，惟恐一善之不尽，故虽能而肯问于不能，虽多而肯问于寡，以求尽于义理之无穷者而已。"④ 如见君即忠，见友即义，不是被动的，而是自觉的。

3. 格物致知和克己复礼互相发明

真德秀认为，格物致知和克己复礼是相互联系，相互推动发展的。他说：

> 博学是致知，约礼是践履。……博文乃道问学之事，是欲尽知天下事物之理；约礼乃尊德性之事，是故常存吾心固有之理。两事须是互相发明：约礼工夫深，则博文之工夫愈明；博文工夫至，则约礼之工夫愈密。⑤

---

① 《四书集编·论语集编》卷三。
② 《四书集编·论语集编》卷二。
③ 《四书集编·论语集编》卷三。
④ 《四书集编·论语集编》卷四。
⑤ 《四书集编·论语集编》卷三。

在真德秀看来，格物致知是积累知识的过程，就是人们通过接物、读书，弄通圣贤之道，所以叫作道问学；约礼，克己复礼，就是要把通过格物致知所获得的圣贤之道，不仅要牢牢的掌握住，还要体现在言行中，所以叫作尊德性。这"两事须是互相发明"。真德秀又说："士之于学，穷理致用而已。理必达于用，用必原于理……非混融贯通不足以语学之成。"①

虽然真德秀讲的是封建伦理道德的学习、修养和践行，但他这种学用一致的思想，学用要"混融贯通"的思想，其抽象思维的水平是有一定高度的。真德秀说：

> 尽性、知性而知心，所以造其理也。存心、养性而事天，所以履其事也。不知其理，因不能履其事，然徒造其理而履其事，则亦无有诸己矣。②

在知行合一的问题上，真德秀在理学家中达到了一个高峰。

（四）对性、情、诚的界说

1. 先天性善论

在人性问题上，真德秀和其他理学家一样，主张性善。但是，理学家对于性善的界说却与以往有所不同，即从性即理的观点出发。真德秀说："性善之说，程朱尽之。其曰性即理也。乃自昔圣贤之所未言，万世言性之标准也。"③ 在理学家看来，性即理，这是研究人性善的标准和出发点。

真德秀认为，天生人予之以天地之理以为性和天地之气以为质。前者为人性，后者为人形。他说：

> 人物之生同得天地之理以为性，同得天地之气以为形。其不同者，独人于其间得形气之正而能有以全其性。④

---

① 《西山文集》卷三十六，《跋刘弥邵读书小记》。
② 《大学衍义》卷五，《天性人心之善》。
③ 《大学衍义》卷五，《天性人心之善》。
④ 《四书集编·孟子集编》卷八。

例如，能知觉运动者只是气，知觉运动之理方是性。他又说：

> 性者人之所得于天之理也，生者人之所得于天之气也。性，形
> 而上者也；气，形而下者也。人物之生莫不有是性，亦莫不有是气。
> 然以气言之，则知觉运动，人与物若不异也；以理言之，则仁、义、
> 礼、智之禀，岂物之所得而全哉？此人之性所以无不善，而为万物
> 之灵也。①

人和物区别在哪里呢？先秦的荀子认为在于人能知；理学家认为，人具
有天地之理以为性，此赋人之五常和能遵循五常。这是人和物根本区别
之所在。这是讲人性之来源问题。真德秀认为，"天地赋我以此形，与我
以此性。形既与禽兽不同，性亦与禽兽绝异。何谓性？仁、义、礼、智、
信是也。惟其有此五者，所以方名为人。我便当力行此五者，以不负天
之所与"②。在真德秀看来，人性是天赋的。他所谓的天，其意义即他所
说的理。因此，真德秀在人性来源问题上，是唯心的先验论。

理创造世界万物，予人以善性。"继继而出，莫非至善，成之在人则
曰性焉。理无不善，性岂有不善哉？"③真德秀又说：

> 性非有物，只是一个道理之在我者耳，故性之所以为体，只是
> 仁、义、礼、智、信五字，天下道理无不出于此。④

> 性果何物哉？曰五常而已尔。仁、义者五常之纲领也。……事
> 亲从兄天性之自然而本心发见之尤切者也。……仁、义者人心之所
> 同，而所以贼之者利也。学者必审乎义、利之分，然后不失其本心
> 之正。⑤

人之五常之性是天所禀赋的。这种先天赋予人的善性，真德秀做良知
（本然之知）、良能（本然之能）。他说："善出于性，故有本然之能，不
待学而能；本然之知，不待虑而知。观人之幼而爱亲，长而敬兄，则可

---

① 《四书集编·孟子集编》卷十一。
② 《西山文集》卷三十，《问答》。
③ 《大学衍义》卷五，《天性人心之善》。
④ 《四书集编·孟子集编》卷三。
⑤ 《西山文集》卷二十九，《孟子要略序》。

知矣。"这就是所谓"天性人心之善"。真德秀又说：

> 天之所以与人者莫非纯粹至善之理，此所谓天地之性也。人之
> 受之则所值之气不同，或清而纯，或浊而杂，故其性亦随而异，此
> 所谓气质之性也。天地之性则无不善，气质之性则有善有不善焉。①

天地之性纯然是善，气质之性也不一定完全不善，根据人的禀受不同，
受之清而纯者亦可为善。"人之德性本无不备，而气质所赋鲜有不偏。"②
把人的气质之性也认为有善有不善，在理学家中是一个新提法。真德
秀说：

> 性者，人所禀于天以生之理也。浑然至善，未尝有恶。人与尧
> 舜初无少异。但众人汩于私欲而失之。尧舜则无私欲之蔽而能充其
> 性尔。……仁、义不假外求，圣人可学而至。……性即理也。天下
> 之理原其所自未有不善，喜怒哀乐未发何尝不善；发而中节即无往
> 而不善；发不中节然后为不善。"③

真德秀所谓性善，是指人之喜怒哀乐未发之时，人之心"方喜怒哀
乐之未发也，浑然一性而已，无形无象之中万理毕具"④。这是人人所共
同的。人之初，性本善，虽尧舜与凡人都是一样。真德秀又说：

> 气质之性固有美恶之不同矣。然以其初而言则皆不甚相远也。
> ……天地之所以生物者，理也。其生物者，气与质也。人物得是气
> 质以成形，而其理之在是者则谓之性。然所谓气质者有偏正、纯驳、
> 昏明、厚薄之不齐，故性之在是者，其为品亦不一。……然其本然
> 定理则纯粹至善而已，所谓天地之性者也。⑤

真德秀这里所讲的是对孔子的"性相近，习相远"的进一步发挥。不过
真德秀偏重于说明由于气质"有偏正、纯驳、昏明、厚薄之不齐"，"其

---

① 《大学衍义》卷五，《天性人心之善》。
② 《四书集编·论语集编》卷四。
③ 《四书集编·孟子集编》卷五。
④ 《西山文集》卷三十一，《问答》。
⑤ 《四书集编·论语集编》卷九。

为品亦不一"。这就是说，人之初只是性相近，而不一定完全性相同。

2. 性发而为用谓之情

真德秀认为，人之性和人之情是紧密地联系在一起的。"仁、义、礼、智，性也，恻隐、羞恶、辞让、是非，情也。有是性则有是情。"真德秀又说：

> 仁、义、礼、智皆真实而无妄者也……仁则是温和慈爱底道理，义则是个断制裁割底道理，礼则是个恭敬撙节底道理，智则是个分别是非底道理。凡此四者具于人心乃是性之本体。方其未发，漠然无形象之可见；及其发而为用（按即体的表现、作用），则仁者为恻隐，义者为羞恶，礼者为辞让，智者为是非。随事发见，各有苗脉不相淆乱，所谓情也。[①]

由此可见，人之性和人之情是体和用的关系，情是性的表现和作用。因此，要使性之善充分地表现出来，发挥其作用，就要尽性。尽性可以成尧舜。真德秀说：

> 人之有生虽与物同，而备二气于身，根五常于心，则复与物异，故必如尧舜之善而后可谓尽性。仁、义、礼、智之端有一亏阙，则以人视物其间相去者几希。夫人受此性于天，犹其受任于朝也。一理弗循谓之违天，一事弗治谓之旷官。旷官可愧也，违天独无愧乎？[②]

在这里，真德秀把人受性于天比作臣任职于朝，由此推论循守仁、义、礼、智、信的封建道德是人的不可或违的天职，否则即欺慢于天。"为人而慢天地，必有雷霆之诛"[③]。因此，"仁、义、礼、智之端有一亏阙"都不算尽性；四端都要充分地表露出来，而且"其德性之美出乎自然不待用力，所谓性之者"[④]。这就是说，尽性露情是自然而然的流出，完全出于自觉。

---

① 《四书集编·孟子集编》卷三。
② 《西山文集》卷二十七，《迩言后序》。
③ 《西山文集》卷四十，《泉州劝孝文》。
④ 《大学衍义》卷一，《帝王为治之序》。

3. 言行一致于理即诚

真德秀把诚理解为理之真，"诚者，天理之真。""诚者，理之在我者皆实而无伪，天道之本然也。思诚者，欲此理之在我者皆实而无伪，人道之当然也。"① 天与人之本性为诚；但由于人事之物欲干扰而非诚，故要思诚，要力求诚。真德秀把诚的内涵规定为无妄、不欺、悠久不息。他说：

> 诚之为道……无妄也，不欺也，悠久不息也。尽此三者，而诚之体具矣！何谓无妄？纯乎真实而不杂以虚伪是也；何谓不欺？戒谨其所不睹，恐惧其所不闻是也；何谓不息？始终惟一时乃日新是也。此三者有一之未至焉，则去诚远矣。②

真德秀这种对诚内涵的规定准确而通俗易懂，是对理学的一个贡献。

无妄、不欺、悠久不息之谓诚，何以见得？那就要从行为上看。真德秀又把诚和其认识论联系起来，认为言行一致于理即信。这种说法在理学中也是十分新颖的。真德秀说：

> 心无不尽（按指尽于理）之谓忠，言与行无不实之谓信，尽得忠与信即是诚。……人于忠信上着力，忠信无不尽，则诚在其中矣！③

真德秀认为，"有忠而后有恕，忠者形也，恕者影也……学者若能于忠恕二字上着力于尽己尽人之间，无不极其至，久之亦可以到至诚地位。"④

诚是治身、治家、治国的根本。"诚存则身正，身正则家治，推之天下犹运之掌也。"⑤ 这是真德秀对这个问题的结论。

（五）存天理、去人欲的道德论

朱子学的一个主要命题是"存天理，去人欲"。他们反复强调圣贤的

---

① 《四书集编·孟子集编》卷七。
② 《西山文集》卷三十七，《上皇子书》。
③ 《四书集编·论语集编》卷一。
④ 《西山文集》卷三十一，《问答》。
⑤ 《大学衍义》卷一，《帝王为治之序》。

千言万语都是为了叫人明白这个道理。朱熹谓"惟有天理而无人欲，是以圣人之教，必欲其尽去人欲，而复全天理也"①。因此，作为朱子学的重要学者的真德秀，对这个问题也是不厌其详地说教的。

真德秀认为，天即理，"天者理而已矣"②。真德秀把唯理论转变为天命论。在真德秀看来，万物之自然之理就是天命。他说：

> 天命即天道之流行而赋于物者，乃事物所以当然之故也。……知天命，穷理尽性也。……天道运行赋与万物莫非至善无妄之理而不已焉。是则所谓天命者也，物之所得是之谓性，性之所具是之谓理。其名虽殊，其实则一而已……礼也性也命也即非二物……亦不能无小分别。盖理以事别，性以人殊，命则天道之全，而性之所以为性，理之所以为理者也。③

真德秀认为，天命体现为两个方面，即物和人。天命体现为事物，即为理，如"四时行，百物生，莫非天理发见流行之实"；天命体现为人，即为性，如谓"万物受命于天以生而得其理之体，故仁、义、礼、智之体根于心而为性。其既生也，则随其气之运，故废兴厚薄之变，唯所命而莫逃"。事物和人的本质都是天命，是不变的，而其具体遭遇则是可变的，而且是命定的。真德秀说：

> 命者，天理流行付与万物之谓也。然其形而上者谓之理，形而下者谓之气。自其理之体而言之……万古不易。自其气之运而言，则消息、盈虚之变如循环之无端而不可穷也。④

因此，"人物之生吉凶、祸福，皆天所命。……君子修身以俟之，所以顺受乎此也"。⑤"人事之中便是天理"⑥。真德秀这些说教，是叫人安于现有的社会阶级地位和本分，就是遵循天命，符合天理。

---

① 《晦庵集》卷三十六，《答陈同甫》。
② 《四书集编·孟子集编》卷二。
③ 《四书集编·论语集编》卷一。
④ 以上见《四书集编·论语集编》卷一、卷七。
⑤ 《四书集编·孟子集编》卷十三。
⑥ 《四书集编·论语集编》卷七。

但是，每个人都有物（人）欲，如耻衣食之恶，而物（人）欲与天理不能两立。真德秀说："志于道者，心存于义理也。耻衣食之恶者，心存于物欲也。理之与欲不能两立。……欲做好人则不可望快活，要快活则做不得好人。"① 真德秀把天理和人欲的对立，概括为道心和人心的对立。他说：

> 道心者，义理之正也；人心者，血气之私也。正者易晦，而私者易流，大舜所以有危微之戒也。②

在真德秀看来，"人心者，人欲之谓也；道心者，天理之谓也。"③ 因此，要"存天理，去人欲"。"人欲尽处，天理流行，随处充满，无少欠阙。"④

在"存天理，去人欲"问题上，真德秀并不完全同意朱熹的禁欲主义。真德秀肯定，有些情欲是合理的。他说：

> 好勇、好货、好色之心皆天理之所有，而人情之所不能无者。然天理人欲同行异情，循理而公于天下者，圣贤之所以尽其性也；纵欲而私于一己者，众人之所以灭其天也。二者之间不能以发（按即极短时间）而其是非得失之日相去远矣⑤

真德秀认为，人们所必须的利欲，其实也本于天理。"义者，天理之所宜；利者，人情之所欲"；"性者，人所受之天理；天道者，天理自然之本体。其实一理也"。⑥ 因此，"循天理则不求利而自无不利"。真德秀说：

> 仁义根于人心之固有，天理之公也。利心生于物我之相形，人欲之私也。循天理则不求利而自无不利。循人欲则求利未得而害己随之。⑦

欲求利者不得利，不求利者而得利，这在现实生活中是不乏其例的。

---

① 《四书集编·论语集编》卷二。
② 《西山文集》卷三十六，《跋虞复之春秋大义》。
③ 《西山文集》卷二十四，《明道先生书堂记》。
④ 《四书集编·论语集编》卷六。
⑤ 《四书集编·孟子集编》卷二。
⑥ 《四书集编·论语集编》卷二、卷三。
⑦ 《四书集编·孟子集编》卷一。

这是真德秀总结出来的处世哲学。从理论思维的角度看，真德秀的这种说法是有辩证因素的。

怎样"存天理，去人欲"呢？真德秀提出三个方面。第一，对"理"要有崇畏心理，"凛如神明在上"，则"纯乎义理，物欲自然消尽"①。

第二，教育。真德秀说：

> 然苟有以反之，则虽不善者可复而善。然则反之之道奈何，曰：由治己而言则有学，由治人而言则有教。②

真德秀认为，对统治者来说，去欲通过学习就行；对于广大劳动者来说，则必须进行教育，包括法律制裁。真德秀认为，教育的作用非常大。他说："人性皆善，而其类有善恶之殊者，气习之染也。故君子有教，则人皆可以复于善。"③ 这段话是真德秀对孔子"有教无类"的解释。真德秀认为，有善与恶两类人，通过教育使恶人皆可以恢复其善性，由此所有人都善，那么就无类了。这种解释似与孔子原意不合，但别开生面，增添了新的内容，值得注意。真德秀基于这种有教无类的思想，提出"圣贤施教各因其材。……其分不同，故所施不能无差等，所以理一而分殊者也"④。通过教育把各个分殊皆"复其善"，就归于一理了。这是真德秀把其世界观用于教育上。

第三，环境的影响。真德秀说：

> 人之性固有笃于善而不为风化所移者。然不移者寡，而移之者多。故必令善兄弟而后能宽裕而不变。若不善之兄弟，本自薄恶上又教之，则交相为病当愈甚矣。⑤

真德秀认为环境的影响也可以使人皆"复其善"。这是理学家所宣扬的治于人的理论根据。当时的封建统治者要求人们"存天理，去人欲"。但是，他们自己是不会真正"存天理，去人欲"的。上面已有引到，"由治

---

① 《西山文集》卷五，《得圣语申后省状》。
② 《大学衍义》卷五，《天性人心之善》。
③ 《四书集编·论语集编》卷八。
④ 《四书集编·孟子集编》卷十三。
⑤ 《大学衍义》卷八，《天理人伦之正》。

已而言则有学"，最多只是装装样子。当时，真德秀曾任理宗经筵侍读，一再劝说理宗去人欲。但据《宋史·理宗本纪》所载，理宗"嗜欲既多，怠于政事。……经楚性命之讲，徒资虚谈"。可见，封建统治者并未受"存天理，去人欲"的限制，受害的只能是没有任何权力的广大劳动者。

（六）社会政治思想

真德秀不仅在哲学上卓有成就，他还是著名的政治家。他从政20余年，奏疏无虑数十万言以陈述政见，并多有政绩，其名声响彻朝内外，所到之处观者如市。因此真德秀的社会政治思想是很丰富的。

真德秀生活于南宋末年，当时社会极为动荡不安，朝廷正需要一种精神支柱把人民从思想上和政治上统一起来。真德秀的哲学思想正是适应这种社会需要而产生的。

首先，关于君臣问题。在君主专政的社会中，臣民严格地受着封建法律的约束，必须绝对服从君主，而君主本人却超出法律之外，不受任何管束。君主可以为所欲为，"一心可以兴邦，一心可以丧邦，只在公私之间尔"①。但是，真德秀提出，对待天命，包括君主在内的所有人，都必须绝对服从。真德秀在任宋理宗经筵侍读过程中，反复劝君"修德以格天""祈天永命"。他说：

> 帝王所当尊者莫如天，所当从事者莫如敬？……夫天道甚明，不可欺也。天命惟难，不易保也。昧者徒曰"高高在上，不与人接"，而不知人君一升一降于事为之间，天之鉴视未尝一日不在此也。②

在这里，真德秀把董仲舒的天人感应论引入其理学中。无怪乎真德秀谓"西汉儒者惟一仲舒，其学纯乎孔孟"③，推崇备至。当然，真德秀不是重复董仲舒的天为人格神那一套。真德秀认为，天之所以能主宰万物，是因其本身蕴含着秩序万物的理。真德秀把理规定为封建纲常秩序，又把

---

① 《四书集编·论语集编》卷七。
② 《大学衍义》卷二十八，《事天之敬》。
③ 《大学衍义》卷三，《帝王为学之本》。

封建纲常关系归之于天，从而显示出封建纲常秩序的神圣尊严。如果损害这种天理，社会国家就不能维持。君是受天命来执行纲常的，是国家的体现。真德秀说：

> 君者神人之主。君为贵，社稷次之，而民又次之，乃其常也。而孟子顾反言之（按指孟子曰"民贵君轻"）何哉？战国之时，视民如草芥，不知废兴存亡皆此焉出，故其言若此。①

这样，真德秀把孟子的一点反君主专制的思想也去掉了，十分露骨地为君主专制辩护。

但是，真德秀并不鼓吹君主为所欲为。他认为，朝廷要政治清明，首先要正君心。真德秀说：

> 朝廷者，天下之本；人君者，朝廷之本。而心者，又人君之本也。人君能正其心，湛然清明，物莫能惑，则发号施令，罔有不臧，而朝廷正矣！②

真德秀根据当时纲常废弛、士气衰颓的情况，劝导君主以身作则，对当时地主阶级的国家是有积极意义的。真德秀劝说君主要依理而行。他说：

> 道即理也。天下虽大，同此一理。人君所为，循理则治，悖理则乱……故曰治之在心，一理可以贯万事，治大不在小乎；一心可以宰万物，治远不在途乎！③

这就是说，社会治乱决定君主是否依理而行。这就把君主的行为限制在天理的范围之内。此外，真德秀还认为，"人君行事当以古人为师，若自任己意不师古昔，而能长治久安者，无是理也。"④ 恢复三代的政治思想，也是理学家的一般政治主张。

关于臣和君的关系，以及臣怎样从政，真德秀也提出一些主张。他说：

---

① 《大学衍义》卷二十九，《临民之敬》。
② 《大学衍义》卷一，《帝王为治之序》。
③ 《大学衍义》卷一，《帝王为治之序》。
④ 《大学衍义》卷三，《帝王为学之本》。

> 以道事君者，不从君之欲。……道者正理也。大臣以正理事君，君之所行有不合正理者，必规之拂之不苟从也。道有不合则去之，不苟留也。或谓不合则去，毋乃非事君之意乎？曰此所以为爱君也。君臣之交以道合，非利之也。①

在君臣的关系问题上，真德秀不主张绝对服从，要以"正理"处理君臣关系，要"君臣之交以道合"。因此，真德秀提出，处理政务要"随事而顺理，因时而处宜"②，"处事之方不过本之以义理而参之以时与势而已"③。

此外，真德秀提出为官要以身作则。他说：

> 始吾恶隶于己者之不忠也，故其立朝……不敢不以父事吾君；恶长人者之不仁也，故其居官……不敢不以子视吾民。尝以掾属事台府矣，其情不吾察，吾患焉，故为长吏必思所以通其下之情；尝以监司临所部矣，其令不吾行，吾病焉，故虽为一道帅，而于使者之命未尝忽。私居而挠公府，吾尝不平之，故于其所寓，不敢以毫发干焉；大家而胺细民，吾尝直之，故于乡党邻里，虽无以厚之，而亦不敢伤之也。④

> 某愿与同僚各以四事自勉而为民去其十害。何谓四事？曰律己以廉（按指有一点贪污便为大恶）、抚民以仁（按指有一毫之惨刻非仁）、存心以公、涖事以勤（按指当官者一日不勤其下必有受其弊者）是也。何谓十害？曰断狱不公、听讼不审、淹延囚系、惨酷用刑、泛滥追呼、招引告讦、重叠催税、科罚取财、纵吏下乡、低价买物是也。⑤

这里，真德秀提出的为民四事、十害，虽是不可能做到的，如所谓"抚民以仁""存心以公"等，都是欺人之谈。但是，作为封建地主官吏，能

---

① 《四书集编·论语集编》卷六。
② 《四书集编·孟子集编》卷八。
③ 《四书集编·孟子集编》卷十三。
④ 《西山文集》卷二十五，《矩堂记》。
⑤ 《西山文集》卷四十，《谭州谕同官咨目》。

提出这些问题确是难能可贵的。

其次，施仁政，收民心。真德秀从其性善论出发，认为行仁政是天理决定的。真德秀说：

> 天地造化无他作为，惟以生物为事，观夫春夏秋冬、往古来今，生意流行何尝一息间断，天地之心于此可见。万物之生既从天地生意中出，故物物皆具此理（按指有仁的本性），何况人为最灵，宜乎皆有不忍人之心也。然人有是心而私欲间断，故不能达之于用；惟圣人全体本心，私欲不杂，故有此仁心，便有此仁政，自然流出，更无雍遏，天下虽大，运以此仁而有余矣。①

真德秀认为，"圣人全体此心随感而应，故其所行无非不忍人之政也"②。施仁政，是真德秀在长期从政中的经验总结。他懂得人心的向背关系到事业的成败、国家的兴亡。因此他提出收人心要做好四件事。真德秀说：

> 天下之事非一家之私，何惜不与众共之（按指要公议）。此收人心之一事也。赏罚适平，则人莫得而议多；今有功罪同而赏罚异者，朝廷之于天下，当如天地之于万物，栽培倾覆，付之无心，可使一毫私意于其间哉。此收人心之二事也。当乾淳（按即南宋孝宗乾道、淳熙年号）间，有位于朝者以馈及门为耻，受任于外者以包苴入都为羞。今馈赂公行，薰染成风，恬不知怪。果若使息天下之谤，莫若反其物罪其人，则心迹暴白。此收人心之三事也。治世气象，欲其宽裕，不欲其迫促，昔己言之；故籍有讥呵之人，讥呵则已过矣，甚至于流窜焉，杀戮焉，都城之民，握手相戒；宜开密网，达下情。此收人心之四事也。③

在这里，真德秀提出要与众共议国家大事，赏罚分明，反对徇私舞弊，使民有衣食，等等，都是十分深刻的见解。真德秀不愧是封建社会中一个有远见的政治思想家。

---

① 《大学衍义》卷五，《天性人心之善》。
② 《四书集编·孟子集编》卷三。
③ 转自《宋季三朝政要》卷一。

附：真德秀著作简介

《四书集编》26 卷　江苏图书馆有明刊本，有清顺治年间（1644—1661）福建浦城遗书刊本。此书包括《大学集编》1 卷、《中庸集编》1 卷、《论语集编》10 卷、《孟子集编》14 卷。此书系真德秀死后其子志道据遗稿编辑而成，其中《论孟集编》是据真德秀手定《论语集注》及从其他书中有关《论》《孟》精彩者编辑而成。

《西山仁政类编》10 卷　宋嘉定年间（1208—1224），安溪县令周氏编辑。是书选辑真德秀关于仁政思想的文章、言论。

《清源文集》25 卷　是真德秀任泉州知府时，根据自己的观点，纂泉郡诗文 700 余篇而成。

《经武要略》10 卷　是真德秀任参知政事时编辑的。

《文章正宗》24 卷续集 20 卷纲目 1 卷　正宗者，以后世文辞之多变，欲学者识其源流之正也。真德秀自序曰："所集以明义理切世用为主，其体本乎古而旨近乎经者，然后取焉，否则辞虽工亦不录。其目凡四，曰辞命，曰议论，曰叙事，曰诗赋。所录之文为《国语》《左传》《谷羊传》《谷梁传》《战国策》《史记》《汉书》《三国志》以及韩愈、李翱之文等。续集所录之文自欧阳修以下凡十四家，但缺诗歌、辞命二门，仅有叙事、议论。"

《西山文集》55 卷　包括《西山甲乙稿》《对越甲乙集》《经筵讲义》《端平庙议》《翰苑词草》《四六献忠集》《江东救荒录》《清源杂志》《星沙集志》等。是集多为推崇朱子之诸论，亦有不少吹嘘释老之言。此集宋、元及明正续刊本为 51 卷。明万历年间福建巡抚金学曾增补遗文为 55 卷。

《西山文钞》8 卷　系清张伯行从《文集》中所选本，所选真氏晚年醇儒之作。亦在《浦城遗书》中。

《西山题跋》2 卷　所跋本朝先辈文字，多卓卓可传者，顾颇信仙佛神道。

《大学衍义》43 卷　此真德秀为户部尚书时所作。因《大学》条目而附于经史。分子目四十四，皆征引经训参征史事旁采先儒之说以明法成，并各以意阐明，大旨在正本清源。首之以帝王为治之序，次之以帝王为学之本，是之谓纲。首之以明道术、辨人才、审治体、察民情，次之以崇敬畏戒逸欲，又次之以谨言动正威仪，又次之以重妃匹，严内治、定国本，教戚属，是之谓目。每条之中，首之以圣贤之典训，次之以古今之事迹，诸儒之释经论有发明录之，而附以自己的观点。

《心经》1卷　是编集圣贤论心格言，而以诸家议论为之江，末附四言赞1首。所辑《尚书》、程子、范氏各1条。《诗》、《中庸》、《大学》、周子各2条，自为赞语，每条各加以注。大旨以正心为本。《心经》接伊洛之正传，行朱张之遗学。此书韩国李退溪极为重视，是其习研朱子学的入门书。

《政经》1卷　采取31事迹作注。此编采典籍中论政之言列于前，而以行政之迹列于后。题曰传以别之。末附当时近事6条、历官公牍告谕，谓之附录。其后载其帅长沙时咨呈、劝民间置义仓文、知泉州军事时劝文、帅福州时晓文诸篇。真德秀政绩多在任地方官时，他留心民瘼，筹为此篇。

《读书记》61卷　江苏省图书馆有宋刊本，分甲集37卷，乙集22卷，丙集原缺，有人谓是续《大学衍义》，丁集2卷。甲集论天人理气之奥，乙集论虞夏以来名臣事迹，丁集论出处之义。是书言性理，述治道，讲出处。大抵本经史格言而述欠己意。论天命之性至论鬼神，各分标目。载虞夏以来至唐李德裕等名臣贤相事业，略仿编年之体。论出处进退，分处贪贱、处患难、处死生、安义命、审轻重诸目。既谈身心性命、天地五行以及先儒教授源流，又谈治世之法，解决实际问题。此书与《大学衍义》互相发明。

《社仓本末》1卷　掇拾前贤社仓之计画加以己意。末附史浩、赵汝愚等人之举子条约。

《西山先生诗集》3卷　在《两宋名家小集》中。

《宋真西山先生温陵遗墨》2卷　在《温陵留墨》中。

《西山先生谕僚属文》1卷　在《学海类编》中。

《谕俗文》1卷　在《学海类编》中。

《真西山先生教子斋规》1卷　在西京清麓丛书续编蒙养书9种中。

《真西山政训》1卷　在宝颜堂秘笈续集残存第2册中。

《真西山全集》又名《西山真文忠公全集》206卷　包括《大学衍义》43卷、《西山文集》55卷、《文章正宗》24卷、《续文章正宗》20卷、《读书记》61卷和《心经》《政经》《年谱》各1卷。

第四章　元代福建朱子学

一　朱子学由福建而全国和元代福建朱子学的特点

南宋王朝与北方的金朝对峙 100 多年。后来，蒙古族的元朝崛起于漠北，宋朝联蒙攻金，于 1234 年灭金；1279 年蒙又灭宋。蒙灭宋后，其首领忽必烈任用汉化契丹人耶律楚材，并经宋降蒙的儒生窦默、姚枢、许衡、刘秉忠等人策划，取《易》"大哉乾元"之义，改国号为元。由于蒙古族的经济、文化比宋金落后，他们对广大人民的统治尤其残酷，横征暴敛，赋役极重；特别是他们故意制造民族歧视，挑拨民族感情。他们把全中国人分为四等：第一是蒙古人，第二是色目人（西北少数民族地区人），第三是汉人（原在金朝统治下的北方汉族人民），第四是南人（原在南宋统治下的汉族人民）。元朝蒙古贵族统治者对汉人和南人极为仇视。福建是南人居住的主要地区之一，福建人受元朝的剥削压迫最为严重，反抗元朝统治也最为激烈。这种环境对福建朱子学具有深刻的影响。

蒙古贵族统治者除了政治上利用汉族的政治制度外，在思想上也利用传统的儒学。早在铁木真、窝阔台时代，耶律楚材就劝其用"孔子之道"来治理中国。窝阔台封孔子后代为"蒙古衍圣公"，敕修孔庙，制备礼乐法器。铁木真下诏褒扬孔学。宋朝遗留下来的一批儒学家，如窦默、姚枢、赵复、许衡、刘因、吴澄等都被请到朝廷，有的任国子监丞，专门传授儒学，他们被称为元代大儒。在儒学当中，蒙古族统治者又特别提倡程朱理学。由于统治者的大力提倡，朱子学很快由福建地区发展到全国。清人皮锡瑞说：

> 朱学统一，惟南方最早。金、元时，程学（按指二程洛学及其后继者朱子学）盛于南，苏学（按指宋时蜀学苏洵、苏轼、苏辙父子之学）盛于北。北人虽知有朱夫子，未能尽见其书。元兵下江、汉，得赵复，朱子之书始传于北。姚枢、许衡、窦默、刘因等翕然从之。[①]

南宋理宗端平二年（1235 年），蒙古军伐宋入湖北德安（今安陆县），其军中有大将杨惟中及其幕僚姚枢受诏于俘虏中求儒者，得赵复等数十人归燕（今北京），建太极书院，选取程朱著作及其他诸经传注八千余卷，请赵复教授其中，从者百余人，于是北方始知程朱之学。赵复自谓为朱熹私淑弟子，尽力传播朱子学。同时，姚枢因不肯受贿，弃官居河南辉州（今辉县）苏门，传赵复之学，授刊朱子学；许衡由河北程县到苏门，与姚枢讲习，尽录朱子著作以归河北，在河北传播朱子之学。从此朱子学在北方广为传播。前面在黄榦一节中已提到，黄榦曾任浙江临川（今杭州）知府，传朱子学于何基。入元，何基传朱子学于王柏；王柏传朱子学于金履祥；金履祥传朱子学于许谦，因而朱子学在江浙、安徽大盛。黄榦又曾为江西新淦县令，他传朱子学于江西饶鲁，饶再传于程着庸、吴澄等。饶、程、吴在江西、两湖多弟子，通过他们在这些地区广为传播朱子学，李燔是朱熹门人，魏了翁是朱熹的再传弟子，李、魏及其弟子在川陕传播朱子学。此外，在前面结论部分中已经讲到，朱熹门人遍及全国，他们对朱子学在各地的传播起了重要作用。综上所述，朱子学原盛于福建，在元初由闽而至江、浙、皖、赣、两湖、两广、冀、鲁、晋、豫、川、陕，至元仁宗时（1312—1320），朱子学遍及全国。

在朱熹弟子及其续传弟子的大力传播下，不少儒士推崇朱子学，元朝像南宋末年朝廷一样褒奖朱子学。因此，整个元朝，是朱子学的天下。元仁宗皇庆二年（1313 年），诏令科举，法定时例规定：考试第一场科目为明经、经义二问，皆由朱熹所定的"四书"出题，立论不能超出朱熹

---

① 《经学历史》第九章，《经学积衰时代》。

《四书章句集注》的范围；经义一道，《易经》用朱子《本义》、《诗经》用朱子《集传》、《书经》用蔡沈《集传》（按此书是根据朱熹的旨意和观点写成的，其中部分内容是朱熹撰写的或修改过的。因此可以说《书经》还是用朱熹的观点）、《春秋》用"三传"以胡安国《春秋传》、《礼记》以古注为主。五经三传为朱子学者的著作。由此，《四书章句集注》、五经三传成为法定教科书，是元、明、清三代学者的必读课本。于是此后数百年文官考试皆不出朱子学界限。朱子学遂成为中国后期封建社会的官方御用哲学，支配我国思想文化达七百年之久，并传到日本、朝鲜，对日、朝思想文化的发展，也有深刻的影响。

由于朱子学在元朝全国盛行，其著名学者辈出，如许衡（字仲平，号鲁斋，今河南沁阳人）、刘因（字梦吉，号静修，今河北容城人）、吴澄（字幼清，今江西抚州人）号称元代三大儒；此外，还有姚枢（字公茂，今辽宁朝阳人）、赵复（字仁甫，今湖北安陆人）、窦默（字子声、汉卿，今河北邯郸人）、郑玉（字子美，今安徽歙县人）等人。但是，元朝多数朱子学者，只知株守朱子学的权威，没有什么新的发展。他们的朱子学思想不纯。名义上宗朱子学，实际上杂有陆学（心学）；特别是他们违背朱熹主张抵抗异族入侵、提倡民族气节的思想。他们为蒙古族统治者服务，还自称在行圣道。其中，许衡做官心切，忽必烈一召就去，说是"不如此，圣道不行"，召为国子祭酒，议事中书省，拜中书左丞；刘因摆了点架子，称病不应忽必烈召，说是"不如此，圣道不尊"，擢右赞善大夫；吴澄做了国子监丞，迁翰林学士，进太中大夫，并为经筵讲官。

由于元代全国朱子学盛行，相比之下似乎福建朱子学不如全国。当时福建朱子学的主要学者如熊禾、陈普、吴海等，没有全国影响。其实，从学术思想上看，当时福建朱子学并不落后于全国朱子学。一些主要的福建朱子学者之所以未有全国影响，主要是因为他们有民族气节，他们不仅不肯仕宦于朝廷，有的还积极进行反抗，因而不仅得不到朝廷的褒扬，还受诬蔑和打击。他们隐姓埋名，深居山林从事教育和学术活动，为世人罕知。他们忠实于朱熹的思想，是真正的朱子学者。当时，福建朱子学人才济济，除下面将要评述的熊禾、陈普、吴海等外，知名者还有丘葵（字吉甫，同安人）、韩信同（字伯循，宁德人）、欧阳侊（字以大，长乐人）、黄镇成（字元镇，邵武人）、刘有定（字能静，莆田人）、黄清老（字子肃，邵武人）、林广发（字明卿，龙溪人）、陈旅（字众仲，莆田人）、雷杭（字颜舟，建瓯人）、陈自新（字贡父，宁德人）、李应龙（字玉林，光泽人）、郭堂（字德基，长乐人）、郑仪孙（号翠屏，建瓯人）、敖继公（字君善，长乐人）等。他们大都一生从事朱子学的研究，各有著作数种。

元代福建朱子学同当时全国朱子学相比，有自己的特点，或者叫作优点。

第一，元代福建朱子学者大多数坚持朱熹的民族气节论，不肯到朝廷做官为蒙古族统治者服务。熊禾、陈普在南宋末年曾任过地方官，入元后朝廷几次征召不出，甘受贫困，宁可饿死。郑仪孙宋亡后隐居山林不仕。敖继公中进士后归里务农。丘葵力辞元官。吴海生活在元朝末年，也未曾出来仕元。

第二，元代福建朱子学者务实学，强调"躬行"。他们认为，道并非超出于人事之外，道即在人事之中。他们讲学和著述的内容务求切近，反对好高骛远。他们强调道德实践的重要性，把"躬行"看成是精义理。他们激烈抨击当时一些空谈心性的理学学者，明确提出研究理学的目的是为了道德实践。他们把朱熹关于"知行相须互发"的观点发挥为要重视"躬行"的实学。

第三，元代福建朱子学者大都潜心于"五经"注疏。他们视注疏"五经"为务本之学，多自幼即为之。由于他们不想仕元，不随流俗，因此他们所注疏的"五经"有自己的特点，以经注发挥朱子学思想，有功于后学。例如，熊禾是元朝的经学家，除《仪礼》外，对《诗》《书》《易》《春秋》《周礼》《礼记》《孝经》《论语》《孟子》《尔雅》等皆有注疏。他采用集疏，以朱子之说为主，融合诸家之精华，阐发自己的朱子学观点。据不完全统计，元代福建朱子学者有关经书的注疏达一百多种。

第四，元代福建朱子学者从不同方面阐发了朱子学。例如，陈普跟随朱熹推崇周敦颐的《太极图说》，他通过讲解《太极图说》来说明自己的哲学观点，阐发了朱子学。熊禾在注疏儒家经典中，全面阐发了朱熹的思想。吴海对朱熹的"主敬"说有较深的研究，特别重视道德践履。明人朱衡说：

> 吴朝宗，名海……心师至贤，务为践履之实，平生严正不妄许可。①

吴海身体力行，凡朱熹之"明体达用之学，修己治人之术，罔不一一体验于身心之间，而犹歉然不敢自恃也，乃颜其读书之室曰闻过斋"。②

下面我们选择最有代表性的元代福建朱子学者熊禾、陈普、吴海等加以评述，以窥一斑。

二 熊禾

（一）学术活动及其对朱子学的贡献

熊禾，字位辛，又字去非、退斋，号勿庵、勿轩，学者称勿轩先生，福建建瓯人，生于南宋理宗宝祐元年（1253 年），卒于元仁宗皇庆元年（1312 年），南宋度宗咸淳十年（1274 年）进士。熊禾是朱熹的三传弟子，即朱熹——辅广——刘敬堂——熊禾。熊禾在宋官至汀州司户参军，多有政绩。入元后基于十分强烈的民族大义，誓不仕宦。他在元朝生活33 年始终批元颂宋，特别是表彰宋儒，自称"宋之义士元之顽民"。熊禾隐居福建崇安武夷山，筑洪源书堂、武夷书堂，晚年主持建阳鳌峰书院，前后 30 多年，从事讲学、著述和刻书，研究传播朱子学和其他儒家典籍。明宪宗成化后，在建宁府鳌峰院设祠祭熊禾。熊禾在朱子学、经学和教育上卓有贡献，他不仅是元代著名朱子学家，还是著名的经学家和教育家。

熊禾具有民族大义，道德品质高尚，在学术上又成绩卓越，为后人所赞扬。清人陈祚康说：

---

① ［明］朱衡：《道南源委录》卷十。
② ［清］张伯行：《闻过斋集序》。

> 学有德行、经术、艺文之殊为真儒者，不必皆能兼也。……合德行、经术、艺文而一者，惟熊去非一人而已。①

此评虽有些言过其实，但也可以说明熊禾是封建社会中品学兼优的知识分子。

熊禾竭力推崇朱熹，认为朱熹是孔子第二。他说："朱文公，百世之师，即今夫子。徽国公（即朱熹）千年之墓视昔孔林。公之文，如日丽天；公之神，如水行地。"② 又说：

> 孔孟后千五百余载，道未有如文公之尊。……（朱子）倡明斯道。……"四书"（按指朱熹《四书章句集注》）衍洙泗之传，《纲目》（按指朱熹《资治通鉴纲目》）接《春秋》之笔。当今寰海数州之内，何人不读其书。③

熊禾强调，"微夫子'六经'，则五帝三王之道不传；微文公'四书'，则夫子之道不著，人心无所于主。"④

熊禾把朱熹章句集注"四书"和孔子整理"六经"并列，俨然视朱熹为孔子之后第一人。熊禾这种评价，为而后朱熹在儒家中的崇高地位奠定了基础。

熊禾之所以预见到朱熹在中国后期封建社会中的崇高地位，是因为他认识到朱子学的中心思想是维护"三纲五常之道"。他说：

> 周东迁而夫子出，宋南渡而文公生。世运升降之会，天必拟大圣大贤以当之者，三纲五常之道所寄也。⑤

熊禾揭示了朱子学的本质。熊禾认为，朱子学关系到国家的兴衰，用之则治，违之则乱。他说：

> 文公之学，圣人全体大用之学也。本之身心为德行，措之国家

---

① ［清］陈祚康：《全闽道学总纂·熊禾》。
② ［元］熊禾：《勿轩集》卷四，《重建文公神道门》。
③ 《勿轩集》卷四，《重修武夷书院》。
④ 《勿轩集》卷二，《考亭书院记》。
⑤ 《勿轩集》卷二，《考亭书院记》。

天下则为事业。其体有健顺、仁义、中正之性，其用则有治教、农礼、兵刑之具。……属之门人黄氏榦，且曰："如用之固当尽天地之变，酌古今之宜，而又通乎南北风气，损文就质以求其中可也。"①

熊禾认为，朱子学是治国治民大法。"秦汉以下天下所以无善治者，儒者无正学也；儒者所以无正学者，'六经'无完书也。'六经'无完书，则学不可得而讲矣；儒者无正学，则道不可得而明矣。"② 秦汉以下因为没有像朱子学这样的治国治民的大法，所以无善治。熊禾认为，后世王者必取朱子学而用之。熊禾又说：

> 晦庵五先生……其学皆足以为天地立心，生民立极，往圣继绝学，万世开太平，其立德、立功、立言，未有大于此者矣！③

熊禾站在国家的立场上，准确地认识到朱子学对国家的重大作用，后来朱子学也成为中国后期封建社会占统治地位的主体思想。

熊禾立志要像黄榦那样阐发朱子学。他认为，"文公之学惟勉斋黄氏独接其传，学问操行一出于正，且其羽翼'四书''三礼'之功为大"④。他要以继朱子学绝学为己任。熊禾说：

> 朱子……惟《诗》《书》二经，训义已具，独"三礼"通解犹未完书，而《春秋》则仅发其旨要，……尚有望于后之人。余知非其任而窃有志焉……文公没且百年，门人传习寖益失真，余以为文公之学不行，文公之道不传也。曩游浙中尝因受业于敬堂刘先生得闻文公晚年所以与勉斋黄先生、缋室陈先生论学之要旨，然后乃知文公之学，其体全体，其用大用，与世之所言第以资诵说者固不同也。⑤

考亭夫子集正学大成，平生精力在《易》《四书》。《诗》仅完书，开端而未及竟，虽付之门人九峰蔡氏，犹未大畅厥旨。"三礼"

---

① 《勿轩集》卷二，《考亭书院记》。
② 《勿轩集》卷一，《送胡庭芳后序》。
③ 《勿轩集》卷二，《三山郡泮五贤祠记》。
④ 《勿轩集》卷二，《三山郡泮五贤祠记》。
⑤ 《勿轩集》卷一，《送胡庭芳序》。

惟有通解，缺而未备者尚多，至门人勉斋黄氏、信斋杨氏粗完《丧》《祭》二书，而授受损益精意尚无能续之。若《春秋》则不过发其大义而已……余与君相与讲切缕指盖十有七年矣。《易》《诗》《书》仅尔就绪，《春秋》更加重纂，则皇帝王伯之道抑粗备矣，惟"三礼"乃文公与门人三世未了之书，当终吾生以毕兹事。①

这是熊禾在其主持的鳌峰书院内与其门人说的。熊禾在《送胡庭芳后序》还谓，这是朱熹"所俟于来学乎，当我世不完，则亦愧负师训多矣"！熊禾未食其言，他用二三十年的工夫，孜孜不倦致力于儒家经典。他为学以朱熹诸书是信是行。熊禾说：

道之兴废莫大于文献。……"六经""四子"（按指孔子、孟子、子思、曾子之书）与夫"十七史"等书幸赖伊洛、考亭诸大儒参互讨论统纪巳一，当吾世不亟刊定，何以质往圣不谬、百世以俟来哲不惑！②

熊禾用朱子学阐释儒家经典，继承和发展了朱熹的思想。

熊禾明确宣称自己哲学的原则是维护朱子学，维护朱子学的核心思想三纲五常。熊禾说：

宋道学大明，伊洛、考亭之集盛矣。一时借誉饰虚之人稍经炉鞴灰尽烟灭，惟同门同志之士，不以穷达皆能信其道守其学不变……宇宙间三纲五常之道尚有所系而不坠者，谓非道学之效不可也。③

在这里，熊禾不仅道出程朱理学的本质，并充分肯定其对于维护封建统治的重大作用。他要以继承和维护朱子学为己任。

对于熊禾在朱子学中的学术地位，学者们评价很高。清张伯行说：

勿轩熊先生当宋季受业于朱子之门人辅氏（按非受业于辅氏，而是辅氏之门人）。……穷研"四书"以及诸经，务为有体有用之

---

① 《勿轩集》卷一，《送胡庭芳后序》。
② 《勿轩集》卷三，《闲乐堂记》。
③ 《勿轩集》卷一，《跋交信录序》。

学。……衍紫阳之正派，作诗云："斯文一缕千钧日，我辈三经五典身。"其担当斯道为何如哉！……若先生者不为朱子之功臣与！①

元许衡说：

> （熊勿轩先生）文公考亭（按即朱熹）阙里，虽未及门受业，其真才实学、著书立言实有功于文公也。②

由上可见，熊禾不仅是福建朱子学发展史中的一个里程碑，在全国朱子学发展史上也占有重要地位。

（二）天地一气、天道循环、阴阳相推和人能胜天的思想

在福建朱子学者当中，熊禾更多地吸取张载"太虚即气"命题，认为"天地间一气而已"。熊禾说："天地间一气而已。生生而直遂者（按指充实的物）皆阳（气）也，而其虚处即阴（气）。"③ 又说：

> 洪荒之世，气浮而为天者，不过茫茫一太虚耳，固未有度数之分也。……（气）质凝为地者，亦不过一块土耳，固未有疆理之别也。④

在熊禾看来，世界的本原是太虚，太虚即气，因此天地间皆气。阳气生物，圆曰实，而阴气为虚也。基于这种阳实阴虚论，熊禾提出虚直的世界观。他说：

> 平生受虚直二字，辄以为奉，虚曰心、直曰节也，兼内外贯体用，君子可比德焉。……阴一而常虚，阳一而常直（按指实）。……故君子之学以静为本，不静无以为动，不虚无以为直也。顾其物理亦何所往而不如是哉！⑤

熊禾把这种虚直的世界观用于自己的社会生活中。他认为，自己不仕元

---

① 《熊勿轩集序》。
② 《熊勿轩集序》。
③ 《勿轩集》卷三，《虚直轩记》。
④ 《勿轩集》卷四，《帝尧万世之功论》。
⑤ 《勿轩集》卷三，《虚直轩记》。

朝，甘于贫困，默默无闻地隐居山林，是虚；但自己著述讲学，有益于后世，却是实。

在熊禾的世界观中很少讲到理，有时在讲道时附带提到理。熊禾认为，道或理不在事物之外，而在事物之中。因此，在熊禾哲学中，道或理似乎不具世界本原的含义。他认为，道或理是事物的自然规律，人能顺乎自然，其乐无穷。熊禾说：

> 宇宙间无一物非道，则亦无一处非可乐。泰山之登，沂水之浴，夫子岂好游者，要其胸中自有乐地，故随其所寓，自然景与心会，趣与理融，无所不自适也。①

熊禾讲得比较多的是道。在熊禾看来，道除了具有事物的自然规律的含义之外，还具有人生应行之路的含义。在这个意义上，他把世界观和伦理道德观点结合起来，提出道具有立德、立功、立言的含义，认为此"三者皆非有得于道不可"。熊禾说：

> 古者建学立师教学为先，而其所学则以道德功言为重，而道其总名也。太上立德，其次立功，其次立言，是三者皆非有得于道不可。立德者道之本也，立功者道之用也，立言者所以载道之文也。②

熊禾认为，自然和社会都是有规律的，即"皆有其自然之理，当行之路"③，圣贤是根据事物的规律"立教养之法"，而未掺杂"一毫私欲于其间"④。熊禾这种客观主义的观点是有合理之处的。

在熊禾的世界观中最有价值的部分是关于世界变化发展的思想。他认为，"天道循环，无往不复"⑤，"天运有往则必复之几，地气无郁而不伸之理"⑥。这就是说，世界上的一切事物都是变化发展的，没有静止不动的东西。熊禾说：

---

① 《勿轩集》卷一，《跋文公再游九日山诗卷》。
② 《勿轩集》卷二，《三山郡泮五贤祠记》。
③ 《勿轩集》卷四，《商鞅徙木立信论》。
④ 《勿轩集》卷四，《商鞅徙木立信论》。
⑤ 《勿轩集》卷一，《送胡庭芳后序》。
⑥ 《勿轩集》卷四，《洛阳新创同文书院》。

　　"易"字从日从月。日中有一为奇，阳数也；月中有二为偶，阴数也。合日月为易。故观图书（按指河图、洛书）迭出，可见天地自然之数；观日月相推，可见天地自然之易。易之作虽则乎图、书，而其为义，尤莫著于日月。盖易者阴阳之道，卦则阴阳之物，爻则阴阳之动也。然有交易、变易之义，在天地则一动一静互为其根，所谓日月运行，一寒一暑是也。分阴分阳两仪立焉，所谓天地设位卑高以陈是也。在《易》书则一阴一阳各有定位，所谓刚柔立本、八卦相错是也。一刚一柔迭相推荡，所谓两仪生四象、四象生八卦是也。是故天地之运，古今之变，人事之吉凶悔吝，物类之得失忧虑。与夫性命之理，幽明之故，死生之说，鬼神之情状，莫不于是乎尽矣。……天地之间莫非太极阴阳之妙，非独以图书而作也。①

在这里，熊禾虽然讲了许多神秘主义的话，但其中谓"一动一静互为其根""一刚一柔迭相推荡""天地之间莫非太极阴阳之妙"等，是辩证法的思想。

　　在熊禾世界观中有天命论，但却不是宿命论。他主张遵天命，尽人力。他说："为之君者有拨乱之志，为之臣者有尽忠之节。人事既尽，能以天道为定命，故能臻兹大业。……后世得人之国则绝人之祀，不知天道昭明祸亦反踵。"② 熊禾关于人定胜天、命自我立的论述是值得重视的。他说：

　　孔子罕言命，又曰不知命无以为君子。孟子不谓命，又曰得之有命，然则将孰从？盖命有二，以性言则理一而已，以气言则分有万之不齐。智愚贤否一类也，富贵贫贱寿夭一类也。以理制数，以性御气，愚可明，柔可强，勤之可以不匮也，仁义之可以得天爵也，修养之可以延年，为善之可以获福也，孰谓其不可变乎！是故君子但当言理，不当言数；但当论性，不当论命；当然在我，适然在天。敢问三代盛时，家有受田，阡陌未裂，阴耗之星夫何居？里有公选，

---

① 《勿轩集》卷五，《易卦说》。
② 《勿轩集》卷四，《虞君思辅少康复国论》。

科目未兴，科明科甲之星夫何丽？①

熊禾是把天命看成是理，不是人格神。理是事物之道理或规定性，只要人们按照事物之理或规定办事，如"修养之可以延年，为善之可以获福也"，那么"愚可明，柔可强，勤之可以不匮也"。这就是说天命是可以改变的，自己的命运是自己掌握的。由此可见，熊禾先承认天命，其后是又否认天命的。

（三）全体大用的认识修养论

熊禾的认识论和其世界观一样，具有较多的唯物主义因素。他认为，客观事物是可以认识的，人的认识是对客观事物的反映。例如，天文历法不是天地产生前就有的，也不是天地一开始就有的，而是人们长期观察天地四时的变化而逐渐形成的。熊禾说：

> 黄帝颛顼虽云造历，盖未详也。至（尧）帝始命羲和分掌天地四时，于是推步之法愈密，日月星辰之丽于天者，始则而象之岁分为四时，又分为十二月，又分为三百六十日，因其气盈朔虚又为置闰以应周天之度，于是天道可得而成矣。②

这就是说，天文历法是人们根据日月星辰的变化而逐渐认识的，不是上天赐给或圣人头脑里空想出来的。这种讲法是科学的。

熊禾认为，朱子学就是致用之学，是道德事功之学。在熊禾看来，朱子学的体系就是有体有用，而且体全用大。他说：

> 立德者，道之本也；立功者，道之用也；立言者，所以载道之文也。言学而无见于道，则不足以为学；言道而无得乎道之全体，则亦不足以为道矣。是故一善之德亦可以言立德，一时之功亦可以言立功，一语之有关于世教亦可以为立言，而皆无见乎道体之全，则亦不足与乎道统之正矣。……一切无用之虚文悉以罢去，学问必

---

① 《勿轩集》卷一，《赠熊云岫挟星术远游序》。
② 《勿轩集》卷四，《帝尧万世之功论》。

见之践履，文章必施之政事，使圣人全体大用之道复行于世。①

正由于朱子学是体全用大，是致用之学，因此必须学用结合，即儒道与吏治为一，讲学与论政为一，德权与笃行为一。熊禾说：

> 天有四时无非教也。古人立教法天而已。天之道元、亨、利、贞其体也，春、夏、秋、冬其用也。在人则仁、义、礼、智其体也，而其所以为用者，岂独无所事哉！闻之师曰："农象春，礼象夏，刑象秋，兵象冬。"此人事之四时而教之所寓也。未仕而学校则学此者也，已仕而官府则行此者也。儒道吏治其有二乎哉！……以经术德行教人，至农事、礼乐、刑政、兵防之类，亦使之人治一事，世称为明体适用之学。……晦庵西山二先生之教，其体全体，其用大用……讲学论政之本者矣！②

在这里，熊禾所谓的"立教法天"，把人事说成是出于天的安排，把仁、义、礼、智说成是出于元、亨、利、贞，把农田、礼乐、刑政、兵防说成出于春、夏、秋、冬，这些显然是天人合一的唯心主义世界观。但是，熊禾这一段话的中心思想是在于说明体用一致、学用结合。他这种学以致用的观点是应该充分肯定的。

熊禾基于其学以致用的思想，反对不关心社会国家的空谈，激烈抨击和蔑视为科举而不关心世事的儒生下士。熊禾说：

> 下土儒生方且角一日长技于万人场屋之战，其不为武夫健儿所揶揄者几希！虽然文在天地间犹日月，"六经"大义何可废也！武亦儒者一事耳。……使人通一经治一事，边防、水利之类靡所不讲。关、洛大儒为往圣继绝学，而孙吴、韩信兵法亦未尝不通，此有体有用之学也。③

熊禾明确提出，研究理论的目的在有功于世和自身的道德修养。

他自己就是如此做的。熊禾说："弱冠读《大学》，有得，始喟然叹

---

① 《勿轩集》卷四，《祀典议》。
② 《勿轩集》卷三，《晋江县学记》。
③ 《勿轩集》卷一，《跋谢春堂诗义后序》。

曰：'学在是矣！'自此益穷研'四书'以及诸经，务为明体适用之学；每病今世之学者，议论徒多而践履益薄，词华虽工而事功益不竞。"① 因此，熊禾特别主张知行统一、实事求是。他说：

> 壮而读书颇识《大学》知行之要，益求实事，不竞虚文。勉焉自力于躬行，切亦有志于世故。②

熊禾学以治业的思想是应当肯定的。

在认识的方式上，熊禾发挥了朱熹的主敬说。他说：

> 尝以敬为宅心之要，盖心存则众理具而万事之纲举矣，非心存之外别有所谓敬也。……圣贤之学不讲，人心失其所为主，理非事谬，世道随之。……万事具万理，万理在万物，而其妙著于人心，一物不体则一理息，一理息则一事废。敬者贯万事统万事万理而为万物之主宰者也。致知所以明是心也。敬者所以存是心而勿失也。③

熊禾把敬看得特别重要，认为："心生生不穷者，道也；敬则生矣，生则恶可已也。怠焉则放，放则死矣。此千古圣贤传授心法之妙，学者深体而屡省之哉。"④ 这就是说，只有敬才能生道，才能存道。因此，它是学者特别要"深体而屡省之"的。

但是，熊禾所强调的学以致用，主要是指封建伦理道德的践履。熊禾认为"人之为人，以其存心惟仁与义"⑤，仁和义是人区别于他物的标志，因此，人的道德践履就是为了存心中的仁和义。仁和义的伦理道德中，熊禾又特别强调行孝，他认为"孝则行仁之本"。他说：

> 行以《孝经》为先，自天子至于庶人一也。……凡礼乐、刑政之具壹，是以孝为本。则斯道也，固天性之自然，人心之固有。……以二帝三王之心为心者，仁人心也，学所以求仁；而孝则

---

① 《勿轩集》卷五，《谢乡举论学》。
② 《勿轩集》卷五，《谢乡举启》。
③ 《勿轩集》卷一，《敬斋铭箴跋》。
④ 《勿轩集》卷一，《敬斋铭箴跋》。
⑤ 《勿轩集》卷六，《祭先圣文》。

行仁之本也。①

熊禾还说："《孝》乃德之大者。"② 他认为，践履孝道是人天性之自然，是人心所固有。人的道德行为，礼乐刑政皆要以孝为本，二帝三王之心即仁人之心，亦即行孝之心。在熊禾看来，所谓知行一致，就是知《孝经》以立心，修身齐家治国平天下，化民成俗。

在践履伦理道德上，熊禾还宣扬无物欲而乐道的思想。他说：

> 人生苟不以外物为累，则虽羹藜饭糗莫匪珍馔，粗绨大布何异衮冕，而荜门圭窦又皆吞风吐月之大厦也。……箕山之隐，陋巷之居，虽以四海九州之富、纤朱怀金之贵，而不以易其所乐者哉！③

在熊禾看来，知道行道之所以比物质享受更为重要，是因没违背封建道德原则，使良心悦愉。熊禾基于他这种"不以外物为累"的思想，誓不仕元，甘受贫困，宁可饿死。因此，熊禾的无物欲而乐道的思想，并不完全都是禁欲主义的。

此外，熊禾还强调践履伦理道德要心悟躬践。他认为，"凡病必有治，治必有要，不独医为然"。人的思想病即道德上的欠缺也是可以医治的，而道德修养是有其要旨的。"自治治人之道"的要旨在于，"药灵丸不大，棋妙子无多，令心悟躬践"④，即在于心中真正领悟和实行。

（四）历史观

熊禾的社会历史观基本上遵循朱熹的天理观，不过他又引进了周敦颐的"纯心"思想。熊禾认为，"人心道心为千万世治乱兴亡之机"⑤。因此，他特别推崇《春秋》为圣人"传心"治世要典。熊禾说："《春秋》者圣人史外传心之要典，万世人主善恶之龟鉴也。笔削之精微，义理之浩瀚……能裨世之复治也。"⑥ 熊禾把圣贤之心作为决定历史的出发点，

---

① 《勿轩集》卷一，《孝经大义序》。
② 《勿轩集》卷三，《江氏族谱序》。
③ 《勿轩集》卷三，《曝背龛记》。
④ 《勿轩集》卷一，《四时治要方序》。
⑤ 《勿轩集》卷一，《史纂通要序》。
⑥ 《勿轩集》卷二，《蔡氏春秋后序》。

其社会历史观是先验的。

在社会生活中，熊禾认为既要尽人事，又要遵天命。他说：

> 人事既尽，能以天道为定命，故能臻兹大业。……一代之兴则先代子孙宾于王家，与国同其休戚，古人之虑盖深远矣。后世得人之国，则绝人之祀，不知天道昭明祸亦反踵。①

熊禾有时相信感应，认为吉祥之物（祥瑞）不会出现于无德人之前。他说："四灵之物莫灵于龙。……孔甲淫乱失道、义德已衰，岂有灵物出于其时，或者有异物肖龙状者，故得豢之，若以为真龙，吾则不信矣。"②熊禾的这种祥瑞观点是一种天人感应论。由于具有祥瑞观念，他相信阴阳家的气运说。他说：

> 阴阳家一途，诚诣其极则有裨于生人则亦甚大。何也？其取精于天地者为多也。……陈同父（按即陈亮，浙江永康人）尝言楚、蜀、闽、越日衰之气，必有乘而用之者，及今验矣。③

陈亮是南宋著名的气论思想家。陈亮认为，世界万物的本体是气。他把这种观点推论到社会历史，认为社会历史的变化发展也是由气起主宰作用的。因为气是运动变化的，有盛有衰，因而国家民族的命运也有盛有衰，乘日衰之气者必败。熊禾抛弃陈亮的元气自然论，而单取其错误的气运说的社会历史观，认为由于南宋据楚、蜀、闽、越之一隅，得到的只是日衰之气，因而必然要灭亡。熊禾还进一步说：

> 今之阴阳家有能发泄神州已旷之地气，以培植昭代方兴之人才者乎，天地生人有望也。吾里有牧堂蔡先生知之，三世之间生西山、节斋、九峰、觉轩、久轩五贤。④

蔡牧堂即蔡发，为蔡元定之父，蔡元定之父和子五人皆是著名的理学家。熊禾还谓，"天运有往则必复之几，地气无郁而不伸之理"。他还举历史

---

① 《勿轩集》卷四，《虞君思辅少康复国论》。
② 《勿轩集》卷四，《孔甲豢龙论》。
③ 《勿轩集》卷一，《赠地理吴竹涧序》。
④ 《勿轩集》卷一，《赠地理吴竹涧序》。

上的例子，如中州在三代时文化极盛，后来衰落了；"东晋之末正气久郁于偏方，时有元魏之兴文教，诞敷于诸夏，遐观一时文物之盛"①，后来又衰落了，而现在又兴盛起来。不过，熊禾的气运说与阴阳家有所不同。在熊禾看来，天运地气，即使乘日衰之气，也不是不能挽回的，如果谁积善好义还能挽回之。这就是说熊禾的气运说并不完全是宿命论。熊禾说：

> 人主一心攻之者众，或以声色，或以货利投吾之欲。千条万端，大抵亲贤臣远小人则阳明胜而天理用事，此其所以治而兴也；亲小人远贤臣则阴浊肆而人欲用事，此其所以乱而亡也。②

很显然，熊禾还是十分强调事在人为的，并不完全是气运决定论者。因此，熊禾特别强调朝廷的用人问题，主张用人唯贤，反对用人唯亲。他说：

> 主于贤则有德是视，固不间亲；主于亲则未必皆贤，且妨天下之贤路矣。信矣，立贤无方（按即选拔人才不论其出身）为不易之中道（按即最恰当的办法）。③

熊禾认为，不注意发现人才就会埋没人才。因为，"岩穴之士怀才抱德者多矣，往往以不知见弃"④。熊禾尖锐地批评当时的科举制度不能真正选拔人才。他说：

> 持衡者不当徒较其辞章……操管者不当徒志于爵位……有司怀触讳之疑，语生辄思，举子有患失之虑、气馁，可知以此取士何以得人材，以此入官何以扶世道。⑤

此外，熊禾还激烈反对豪强兼并土地。他说："举天下农桑大利，上不在国，下不在民，而悉归于兼并封君之家。……耕夫织妇终岁丝丝而

---

① 《勿轩集》卷四，《洛阳新创同文书院》。
② 《勿轩集》卷一，《史纂通要序》。
③ 《熊勿轩集》卷四，《汤执中立贤无方论》。
④ 《熊勿轩集》卷四，《汉主不拜啬夫论》。
⑤ 《勿轩集》卷五，《谢乡举启》。

计、粒粒而数，有不得以遂其一日之温饱者矣。……不能制民之产，则虽朝讲夕究徒为空言；月要岁成亦无益于实政也。"①

熊禾正视"耕夫织妇终岁丝丝而计，粒粒而数，有不得以遂其一日之温饱者"的现实，主张用"制民之产"的办法去解决。这种同情受苦受难的劳动者，具有人民性的思想，在当时地主阶级统治者中是难能可贵的，是十分深刻的。

附：熊禾著作简介

《勿轩集》8 卷　在《四库全书·集部·别集类》中。包括《易学图传》2 卷、《春秋通解》1 卷、《四书标题》1 卷、《诗文》3 卷、《补遗》1 卷。

《熊勿轩集》6 卷　在《正谊堂全书》中。是书其中主要著作为《四书标题》《易经讲义》《诗选正宗》《小学句解》等。

《勿轩诗集》1 卷　在《元诗初选集》甲集中。

《文公要语》3 卷　系取朱熹著作中至精且要者录之，加以按语。

《周易集疏》2 卷　是书取一家之说为主，而折中众说，以为之疏。工夫浩博，以理明畅。

《勿轩易学启蒙图传通义》7 卷　国家图书馆有元代熊坑刊本影抄本，《四库全书》未录。是书阐发朱熹《易本义》之说，附以古人占法，以见随时变易之义。

《三礼考略》2 卷　是书继承朱熹之志，用理学观点解释《周礼》《仪礼》《礼记》。是书系未完稿，陈一方续完。

《春秋通解》1 卷　是书论述皇帝王霸之道。

《文公先生小学集注大成》6 卷　熊禾集注，明代刘剡校正，国家图书馆藏明宣德九年（1434 年）梅隐精舍刻本。

---

① 《勿轩集》卷一，《农桑辑要序》。

三　陈普

（一）教育和学术活动

陈普，字尚德，号惧斋，所居有石堂山，学者称石堂先生，福建宁德人，生于南宋末理宗淳祐四年（1244年），卒于元朝仁宗延祐二年（1315年）。陈普一生72年，其中在元朝46年。他是朱熹三传弟子，即朱熹传辅广传韩翼甫传陈普。陈普一生笃信朱子学，终生阐发和传播朱子学。南宋灭亡，蒙古贵族入主中原，陈普愤愤不乐，誓不为元官，不为蒙古贵族服务。元朝三使辟官为闽省教授，他坚拒不应诏，为时人所称赞。

陈普一生专门从事讲学和学术活动。他学问极为渊博，不仅精通朱熹性命义理之学，还精通"四书""六经"儒家经典，而且对声律、天文、地理、算术等也有很精湛的研究。

陈普开门授徒讲解朱子学，反复强调性命、道德、五常、诚敬等问题。他以专心致志于朱子学为己任。陈普说：

> 性命、道德、五常、诚敬等字在"四书""六经"中，如斗极、列宿之在天，五岳、四渎之在地，舍此不求，更学何事？[①]

陈普坚持朱子学，力护门户之见。他认为，朱学和陆学是对立的、不可调和的，朱学正确而陆学错误，竭力伸朱排陆。他说：

> 普读书不多，于象山平生未能洞其表里，姑据来示一二，则其于思孟程朱之大义已有胡越参辰（按指对立两端）之拟。……《诗》《书》《易》《礼》四书微周程朱，学者至于今犹夜行耳。……陆学多犯朱书明辨是非处。[②]

---

① 《闽中理学渊源考》卷四十，《陈石堂先生普》。
② 《石堂先生遗集》卷十二，《答上饶游翁山书》。

陈普认为，陆学违背儒家正统，是欺世盗名之学。

（二）哲学思想

陈普本体论的基本范畴是理和气。他认为，理是世界万物的本原，理通过阴阳二气产生世界上形形色色、千差万别的事物。在陈普论说世界本原的过程中，理学家们常用的无极、太极、道、则、性等都有提到。陈普认为这些范畴实际上都是从不同角度来解释理的。

首先，陈普认为，理是事物道理之极至，故又叫太极，"无极太极只是一个"。陈普说：

> 先儒明理之书必求洞彻。……天下之物，其形体、性情、位分、度数，凡如此如彼者，皆是道理当然。所以千古万古无一毫变易，盖理至此止，不可得而易也。极者，至也，止也。止此谓之极，无以加谓之。太极不过道理之总名尔。物有去来、生死，而此道理常在天地间，耿耿人心目中。所以圣人提出，濂溪画出。其所提出画出，只是一个所以为物者而已。思之而见，察之而得。然则形迹声臭可以耳目闻觌，故谓之无极。无极太极只是一个，非有二也。①

太极就是指理之极至，无极就是指极至的理之上没有别的东西了，因此无极、太极是一个，非二个。事物之理是不变的，应该如此，永远如此，是不能变易的，如对君永远要忠等。陈普强调理之至极不可变易，就是为了说明封建社会的三纲五常、人伦道德是永恒不变的，神圣不可侵犯的。

其次，陈普认为理是事物之则、之性。陈普说：

> 有物必有则，有形必有性。则，各有所至；性，各有所极。物与形出于气，而则与性，即太极之各具于物者，与物未尝相离。然必别提出状之于物上者。物有去来生死，其则其性乃道理之全体，无时而不在也。故须别作一处，盖欲使之见其则之必如是，知其性

---

① 《石堂先生遗集》卷十二，《答谢子祥无极太极书》。

之常如此。①

在陈普看来，理是事物的当然之则与其所以然之故（性）。理表现在物上则为性。事物之则之性在事物之上，与事物不相脱离，但又与具体事物相区别。理之所以能创造事物，在于先有各种事物的各种形式（即各种规定），如房屋的建筑必先有图样，然后才能与质料（即气）结合而成实际的事物。由于各个事物之则之性不同，才有千差万别、形形色色的不同事物。因此不同事物之理（即则、性）又是各个不同事物相互区别的标志。

以上两点是陈普关于理的界说。由此可见，陈普对于理的解释比之前的理学家更为明白易懂，特别是其中关于理与物未尝相离的思想，含有一定的唯物论成分。

关于理与气的关系，陈普也有比较详细的论述，他说：

> 物与形出于气。……故文公云，非有以离乎阴阳，即阴阳而指其本体不杂乎阴阳而言之。盖形气与理为一，然形气须作形气说，道理须作道理说。既须各说，则须画个有形有气者在下，无声无臭者在上。形气是所为者，道理是所以为者。便自分大小、尊卑，一上一下皆自然之理也。非独如此，道理本自做一处。……物皆理之所为，则物固小而理至大，物自沉而理自浮，物自后而理自先。②

这就是说，理是创造世界万事万物的本体。"本体者，所以生之谓也"，这里所谓"则须画个有形有气者在下，无声无臭者在上"，是指周敦颐画的太极图：无形的理（太极）在上，有形的阴阳五行之气和人、万物在下。

陈普通过解释周敦颐的太极图，全面阐明了无极、太极、理、气、阴阳、五行、人、物等的相互关系。陈普认为："详看周子本文最上圈是太极，不可以耳目闻见，故曰无极而太极。意谓太极不可以形气言也。盖虽无而实有也。缘后之儒者将太极作一块混沌之气，故立此二字以示

---

① 《石堂先生遗集》卷十二，《答谢子祥无极太极书》。
② 《石堂先生遗集》卷十二，《答谢子祥无极太极书》。

人，使知其为理而非气。"这就是说，理是精神性的本原，理生阴阳五行之气。陈普接着说：

> 第二圈（按指周敦颐太极图）半白半黑，是阴阳二气，不可以太极言，但其圈之圆之大与上圈（按此"上圈"即指代表理或太极的那圈）同，则又足以见其不相离（按即理生气后理气不相离）之妙，中一小圈谓太极（按即作为本体的理），只在阴阳（即指阴阳二气）中常生不死常有不无，谓自中央一个分开作两个（按即指一理生阴阳二气），只是上头一大圈，但取在其中常为主（按指理为气之主），非又别有一个小底。故文公云：中○（按即上文讲的"中一小圈谓太极"）者其本体也。本体即上文。本体大小不同，本非有异，亦犹五行下一小圈，见二五之合为一者，又是大弥六合，小不满一握之义，画出成此一个，亦是妙处，非有意之为也。①

陈普认为，理生阴阳五行之气，理与阴阳五行之气的精微凝合而成人与万物，两端（按指男女、雌雄、牝牡）的胚胎。它们是繁殖人与万物的种子。他说：

> 图下二圈只是一体一太极。男女圈义深最当，看男女非指人之男女，谓天地之生，气化之初，合下只有两端，一阴一阳，一牝一牡，人之男女，草木禽兽之雌雄牝牡皆在其中。横渠（按即张载字）所谓阴阳两端立天地之大义，亦此意也。②

陈普认为，人和万物两端的胚胎既成，就能繁衍无穷。究其最终的根源在于"理"，理是生物之本体。陈普继续说：

> 二体（按指两端的胚胎）既成，则形感之生散而万殊，犹一男一女分为子孙支庶百代不知其极；又含一意谓生物或有穷时，而乾道坤道之生常不息，只要天在地在，则人物皆无忧，此理又当意会，难以语言详也。文公本体二字最好，谓物与太极不相离，而别提出

---

① 《石堂先生遗集》卷十二，《答谢子祥无极太极书》。
② 《石堂先生遗集》卷十二，《答谢子祥无极太极书》。

画出者，以其所以生而言也。本体者所以生之谓也。①

陈普对周敦颐《太极图》的解释基本上是符合原意的，从中也反映出他自己的思想。

在陈普看来，理不仅是产生世界万物的本体，而且也是可以认识的。他认为，理"思之可见，察之而得"。但是，理只"可以心见，而不可以耳闻"。这就是说，只有通过对理的产物或表现形式"形迹声臭"进行"耳闻目睹"才能认识理，即通过感性知觉，然后进行理性分析，才能认识理。用陈普的话说，就是要从小处着手，大处着眼，不能光空谈大道理。陈普说：

> 先立其大则必略其小，而迷于下学上达之途矣，且有小德出入之弊，近日有磨砺大节至其平居则放言纵欲致犯清议者，此说开之也。②

"下学上达"是孔子讲的，"下学"是指日用寻常之学，"上达"是指天、性命之学。陈普反对空谈天理、性命。陈普又说：

> 学者虽不可安于小成，而不求造道之极致，又不可骛于虚远而不察切己之实。③

陈普认为，陆象山（九渊）的"先立乎其大"之说就是空谈大道理；"先其大者不若先其近者之切也"。陈普讲的由"察切己之实"而"求造道之极致"，即达到做圣贤的大目标，虽讲的是人的道德修养，但这种从感性到理性、从具体到抽象的认识方法应该是对的。④

不仅如此，陈普主张认识事物要采取分析的态度，不能一刀切，即不能简单地肯定或否定。陈普说：

> "五经"传注岂可无，但视其是与非足矣，岂宜一切屏之（按即摒，丢开之意），若高洋斩乱丝，不问其是非、曲直，但与之一剑哉！⑤

---

① 《石堂先生遗集》卷十二，《答谢子祥无极太极书》。

② 《石堂先生遗集》卷十二，《答上饶游翁山书》。

③ 《石堂先生遗集》卷十二，《答上饶游翁山书》。

④ 《石堂先生遗集》卷十二，《答上饶游翁山书》。

⑤ 《石堂先生遗集》卷十二，《答上饶游翁山书》。

在陈普看来，不仅要进行分析，更为重要的是力行，认识是否正确就要看能否行得通。要把知和行结合起来。陈普说：

> 《论语注》中所谓力行而不学文，则无以考圣贤之成法，识事理之当然，而所行或出于私意。又曰子夏之言（按指力行即学），其意善矣，然其流之弊，将或至于废学。不若上章夫子之言（按指力行与笃学并进）然后为无弊也。①

陈普认为，不力行而致知，则致知做不到；不致知而力行，则是盲目的行动。因此，他提出在道德修养上持敬和观理互为因果，即所谓"不知众理之妙而无以穷之，则褊狭固滞而无以尽此心之全"②。

附：陈普著作简介

《石堂先生遗集》22卷　明嘉靖十六年（1537年）、万历三年（1575年）刻本。今福建省图书馆和福建师范大学图书馆有旧抄本。

《孟子纂图》2卷　撮取《孟子》7篇要旨加以己意成编。大旨是说明人的一切善言善行皆从性中流出，人性为善；人的行为虽然千变万化，而其脉络贯通，条理分明。万变皆不离乎一本（理）之妙。此书阐述各篇要旨，以为训蒙之用。

《石堂先生诗》1卷　在《元诗选》三集甲集中。

《朱子武夷棹歌注》1卷　在《丛书集成》初编文学类中。

四　吴海

（一）民族气节及其在闽学史上的地位

吴海，字朝宗，因尊崇孔孟，自号鲁客，或叫鲁生，又因喜人规过，名其斋曰闻过，学者称闻过夫子，闽县下渡（今福州市）人，有说生于

---

① 《石堂先生遗集》卷十二，《答上饶游翁山书》。
② 《石堂先生遗集》卷十二，《答上饶游翁山书》。

元英宗至治二年（1322 年），卒于明太祖洪武十九年（1386 年），年 65
岁。吴海生活于元朝末年，但仍誓不仕元，不帮助蒙古族贵族统治汉人。
吴海的朋友王翰任官元朝，吴海劝其死节，后王翰果死节。吴海"平生
刚直，终身隐钓，未尝求知于人，然非其人则亦莫能知也"①。吴海一生
过着清寒的教育和著述生活。他说：

> 吾幼好学，长而弥笃。攀前修之逸驾，追往圣之遐躅，既孜孜
> 以求道，屡颠沛而不易。……志慕仲尼。……吾之内忧也。若乃感
> 莘野而怀伊尹，仰西山而思伯夷（按即怀有亡国之恨）。②

蒙古族贵族入主中原已达 90 年，吴海仍具有非常强烈的民族义愤，怀有
亡国之恨，在当时知识分子中是十分突出的。明人王称说：

> 先生以刚明仁勇之资，充圣贤诚正修齐之学。不幸生匪其时，
> 视当世有不可为者，于是卓然长往终身不污一命。……其著……言
> 切而理当，气充而笔严。……濂洛载道之言以下而文之有益于世者，
> 仅于先生得之。③

因此，吴海的人品和学识极得后人的称颂，认为他"刚直不偶，处于山
林之下。味圣贤之书，学周程张朱之学，而独嗜为古文，其悲欢忧怿，
感时愤事，未尝不寓之于此。故必开乎世教，而流连光景之辞一不苟为，
盖有意乎圣贤之文者也。……闽自文公之后，复有如此之人，如此之文
也"④。

像汉代的董仲舒尊儒罢百家一样，吴海是尊程朱而罢其余。吴海说：

> 道之不明，学害之也；学之不纯，书祸之也。……诸子百氏，
> 外家杂言，异端邪说……无益于身心，不资于家国，非有补于教化
> 风俗治道，徒为多矣，况其偏蔽邪曲足以湮正理。……杨墨佛老诸
> 书，"六经"之贼也；管商申韩诸书，治道之贼也；遗事外传，史氏

---

① ［明］徐起：《闻过斋集序》。
② ［明］吴海：《闻过斋集》卷八，《答问》。
③ 《闻过斋集跋》。
④ ［明］张维康：《闻过斋集序》。

之贼也；芜词蔓说，文章之贼也。窃意上之人，有王者作，将悉取其书而禁绝之。然后读书者得以专其力于圣贤之言，精其志于身心之学，玩其意于国家得失成败之数，考其实于古今治乱兴亡之迹，如是则学正而道明，而书为有益于世。……宋道学诸儒之遗言不禁。①

由此可见，吴海的学说是醇正的朱子学。吴海研究学问皆据朱熹著作，认为"其寸纸片墨流落人间，自当为世所宝"②。有人认为，吴海是朱熹学说的真正继承者，吴海之学即朱子之学。③清人蔡衍锟认为，吴海是福建朱子学史上一个关键性人物。他说：

> 朝宗吴先生闽人也，生于元季，隐居不仕，而气质光明，学识醇正，为当世诸名公所推重。……先生平昔所学者周程张朱之道，故凡一言一行无非出于大中至正。……闽学之倡也始于龟山，其盛也集于朱子，其末也振于西山，又二百余年而始有剩夫陈氏、翠渠周氏、虚斋蔡氏。向非有先生（按指吴海）之辟邪崇正，傑然挺出于绝续之间，何以继已往而启将来哉？④

蔡衍锟认为，吴海是闽学的继往开来者。从吴海的朱子学之"醇正"来看，蔡氏此评并不过分。研究朱子学，研究闽学，吴海的学说是值得特别注意的。

（二）道理读书论

在吴海的哲学思想中，理学中的一些范畴一般都涉及。首先，关于理，吴海认为，"天不言所出者理"⑤，"理出于天而具于人之心"。⑥这就是说，一切事物都有自然之理，这是天意安排的，所以叫作天理或天命。同时，吴海还用道来释理，认为道是事物当然之理。吴海说：

---

① 《闻过斋集》卷八，《书祸》。
② 吴海：《闻过斋集》卷七，《跋罗源黄氏所藏朱文公手帖》。
③ ［明］张维康：《闻过斋集序》。
④ ［清］蔡衍锟：《闻过斋集序》。
⑤ 《闻过斋集》卷八，《祭郑以宏文》。
⑥ 《闻过斋集》卷三，《慎德斋记》。

> 道者人伦日用事物当然之理，乃天下古今人物共行之路。……
> 气禀有不齐……必资学而后能。①

因吴海曾谓"天下古今治乱时世不同，而人心无不同者，理一而已"②，所以"天下古今人物共行之路"，也即是"一理"。吴海还谓"道之与事固未尝相远也"③。质言之，理是事物的道理，是人们行为的准则。正因为理是事物的道理和人们行为的准则，人们必须依理而行才行。吴海说：

> 夫莫安于理，理出于天而具于人心，物必有则，事必有宜。大而民生伦纪之间，细而日用动静之际……必也审择而处之。顺理则安，逆理为危。④

例如，要使"其子孙之昌大，则天理自然之报也。宗人曰：吾子之言诚使为善者劝，为恶者戒"⑤。至于"为文而不根于理，则更无足观矣"⑥。

吴海所谓事物之天理，其主旨在于说明封建社会的三纲五常是符合天理的，人们都依纲常而行，天下就太平了。他说："因天地之道以立人之道，因天地之利以兴人之利。"⑦

用天道（理）附会人道（理），是理学家的共同特点。吴海说：

> 天下古今治乱时世不同，而人心无不同者，理一而已。……欲使民回心而向道，士虽穷而不舍义，虽死而不为乱，则教之事也。……见诸儒必劝之以笃学力行，尊文公、陈氏之道勿为流俗所变。见父老子弟必勉之以孝悌忠信事上不悖。有问政者，亦将告知曰民安则政理。安民在于富之，使民有所赖焉。⑧

"民安则政理"，这是吴海讲理的核心思想。不过，他谓"安民在于富之，使民有所赖"。这种思想是对元末社会动乱、人民疾苦现实情况的反映，

---

① 《闻过斋集》卷四，《近道斋记》。
② 《闻过斋集》卷一，《送龙江书院山长叙》。
③ 《闻过斋集》卷三，《乌稷堂记》。
④ 《闻过斋集》卷四，《遗安堂记》。
⑤ 《闻过斋集》卷一，《赠顺昌县综理官序》。
⑥ 《闻过斋集》卷七，《书张原霆文集后》。
⑦ 《闻过斋集》卷三，《潮州三皇庙记》。
⑧ 《闻过斋集》卷一，《送龙江书院山长叙》。

是难能可贵的。此外，吴海还讲到思当理而行谓之大孝。"欲孝者惟在于思乎？思承欢之无从而精意以致享，思闻教之不复而臻至以自修为善必果，思以为亲荣，见恶必避惧以为亲辱"①。

依理而行，就要知理，认识理。在认识论上，吴海很少讲格物致知，他是讲学（读书）以致知。他所讲的知的过程是"学则致知，知则知所择"②。这就是说，通过读书学习知道得更多，但要有选择，要选择所知中正确的部分，加以牢固地掌握住（"知则知所择"）。显然，这种所知是无源之水，是唯理论的认识论。吴海说：

> 天地人物之理，君臣父子之义，齐家治国平天下之道，正心修己之法，莫不昭然具在于书，必读之而后有以识事理之当然。……书不可不读，而读之固当有法。盖不读非圣之书，则异端邪说不得以乱吾之聪明，而志定虑专无他岐之惑，讽诵习熟循序渐进，则无欲速不达舍近求远之病，优游涵泳，沉潜玩索，则不徒口耳而有自得之实。朝夕孳孳无有间断，则温故知新而有日进之益，骤觉忽喜小得勿足，则人百己千而有必成之效。……自一话一言莫非切己，心存而默识，身体而力行。极其至也，虽圣可几也。……予尝病夫人之不读书而设心以利者，又不若不读之愈也。③

吴海的这种以读书（学）为认识起点的思想是以圣贤之书为绝对真理为前提的。他所谓圣贤之书，主要是指孔孟和程朱理学的著作。他说：

> 自孟子没而圣人之道不明，异端权谋术数之言横流于天下，洋溢充斥千数百年不能止，逮宋周程朱夫子出，而继往圣开来学。④

在吴海看来，除孔孟之外，就是程朱了。孔孟、程朱之道著于书，都是绝对真理。吴海说：

> 圣贤之道著于书，学者不能身体而力行徒以空言目之，口耳相

---

① 《闻过斋集》卷三，《永思堂记》。
② 《闻过斋集》卷三，《慎德斋记》。
③ 《闻过斋集》卷四，《读书室记》。
④ 《闻过斋集》卷四，《阜林乡学记》。

传虽多无益。顾学莫先于立志，志既定，然后即物以穷理，存心而致知，力行以求至，惟日孜孜无少间断，则入道有方，进德有序，圣贤可驯致，苟有一毫为利近名之心，则非为己之学矣！①

在这里，吴海把"格物穷理"改为"即物穷理"是个好提法。不过，吴海所谓"即物穷理"，实际上是由理及物。"力行以求至"，即要真正实践封建的伦理道德规范。

此外，吴海还特别强调学习要不断深化。不断深化的动力是由学知不足、由教而知困。吴海说："学然后知不足，教然后知困。夫知不足也，知困也，然后能自反也，自强也，是教学相长也。"② 只有知不足、知困，才能知"自反""自强"，就是自己知道再学习。这种反复学习使知不断深化的过程，吴海叫作"教学相长"。在知之"自反""自强"的问题上，吴海关于"知过必改"的思想特别值得注意。吴海说：

海自始知学窃有志乎圣人之道。……平日所为鲜能不悖于理……人之有过，鲜能自知，知而必改，其躬乃治。③

在封建社会的士大夫中，是很少有知过必改的。吴海认为，他自己"平日所为鲜有不悖之理"，即一定会有过错的，而且他决心知过必改，要以身（躬）作则。吴海把知过必改看得特别重要，认为"改者天下之大善也"。他说：

为学之道，予日精知而力行之。日知有不逮继可以进行……知其不善而日日改之，以至于无可改，岂不为大善乎？……知之诚难。知之精在乎穷理而已。④

吴海认为，要日日改之"以至于无可改"。吴海这种思想确实是难能可贵的。在吴海看来，"至于无可改"就是"知之精""致知穷理"了。当然，吴海所谓"至于无可改"的思想是绝对化的说法，因为人的认识是矛盾

---

① 《闻过斋集》卷四，《阜林乡学记》。
② 《闻过斋集》卷一，《送林生赴延平学正叙》。
③ 《闻过斋集》卷七，《闻道斋箴》。
④ 《闻过斋集》卷三，《改轩记》。

发展的过程，是知与不知、正确与错误的矛盾不断出现和不断解决的过程，因此不可能达到"至于无可改"的。

吴海还指出教对知的重要性。吴海提出"教然后知困""教学相长"，此外吴海还提出"教以身不以言""教者治之本"①。吴海说：

> 教，治之本也。学校，风化之原也。教之道德以淑其心，教之生产以立其业，教之礼义以正其俗。……民知教则良心生，教立则善人众。大家既服，小民视之而化，风俗无不美矣。②

在吴海看来，教之所以极端重要，就是因为教能出贤才，"小民视之而化"。贤才为政能立国，因此"教，治之本"。"事实无难者，顾难得其人也。……为政在任贤材也，不欲杂小人"③。

在吴海的著述中有关世界观和认识论的问题，还有些观点是值得提及的。例如，对堪舆说，吴海说：

> 地理之说不可谓无也。……世技术之流张其说，以自神而祸害吉庆纷纷然起，慕利图福者往往深信为所欺卖，说愈炽而人情愈疑，理愈晦而人事愈缪。④

吴海认为，后世堪舆学家把地理之说加以夸大至神秘化，是不对的。再如，吴海说：

> 自古及今，天下之事莫不有其机。得其机者事半而功倍，不得其机者事倍而功半。况有至于不可为者，亦由屡失其机耳。⑤

这是讲抓住事物变化关键的重要性。

（三）五常之德和惟德胜欲的思想

在吴海的著作中，对德有比较详细的论述。吴海吸取先秦韩非关于

---

① 《闻过斋集》卷一，《赠闽县学教谕叙》。
② 《闻过斋集》卷二，《送宁化训导序》。
③ 《闻过斋集》卷一，《送王潮州叙》。
④ 《闻过斋集》卷一，《葬书叙》。
⑤ 《闻过斋集》卷一，《送燕经历入京叙》。

"德者得于内"的观点，而又加入天命论。他说：

> 德非自外来也，得之于天我固有之也。故自吾之爱亲慈子而推
> 之以及人之老幼，吾食而闵人之不食，吾衣而念人之无衣，已安而
> 不忍人之危。若其恻隐之情出于天性，随寓而发，非以纳交要誉于
> 人，求报冥冥于天也。然天道无感而不应，人道无施而不酬，顾为
> 德者不可以是设心而已。……恩惠及人，德之余也；孝弟、忠信、
> 仁爱、诚实著于身，德之本也。……天降民德五常具全。①

"天降民德五常具全"，他把"孝弟、忠信、仁爱、诚实著于身"作为
"德之本"。这种对德的阐释，新颖通俗，对封建专制制度是有实际意义
的。同时，吴海还把德分吉德、凶德，以便进德有所择；在修养过程中
要求慎德。他说：

> 理出于天而具于人之心。至善而无恶、纯一而不杂者为吉德；
> 肆情而荡、逐物而不返，暴逸败悖者为凶德。……学则致知，知则
> 知所择，慎则致确，确则任所守。此慎德之要也。②

在吴海之前的一些学者中，一般释德为褒意，只有德与不德之分。吴海
提出凶德，其内含是指不德，即德之贼。

对于理学家所必讲的天理与人欲的矛盾，吴海提出"惟德胜欲"加
以解决。吴海说：

> 天下之物皆有味而皆无味。惟道无味而深有味。所谓至味，君
> 子淡而不厌是也。……人惟德不胜欲而为世味所夺，故失其自然。
> 有能洗心濯虑，使方寸湛然，理义以为之主则道充。……觉天下之
> 物为无味，而独沉酣乎理趣……③

"有能洗心濯虑，使方寸湛然"，就是使德胜欲。吴海说：

> 善，人所固有也，生而莫不善。天地之性为性也，发而为情亦

---

① 《闻过斋集》卷三，《种德堂记》。
② 《闻过斋集》卷三，《慎德斋记》。
③ 《闻过斋集》卷三，《淡轩记》。

未始不善也。耳目鼻口累乎欲，视听言动出乎己。物我相形，万事相感，利害相权也，日用酬酢之间有不得其正焉，斯其为不善也。反之，而善非取于外也，存其固有者而已矣。①

"而善非取于外也，存其固有者而已矣"，就是上引"德非自外来也，得之于天我固有之也"。在吴海看来，人之本性是善的，因此应该完全是吉德；但人的物欲为不善，是凶德。因此，人欲是与人的德性相矛盾的。吴海又说：

心有所系，皆役于物者也。役于物者，顾无时而乐。求之即即，必持之戚戚；得之扬扬，必失之怅怅。嗜欲少者天机深，嗜欲多者天机浅。②

这就是说，欲多理则少，无欲理则全。吴海又说："天下之福，恒生于无欲，而祸每起于贪，贪者无厌，无厌则不知止，不知止故祸必恒随之。然自古及今相接于目前而不戒，岂人情不安福乐得祸哉？由不能止其贪耳。"③

吴海认为，由于人们贪得无厌，祸必恒随之，因此对人们进行教育是十分必要的。他说：

世学不明，风俗益薄，人之道将不立于天下。……养心以成德……人道，国人当所尽。有不能者，观于感应之间亦可以劝矣；而又不察，则禽兽微物固有有人心者，其可不自愧乎？④

吴海十分强调社会风化教育，以使人知道贪之有愧，与禽兽无异。吴海说：

惟君子能全其性分所有而无私欲之蔽，日用之间浩乎天理之流行，事至物来应之不劳，随寓而安。……观阴阳之变，万物之化，古

---

① 《闻过斋集》卷三，《祠堂记》。
② 《闻过斋集》卷三，《悠然轩记》。
③ 《闻过斋集》卷三，《知止轩记》。
④ 《闻过斋集》卷一，《厚本录序》。

今往来，治乱相寻，至人所以酬酢万变者（按即乐于道，依理而行）。①

在这里，吴海的阶级本质十分明显地表露出来了。他认为，因贪得无厌而必须进行风化教育者，只是对广大劳动者讲的，至于那些君子，则"能全其性分所有而无私欲之蔽"，是不需要进行风化教育的。

此外，在吴海的伦理思想中关于父子、兄弟等的相互关系还值得一提。吴海说：

> 古者宗法行于天下，宗族有所统一，人心有所联属。故孝弟隆而习俗美，先王之治易然。……恩固赖于相成，而道实原于自致。子焉自致其孝，无怨乎父之不慈；父焉自致其慈，无疾乎子之不孝；兄焉自致其友，无责乎弟之不恭；弟焉自致其恭，无恤乎兄之不友。致于己而不望于人，则其道易成也。②

在吴海看来，伦理关系是双方的，若绝对服从一方，则协调的伦理关系就建立不起来。吴海强调伦理关系"原于自致"，即出于自觉而不能强制。吴海的这种观点是出于孔子本来的意思，后世绝对服从的封建专制主义的伦理观点（其中包括朱熹的伦理观点）是违反孔子思想的。

附：吴海著作简介

《闻过斋集》8卷　明成化三年（1467年）邵铜刻本，福建省图书馆藏。在《四库全书·集部·别集类》中。民国二年（1913年）南林刘承干所刻《嘉业堂丛书》本（傅增湘校并跋）2册8卷，《丛书集成》本8卷。此书其文俨整典雅，议论正大，雄健宏具，离合变化一归于理；其辞流涟光景，一丝不苟。其题曰"闻过斋"者，因吴海平生虚乐善，有规过者欣然立改，尝以闻过立其斋，因名其集。

《闻过斋诗集》1卷　在《元诗选》二集辛集中。

《命本录》2卷　此书系采摭古今孝子顺孙、节妇烈女事迹，兄弟之相友、娣姒之能和睦者事迹，附以古今感应祸福之例成编。

---

① 《闻过斋集》卷三，《独乐千古轩记》。
② 《闻过斋集》卷一，《吴氏世谱序》。

第五章 明代前期福建朱子学

一 明代前期福建朱子学的历史背景和发展大势

蒙古族建立的元朝将近一个世纪，到了 14 世纪 30 年代，由于政治腐败、人民疾苦达到了极点，终于爆发了全国性的农民大起义。在农民大起义中，以朱元璋为首的一支发展壮大起来。1368 年，朱元璋在南京称帝，国号为明。同年，攻克北京，元亡；消灭西北、西南割据势力，统一中国。朱元璋推翻元朝建立明朝，在中国又恢复了汉族地主阶级的统治。朱明王朝统治中国至 1644 年，达 276 年之久。明朝国势在成祖永乐年间（1403—1424）达到了顶点，到了世宗嘉靖年间（1522—1566）由盛趋衰，一般史家称嘉靖之前为明朝前期。

从朱子学在明代的发展看，与其相对立的王阳明学说恰恰兴起于嘉靖初年，此后朱子学在明代由独盛而稍衰，使明代朱子学的发展形成两个不同时期。据记载：

> 原夫明初诸儒皆朱子门人之支流余裔，师承有自，矩矱秩然。曹端、胡居仁笃践履，谨绳墨，守儒先之正传，无敢改错。学术之分，则自陈献章、王守仁始。宗献章者，曰江门之学，孤行独诣，其传不远。宗守仁者，曰姚江之学，别立宗旨，显与朱子背驰，门徒遍天下，流传逾百年，其教大行，其弊滋甚。嘉隆（即嘉靖隆庆，1522—1572）而后，笃信程朱，不迁异说者，无复几人矣![1]

---

[1] 《明史》卷二百八十二，《儒林传序》。

此述明代学术分野最为明白，确当。本章所论述的是明代前期福建朱子学，时间大约有一个半世纪。

朱元璋是驱逐蒙古族的元人而有天下的，特别是，他起于布衣，懂得农民的一些疾苦，采取了休养生息、奖励垦荒、发展生产的政策，明初经济很快发展起来；此外，在东南沿海由于商品经济的发展，出现了资本主义的萌芽。同时，朱元璋鉴于汉、唐、宋、元失国的教训，整理朝政，制《皇明祖训条章》，规定"后世有言更祖制者，以奸臣论"①，并把一切军政大权都集中到皇帝手里，建立起高度集权的君主专制制度。由于经济的繁荣和政治的统一，明代前期国势空前强大。

同时，明代前期朝廷还进一步加强思想统治。他们继元之后，仍把孔孟正统的程朱理学作为统治思想。特别是，由于朱元璋和朱熹同姓，因而比元朝更加提倡、推崇朱子学。他们袭用了唐宋以来的科举制度，国家考试仍遵元仁宗时所定条例，以朱子学为主要内容。朱元璋更把经义的体裁严密规定为八股，作去取的标准。据记载：

> 科目者，沿唐宋之旧，而稍变其试士之法，专取"四子书"及《易》《书》《诗》《春秋》《礼记》五经命题试士，盖太祖和刘基所定。其文略仿宋经义，然代古人语气为之，体用排偶，谓之八股，通谓之制义。三年大比，以诸生试之，直省曰乡试，中式者为举人。次年，以举人试之京师，曰会试。中式者，天子亲策于廷，曰廷试，亦曰殿试。分一、二、三甲以为名第之次。一甲止三人，曰状元、榜眼、探花。……"四书"主朱子《集注》，《易》主程《传》、朱子《本义》，《书》主蔡氏《传》及古注疏，《诗》主朱子《集传》，《春秋》主左氏、公羊、穀梁三《传》及胡安国、张洽《传》，《礼记》主注疏。永乐间，颁"四书"、"五经"《大全》（按即《五经四书大全》），废注疏不用。其后《春秋》亦不用张洽《传》，《礼记》止用陈浩《集说》。②

①　《明史》卷三，《太祖本纪》。
②　《明史》卷七十，《选举志》。

这是由全国规定科举考试采用程朱学派的"四书""五经"注解为主。到了永乐年间（1403—1424），奉敕由胡广编撰《五经大全》《四书大全》《性理大全》，专供科举取士之用。特别是其中的《性理大全》70卷，主要选取宋儒周敦颐的《太极图说》《通书》，张载的《西铭》《正蒙》，邵雍的《皇极经世》，朱熹的《易学启蒙》《家礼》，蔡沈的《洪范皇极内篇》等。这样，由于皇帝极力提倡程朱理学，朱子学更加盛行。明末陈鼎说：

> 我太祖高皇帝即位之初，首立太学，命许存仁为祭酒，一宗朱氏之学。令学者非"五经"、孔孟之书不读，非濂、洛、关、闽之学不讲。成祖文皇帝，益张而大之，命儒臣辑"五经"、"四书"大全及《性理全书》，颁布天下。饶州儒士朱季友，诣阙上书，专诋周、程、张、朱之说。上览而怒曰："此儒之贼也。"命有司声罪杖遣，悉焚其所著书，曰："毋误后人。"①

因此，明代在嘉靖初年王学盛行以前，思想界是程朱理学一统天下。

由于明代前期朱子学的独盛，其著名学者辈出。清人蓝鼎元说："有明一代，惟薛敬轩、胡敬斋、罗整庵三人得朱子之正传，今《读书录》《居业录》《困知记》诸书具在，可以正异学之非。"②《明史》也说：

> 明初……曹端、胡居仁笃践履，谨绳墨，守儒先之正传。③

除曹端（字正夫，河南渑池人）、胡居仁（字叔心，江西余干人）、罗整庵（字允升，名钦顺，江西泰和人）外还有宋濂（字景濂，浙江浦江人）、王祎（字子充，浙江义乌人）、方孝孺（字希直，浙江宁海人）、薛瑄（号敬轩，山西河津人）、吴与弼（号康斋，江西崇仁人）等，皆为明代前期朱子学大儒。他们"守儒家之正传，无敢改易"，又有"谓此亦一述朱耳，彼亦一述朱耳"④。在科举盛行的年代，他们不图猎取功名，潜心理学，继续保持朱熹的重修气节不重功名的精神。特别是方孝孺，仗

---

① ［清］陈鼎：《东林列传》卷二，《高攀龙传》。
② 《榕阳学准》卷五，《道学源流》。
③ 《明史》卷二百八十二，《儒林传》。
④ 《明儒学案》卷十，《姚江学案》。

义不屈，为明成祖诛其十族，其风烈尤为著名。当然，也有些朱子学者并不尽然，而为功名所驱使。

在明代前期，福建和全国一样，朱子学极为盛行，他们忠实地阐发朱子学说。例如，林瀚（字亨大，闽县人），学行醇正以朱子学为宗，在朝正直无私，不以皇帝和宰辅颜色行事，不计利禄，为世所敬重；林玭（字廷珍，侯官人），以朱子《易》学倡教东南，学务穷理，笃于躬行；郑守道（字用行，侯官人）著《太极图说解》《大学解》，旨精秘具，全是朱子学风格，有功于后学；等等。

明代前期福建朱子学以精湛研究"四书"、《易经》闻名全国。其著作有几百种，数量之多居全国第一。仅晋江一地研究《易》著名者有数十家，著作达八九十种。明代全国研究《易》者首推晋江，而晋江以蔡（清）、陈（琛）、苏（浚）三家为最。蔡清著《易经蒙引》，陈琛著《易经通典》，苏濬著《易说》，皆为研究《易》学之杰作。蔡清之《易》精而密，陈琛之《易》高而朗，苏濬之《易》渊源蔡清，而其超广洞达，气象绝类陈琛。此三人之《易》学理论，相为表里。其共同特点是羽翼和发挥朱子学。

明正德嘉靖年间（1506—1566），陈宪章、王阳明心学兴起，广泛传播之时，福建朱子学者绝大部分不为异说所惑，挺身而出，奋起捍卫朱子学。例如，马森（字孔养，侯官人），提出理学必须以朱子学为宗，不可动摇，陆王心学非理学之正脉，不可接受；宋端仪（字孔时，莆田人），著《考亭渊源录》，力排王学，言行举止一依朱熹；卢一诚（字诚之，福清人），坚持朱子立场，拒绝参加阳明学社；童世坚（字克刚，连城人），受业于王阳明，归而笃信朱子学，谓王学不若朱学有把握；杨道昭（号天游，建阳人），与王学学者王心斋、王龙溪等反复辩论，激烈抨击阳明学说，称颂朱子之学；周瑛（字梁石，漳浦人），以朱熹居敬穷理之说批评王学驱陈白沙心学；方良永（字寿卿，莆田人），谓言心学者不知其妄；等等。

在明代前期福建朱子学者之中，最著名者为陈真晟、周瑛、蔡清等。清代著名学者雷鋐评论说：

> 有明开基尊朱子以定一宗。纲纪聿修、风教懋著，家无异学，

士鲜歧趋，百年之间真儒递出。厥后习尚颓败，正气消磨。挟策吟哦者驰骛词章；学专训诂者拘泥章句。姚江王氏起而矫之，倡为心学，以号召后进，不返求朱子之正宗，而诋为朱子之流弊，声势气焰，耸动一时，遂至凭臆见作聪明，跌荡绳墨，滔滔如狂澜不可复挽。当是时正学不绝如线，而深山穷谷之士薰染未深，犹知有朱子之学，实赖虚斋（蔡清）先生《易》、"四书"《蒙引》流播传诵。其辨析之精、捍卫之严，阳儒阴释之说自不得以汩之。①

这里讲到明代前期学术发展概况，特别强调蔡清在朱子学发展中的重要作用。关于陈真晟在福建朱子学发展中的重要作用，雷铉指出："吾闽自有宋诸大儒后代有传人，明中叶如陈剩夫（按即陈真晟）、蔡虚斋确守朱子，以津梁后学。"② 对于周瑛在福建朱子学发展中的重要作用，清代著名学者张伯行指出："道南一脉（按指程朱学说）代有传人……漳浦陈剩夫、周翠渠（按即周瑛）诸先生皆卓然直立，增光宇宙。"③

我们在本章中着重论述陈真晟、周瑛、蔡清三人。

二　陈真晟

（一）生平事迹和学术成就

陈真晟，字晦德，又字晦夫，号剩夫，又自号布衣，学者称剩夫先生或陈布衣，福建镇海卫（今漳浦）人，生于明成祖永乐九年（1411年），卒于宪宗成化九年（1473年），享年62岁。曾任漳平县学教谕等。

陈真晟出身贫苦，有谓其为"卖油佣"。据清初李颙（字中孚，号二曲，山西人）所记载：

先生名真晟……父为打银匠，携生执业，主人密为防。先生时

① 《经笥堂文钞》卷上，《蔡虚斋先生文集序》。
② 《经笥堂文钞》卷下，《童寒泉墓志铭》。
③ 《鹿洲初集旧序》。

年十一，语父曰："何业而蒙盗贼之防乎？"劝父舍之。问卖油者所得？曰："日余二壶。"喜曰："此足备养矣。"货油至书舍。闻讲有子孝弟章，大悦；明日又闻弟子入则孝，益喜。入请其师曰："小人愿受学，日以余油为赘。"师曰："诺。"复告曰："我本以卖油代父之业，备日养耳；专一于学，则累我父，须每旦一受讲，日仍卖油。"师从之。逾年学大进。①

这里，李颙称颂陈真晟贫贱起家，自学成才。陈真晟自号布衣，其出身很可能是劳动人民家庭。

陈真晟的上祖陈安宓是黄榦高徒、宋末元初的朱子学家，高祖陈址幼是元代朱子学家。陈家有朱学传统。陈真晟青年时代从著名朱子学家唐泰（号东里，长泰人）学《易》。唐泰通晓"五经"，尤精于《易》，著《思诚斋易学》。陈真晟学习刻苦，卓有成就。他私淑明初著名的朱子学家胡居仁，得胡氏之穷理方法。明周瑛说：

> 先生之学无师承，自读《中庸》《大学》始。初读《中庸》，做存养省察工夫，继读《大学》专从事于主敬穷理。故先生本原澄彻，义理精明，有所本也。……先生学不自足，闻江西吴聘君名，欲往质之。②

明人陈琐说：

> （剩夫先生）大本端正……厌老氏之学而思欲以出之。自后邪诞妖妄之说一不入于耳。一日疾灸不自知，巫者因投之以符。先生强瞠曰："死生有命。"却之。……尝请命而习于攻金之工，及尽得其艺，复自悔曰："此非君子养心之术也。"遂废。……不顾身家，惟以保宗恤族为务。……宗戚贫者不能恤，必教其子孙使成才，不论邻里贫富贵贱，必教其子弟使成德，未尝计以私焉。……平生勤无休息，虽一饭之顷，未尝释卷。……（先生学业）积力久，大有了悟。盖读《论语》则悟圣道一贯之旨；读《易通》则悟天地万物之

---

① ［清］李颙：《二曲集》卷二十二，《观感录》。
② 《陈布衣遗集》卷四，《门人翠渠周瑛祭文》。

本；读《西铭》则悟理一分殊之仁。得存养于《中庸》，得扩充于《孟子》，得圣学始终之要于《大学》。乃以知行二字为用功，以敬之一字为用功之要。静以此敬，涵养其心；动以此敬，持守其身；以此敬而立五体，以此敬而致五用……盖心身动静一于敬也。平生动必以礼，行必以义。不沽名而钓誉。当言则言，当为则为，无顾避于权势。尝曰："宁百见毁于世俗，毋一得罪于先王。"……先生全体大用之学也。①

据记载，"真晟学无师承，独得于遗经之中。"②

在读书人热衷于科举仕官的社会风气中，陈真晟却一反潮流"不复以科举为事"③，"安贫乐道，其所著书无非示人以朱学之梯航"④，遂成为明代福建著名的朱子学家。

（二）思想体系

陈真晟的思想是对朱熹理学的阐发。对朱熹和其他理学家已经论述过的问题，如无极、太极、理、道等一些作为世界本原的范畴，陈真晟作了进一步的概括。例如，他说："一生二，而二生四，四分为八。一者，本也；八者，末乎。"⑤意即太极生两仪，两仪生四象，四象生八卦。"一"就是太极（理），产生万物的本原；"八"就是有形体的具体事物，是形而下者，它对于形而上者的太极来说，是末。在陈真晟看来，这些都是不言而喻的真理。

陈真晟一生用力于程朱理学的本源之地，即理、气、心、性等诸范畴的相互关系，使其成为更加切实致用的严密思想体系。这是陈真晟对朱子学的重大贡献。清张伯行说：

明布衣陈剩夫先生奋于南服而有以得程朱正学之奥。盖其专用力于本源之地（按指理气心性）。今观二图及圣要四说，可以知其功

① 《布衣陈先生存稿》卷八，《布衣陈先生行实》。
② 《明史》卷二百八十二，《陈真晟传》。
③ ［明］陈真晟：《陈剩夫集》，林雍《行实》。
④ 《经笥堂文钞》卷上，《漳平县学朱子祠记》。
⑤ 《陈剩夫集》卷三，《自题九骨扇》。

力之所在。①

此评至为切当。

陈真晟认为，程朱理学的道统是心学，即治心之学。把程朱理学的本质概括为治心之学，是符合程朱理学的实际的，是非常准确的。这是陈真晟对朱子学的一个重大发掘。陈真晟说：

> 伊川先生无恙时，门人尹焞以是书（按指《程氏遗书》）而奉质。先生曰："某在何必读此书，若不得某之心，所记者徒彼意耳。"……岂不以学者未知传心之要而滞于言语之间。……不可不先得朱子之心；欲求朱子之心，岂有外于《大学或问》所详居敬穷理之工夫乎！②

"居敬穷理"，就是治心。朱子学就是适应宋元明各朝治人心的需要而不断完善和发展的。

为了阐发朱子学就是心学，陈真晟著《心学图说》，在他的其他著作中也多言心学。但是，陈真晟的心学，与心学派的心学是不同的。心学派的心学是把心作为宇宙的本体，作为万事万物的根源。陈真晟认为，天命之理具于人心，要存心致知笃行，即所谓本源之地。对于陈真晟的心学和心学派的心学之不同，清人张伯行有深刻分析。他说：

> 或问予曰，陈布衣先生之书多言心学，近世立言之士谓心学，异端之教也。先生以之为言可乎？予应之曰：横渠谓观书当总其言以求作者之意，如不得其意，而徒以言，则圣贤之言，其为异端所窃而乱之者，岂可一二数！孔子言道德，老子亦言道德；言道德同，而其为道德者不同。吾儒言心，释氏亦言心。孔子曰：从心所欲不踰矩。孟子亦曰：学问之道无他，求其放心而已。释氏乃曰：即心即佛。是释氏徒事于心，何尝知学。吾儒之用功则不然，以穷理为端，以力行为务，体之于身，而实推之于家国天下而无不当。至语其本源之地，不过曰：此心之敬而已。自尧舜以讫周公、孔子，自

---

① 《陈剩夫集》原序。
② 《陈剩夫集》卷二，《与翠渠周瑛书》。

　　孔子以迄周、程、张、朱，未有能舍是以为学者。上蔡谢氏曰：常惺惺法，在吾儒言之则为敬，在释氏言之则为觉。先生之言心，不过谓其活变出入无时，非主敬无以操持之也。可与异端之虚无寂灭同日语哉?!①

可见，陈真晟言心与心学派言心，字句相同而实质不同，正如孔子、老子皆言道德，其含义各异；子思、陆九渊皆言尊德性，其本质不同；韩愈、朱熹皆言道统，而途径背驰。总之，陈真晟的心学与心学派的心学是根本不同的，前者为认识论和道德修养论，后者为本体论。

　　陈真晟的思想体系是以心为要。他说：

　　先讲求夫心要。心要既明则于圣学工夫已思过半矣，盖其心体定静坚固而能自立，则光明洞达作得主宰。所以一心有主，万事有纲，圣学之所以成始成终之要得矣，然后可依节目补小学、大学工夫，而其尤急务则专在于致知诚意而已，而皆不外乎一敬以为之也，再假以一二年诱掖激励渐摩成就之功，则皆有自得之实矣。②

陈真晟认为，明白了心要，就会懂得把各个方面联系成为一个体系。他认为，性之本原在天，法天即复性，复性需主敬，一动一静在于理，此即致知诚意之事。陈真晟的思想体系是：天命之理具于人心，是谓之（善）性（五常之性）；性为利欲所惑，"法天之当然是性之复"③；复性需主敬，敬以直内，义以方外，义即知行，此即所谓一动一静在于理也。质言之，就是天理——善性、复性——敬（存心）、义（知行）。陈真晟说：

　　敬以直内，义以方外，此二者学《易》之要也。以始学言之，存心致知之道亦在乎是。此朱子之说也。盖主敬即存心，择义即致知。道体极乎大也，非存心则无以极其大；道体极其微也，非致知则无以尽其微。静而不能极夫道之大，动而不能择乎道之微。则虽

---

① 《正谊堂文集》卷七，《陈布衣文集序》。
② 《陈剩夫集》卷一，《二补正学》。
③ 《陈剩夫集》卷一，《心学图说》。

日学《易》，亦买椟还珠而已矣。何有于至精至变至神哉！……君子之学欲其足踏实地务实功，不徒耀乎虚文则可贵也。①

陈真晟强调，"静焉而涵养致知，动焉而慎独诚意，使交养互发之机自不得已，则美在其中。畅于四肢，发于事业，美之至也。然则因外美而益充内美，发而为至美。"②

由此可见，陈真晟的思想就是主敬存心（穷理）和知行并进两个方面，这两个方面是紧密联系在一起的。明人郑普说：

> （先生）其学而业正学。以主敬为入门，以致知诚意为功程。……凡教皆以身言行，威仪静作有则。……为文章雄健理胜有正气。……其学惟以治心修身为事。……道外无人，人外无道。……深得经书之旨。③

郑普把陈真晟的思想体系概括为"治心修身"四字，是十分确当的。

陈真晟认为，"治心修身"程朱最得要法，要以程朱之学为入门要道。他说："程朱之学，入道有门，进道有阶，升堂觌奥，皆有明辙，惟此最为要法。诚不可不先讲而力求者也。"④

（三）主敬穷理和知行并进的学说

陈真晟认为，要穷物之理，必须涵养此心，能主敬才行。他说：

> 义理之聚于物，犹蚕丝之聚于茧，至精深微密者也。今欲绅绎之于茧丝为易，盖引其绪（按指圣贤微言绪论）以出于外者也。于物理为难，实游其心以入于内者也。故苟非先养此心，使有刚锐精明纯一之气，则安能入其微、步其精以诣其极，随其表里精粗之处无不到，而脱然尽得其妙于吾胸中乎？妙有不尽得，则虽日绅绎犹未绅绎也。如一物有十分道理，已绎到八九分，只一二分绎不得，此一二分正其所谓精妙者也。精妙者既不能绎，则其所绎者八九分，

---

① 《陈剩夫集》卷三，《题余经魁诗卷后》。
② 《陈剩夫集》卷三，《题内翰郑廷纲随侍行乐图》。
③ 《陈剩夫集》卷四，《布衣陈先生传》。
④ 《陈剩夫集》卷二，《答耿斋周轸举人书》。

皆其粗者耳。得其粗，昧其精，虽谓之全未紬绎亦可也。且但一物
不能绎，譬如印版，印出一张模糊，则张张皆模糊，心粗之病，何
以异此。此必然之理也。苟如此而欲望深于道。殆难矣，矧道不惟
精深实且广大，盖合众精深，而为一广大者也。故既不能析之极其
精，则必不能合之尽其大。所谓物有未格，则知有未至者此也。然
所以合之者，又须此心先有广大之量，然后能之也。故先儒曰："人
道莫如敬，未有能致知而不在敬者。"又曰："涵养须用敬，进学则
在致知。"所谓敬者，岂非涵养此心，使动而穷夫理，则有刚锐精明
纯一之气；静而合乎理，又有广大之量者乎。凡此皆有真实工夫，
做到至处，所谓圣学也。①

陈真晟认为，认识事物，就像引蚕丝一样，把蚕丝引出来容易，而深入
去了解其物理就不容易，因为不能把物理从物中拿出来，只能体察、思
考才行。因此，要穷物理，必须首先涵养此心。只有"先养其心，使有
刚锐精明纯一之气"，才能"入其微，步其精以诣其极，随其表里精粗之
处无不到，而脱然尽得其妙于吾胸中"。② 否则只能得其现象（粗），得不
到本质（精、精妙，即道、理）。在这里，陈真晟认识到思想理论对认识
的指导作用，是有其合理因素的。但是，他把这种思想看成是主敬，就
是所谓"涵养此心"，是从主观到客观的认识论。

在陈真晟看来，主敬穷理修己乃圣学之要，是为学的根本。他说：

敬之一字圣学之所以成始而成终者也。为小学者不由乎此，固
无以涵养本原，而谨夫洒扫应对进退之节，与夫六艺之教。为大学
者不由乎此，亦无以开发聪明、进德修业而致夫明德新民之功也。
是以程子发明格物之道而必以是为说焉。……学者诚能用力于
此……将自有其足以为致知力行之地。而可以及乎天下国家矣。③

陈真晟把主敬的内容概括为四点。清张伯行说："先生取圣要四说系

---

① 《陈剩夫集》卷二，《答耿斋周轸举人书》。
② 《明儒学案》卷四十六，《诸儒学案》。
③ 《陈剩夫集》卷一，《推朱子兼补之说》。

于法天之图，曰主一无适，曰整齐严肃，曰常惺惺法，曰其心收敛不容一物。"① 其中所谓"常惺惺法"，就是时时警觉。此是陈真晟采用北宋谢良佐"主敬是常惺惺法"之说。谢良佐这种说法得到朱熹的赞赏。这四点均合朱熹的说法。这四点的核心是"专用心于内"②。"专心克治"③，把精力都集中到封建的伦理道德关系上。对此，明人林雍有所解释。他说：

> （陈真晟）读《大学或问》，见朱子博采主敬诸说……及求之所以为敬，见程子以主一释敬，以无适释一，始于敬字见得亲切。往往实下工夫推寻此心之动静而务主于一。静而主于一，则静有所养而客念不复作矣；动而主于一，则动有所持而外诱不能夺矣。……意有善恶，若发于善而一守之，则所谓恶者退而听命矣。④

由此可见，主敬的境界就是"客念不复作""外诱不能夺""发于善（按即五常之善）而一守之"。陈真晟说：

> 今之学者皆言居敬多，只是泛泛焉若存若亡而无主一无适之确，则是未尝居程子之敬也；皆言穷理，亦只是泛泛焉务读多书而无即事穷理之精，则是未尝穷程子之理也。不入其门安得睹其堂奥，未噬其肉安得味其精髓，程子之尊德性也……为穷理之本；道问学……为尽心之功。巨细相涵，动静交养。⑤

陈真晟提出的这种用静坐养心之法以达格物穷理，于朱子学是有所发展的。

陈真晟认为，主敬的最大功用是可以复性。他说：

> 天心动静之本然是性之原也。一著君子法天之当然是性之复也。圣人亦天心之自然者也。……复性之说，经传详矣。……君子知之又能主敬以体之，以尽其法天之功效也而有序焉。盖始则主敬，而一动一静互为其根，即致知诚意之事是始学之要也。……自始至终

---

① 《正谊堂文集》卷七，《陈布衣文集序》。
② 《陈剩夫集》卷一，《一立明师》。
③ 《明史》卷二百八十二，《陈真晟传》。
④ 《陈剩夫集》，林雍《行实》。
⑤ 《陈剩夫集》卷三，《覆宪副何乔新书》。

则皆不离乎敬焉，如是则法天之功至。①

陈真晟的复性说是受唐人李翱的复性说的影响。李翱认为，性是人的先天的内在的本质，是善的，外在的情欲蒙蔽了先天的善性，要用"勿虑勿失""寂然不动"的方法克服情欲，便可以复性。陈真晟的以主敬来复性，与李翱的以"勿虑勿失""寂然不动"来复性是相似的。

陈真晟还指出，"居敬而穷理，使二者交相养互相发"②，二者是相互促进的。

此外，陈真晟还提出，穷理还可以通过多读书和即事穷理。陈真晟私淑胡居仁，得胡氏之读书穷理之法。胡居仁说："读书得之虽多，讲论得之尤速，思考得之最深，行事得之最实……儒者便即事物上穷究。"③由于陈真晟涵养不够，未能达到胡氏读书即事穷理之水平。陈真晟认为，主敬所穷之理和读书、即事所穷之理，此理是否是真理、真知，还必须验之以行。他认为，能行才算真知。明人林雍说：

> （先生）又常语人曰："人于此学，若真知之，则行在其中矣！"盖以知之真，则处善安、循理乐，其行甚顺。然而，气禀有偏胜，嗜欲有偏重，二者用事，甚顺而易者反为逆而难矣。此圣门论学于博学、审问、慎思、明辨之后，又加以笃行也。④

这就是说，知了并不等于能行，因为人的气禀有偏胜。陈真晟之学，以"知行并进"为宗旨。⑤

（四）社会政治思想

陈真晟基于其心学的思想，提出学校教育的重要性。他说："三代所以盛者，学校兴，师道立而心学正教明于天下也。后世虽有学校之设，然专以科举俗学为教，殊不知俗学益盛，则心学益废，此自然之理，而

---

① 《陈剩夫集》卷一，《心学图说》。
② 《陈剩夫集》卷二，《与翠渠周瑛书》。
③ 《明儒学案》卷五，《崇仁学案·文敬胡敬斋先生居仁》。
④ 《林雍诗文集·陈真晟行实》。
⑤ ［清］李颙：《二曲集》卷二十二，《观感录·剩夫陈先生》。

先儒亦每以为论者是。"①

陈真晟强调，当时虽有学校，"然专以科举俗学为教"，"则心学益废"，危害甚大。他说：

> 正学其道必本于人伦，明乎物理。……其要在于择善修身至于化成天下，自乡人而可至于圣人之道。……（现今）科举虽曰考理学以取贤才，而其实累贤才妨正学，使后生晚进奔竞浮薄而士风大坏者，科举实为之也。……科举不罢则正教不可得而行也。②

因此，陈真晟提出当时学校教育必须从内容到形式进行彻底改革。

陈真晟基于其程朱理学即治心之学，提出学校必须真正进行程朱理学的教育。他曾向明英宗朱祁镇进呈他的《程朱正学纂要》，"首采程氏学制，次采朱氏论说，补正学工夫"③。当时学校虽用程朱之书，但由于八股取士，教育士子"不过使之勤记诵训诂攻举业而已"，而实际上没有进行治心的教育。陈真晟说：

> 臣卑鄙至愚，固不敢拟迹先儒，然窃愿学程朱万一之学，而实无图富贵之心者也。……臣窃以为时政得失固所当言，而风化者时政之本也。其得失则尤所当先言。④

陈真晟认为："士习不正，民风不淳，三代盛治未能全复。盖由学校虽用程朱之书，然不过使之勤记诵训诂攻举业而已，而于身心正学之教，则实未尝举行故也。"⑤

陈真晟提出的当时科举考试的弊病是对的，是有眼光的。他认为，宋元以来，学校虽用程朱之书，但科举取士仍用隋唐旧制，这实际上是视圣贤正学为无用。他认为，圣贤之道自孟子以后千有余年晦而不明；自周、程、张、朱出，此学才大明；但自朱熹死后，此学又复晦。因此，他提出科举要用程朱理学，圣贤之学才能由晦而复明。当他看到学校颁

---

① 《陈剩夫集》卷一，《正风教疏》。
② 《陈剩夫集》卷一，《程氏学制》。
③ 《明儒学案》卷四十六，《诸儒学案·布衣陈剩夫先生真晟》。
④ 《陈剩夫集》卷一，《乞召对疏》。
⑤ 《陈剩夫集》卷一，《上程朱正学纂要疏》。

行敕谕教条有合程朱教法时，喜曰："此学校正教也。"①

陈真晟采敕谕中要语，参以程氏学制、吕氏乡约、朱氏贡举私议，作《正教正考会通》。他把考文与考德结合起来，而且认为德比考文更为重要。这是极有见解的思想。他把考德与考文各分为几等。考德：上上等，即能主敬穷理修己者，就是已经自觉践履封建道德的；上中等，即能求以主敬穷理修己者，就是正在努力去践履封建道德的；中上等，即性行端洁，居家孝悌、廉耻礼逊、见善必行、闻过必改者；中中等，即通明学业、晓达治道者；下上等，即能习经书者（学而不实践者）；下中等，即惟记诵旧文、务口耳之学者（道德品质极差、不务正学者）。考文：上等，考德名在下之中（下等），则考文虽上亦降；中等，考德名在上之中、中之上（中等），考文虽中亦取，考德名在上之上（上等），则考文虽下必取；考德名在中之中、下之上（下等，即为学不务修身者），则专考其文，然亦不得魁选。② 由上可见，陈真晟在教育问题上，始终重德教。这是符合朱熹思想的。

在社会历史观点上，陈真晟主张复古礼，亦即复先王古制。他说：

> 曰执古贵乎通今，执古而不通今，犹执一也。……然所谓古者，即先王之制著于礼经者是也。所谓今者何礼也。岂非流俗之弊习于性成者乎。夫莫大乎亲丧也。姑以丧礼言之。古者以不饮酒食肉为礼，如执古则不能以通今，通今则非所谓执古。岂一人真有两个口，其一则执古，又其一则通今乎？抑只是一个口，但遇酒食则通今，及醉饱之后则执古，斯谓可贵乎？……愚意古礼用意着力执之犹不能及，多得罪于先王，况今乃以执古为非，以通今为是，则其伤礼败俗宜无不至，又岂可胜言乎！吁孔子执古拜君而从下，犹为时之所讥；孟子行古礼尚为王欢所怒，况某以区区而欲执古孔孟之礼，其为所讥毁宜也。然则宁百见毁于世俗，不可一得罪于先王。③

陈真晟认为古今制度不一，执古不能通今，通今不能执古。但是，他认

---

① 《明儒学案》卷四十六，《诸儒学案·布衣陈剩夫先生真晟》。
② 参见《明儒学案》卷四十六，《诸儒学案·布衣陈剩夫先生真晟》。
③ 《陈剩夫集》卷三，《执古辩》。

为古者为好，今者为差，今不如古。他这种颂古非今是不符合历史实际的，是唯心主义的历史观。这是多数朱子学者共同的毛病。

此外，在陈真晟的历史观点中还有不少宿命论和神秘主义的东西。例如，他说："气运之说有之。……宋元之盛运天实启之，而宋元拒弃不受者也。盖天若无意于斯世必不生程朱，既生程朱意必有在也。"① 他说：

> 夫子之道一本而万殊。夫子之貌一实而万分。所谓际天所覆，极地所载，凡有血气者莫不尊亲。……此深山士子欲心未动，良心未丧，未有功名利禄摇动其心，未有记诵词章破坏其体，大可教也。②

理学家无不遵天命，把孔子神圣化，陈真晟也不例外。

附：陈真晟著作简介

《陈剩夫集》15 卷　包括《程朱正学纂要》《正教正考会通》等。是集乃陈真晟卒后其乡人林祺所编，清康熙二十四年（1685 年）仪封张伯行任福建巡抚时序而刻之。

《布衣陈先生存稿》9 卷

《陈剩夫先生集》4 卷　此系陈真晟诗文选集。在《正谊堂全书》、《丛书集成》（初编）中。

《布衣陈先生集》4 卷　此集与《正谊堂金书》本有所不同。系校正本。在清光绪津河广仁堂所刻丛书中。

《陈剩夫粹言》不分卷　在《古今粹言》第三册中。是集为明人刻本，江苏省图书馆有其书。

三　周瑛

（一）生平事迹和人品性格

周瑛，字梁石，初号蒙中子，别号翠渠，学者称翠渠先生，福建漳

---

① 《陈剩夫集》卷二，《上当路书》。
② 《陈剩夫集》卷三，《漳平县学新立圣像告文》。

浦人（祖籍莆田，其先世于明洪武间调戍漳浦，后定居，但周瑛仍自称莆田人。《明儒学案》等书据此称之），生于明宣宗宣德五年（1430 年），卒于武宗正德十三年（1518 年）。宪宗成化六年（1470 年）进士。历官广德知州，南京礼部郎中，抚州、镇远知府，四川右布政使等。

周瑛一生为官多年，较能秉公办事。他在总结自己的从政经验时说：

> 以理处物（按即事）是谓之义；以心（按指私心）徇物是谓之利。……求仁惟公为近，惟公之至，斯理之尽。①

周瑛认为，为官办事要公。公即理，亦即仁、义。周瑛所谓的"公"，是统治阶级的整个阶级的利益；而他所谓的"私"，是指某些人的利益。因此，他说要施仁义的君子，即统治阶级；"以猛待小人"，即对危害和反对其统治的人要进行镇压。周瑛说：

> （孔子）宽猛相济之道……晦翁尝谓左氏此说未尽道理，因自谓欲以宽待君子，以猛待小人。瑛得其说而推行之。自入仕以来，奉以周旋。②

周瑛是根据朱熹的政治思想施政的。这种施政原则是封建官吏所应遵循的。此外，周瑛认为，损害民族利益的官不能做。刘静修、吴草庐仕元是事夷狄，是不知《春秋》大义，学孔孟违孔孟之教，宋非桀纣之暴，元非汤武之仁，元灭宋是掠夺、非正义，为官不能助暴。③ 由于周瑛为官有一定原则，多有政绩，为时人所敬仰。

周瑛为学拜陈真晟为师，得朱子学真传。他说：

> 尝以书抵剩夫云：人有古今，心无古今。……颇知畏天命，凡事每自检于心，以求合于天，则恒自喜曰：此吾学之得也。④

周瑛所谓天命即理。"存天理，去人欲"是程朱理学的核心思想，周瑛学

---

① ［明］周瑛：《翠渠摘稿》卷四，《抚州府正义堂铭》。
② 《翠渠摘稿》卷五，《复高都宪五宜翁》。
③ 参见《翠渠摘稿》卷四，《读刘静修渡江赋》《读吴草庐年谱》。
④ 《翠渠摘稿》卷八，《自撰蒙中子圹志》。

到了。因此，有人谓"周瑛为理学之精粹，朱学之名臣"①。明人周志渠亦说："理学名臣翠渠公。……天不欲使紫阳道脉历再世而斩，故祖（按指周翠渠）得以续其传。"② 周瑛的学问极为渊博。他"幼习举子业，即不安于俗学，自'六经''四子'（按即'四书'）以及天文律历、字画、方外之书无所不究，办析精微，以洞见本原为极致"③。周瑛工翰墨，笔迹为艺林珍重。

周瑛与心学家陈献章是多年的老朋友。周瑛所学的朱熹著述，还是从陈献章那里抄来的。周瑛说："瑛因献章得钞朱子语类书四十本，凡百四十卷，乃门人退录其师之言。平生朱夫子教人，本末尽在是矣。"④ 但是，陈献章心学是尊陆贬朱之学。周瑛极力反对陈献章的心学，批判他学术不正，是禅学，规劝其改过，同僚和好友中信奉陈献章心学者亦规劝其放弃而转向朱子学，致使陈献章极为不满。明代学者何乔远说：

> 其时白沙陈公之学盛行，名公卿成为折节，翠渠周公辞而辟之。非白沙为禅学者，周翠渠也。⑤

对于周瑛的学问、人品性格和施政之方，时人也有比较概括的评论。明代著名学者杨廉说：

> 读书以穷理而非上于务博，作文以明道而不专于求工。心开朗而月霁，气舒畅以春融。其政事也，虽居今时而每有古意。其进修也，虽在眉寿而时有新功。想其疴瘵之际，思惟之中不龟山则豫章，匪延平必晦翁。其所探也为甚远，其所得也为已丰。然但知其志之有在，而莫窥其学之所终。⑥

这些评价是公正的。

---

① ［明］冯具区：《科场备用》。
② 《翠渠摘稿序》。
③ 《漳浦县志》卷一五，《人物》。
④ 《上剩夫师书》。参见《陈剩夫集》卷二，《答门人翠渠周瑛书》。
⑤ ［明］何乔远：《名山藏》，《周翠渠》。
⑥ ［明］杨廉：《杨文恪公文集》卷五十，《祭翠渠周先生文》。

（二）一本万殊的世界观

周瑛认为，形成天地万物的本原是太极（理），由太极（理）产生气之阳动阴静而成天地。他说：

> 天地何始？曰：自太极生阴阳（两气），始阳动而阴静，阳清而阴浊。其动而清者日旋于外，积一万八百年而天成焉。天成，日月星辰备矣。其静而浊者日聚于内，积一万八百年而地成焉。地成，山岳河海备矣。①

这种认为天地是由阳清阴浊之气运动发展而来的，而且天为日月星辰，地为山岳河海，是具有气论因素的。天地形成后，天地又通过气产生万物。由于气化有"伸缩盈虚错综杂揉"之不同，便产生天地间形形色色的不同事物。周瑛说：

> 天地生物，气化不齐，伸缩盈虚错综杂揉，故其偏驳乖戾之甚，必生而为毒螫馋噬之物，盖非天地欲生此物也，气之所至不得不生之也。……天地生万物人为贵，故王者养万民亦以人为主，若夫水土之产，昆虫草木鳞介之属皆惟人之用，不可与人论轻重也。②

在周瑛看来，天地产生万物不是随意的，是要受气的制约的；天地所生万物之中包括人，人是万物之中最高贵者。在这里，周瑛把民为贵进一步解释为王者要以民为主，是有创新的。

周瑛基于其天地通过气产生物和人的思想，提出人死后复归气，复归天地，因此人死后是没有鬼神的。周瑛说：

> 人之生也，泊乎其气耳。气聚而生，气散而死。散而未尽而祟兴焉。盖气尽而死者，魂归于天矣，魄归于地矣，祟何从兴。……气未尽而死者，魂升而沉，魄降而滞。故……死而为怪，气未尽也。然则无鬼者其常也，有鬼者其暂也。虽曰暂有终化而无，君子谓之

---

① 《翠渠摘稿》卷五，《天地说》。
② 《翠渠摘稿》卷四，《柳子宥蝮蛇辩》。

无鬼可也。①

由于周瑛没有鬼神思想，把自己的死看得非常淡薄，认为是自然现象，任其自为，不必悲观。他在生前就自撰圹志铭，深刻地论述了生死为气聚散，可以等闲生死。其自撰圹志铭曰：

　　且勒石之铭曰：气聚吾生兮，气散吾死；聚散常事兮，吾何悲；喜人授吾地兮，壶山之巅，屹立万仞兮，摩于青天；中有灵湫兮，我其司汝，鞭笞灵物兮，为云为雨；愧无利泽兮，遍于八荒；愿借杯勺兮，以泽我故乡。②

在这里周瑛愿自己死后其灵魂化气为青天，为云降雨露八方，泽故乡。周瑛的这种思想境界是比较高的。

　　这种由太极（理）通过气产生物和人的宇宙生成论，周瑛概括为一本与万殊、体与用的关系。这种关系就是理和物的关系。周瑛认为，理产生万物后，理在物中，是物之必然，物之当然之则，物之理隐蔽在物中，又能通过物表现出来。周瑛把这种关系叫作体用一元。周瑛说：

　　求其理谓求其自然与其当然，又于自然当然求其所以然。积累既多，自然融会通贯，而于所谓一本者或自得之矣。一本固非学者所敢言，然闻之《中庸》有曰："喜怒哀乐之未发谓之中。"又曰："上天之载无声无臭至矣。"此譬如谷种，虽曰块然，而根苗花实皆聚于此。又如鸡卵，虽曰浑然，而羽毛嘴爪皆具于此，及其发见于行事。在圣人则体用一贯（按因圣人气质全正，行事全是天理），在学者未免差误，盖在己者有所拘蔽（按指气质有欠缺），故所发不无偏重之殊；在外者有摇夺（按指有物欲干扰），故所施不无迁就之异。然而既见本源，则于处善亦安，循理亦乐，至于患难事变虽以死易生，亦甘心为之矣。此圣学之大略也。③

这一段话集中地反映出周瑛的世界观。周瑛认为一本散为万殊，万殊归

---

① 《翠渠摘稿》卷八，《鬼说》。
② 《翠渠摘稿》卷八，《自撰蒙中子圹志》。
③ 《翠渠摘稿》卷四，《题嘉鱼李氏义学》。

为一本，就是世界上千差万别的事物都离不开天理。就人来讲，圣人由于气质全正，行事全是天理，一般人由于气质有偏和物欲干扰，不能事事符合天理，但可以通过改造使之符合天理。这就是周瑛的体用一元论。

由于体用一元，理和物是紧密联系在一起的，因此所谓无，不是如佛家的"真无"（什么也没有），而是"虽无而实有"。周瑛说：

> 僧曰：吾所谓静与儒同，静无而动有也。予曰：是恶得同，儒于静言无，虽无而实有也。惟其实有，是以见诸用也。天高地下，万物散殊，不可改易。子谓无则直无耳。[①]

这就把儒与佛区分开来了。

周瑛基于其体用一元的观点，进一步提出"天人为理一而已矣。人能顺理则合乎天矣，人能顺天则天与之矣。故以人责天而天无不应者，其几在此也"。[②]"几"是周瑛哲学中的一个范畴。周瑛说：

> 天下之事有几有势有形。几，善恶也；势，轻重也；形，治乱也，几动则势趋，势趋则形就。是故几动于善，则其势趋于善矣。[③]

由此可见，他把善看成是事物变化发展的关键或动力。周瑛又说："黄石翁识得一几字，子房用之以佐汉祖；卒定天下。盖几发乎此应乎彼者，吉凶存亡系之矣。"[④]周瑛认为，"几"是"吉凶存亡系之矣"！掌捏住"几"之善，就能天人一致。周瑛说：

> 予少读书见史传论福庆于人必归于有德。如尝疑之，晚潜心世故，玩志天人，始知感应之理甚微（按指微妙，包含深意）也。盖天人相去虽远，而其理未尝不一（按天道与人道皆出于一理），其理一而其气未尝不相通。其理一而其气相通，而感应之机在我矣……包氏……自其先世以来，皆积德行善重于乡邦……三子伯仲皆举甲科。……予观包氏福庆之隆，而知天人感应之机不爽也……诸

---

① 《翠渠摘稿》卷四，《题嘉鱼李氏义学》。
② 《翠渠摘稿》卷四，《题姜氏双槐堂》。
③ 《翠渠摘稿》卷一，《赤城论谏录序》。
④ 《翠渠摘稿》卷四，《观冒有恒太守所藏黄石公像》。

君……各退省于其私，以为修德保家之惩劝。①

在周瑛看来，"汉董子言，观天人相与之际可畏，……其为报毫发不爽……天心好善而恶恶，人立心造行务须凑合天心。今日为善，明日为善，始终为善，与天周旋，则天与之矣。今日为恶，明日为恶，始终为恶，与天背驰，则天弃之矣。天之所与，其兴也勃然；天之所弃，其败也欻然。……知其可畏，则不驱迫而趣于善矣。"② 周瑛讲的天人感应与汉代董仲舒的天人感应论有很大的不同。周瑛对董仲舒的天人感应论进行了新的解释。在董仲舒那里，天是人格神，天用谴告和灾异来处罚人事，是由天到人；而在周瑛，则是强调人力可以感天，重视人为，是由人到天。如周瑛又谓，"天下事常以贤者理，以不贤者败。九折坂称破车而使王良御之则无虞，三峡水善覆舟而使三老渡之则必济。"③ 这就是强调事在人为。周瑛又说：

> 瑛谓汉董仲舒言正朝廷以正百官，正百官以正万民然后阴阳调、风雨时，诸福之物可以毕致。公孙弘言人主和德于上，百姓和合于下，则心气形声皆和，而天地之和以应。二子学虽有纯驳，然后世谈天人者未尝敢非之。……湖东君子尽心民事，风雨以时，此为得所应也。④

其实，周瑛所谓天人感应，实际上是一种顺天理（即事物道理）而从事的思想。人们做事不能从主观愿望出发，要按事物的道理办事，才能成功。他说："世固有直道事人而为人所弃者，有枉道事人而为人所取者。然为人所弃者，而天（按即周瑛的道德理想）喜之，为人所取者而天厌之。一得天一得人，轻重何如耶！"⑤ 这就是说，"直（按直即遵循）道事人"，不能"枉（按枉即违反）道事人"，要按照客观事物的规律办事。在这里，含有某些主观和客观相一致的因素。

---

① 《翠渠摘稿》卷一，《贺包封君以六十受恩命序》。
② 《翠渠摘稿》卷四，《题资善堂屏门》。
③ 《翠渠摘稿》卷二，《赠倪廷瞻知怀庆府序》。
④ 《翠渠摘稿》卷一，《湖东春意诗序》。
⑤ 《翠渠摘稿》卷四，《题如此轩》。

但是，周瑛在天人关系问题上非常混乱，董仲舒的天人感应成分有时仍然十分浓厚。如谓"人心才动老天知，谁道天高人可欺；暗漏屋中神亦格，高明家里鬼常窥；是非有路终须审，祸福无门只自祈；点检人间心废事，毫厘应付不差移。"① 周瑛又说：

> 夫道莫正于孔子，而人之为学莫先于孔子。孔子曰死生有命富贵在天，所以教人定心志也。又曰言寡尤行寡悔禄在其中矣，所以教人修人事以听天命也。汉董仲舒对江都王曰正其义不谋其利，明其道不计其功。论者以舒为学得孔门正路，以其知圣贤所用心也。今方建学校以讲明孔子，将欲使学者翕然趋之，顾乃祀怪诞无稽之神，而导以奔走利禄之路其可乎！②

周瑛是用天人感应来论证封建纲常制度的。他说：

> 夫纲常者天道也。福与寿天所与也。人能培植纲常以顺乎天，则天畀以福寿固不待称祝愿望而后至也。……凡善类宜有锡（按即赐）于后，福泽必延于其家。柯山之椒和气郁蒸，他日必有忠臣孝子出于其间，而纲常之庆益隆，邦家之光未艾也，请书是以待之。③

周瑛认为，"林员外后所上封事。……其言忠愤闿切，所论惜财最今日要务。……其诚意恳切，天实临之。闻疏入，天即为变。岂适然耶，抑诚有所感而然耶？传载周公反风止雨，事未必皆适然也，其理微矣！……能使民无争心，则词讼自简矣；能使民怀耻心，则盗贼自息矣。……有善互相劝勉，有恶互相劝戒。……上之人皆以此为迂。"④

上引周瑛的这两段论述，与董仲舒的天人感应论没有多大差别。

（三）认识论思想

周瑛的认识论是在与其老友心学家陈献章论争中不断发展和完善起来的，它涉及认识论的许多方面，使福建朱子学的认识论达到一个较高

---

① 《翠渠摘稿》卷七，《天人感应吟》。
② 《翠渠摘稿》卷八，《文昌祠说》。
③ 《翠渠摘稿》卷一，《寿山福海图序》。
④ 《翠渠摘稿》卷五，《奉王司马书》。

的水平。

首先，周瑛把认识的客体和认识的主体区分开来，并且肯定主体是可以认识客体的。周瑛激烈抨击主体自我认识的观点，反诘谓："今夫静坐（按即内省）不相与讲学穷理，果足以立天下之大本乎?! 果足以行天下达道乎?!"这就是说，静坐是不能认识世界之本原的。周瑛说：

> 孟子曰万物皆备于我矣。此言人心无外也。不即物以穷理，其能静此心之体乎?! 故自性情之微，以及形骸之粗；自食息之末，以及纲常之大；自六经之奥，以及天地万物之广，皆不可不求其理。①

这里周瑛引用孟子的"万物皆备于我"，意为心（认识的主体）能认识事物之理（认识的客体），心外之物理皆可认识。心外之物诸如妇人之性情食息、人和物之形骸、社会之纲常、"六经"之旨、天地之万物等，这些都是人的认识对象，这些对象之理都是可以认识的。因此，认识就是从客体实际出发，实事求是；不能以幻为真，也不能以真为幻。周瑛说：

> 天下事有实体可据者是谓之真，无实体可据者是谓之幻。世有以幻为真者，亦有以真为幻者。以真为幻，此妙识（按指佛教之观点）也，妙识入于无，故不有其有；以幻为真，此俗识（按指世俗之见）也，俗识胶于有，故不知夫所谓无者。然此二者为说皆非也。……君子之于天下也，不离物以自高，不婴物以自病，以天下之理应天下之事，其中廓如也。②

周瑛这段话具有较高的认识论学术价值。"以天下之理应天下之事"是个很好的提法。此外，周瑛还曾谓"诗有景有情有事，景真情真事真便为佳作"③，就是主张反映客观实际的诗是好作品。这些说法都是具有主观要反映客观的认识论思想。

其次，主体要认识客体，要先排除主观成见，以心虚照万物。用周瑛的话说，就是："明月照万物，而物无不照。……月无容心焉；无容

---

① 《翠渠摘稿》卷四，《题嘉鱼李氏义学》。
② 《翠渠摘稿》卷三，《壶中丘壑记》。
③ 《翠渠摘稿》卷四，《读陈节判缨诗集》。

心，即所谓虚也。虚者，天之道也。"① 为什么先要排除主观成见呢？周瑛又说：

> 水不静则不能鉴物，心不静则不能烛理，盖静则虚，虚则明，动则挠，挠则暗，是静虚其义理之窟乎，动挠其义理之障乎！②

周瑛的认识论是吸取了道家的"虚静"思想的。把排除主观成见作为认识事物的前提是有其合理因素的。周瑛又说："气平则貌温，心虚则理明。自今以往吾当养吾气而使之平，庶不害于温，廓吾心而使之虚，庶不害于明。"③

周瑛把这种虚心又叫作洗心。他说：

> 夫易天道也，其有迹可见者曰蓍曰卦曰爻。盖圆而神者蓍之德也，方以知者卦之德也，易以贞者六爻之义也。此三者洁净精微之至也。圣人以此洗心退藏于密。盖寂焉而莫窥，其有感焉而莫测，其用隐之至也。学者要必先有以探阴阳之蕴，通神明之德，窥见天下之至隐，以其洁净精微之教。洗吾秽浊杂乱之私，然后用神以合蓍，用知以合卦，用易以贞以合六爻之变，而于天道无不合矣。是知圣人所谓洗心者不待洗而洗也。学者洗心要必有以洗之而天道乃得也。④

这里虽有神秘主义思想，而其主旨则是在说明只有排除主观成见才能认识事物。

再次，在主体认识客体问题上，即如何致知穷理上，周瑛提出许多观点，归纳起来，有下列几点：

（1）主敬。周瑛反对陈献章的主静说，认为学当以敬为主，居敬则心存，然后可以穷理。周瑛说："盖始学之要，以收放心为先务。收放心，居敬是已。盖居敬则心存，聪明睿知由此日生然后可以穷理。穷理

---

① 《翠渠摘稿》卷三，《续骚亭记》。
② 《翠渠摘稿》卷五，《自警说》。
③ 《翠渠摘稿》卷三，《温明堂记》。
④ 《翠渠摘稿》卷三，《洗心亭记》。

者非静守此心而理自见也，盖亦推之以极其至焉耳。"① 学要以收放心为先务。收放心则是居敬。居敬则心存，聪明睿智皆由此出，由此穷理。周瑛说：

> 惟居敬则心常惺惺，始可以穷理；惟穷理则君子小人决择精审，而不至于混淆。……居敬穷理知所本哉。②

周瑛认为，只有居敬才能使心时常警觉，这样才能穷理。

（2）读书。周瑛十分强调读书穷理。他认为，"天下事见于载籍而其理具于心，求诸心考诸载籍则体用备矣"③。周瑛说：

> 天道备于圣人，圣人心术寓于事，而《易》《诗》《书》《礼》《乐》《春秋》皆书之大者，读书则有以探圣人心术精微之蕴而天道可得，以是而立三纲，以是而秩五常，以是而酬庶物。天地所以位，万物所以育，皆是物也；恶可不读书！④

在周瑛看来，读书致知即格物致知。他又说：

> 读书将以穷理也，将以修行也，将以济时也。读书而不穷理自愚也；穷理而不修行自诬也；可以仕而不仕绝物也，不可仕而仕徇物也。自愚非智也，自诬非实也，绝物非仁也，徇物非义也。凡此皆非所以读书也。⑤

（3）慎行。在周瑛看来，"《大学》论治国平天下之道本于正心诚意，而又本于格物致知，此所以明为纲领之道也。"⑥ 因此，穷理就是提高人的道德修养，但道德修养要在平时的行为中表现出来，离开行为讲道德修养是空谈，是毫无意义的。周瑛说：

> 检点其身心。自虑念之微以达于事为之著，务合于道义，间有

---

①　《翠渠摘稿》卷四，《题嘉鱼李氏义学》。
②　《翠渠摘稿》卷三，《考功司题署记》。
③　《翠渠摘稿》卷二，《送黄郎中还南都序》。
④　《翠渠摘稿》卷三，《石崖书室记》。
⑤　《翠渠摘稿》卷三，《莲溪书屋记》。
⑥　《翠渠摘稿》卷五，《上王冢宰书》。

不合如被秽在躬，力湔去之乃止。……学不过欲得此心而已（按指学为了道德修养，使此心纯正），心不可外天理人事以求之也。处人事以合天理，则此心得矣。若厌人事而慕高虚，恶积累（按指道德修养要逐渐积累）而求超脱，皆非学也。……古人书而诵读之，考其迹以求其心，涉于万以会于一，以此而毕圣贤体用之学。①

在周瑛看来，穷理的标志要看其行为如何，"考其迹，以求其心"，"处人事以合天理，则此心得矣"。只有知行一致，才是"圣贤体用之学"。尽管周瑛讲的是践履封建伦理道德，但从其理论思维的形式来看，是有合理性的。

周瑛还特别指出，所穷之理如不在行为中体验，就有可能把道义当成功利，走到邪路上去。他认为，"及见经生闭户探讨，出而与事接，往往抵牾，间有走四方习知天下事者，引而置诸烦剧皆有获。予始知人材虽俊美而学虽工，不历试诸难，终不足与理天下事也。"② 周瑛还说：

子之为学亦慎其所趣哉。盖趣吾心于道义，则于道义归焉；趣吾心于功利，则于功利归焉。此二者王霸所自分也，而所以趣之者以志为主。然学之弗博，择之弗精，守之弗固，则此志不知所主，固有舍夫道义之正，而趣夫功利之私者矣。子其慎之乎！③

周瑛强调，还必须对自己的行为时时检点，即所谓谨独，就是在自己闲居独处之时也要谨慎地遵守道德原则。周瑛说："张子（按指张载）谓达天德便可以语王道，其要只在谨独。所谓天德者是理得于心，纯粹至善无一毫人欲之私也。独知之地不能致谨，则人欲间之矣，何可以语王道。王道是治道之至纯者也，由天德而出者也。"④ 周瑛进一步说：

夫人不能无过。但不幸不闻过。过而得闻，闻而能改，则复于无过矣。……无心失理为过，有心悖理为恶。……处人之道不过于

---

① 《翠渠摘稿》卷一，《送林蒙庵序》。
② 《翠渠摘稿》卷二，《送黄郎中还南都序》。
③ 《翠渠摘稿》卷四，《题族子叔高勿斋册》。
④ 《翠渠摘稿》卷五，《杂说》。

处己。……处己之外无复处人之道也。①

"处人之道不过于处己"，真是好说法！周瑛的这种"闻过能改""改复无过"的命题，是一种既往不咎的思想，在现实生活中是很有积极意义的。

（4）由用及体、由体及用，一以贯之。此即今所谓由此及彼、由表及里的认识方法。周瑛认为，致知穷理是循序渐进和反复无限的过程。"天下事即其小可以占其大，据其始可以见其终"②，"学者求之万，其一乃可至"③，此即由用及体，同时还由体及用。这种体用一贯、反复深化的思想，是有合理因素的。周瑛说：

> 人心无外，圣人静有以立天下之大本，动有以行天下之达道，由体及用，一以贯之，自余为学皆由博以及约。博者万殊也，约者一本也。求诸万殊而后一本可得，既得一本则所谓万殊者亦可推此以贯之矣。④

周瑛主张先由万殊至一本，是符合人的认识顺序的，因而是有合理因素的。

（四）社会政治思想

周瑛认为，社会历史的发展有其内在规律。这个规律就是"几动则势趋，势趋则形就"，形就表现出治乱。他提出几、势、形三个范畴。周瑛说：

> 天下之事有几有势有形。……势趋于善，善重而恶轻，及其至也而治成焉；势趋于恶，恶重而善轻，及其至也而乱成焉。夫治乱形也，然不生于形而生于势。轻重势也，然不生于势而生于几。有善恶是为形势之先，治乱之本也。当时群贤论事，或在治平之后，或在草昧之初，或在存亡危急之秋，其所言事虽有大小，要皆有以审夫几也。夫几动于心间不容发，非天下之大知不足以知此，非天

---

① 《翠渠摘稿》卷五，《复林孟和进士书》。
② 《翠渠摘稿》卷二，《锦江赠别诗序》。
③ 《翠渠摘稿》卷六，《送陈白沙归南海》。
④ 《翠渠摘稿》卷四，《题嘉鱼李氏义学》。

下之大勇不足以用此。故气运不我与，明良不相值，坐失此几者亦
多矣。此君子于豪杰之士又不能不叹其建功立业之为难也。①

在这里，周瑛提出的几、势、形三个范畴是论述社会发展的关键和环节
的。周瑛认为，善是社会治乱发展的关键。在周瑛看来，几是善恶的矛
盾运动，历史的治乱就是由善恶的矛盾运动而决定的。治乱是形，治乱
之形生于势；轻重之势生于几，几表现为善恶的矛盾运动，因此善恶之
几为治乱之本。周瑛这种抛开社会的经济条件，以道德观念的善恶来作
为社会治乱的决定因素，是一种先验史观。

在上引周瑛的这段论述中，他还提到"气运不我与"。周瑛认为，善
恶之几也是气运问题。周瑛说："以数百年之事功而成于一旦，十数人之
集事同出于一心。谁之力也？御史之力也。人谓事关于气运。果然
哉！……学校由气运而兴，则人材当应气运而出。"② 周瑛认为，事业的
成败在于气运。他根据这种气运说，还用季节的变化和五行来解释社会
现象。周瑛说：

> 天顺庚辰：正月一日，天薄雾日色微黄，有霰霏霏而下堂涂，
> 檐瓦不受，而苑内诸树皆白，未几人告忠国公石亨反状。上收其从
> 子定远侯彪斩之，继而亨亦下锦衣卫狱死。其说曰：皆木眚也。木
> 属少阳；贵臣之象。三阳之月，万物皆暖矣。木性反寒而阴协之，
> 故霰下堂涂，檐瓦不受，而苑树白，此贵臣蒙显戮之象也。当时贵
> 显莫如亨与彪，而取祸之道亦莫甚于亨与彪，是以当之。③

在这里，周瑛为论证自己的这种神秘主义观点所胡乱凑集的一套，是歪
曲历史事实的。

周瑛认为，救治当时社会腐败之道是复纲纪。他所谓纲纪就是指当
时朝廷应该施行的各种制度和臣民应服从的准则。周瑛说："天下之弊深
矣。考其故盖非一朝一夕之积也。为天下谋者当思所以致弊之源，而拟
所以救弊之道，然后可渐而理也。致弊之源曰失纪纲是也，救弊之道曰

---

① 《翠渠摘稿》卷一，《赤城论谏录序》。
② 《翠渠摘稿》卷三，《莆城莳郡学记》。
③ 《翠渠摘稿》卷五，《五行类徵说》。

复纪纲是也。……纪纲立则弊消，天下治安；纪纲失则弊滋，天下病矣。盖纪纲之于国家犹脉之于人也。人病而脉不病，可不药而愈；人不病而脉病，此华（佗）扁（鹊）所以却望而走焉者。今日纪纲何如哉?! 盖其失也非一朝一夕之故，而所以复之者亦岂一朝一夕所能哉!"① 在这里，撇开社会的经济基础，而把上层建筑的东西作为决定社会治乱的根本，显然是错误的。

在周瑛看来，失纲纪主要是由于当时人伦道德败坏。"三代之学皆所以明人伦也。"后世教化不明，"一旦遇有变故，往往臣弃其君，子弃其父，纲常不立，人道大坏，使夫英雄豪杰之出虽极力营救而不可收拾以归于尽。"② "圣学不明而纲常之道坏。……人道一失则禽兽矣。反禽兽以归于人道"③。那么，如何恢复纲纪或纲常呢？周瑛认为，要恢复人的善性。"五伦均出于天赋"④，人要遵循封建道德的原则才符合人性。周瑛说：

> 人性之中万善俱足，其近者曰孝曰友曰悌，此三善者皆自人性中来。而所以推行之者则孝又友与弟之本也。予尝观夫世之人矣，凡爱父母深者于兄弟之情恒笃，爱父母浅者于兄弟之情恒薄，其有不知爱父母者则于兄弟漠如也。……天道好善而恶恶，喜顺而恶逆。⑤

周瑛强调，在人伦道德中最根本的是孝。其次，节、义也很重要。"节义者，人道之大闲也。节义立，人道定矣。"⑥ 因此，周瑛当时提出要加强道德教育："学校以风化为首，风化以节义为先。吾教兹土不能使人重节义尚可置而不问乎！嗟夫！世之为学校官者不过集诸生于堂，序订其疑义，校其文字，使取科第以为成绩，至于人为善与为不善，孰问焉！君往矣，异日有怀念君者，必曰：是能助人为学者也，是能侃侃仗义而不

---

① 《翠渠摘稿》卷二，《壶山赠言序》。
② 《翠渠摘稿》卷二，《赠张廷厚分教济宁序》。
③ 《翠渠摘稿》卷一，《徐氏贞节挽诗序》。
④ 《翠渠摘稿》卷一，《金兰真意序》。
⑤ 《翠渠摘稿》卷二，《棣萼怀春序》。
⑥ 《翠渠摘稿》卷一，《一室双贞诗序》。

屑于细事者也。"① 周瑛深刻地指出了当时科举取士的弊病，指出学校教书又要教人，智育和德育并重。这种思想是有合理因素的。但是，周瑛所提出的德教，就是要培养无欲顺命的人。周瑛说：

> 龙可豢，麟可縶，凤凰可以网罗取。予尝求其故矣。盖麟凤与龙皆灵物也，然有形焉。有形则有欲，有欲则人得而制之矣。若夫有形而无欲，恶得而制之哉！……若夫有形而无欲，恶得而制之哉！……孔子有形无欲，则于富贵贫贱死生寿夭皆夷视之矣。……非惟孔子，凡知为学而能自绝于欲者莫不皆然。……能制物而不制于物……高牙大纛坐立庙堂吾非薄此不为也，是有命焉，吾恶得而干之；箪瓢陋巷裘褐不完，吾非爱此乐为也，是有命焉，吾恶得而去之。②

把无欲释为顺命，是欺人之谈。

此外，周瑛还提出从政要爱道重于爱官，要以尽心行教为大。他说：

> 夫人一心包藏天地酬酢庶类，居一官而不知此官之政，是于此心为未尽，知而不能自致于物，是为不能举其职，不能举其职而不奉身以求退，则是爱官重于爱道，皆非也。……道者万世之公也；政者一时之宜也。苟有益于民，后世必有能举而行之者矣。③

周瑛特别指出，要爱道重于爱官，从政要有益于民，当官要为民着想。"政无善恶，安民者为善政；法无当否，便民者为良法。"④

附：周瑛著作简介

《字学纂要》又名《书纂》5 卷音释 1 卷　是书分为原始篇，论述六书；辨体篇，论古籀、篆、隶、草、八分、飞白等的历代沿革；考法篇，论手法、笔法、书法；会通篇，论诸家书法；择佐使篇，论笔、墨、纸、砚；末附《字学管钥》。

《翠渠诗文集》又名《翠渠稿》22 卷

---

① 《翠渠摘稿》卷一，《赠王司训书满序》。
② 《翠渠摘稿》卷二，《超然宴处诗序》。
③ 《翠渠摘稿》卷一，《修镇远府志序》。
④ 《翠渠摘稿》卷五，《寄太守鹤洲兄书》。

《翠渠摘稿》7 卷补遗 1 卷　是书系其门人林近龙从《翠渠稿》中选录出来的，故曰摘稿。其所摘内容皆是阐发朱子学说的。

《翠渠摘稿选》3 卷

《翠渠续稿》不分卷　此书录《摘稿》中未录之文，或林近龙去取失当误收之文，以及周瑛自撰墓志铭等。

《政本政均》2 卷　此书为周瑛任杭州知府时兴修水利、均田赋等从政之文。

《祠山杂辩》1 卷　是书系其任广德州知府时破除鬼神迷信之作。

《教民杂录》又名《广孝慈录》1 卷　是书系其教民丧葬循礼及教民毋溺杀女婴之作。

《正德漳州府志》34 卷

《弘治兴化府志》54 卷

《莆阳拗史》　周瑛、黄仲昭同修《兴化府志》，持论时有所不同，故自称拗史，谓别行之本。

四　蔡清

（一）生平事迹

蔡清，字介夫，因为其学主虚，匾其斋曰"虚"，遂号虚斋，学者称虚斋先生，福建晋江（今泉州市）人，生于明代宗景泰四年（1453 年），卒于明武宗正德三年（1508 年）。宪宗成化二十年（1484 年）进士，历官吏部稽勋主事、礼部祠祭主事、南京文选郎中、江西提学副使等职。清世宗雍正二年（1724 年）从祀孔庙。

蔡清为官颇能关心民间疾苦，有政绩，得到时人称颂。明代朱子学家林希元说："（蔡清）宦辙所至，如建如严如杭，以及南京，随杖履者，常百余人。"[①] 蔡清针对当时的土地兼并，曾上疏曰：

---

① ［明］林次崖：《林次崖先生文集》卷十四，《南京国子祭酒虚斋蔡先生行状》。

今士民之贫者无立锥之地，而宦官厮养至有宅舍拟于公侯，金银动以万计，此皆万民膏血所萃也。朝廷锱铢而取于民，以为士马之资者，多充牣于庸将之家，转运于权幸之门。于是兵弱不能卫民，虏骑一至而边人身家一扫空矣。①

蔡清在从政期间，反对豪强兼并土地和贪官污吏。他认为，凡利于国家和人民的事才做，要给国家和人民做出大事业。但是，蔡清仅活到 56 岁就病逝了。他在临死时与亲友说：

吾平生志慕古人。古人如贾谊、诸葛孔明辈，皆年未四十，做出许大事业。今吾年过五十，而功业不建，上负天地，中负朝廷，下负祖宗，皆吾所以羞也。②

蔡清给自己提出做官的原则是："一身之利无谋也，而利天下者则谋之；一时之利无谋也，而利万世者则谋之。"③ 尽管实行不易，但初心是难能可贵的。

蔡清平时直言行事，不计较个人得失，不趋炎附势。例如《明史》本传记载蔡清任江西提学副使时的一件事：

宁王宸濠骄恣，遇朔望，诸司先朝王，次日谒文庙。清不可，先庙而后王。王生辰，令诸司以朝服贺。清曰："非礼也。"去蔽膝而入（即不穿朝服而入），王积不悦。会王求复护卫，清有后言。王欲诬以诋毁诏旨，清遂乞休。王佯挽留，且许以女妻其子，竟力辞去。④

蔡清认为，先朝王后朝文庙不合礼制；朝服是臣见君之礼，不能用于见王。因蔡清得罪于宁王宸濠，有一天宸濠宴诸司，蔡清亦与之。宸濠嘲笑蔡清"不能作诗"，而蔡清应之曰："平生与人无私（诗）。"此可见蔡清不畏权贵。此外，蔡清乐施，常给人衣食，并谓"此天地间物，当与

---

① 《蔡文庄公集》卷一，《管见上堂尊》。
② 转引自林次崖：《林次崖先生文集》卷十四，《南京国子祭酒虚斋蔡先生行状》。
③ ［明］蔡清：《艾庵密箴》。
④ 《明史》卷二百八十二，《蔡清传》。

天地间人共之"①。蔡清性好游山玩水，暇日常与师友出游，裹粮数百里，或经月而返。②

蔡清自幼好学，少年至侯官（今福州市）从学于当时著名的朱子学派的易学家林玭，尽得其精旨。据记载：

> （清）谓《易》五经之首，生命之蕴，故尤尽心焉。毫分缕析，不遗余力，而深造独诣，有发前人所未发者。……至今天下言《易》者，皆推晋江。成弘间（成即成化，明宪宗年号；弘即弘治，明孝宗年号），士大夫谈理学，惟清尤为精诣云。③

蔡清从林玭学《易》的同时和之后，精治"六经"、程朱理学等主要典籍。又据记载："（清）肆力六经子史，及周程张朱，性理之书，靡不熟读精究。……存心不肯小就，直欲穷极底奥，折衷群言，而上继朱子，于前人盖不多数。"④

蔡清一生还积极进行教育活动。他在从政期间，如任江西提学副时，修《白鹿洞学规》，以德行道义教授学者；告病家居时，设讲堂于泉州水陆寺，学徒众多。据记载，蔡清的门人遍于全国，"有志之士，不远数千里从之，出其门者，皆能以理学名于时"。⑤像当时知名学者闽人陈琛、林希元、王宣、易时中、林同、蔡烈，赣人舒芬、复良胜，鲁人赵录等皆为蔡清门人。这些人《明史》均有传，皆是著名的朱子学者，有著述行于世。

蔡清一生大部分时间进行学术研究，其成就学者评价极高。明林俊说：

> 温陵（按指泉州）蔡介夫虚斋……其学以"六经"为正宗，"四书"为嫡传，（宋）四儒（按指周程张朱）为真派。平生精力尽用之《易》《四书蒙引》之间，阐发幽秘，梓学宫而行天下。其于《易》

---

① ［清］沈佳：《明儒言行录》卷六，《蔡清》。
② 清光绪《福建通志》总卷三十八。
③ 乾隆《泉州府志》卷四十二，《张元玺列传》。
④ 乾隆《泉州府志》卷四十二，《蔡清列传》。
⑤ 乾隆《泉州府志》卷四十二，《蔡清列传》。

深矣，究性命之原，通幽微之故，真有以见夫天下之赜象。①

明苏濬说：

《蒙引》二篇（按指《易经蒙引》和《四书蒙引》两书）实翼注疏，俾宇内文学掌故之士，得由委以会源，条分而缕析，若提梦梦者而觉之。②

清吴日炎说：

使学者知有传注，不谬于他歧，则《蒙引》之力为多……四方老师宿儒，其祖习而传述之，无以相易也。圣道所以复明，人心所以不死，端由于此。③

由这些评论，可见蔡清《易经蒙引》的性质及其学术价值。

蔡清的学术研究，是以朱熹的思想为指导的。他"尝谓吾平生所学惟师文公一人而已……吾为《蒙引》，合于文公者取之，异者斥之，使人观朱注，珑玲透彻，以归圣贤本旨，如此而已"④。因此，蔡清的学说是朱子学。对此，清人李光地评之曰：

虚斋先生崛起温陵，首以穷经析理为事，非孔孟之书不读，非程朱之说不讲。其于传注也，句谈而字议，务得朱子当日所以发明之精意。盖有勉斋、北溪诸君子得之口授而讹误者，而先是评是订。故前辈遵岩王氏谓：自明兴以来，尽心于朱子之学者，虚斋先生一人而已。⑤

把蔡清推为明代朱子学者第一人，是明清两代学者公认的。例如，明人林希元曾谓："入国朝来理学之工者蔡虚斋……仆读虚斋之书老矣，但觉其汪洋渊澳，尚未得其门径。"⑥ 由此可见，蔡清是明代著名的朱子学者。

----

① 《蔡文庄公集》卷八，《书林次崖虚斋先生行状后》。
② 《虚斋先生性理要解序》。
③ 《蔡文庄公集》卷首，《蔡文庄公集序》。
④ 转引自林次崖：《林次崖先生文集》卷十四，《南京国子祭酒虚斋蔡先生行状》。
⑤ 乾隆《泉州府志》卷十三，《学校》。
⑥ 《林次崖先生文集》卷五，《与吴思斋书》。

蔡清于朱子学，不仅用力阐述，而且在与心学派论辩中有很大的发展，把朱子学说推进到一个较高的水平。

（二）理气无有先后的本体论

在蔡清的世界观中，和其他朱子学者一样，作为世界本原的范畴仍然是理。但是，蔡清认为，朱熹关于理先气后、理生气的说法是不妥当的，应该是理气合一，无有先后。蔡清说：

> 尽六合皆气也。理则只是此气之理耳。先儒（按指朱熹）必先有理而后有气，及理生气之说，愚实有未所解。[①]

在这里，蔡清暗指朱熹理先气后、理生气之说是出于周敦颐无极而太极之误。这段话对研究蔡清的世界观颇为重要。蔡清就是以理气合一、无有先后的原则建立起自己的世界观体系的。蔡清的世界观具有明显的二元论或唯物论的倾向。

1. 理、道、太极

在蔡清的世界观中，对理是怎样规定的呢？我们先看蔡清的一段话。他说：

> 实有是物，则实有是气；实有是气，则实有是理。盈天地间一气。机之屈伸往来而不已焉，此即理之所在也。无物不有，无时不然，所谓一阴一阳之谓道是也。[②]

在蔡清看来，实有（物）是气，气（即物）中"机之屈伸往来"，就是理，就是"一阴一阳之谓道是也"。也就是说，理是事物中"屈伸往来""一阴一阳"的道理。质言之，理是事物的道理。事物和关于事物的道理是不能混淆的，前者是客观存在的东西，后者是关于客观存在的东西的观念。蔡清说：

> 所谓一阴一阳之谓道者，其曰非有以离乎阴阳也，即阴阳而指其本体，不杂乎阴阳而为言耳。此正《易本义》所谓阴阳迭运者气

---

① ［明］蔡清：《太极图说》。
② ［明］蔡清：《四书蒙引》卷三。

也，其理则所谓道。盖阴阳非道，阴阳所以迭运之理则道也，非
他也。①

　　这里，"阴阳而指其本体"，是说从各种事物的阴阳关系中概括出来的共
性（本体）就是道；"不杂乎阴阳而为言"，是说不要把"道"（即
"理"）与各种事物的阴阳之气混同起来。阴阳是客观存在的气（事物），
不是关于客观存在的气的道理，所以"阴阳非道"；"阴阳所以迭运之理
是道"，这就是说，理是气的道理；"非他"，即不是在气之外或之上还有
一个先于气而独立存在的永恒的理。在这里，蔡清的分析是深刻的，其
理论思维是有一定高度的。由于"盈天地间一气"，因此理"无物不有，
无时不然"，"大凡气之所在，理即随之"。②从这种意义上说，理是永恒
的，"理之所在，万古不易。理既如此，予之笔亦不能不惟理之命矣。"③
这里值得注意的是，蔡清一方面要坚持理和气不能分割，在气之外或之
上没有一个先于气而独立存在的永恒的理，另一方面又不敢公开违反其
祖师朱熹所提出的理是永恒的、"万古不易"的说法。蔡清提出所谓理是
永恒的、"万古不易"的，是在"盈天地间一气（物）"、理"无物不在，
无时不然"的意义上讲的。在这里，蔡清把理学家的理向气论方向推进
了一大步。上引"一阴一阳之谓道"，就是理。可知在蔡清的世界观，理
和道基本上具有相同的含义。

　　那么，理和太极呢？蔡清说："太极云者，只是理之尊号也。盖贯万
理而一之也，所谓道之大原也。""太极……只是贯乎阴阳五行之中，而
实超乎阴阳五行之表……无声无臭，而实造化之枢纽，品汇之根柢。"他
又说：

　　　　阴阳动静之中有太极焉。此即所谓阴阳一太极也。所谓非有离
　　乎阴阳也，即阴阳而指其本体不杂乎阴阳而为言者也。

　　　　动生于静，静生于动。一动一静互为其根，命之所以流行而不
　　已也。此盖太极之本体也。是岂离于一阴一阳乎！抑岂杂于一阴一

---

①　《太极图说》。
②　《蔡文庄公集》卷二，《寄梅一之书》。
③　《蔡文庄公集》卷四，《惠夫字说》。

阳乎！所谓道之体用不外乎阴阳，而其所以然者，则未尝倚于阴阳也。①

蔡清认为，太极贯穿于阴阳五行之气当中，阴阳一动一静互为其根即太极之本体；质言之，太极就是理的尊号。这就是说，太极就是阴阳五行之气的理或道理。

太极就是理，并不是说太极与理的含义未有不同。在蔡清看来，太极是最高最完整的理。第一，太极是极至之理。蔡清说：

> 太极（按周敦颐"太极图"最上一层）○今强读曰虚圈子。此所谓无极而太极也。曰无极，言初无个极也。曰而太极，言实则为莫大之极也。②

蔡清对"无极而太极"的解释与其他朱学家所遵循的解释有所不同。对周敦颐"无极而太极"解释公认为符合原意、最有权威者是朱熹。朱熹认为，所谓"无极而太极"，就是"无形而有理"。蔡清这里却认为，太极为莫大之极，在太极之上无有极了，太极是理之极至。第二，太极是至广大、尽精微、最中正之理。蔡清说：

> 极字所从来，本是指屋极。故极字从木。今以理之至极而借此以名之，犹道本是道路之义，今亦以此理为人之所当行而借名之耳。太字是大字加一点，盖大之有加焉者也。既曰极矣，而又加以太，盖以此理至广至大至精至微至中至正，一极字犹未足以尽之，故加太字于极之上，则至矣尽矣，不可复加矣。《易》赞乾曰刚健中正纯粹精者，亦此意。彼则其词备，此则其词约也。③

蔡清这种对太极的解释甚为新颖、独到，前人从未有此之说。总之，太极是"理之至极""理至广至大至精至微至中至正"，太极是理之"至矣尽矣，不可复加矣"。

在蔡清看来，道、太极都是理，是从不同角度上来说明理的含义的。

---

① 以上见《太极图说》。
② 《太极图说》。
③ 《太极图说》。

2. 气、器、阴阳五行

跟理、道、太极分别相联系的气、器、阴阳五行等范畴，在蔡清的世界观中也有相类似的含义。

上面在讲理时已涉及气。气这个范畴在先秦时是指一种极微的物质。蔡清认为，"实有是物，则实有是气。……盈天地间一气。"① 蔡清十分明确地肯定气是实有的东西，是物质。蔡清说："理为精，气为粗，所谓形而上形而下也。……太极为本，二气为末也。"粗末都是指具体的有形迹的事物，是形而下的、人们可以感触到的东西。在蔡清看来，气的具体内容就是指阴阳五行，即所谓"二五（按指阴阳五行）均气"。②

在蔡清的世界观中，器也是指有形迹具体的东西。蔡清说：

> 盖泥于器而不杂于器，乃所谓道也。形而下者谓之器，器者各适其用。形而上者谓之道，道者实妙其全。③

蔡清认为，器是有形有象的东西。比如，器具是泥做的，但泥并不等于器具。用泥做成的东西就是器，做器之理是道。在这里，蔡清的器和朱熹的器有所不同。朱熹认为，"凡有形有象者皆器"④；而蔡清则认为，做器的原料（如泥）不是器，器是制成品。但就器是指有形有象的具体东西来讲，朱蔡的观点是一致的。总之，在蔡清看来，器是和气相通的。

在中国古代哲学家中，已有用阴阳概括自然界两种对立和相互消长的物质力量，用日常生活中习见的水、火、木、金、土五种具体物质（五行）来说明各种事物的起源。蔡清利用了这一气论传统，直接把阴阳五行归结为气，作为产生世界万事万物的直接原因和元素。

蔡清也和其他理学家一样，把这种本来是解释自然现象的阴阳五行学说用于社会历史，如谓"立人之道曰仁与义，一阴一阳也。盖凡接一切人，应一切事，皆当以仁为主"⑤。蔡清认为，天地万物以阳为主，立人之道则以仁为主。他还引宋代著名的朱子学者蔡沈的话说：

---

① 《四书蒙引》卷三。

② 《太极图说》。

③ 《太极图说》。

④ 《晦庵集》卷三十六，《答陆子静》。

⑤ 《蔡文庄公集》卷四，《自箴十四条》。

> 在天惟五行，在人惟五事。以五事参五行，天人合矣。八政者人之所以因乎天。五纪者天之所以示乎人。皇极者君之所以建极也。三德者治之所以应变也。稽疑者以人而听于天也。庶征者推天而证之人也。福极者人感而天应也。①

用阴阳五行附会社会上的人伦政治关系，是理学家的一般观点，蔡清当然也不例外。

3. 理（太极、道）与气（阴阳五行、器）

基于上述，在蔡清的世界观中，理与气、太极与阴阳五行、道与器的关系，相当于精神与物质的关系。在蔡清看来，这种关系不分先后，是主体（本体）与体、用的关系。由于"本体之为全体，兼有体用也"，它们是紧密联系在一起的。蔡清说：

> 盖分理与气，则理为精，气为粗，所谓形而上、形而下也。太极者二气之本体，二气者太极之支分，是太极为本，二气为末也。所以无彼此者，盖精而本者，实包举乎粗而末者。其粗而末者，实皆精而本者之所在耳，故曰无彼此也。明阴阳一太极也。然五行一阴阳处，即便是阴阳一太极处。……二五均气，太极对阴阳则有理气之分也。②

最后一句"太极对阴阳则有理气之分"，意即为"本体之为主体，兼有体用"。蔡清认为，理和气只是精粗、本末、体用的关系，它们之间是"无彼此"之分的，是密切联系着的。在蔡清看来，这是研究理气关系的前提和基础。

在蔡清看来，理和气之所以不分彼此，就是因为理是气的道理，理是从气中概括出来的。蔡清进一步认为，理又是通过气表现为万物的，"人、物皆借气而生"③。这里值得注意的是，蔡清是说人与物是凭借气而生的，不是别的原因。在蔡清看来，"盖天下之有不能以自有，而所谓无者有其有也。"蔡清认为，并不是无中生有，所谓无本身就是有。他说：

---

① ［明］蔡清：《河洛私见》。
② 《太极图说》。
③ 《蔡文庄公集》卷二，《与柴墟储静夫书》。

> 水以澄而清，夫水本清也。初何浊之可澄，惟动而挠之，或自
> 动而所之者非其地，于是乎有浊耳，然使浊者复得片时之静，则浊
> 滓自沉而还归于清矣。用是以观澄之之方，其无出于静之者乎。①

就是说，水之所以由浊而清，是因为本来就是清的。由此可推，所谓由
无到有，也是因为"无者有其有也"，无也是有的一种状态。就理一分殊
来说，所谓万物各具一太极，其实是"浑然太极之全体无不各具于一物
之中"。蔡清说：

> 浑然太极之全体无不各具于一物之中……各一其〇者，譬如日
> 月之光辉一也，或在水或在庭或在屋，同一日月之光也。以水得之
> 而为水之光，庭户得之而为庭户之光，屋瓦得之而为屋瓦之光。要
> 之则初无二光也，同受一日月之光也。②

具体来说，太极生阴阳五行之气，也是一种从有到有（即物到物）的过
程。蔡清说：

> 木气布为春，万物以生；火气布为夏，万物以长；金气布为秋，
> 万物以敛；水气布为冬，万物以藏；土气则寄旺于四序之间，万物
> 之生长收藏者以成。……五行之变至于不可穷，然无适而非阴阳之
> 道，至其所以为阴阳者，则又无适而非太极之本然也。③

所谓"太极之本然"，就是说太极本来就是有，即太极本来就在物中。蔡
清又说：

> 天地之所以造化万类者，春夏秋冬四时也，而究其所以为夏为
> 秋为冬者，实一春之气贯通特有伸缩之异耳，元非可以判然异体观
> 也。譬之水，春其发源也，夏秋冬则皆此源之流行灌注异坎而同宗
> 者也。由是言之，春之于造化其所职不既大乎！然人知夏秋冬之出
> 于春，而不知春之所从出者冬也。夫冬其春之所藏也。呜呼！亦妙
> 矣。尺蠖之屈以求伸也，龙蛇之蛰以存身也。向使天地之气一于发

---

① 《蔡文庄公集》卷四，《静之字说》。
② 《太极图说》。
③ 《太极图说》。

舒，而无冬以敛藏之，则元气将有时而竭，虽天地亦不能久。其所以为天地者矣，《传》（按指《易传》）不云乎？不专一不能直遂，不翕聚不能发散。故太极之用所以行，则先阳动者，春之谓也；而论太极之体所以立，则先阴静者。①

这就是说，太极体现在气中，阴阳五行之气为动静和春夏秋冬的关系，"一春之气贯通特有伸缩之异"，各种自然现象就发生了。在这里，蔡清的说法尽管不是科学的，但他力图用物质现象来说明物质现象，是有其合理因素的。

蔡清认为，世界上的事物之所以不同，就在于构成它们的阴阳五行之数多寡不同。他说："古人欲分别阴阳造化之殊，故以水火木金土为言耳，自一至十之数特言奇偶之数多寡耳，非谓次第如此也。"② 在蔡清看来，人和物之所以不同，就是因为人受天地之正气，而物则是受天地之偏气，前者为气之精美部分，后者为气之渣滓部分。他说：

> 朱子曰：且如人头圆象天，足方象地，平正端直以受天地之正气，所以识道理，有知识。物受天地之偏气，所以禽兽横生，草木头生向下，尾反在上。物之间有知者，不过只通得一路，如鸟之知孝，獭之知祭，犬但能守御，牛但能耕而已。人则无不知无不能，人所以与物异者此耳。又曰：只一个阴阳五行之气滚在天地中，精英者为人，查滓者为物，精英中又精莘者为圣为贤，精英之中查滓者愚不肖。③

在这里，蔡清有很多说法是无稽之谈，如谓人头圆象天，足方象地，气之精英又精英者为圣为贤，精英之中渣滓者愚不肖。但他关于通过物质性的气产生人和物的表述，则也有其合理的因素。蔡清还指出，构成人的有气和理。气生形，理生神（即性）。他说："形既生矣，神发知矣，此人之所同也。所谓虽上知不能无人心，虽下愚不能无道心也。"④ 尽管

---

① 《蔡文庄公集》卷六，《藏春窝记》。
② 《太极图说》。
③ 《太极图说》。
④ 《太极图说》。

蔡清也讲人有上智下愚之分，但他认为，上智和下愚都是由气和理构成的，同出一源。这就降低了上智的神秘性和优越性。

蔡清基于其人和物皆借气以生的思想，提出"亡者所藏亦在大气之内"①的无神论命题。他说：

> 孔子曰：其气发扬于上，神之著也。其气不必谓是阴阳之气，亦不可谓是鬼神之气。盖此其气字是指物之气。祭义载，夫子答宰我曰：众生必死，死必归土，是之谓鬼，骨肉毙于下，阴为野土；其气发扬于上，此盖以形毙为鬼，而以其神……凄怆者为神也，又自作一例论也。②

蔡清不仅自己认为无鬼神，而且用无鬼神论来理解孔子和朱熹的有关论述。蔡清的无鬼神论含有物质不灭的思想。

（三）朴素辩证法思想

在蔡清论述理与气的关系过程中，特别是他对阴阳五行的论述中，不时迸发出朴素辩证法思想，是其哲学中最有价值的部分。

首先，蔡清认为，本体（理、太极、道）本身为二。蔡清说："一动一静，一昼一夜，以至于一生一死，一呼一吸，无往而非二也。因阴阳之二而反以求之，太极之所以为阴阳者，亦不出于二也。非其本体之二，何以使末流无往而不二哉！"③在蔡清看来，之所以有阴阳之二，就是因为阴阳这个二的本体是二。这就是说，不是一生二，而是因为一之中本来就有二。蔡清这种坚持对立面贯穿于事物发展过程始终的思想是深刻的。蔡清又说：

> 天下无无对之物。凡物理所仗皆有两歧，如是非、善恶、得失、吉凶之类。虽一动息一语默之微皆有之。其大则如人才之一消一长，纪纲之一弛一张，家国之一理一乱、一安一危，两者盖常对立焉。④

---

① 《蔡文庄公集》卷二，《与柴墟储静夫书》。
② 《四书蒙引》卷三。
③ 《太极图说》。
④ 《蔡文庄公集》卷四，《介庵记》。

在蔡清看来，不仅对立面贯穿于事物发展过程的始终，而且天下事物都是对立面。"天下无无对之物"这个命题，是非常深刻的。正是由于天下一切事物的始终有对立面，在本体这个"一"中始终有二，"一"中隐藏着对立势力，因此"一"的作用和发展趋势无限。蔡清说：

> 一之时义大矣哉！天向一中分造化，天此一也；人从心上起经纶，人心亦此一也。天下之达道五，所以行之者一也。一所以成己也。凡为天下国家有九经，所以行之者一也。一又所以成物也。自古圣贤论学其要不出乎敬之一字，而究其所以为敬者无他，亦惟主一而已耳。《书》曰："德惟一，动罔不吉。"①

在这里，蔡清为说明"一"的作用而凑集起来的例子，有的是不确切的，但其中心思想是说明由于"一"中有对立面，因而有很大的发展趋势。

其次，蔡清认为，事物中对立着的两个方面具有同一性。蔡清说："朱子曰：水质阴而性阳，火质阳而性阴。愚谓水内明，阴中有阳也……火内暗，阳中有阴也。……所以然者，非以阴根阳、阳根阴而何？"② 在这里，蔡清把朱熹关于事物之质和性对立的思想改造为对立着的两个方面是相互包含的。蔡清又说：

> 盖阴阴也，其根则阳；阳阳也，其根则阴。二者互藏其宅也。诚以太极之全体无间可破，特自其体之全而别其分之殊，岂可谓是二者判然不相关者哉！③

这里，蔡清所讲的"二者互藏其宅"，"自其体之全而别其分之殊"，就是指对立着的两个方面是互相依存和互相包含的，即对立着的两个方面各以对方为自己存在的前提，具有同一性。这一思想是十分深刻的。

再次，蔡清认为，对立着的两个方面是相互对抗的，以相克而相成，由此推动着事物的运动变化。蔡清说："《洛书》之数，其四连九为老阳，二连七为少阳者，以左旋也，阳之从其方也；其三连八为少阴，一连六

---

① 《蔡文庄公集》卷四，《宗序宗一字说》。
② 《太极图说》。
③ 《太极图说》。

为太阴者，以右旋也，阴之从其方也。"① 蔡清认为，阳气左旋，阴气右旋，两者相遇（斗争）而使事物运动变化，从而成物（发展）。蔡清不仅看出对立面的相互对抗性，而且也看出对立面的相互对抗性对事物发展具有决定作用。蔡清又说：

> 阴根阳，阳根阴者，如此盖二气之分实一气之运。……向非其一本之故，则何以异形、异势而相求相合，有莫知其所以然者哉！又五行亦共宗也，故能相生而相克以相成也。②

在蔡清看来，由于对立着的阴阳两个方面互相依存（根），而且同处于一个统一体（气）中，因此它们"异形异势而相求相合"，"相生而相克以相成也"。蔡清的这种说法是符合客观事物的辩证法的。蔡清说：

> 朱子曰：阳动而阴随之，所以言变合。朱子又曰：阳变阴合初生水火。水火气也，流动闪铄，其体尚虚，其成形犹未定。次生木金则确然有定形矣。水火初是自生，木金则资于土。愚谓阳变而生阴之水，阴合而生阳之火。然水太阴也，则又交于阳而生少阳之木。火太阳也，则又交于阴而穿乎土以生少阴之金。此皆以质而语其生之序然也。③

在这里，蔡清所说明的事物的变化发展尽管是不科学的，但他力图用物质的原因来说明事物的变化发展，是朴素唯物主义的。蔡清用阴阳五行的生变来代替朱熹的"阳动而阴随之"的形而上学观点，尤为难能可贵。在阴阳五行问题上，蔡清比朱熹细致多了。蔡清又说：

> 欲知河图之配八卦，先须定却水火木金方位，然后将数与卦分贴，则庶几明白。如水太阴居北，火太阳居南，木少阴居东，金少阳居西，于是以数配之。盖一变生水而六化成之，一六皆在北为太阴也；二化生火而七变成之，二七皆在南为太阳也；三八木，则在东为少阴，四九金，则在西为少阳。明明白白似无可疑。但四九以

---

① 《河洛私见》。
② 《太极图说》。
③ 《太极图说》。

老阳之数而居少阳之位；二七以少阳之数而居老阳之位。为不尽合，然此就可以明阳之道主动而通变，与阴之守静者不同，是亦造化自然之理矣，是于河图之中又自有阴静阳动之妙，岂人为哉！亦岂人为所能到哉！①

这里的"河洛"是指《河图》《洛书》。《河图》《洛书》中的所谓北南东西方位以数相配，都是无稽之谈，没有必要花笔墨去讲它。值得注意的是，蔡清用"阴阳之道主动而通变，与阴之守静者不同，是亦造化自然之理矣"和"阴静阳动之妙，岂人为哉！亦岂人为所能到哉"来说明客观事物的运动变化是不以人的意志为转移的。

最后，蔡清的朴素辩证法还表现在强调人的主观能动性。他认为事在人为，事业的成功与否往往出于人的主观努力如何，人谋可以回天命。他说："先贤谓人谋，孔臧亦可回天命……故人当自尽人谋。人谋者亦孔子所谓务民之义也。"② 蔡清又说：

（樊）崇等欲建大功而议所立，不先尽人谋，别贤否，而一听诸神，谓探符（按俗谓抓签）为至公。如此者，万无不败之理。今人用探札（符）定嫌疑者尚多，此其监矣。噫！（汉）光武（刘秀）按赤符以王梁为大司空，又欲以谶文用孙咸为大司马，亦曰殆哉！③

蔡清在这里不仅发挥了主观能动性的辩证法，而且还批判了天人关系的神秘主义，阐述了其无神论观点。

（四）虚静的认识论

蔡清认为，天地万物不论多么神秘，皆是可以认识的。他说：

经（指《易经》）中一画一字中涵天人之秘，亦乌可以易言，但却自为条项可以逐一理会。又象者材也；爻也者效天下之动者也。既曰材曰动，则有迹可寻矣。④

---

① 《河洛私见》。
② 《蔡文庄公集》卷二，《与柴墟储静夫书》。
③ 《蔡文庄公集》卷四，《探符之妄》。
④ 《蔡文庄公集》卷二，《寓杭州上琼山邱祭酒先生书》。

这里所谓"有迹可寻",即是可以认识的。

那么,怎样认识呢?蔡清提出虚静的认识方法。关于蔡清建立在其虚静论之上的认识论,明人林希元作了分析。他说:

> (蔡清)谓天下之理以虚而入,亦以虚而应……(蔡清谓心)善用之则穷天地之秘,搜圣贤之蕴,达古今之变,而无所不之也。故其为学必定此心于静密,以立之本;运此心于思索,以致之用。庸能剖析义理入于毫厘,折衷群言归于一致。①

蔡清为学,初主静,认为"天地人物把柄皆在静上……心当静极天机现"②;后又主虚,认为"天下之理以虚而入,亦以虚而应"。虚静论是蔡清哲学中的中心内容,是对朱子学的一个重大发展。在蔡清看来,周程张朱的超凡入圣的道理就可以用虚静概括。蔡清说:

> 周子之几,超凡之梯;张子之豫,作圣之据;程朱之敬,立身之命。敬以立身,实地斯存;豫以作圣,吾计始定;几以超凡,一跃入关。名二实一,静虚动直。③

蔡清的虚静的认识论,是一种知行统一的认识论,他曾提出八字要诀来概括,即"学宜养正性,持正行,虚心、涵泳、切己、体察八字要诀"④。这八个字的中心思想,是讲知行是统一的。

1. 认识在于虚,虚乃实储

蔡清认为,天下事物之理要被人认识,首先人思想要虚。这有五个方面的含义:其一是排除障碍。蔡清说:"人心本是万理之府,惟虚则无障碍。学问工夫大抵只是要去其障碍而已。……故吾妄意虚之一字就是圣贤成始成终之道。"⑤ 蔡清所谓心中无障碍,就是认识事物不带任何成见,不带框框,空以待物。蔡清把虚说成圣贤成始成终之道,就是"始

---

① 《蔡文庄公集》卷七附录,林次崖《虚斋先生行略》。
② 《蔡文庄公集》卷一,《寄张廷实书》。
③ 《艾庵密箴》。
④ 乾隆《泉州府志》卷四十二,《蔡清列传》。
⑤ 《蔡文庄公集》卷二,《与黄德馨书》。

则虚以入之，终则虚以出之"①。其二是静中求虚。静即扫去烦嚣之意，使心中安静。此静即虚，利于识物。蔡清说：

> 静之一字……又止是虚而已。盖居常一念及静字，犹觉有待于扫去烦嚣之意，惟念个虚字，则自觉安便，目前纵有许多劳扰，而里面条路元自分明，无用多费力而亦自不至懒惰也。②

其三是心不骛外，也不入于禅走。蔡清说：

> 静亦须虚，方是静本色，不然形静而心骛于外或入于禅者何限。③

其四是谦虚、虚心。蔡清说：

> 虚心顺理，毋激毋随。凡弊事且先去其太甚者，使爱孚于下，而敬不失其上，久之无不可为之事矣。④

其五是体察。蔡清说：

> 为学之道，待人接物之方，皆在圣贤书中，须切己体察，方看得道理透彻。⑤

从蔡清关于虚的五个含义看，蔡清的虚和佛教的净心是不同的，而且虚是为更好地使心不净，以便使万理乘虚而入。清人杨瞿崃说：

> （蔡清）谓天下之理以虚而入，以虚而应。故必定此心于静密，以立之本；而可运此心于思索，以致之用。先生何尝不言虚，当时后世无得以禅教诋者，则其养互性，持正行，虚心、涵泳、切己、体察，有以孚信于天下也。⑥

可见，蔡清所谓心虚，决不是心中净无所有，而是心中纯是理，正

---

① 《蔡文庄公集》卷八，《府志列传》。
② 《蔡文庄公集》卷二，《与黄德馨书》。
③ 《蔡文庄公集》卷二，《与黄德馨书》。
④ 《蔡文庄公集》卷一，《赠郑温卿宰邹平》。
⑤ 《四书蒙引》卷五。
⑥ 《蔡文庄公集》卷八附录，《栖霞续稿》。

如他自己所讲的："山居不欠薪，舟行不欠水，更有便于是，人心不欠理。吁嗟！人心兮不欠理。我欲仁，斯仁至。"① 蔡清的虚是"虚乃实储"②，虚就是把听应具之理都储藏起来，以备应用。

2. 认识在于静，静为动主

理学家一般都认为人性是善的。至于要保持这种善性不为外欲所动，则众说纷纭。蔡清认为，欲识事物之理，明事物之变动，则要静。蔡清说：

> 静之时义大矣哉！贯三才（按指天、地、人），皆主于静也。……（人）失于主静，则势利之来自外者，既得以动而挠之，而情欲之发于中者，又自动而失其所之，于是乎源头浊矣。……事物变故虽千态万状，交至迭来于吾前，而吾之本真莹然者……无他，静而已矣。……或曰动静相生，若子之说将遂无动矣乎！曰：非也，以静而动，动而主于静焉。夫主于静而动，则动而无动矣。是说也，吾得诸《易》。③

> 人之所以为人者心也。心之为心也，寂然不动，感而遂通天下之故。寂者其静，感者其动，而静者其主也，故喜怒哀乐之未发谓之中，中也者天下之大本也，百行万善皆由此出……心之性情人人同具，无古今圣凡贵贱之别，能者当益勉，而不能者亦当企而修焉者也。……理一也，君能湛然静居以存其喜怒哀乐未发之本体，由是行于家也，父子笃，兄弟睦；行于乡也，朋友信，长幼顺。④

要保持人之本性，只有主静。主静就能不失人之"本真（性）"。这就是性根于静之意。人不失其本性，就是人的心中虚而全理。这就是说，只有静才能虚。因此，蔡清认为，静是虚魄的要领。他说："虚而一尽矣。要静，愈静愈灵。……天地所以长久者，以其气运于内而不泄耳，故仁者静而寿，天下事断非浮躁者所能完也！"⑤

---

① 《艾庵密箴》。
② 《蔡文庄公集》卷首，雷铉《像赞》。
③ 《蔡文庄公集》卷四，《静之字说》。
④ 《蔡文庄公集》卷六补遗，《藏春窝记》。
⑤ 《蔡文庄公集》卷四，《自蔵十四条》。

蔡清所谓静，含有人心不要浮躁之意，心要安稳。静还有"节欲定神"之意。他说：

> 静则生明，方寸之府，天朗日晶，坐照来物，物无遁情。……人心本天地之至精，惟节欲定神以养之而不为物所斗，则自还其虚灵。不然，云雾涨空，虽泰山在前，对之如蒙昧。①

蔡清把静看作是认识事物的根本前提，否则虽"泰山在前，对之如蒙昧"。十分明显，蔡清的这种"坐照来物"的认识论，是一种静观的被动的认识论。但是，蔡清却说：

> 程先生每教人静坐。李先生亦教人静坐，以验夫喜怒哀乐之未发时气象为何？如此法可以养心，可以养气，可以照万物而处之各得其宜，实得造化之机。培夜气，引旦气，善用其气，造化在我而已矣。②

这就越发离奇，离开了朱子学，回到杨时、李侗的道南学。他认为，静"实得造化之机"，"造化在我而已矣"。这又从朱子学的认识论滑到神秘论。

蔡清还认为，要真正做到静还必须和虚联系起来。他说："蓄德宜豫，静之一字更须于动中验之。动而不失其静乃为得力。反复体验又止是虚而已。"③

在蔡清看来，如果不把静和虚联系起来，那么静就会流于佛家的禅定。至于如何把静和虚联系起来，蔡清提出于动中求静，以静制动，这样才不会形静而心骛于外，静与心没有分开，静和虚才会统一起来。

3. 知行统一，言行一致

蔡清认为，由静致虚，天下之理由虚而入，入而储之，虚乃实储。人在正常情况下，空虚的心中理要装得满满的才行。因为他所说的理，主要是指封建社会的纲常关系。在封建社会里，一个人不仅要懂得纲常

---

① 《蔡文庄公集》卷四，《静生明铭》。
② 《艾庵密箴》。
③ 《蔡文庄公集》卷二，《与黄德馨书》。

关系，而且要随时实践它，这样才算是一个有道德的人。否则，心便感到不安，心便感到无理主宰。蔡清说："凡心之所不安，便是天理之所不许；不若听命于理，图得心安之为利也。"① 因此，心中有道义，心才安，才不会感到扪心有愧（不安）。

> 以六经为入门，四子（按即孔子、曾子、子思、孟子）为标准，而反身用力，本之静虚之地。所谓真道德性命，端向此中有得焉。久之涵养深至，日改而月以化，庶几恺恺君子。②

蔡清强调，"读书只为利，是亦商人而已矣。古昔圣贤所树立，明并日月照天地，非义一毫绝胸中，方能充养浩然气，才能做得人间事。……以宇宙为家，道义是安。"③ "以宇宙为家"，就是心中有理。在蔡清看来，所谓圣人生而知之，就是以宇宙为家，其心中所充满的全部是理，不杂人欲。蔡清说："朱子曰：惟君子然后知义理之所必当为，与义理之必可恃，利害得失既无所入于其心，而其学又足以应事物之变。"④ 蔡清又说：

> 惟圣人者又得夫秀之精一。……精则不杂而理欲之界限明，所以生而知之，不思而得也；一则不贰而天理之宰制定，所以安而行之，不勉而中也。"精一"二字……此借用言天资。⑤

蔡清认为，圣人和君子，心中之理达到纯而饱和状态，非理不能入，输出（用，行）自如，能"应事物之变"。这就是蔡清所谓的"以虚而应"的意思。

蔡清非常重视理性认识对人的行为活动的重要作用。他认为，只有道德修养纯熟，即所谓"浑然一理无所偏倚，然后应事方不差错"。蔡清说：

> 冬闲敛藏凝固，然后春来发生有力。所以冬暖无霜雪，则来岁五谷不登，正以阳气发泄之故也。人之一心亦是如此，须是平居湛

---

① 《蔡文庄公集》卷二，《与方石谢先生书》。
② 《明儒学案》提要，《蔡虚斋清》。
③ 《蔡文庄公集》卷一，《自警诗》。
④ 《艾庵密箴》。
⑤ 《太极图说》。

然虚静，如秋冬之秘藏皆不发露，浑然一理无所偏倚，然后应事方
不差错，如春夏之发生，物物得（其）所。若静时先已纷扰，则动
时岂能中节。故周子以主静为本，程子以主敬为本，皆此理也。①

正由于理性认识有重要作用，所以"一念之善则天地神祇祥凤和气皆在
乎此，一念之恶则妖星厉鬼凶荒札瘥事略皆在乎此"②。"（蔡清）尝曰：
吾居闽南，一念及燕北，其神即在燕北；吾居燕北，一念及闽南，其神
即在闽南。此可见天地之神之在我。善用之，则穷天地之秘，搜圣贤之
蕴，达古今之变，而无所不之也。"③ 蔡清在这里无限夸大了理性认识的
作用，陷入了神秘主义。

蔡清主张知要见于行。他说："程子曰：君子之志，所虑岂止其一
身，直虑及天下千万世。"他说：

> 若是真学问文章，须见于威仪之际，与夫日用之常。若是真道
> 德性命，须见于治家之法，与夫当官之政。不然，徒日皇皇于多故，
> 而在身无受用之实，在心无洒落之趣，是直博学之小人，而词章之
> 儿竖，尔危哉！④

这就是说，学问要用于立身处世才算真学问。蔡清强调说："穷理力行以
致用，学之为道，何以加此！"⑤ 这里，蔡清与其他朱子学者一样，特别
强调致知穷理和道德修养是为了治身。

对于蔡清知行统一的思想，清人雷铉有深刻的评论。他说："虚斋先
生，明代真儒。性根于静，理会于虚。静为动主，虚乃实储。《密箴》有
警，《蒙引》有书。知行不贰，出处无殊。"⑥ 蔡清自己说：

> 德之威人也重矣哉！诚之鉴物也豫矣哉！是皆不劳而得者也。
> 故君子贵知务。⑦

---

① 《太极图说》。
② 《艾庵密箴》。
③ 转引自《蔡文庄公集》卷七附录，林次崖：《行略》。
④ 《艾庵密箴》。
⑤ 《蔡文庄公集》卷四，《书戒五条》。
⑥ 《蔡文庄公集》卷首，雷铉《像赞》。
⑦ 《太极图说》。

蔡清特别指出，"人之真，常见于饮食言动之微，因仍造次之间，故君子慎独，除邪之根也。不然毕露矣!"蔡清所谓"慎独"，就是用真正的行为来检验是否真知，如他谓"验之以事……检点之功，有一之未至，将不逃人于明目之一照"。①

在行的问题上，蔡清提出要从眼前事做起，要脚踏实地去做，才是行的根本。他说："长注念于远大，而实地则在乎目前。夫惟能践实地于目前，是以垂声光于绵绵，而可以上报乎君亲师，与夫先圣先贤。"② 在知行一致的问题上，蔡清强调知是为了行。他说：

> 每读书时辄有欲取而用之之心，则亦何必多为也；然既有此心，则自不容不多矣。③

他认为，"穷理力行以致用……吾尝见有胸富万卷，笔下如流，而实于其身不得几字受用者，则学其可不务择术哉!"④ 知不仅是为了行，行也可以助知，行可以得到知。蔡清说：

> 程子曰：安有箕踞而心不慢者。愚尝因是而得夫心迹相符之说……知圣人之席不正不坐，由于其心之安于正，此其心迹相符之理，正可以相形观也。⑤

由于在行（实践）中接触到无数的具体事物，就可以从具体事物体会到理。蔡清说："缘理著数圣人也，即数明理君子也。忽君子之所明，而妄意圣人之所不议，是长禅定之标，而树妙闻之帜也。"⑥ 蔡清强调知行一致，他把自己的知行一致论解释为体立而用行。他说：

> 天下未有体不立而用独行者。故昔者朱子解仁之义云：仁者心之德，爱之理。心之德以体言，爱之理以用言。必先言心之德而后

---

① 《明儒学案》卷四十六，《诸儒学案·司成蔡虚斋先生清》。
② 《明儒学案》卷四十六，《诸儒学案·司成蔡虚斋先生清》。
③ 《蔡文庄公集》卷一，《寄张廷实书》。
④ 《蔡文庄公集》卷四，《书戒五条》。
⑤ 《蔡文庄公集》卷四，《圣人心安于正论》。
⑥ 转引自《蔡文庄公集》卷首，苏浚《虚斋先生性理要解序》。

言爱之理者，体立而后用有以行也。①

"体用一元"本来是本体论的范畴，蔡清用于认识论，提出知行为"体用一元"，更能说明知行的密切关系。

总之，在蔡清的知行统一论中，不仅强调了知是为了行，而且就行对知的作用也做了说明。在蔡清关于知行关系的思想中是有其合理因素的。

（五）整顿纪纲和均田平赋的社会政治思想

在蔡清关于当时社会政治问题的见解中，有两个主张是值得提及的，即整顿纪纲和均田平赋。

所谓纪纲，是指封建国家的政治法律制度和伦理道德关系。蔡清认为，"纪纲为国之命脉"②。蔡清把封建的人伦道德解释为人的本质，人们必须维持这种人伦道德关系。他说：

> 盈天地间皆物也。人亦物也。夫人亦物也而乃独有以贵于凡物，而充其量则至与天地参，而凡乃物又皆在其度内者独何也？呜呼！岂非以其有伦也与哉？夫伦者，序也。……父子以亲序，君臣以义序，夫妇以别序，长幼以礼序，朋友以信序，此则人之所以为人者也。故人必得其所谓序者而后可称为人。③

在蔡清看来，人们只有维持这种人伦道德秩序，社会才安定。

在整顿纪纲问题上，蔡清根据自己关于"学圣人者必自治心始"的思想，首先提出要君主明理正心。蔡清说：

> 若夫纪纲根本所在，则又在于人主之一心。故心正则百事可正。理明而后其心可正，讲学而后理可明。……不患夷狄之不服，而患朝廷之不治；不患万事之不理，而患君心之不明。④

---

① 《蔡文庄公集》卷四，《惠夫字说》。
② 《蔡文庄公集》卷一，《管见上堂尊》。
③ 《蔡文庄公集》卷四，《宗序宗一字说》。
④ 《蔡文庄公集》卷一，《管见上堂尊》。

蔡清认为，君主必须通过明理来正心，而明理又必须通过讲学才行。在这里，蔡清夸大了君主读书明理正心的作用。蔡清说：

> 人主不但当以日讲经筵，凡深宫燕居之际，终食造次之顷，皆当时时诵服，不少遗忘，务使其言浸渍融化于一心之内，而时出迭见于应物之间，然后为有得，而天下事皆可无俟多言矣。①

在君主专制的封建社会中，君主是天子，是上天授命来管理地上万民的，因而是天生明理心正的，是绝对真理的化身。而蔡清公开反对这一点，确是十分大胆的。

其次，蔡清提出性、道、教以扫除一切"于世无益而有损"的私欲。他说：

> 夫学不博不能约。……但其中自有真伪之辨耳。真者根于性，率于道，而符于教；其伪者性、道、教外物也。宇宙之所以立，人物之所以生生不绝者，以此性、道、教三者在耳。凡在此三者之中则世所不可无，亦自不能无者，若出于外类皆人之私智所为，于世无益而有损，尽可一扫除之，或摘其近正而实者姑存之而已。②

蔡清所谓性、道、教，就是《中庸》的"天命之谓性，率性之谓道，修道之谓教"。蔡清把这三者看成是人不可缺少的，如果具备了这三者，宇宙赖以立，天下就太平了。此外，蔡清还提出"节欲"，认为"寡欲之人，德业日新，气正而神全"③。"寡欲"就是节欲。节欲不是无欲。人有欲是人之本性，人不能无欲。正因为人不能无欲，所以变化气质（限制欲）是不容易的。蔡清说："进取功名易，变化气质难，痛须加猛省，莫负好衣冠。"④ 蔡清的节欲论比周敦颐、朱熹的无欲好得多。

关于蔡清提出的均田平赋的思想，是其从同情农民的立场出发的。蔡清说：

---

① 《蔡文庄公集》卷一，《管见上堂尊》。
② 《蔡文庄公集》卷二，《复林居鲁书》。
③ 《蔡文庄公集》卷四，《床顶铭》。
④ 《艾庵密箴》。

> 吾良民旦夕疲筋骨曾无卓锥之产者何限！各处之无征田粮洒派
> 贫民又何限！……豪右巧计僭据者又何限！①

蔡清在长期从政和居乡中，认识到豪强地主兼并土地的严重性，他呼吁：
"丈量田亩"，提出"哀多益寡，称物平施""限民明田""量减寺院多余
田亩分给贫民为业""截长补短""授田以民"等措施。他认为："均田平
赋……此其所大利者，民也官也！"② 蔡清的这些思想是十分可贵的。

（六）对朱熹学说的继承、捍卫和发展

蔡清是朱子学发展史上的重要学者。他的学说出现于朱子学的发展
由独盛到稍衰的转变时刻。蔡清是在与明代前期心学派的论战中逐步形
成自己的朱子学思想体系的。因此蔡清不仅继承，还捍卫和发展了朱熹
的学说。清人蔡廷魁说：

> 文庄公崛起于明，远寻坠绪，殚毕生心力，著《易》《四书蒙
> 引》，阐孔孟之微言，发明濂洛关闽之正学，刊黉宫而播天下，至今
> 学士文人确守其说毋变。钩深括奥，振落扶衰，文庄公岂非紫阳
> （即朱熹）功臣哉！③

这里，蔡廷魁用"钩深括奥，振落扶衰"来评价蔡清学说的历史地位，
甚为确当。蔡清的学说是前期福建朱子学说发展的高峰和总结，在福建
朱子学发展史上确实具有继往开来、振落扶衰的作用。

蔡清的学说是真正的朱子学。明代著名学者邱浚称其为"学醇而行
洁"④。清人吴日炎说，"虚斋先生……其议论大指要必理不悖于程朱，功
必先乎实践"⑤。历代学者包括和蔡清同时代的学者在内，一般公认蔡清
的学说"不悖于程朱"。后人读蔡清的《易》、"四"《蒙引》二书（按即
《易经蒙引》《四书蒙引》），"亲炙私淑，尊崇之不异程久"⑥。明代詹师

---

① 《蔡文庄公集》卷一，《民情四条答当道》。
② 《蔡文庄公集》卷一，《民情四条答当道》。
③ 《蔡文庄公集》卷首，蔡廷魁《序》。
④ ［清］查继佐：《罪惟录》卷十，《蔡清》。
⑤ 《蔡文庄公集》卷首，《蔡文庄公集序》。
⑥ ［清］杨瞿崃：《蔡文庄公集》卷八附录，《栖霞续稿》。

庇说：

> 朱熹发明圣贤之旨，而（蔡）清又发明朱氏之言。……其言皆身心性情之实功而不事口耳，皆天下国家之实用而不为玄虚。……朱熹有功于圣人，而（蔡）清则有功于朱氏。①

詹师庇认为，蔡清的学说是儒家思想发展中的一个重要阶段。蔡清是朱熹之后第一人。

蔡清生活的年代，正是明代陈献章心学盛行的时代。心学派把朱子学说视为异端。在反击心学派的众多朱子学者中，蔡清最为突出。蔡清抓住当时心学派的两个要害进行驳斥。其一，心学派认为，心即理。万理具于吾心，吾心即是万理。陈献章说："君子一心，万理完具。事物虽多，莫非在我。"② 蔡清认为理在心外，不是心即理。他说：

> 尽六合皆气也。理则是此气之理耳。③

"理"从外而入于心。蔡清明确肯定理不在心中而在心外。朱熹认为理在心外，心学派认为理在心中。蔡清捍卫了朱熹的学说。

其二，心学派陈献章认为，读书穷理不如静坐。蔡清针对陈献章提出的"学穷攘则无由见道，故观书博识不如静坐"④ 的命题，批之曰：

> 前辈云：皋、夔、稷、契，何书可读？盖此四公者，虽未尝读书，亦未尝不穷理也。……使皋、契辈生今日，吾知其亦不能自己于读书。⑤

这是从认识方法和道德修养方法上批判心学派。朱熹的认识方法和道德修养方法，是"即物穷理""读书穷理"。心学派从其"理在心中"出发，认为认识方法和道德修养方法只能是"反求诸心""存心养性"。他们教人静坐，何必读书。他们说，古人皋、夔、稷、契等人品质都很好，当

---

① 《蔡文庄公集》卷七附录，《都察院左佥都御史恩亭詹先生疏稿》。
② 《白沙子》卷一，《论前辈言铢视轩冕尘视金玉》。
③ 《太极图说》。
④ 《明儒言行录》卷三，《白沙要语》。
⑤ 《蔡文庄公集》卷四，《书戒五条》。

时有什么书可读？蔡清认为，理在心中，人只有做读书穷理等工夫，才能使心中想的符合于理。在蔡清看来，心学派的致命弱点是离开了儒家道统，不能识理，不能致用。蔡清说：

> 陆学之未尽符于大中至正之矩。使当日得究其用，恐于开物成务之实，终必有疏略处。苟其疏也，则其所自受用，亦恐其不觉而近于佛老。此朱子之于陆氏所以每欲周旋以补其欠而不得苟同焉者也。噫！千圣相传家法，类皆自博之约，而一敬以成其始终。陆学固不可谓不主敬者，而稍坠于径约。既失于径约，则其心宜不周于细微，而其弊容可遏乎？……此吾道正统所以卒独归之朱子，而陆氏所就，独未免为偏安之业也。①

蔡清批判心学派的目的就是为了维护朱子学的权威。

蔡清不仅批评了心学派，还对当时及以往的朱子学者没有真正继承朱子学说作了评论。他说：

> 文公折衷众说，以归圣贤本旨。宋末诸儒，割裂粧缀，尽取伊洛遗言，以资科举；元儒许衡、吴澄、虞集辈，皆务张大其学术，自谓足继道统，其实名理不精，而失之疏略；本朝宋潜溪、王华川诸公，虽屡自辨其非文人，其实不脱文人气习，于经传少有究心。国家以经术取士，其意甚美，但命题各立主意，众说纷纭。太宗皇帝（按即明成祖朱棣）命诸儒集群书大全，不分异同，混取成书，遂使群言无所折衷。②

这是蔡清对南宋末年以来朱子学发展过程的总结。蔡清谓宋末朱子学者"取伊洛遗言以资科举"，元代朱子学者"名理不精，失之疏略"，当时朱子学者"于经传少有究心"，等等，这些批评抓住了以往朱子学者弊病的主要问题。

对蔡清捍卫朱子学的巨大功绩及其学说的特点，清代学者雷铉作了详细的评述。他说。

---

① 《蔡文庄公集》卷四，《读蜀阜存稿私记》。
② 转引自《蔡文庄公集》卷七附录，林次崖《虚斋先生行略》。

　　有明开二百七十年之基，尊朱子以定一宗，曲礼治法亦多本之
朱子，纲纪聿修，风教懋著，家无异学，人鲜岐趋。百年之间真儒
迭出。自时厥后，习尚颓败，正气销磨。挟策吟哦者驰骛辞章，名
为讲学，亦徒拘泥章句训诂之末，无得乎身心性命之归。姚江王氏
起而矫之，倡为即心即理，以号召后进，不返求朱子之正宗，而祇
为朱子之流弊。声势气焰耸动一时，遂至凭臆见作聪明，废弃传注，
糟粕六经，荡跌绳墨，滔滔如狂澜不可复挽。当是时正学不绝如线，
深山穷谷之士，犹知有朱子之学者，实赖虚斋先生《易》、《四书蒙
引》流播既广。其辨析之精，捍卫之严，阳儒阴释之说（按指心学）
自不得以汩其中。……研极《河》、《洛》、象、数、卦、爻之奥，皆
切体乎! 念虑伦物之地，盖所谓庸言庸行慥慥之君子。……斯乃朱
子之真传嫡派也，宜乎公论，久而愈彰……直与薛文清（瑄）公相
比肩，他儒犹有逊焉。……其解经析理有功圣学……其躬行实践，
立朝莅官，持身居家，一言一动，必合乎道，固显示后人以入圣之
阶梯。……先生学贯天人，道该体用，而其用力严切，尤自其少
《密箴》一册始。①

由此可见，蔡清不仅是福建朱子学中的主要学者，而且在全国朱子学发
展史上也占有重要地位。

　　上引清雷铉的评论，也指出蔡清发展了朱子学说。上面引用的有谓
蔡清的学说"不异朱子"，并不是说他没有对朱子学说有所发展。蔡清对
朱熹的学说既尊崇又不拘泥。他不满意于以往朱子学者的陈说。他自己
曾说有创新精神"方是真学问者"②。蔡清把朱子学推向一个新的阶段。

　　蔡清对朱子学的发展是全面的。蔡清把朱熹的"理先气后"说改为
"理气一致"说等。除上面讲到者之外，蔡清还说：

　　朱子之说亦未当者。忠恕不宜分贴一贯。曾子本意是谓忠恕一
理贯天下之道而无余者也。故曰有一言而可以终身行之者其恕乎。③

①　《蔡文庄公集》卷首，雷铉《序》。
②　《虚斋集》卷一，《与郭文博书》。
③　《虚斋集》卷一，《与郭文博书》。

蔡清对于《大学》的看法，与朱熹有所不同。他以为知止二节和听讼一节，为释格物致知之义。蔡清认为，《大学》格物传混入经文之中，未失，不必补传，朱熹补传应去掉。

蔡清对于《易经》的看法与朱子亦有所不同：如朱熹认为，其简帙重大，故分为上下两篇；而蔡清则认为，何不以三十二卦为上经，三十二卦为下经，而乃上《经》三十卦，下《经》三十四卦也；用九见群龙无首，朱子云用九是诸卦百九十二阳爻之通例，见群龙无首是此卦六爻皆用九者之占词。蔡清则认为，孔子《象传》及《文言》节节皆是主六爻皆用九者。而朱子《周易本义》却不主此说。蔡清又说若依朱子之说，则于用九下又当添六爻皆用九者；知至至之，知终终之。朱子说上句知字重，下句终字重，蔡清则认为此未必是本文之意。本文下句一知字，岂偶然哉！岂姑以对上句而无所当哉！

此外，蔡清对儒家道统的解释也和朱熹有所不同。蔡清说：

> 所谓道统之传者即《大学》之道也。所谓允执其中者亦止至善也。仁义礼智之性，道心之正也，气质之禀不齐，所以人心惟危也；精则察夫二者之间而不杂者，格物致知也；一则守其本心之正而不离者。诚意正心修身也；以天下之大圣行天下之大事不过如此。是乃所以齐家治国而平天下者也。盖昔者伏羲神农黄帝尧舜禹汤文武周公以是传之孔子，孔子以是传曾子，而及子思，元（原）无二物也。[1]

朱熹释道统真传用十六字，即所谓"人心惟危，道心惟微，惟精惟一，允执厥中"。[2] 在这里蔡清不仅对"十六字诀"的解释与前人不同，并且还引进了"格物致知""诚意正心"等。

附：蔡清著作简介

蔡清的著作现存有《易经蒙引》《四书蒙引》《蔡文庄公集》《虚斋文集》《蔡虚斋粹言》《艾庵密箴》《太极图解》《河洛私见》等。今有存目

---

① 《蔡文庄公集》卷二，《与黄德馨石仲殷书》。
② 《书经·大禹谟》。

不见其书者,有《纲鉴随笔》1卷、《考定大学传》1卷、《天文略》、《虚斋至言》、《虚斋杂著》、《虚斋年谱》、《批点易经大全》8卷。

《易经蒙引》12卷 此是蔡清平生精力所得尽在于此的名著。是书专以发明朱熹《周易本义》为主,故其体例以《本义》与《易经》经文并书,于《本义》每条之首加一圈以示别于《经》。此书是发明朱熹《本义》的。但不全从《本义》之意,许多方面与《本义》根本不同。是书为其子存远于明世宗嘉靖八年(1529年)进呈朝廷的,诏为刊布。此书初版为建阳书坊刻本,卷首有同安林希元、谢廷潜的序。此书现存于《四库全书·经部·易类》中,江苏省图书馆有葛寅虎评定本《易学蒙引》24卷。《易经蒙引》实为12卷,但各版卷数分法不同,故道光《福建通志》作24卷,《泉州府志》作40卷,《儒林录》作38卷。葛寅虎评定本作24卷。

《四书蒙引》15卷别附1卷 是书为科举而作。体认真切,阐发深至,犹有宋人讲经讲学之遗风。蔡清作此书,初已有稿本而遗失,乃追忆旧文,更加缀录。久而复得原稿,以两本相核,重复过半,又有前后异同未归划一者,欲删而未暇,乃题为《蒙引》。初稿以明其非定说。《蔡文庄公集》中有是书序,述其始末颇详,嘉靖中江苏武进庄煦参校二稿刊削冗复,十去三四,辑成一书。书末别录1卷是庄煦与王升商榷订正《四书蒙引》之语。明嘉靖八年(1529年),蔡清子存远将此书进呈朝廷,诏为刊布。此书现存于《四库全书·经部·四书类》中,福建省图书馆、江苏省图书馆有明万历刊本。

《蔡虚斋文集》 有两种,一是明万历石崖葛氏刊本,为5卷,名《虚斋文集》。现存江苏省图书馆。一是清乾隆七年(1742年)泉州宗裔廷魁校刊本,为11卷,名《蔡文庄公集》。此书一至五卷依《虚斋文集》而重订,第六卷系搜集墨迹遗稿为补遗,第七、八卷系其孙邦驹所集事迹及志书传序为附录。末附《艾庵密箴》、《太极图解》(原名《看太极图说》)、《河洛私见》(原名《看河图洛书说》)各1卷。《蔡文庄公集》卷首有明林俊、清雷铉诸人序。《集》中诗近于邵雍的《击壤集》,诗中寓其哲学思想。文字光明畅逐,趣深理到,论策疏爽。

《蔡虚斋粹言》 系明人搜集蔡清语录和从蔡清著作中摘录精语编成

的。可作为研究蔡清思想和校正蔡清著作的参考资料。江苏省图书馆有明刊本，在《古今粹言》第 7 册中有此书。

《虚斋三书》3 卷　　是编即以《看太极图说》改名《太极图解》，以《看河图洛书说》改为《河洛私见》，而增以《艾庵密箴》50 条，故曰《三书》。乾隆七年（1742 年），其裔孙廷魁所刊，其书名亦非蔡清所自题，江苏省图书馆有清乾隆本。

《性理要解》2 卷　　专论太极、河图、皇极、经世、挂揲之理，以"性理要解"为名。上卷题为"虚斋看太极图说"，下卷题为"虚斋看河图洛书说"。前有苏濬序，词气拙陋，殆出依托。可能蔡清本有此残稿，其后人汇为一编、强立此名，又伪撰苏濬序。

第六章 明代后期福建朱子学

一 明代后期福建朱子学的社会思想背景和发展概况

上章已经讲到，史学家一般以明世宗嘉靖年间（1522—1566）为界，把明代分为前后两个时期。史学家主要是以社会经济的发展和衰落为依据的。从明代朱子学的发展看，也恰恰是在嘉靖年间之后，由于王阳明学说的盛行，其标志是王阳明《朱子晚年定论》一书的出现，使朱子学一时低落。明代后期朱子学的深度和广度均与前期有很大的不同。明林希元说：

> 弘治、正德以前，文气类皆深厚雄浑，如太羹玄酒之为味，黄钟大吕之为音。自嘉靖以后，气则渐漓，求能如前或寡矣。[①]

> 自时（按指嘉靖）厥后，杂学兴而正学（按指程朱理学是真正的孔孟之道，称为正学，其他为杂学或异端）废……程朱义理之学辍而不讲，学术于是大坏。学术既坏，人才何自而出！治道何自而致！[②]

本章所论述的就是嘉靖之后的明代福建朱子学。明代灭亡于1644年，其后期差不多有一个世纪。

明代到嘉靖年间，盛极而衰。此后，江河日下，一代不如一代。朝廷由宦官掌权，如武宗时（1506—1521）的刘瑾、熹宗时（1621—1627）

---

① 《林次崖先生文集》卷七，《批点四书程文序》。
② 《林次崖先生文集》卷七，《送张净峰郡守提学浙江序》。

的魏忠贤等，均独揽朝政。他们卖官鬻爵，贪赃枉法，搜刮民财，特务横行，使用酷刑；特别是魏忠贤，结党营私，为所欲为，无恶不作，在其活着时即遍地建生祠，谓其功德大于孟子，应与孔子并坐。由于宦官专政，演成阉党和东林党的矛盾。依附宦官的称为阉党，如魏秉谦、魏广微、崔呈秀、阮大钺等。在江苏无锡东林书院聚集了一批学者，如顾宪成、杨涟、左光斗、高攀龙、钱一本、薛敷教、史孟麟、于孔谦等，称为东林党。他们抨击朝廷的腐败政治，忧虑国家的危机，因而被阉党通缉捕杀。阉党和东林党的斗争，一直延续到明代末年。一些东林党人是反对王阳明学说的。顾宪成谓当时异端邪说是由王阳明导致的。但是，顾宪成是王阳明的三传弟子，他不完全否定王阳明学说。东林党人是朱学和王学的折中派，只是认为王学比朱学毛病较多，如在朱学"修道"和王学"悟道"的问题上，提出"修而后悟"的调和论命题。

由于朝廷政治腐败，豪绅地主大量兼并土地。皇帝常把大量土地赐给贵族、宦官，如神宗一次就赐给他的儿子福王200万亩土地。大量农民失去土地，如吴中农民有田者仅十分之一。农民不仅要向地主大量交租，还负担名目繁多的十分沉重的赋税。因此，民不聊生，危机四伏，阶级矛盾十分尖锐。到了神宗万历九年（1581年），宰辅张居正提出改革措施"一条鞭法"（统一税法），缓和了一些阶级矛盾。但不久不仅一切复旧，还变本加厉，发展到"人相食"的地步。全国各地农民起义不断爆发。英宗正统十三年（1448年），福建沙县发生了以邓茂七为首的佃农抗租抗税起义。邓茂七自称"铲平王"，反映出农民平均土地的要求。武宗正德年间（1506—1521），河北文安县发生了以刘六、刘七为首的农民大起义。最后，在思宗崇祯年间（1628—1644），爆发了席卷全国的以李自成、张献忠为首的农民大起义，推翻了朱明王朝。李自成领导的农民起义提出的"均田免粮"的口号，对当时的政治思想家产生了深刻的影响。

明代后期尽管政治腐败，但经济还是有一定的发展的。这期间，原产于美洲的甘薯和烟草由菲律宾的吕宋传入福建，对福建以至全国的农业生产有一定的影响；其他粮食作物的生产也有很大的提高。手工业生产超过了前代水平。随着农业和手工业生产力的提高，商品经济进一步发展起来。江南出现 20 多个以商品交易为中心的大城市，如泉州、福州、广州、宁波等对外贸易的港口，商品远销日本、东南亚等地。由于商品经济的繁荣，在江南，资本主义的生产关系较广泛地出现，如苏州出现许多以织绸为业的"机户"。"机户"占有生产资料，剥削机工的剩余劳动，是早期资本家；机工靠出卖劳动力为生，是早期雇佣工人。他们之间是资本主义的生产关系。当时城镇人民反税监、反矿监的斗争，是资本主义生产关系在政治上的反映，是中国历史上的新现象。同时，西方传教士如意大利的利玛窦等人来到中国，他们和名臣徐光启、李之藻等人交往，传播西方自然科学知识和资产阶级思想。基于这种历史条件，便产生了一些具有启蒙思想、追求个性解放的知识分子。他们企图从程朱理学一统天下的禁锢中跳出来。王阳明学说便是在这种情况下出现的。

王阳明名守仁，浙江余姚人。他早年遍读朱熹著述，笃信格物穷理之学；后来"悟道"，认为必须"反省内求"才能认识真理。他在南宋陆九渊"心即理"学说的基础上，提出"致良知""知行合一"的命题，形成所谓陆王心学。原来作为国家正统思想的朱子学是格物以穷理（"修道"），王阳明提出发挥心中之良知即达理（"悟道"），似佛教禅宗的顿悟。王阳明的"致良知""知行合一"特别强调主观思想的作用。王阳明教授弟子非常注重启发其个性发展。其后，以王阳明的大弟子王艮为首的泰州学派，把"致良知"作为自由思想的武器。这种自由思想，到了明末的李贽，公开以"异端"自居，提出"咸以孔子之是非为是非，故未尝有是非耳"①，对传统儒家思想和假道学进行了大胆揭露，被统治者以"敢倡乱道""惑世诬民"的罪名迫害致死。

前面讲到，明代心学的先驱者是陈献章，至王阳明总其成。以王阳明为首的心学派视朱子学为仇敌，极力攻击朱子学。在 1514 年至 1515 年，王阳明从朱熹文集之三十四书中各抄一段，辑成《朱子晚年定论》一书，论定朱熹晚年改变其说，即其晚年思想向陆九渊主观唯心主义转化，以此证明他和朱熹同调。王阳明在序中说：

---

① ［明］李贽：《李温陵集》卷十四，《藏书纪传总论》。

及官留都，复取朱子之书而检求之，然后知其晚岁固已大悟旧说之非，痛悔极艾。至以为自诳诳人之罪，不可胜赎。世之所传《集注》《或问》之类，乃其中年未定之说。自咎以为旧本之误，思改正而未及。而其诸《语类》之属，又其门人挟胜心以附己见。固于朱子平日之说，犹有大相缪戾者。而世之学者，局于见闻，不过持循讲习于此。其于悟后之论，概乎其未有闻。则亦何怪乎？予言之不信，而朱子之心无以自暴于后世也乎？予既自幸其说之不缪于朱子，又喜朱子之先得我心之同然，且慨夫世之学者，徒守朱子中年未定之说，而不复知求其晚岁既悟之论。竞相呶呶，以乱正学。不自知其已入于异端。辄采录（按指朱熹与友人书）而哀集之，私以示夫同志，庶几无疑于吾说，而圣学之明可冀矣！①

到了1518年，《朱子晚年定论》刻刊。1572年，谢廷杰刻《王阳明全集》，把《朱子晚年定论》附于卷三《传习录》下之后，前有门人钱德洪引言，后有门人袁庆麟跋。于是，《朱子晚年定论》在社会上广泛传播。由于王阳明才情足以牢笼一时，文章事业足以震耀后世，《朱子晚年定论》引起强烈反响，形成巨大风波，成为明代后期思想意识领域中论辩的中心问题之一。一些学者为该书所惑，而与朱学为难。攻朱护王者有王门刘宗周、李绂等。攻王护朱者有顾璘、罗钦顺、陈琛、张岳、林希元、陈建、冯柯、孙承泽、陆陇其、阮元等。他们指出，王阳明的《定论》是断章取义和把朱熹中年之书误为晚年，其目的是援朱入陆和阳儒阴禅。由于王学与朱学之争，打破了原来朱学一统天下的局面，使当时的思想界出现了不同派别。除了坚定的朱学派和王学派外，还有朱王折中派——他们大都出于王门，如东林党人；佛教禅宗复兴，他们把王学的"悟道"和禅学的"顿悟"混合起来。当时官方正统哲学是朱学，而朝廷和地方大多数官员属于王学派，因此官样文章是朱学，而实际施行的却是王学。当时，神宗皇帝（在位为1573—1620）就属于王学派，他曾表示为其太子物色教师要以心中良知本性高低为标准。

王阳明学说产生后，逐渐传入福建。在福建传播王学最力者首推耿

---

① 《阳明全集》卷三，附录《朱子晚年定论》。

定向（字在伦，号天台，湖北黄安人）。他认为，心即道，即事即心，良知为现现成成，无人不备。耿定向在穆宗隆庆（1567—1572）、神宗万历（1573—1619）年间，任福建巡抚（耿定向 1596 年去世）。他在福建开办学堂，教授门徒，积极宣扬王学，使王学在福建产生了一定的影响。例如，当时福建学者何乔远、李贽分别在《名山藏》《藏书》中指责福建朱子学者蔡清、陈琛、张岳、林希元等人迂狂不通。

明中叶以前，福建朱子学与全国朱子学的步调基本上是一致的。明中叶以后，全国朱子学急趋下坡，可以说奄奄一息。而福建朱子学仍十分盛行，而且在与王学论辩中有很大的发展。清人李光地说：

> 时则姚江（按指王阳明）之学大行于东南，而闽士莫之遵，其挂阳明弟子之录者闽无一焉。此以知吾闽学者守师说，践规矩，而非虚声浮焰之所能夺。①

清人陈科捷亦谓"先生独守朱子家法，讲学授徒，所造就人材甚众。故吾闽人士，终明世无为王氏学者"②。这和蔡清、陈琛、张岳、林希元等人积极捍卫朱子学是分不开的。当王阳明学说一出现，福建朱子学者就奋起与之对抗，使其在福建没有市场。李光地又说：

> 吾闽僻在天末，然自朱子以来，道学之正为海内宗。至于明兴科名，与吴越争雄焉。③

"与吴越争雄"，就是福建文化与古为吴越之地的江浙文化并驾齐驱，也就是福建朱子学者批判和抵制王学。

明代后期最有代表性的福建朱子学者为陈琛、张岳、林希元。他们恪守朱子学最力。这三人是同郡（福建泉州府）、同年（同榜进士）、志趣学识相同，互相以道义相许，经常在一起讲《易》，论道，谈文，说诗。明著名学者王慎中说：

> 丁丑榜得士，吾郡最有名，给事史笋江公于光、今金事林次崖

---

① 《榕村集》卷十三，《重修蔡虚斋先生祠引》。
② ［清］陈琛：《陈紫峰先生文集》，陈科捷《序》。
③ 《榕村集》卷十三，《重修蔡虚斋先生祠引》。

公希元、元中丞张净峰公岳与先生，并以经学为海内巨公。①

像这样的同郡同年、志同道合、学称一时的学者实为难得。明郭棐说：
"（张岳）丁丑举进士，与陈琛、林希元三人同志，时目为泉州三狂。"②
他们三人以朱学为宗，力排王学，捍卫和发展了朱子学，时称为"泉州
三狂"。明蔡献臣说：

> 正德丁丑榜，吾泉最号得人，学宪陈公琛、襄惠张公岳，而大
> 理丞次崖林公希元也。三先生皆于经学，以文章气节名一时，而作
> 用不同，际遇亦异，其为学士所宗而称我明人物第一流则一。③

陈琛、张岳、林希元继明代前期蔡清等人之后，在明代后期的福建朱子
学者中最有影响。清人李光地说：

> 自明兴以来，尽心于朱子之学者虚斋先生一人而已。自时厥后，
> 紫峰陈先生、净峰张先生、次崖林先生，皆以里闬后进受业私淑。
> 泉州经学遂蔚然成一家言。④

陈琛、张岳、林希元已形成了完整的朱子学思想体系。

明代最有名的著作为"三易"，就是指蔡清的《易经蒙引》，陈琛的
《易学通典（浅说）》、林希元的《易学存疑》。这些著作代表了一个时代
的学术水平。此外，还有和"三易"相类似的"三书"，也是当时有名的
著作。清雷铉说：

> 前明中叶，姚江大倡新学，吾闽恪守程朱，以有蔡虚斋先生持
> 之，而林次崖（希元）与陈紫峰（琛）两先生继之，《蒙引》（按指
> 蔡清《四书蒙引》）、《浅说》（按指陈琛《四书浅说》）、《存疑》
> （按指林希元《四书存疑》）三书，久衣被天下。⑤

"三书""三易"分别是陈琛、张岳、林希元的代表作，是对朱熹《四书

---

① ［明］王慎中：《遵岩集》卷十六，《陈紫峰先生传》。
② 万历《粤大记》卷九。
③ 《清白堂稿》卷四，《林次崖先生集序》。
④ 《榕村集》卷十三，《重修蔡虚斋先生祠引》。
⑤ 《经笥堂文钞》卷上，《林次崖先生文集序》。

集注》《易本义》的发阐，在朱子学的发展史上占有重要地位。

对陈琛、张岳、林希元在明代福建以至全国的学术地位，以及他们各自的学术特点，清人陈科捷有比较概括的说明。他说：

> 学术事功出于一，原固不容歧而二之也。吾泉务实学。……明之中叶，有虚斋蔡文庄公出，尽心正学，蔚为一代儒者之宗。陈、林、张、史（笋江）四先生继之，道以大明。然惟紫峰先生独亲受业虚斋，引为畏友。诸先生皆所谓私淑斯人者也。次崖之《四书》《易经存疑》，与虚斋之《蒙引》、紫峰之《浅说》《通典》，并为学者所尊尚，而限于位，欲有所建立而不能。……净峰著有边功，而不能一日安于朝廷之上。今读其书，亦可以见其体用之所存。[①]

由上可见，陈琛、张岳、林希元是明代后期最主要的福建朱子学者。

二　陈琛

（一）生平事迹和学术地位

陈琛，字思献，因结庐于紫帽峰下，号紫峰，学者称紫峰先生，福建晋江人。生于明宪宗成化十三年（1477 年），卒于世宗嘉靖二十四年（1545 年），武宗正德十二年（1517 年）进士，历官刑部、户部、吏部主事和淮安税监等。

陈琛为官时提出革除私弊的主张，遭到腐败的官僚集团的反对。因此，他决意不做官。先后被任命为贵州、江西提学佥事而力辞不受，"家居却扫一室，偃卧其中……长吏莫得见其面"[②]。方志对陈琛的仕宦生活和晚年事迹有比较详细的记载。其曰：

> 授刑部山西司主事。谓古人仕不废学，剖决纷琐之暇，必沉涵

---

① 《陈紫峰先生文集》，陈科捷《序》。
② 《明史》卷三百八十四，《陈琛传》。

经史，以养道心德意，而时出其意于法律拘束之外。……每语同僚曰："理刑之道，当以诚实恻怛之意为之。审实求生，惟急于致刑辟，则人有不得其死者矣。"……差监淮安舟税，凡小舟不入闸者，悉弛其征。……转吏部考功郎，清曹无事，请业者踵至，随其浅深高下告之，皆有得。……辞不赴，家居扫却一室，偃仰其中，静观天地万物消息之变，以及古今兴衰治乱；世态之炎凉向背，或适然发笑，或喟然太息，不以告人，人亦莫能测也。兴趣所至时，纵行田野间，与农夫野叟，谈叙风俗旧故、桑麻节候为乐。发为诗歌，往往自在脱洒。乡有利病当兴革者……言于有司。……与人交，蔼然可亲，愈久而人愈钦慕。……张襄惠岳论其人（按即陈琛）曰："有避世之深心而非玩世，无道学之门户而有实学。"世称确论。①

陈琛资禀朗迈，对政治生活极为淡泊，于世情无所倚涉。在南京时，"署中无事，出则与同志诸公谈道赋诗，入则扫榻读书，其于世味纷华泊如也。"②

陈琛受教于朱子学家蔡清，是蔡清的得意门生。蔡清待陈琛，犹如朱熹待蔡元定。据记载：

（琛）初受学于故长史李聪。一日，文庄（按指蔡清）得其文于聪所，嗟异久之。聪引琛禀学于文庄。文庄瞿然曰："吾不敢为之师，得为友足矣！"屈行辈与为礼。琛固辞，乃师事焉。③

蔡清在督学江右时，偕陈琛行。由此，陈琛尽得蔡清所传。蔡清曾对陈琛说："吾所谓发愤沉潜辛苦而仅得者，以语人常不解。不意子已自得之，今且尽以付子矣。"④

蔡清死后，在学问、道德、行谊等方面，"所谓无愧师门者，琛一人而已"⑤。明陈敦履、陈敦豫说：

① 乾隆《泉州府志》卷四十二，《陈琛传》。
② ［明］陈敦履、陈敦豫：《陈紫峰先生年谱》。
③ 乾隆《泉州府志》卷四十二，《陈琛传》。
④ 《明史》卷三百八十四，《陈琛传》。
⑤ 明万历《泉州府志》卷十九，《陈琛传》。

先生二十岁……卓有志于圣贤之学，题其柱云：发愤三年须是不炉不扇，把持一敬莫教愧影愧衾。《程子遗书》《朱子文集》皆摘抄成卷，朝夕潜玩。……先生二十五岁，受学于虚斋蔡先生之门……三十二岁，《易经通典》成，《四书浅说》成……虚斋《蒙引》得圣学之精深，间有意到而言或未到，及其所独到可以发晦翁之所未发。先生《浅说》得圣学之光大，意到则言无不到，及其所独到又可以发虚斋之所未发。《蒙引》可以易笺注，《浅说》可以备讲读。……学《易》者不可一日无《易传》（按指程颐《伊川易传》）、《本义》（按指朱熹《易本义》），则不可一日无《蒙引》《通典》。《通典》之有功于《蒙引》也，犹《本义》之有功于《易传》也。盖《易传》言乎其体也，《本义》则推其体而致之用也；《蒙引》言乎其详也，《通典》则约其详而反之要也，均之羽翼圣经，有功来世。……先生四十一岁……会试礼部……尹公襄得先生卷，以为造诣精深，出举业蹊径之外……学识才气俱出入意表……四书、易义说理精详，论雄深雅健，变态自然，已超时文一格。五策随触而发，议论卓绝。……儒者体用之学。①

由此可见，陈琛才高过人，从小立志治朱子学，为学“独守朱子家法”②。陈琛的著作阐明和发展了朱子学。毋德纯说：

盖公尝受学虚斋，慨然以斯文自任，故其言皆根极性命之旨，如太极，鸢鱼（按指鸢飞鱼跃，意为尽物性）、主静、用敬，固非高而弗道，论事明而畅，说理简而达。……蔡元定、九峰、真西山、杨龟山、熊勿轩，及予榜史笋江、林次崖、张净峰诸贤，或以道学，或气节事功著名。然皆闽产也，而晋江尤豪俊之薮。……公一其人，允若虚斋所称道耶？③

毋德纯是明代人。他的评论反映了陈琛在当时的学术地位。陈琛对程朱理学进行了全面深入的研究，综合了各家思想的特点于其一身。陈琛的朋友张岳也曾谓“其为学，先得大旨宏阔流转，初若不由阶序而其工夫

---

① 《陈紫峰先生年谱》。

② 《陈紫峰先生文集》，陈科捷《序》。

③ 《陈紫峰先生文集》，毋德纯《序》。

细密，意味悠长，远非一经专门之士所能企及。其渊源承受之功不可诬也"①。在陈琛同时代人张岳等看来，陈琛在福建理学发展史上起了承上启下的作用。此外，明人丁自申对陈琛学说的社会作用也作了概括的说明。丁自申说：

> 今观先生诸作，本孔孟之学术，程朱之义理，而出以自然之文章，固不当与文人题品，然其推岳倒海之气，媚泽辉山之精，卓乎成一家言。②

丁自申认为，陈琛是个思想家，他的著作所阐明的是社会政治问题和世界观问题，不能把他的著作视为一般文艺消闲小品。不过，陈琛的文字表达能力也是为学者所公认的。有人谓陈琛"读书每沉潜玩索能得意于文词之表，笔力光动流转不可端倪，语浅而根诸深，语深而敷诸浅，险而安，常而伟，枯能使润，离能使合，约能不遗，肆能不乱，而卒归于性理道德"③。陈琛的文学在当时也有名声，他的著作文字优美，实际上是具有哲理的文学作品。

在陈琛的一生中，还积极从事教育活动。他33岁时设讲席于泉州学官，后又结庐紫帽峰下授徒。陈琛的门人遍于全国。明成子学说：

> 泉南陈先生结屋紫帽峰下，乐道著书，挥远世故，人士环集如云，其必行谊修洁，于论议有足资者，遂千里裹粮往从之。④

明陈敦履、陈敦豫说：

> （陈琛）三十二岁设讲席于邑学宫……先生日登讲座，先用乡谈，次用正音，不事艰深隐僻，只就圣贤口头语而以胸中所自得者发之，随才而授道理。⑤

陈琛的教育方法有独到之处。他提出顺性而教，为学要积累。陈琛的教

① 《小山类稿》卷十六，《江西提学佥事紫峰陈先生墓志铭》。
② 《陈紫峰先生文集》，丁自申《后序》。
③ 乾隆《泉州府志》卷四十二，《陈琛传》。
④ 《陈紫峰先生文集》，成子学《序》。
⑤ 《陈紫峰先生年谱》。

育思想是很值得研究的。

综上所述，陈琛是明代后期著名的理学家，当时"士大夫无贵贱大小称理学者，必曰陈紫峰"①。对于陈琛的道德、学问、文章，明代著名学者林希元有较全面的评论。

> 紫峰少以才名望乡闾，学子出其门往往撷巍科登显仕。礼部再试，名动缙绅，公卿皆欲虚位以让。使士于进取，不数年公辅可立致，而紫峰乃恬然自守，足不及公卿之门。……势利无所入于其心，其光明卓伟孰敢望而及。是故紫峰道德之士也。……紫峰，虚斋夫子高弟子也。②

明丁自申亦说：

> （先生）文章道学统同一贯，性情道德涵养一原，气节音韵融浑一真，其遗教流风可使愚者明，懦者立，山斗之仰，永系于士类，当不浅也。③

林希元、丁自申的评论显然是言过其实，但也能在一定程度上说明陈琛学说的历史地位。

（二）理贯于气、阴阳互主、五行互换的思想

在陈琛的世界观中，理是通过一而和太极、虚、道、天联系在一起的，它们具有相类似的含义，它们是产生世界万物的本原。陈琛说："理非有物也，当然而已矣！气有参差杂扰，而所谓当然者，则皆万古而不易。"④"天下之理，莫非自然。"⑤ 在陈琛看来，理不是具体事物，是事物中"万古而不易"、当然或自然的东西。陈琛说：

> 至一者，理也。物皆有二，惟理则无二，故谓理为一；以其至

---

① 《小山类稿》卷十六，《江西提学佥事紫峰陈先生墓志铭》。
② 《林次崖先生文集》卷九，《赠陈紫峰先生南归序》。
③ 《陈紫峰先生文集》，丁自申《序》。
④ 《陈紫峰文集》卷十二，《圣人所由惟一理》。
⑤ 《陈紫峰先生文集》卷七，《寿方矫亭先生序》。

一不二，而物莫与对，故又谓之太极也。……理以一而得太极之
尊称。①

由于理是至一，因而理又是太极。同时，由于一即虚，因而虚也和理有
相同的含义。陈琛说：

一而虚者天也，故万物资始焉。二而实在地也，故万物资生
焉。……凡无形者皆虚也；凡有形者，皆实也。虚者神也，实在器
也，是故地与人皆器也，而天之神至矣！②

陈琛这里有个较重要的思想，就是不管一还是虚，以至理，皆是天。在
陈琛的世界观中，天和理具有相同的含义，是世界万物的主宰。这种主
宰，陈琛称之为神，但不是人格神。他说：

夫道者，中而虚者也，是故谓之神。夫神也者，宰万物而莫之
名者也。圣人因而名之曰道。③

理或天主宰世界万物的职能叫神，又叫作道，因而理又和道联系起来。

在上述陈琛的理、一、太极、虚、道、天等这些类似的范畴中，最
根本的是理和天，或者合之曰天理，是主宰世界万物的本体。陈琛说：
"理尊于气而为气之主，理惟一而不二，则气当听命于理。"④陈琛说：

夫天者，其阴阳之宰乎；地者，其质也；人物者，其化也。是
故阴阳阖辟，动静相因，而变化无穷焉。⑤

这就是说，天理是阴阳二气的主宰，地是阴阳二气的资料，人和物是阴
阳二气变化的结果。天理就是通过阴阳二气而使世界生生无穷的。

天理主宰世界万物。天理首先主宰的是气。陈琛说：

大气之运，有分限节度焉。分限节度者，气之数也。气数用事，
不慊人意者甚多。盖理有当然，而气数不尽合夫当然也。然是理尊

① 《陈紫峰先生文集》卷十二，《圣人所由惟一理》。
② 《陈紫峰先生文集》卷十三，《正学编·大中》。
③ 《陈紫峰先生文集》卷十三，《正学编·大中》。
④ 《陈紫峰先生文集》卷十二，《圣人所由惟一理》。
⑤ 《陈紫峰先生文集》卷十三，《正学编·太始》。

严正直，自在不移，而气数者虽暂悖之，久则亦必复其常，而不能出于范围之外焉。使或气数自用，而一不听命于理，则生生之意斩绝无余，而人类之灭久矣。①

在陈琛看来，如果气离开理的主宰，世界就没有变化发展（"产生"）了。但是，"万物之生，有变者焉，有不变者焉。变者器（按指具体事物）也，不变者道（按指理）也。"② 道（理）之所以不变，就是因为它是主宰者，是造物主。这是陈琛哲学中最糟粕的部分，也就是理学家之所以为理学家的共同弱点。器（具体事物）之所以变化，就是因为阴阳五行造成的。在陈琛的哲学中，阴阳占有十分重要的地位。他曾指出，"握阴阳姤之机"，是儒者区别于佛、老的标志。他说：

> 无见于天地之大全，乃以枯槁寂寞为佛、老氏不传之妙，而不知夫儒者握阴阳姤复之机，于喜、怒、哀、乐未发之际，而默有以处之者，亦已微矣。③

像陈琛这样的朱子学家能够从世界观上指出儒、佛、道的区别，在朱子学发展史上还是第一次。我们抛开陈琛的不变的理不讲，仅就其论述阴阳五行之气演化世界万物的过程来看，充满着朴素辩证法思想。这是陈琛哲学中最精华的部分，也是其哲学的一个特点或优点。

陈琛认为，对立面的统一和斗争是事物的普遍现象。由于阴阳五行之气的对立斗争和融合，便产生于世界万物。陈琛说：

> 天下无无对之物，盖皆阴阳五行为之也。阴阳有交易、有变易。交易则其对待之体而显然有对者也。变易则其流行之用一动一静、一阖一辟而互为其根，亦未尝不以两而相对也。若五行，则五其数而不对矣。然以质而语其生之序，则水木阳也，火金阴也；以气而语其行之序，则木火阳也，金水阴也；土则寄寓于四者之间。故时有春夏秋冬，位有东西南北，要皆一阴一阳，彼此互换，谁谓五行

---

① 《陈紫峰先生文集》卷六，《赠江西少参陈柏崖先生序》。
② 《陈紫峰先生文集》卷十三，《正学编·大定》。
③ 《陈紫峰先生文集》卷六，《赠潘东厓先生南归序》。

之数而非阴阳之对乎？故以言乎天地之造化，则阴阳尽之矣；以言乎民生之气质，则刚柔尽之矣……有反斯有对，对必反其为！有对斯有仇，仇必和而解。盖亦纷纷然其不一矣。然不一之中有至一焉，至一者默寓于不一之内，而不一者斯一矣。①

陈琛这段话的辩证法思想是比较深刻的。第一，对立面的统一关系存在于一切事物之中，"天下无无对之物"，"天地之造化则阴阳尽之矣"。第二，事物的对立面既有统一，又有斗争，"有反斯有对，对必反其为；有对斯有仇，仇必和而解"。陈琛还认为，"无相互则非阴阳矣"②。陈琛这里所谓"和而解"，并非完全是矛盾的调和论，因他所说的"和而解"是"对必反其为"的结果，应该是指对立面的互相转化。"要皆一阴一阳，彼此互换"，就是指对立面的互相转化。阴阳两个对立面的地位可以互换（转化），是陈琛的新说法。理学家的传统说法是阳尊阴卑，阳主阴次，这种尊卑、主次的地位是不会互换的，以此说明封建社会的君臣、父子、夫妇等纲常关系是永恒不变的。陈琛说：

> 一阴一阳者，道之体也。阳中有阴、阴中有阳者，物之用也。吾见阴阳之偏胜者矣，未有独阴而独阳者也。……阴阳互宅，道之体也；阴阳互主，道之大用也。③

陈琛认为，矛盾的两个方面是不平衡的，"未有独阴而独阳者也"。这里所谓"阴阳互主"，就是指阴阳主次、尊卑的位置可以相互转化的。具体地说，阴可以为矛盾的主要方面，也可以占据主要地位。陈琛又说：

> 物数之理有乘除，命途之运有顺逆。吉凶悔吝吉，一也；而凶悔吝居其三焉。……自古及今，未有皆利而无害；全福而无祸者也。盖有之矣，不多见也。然祸福相为倚伏。古之英雄豪杰，进德于逆意之境，而收功于困败之余者何限。④

---

① 《陈紫峰先生文集》卷十二，《圣人所由惟一理》。
② 《陈紫峰先生文集》卷十三，《正学编·大中》。
③ 《陈紫峰先生文集》卷十三，《正学编·大中》。
④ 《陈紫峰先生文集》卷九，《与友人书》。

此外，陈琛把对立面的相互联系和转化概括为交易和变易两个范畴，也是值得注意的。第三，提出"五行之数"是"阴阳之对"，五行"要皆一阴一阳，彼此互换"，用阴阳对立统一关系理解五行问题，抛弃传统的五行"生克"观点。陈琛又说：

> 自昔圣贤言命，或以理言，或以气言。而以气言者，又有所禀所值之不同。术家以人生之年月日时，五行之生克制化，逆定夫人之吉凶祸福。余不以为然。谓其不自夫有生之初论也。然间有甚验不爽者，岂其亦以气之所值者言欤！①

陈琛之所以不用传统的"生克制化"观点来分析五行之气，就是因为"生克制化"被术家利用为说明人的吉凶祸福，把它神秘化了，因而不能更好地说明阴阳五行之气演化世界万物的问题。陈琛的这种观点是合理的。第四，一般寓于个别之中，个别包括一般。这就是陈琛所说的"纷纷然其不一（按指形形色色的世界万物），然不一之中有至一（按指理、道）焉。至一者默寓于不一之内，而不一者斯一矣"。陈琛的这种说法是深刻的。

陈琛基于他的"一"和"不一"即一般和个别的辩证法观点，对理学家的理一分殊论作了新的解释。陈琛说：

> 太极一物也，而有两体焉。……理非有万也，以事物有万，而此理无乎不在。故既曰一理而又曰万理，其实则一以贯之而无余矣。②

用"一以贯之而无余"解释理一分殊，在理学家中颇为新颖独到。所谓"一以贯之"，就是"一不能不散于万，万不能不归诸一者，道也"③。用"一以贯之"解释"理一分殊"，含有明显的一般与个别的辩证关系。本来意为"月印万川"的"理一分殊"论，把一与万等同起来，却是形而上学的。

---

① 《陈紫峰先生文集》卷六，《赠黄汝为序》。
② 《陈紫峰先生文集》卷十二，《圣人所由惟一理》。
③ 《陈紫峰先生文集》卷十三，《正学编·大化》。

陈琛还用一和不一、一理和万殊的关系批判佛、老和神仙方士。陈琛认为，"吾道之有而无""吾道之寂而感"，因而世界是有的，出世是不可能的，佛、道、神仙者的那种空寂、虚无之说是行不通（"塞"）的。陈琛说：

> 老氏之为道也宗于无，然吾道之有而无，不可得而弃也。佛氏之为道也宗于寂，然吾道之寂而感，不可得而遏也。是故老氏以无为鼓天下，而天下终治于有为；佛氏以出世诱天下，而世终不能出。夫然后二氏之说塞矣。有耳目人心者，犹不悟而堕焉，亦可悲矣。①

> 神仙者之有无，余疑之久矣。《参同》秘诀，亦尝万遍千周，而毕竟无告我者，岂丹台玉室不登吾名耶！抑理有常然，天无别界，而自古之所谓神仙者皆谬妄耶？吾皆不得而知也。……盖至虚通微之谓神，超尘绝俗之谓仙。②

"理有常然，天无别界"，是说理是自然而然的，在现实世界之外没有一个"至虚通微""超凡绝俗"的神仙世界。因此，"世终不能出""天下终治于有为"。陈琛这种不信神仙、立足于现实的思想，在当时是有积极意义的。

陈琛基于其对立面的统一和斗争是事物的普遍现象的观点，必然认为事物的变化发展是不平衡的，是变化多端的。他认为，事物的变化发展不能一帆风顺，要经过困难和曲折。他说：

> 天地之造就乎万物也亦多端，鼓之以雷霆，润之以风雨，物于是乎生矣。凄焉而为秋之霜，凛焉而为冬之雪，则向之生且茂者，于是乎敛华就实而各得其性命之成。然则人之生世，其可不备尝辛苦乎?! 雪霜万里之途，固有志者之所必践也。③

陈琛认为，变化多端是天地变化的规律（"天地之道"）。事物就是在天地复杂的变化中产生和灭亡的。社会上的人也是如此。在这里，陈琛有

---

① 《陈紫峰先生文集》卷十三，《正学编·异端》。
② 《陈紫峰先生文集》卷六，《湖边旧隐序》。
③ 《陈紫峰先生文集》卷六，《赠太守庄青岸序》。

个很重要的思想，就是人生活在社会上要奋斗，要经过"雪霜万里之途"。陈琛指出，有志者必须经过艰苦的历程才能成功。在封建士大夫阶层中，陈琛这种思想是难能可贵的。这反映出陈琛世界观中积极向上的精神。

陈琛认为，天地生灭变化有一定的秩序。天地虽无始无终，但应从气说起。他认为，天地间充满了气。"盈天地间，阴阳而已矣。阴阳者，天地中正之道也。是故无阴阳，则非天地矣；无相互，则非阴阳矣。"① 阴阳是理生万物的第一步。陈琛说：

> 有阴阳而后有五行，而后有万物。五行者质之始也，万物形之始也，三皇者人之始也。②

理产生世界万物的秩序是：先有阴阳，而后五行，而后物和人。阴阳对立统一关系是动力，五行是质料。由五行之气这种质料产生的有形的世界万物分两个方面，即物和人。陈琛认为，人与物同源于阴阳五行之气，"人与物一也。人之所以异于禽兽者几希，何也？得其正而常者，人也；得其异而变者，物也。故中正之道存乎人者，所以自别于禽兽者也。可不思乎？"③ 而在人之中有上智和下愚之分，上智是得山川之秀气，"人得山川之秀气者，心灵明"④。陈琛的这些说法尽管是无稽之谈，但他试图从物质性的原因上寻找人与物以至人们之间的智力差别，比天命论、生知论要好得多。在气生物和人的问题上，陈琛还提出两个问题。其一是气生人和物有限，因而有偏，此盛则彼弱。陈琛说：

> 元气之生物有限，天心之爱人亦至。夫人物之生，均一气也，磅礴郁积，为力亦难，彼此剩除，不能两大。故吾泉人之谚有曰：荔枝盛红，稼穑为空。盖言地力有限，不能以多及也。⑤

其二，人的道德好坏和性情刚柔是由仁气、义气之多寡而决定的。他说：

---

① 《陈紫峰先生文集》卷十三，《正学编·大中》。
② 《陈紫峰先生文集》卷十三，《正学编·太始》。
③ 《陈紫峰先生文集》卷十三，《正学编·大定》。
④ 《陈紫峰先生文集》卷七，《寿陈微庵先生序》。
⑤ 《陈紫峰先生文集》卷八，《松涧记》。

天地四方之气，合而两之，仁义而已矣。仁气盛于东南，故东南之人多温厚；义气盛于西北，故西北之人多严厉。阴阳刚柔，彼此对立，非谓西北尽无柔仁，而东南尽无刚义也。东夷、西夷固有豪杰挺生，而不限于风气者。但大概言之，则彼此分数不无轻重多寡之偏耳。夫唯仁义之禀有偏，则仁义之用或过。仁义固皆美德，过则各有其弊焉。此所以又有变化气质之说也。然亦难矣，吾观四方士夫能不为气质所使，而以刚柔仁义斟酌其中而施之政者，几人哉！……君其能变化气质，而不囿于山川风气之偏者与！余曰：君固不囿于山川风气也，而实于山川风气有得焉。君光（州）人也。光属河南，于天下为中土，盖东南西北之极，而刚柔仁义之会也。谓君之美，无得于天与之秀，而尽归诸学问人事之力，则先儒气质用事之说为不然乎！虽然，亦不可专主气质也。①

陈琛这种用人所处的地理环境的不同来说明人的道德品质的差异，显然是不科学的。但是，他试图用人的社会环境来解释人的心理活动，用人在同周围自然环境长期适应中所形成的性格上的差异来说明人的道德品质，是有某些合理因素的。陈琛这种地理环境决定论同近代西方的地理学派相比，要早四五个世纪。

（三）学以至仁和事在人为的认识论

在陈琛的认识论中，学习占有十分重要的地位。他认为，学习是获得知识的根本。"盖作文立政皆当以识为先，而识则本于学。学术疏陋则识见浅近，而于文与政两无一得。"② 陈琛所谓"作文立政"，是指人的学问和实际工作能力。人的学问高下和实际工作能力强弱，是由其学习决定的。从认识论上来讲，陈琛和其他理学家一样，认为人的认识对象是理。那么怎样认识理呢？陈琛认为，主要通过学习就行。陈琛说："会天下之理于吾心，君子之学备矣。"③ 在陈琛看来，人的学习的全部内容就

---

① 《陈紫峰先生文集》卷六，《赠太守易嘉言之重庆序》。
② 《陈紫峰先生文集》卷六，《赠兴化府节推钟侯考绩诗序》。
③ 《陈紫峰先生文集》卷十三，《正学编·充类》。

是认识理。在学习问题上，陈琛有与众不同之处，他是从认识论的意义上来讲学习问题的。陈琛说：

> 学也者，所以觉其反而要诸正也。学之事，知行而已矣。①

知行问题是认识论的主要问题，陈琛把学习规定为知行，就是把学习规定为认识论的主要问题。陈琛所说知行，知之"要诸正也"，行亦是履行诸正。所谓正，就是指正学。朱子学者认为程朱理学是真正的孔孟之道，其他学说为异端，因此他们把程朱理学称为正学。陈琛说：

> 正学者，征诸古而证诸今者也。圣贤之道，正道也，其学正学。道弗岐也，学而歧焉，失其正也。予之有感于今也，故将以古道而正其学，以古学而求其道，欲其归诸正而已矣。②

这就是说，圣贤之道（程朱理学）是绝对真理，它适用于古今，因而它是人们学习的全部内容，是人们认识的对象。由此可见，陈琛的认识论是唯理主义的认识论。

陈琛把学习规定为知行，就是把用也作为学习的主要内容，把学用结合起来了。他指出，知行的本体是仁。陈琛说：

> 仁者，心也，知行之本体也。学而至于仁焉，则人之道贯矣。③

陈琛认为，知理和行理全在于心，而心知理和行理以仁为最高目标，"学而至于仁焉，则人之道贯矣"。在陈琛看来，所谓仁，就是做一个有高尚道德修养的人。孔子言"仁"包括恭、宽、信、敏、惠、智、勇、忠、恕、孝、悌等内容，并以"己所不欲，勿施于人""己欲立而立人，己欲达而达人"④为实行的方法。孔子就是从伦理道德上对"仁"进行规定的。陈琛把这种仁叫"德性之知"。他认为，"德性之知乃真知也。……由德性之知而达于无所不知"⑤。陈琛说：

---

① 《陈紫峰先生文集》卷十三，《正学编》。
② 《陈紫峰先生文集》卷十三，《正学编》。
③ 《陈紫峰先生文集》卷十三，《正学编》。
④ 《论语·卫灵公》《论语·雍也》。
⑤ 《陈紫峰先生文集》卷十三，《正学篇·真乘》。

> 道也者，一天人之理也；仁也者，齐物我之体也；心也者，统内外之机也。是故天地合一存乎道，物我合一存乎仁，内外合一存乎心。人之不知天人之一者，以其理碍之也；人之不知物我之一者，以其私累之也；人之不知内外之一者，以其闻见蔽之也。①

陈琛认为，"孔子之好古敏求，所以求尽此心之全体者也。故内外备谓之圣人"②。在陈琛看来，致力于内心修养和用心于致知应物是一致的，即心合内外。心合内外离不开学。"人其可以无学乎哉？有学则有识，有识则有养，有养则人为好人，而居官则为好官，随所居而无不宜"③。达到了心合内外就是仁，就是"一天人之理"，就是知行一致，也就是"内外备谓之圣人"。陈琛还把这种心合内外说称为"存心制行之善"。他说：

> 呜呼！仁岂易言哉？虽然以全体言仁，则仁固不易，但举其存心制行之善，而大概言之，则天下未尝无仁人也。乐恬退而不慕显名，喜施与而不殖货利，此岂非仁中事乎！④

陈琛把"仁"看得至为重要，认为是仁把心和理联系起来的，即把认识论和其世界观结合起来。陈琛说：

> 一善足以该天下之理曰仁，一物足以统天下之善曰心。盖心活物也，仁生理也。心之与仁合而为一可也，分而为二亦可也。……人之生也，无极太极吾其性，二气五行吾其体。心亦生于气也，但气之精爽者耳。精爽则虚，虚则灵，既虚且灵，故众理具焉。众理在心为性，而性则有仁义礼智信，而专言之则仁也。夫仁无知觉而心则有知觉，仁无出入而心则有出入，仁无善恶而心则有善恶。盖仁即理也，心则合理与气也。⑤

陈琛无限夸大了仁的作用，提出"仁，生理也。庭草交翠，阳之动也，

---

① 《陈紫峰先生文集》卷十三，《正学篇·真赜》。
② 《陈紫峰先生文集》卷十二，《正学篇·真赜》。
③ 《陈紫峰先生文集》卷七，《赠钱立斋述职序》。
④ 《陈紫峰先生文集》卷七，《寿武翁制师序》。
⑤ 《陈紫峰先生文集》卷十二，《心如谷种》。

此濂溪先生作图之本也。故万物得所，谓之春；一夫失所，谓不足以尽仁"①。这就是把仁由人的伦理道德范畴推广到世界万物，推广到自然界，认为万物各得其所谓之仁。这就极大地夸大了人的主观认识的作用，陷入先验论。

由此可见，在陈琛看来，所谓认识理，实际上就是求仁，做一个有高尚道德修养的人。"夫善求仁者，求其心而已；求其心者，求其有主而已矣。是故，心得其主而圣贤之学尽之矣。"②"心有主"，就是心主于一。陈琛在心主一的问题上，全面阐明和发展了朱熹的思想。第一，主一就是主敬。"求仁者，莫要于敬。敬者，心之警焉则一。"③ 在朱熹和其他理学家那里，主敬主要是指对人的内部精神的陶冶，力避外物引诱。而在陈琛这里，却释敬为警，主敬为时时警惕之意，也就是佛家的所谓"常惺惺"。陈琛说：

> 心有主谓之敬。是故，有主则警，警则昏惰不得而乘之矣；有主则虚，虚则思虑不得而汩之矣；有主则定，定则外物不得而诱之矣。……以敬为心之主宰者，是二其心（按指分为心和敬）者也，以整齐严肃而一其心者，是制其心者也。夫敬者，心之警惕而志之精明者也，夫何二之有？……心之警则常惺惺矣，心之虚则不容一物矣。④

陈琛所谓"心之虚则不容一物"，是指心中没有任何私心杂念，专等正学而入。在这里，陈琛吸收了佛教的禅定思想，提出"整齐严肃而一其心"，就是使思想收敛集中不使外物引诱。第二，主一就是主虚。陈琛主张开廓其心，使心空虚，然后就能一心具万理。陈琛说：

> 人之一身最微也，而是心之主于身者为最大。日月星辰之照耀，皇王帝霸之铺舒，阴阳鬼神之盛衰，草木花实之盈悴，自人物之所始，穷天地之所终，与夫区处人物之方，经纬天地之具，靡不有以

---

① 《陈紫峰先生文集》卷九，《与张克轩大尹书》。
② 《陈紫峰先生文集》卷十三，《正学编·致一》。
③ 《陈紫峰先生文集》卷十三，《正学编》。
④ 《陈紫峰先生文集》卷十三，《正学编·致一》。

穷其理而极其所以然。然则人心之大又岂有外乎哉？有外之心皆人之自限，而非其本然也。先儒有言：开之恢然见四海，闭之暗然不睹垣墙之里。心本大而或限于小者奈何？亦曰开之而已耳！……学者之所以开廓其心……盖心大则百物皆通……灵台湛虚而万理出矣。①

在这里，陈琛正确地指出主体是能够认识客体的。心能"自人物之所始，穷天地之所终，与夫区处人物之分，经纬天地之具，靡不有以穷其理而极其所以然"以及"心大则百物皆通"等说法充分地估计到人的主观认识的能动作用，是有合理因素的。不过陈琛是在唯心主义的基础上来讲主观认识的能动作用，其出发点和最终目的是错误的。第三，主一就是主静。陈琛认为，主虚必须主静，由静致虚。他所谓主静，就是内心无欲。无欲则虚。这就是陈琛所谓："主静无欲则其所谓一也。无欲者，诚也。……孟子曰：'养心莫善于寡欲。'由寡入无，可谓一之方也已。"②
陈琛说：

天下之至静者莫如山，而方之北则为时之冬，盖阴之极而静之至也。夫学须静也，能静而能动矣。静之所造有浅深，则动之所中有多寡。而全无得于静者，一步不可行也。③

陈琛对静的解释，是根据周敦颐在《太极图说》中提出的人的天性是静的，因而应该是无欲的，并掺杂了佛、道寂静无为的思想。由上述三点可见，陈琛把制心看成是最为艰难的事。陈琛说：

盖万事皆由一心，而处人先须求己。天下之可喜可欲可悲可愕，足以昏惑人之心志者何限！固有气雄九军，力盖一世，而不能自制其心者。制心之难，甚于降龙伏虎。④

在认识论上，朱子学家往往把问题都集中在认识的主体上。陈琛认为，

---

① 《陈紫峰先生文集》卷八，《隘轩记》。
② 《陈紫峰先生文集》卷十二，《圣人所由惟一理》。
③ 《陈紫峰先生文集》卷八，《北山记》。
④ 《陈紫峰先生文集》卷八，《剑溪草堂记》。

"制心之难甚于降龙伏虎"。

陈琛认为，为学要不断积累，即他所谓"一篑九仞之为学"①。为学不断积累，就是知和行并进的过程。陈琛主张知行并进，知行相互促进，反对知行合一。他说：

> 知行并进，其学之两轮乎？偏之则颇，阙之则颓，合之则窒。世有略于知而专于行者矣，然而晦昧于偏执，僻泥于不达，是故吾以知其颇也。世有冥于知行，任意恣情者矣，然而蹢轨败度，触机而陷阱焉，是故吾以知其颓也。世有谓知即行，行即知，而合之者矣，然而推之不应，动而愈滞，是故吾以知其窒也。②

陈琛认为，知行如车之两轮，偏、阙、合都不行，特别是合之则"推之不应，动而愈滞"，知和行都没有（"窒"）了。在这里，陈琛批判了王阳明的知行合一论。陈琛把知而不行者看成是鹦鹉学舌，只是记诵文句，毫无意义。陈琛说：

> 今之所谓知者，亦探索记诵而已矣。夫鹦鹉之能言也，以其声之应于人也；人言之则不应。是故以记诵而为知，则其所不知者亦多矣，其诸鹦鹉之类也夫。③

由于陈琛把行作为认识的主要组成部分，就必然重视实用。他认为，衡量一个人是否有才，就看其学能否适用，那些高谈阔论的人尽管讲得头头是道，但终无可取。陈琛说：

> 才不可齐，但取其于用。如工师用木，栋梁榱桷，皆在所取，惟无用者弃之。世之高谈阔论，小廉曲谨，煦煦为仁，子子为义，授之以政则不达者，吾无取也。若文章之士，吾亦以奇花异卉爱之，然或不适于大小之用，虽爱之而竟弗之重，以其无益于人，不若菽稗有秋之为有益也。④

---

① 《陈紫峰先生文集》，成子学《序》。
② 《陈紫峰先生文集》卷十三，《正学编·真乘》。
③ 《陈紫峰先生文集》卷十三，《正学编·真乘》。
④ 《陈紫峰先生文集》卷六，《时轩文集序》。

陈琛所谓适用，就是据所学之天理，顺天理而行，以天理作为检验自己行为的标准。陈琛说：

> 有天理外之人情，有天理内之人情。人情在天理内，则顺人情正所以顺天理也，不可避偏党之讥；人情在天理外，则拂人情亦所以顺天理也，不可逃矫激之议。①

顺天理而行事，就是按事物之理和封建伦理道德规范行事。陈琛认为，"违乎亲者，不肖之子也；违乎天（理）者，不肖之人也。故曰：'惠迪吉，从逆凶。'《易》曰：'自天祐之，吉无不利。'"② 陈琛又说：

> 圣贤能全其心性之用，故与天地合其德；圣贤能全其耳目之用，故与日月合其明；圣贤能全其四肢之用，故与四时合其运。是故，圣贤非能异乎人者也，能顺乎天者也。③

陈琛先把人的道德属性归之于天，然后再提出人要顺乎天理，以天理为目标或标准，使人的行为和天理一致，达到天人合一的境界。

由于陈琛重视实用，他强调事在人为。他认为，人的才能有先天的资质又有后天的人为。他强调后天的人为。陈琛说：

> 人之强弱通拙甚有不同，而才之限自天者，果不可强之而使有也。然而诸葛武侯又有言曰："非学无以广才。"则才虽得于天，而成之亦未尝不由夫人。④

陈琛对人才的看法是合理的，才的高下主要是由后天和实践的深浅决定的。陈琛对施政的看法也是如此。他说："儒者何尝以兵为讳哉？盖学有本末，识有大小。得其本而见其大。本之身而施之政，则钱谷甲兵何者非吾分内乎？不得其本，而惟孙吴之说是务，固儒者之所不取也。"⑤ 陈琛认为，如果学得其本，就能见其大；掌握了本的人施政，在经济上和

---

① 《陈紫峰先生文集》卷十二，《圣人所由惟一理》。
② 《陈紫峰先生文集》卷十三，《正学编·真顺》。
③ 《陈紫峰先生文集》卷十三，《正学编·真顺》。
④ 《陈紫峰先生文集》卷七，《赠叶仕尧尹新兴序》。
⑤ 《陈紫峰先生文集》卷七，《赠柴侯仲和序》。

军事上都能搞得很好。这就是主张事在人为。陈琛这种观点基本上是对的。但是，陈琛对本的看法和其他理学家一样是错误的，即认为社会伦理道德是本，其他是末。陈琛又说：

> 世之论天者，皆曰天无心于荣辱祸福夫人，特人之所值有幸不幸耳。余谓天虽无心而有定理，凡君子必得荣福，而小人卒不免于祸且辱。……宋章惇没未久，其子孙羞认其坟茔。……福莫大于长存，祸莫惨于无后。谁谓君子不善取福于天，而天果皆不定，而人之荣辱祸福，果皆出于偶然也哉？①

由此可见，尽管陈琛还没有摆脱天命论，但他敢于冲击天命论的束缚，提出按着天的"定理"行事，人能胜天。陈琛这种事在人为的思想，在当时历史条件下是应该肯定的，是有积极意义的。

（四）社会历史观

在陈琛的历史观中，最为突出的是用元气解释社会历史现象。陈琛这种思想，一方面是继承了以往理学家的观点，吸取了道家的精气说；另一方面又是对唯物主义元气说的歪曲。陈琛说：

> 余尝阅古今英伟奇杰之生，知天地间有至清之气，周流运转，无处无之，第其积而发之于人也，先后迟速异耳。……若吾闽与蜀及岭南百粤（按指在汉以前），则又夷之极远而不数者也。迨汉而唐而宋以迄于今，则兹数邦人物之盛何如哉？岂非天地至清之气，磅礴郁积，至久而始大发与！②

在陈琛看来，"乾坤清气运转无常。方其气之未到也，土燥石顽，人粗物恶，虽以吴越富庶之国，亦不与中国（按指中原）会盟。及其气之已到也，山岳为之明媚，川泽为之光辉，虽以闽、广荒僻之墟，亦号为海滨邹鲁"③。他说：

---

① 《陈紫峰先生文集》卷六，《笋江陈氏族谱序》。
② 《陈紫峰先生文集》卷六，《河桥清筏图诗序》。
③ 《陈紫峰先生文集》卷六，《赠柳州府太守陆君节之序》。

造化清灵粹美之气，始发西北而渐盛于东南，如水之行，自高而下。大江以南之地，荆楚、吴越高于瓯闽，而岭南百粤又处吾闽越之下。故自唐以来，闽中人物之盛，比江浙为差缓，而广之人物，则迄今日而始骎骎入闽。昔人谓南士不可作相……不知元气潜移默转，概执秦、汉以前之风气，论吾江南人也。①

陈琛认为，天地间有一种至清精灵粹美之气周流运转无常，运转到哪里，那里就会山岳为之明媚，川泽为之光辉，因而就会有英伟杰出人物出现。在陈琛看来，秦汉以前闽粤沿海之所以落后于中原，就是因为至清精灵粹美之气，"始发西北而渐盛于东南，如水之行自高而下"。陈琛这种观点尽管是错误的，但他认为社会历史是发展的，而且从社会的自然条件寻找社会发展的根源，比那些以三代为最好社会的复古主义的天命论的理学家要高出一筹。陈琛又说：

男之性健，女之性顺，此性之化于天者也。山居多朴，水居多慧，南方之柔，北方多强，此性之化于地者也。木之性仁，金之性义，火之性礼，水之性智，土之性惠，此性之化于五行者也。②

陈琛的这种地理环境决定人性的观点是与其上引元气决定论联系在一起的。陈琛认为，地理环境的差别，性质的差别，可以影响人的性情。陈琛这种观点是错误的。人的性情主要是由人的社会环境决定的。

陈琛攻击王安石变法。陈琛说："王氏介甫……以祖宗法度为弊政而矫之使新，以诸贤节行为流俗而矫之使苦。然而至今之人，犹知有王介甫，或讥笑而怒骂之者，将久久而未衰。"③

在上引陈琛的元气论的历史观中，他认为秦汉以后的社会历史比秦汉以前进步，社会历史是发展的。但是，在这里，陈琛又认为，"祖宗之法度"不能变，"诸贤节行"不能改等，显然是前后相矛盾的。剥削阶级的一些思想家，从自己的阶级利益出发来说明一些社会历史现象，因而不可能坚持客观性和科学性，也容易陷入自相矛盾的境地。

---

① 《陈紫峰先生文集》卷七，《赠徐恕轩教谕从北序》。
② 《陈紫峰先生文集》卷十三，《正学编·正则》。
③ 《陈紫峰先生文集》卷七，《寿方矫亭先生序》。

附：陈琛著作简介

《四书浅说》13 卷　国家图书馆藏明万历三十七年（1609 年）李三才刻本。此书为科举而作，发挥朱熹《四书集注》和蔡清《四书蒙引》的思想。作者对"四书"体认真切，阐发深至。大有朱熹、蔡清讲经讲学之遗风。

《易经浅说》（又名《易经通典》）8 卷　此书原刻为 6 卷，后人重编为 8 卷（其中增改者有注明）。此书发挥蔡清易学思想，故大旨颇醇，然欲兼为科举用，较蔡清《易经蒙引》终有逊色，故此书流传不广。

《紫峰文集》13 卷　卷一为五言古诗，卷二为七言古诗，卷三为绝句诗，卷四、五为律诗，卷六至卷十二皆为序、记、书、疏、志铭等杂文，卷十三为《正学编》。此集初刻于明世宗嘉靖年间（1522—1566），清高宗乾隆三十三年（1768 年），其裔孙重刻于涵江家祠，卷首附有《年谱》。此版改正前版许多错误，成为善本。清德宗光绪年间（1875—1908）再次重刻。

《正学编》1 卷　此书原为单行本，后编入《紫峰文集》。江苏图书馆藏有明刊本。此为善本。此书凡 21 篇，全拟周敦颐《通书》、张载《正蒙》之体。书末附《秋夜感兴诗》十绝句，拟邵雍《击壤诗》。

三、张岳

（一）生平事迹

张岳，字维乔，号净峰，学者称净峰先生，福建惠安人。生于明孝宗弘治五年（1492 年），卒于世宗嘉靖三十一年（1552 年）。登正德十一年（1516 年）进士。历官广西提学佥事、广东提举、廉州太守、江西提学佥事、广西巡抚、兵部右侍郎、御史掌院事等。

张岳自幼好学，以大儒自期。其学不喜王守仁，以朱熹为宗。张岳以朱熹为榜样，为人不趋炎附势。他在 21 岁时省试第一名，见镇守太监长揖不拜，引起太监大怒，旁人为之担心，而他自己却若无其事。他与同乡人陈琛、林希元同寓僧寺，闭门读书，潜心朱熹理学；三人共赁一驴，或迭相骑，或联袂走入市场，时称为泉州"三狂"。林希元谓其"性悟而善记"，"日读一寸书"①。林希元还说："净峰少有异质，自知为学即以孔孟程朱为宗，日从事于穷理修身之要，再经忧患，磨砻益熟而造诣益深。"② 张岳 24 岁时中进士，自后学术日深，明代著名学者王慎中说：

> 予观御史中丞张净峰公文集，叹绝学（按即空前绝后之学，指孔孟程朱之学）之在此，而慨其道之不大行，然其功烈之震曜，德义之章明，则卓然一出于学术。……公平生嗜书，自少至老未尝一日舍书以间，其在兵间卷不去手，潜思力索，弥久不倦，与独观大意，所读之方异矣。故能笃信固守，不为异术小道所乱，而免于不纯之弊也。就其文观之，气象宏裕而激发时见，法度谨严而豪纵有余。③

张岳学术湛深，理学精粹。文章亦工，其文为正德、嘉靖两朝第一，然不以文士自命。张岳文治武功，所至登绩。诗其余技。其诗多寓哲理，如谓"理深物有悟，兴极感相因""宛宛西飞日，余光照我裳""江容留日华，白石光凌乱""幽篁迷旧蹊，回磴拒飞辙""微风万里阴，落日半江烟"等，非熟精文选理者，不能作也。④ 张岳的文章学问"逐首八闽。文章如风椿阵马，闪电驰飓，何其雄也；脱脱春华，崇尚本根，何其邃也⑤。此外，张岳对佛教经典也有很深入的研究，如他任廉州知府时，"日取佛书，读之录其要而藏之曰：'予良悦是，于官府政令多安其旧。'……语人曰：'吾性好静'"。⑥ 当时，张岳被朝廷贬官，性情郁结，故求佛理而喜静。张岳为官廉洁忠直，反对普遍存在的贪污行贿之风。当时，贪污行贿之风盛行，下级官行贿上级官，地方官行贿朝廷官，特别是行贿当朝宰辅（宰

---

① 《林次崖先生文集》卷八，《赠张净峰郡守考绩序》。
② 《林次崖先生文集》卷七，《送张净峰郡守提学浙江序》。
③ 《遵岩集》卷九，《张净峰公文集序》。
④ 乾隆《泉州府志》卷七十五拾遗，《张岳》。
⑤ ［明］吴文华：《苍梧重刻净峰文集选序》。
⑥ 《林次崖先生文集》卷八，《赠张净峰郡守考绩序》。

相）严嵩父子十分严重。张岳不仅不通相府一币，而且还揭发严嵩父子与广西苗王冉元阴通贿事，因而引祸几乎至于死，但仍不改变其清廉本色。张岳曾任廉州知府，此地出产珍珠。廉民多盗珠池。张岳任知府四年，未尝入一珠。其廉洁奉公如此。明人林希元评论说："其志在于行道，非苟食人禄者。"①

张岳为官多有政绩。方志载："遇事能断，莅官严而有法，及延见细民则煦煦若小邑令。当思为国家建数百年之业，不沾沾功名。廉、沅、柳、德、庆、琼、江右，无不尸祝。"② 张岳当过这些地方官员，皆有政绩，得到这些地方士民钦敬。

此外，张岳竭力主张反击安南（越南）进犯我边界，提出加强边防，以保边民的安全。他说："彼国（按指当时的越南）……以虚利诱我边民……累岁蒙骚扰之害。……尽吾所以保境息民者而已。"③ 这反映出张岳的爱国主义精神。

（二）在与心学派论辩中对朱子学的全面阐发

张岳的学术活动时期，正是王阳明学说方盛之时。明武宗正德十三年（1518 年），张岳 26 岁，王阳明的《朱子晚年定论》刻刊流行，轰动思想界。此后，许多学者名士和达官贵人只知有王阳明而不知有朱熹；王阳明心学一时压倒朱熹理学。这时，张岳步行数百里，特地到浙江绍兴会见王阳明，持程朱遗说与之辩论。王阳明当面指责朱熹学说，而张岳却反诘曰："朱子何可毁也！"④ 此后，还与王阳明等心学派书信往来论难。朝廷执政张孚敬尊信王阳明学说，授意巡抚、御史借事故意与张岳为难，企图压服张岳放弃朱子学；王阳明弟子、御史聂豹用官势压迫张岳接受王阳明学说。张岳不畏强权，不为时论所左右，始终坚持朱子学，坚决反对王阳明心学派。明人骆日升说：

时致良知之学满天下……而独襄惠公弗是也。始见文成公辩论

---

① 《林次崖先生文集》卷八，《赠张净峰郡守考绩序》。
② 乾隆《泉州府志》卷四十二，《张岳传》。
③ 《小山类稿》卷八，《答林次崖钦州》。
④ 《泉州府志》本传。

往复不肯讪其下。阳明高第弟子双江聂公素与公砥砺，语："公诚豪杰，顾无奈旧闻缠扰，何也？"公笑曰："吾尊吾所闻足矣。"①

当时人认为，张岳和罗钦顺一样是抨击王阳明心学派的主要学者。明人郑世威说：

> 与守仁同时讲学者，泰和罗钦顺、惠安张岳，世称贤士大夫，两尝指击其谬。②

在张岳看来，"阳明平生好为虚诞，彼盖大言以炫能于其徒耳"③。张岳认为，由于王阳明等"认物为理，以人心为道心，以气质为天性，生心发事，纵横作用，而以良知二字饰之，此所以人欲横流，其祸不灭于洪水猛兽者此也……此风不息，不知将何止极也"④。张岳把当时社会风气的败坏归之于王阳明学说的盛行。因此，他认为要昌明程朱正学，必须批判王阳明学说。张岳"在江右（按任江西提学佥事）也，后生喜新说（按指王阳明学说）而忽传注（按指朱熹《四书集注》等），诸老患之。净峰至，痛革其弊，士习为变，诸者快焉"⑤。张岳一方面在行动上抵制王阳明学说的传播，另一方面从理论上加以批驳。张岳在与王阳明心学派论辩中全面阐发了朱子学。

1. 主张理得之于意诚，反对以私假（术）求之

王阳明继承和发展了陆九渊"心即理"的世界观，认为人心是宇宙的本体，心这个本体是无所不包的。王阳明说："人者，天地万物之心也；心者，天地万物之主也。心即天，言心则天地万物皆举之矣。"⑥ 王阳明把自然界和人类社会的一切事物以至各种道德规范都说成是心所派生的，把心作为"贯内外，彻幽显，合天人"的本体。张岳针对王阳明学说的唯我论，指出理是客观的，不是主观随意的，"百物所需，皆天理

---

① 《少保张襄惠公祠堂碑》。见（清）汪森编《粤西文载》卷四十。
② 《闽中理学渊源考》卷四十五，《恭介郑环浦先生世威》。
③ 《小山类稿》卷八，《与姚明山学士》。
④ 《小山类稿》卷六，《答黄泰泉太史》。
⑤ 《林次崖先生文集》卷八，《赠张净峰郡守考绩序》。
⑥ 《王文成公全书》卷六，《答季明德》。

也，只不可分一片心去那上头计较"①。张岳说：

> 昔夫子之教，以求仁为先。仁即心也，心即理也。此心所存，莫
> 非天理，默而成之，而仁不可胜用矣。……圣门之教，因人成就……
> 皆就日用最亲切处指示人下手工夫。……所谓圣门之学也，无他，只
> 是有此实事实功而已矣。夫岂在别寻一个浑沦之体，以为贯内外，彻
> 幽显，合天人，使人爱慕玩弄，而后谓之心学也哉。……礼者理也，
> 理者性也，性即心也。心存则性存，而礼在其中矣。……理本自然，
> 人不可私意求之尔。……故心也，性也，天也，一理也。②

这里所谓"浑沦之体"，即指王阳明以心为本体。"人不可私意求之尔"，
就是指理不依人的私意为转移。张岳认为，理是客观的，不是主观随意
的。张岳进一步指出，理是通过气产生世界万物的，"万物皆得造化之气
以生"。张岳说：

> 有理则有气。有象则有数，盈天地间皆象也。因象起数皆可显
> 造化之体，惟其所起有偏全，故其显于是者时有不神尔。譬之，万
> 物皆得造化之气以生，而有正者偏者通者塞者。谓偏且塞者造化之
> 气不在，是不可也。③

在理通过气产生世界万物的问题上，张岳掺杂了象数派理学家的观点，
企图用以说明一理和万物之间的关系。在张岳阐述一理通过阴阳二气产
生万物的过程中，迸发出不少对立面转化的辩证法思想。张岳说：

> 《易·大壮》自一阳积至四阳，阳之势壮矣。以四阳而去二阴甚
> 易也。圣人必为之戒，曰：君子用罔，贞厉。罔，无也。言阳不可
> 恃其壮盛而蔑二阴也。故事常成于兢惕而患或生于忽略。夫盛者易
> 衰也，进者必退也。自大壮而进为夬，夬者剥之反对也。一反则为
> 剥矣。天下之理其反复往来岂有常哉！④

---

① 《小山类稿》卷十八，《杂言》。
② 《小山类稿》卷六，《答聂双江巡按》。
③ 《小山类稿》卷十一，《太玄集注序》。
④ 《小山类稿》卷八，《与夏桂洲阁老》。

在这里，张岳比较深刻地阐明了"盛者易衰""进者必退"的物极必反的
思想，指出理和事物不是固定不变的。"天下之理其反复往来岂有常哉!"

张岳基于其事物是不断变化发展的思想，提出人必须根据客观必然
性办事。他说："难易者，势也；近久者，时也；裁而处之者，义也；化
而忘之者，道也。道义所安，命则立焉。故曰：不知命无以为君子。"①
这就是说，要根据事物的发展趋势和时机办事才能成功（"命则立焉"）。
在这里，张岳所谓命，就是天命或天理，是指事物的变化发展的规则。
"裁命而处之"，含有主观和客观相一致的意思。张岳说：

> 子思之言曰：天命之谓性，率性之谓道，修道之谓教，而又申
> 之喜怒哀乐之未发谓之中，发而皆中节谓之和。夫以性道之广矣大
> 矣，无不备也，而指其亲切下手处示人，不越乎喜怒哀乐，已发未
> 发之间。所谓戒惧者，戒惧乎此而已；所谓谨独者，谨独乎此而已。
> 至孟子又发出四端之旨。……学者只依此本子做去，自有无限工夫，
> 无限道理。固不必别寻一二字以笼络遮盖之也。②

张岳引用子思《中庸》中的这段话的意思是：人的本性是天赋的，顺着
这种天赋本性的行为就合乎道，遵循（修即循）这个原则的行为就算作
教化；人在喜怒哀乐未发之前有一种精神实体，它是天下的根本，体察
到了它，人就达到了圣人的境界，天下也就可以得到治理了。宋朝的一
些理学家都十分注意这个"未发之中"，这是他们的一脉"相传旨诀"。
子思这种思想，就是所谓"反求诸其身"③，叫人明白和保持这种天赋的
道德本性（"尊德性"）。如何达到这种要求呢？子思没有讲出具体的办
法。在这里，张岳却说："所谓戒惧者，戒惧乎此而已；所谓慎独者，谨
独乎此而已。"这就是对自己的行为，在别人看不见、听不到的地方，也
要谨慎警惕。在张岳看来，只要戒惧、谨独，"自有无限工夫，无限道
理"。就是人必须依天命（理）而思而言而行，按其必然性办事。张岳这
里所谓"固不必别寻一二字以笼络遮盖"，是指王阳明提出"致良知"来

---

① 《小山类稿》卷十二，《赠郑太学子荣还曲江序》。

② 《小山类稿》卷六，《与郭浅斋宪副》。

③ 《中庸》。

欺世惑众。张岳的这种思想，从认识论上说，是一种内省直观的先验论。

所谓依理而行，就是要真正做到"理是意诚"。因为，"理定者词自畅；义理虽是，而诚意未著，亦未能动人"①。在道德修养上，张岳特别强调去私去假（术）。他说：

> 虚斋先生……密箴凡五十条，某最爱"劝君莫用半点私，若用半点私，终无人不知；劝君莫用半点术，若用半点术，终无人不识"一条。往年守合浦，尝大书于后堂屏风，出入观省。夫君子之不敢用私、用术，非恐人之知识而后不为也。……二者之病，私尚易见，而术之为祸尤烈。自古挟木欺人至用以欺天下后世，机械翕张，居之不疑，久则沿习成风，人亦莫之怪矣，洪水猛兽之灾何以异此。②

张岳这种思想，在当时确实是难能可贵的，是有积极意义的。

2. 主张致知只有格物，反对致良知

当时王学和朱学争论的又一主要问题，是如何致知（获得知识）。王阳明等认为，由于主观的心是宇宙万物的本原，致知就是"明本心""致良知"。良知原出于《孟子》，是指一种不学而能、不虑而知的天赋道德观念。在王阳明看来，良知即天理，致即行；人们只要除去私欲蒙蔽，依照良知做去，即能致知。王阳明反对朱子学的格物致知，认为"天下之物本无可格者，其格物之功，只在身心上做"③。张岳坚持朱子学的格物致知的学说，认为只有通过学习和接触事物（格物），启发内心所具有的理，才能获得知识（致知）。张岳说：

> 所喻物则云云，此是文公教人下手穷理工夫，十分亲切处，真能见得事事物物上各有义理，精微不差，则所谓人心道心，气质天性，亦各有着落，以为省察存养之端。今之学者差处，正是认物为理，以人心为道心，以气质为天性，生心发事，纵横作用，而以良知二字饰之，此所以人欲横流。……若老释外事物以求理，其学虽差，要于虚空中实有所见，岂若今人之恫疑虚喝，其高者入于奸雄，

---

① 《小山类稿》卷十八，《杂言》。

② 《小山类稿》卷十七，《密箴引》。

③ 《传习录》下。

以下殆类俳优。①

在张岳看来，王阳明的致良知，是认物为理，不是格物穷理，不在事物中求理，比释、老在事物之外求理更坏，是"恫疑虚喝，其高者入于奸雄，以下殆类俳优"。由此可见，张岳对王阳明学说是深恶痛绝的。

在理学家看来，人先天地具备万事万物之理，理体现在人身上是性，此性被人的气质物欲所蔽，只有通过格物致知才能去蔽穷理。格物的内容是多方面。综观张岳的论著，他主要阐发了应事接物以穷理和读书以穷理。他认为，这两个方面是"古人切己之实学也。由此而学之，则为君子；背此而学之，虽有学焉，犹不学也，亦陷于小人而已矣"②。

张岳认为，学问下工夫只在日用行事间，不必他求。"古人学问只就日用行事上实下工夫。所谓格物者，只事物交接念虑发动处，便就辨别公私义利，使纤悉曲折昭晰明白，足以自信不疑，然后意可得而，诚心可得而正。"③ 张岳说：

> 喜怒哀乐未发时最好体验，见得天下之大本。真个在此，便须庄敬持养，然必格物穷理以充之，然后心体愈明，应事接物，毫发不差。若只守个虚灵之识，而理不明，义不精，必有误气质做性，人欲做天理矣，此圣贤之教，格物致知所以在诚正之先。④

这里，张岳所谓"只守个虚灵之识"，是指王阳明的"致良知"。

张岳认为，理体现在人身上即是性，人之本性就具备万事万物之理，被气质所蔽，只有通过格物去其蔽才能致知。"为学之道以心地为本。若真所见谓心者，而存养之则其本体固自正。然非体察精密、义理明晰有以备天下之故。于寂然不动之中而曰心得其正者，未之有也。"⑤ 张岳说：

> 所谓一者何也？天之理也。典礼命讨皆天也。其体则具于心，是故必视听言动之皆由于礼，然后可语典礼命讨之皆出于天。体验

---

① 《小山类稿》卷六，《答黄泰泉太史》。

② 《小山类稿》卷十八，《草堂学则》。

③ 《小山类稿》卷六，《答聂双江巡按》。

④ 《小山类稿》卷十八，《杂言》。

⑤ 《小山类稿》卷六，《答参赞司马张甬川》。

之未精，培养之未厚，本原之地反而求之，有不胜夫蔽且杂也，而欲和衷懋政以一天下之动，不几于自诬其天也。①

由此可见，张岳所谓格物穷理，是通过格物来启发人内心所具有之天理，亦即他所谓的"万事万理，只要就心上体验"②。不过，张岳也讲只有出游各地，广泛接触外界事物，才能知宇宙间事。张岳说：

> 不远游不足以知宇宙之大。而宇宙内事，与其深思博考于一室也，孰若足迹四达心目之力俱远然后能尽无穷之变乎？③

张岳这里讲的仍然是通过接触事物启发内心所具之理，不是唯物的感觉经验论。

张岳认为，通过读圣贤书明义理，亦能启发人心中所固有之义理。因此，读书明义理亦是格物，亦是格物穷理。他说：

> 且如读书讲明义理，亦是吾心下元有此理。知识一时未开，须读古人书以开之。然必急其当读，沉潜反复，使其滋味浃洽。不但理明，即此就是存养之功；与俗学之支离浮诞者全不同。岂有使之舍切己工夫，而终日劳心于天文、地理，与夫名物度数以为知哉！无是事也。④

前面已经讲到，张岳和其他理学家一样，把封建的"三纲五常"作为天命（理），而这种天命（理）写在圣贤的书上，因此读（接触）圣贤书，也是格物，也是即物穷理。这就是朱熹所说的"读书，便就文字上格"⑤。正因为张岳把封建的"三纲五常"作为致知穷理的对象，所以他反对"终日劳于天文、地理，与夫名物度数以为知"。很显然，张岳所谓"读书明义理"，绝不是认识和改造客观世界的问题。

张岳针对王阳明的自创新见，特别强调读书明义理，要墨守古人之说。张岳说：

---

① 《小山类稿》卷十四，《一斋记》。
② 《小山类稿》卷十八，《杂言》。
③ 《小山类稿》卷十二，《赠王与乔南归序》。
④ 《小山类稿》卷六，《答聂双江巡按》。
⑤ 《朱子语类》卷十五，《大学》二。

> 三代而下，数圣人之经，秦火之后，人自为说，至程朱始明矣。
> 虽其言或浅或深，或详或略，然圣人遗意，往往而在，学者不读之
> 则已，如其读之也，岂可不深造而致其详？详读古人之书，而有得
> 其浅深详略之所存，意有未安，姑出己见为之说。期于明是理以养
> 心而已矣。不在创意立说，以骇入耳目也。有是心而言又未或当，
> 其自蔽也甚矣。[①]

王阳明在主持贵阳书院时，提学副使席书（字元山）问其对朱陆之辩的
看法，"（阳明）先生不语朱陆之学而告之以其所悟"，以"知行本体证
之……朱陆异同，各有得失，无事辩诘，求之吾性本自明也"[②]。可见，
王阳明对朱陆之辩不感兴趣，全部精力集中自创新见。上引张岳谓"创
意立说，以骇入耳目"，就是对王阳明而发的。在张岳看来，学程朱之说
有两种人要有针对性：一种是心不正的人，这种人以私意曲解；因此必
须首先"明理养心"；一种是心正的人，这种人被气质蒙蔽，因此首先必
须解蔽。

张岳不仅把学习的范围限于读圣贤书，而且还提出主要学习程朱正
学，使之"信得及做得"，"有所持循据守"。张岳说：

> 信得及做得，是日积月累，滋味深长，外而许多浅俗见解，自
> 然渐觉轻小矣。此学不讲已久，今聚八郡之士，终日群居，若不就
> 日用最亲切处指示下手工夫，使之有所持循据守，以交相劝勉，渐
> 次有得。[③]

张岳这里所谓"浅俗见解"，是指程朱理学以外的王阳明学说和其他"异
端邪说"。张岳不仅把学习的范围限于程朱理学，甚至还提出只读朱熹的
《四书章句集注》。他说：

> 读书不必泛观博览，先将《学》《庸》《语》《孟》，端坐叠足，
> 澄心易气，字字句句，反覆涵泳，务使意思昭晰，滋味泛溢，反之

---

① 《小山类稿》卷六，《答聂双江巡按》。
② 《王文正公全集》卷三二，《年谱》。
③ 《小山类稿》卷六，《答聂双江巡按》。

吾心，实有与之相契合处。①

张岳这里所谓"四书"，就是指朱熹的《四书章句集注》。

张岳把读书以穷理和应事接物以穷理看作是为学的两个不可分割的方面，缺一不可。如果"以记问缀述为事，虽使圣贤训典充腹盈纸，犹不得谓之善学"②。这就是说，徒记圣贤言语不算真正穷理，必须体现在应事接物的行为上才行。张岳把这两个方面的关系概括为有体有用的关系。他说：

> 读书穷理以充拓其体，应事接物以发挥诸用。……仁者此心之本体也，心而无仁则非心矣。③学者内既知所存心矣，又必致谨乎此（按指事亲教长应事接物），使一身之动咸中节文，则心体之存乎内者益以纯固矣。此内外交相养之法。惟实用其力渐见功效者，然后有以深信其必然，非空言所能喻也。④

张岳认为，仁是人心之本体，心无仁则非心多要有心，必须严格按照封建伦理道德关系应事接物（"使一身之动咸中节文"）。这就是"内外交相养之法"。但是，王学却只是"空言""克去私欲以求交乎心之体"，不是通过应事接物来体现心之仁体之存。因此，张岳激烈抨击王学的格物穷理即是克去己私的观点。由于王学提出心即理，故格物不是向外应事接物，而是向内克去私欲。张岳说：

> 来教云：格物者克去己私，以求复乎心之体也。其谓一部《大学》，皆是欲人克去己私，以求复乎心之体也。但必先辨乎公私之所在，然后有以克而复之。此其节级相承，脉络相因，吾学之所定叠切实，异于异教之张皇作用者，只这些子。⑤

朱学派和王学派争吵体和用的先后，似水火不相容，其实他们都是为了传播封建纲常（《大学》之道），只是朱学教人先读圣贤之书，弄清封建

---

① 《小山类稿》卷六，《答聂双江巡按》。
② 《小山类稿》卷十八，《草堂学则》。
③ 《小山类稿》卷十八，《草堂学则》。
④ 《小山类稿》卷十八，《杂言》。
⑤ 《小山类稿》卷六，《答聂双江巡按》。

伦理道德关系，再体现在行动上，即所谓"道问学"；王学教人守住先天固有的伦理道德准则，凭"良知"去行动，即所谓"尊德性"。他们异途而同归，在我们看来，他们之间喋喋不休的长短之争，并没有多少意义。

此外，张岳和其他理学家一样，认为致知穷理还必须主一。张岳提出主一，主要有四个方面，一是主敬。张岳说：

> 圣贤教人为学，紧关在一敬字，至程朱二老先生又发明之，可谓极其亲切矣。今考其言，既曰主一无适矣，又必曰只整齐严肃，则心便一……为贯通万事之实体，其于敬之一字。①

张岳所谓敬，即警惕之意。就是警惕自己的心思不要他适，不要分散，全部精力都要集中在封建的伦理关系上（即"贯通万事之实体"）。二是主虚。张岳说："心不可以无主，尤不可以有私主，天理自然，何容私之有，须是虚心以待事物之来。"② 这就是说，封建的伦理道德关系是心之主，此外皆为"私主"。因此，"虚心以待"封建的伦理关系自来。三是主静。张岳认为，因理为心之所固有，"静观天下之理而自得之"③，即把内心之理启发出来，默识天下之理。张岳说：

> 心之体固该动静，而静其本体也，至静之中，而动之理具焉，所谓体用一原者也。先儒每教人主静。④

张岳认为，心静才能心定，定便觉得清明。他说：

> 心才静，便觉清明，须是静时多，动时少，虽动也而心未尝不静焉，方是长进。⑤

在动静的关系上，张岳认为静是绝对的，动是相对的，动是静的表现，是静的一种状态，即他所说的虽动"未尝不静"。张岳的这种说法是违反事物辩证法的形而上学观点的。四是主诚。张岳认为，"诚自不妄语始，

---

① 《小山类稿》卷十八，《杂言》。

② 《小山类稿》卷十八，《杂言》。

③ 《小山类稿》卷十四，《一斋记》。

④ 《小山类稿》卷十八，《杂言》。

⑤ 《小山类稿》卷十八，《杂言》。

学从求放心来"①。他又说：

> 所谓诚者，无他，只是一味笃实，向里用功。此心之外，更无
> 他事，功夫专一，积久自然成熟。与夫卤莽作辍，务外自欺者，大
> 有间矣。②

所谓"一味笃实，向里用功"，就是他所说的把"务外自欺"的做法收起
来，"学从求放心来"，即把分散的心收敛凝聚于一境——封建伦理道德
关系上。

3. 主张知行为二，反对以知代行的知行合一

针对朱熹提出的知先行后论，王阳明提出知行合一论。王阳明认为，
知就是行，行就是知，二者没有本质区别。"知之真切笃实处即是行，行
之明觉精察处即是知，知行工夫本不可离，只为后世学者分作两截用功，
失却知行本体，故有合一并进之说。"③王阳明的知行合一，是把行合于
知。知决定行，是其知行学说的基础。"知是行的主意，行是知的功夫，
知是行之始，行是知之成。"④张岳针对王阳明的以知代行的知行合一论，
提出知行为二的观点。他说：

> 近时所以合知行于一者，若曰必行之至然后为真知，此语出于
> 前辈，自是无弊。惟其曰知之真切处即是行，此分明是以知为行，
> 其弊将使人张皇其虚空见解，不复知有践履。凡精神之所运用，机
> 械之所横发，不论是非可否，皆自谓本心天理，而居之不疑。其相
> 唱和而为此者，皆气力足以济邪说者也，则亦何所不至哉；此事自
> 关世运，不但讲论之异同而已。⑤

张岳认为，王阳明的知行合一，是以知为行，是使人们完全陷于虚空之
中，不复知有践履，一切言行均以本心天理为准。这种观点不仅在理论
上是极端错误的，而且"有关世运"，在实践上是极端有害的。张岳对王

---

① 《小山类稿》卷十八，《杂言》。
② 《小山类稿》卷十八，《杂言》。
③ 《王文成公全书》卷二，《答顾东桥书》。
④ 《王文成公全书》卷一，《传习录》上。
⑤ 《小山类稿》卷六，《答参赞司马张甬川》。

阳明知行合一论的批判是比较深刻的。

张岳在与王阳明当面辩论时，以明德、亲民为例，集中探讨了知行问题。王阳明认为，明德之功在于亲民，明德即亲民，由此可知知即行，行即知，知行合一，可见后人把知行分两事（即知不是行，行不是知）是不对的。张岳指出，知行就是两事，如戒惧慎独（属知）时并未与民亲；亲民之本在明德，二者是有区别的。张岳说：

> 良知之言发于孟子。而阳明先生述之，谓孝弟之外有良知，前无是言也。……明德、新民之说，往岁谒阳明先生于绍兴。……先生忽语曰："古人只是一个学问，至如明明德之功只在亲民，后人分为两事亦失之。"……某又起请曰："如此则学者固有身不与物接时节……先生谓明德工夫只在亲民，不能无疑。"……"非谓明德工夫只在新民；必如老先生之言，则遗却未与民，亲时节一段工夫。"①

这里所谓"遗却未与民，亲时节一段工夫"，即指缺一段格物致知工夫。在张岳看，人在戒惧、慎独时，只有知，没有行（即没有亲民），因此知与行是有区别的。张岳认为，"见处贵透彻，行处贵着实"②。张岳这种说法是有合理因素的。

4. 主张天意印人心，反对以人心为道心

上面已经讲到，张岳认为，当时"人欲横流"、社会不安定的根源是由于王阳明"以人心为道心，以气质天性，生心发事"造成的③。在张岳看来，只有使人知礼义，社会才能安定。"人之所以为人者，礼义也"④；"三纲五典所以系天常立人极者，虽匹夫匹妇莫不知其当然"。⑤

张岳和其他朱子学者一样，常用天地的灾变说来警告皇帝，以维护封建统治阶级的长远利益。不过这里值得注意的是，张岳所谓天意是指人心。皇帝顺天意即要顺人心。张岳说："帝王举动当顺乎天意，观天意

① 《小山类稿》卷六，《与郭浅斋宪副》。
② 《小山类稿》卷十八，《杂言》。
③ 《小山类稿》卷六，《答黄泰泉太史》。
④ 《小山类稿》卷十八，《草堂学则》。
⑤ 《小山类稿》卷七，《答邵端峰提学》。

者验之人心而已……陛下何苦违众志以拂天意乎?"① 在张岳看来，天意反映了人心，上天出现的灾异是人心向背的表现，是上天警告其在地上的天子没有修德于民。这就是说，社会的治乱全在于君主（天子）德行的好坏。张岳说：

> 天子者天地之子也。天子弗克肖乎天地则必出灾异以谴告之。不修德以回其怒，行且亡之矣。今也凶荒相仍，盗贼充斥，地震于下，龙斗于上，其所以儆戒陛下者至矣。②

张岳这种灾异谴告说，完全是汉代董仲舒天人感应论的翻版，不是新东西。但是，张岳把问题提得这么尖锐，把"凶荒相仍，盗贼充斥"与"地震于下，龙斗于上"都归罪于天子，并谓天子"不修德以回其怒，行且亡之矣"，却比董仲舒高出一筹。正因为张岳强调君主（天子）必须服从人心，他反对夸大人的主观意志的作用。他认为，社会历史的变化发展有不依人的意志为转移的必然趋势。他说：

> 天下之治，新故损益之相推，其理势有必然者，独怪搢绅气习一旦变更如河决堤坏无所底止。此其理似不可知，因时变之激使然与于斯时也，欲以一人一郡独力转回于其间，非迂则诞。③

因此，张岳认为，要顺应事物客观趋势办事。他说：

> 圣贤之道，天则具于心而时措从宜以适于用，未尝不方也，而亦未尝不圆。故学者之所以持身应变，岂必于其方圆之迹云乎哉!④

在这里，张岳提出了既要守常，又要从权，要随时应变。张岳这种思想含有朴素辩证法的因素。

5. 主张用才，反对用术

基于其社会治乱全在于君主的观点，张岳给君主提出治世之方，其中之一就是劝君主要爱惜人才。他说：

---

① 《小山类稿》卷一，《谏南巡疏》。
② 《小山类稿》卷一，《谏南巡疏》。
③ 《小山类稿》卷十二，《赠郡守洞阳顾侯入觐序》。
④ 《小山类稿》卷十二，《赠大参孙公毅庵序》。

> 明主之于人材，其长养成就之也。如天地之于万物，甘苦小大皆有以全其生，其因材录用之也。如匠师之于众木，寻尺斫削务有以尽其用。故也无不用之材，材无不当之用。此所以能兼总群略鼓舞一世，其遗风余烈犹可以为后世法。①

张岳认为，世"无不用之材，材无不当之用"，全在于明主"因材录用"。他特别强调，人才尽用，不仅有功于当时，而且为"后世法"，具有深远的影响。

张岳特别强调要用真才实学者，反对把"术"当成才。因此，张岳把才能和道德品质联系起来，说明道德修养的极端重要性。张岳说：

> 昔唐虞三代之论官人与圣门师弟之论学，莫不以心术为先，其心术苟正矣。才之所运有大小迟敏，内之所受有浅深疏密，未至者可勉而至也，终不足以病其心术。②

在张岳看来，才有"大小迟敏""浅深疏密"，不论才之大小、迟敏、浅深、疏密，皆可勉而至，但绝对不能把心术误当为才。张岳对"心术"深恶痛绝，认为术是私、是假，必须坚决反对；他是针对当时官场小人得势、社会风气败坏而发的。

附：张岳著作简介

《净峰稿》46 卷 系张岳诗文汇集。

《小山类稿》20 卷附辑录 1 卷 此书系《净峰稿》的精选本。此书宗旨是阐发朱学，排斥王学。其文气象宏裕，而敢发时见；法度谨严，而豪纵有余。其文既注意理义，又强调经济大业，归于笃实近理，为有体有用之言，非空谈无根据者。此书编入《四库全书·集部·别集类》，福建省图书馆有明万历刻本。

《交事纪闻》1 卷 记述其对于交趾（安南，即今越南）内乱和侵扰我国边界诸事的处理意见。

---

① 《小山类稿》卷二，《江省人材疏》。
② 《小山类稿》卷十三，《赠竹泉龚君之河南少参序》。

《嘉靖惠安县志》13 卷

《恭敬大训》（辑）100 卷　辑录古人劝谏君主的文章和言论。秦汉以下，仅搜集汉代董仲舒的《天人三策》及宗儒封事。

四　林希元

（一）生平和学术特点

林希元，字茂（或懋）贞，号次崖，学者称次崖先生，福建同安人。生于明宪宗成化十八年（1482 年），卒于世宗嘉靖四十五年（1566 年），年 85 岁。武宗正德十二年（1517 年）进士，历官南京大理寺评事、南京大理寺丞、钦州知府、云南佥事等。坐以考察不谨罢官归里，长期从事教学和著述活动。

林希元"仕历内外南北升沉，随事求是，随分尽职，不以利害得失夷险动其心，所见卓然不可夺也"[①]；"希元慷慨鲠直，有俯视流俗，担当宇宙之气，而才识亦练达"[②]。林希元极鄙视厚颜无耻的官僚和假道学家，他曾作《面皮歌》，其题意曰：刘见斋分巡自称面皮薄，不会做无廉耻事，深契予心，歌以自慰。由此可见林希元的人品性格。

林希元学术精湛。"家居，手不释卷，晚年益究义理，精微之极，参订诸儒所定致知格物之说，附以己见。……所著《易经》《四书存疑》，皆足羽翼朱子。学者师之。"[③]

林希元的学问有体有用，在明代很有声誉，有谓"先生学而大儒，入而名卿，出而良吏"[④]。

其对后世也有很大的影响。清人陈鸿亭有比较全面的评价，他说：

（林次崖先生）学得宗旨，诠经译传，述圣道以启后人；而又慷

---

① 《经笥堂文钞》卷上，《林次崖先生文集序》。
② ［明］蔡献臣：《林次崖先生文集序》。
③ 乾隆《泉州府志》卷四十二，《林希元传》。
④ ［明］蔡献臣：《清白堂稿》卷四，《林次崖先生集序》。

慨敷陈、激昂时事；至于欲复疆土壮国体（按指明朝属地安南——今越南——莫整庸叛乱侵犯我边界，林希元主张出兵征讨），颠蹶而不悔。论学问则非坐谈性命之空虚，语事功则非挥霍才情之纵斥。如次崖先生，斯有体有用之儒称焉。……究心经传，阐孔孟之微言，发明濂洛关闽之正学，为朱子之真传嫡派……所著《易》《四书存疑》，实与同郡蔡虚斋先生《蒙引》后先继起，并传于世。本朝《周易折中》及《凡辑》一书（按皆是清代朱子学名著）者，皆多所称引，至今文人学士确守其说。圣道赖以常明，人心赖以不死，其功岂不伟哉！①

这就是说，林希元的事业悉从德性学问中来，因此其学为有体有用之学，在福建朱子学中有自己的特点。

关于林希元的学术特点，其本人和历代学者多有论述，归纳起来有下列几个方面。

1. 学有宗祖，亦须发明

林希元认为，为学的出发点是认识事物的本原之理，这就必须以程朱理学为宗祖。他说："潜心向理，宗祖程朱，有深造独得之妙。近世易简、佛经之说举不能惑，可谓笃信好学矣。"② 这就是说，做学问首先要有个出发点和基础，这个出发点和基础就是程朱理学。只有"笃信好学"程朱理学，有了正学标准，才不会为假学、异说所惑。有了为学的出发点和基础，然后再折中他说，加以发明。林希元本人就是这样为学的。明蔡献臣说：

> （次崖）先生力学刻苦，自草茅中即锐然有当世之志，其学专主程朱，而折衷于王顺渠、欧阳南野之间，不尽名己见，尤不喜阳明良知新说。今《四书》《易经存疑》海内家传户诵，与蔡文庄《蒙引》等矣。……诗若文雄劲典质，俱发其中之所欲言，而大指不背于紫阳。③

---

① 《林次崖先生文集》卷首，《林次崖先生文集序》。
② 《林次崖先生文集》卷八，《赠掌教李拙修奖励序》。
③ 《清白堂稿》卷四，《林次崖先生文集序》。

林希元反对把朱熹的一切说法都看成是不可改动的绝对真理。例如，他就不同意朱熹改动《大学》经传，主张应恢复《大学》古本。林希元说：

> 或者谓朱熹命世大儒，万世所宗，所定之书似无容更改。臣窃谓不然。夫义理无穷，非一人之言所能尽，亦天地所秘未肯一时尽泄于人也。……《大学》一书已经程朱所定，近世诸儒（如蔡清）又取而更正之，诸儒岂贤于程朱哉！亦义理非一人之所能尽，天地之秘至是而始泄也。……执朱子之说而不欲更改者，固非学者求是当仁之诚，亦岂朱子所望于后学之意哉！①

这里林希元所谓"义理无穷，非一人之言所能尽，亦天地所秘未肯一时尽泄于人"，是非常正确的。在林希元看来，一个人的学说之所以不能为"万世所宗""无容改动"，一方面因为义理无穷，一个人受社会、生理等条件的限制，不能毫无遗漏全部认识；另一方面是因为人的认识对象（天地）是在不断变化的，在某一个时期不可能全部呈现出来被人们认识。又谓执朱子之说而不欲更改亦非"朱子所望于后学之意"，亦是切题之言。历史上一些真正的思想家，都不会把自己的学说作为凝固不变的教条叫后人来尊奉的。再如，林希元对朱熹关于理气关系、理一分殊等问题表示怀疑。他认为，"理气两字实难体认。先儒理堕气中之说诚可疑，执事之辩是也。然理一分殊之论，区区辗转深思竟未见落着，更俟请教"②。

理气关系、理一分殊是朱熹关于世界图式的骨架，林希元仍敢于怀疑。林希元指出：

> 道理有所发明，缘这道理无穷，不是一人能见得尽，亦不是一家事。拾遗补漏固前辈所望于后人也。然紫阳之学占得地步大，未可轻议，其遗缺处要亦千百之一二耳。元所以不敢尽同于彼者，亦拾遗补漏效忠前辈之意，非敢故为异同也。③

---

① 《林次崖先生文集》卷四，《改正经传以世训疏》。
② 《林次崖先生文集》卷五，《复罗整庵冢宰书》。
③ 《林次崖先生文集》卷五，《与王蘦谷中丞书》。

在林希元看来，朱熹的学说可以改动、发明，其他人的学说更应该如此。任何前人的学说都可以加以发展。"拾遗补漏固前辈所望于后人"，亦是后人"效忠前辈之意"，这些说法都是很好的。历史上凡是真正的学者确实大都希望后人对其学说有所发展。

2. 反对标新立异，又不持门户之见

林希元竭力反对以王阳明为首的心学派，积极维护朱子学。当时，朝廷任命陈琛为江西督学，而陈琛无意于此职，林希元从卫道的角度上劝陈琛就任。林希元还谓"今道术大为天下裂，江西又有一种新学迷误后生，非有许大识见力量莫之克"[①]。他对张岳说：

> 阳明之学近来盛行，江右吉安尤甚。此惟督学者能正之。前曾以语思献，竟置空言。今执事想不待予赘也。……罗整庵不就吏部之召，家居惟杜门著书，此圣贤事也。所作《困知记》于道理尽有发明处，其攻阳明处尤多。故刻之岭南。[②]

林希元之所以极力反对王阳明心学派，并不完全出于门户之见，主要是认为王阳明故弄异同，标新立异，以毁正学。林希元认为王阳明的心学是："有驰志高远，超脱凡近，遗外传注，目程朱为支离，喜谈象山易简之学。听其言若姬孔复生，考其行则乡党自好者……此惑世诬民之巨奸，圣门之大盗，反不如志富贵声利者之任情。"[③] 正因为林希元对待异己学说不完全从门户之见出发，他对朱陆之辩有比较客观的看法，认为其本质是一致的。林希元说：

> 朱陆之辩近日纷纷，皆所谓矮人看场者。来教谓恐未实着力是也。譬之金，朱子如百炼之金，陆子煅炼之功或未至，要之皆真金也。今人则以铜而包金者耳！何以论金哉！本朝大儒薛敬轩而后吾取胡敬斋焉。此伊洛正脉也。[④]

在朱子学者中，像林希元这样比较客观地评价异己学说是少有的。特别

---

① 《林次崖先生文集》卷五，《与张净峰提学书二》。
② 《林次崖先生文集》卷五，《与张净峰提学书》。
③ 《林次崖先生文集》卷八，《送芳洲洪子之任南都序》。
④ 《林次崖先生文集》卷五，《与舒国裳修撰同年书二》。

是，在朱子学派和阳明学派论争最激烈时期还能如此，不能说不是一种科学的态度。林希元又说：

> 朱陆异同凭谁辩，达人自可废筌蹄；固知反鉴难求照，不遇南针孰指迷。元晦工夫终有本，九渊易简竟无倪，后生努力须时及，流火炎炎又向西。①

在这里，林希元有个很重要的思想，就是要向前看不要往后看，不要过于计较过去的门户之见，后生要将有限的精力放在努力做出新的成就上，不要让宝贵的时光很快流逝过去。

3. 以传求经，非以经注我

林希元认为，为学在于明道，圣人之道载诸经，历代学者的传注皆是对经的阐释，因而要通过传注而了解经中的圣人之道。林希元说：

> 圣人之道载诸经，备诸考亭。蔡子之书则攻坚发微而考亭是翼也。……圣人作经以明道，贤人因经以作传，学者以传而求经。传注圣人所不废也。支离之说起于陆氏而非圣人之所予也。夫陆氏自处太高。观其六经注我之言，则正经犹在所忽，况传注乎！然非学者之所及也。②

在这里，林希元提出不同意陆九渊的"六经注我"，实际上是否定朱熹以及后学一脉相承的研究经书的方法。朱子学者研究经书异于汉儒的注经。汉儒注经，大抵比较注意经书的原意，注意文字的训诂和名物的考证。朱子学者研究经书，一般着重在阐述经书的义理，并加以引申发挥，其意往往超出经书之外，实际上是把经书纳入自己的理学轨道。这种研究方法，实际上就是"六经注我"。林希元反对"六经注我"，就回到了汉儒的研究经书的方法。在这里，有一个非常值得注意的问题，就是林希元的学术思想似乎是由宋元明理学过渡到清代汉学（朴学）的一个中间环节。

4. 以道论史，稽实待虚

林希元是一个哲学家，他非常重视抽象理论的指导作用。他提出，

---

① 《林次崖先生文集》卷十八，《和郡守方西川九咏》。
② 《重刊四书蒙引叙》。见《蔡文庄公集》卷八。

"善穷经者必以事，善观史者必以道"的命题。林希元说："紫阳崛起，兴悲道丧，续笔获麟，《纲目》（按指朱熹的《通鉴纲目》）一出尽洗群史之谬，万世是非于焉一快。"林希元非常赞赏朱熹以道论史的史学观点。在"五经"当中，《易经》是纯粹的哲学著作，它所讲的是最抽象、最一般的运动规律。林希元认识到，"《易》效天下之动"。[1] 林希元从其"稽实以待虚，托一以该万"的学术思想出发，认为《易经》贯穿于其他"四经"之中，是其他"四经"的根本。林希元说：

> 《易》岂易言哉！夫"五经"之有《易》，犹众水之有海也。海不可列于众水。《易》可列于"五经"哉！夫何《诗》、《书》、《礼》、《乐》、《春秋》皆经也，然章自为意，句自为义。《易》则不然，稽实以待虚，托一以该万，以六十四卦三百八十四爻冒天下之道，岂与诸经比哉！圣人以辞而说《易》，犹人以舟而涉海。涉海者乘长风破巨浪，穷力之所至，谓之见海则可，谓尽海之观则末也。说《易》者拟形容象物宜，穷意之所至，谓之见《易》则可，谓尽《易》之蕴则末也。是故易可象而不可言，可言而不可尽。圣人其犹病诸，况其下者乎！[2]

林希元认为，《易经》之道不仅贯穿于其他"四经"之中，而且贯穿于万事万物之中，即他所谓"圣人作《易》以冒天下之道，只一卦一爻，于万事万物盖无不该"[3]。

5. 学者不在名位，而在积学致用有所成就

林希元认为，学者所追求的不在于名位，而在于寻求学术成就。他非常蔑视那些以学术谋名利的人，谓："今世学者……逐于富贵声利之途，终日营营，官不高富不极不止也。"[4] 他又说：

> 士君子读书求名积学致用有所成就斯已矣。显晦在乎所遇，官之崇卑勿论也。庄周之吏漆园，荀况之令兰陵，二子之贤卿相何足

---

① 《林次崖先生文集》卷七，《宋元史发微序》。
② 《林次崖先生文集》卷七，《重刊易经蒙引序》。
③ 《林次崖先生文集》卷五，《复罗整庵冢宰书》。
④ 《林次崖先生文集》卷八，《送芳洲洪子之任南都序》。

以待之，而止一令一吏者所遇然也，而二子安之，彼岂以崇卑动
念哉！①

林希元自己就是这样做的。清人沈德潜曾谓："林次崖先生自少……笃志
圣贤之学……其不欲以道学名，故独得道学之真，而发之于经济，亦有
其实也。"②

综上所述，林希元的学术特点很值得研究，由其学术特点规定的治
学方法至今还有很多可以借鉴的地方。

（二）宇宙演化论和天人以气相通论

林希元和其他朱子学者一样，仍然是把理和太极作为哲学的最根本
的范畴。但是，林希元对理和太极关系的说明却与其他朱子学者有所不
同。他说："理始于太极。太极素也。素也者，万物之本也。"③在林希元
看来，理开始于太极，太极是万物之本。这似乎是在理之先或之上有个
太极。林希元把世界的本原看作是太极，理始于太极。林希元又说：

> 经载道，史载事，古有是言也。然道不外事，事不外道。《诗》
> 《书》载尧、舜、禹、汤、文、武、周公之迹，《易》效天下之动，
> 非事乎？《春秋》书二百四十二年之行事，定天下之邪正，立百王之
> 大法，非道乎？故善穷经者必以事，善观史者必以道。④

林希元这里所谓道，就是指理。这就是说，道（理）和事物是不能分开
的，道（理）是在事物之中的。太极是世界万物的本原，道（理）是事
物之中的道理，它们是有所区别的。林希元认为，太极是通过阴阳五行
演化为世界万物的。他说：

> 天地之初，曰有太极。太极动静、阴阳始生。两仪既立，复分
> 为五。水、火、木、金，终之以土。五行既生，造化始备。天高地
> 下，于焉定位。天有四时，春、夏、秋、冬。日、月、星、辰，往

---

① 《林次崖先生文集》卷八，《赠龙岗侯先生教谕容县序》。

② 《林次崖先生文集》卷首，《林次崖先生集序》。

③ 《林次崖先生文集》卷十一，《居素说》。

④ 《林次崖先生文集》卷七，《宋元史发微序》。

来感通；地有四维，东、南、西、北。山峙川流，大者岳渎；人有
四等，士、农、工、商。艺业各异，伦理俱同；物有四等，动、植、
飞、潜。品类散殊，有万不穷。①

元气不仅产生天地万物，以至社会伦理道德，就连人的富贵贫贱、智愚
寿夭也是根源于元气的。林希元说：

> 中古以降元气既漓。聪明富贵者未必寿，寿者未必聪明富贵。
> 故颜子屡空而夭亡，盗跖横行而寿考。其德位名寿之并得吾见亦罕
> 矣。间有聪明富贵而兼寿考者，非家运之隆；所禀得元气之淳，则
> 节欲养性积德行义得摄生之道。非偶然也。②

在这里，林希元试图用物质性原因来说明人的寿夭贵贱，否定了天命论
和宿命论。在林希元看来，太极是通过阴阳五行演化世界万物的，这个
生生无穷的过程就叫作理。这就是说，理是事物的道理，太极是事物的
本原。

在林希元的宇宙演化论中，尽管充满了无稽之谈，但却始终贯穿了
阴阳五行的对立统一关系，包含了比较丰富的朴素辩证法思想。首先，
他认为，"圣人作《易》以冒天下之道，只一卦一爻，于万事万物盖无不
该"③。这就是说，一切事物的内部都包含有阴阳对立统一关系，它是事
物运动变化的根据。正因为这样，使事物的运动变化呈现出各种复杂的
情况。例如，林希元认为，事物的变化发展是不平衡的。他说：

> 天地之于物也，春以生之，夏以长之，形形色色，声声臭臭之
> 类，缤纷充满于南离之墟，人见其功用之大也，不知二气细缊相摩
> 相荡，鼓之以雷霆，润之以风雨，暖之以日月，纵闭之以阴阳，彼
> 造化者为力亦劳矣。使如是而不已焉，则造化不至于穷乎，于是韬
> 敛闭藏而逸之以秋冬，然后劳逸相成、动静相生而元气不敝，化工
> 生生而无穷，造化之微理盖如此。④

---

① 《林次崖先生文集》卷十二，《训蒙四言》。
② 《林次崖先生文集》卷七，《卞鹤皋荣寿编考》。
③ 《林次崖先生文集》卷五，《复罗整庵冢宰书》。
④ 《林次崖先生文集》卷八，《赠徐东溪三尹擢典宝序》。

这就是说，由于阴阳二气"絪缊相摩相荡"，"劳逸相成、动静相生"，使世界万物生生无穷，产生形形色色的事物。其次，他提出"积久说"，说明量变与质变的关系。林希元认为，事物的变化发展过程，是先由量的积累再到质的转变。林希元说：

> 事积久而后成，物待时而后遇。为九仞之山者，平地积土篑篑而累之、寸寸而高之，弗程限弗论功，日久而山成矣。未有今日启手而数日遂成山者。此积久之说也。①

林希元在这篇文章中还举出许多事类（如栋材成长），说明事物的量变到一定程度会引起质变，事物的质的变化是由量变的不断积累造成的。所以他特别提出，"未有今日启手而数日遂成山者"。林希元的这些说法是有一定道理的。

林希元不仅把气作为太极产生世界万物的中间环节，还提出天人以气相通的观点，试图用元气论来解释神秘主义的天人感应论。林希元认为，天人是紧密地联系在一起的。他说：

> 天人有感通之理，顾其人何如耳？曰：天之于人远矣！何感通之易乎？曰：一气散为万类，天地、人物、山川、鬼神其分虽殊，其气一也。呼吸有以相通，故本末有以相应。今夫阳燧方诸之于日月何其远也，然取水火而即应，岂非其气之同与！②

这就是说，天人是通过气联系在一起的。林希元这种解释尽管是不科学的，结论是荒谬的，但他试图用物质性的原因来说明天人感应论者的神秘观点，是应该肯定的。

在天人关系问题上，林希元提出尽人谋而感天的命题。林希元所讲的天，不只是指自然界，也包括社会，是泛指客观世界。他所谓感天，主要是指通过人谋适应天的需要，或符合客观要求，从而达到主观和客观一致。但是，有时他也讲神秘的人格性的天人感应论。这说明林希元在天人关系问题上的观点是混乱的。林希元说：

---

① 《林次崖先生文集》卷七，《送郡侯俞蒲山宪副河南序》。
② 《林次崖先生文集》卷八，《赠彭石坡邑侯祷雨有应序》。

天将开一世之治，必多生贤杰共成一时之事功。……天人相为表里，否泰相为倚伏。天运不能外人而自成，世道不常泰而无否。故天将开泰不能不资乎多才。泰运既开，则人才亦不为世数得。此实关于气运之通塞，生民之理乱，莫非苍苍者主之，非偶然也。[①]

这就是说，历史发展到一定阶段，就会出现适应于这个历史需要的贤杰人物，以"成一时之事功"。林希元这里含有"时势造英雄"的意思。林希元特别强调，天决定人事，但社会上的人事不能脱离人谋，人谋会感天。对于尽人谋以感天，林希元主要提出两个方面。第一，诚则灵。林希元说：

（同安大旱）邑侯瓶台谭公乃斋戒沐浴，率僚属师生耆民祷于皇天后土，雷霆风雨，岳渎诸神，曰：呜呼！郊多白骨……求虞于旻天上帝。帝心感动。牒初发而夕阴云四布，雨连夜达旦……四郊沾足，苗之青者咸秀，未播者尽播……天人交相感动。然必其分有以相属（按指尽人力而为者诚能感天，或名分上应该做的才能感天），然后其气相通，其感相应。[②]

林希元认为，"人有恒言，天人相为感通，余尝祈雨于钦（州）而信其然。今观于（朱）高明祈雨之卷而益信其然。……此侯积诚之所致也。……积诚能感乎天者。"[③] 在这里，林希元又把天作为有意志的人格神。他把气作为天人联系（感应）的中间环节。这是林希元世界观中的糟粕。第二，人可以回天。林希元说：

孔夫子之言曰：仁者寿。又曰：大德者必得其寿。老氏则曰：无劳尔形，无摇尔精，乃可以长生。二家之言若不同。盖孔氏主理，老氏主气，要之理即气，气即理，其揆一也。或谓人之修短系于天，非可以人为。予窃疑焉。今夫烛燃之密室，则久耐；燃之通衢，八风摇铄，则倏忽而尽矣。今夫水，注之坚石则恒存，注之坤地乾土

---

① 《林次崖先生文集》卷七，《送虔江俞君擢广东都阃序》。
② 《林次崖先生文集》卷八，《贺谭瓶台邑侯祷雨有应序》。
③ 《林次崖先生文集》卷十二，《题高明朱尹祈雨有应册》。

消食，则倾刻而没矣。以此观之，则人可回天。修炼家有延年接命之说，不可谓妄。参之孔老之言，若合符节。然其事甚难，必绝思虑、去嗜欲、离烟火，然后可以语延年接命之事。然绝思虑、去嗜欲、离烟火而所得止于年寿，又吾儒之所不为也。故愚尝谓：与其炼神养气而为神仙，不如修身养性而为圣贤。①

林希元这里所谓人可以回天，是指人通过提高德仁品质和加强修炼决心，"绝思虑、去嗜欲、离烟火"，就可以延寿天年。尽管林希元讲的是儒家的道德修养和道家的炼神养气，是老生常谈，但他却是用理气加以解释，排除了神秘主义观点。特别是，林希元在这里提出一个重要思想，即不做长生不老的神仙，要做于社会有用的圣贤。这是一种积极向上的精神。

（三）于物求理、躬行为先和依可而行的思想

1. 心是心，道是道

林希元在反对王阳明等人的"心即理""致良知"的观点中，提出"心是心，道是道，不是一物"的命题。这就是说，主观和客观、认识的主体和认识的客体是有本质区别的，不能把它们合而为一。林希元说：

心是人之神明，乃一身之主。道是人所当行之理而具于心。心是心，道是道，不是一物。……夫心有善恶，道无善恶；心有放逸，道则系于心。……心是吾心，物是外物。物理具于吾心，人当即心以求物。如何即物以求心，如其说将即鸟兽草木以求人心乎？甚不可晓，反复深思未得其解。若分析物外两字为二。谓从物从外去求心，似可通。但物外两字相连，便是事物之外，如区区分析终是牵强。自古圣贤亦未有为此说。为此学者忆阳明《传习录》，非朱子解《大学》。止至善为事理当然之极。云至善是心之理，曰事物当然之极是义外也。……此夫阳明之说。蒙昧不通，厚诬圣贤。②

林希元认为，就物来说，物之理（道）可以具（系）于人心，但物之本

---

① 《林次崖先生文集》卷九，《贺分教玉田邓先生寿序》。
② 《林次崖先生文集》卷五，《彭城复马宗孔同年书》。

身是在人心之外的。物之理（道）在物之中。由于"物是外物"，物之理（道）亦外理（道）。这就是说，物和物之理，在未被人认识时，是在心之外的。就心来说，"心是吾心"，心和心外之物不同，因此不能即物之求心。"心有善恶"，"心有放逸"，一句话心有能动作用，心可以知物理（道），"方寸渊衷森万象，虚灵窟里长新知"①。总之，林希元把客观和主观、认识的客体和认识的主体区分开来，并且认为后者可以认识前者。这样，林希元就正确地提出了认识论的出发点和基本前提问题。

林希元在论述主体和客体的关系时，有时夸大了主体的作用，夸大了天资，承认有生而知之者。如他谓"考亭之学其得于天者复异诸人，谓非生而知之不可也"②。

2. 万物之理具于心，必求诸物

林希元基于其道是道、心是心的观点，进一步提出："万物之理皆具于心，必求诸物。物通则心通矣。"③ 这就是说，理在物中，必须即物求理。那么，怎样即物求理呢？遍观林希元的著述，大概有下列两个方面。

（1）致知在格物

通过接近事物而达到认识事物，这是理学家的一般认识方法。不过林希元的格物致知与其他朱子学者有所不同。林希元说：

> 致知在格物。物格而后知至。至善是事理当然之极。此理则具于心，非外物也。……阳明以朱子事理当然之极之语，是认吾心之理为外物，非厚诬乎？今以曾子之释至善言之曰：为人君止于仁，为人臣止于敬。夫君臣父子之类皆物也……可以证阳明之说之谬也。④

林希元认为，致知必须格物，通过接触事物把人心中所具事物之理启发出来。林希元特别强调，事物之理具于人心，人心中之物理非外物本身；王阳明的错误就在于认"吾心之理为外物"，因此即心求理（物）就够

---

① 《林次崖先生文集》卷十八，《和郡守方西川九咏》。
② 《林次崖先生文集》卷七，《重刊大同集序》。
③ 《林次崖先生文集》卷五，《彭城复马宗孔同年书》。
④ 《林次崖先生文集》卷五，《彭城复马宗孔同年书》。

了。对于林希元致知必须格物的思想，清人雷铉有所评论。其曰：

> 余尝谓《存疑》（按即林希元《易经存疑》及《四书存疑》）中剖析格物致知之义，使姚江见之亦必俯首而自悔。今更得次崖文集，读之益知其用力格致之功为甚深。①

所谓"其用力格致之功为甚深"，是指林希元格物之功达到了一种"随事求是"的程度，即贯穿于其从政和日常生活中，办事从实际出发。雷铉又说：

> 论兵论将论屯田论边患，审时度势，按切情事，如聚米画沙，皆可坐言而起行。然则谓先生所重偏在知乎？非也！知之真，故行之果。先生仕历内外南北升沉，随事求是，随分尽职，不以利害得失夷险动其心，所见卓然不可夺也。先生尝自恨不获及虚斋门，而与紫峰相切劘。其论当世诸儒薛文清后独推胡敬斋（按薛、胡两人均是明代著名朱子学家）……与张净峰书，以阳明之学盛行江右为忧……与学子言，则务令反求诸身心，不必争之于口舌。②

在雷铉看来，由于林希元强调致知在格物，而获得真知灼见；"知之真，故行必果"，在论兵从政上"审时度势，按切情事，如聚米画沙"。雷铉否定了那种认为林希元重知轻行的观点。

（2）明理必读书

林希元把读圣贤书也看作是即物求理。他认为，不一定直接接触客观事物，读书即能明理。林希元说：

> 张良、孔明汉之名臣也，其所行之事有不能不起人之疑者，吾子请穷论以告我，是亦格物穷理之学也。③

这就是说，由于书中所阐明的历史事实和客观事物，因此读书即能懂得历史和事物之理。林希元又说："理之于经，譬金之矿、玉之璞、珠之

---

① 《经筒堂文钞》卷上，《林次崖先生文集序》。
② 《经筒堂文钞》卷上，《林次崖先生文集序》。
③ 《林次崖先生文集》卷十二，《季考诸生策问三道》。

蚌。"① 又说：

> 道在生民如日用饮食不可离也，百姓日用而不知，圣人修道以
> 立教，六经所以作也。……汉儒专门授受字疏句释勤矣，然业专训
> 诂，微言奥旨郁而弗彰。②

在林希元看来，圣贤之书尽是理，读经可明理。林希元初步认识到直接
经验和间接经验的问题。书本中所阐明的道理，对读者来说是间接经验，
而对于作者来说则是直接经验，是格物致知之理。

林希元基于他的读经明理思想，对圣贤论学的方式作了说明。他认
为，圣贤在论学时，有的先讲上达（天命、性命、本体等世界观问题），
有的先说下学（日用常行、道德修养、治国平天下等具体问题），论述方
式有所偏重。林希元说：

> 圣贤论学，有自学者用功之始时言者，有自学者用功之终时言
> 者。自学者用功之始时言，则下学工夫独详而上达处略；自学者用
> 功之终时言，则详于上达而下学独略。今以《中庸》《大学》二书明
> 之，《大学》则曰格物、致知、诚意、正心、修身、齐家、治国、平
> 天下分作八件，如此其详悉；《中庸》只曰戒惧、谨独，初无许多条
> 件，何其略也。盖《大学》……人之学乃学者用功之始时事，故于
> 下学工夫不得不详。《中庸》则是工夫垂成之日，故不须复说下学底
> 事，只说戒惧谨独教人存养省察也。……《中庸》说下学虽
> 略。……此书之所主是上达事，故以开卷结卷见本意。③

林希元对圣贤论学方式的这种说明，是对朱熹所云"先读《大学》以定
规模，次读《论语》以立其根本，次读《孟子》以观其发越，次读《中
庸》以求古人之微妙处"④ 的进一步补充，对学者具有重要的指导意义。

（3）躬行实践为先，识见言论次之

在知和行的关系上，林希元不同意朱熹先知后行的说法，明确提出

---

① 《林次崖先生文集》卷七，《重刊四书蒙引序》。
② 《林次崖先生文集》卷七，《易经存疑序》。
③ 《林次崖先生文集》卷六，《与林国博论格物大学问疑书》。
④ 《朱子语类》卷十四，《大学》。

行先知后。林希元说：

> 自古圣贤之言学也，咸以躬行实践为先，识见言论次之。故傅
> 说告高宗曰："非知之艰，行之惟艰。"子贡问君子，子曰："先行其
> 言，而后从之。"圣贤之重行也如此。故世之论人物者，亦惟即其行
> 履之优劣而为评品之高下，知识文辞弗与焉。今世君子则惟知识文
> 词是尚，而行实不论矣。故听其言若伊周孔孟复出，考其实则市人
> 不如。忧世君子未尝不于是三致叹焉！①

林希元这种重行的思想是在与王学"致良知"说论战中得出来的。他认
为，"工于文者未必明于理"，"近世学术大坏，后生尚词华而略理"。② 这
就是说，王学未能真正明理，因为他们言行不一致。因此，林希元把王
学学者视为假道学。他说：

> 今之为道学者平日不闻穷究实践之功，一旦出来便巍然以孔孟
> 自任，前无古人。其徒之相唱和者亦不闻穷年积累之力，偶然会合
> 数语，相投便谓颜曾复出。……其所谓道学者皆虚伪不情。③

林希元基于其知行关系问题，进一步把认识论和人的道德修养结合
起来。他认为，考察一个人是否真正明理，首先要看他是否体现在行动
中。他强调个人道德修养的重要性，提出"先自治而后治人""其身正不
令而行"的命题。他说：

> 明德亲民自是两事，故曰物有本末，事有终始。……是两事也，
> 先自治而后治人，不易之理也，故曰其身正不令而行。……阳明说
> 道理乖戾处最多，然未有若此之甚者。④

林希元认为，王学的乖戾处是多方面，其中最主要的是颠倒了明德亲民
的关系，不懂得"先自治而后治人"是"不易之理"。在林希元看来，要
个人的道德修养达到纯熟，把封建的伦理道德关系自觉地体现在行动中

---

① 《林次崖先生文集》卷七，《困知记序》。
② 《林次崖先生文集》卷七，《重刊蔡虚斋先生批点四书程文序》。
③ 《林次崖先生文集》卷五，《与程举人默书》。
④ 《林次崖先生文集》卷六，《与林国博论格物大学问疑书》。

即"不令而行"。

在道德修养上，林希元特别强调养心的重要性。他认为："人生天地间只是自己身心要理会得透透彻彻停停当当，勿为邪说所胜所惑，是第一件事。"① 林希元还说：

> 田园连阡、牛羊被野……曾可恃乎？夫惟心田不在地不在天而在方寸间。其小不盈一掬，其大满乎六合，无经界，无沟洫，耕不春，耨不夏，收不秋。仁义以为种不资乎稻粱，敬恕以为耕不资乎耒耜，省察克治去稂莠也，礼乐诗书以灌溉也，不计其获而其获不可计，不计其利而其利不可量。②

在林希元看来，人心有无限的能动作用，它"无经界，无沟洫"，如果"省察克治去稂莠"，充满礼乐诗书之理，其作用不可计量。

林希元认为，养心之要是心诚意正。他说：

> 古之语学曰诚。诚也者不二之谓也。……诚则不二，是故一诚可以消百伪。古之语道曰正。正也者不偏之谓也。……正则不偏，是故一正可以消百邪。二者所以去心之害也。③

在这里，林希元把诚正释为学道，学通了圣贤之道，行为就能遵循着这一正确的方向，从而避免一切邪恶。这是林希元把诚正看作是"去心之害"的理由所在。在"去心之害"上，林希元不同意笼统地讲无欲，而同意孟子的寡欲。他说：

> 自学问将成之时言，故不复及穷理，而直言涵养，如《中庸》之言戒惧谨独耳。周子所谓无欲亦是学问垂成时事。……朱子谓其话头高急难凑泊，常人如何便得无欲。故伊川只说一个敬者，正有见乎此也。孟子所谓寡欲，这欲字与周子说欲字微不同，盖指男女饮食之类在人不可已者言，故曰寡。若是私欲一毫不可有，何得言

---

① 《林次崖先生文集》卷十二，《与林国博论格物大学问疑书》。
② 《林次崖先生文集》卷十二，《一田翁对》。
③ 《林次崖先生文集》卷八，《送举人邓汝宪之教政和序》。

寡也。①

在这里，对孟子的寡欲作了新的解释，认为寡欲还是有欲，如"男女饮食之类在人不可已者"，这种欲是人生存所必须，不能没有。这就是说，人不可无欲，但可寡欲。林希元肯定了人的生存的价值，对理学家的"去人欲"思想有所发展。在这里，林希元对周敦颐的无欲也作了新的解释，认为无欲即无私欲。对此，林希元进一步说：

> 凡事只论道理不问利害。……今人作事只是以一团私意包笼将去，更不论道理何如，上下交相助以济其私，号之以忠厚，此是人心世道一大变，不知流弊将何如也。可惧！可惧！②

林希元认为，凡事要遵循着一定的道理，完全按"私意"是"人心世道一大变"的根源。林希元这种思想反映了对当时动荡不安的社会现实的恐惧心理。

上面已经讲到，林希元最注重言行一致，以身作则。他以自己为例说明变化气质的重要性。林希元说：

> 大抵人气质最害事，圣贤只说德性变化，看来还是赋禀上占得分数多。元平生只是偏急，寻常都不见，遇事便发，旋发旋悔，竟不能祛除。尝读薛敬轩《读书录》谓："余性偏于急又易怒，因极力变化。"是知人性固有相似者，然薛公能一变至道，元犹夫人，为之奈何？！尚赖同志君子时加磨切尔。③

林希元谓自己本性难改，决心以大儒自期，并希望"同志君子时加磨切"，批评指正。我们抛开林希元所谓气质变化的内容不讲，就这种批评与自我批评的精神而言，在封建士大夫中是难能可贵的。对此，林希元的朋友张岳有所记述。他说：

> 南京大理评事次崖……祥刑之暇退坐是亭，默验天理流行之机，亦有与之相契者，乃取交翠之语名之，法濂溪也。夫濂溪之学已极

---

① 《林次崖先生文集》卷六，《与林国博论格物大学问疑书》。
② 《林次崖先生文集》卷五，《与舒国裳修撰同年书一》。
③ 《林次崖先生文集》卷五，《与张净峰提学书二》。

于明通公溥之妙矣，而日用之间即事即物所以体验涵泳此心者。……次厓读古人书，慕圣贤之道，优游弗舍务反诸躬，其评狱大理也，每以洗冤泽物为己责，亦有濂溪意思。①

这是理学家的所谓即物体验的道德修养方法。对于这种修养方法，林希元做得是比较好的。

（4）依可而行，因人而宜

认识的目的就是要掌握事物之理，然后依理而行，即严格按事物的规则办事。人的行为不能偏离事物的规则。林希元把这种事物的规则和人受规则的制约，叫作"可"。"可"是林希元哲学的一个重要范畴。林希元说：

> 可者，善事善物而惬于心，参诸天而不愧，质诸人而无非，是故谓之可。有物有则，可之本也；强恕而行，可之方也；礼仪三百，威仪三千（按指理的分殊），可之散见也。曰中曰善曰时曰义，可之别名也。可则圣，否则狂；可则得，否则失；可则兴，否则崩。故君子之于天下也，可而已矣。……夫可，事理之极，众会之通，王道之中，生人之止也。②

从其"有物有则，可之本也；强恕而行，可之方也"可知，林希元所谓"可"，包含有主观和客观两个方面的意义。林希元又说：

> 圣贤言语千变万化，各有所由。固有相同处，亦有不同处。必欲比而同之则惑矣。譬之医家用药或攻其表，或攻其里，或补其血，或补其气，或血气并补，俱是随各人身上病痛处方，不得相同。③

林希元认为，立言处事要依据情况的变化而变化，不能千篇一律，就像医家因病施方一样。林希元这种思想含有某些朴素辩证法的因素。

（四）人生观、历史观和社会伦理学说

林希元提出比较积极的人生观。他认为，一个人要对社会有贡献才

---

① 《小山类稿》卷十四，《交翠亭记》。
② 《林次崖先生文集》卷十，《可亭记》。
③ 《林次崖先生文集》卷六，《与林国博论格物大学问疑书》。

有意义，如果"使生无益于时，无益于后，则虽长生久视如侯安期，生之属亦与草木同腐者等耳"①。在林希元看来，对社会有贡献主要表现在士之从政上。他提出"士生天地，学与仕而已。学所以求其仕也，仕所以行其学也"②。对学与仕，以及为人处世，林希元概括四句诀。他说：

> 正志以立本，积学以致用，知几以行道，执让以居美。四者缺一不可以立于天下。故志正而学不至，虽有其本非用也；用利而几不达，虽有其道弗行也；道行而让弗逮，虽有其美弗居也。③

这四句诀可以说是林希元的世界观、认识论和人生观的概括。他的人生观是以其哲学思想为基础的。

理学家大都崇尚三代之治，林希元曾把弘治以前明朝之强盛称为"治道骎骎进于古昔"④。但是，林希元认为，历史是发展的，一盛一衰，衰而又盛，相因无穷；古变为今，而今不能复为古。林希元说：

> 古之文不能不变而为今，犹今之时不可复而为古也。时既不可复古，文乃不欲为今，其可得乎？盖文章根乎元气。元气之行于宇宙间也，一盛一衰，衰而又盛，相因于无穷。文章以之，故三代之文至战国而衰，汉兴复盛，汉之文至南北朝而衰，唐兴复盛，唐之文至五季而衰，宋兴复盛。……文之制则随时以变，而各适于用。盖世道与时变迁，圣人因时立政，故帝王礼乐不相沿袭，……文无古今，适用则贵。⑤

由于世道与时事变迁，施政要因时而立。由于时代不同了，帝王之"礼乐"（政治制度）也不能完全沿袭旧的，要根据新的历史情况重新制定。"文无古今，适用为贵"这句话是正确的。由此，林希元提出"世道随时而迁变，帝王因时而制治"⑥ 这一确切的命题。

---

① 《林次崖先生文集》卷七，《卞鹤皋荣寿编序》。
② 《蔡文庄公集》卷八，《重刊四书蒙引叙》。
③ 《林次崖先生文集》卷八，《送钟天庆理副考绩之京序》。
④ 《林次崖先生文集》卷七，《送张净峰郡守提学浙江序》。
⑤ 《林次崖先生文集》卷九，《古文类抄序》。
⑥ 《林次崖先生文集》卷九，《赠郡侯西川方公朝觐序》。

　　林希元继承了张载提出、朱熹加以发展的"民胞物与"的泛爱社会伦理学说。他从同类之人与吾比肩而皆是天地所生出发，提出"己之欲人皆同之""推己之心以及人"的命题，要求爱一切人如爱同胞手足一样，进一步扩大到仁者浑然与物同体。这种泛爱的社会伦理学说在一定程度上是同情人民疾苦的。林希元认为要爱人必须破除私欲之累。他说：

　　人以一身生天地间，其同类之人与吾比肩而皆父母于天地，虽父母于天地而形骸各异，形骸既异，则人己于是乎分。人己虽分，其父母于天地一也。圣人不以形骸之异视斯人也，而以父母之同视斯人，故视天下无非我，而一心之仁常涵濡灌溉乎天下，故曰仁者浑然与物同体。仁者与物同体，而人每不能者何也？私欲累之也，盖人有血气形骸之躯，则有耳目口鼻四肢之欲，人同此心则同此欲，人同此欲则必求遂，求而不遂则争于是乎起，夫人并起而争欲，则自私自利而伤同仁之体矣。……然自私自利者，人之情也，安能使之同其欲哉！圣人于是有术焉。……于是恕之说立焉。盖以己之所欲度乎人，知人之所欲同乎我，必不敢自私，而推之人，则己之欲人皆同之。仁于是乎在矣，是皆本心之明而觉其如此。……圣人所以转移人心，其妙莫过于此，故曰可谓人之方也已。嗟夫！使天下之人皆从事于恕而推己之心以及人，……天下治矣。①

朱熹提出"存天理，去人欲"。林希元却充分地阐明了人皆有欲，是人之情，"以己之所欲度于人，知人之所欲同乎我"。这是林希元高于朱熹的地方。不过，林希元和朱熹及其他朱子学者一样，竭立夸大德教的作用，而在德教中又特别强调恕的作用。

　　林希元基于其人皆有欲是人之情的思想，提出尽性的治民学说。他说：

　　牧民如树蔬果，违其性则颠，伤其气则瘁，培养亏则弗荣，静以康之，仁以生之，政以惠养之。牧之道无出此矣。②

---

① 《林次崖先生文集》卷十一，《罗子号推吾说》。
② 《林次崖先生文集》卷八，《赠陆子知邹序》。

这是一种尽性论的人性论。同时，林希元还进一步认为，为政要为民着想，提出"凡有利于民者攘臂为之，虽难弗避；弗利于民者极力避之，虽小弗为"①。他揭露和激烈抨击当时的贪官污吏。林希元说：

> 海寇自癸卯（按嘉靖廿二年）秋，元以济国之难悉心经昼于今三年矣。当道莫之省，而生民之害日甚，姑付之无可奈何而已。……今贪官污吏豪右，害民滋甚，此大盗也。②

林希元这种"贪官污吏害民甚于大盗"和唐代柳宗元的"苛政猛于虎"的思想是一脉相承的，这是封建社会的进步思想家对处于水深火热中的广大劳苦人民的无限同情的呼吁！林希元还进一步指出：

> 夫政在于去害而兴利。……民有三害有四利。何谓三害？曰：里甲也，奸吏也，豪侠也。四利？曰：农桑也，储积也，工商也，学校也。③

林希元这种为官清廉、为民着想的思想，在当时极端腐败的士大夫阶层中，确实是难能可贵的。

林希元和其他朱子学者一样，极端重视教育。他认为，培养人才，朝廷善用人才是治理天下的根本。林希元说："治教之隆否在人才，人才之成否在学校。学校师儒之责良亦重矣。故曰师道立则善人多，善人多则朝廷正而天下治。"④ 又说：

> 夫上天生才不齐，有才者不必有德，有德者不必有才，长于学者或短于政，长于政者或短于学。古先圣王立贤无方，才德学政咸得其用。……国初用人犹有古意，孝廉贤良人才明经与岁贡并进，时称得人。自进士开科，用人之路始狭，生民之祸亦始于此。……宋太宗曰："科举取士非敢望拔十得五，只得一二亦可以为致治之具。"斯名言也！予恐一二犹未能得耳，今每科进士不下三百余人，

---

① 《林次崖先生文集》卷五，《送郡侯熊北潭考绩序》。
② 《林次崖先生文集》卷五，《与周崦庵廉宪书》。
③ 《林次崖先生文集》卷七，《贺朱平川节判擢知高明县序》。
④ 《林次崖先生文集》卷八，《赠龙岩学博贺君奖励序》。

其问德业闻望卓然命世者有几，其误国殄民者岂少乎！故愚谓欲增科甲之额不如广仕进之路。①

在林希元看来，教育要以纲常教育为主要内容。他认为："三纲五常，人道之大；人若失此，禽兽无异……五伦克尽，教化斯行；祸乱不作，天下和平。"② 对于朝廷的用人，林希元提出《新政之要》，指出："用人行政之大端，其曰：息内臣机务以拔祸根，罢内臣镇守以厚邦本。"③ 对此，清人雷铉评为："呜呼！当日能用斯言，何至叔季之万事瓦裂哉。"④ 林希元的教育思想值得进一步研究。

附：林希元著作简介

《更定大学经传定本》1 卷 此书复《大学》古本之说，与朱熹所定《大学经传》有所不同。明嘉靖二十八年（1549 年），诏禁此书，林希元因此褫职为民。

《易经存疑》12 卷 此书用注疏本，其解经文一以朱子本义为主，多引蔡清《易经蒙引》，是继《蒙引》而作。此书与朱子《易本义》有所不同，故曰"有疑"。是存朱子之疑，以羽翼朱子之传义。此书本为科举之学，故主于祧汉而尊宋。此书研究义理持论谨严，犹有笃实之风。此书首次刊于万历二年（1574 年）。清康熙年间重刊，乾隆年间再次重刊，《四库全书》录此书。国家图书馆有明万历二年刻本。

《林次崖先生文集》18 卷 为其子所编辑，凡奏议 4 卷、书 2 卷、序 3 卷、记碑 1 卷、论说议 1 卷、杂著 1 卷、志表 1 卷、传行状 1 卷、祭文哀词 2 卷、诗 2 卷。是集诗文宗朱熹、蔡清，皆惟意所如，务尽所言乃止，往往俚语与雅词相参，俪句与散体间用。此书有明万历刻本，清乾隆、光绪重刊本。国家图书馆藏明万历刻本。

《荒政丛言》12 卷 此为林希元任广东按察司佥事时，关于解救民苦所上皇帝书。凡六纲二十三目，论述如何体悉民情。参酌古法，提出益

---

① 《林次崖先生文集》卷九，《送惠安陈蛟池邑侯入觐序》。
② 《林次崖先生文集》卷十二，《训蒙四言》。
③ 转引自《经笥堂文钞》卷上，《林次崖先生文集序》。
④ 《经笥堂文钞》卷上，《林次崖先生文集序》。

民方法。此书现存本在《墨海金壶·史部·荒政丛书》《守山阁丛书·史部·荒政丛书》《瓶华书屋丛书·荒政丛书》等丛书中。

《自鸣稿》3 卷　系其引疾至谪官以来所作之诗文。题曰自鸣稿，是取唐代韩愈凡物不得平则鸣之语。

《南国谈兵录》13 卷　系其在淮泗和岭南任地方官处理军务时的疏、议、书。此书说明林希元察机料敌颇无遗算。

《四书存疑》12 卷

《嘉靖永春县志》9 卷

《嘉靖钦州府志》9 卷

《钦州政略》9 卷

《读史疑断》2 卷

《考古异闻》1 卷

《古文类钞》4 卷

《批点四书程文》7 卷

《怀兰集》2 卷

《三苏文粹》4 卷

《太极图解》1 卷

《大理寺志》11 卷

《林次崖奏议》2 卷

五　黄道周

（一）生平事迹

黄道周，字幼平，号石斋，学者称石斋先生，谥忠烈。漳浦东山（今福建东山县）人。生于明神宗万历十三年（1585 年），清顺治三年（1646 年）殉节。明天启二年（1622 年）进士。天启、崇祯朝任翰林编修、詹事府詹事等。在南明弘光朝，任礼部尚书，后又拥立朱聿键于福州，位居相辅，以兵部尚书的身份率兵抗清，失败被俘，不屈，殉节于金陵（今南京）。

黄道周家境贫困，无力延师，幼年多出于家教。七岁读书，过目成诵。"凡数年，自经传子籍，旁及诗、赋、声律、铅汞、阴阳之学，无不耽精玄览焉"①。年十九、二十，关心国事，"献《时事策》，以干藩臬"，"往阙下上书不果"，"知王道难行也"，随之著《易本象》8 卷，试图"明天人之际"。不久，东林党人周起元被阉党迫害下狱。黄道周"在家倾凑，得数千金随众损助"，进行营救。天启六年（1626 年），母病故，在家守墓，撰《三易洞机》。书成，"辞墓出山"，返都。②

崇祯十年（1637 年），黄道周升任少詹事，充经筵讲官。次年，《孝经大传》成。崇祯十四年（1641 年），因解学龙荐人才，疑其结党，黄道周牵连入狱。他在狱中上书所言："臣通籍二十载，历俸未三年。"③ 黄道周是封建时代的正直士大夫，严操守、重气节、刚直敢言，所陈时政切中时弊，"公卿多畏而忌之"。而崇祯帝刚愎自用，难以任贤从谏。时代决定了黄道周的悲剧命运。后谪广西，不久平反。居家，撰《坊记表记集成》等。弘光元年（1645 年）五月，南京陷落，弘光朝复灭。七月，他率领部下和门人 1000 多人抗清，战败，被俘。不屈，次年三月，就义于南京东华门外，时年 62 岁。

黄道周在学术方面无师承。他除居官外，一生精力主要从事著述、讲学，"海内从之问业者"达几千人，史称"学贯古今"。他著述宏富，约 40 种，近 200 卷，数百万言。以论《易》较多，受北宋理学家邵雍的影响，注重象数。黄道周的思想体系比较复杂，在理学思想方面，基本上倾向于朱子学，也调和朱、陆，如他在《朱陆刊疑》一文中说：

> 用子静以救晦翁，用晦翁以剂子静。使子静不失于高明，晦翁不滞于沈潜，虽思、孟复生，何间之有？④

在《子静直指》一文中又以为"阳明全是濂溪学问，做出子静事功"⑤。

---

① 《黄忠端公年谱》卷一。
② 《黄石斋先生年谱》。
③ 《黄忠端公年谱》卷二。
④ 《黄漳浦集》卷三〇。
⑤ 《黄漳浦集》卷三〇。

他在自然观、认识论等方面对理学传统有所背离。

黄道周的著作，现在通常能见到的汇编本有《石斋先生经传九种》和《黄漳浦集》。

（二）世界观

黄道周学问渊博，尤喜研讨《易》学。上推天道，下验人事，精于天文历数。在他所著《博物典汇》一书中，他总结了以往天文、历象和历代典章制度的知识。此书后人评价很高。蔡方炳说：

> （此书）萃三书（《通典》《通志》《文献通考》）之至精，补三书之未及，约而该、博而有要。①

黄道周的自然观主要来自《周易》《洪范》《月令》等中的阴阳五行说以及东汉张衡的浑天说。黄道周认为，气是构成世界的基本要素。他说：

> 阴阳者，天地之气；五行者，天地之质。气质具而性命行乎其中。②

他把阴阳二气和金、木、水、火、土"五行"看作是构成天地万物的物质元素。他还是强调作为阴阳二气的"太极"乃是天地万物的本原。他说：

> 盖天以二气五行化生万物。……性命之原，本于太极。③

他认为，"太极与阴阳，总是一个"④。黄道周把"太极"看作是阴阳二气，是据《周易》的"易有太极，是生两仪"的观点。所谓"两仪"，即是由"太极"所生成的天地，也就是黄道周所说的"阴阳者，天地之气"。他强调，有了阴阳之气，才有天地的形成和人类万物的产生，才出现"时有寒暑""日有昼夜"等自然界的变化，以及"积成自然，序数可

---

① ［清］蔡方炳：《重订博物典汇序》。
② ［明］黄道周：《洪范明义》卷下，《叙畴章》。
③ 《洪范明义》卷上，《访箕章》。
④ ［明］黄道周：《榕坛问业》卷十四。

别"的变化规律。① 这说明黄道周的本体论的基本观点是"气"（"太极"）。黄道周正是在以"气"为宇宙本体的基础上，接受了张衡的浑天说，并运用浑天说的观点来解析地球和天上其他星球不坠的原因。他赞同后期浑天说把大地看作是个宇宙空间的圆球的理论。他说：

> 天之形状如鸡卵。地居其中，天包地外，犹卵之裹黄，圆如弹丸，刚气围合，包络凝固不散。大地孤悬虚空而无坠陷以此，天上之星辰河汉悬空不坠，亦以此。②

黄道周的这种观点，已经突破了张衡关于地球"载水而浮"的浑天说，继承和发展了宣夜说和后期浑天说的观点，认为地球和其他星球之所以不坠，是由于它们都悬浮于空气之中，"刚气围合，包络凝固不散"。他又进而用张载"地在气中"而不坠的观点来说明浮悬于空中的其他星球。③

（三）易学思想

黄道周认为，治《易》要"推明天地，本于自然"。④ 《易》理是对日、月、天地等自然界及其变化规律的认识，因而治《易》就得如实反映日、月、天地的自然形态及其变化规律；否则就不能称为真正的《易》学。他说：

> 凡易，本于日月，与天地相似；其有不准于天地、本于日月者，非易也。天地之用，托于日月，日运南北以为寒暑，月行迟疾以为朔望，气周相缠，或盈或虚，各以其节，积久而合，纤毫秒忽不可废也。⑤

黄道周之所以强调治《易》要"本于日月""准于天地"，是因为"天地悬象莫大于日月"，有了日月，才有水、火、山、泽、风、雷等自然物的

① 《榕坛问业》卷六。
② ［明］黄道周：《博物典汇》卷一，《天文》。
③ 《正蒙·参两篇》。
④ ［明］黄道周：《易象正》序例。
⑤ 《易象正》序例。

产生和变化，所以他根据古训把"象"说成是"日月之谓也"。他说：

> 天地悬象莫大于日月，有日月而后有水火，有水火而后有山泽，有山泽而后有风雷。水火生于日月，风雷发于山泽。日月不明，山泽不灵。故象者，日月之谓也。①

他认为，象就是日月的自然之理，是对太阳、月球的作用和其变化规律的表述；因此，治《易》者当然要以"天道为经""日月为本"。② 对于那些轻视自然之道的"世之谈《易》者"，黄道周认为只是"略举阴阳、粗明气象而已"，并批评这些人"专谈理义以为性命"③ 的倾向。

（四）人性论

黄宗羲在《明儒学案》中对黄道周的人性论曾有评论，说他"深辩宋儒气质之性之非"。④ 这说明黄道周的人性论与传统理学家的人性论有同有异，有自己的特点。

在人性的本源问题上，黄道周认为，人性源于天，性自天命，把人性和"天命"完全等同起来，谓"性是天命"⑤。这和程颐所谓"在天为命，在义为理，在人为性"的观点⑥，以及朱熹说的"天地之性"为作"天命之性"的说法是一致的⑦。这种说法抹煞了人性的社会性。黄道周吸取了《孟子》"诚者，天之道也；思诚者，人之道也"⑧，以及《中庸》"诚者，天之道也；诚之者，人之道也"⑨ 的观点，认为天命之性的道德内容，来源于"诚"，并得出了"诚是性之本体，至诚是明诚之极功"的结论。⑩ 黄道周把"诚"看作天命之性的本体，突出天命之性的道德内

---

① 《易象正》卷初上，《大象十二图序》。
② 《易象正》序例。
③ 《易象正》序例。
④ 《明儒学案》卷五十六，《诸儒学案·黄道周》。
⑤ 《榕坛问业》卷十一。
⑥ 《二程遗书》卷十八。
⑦ 《朱子语类》卷四，《性理一》。
⑧ 《孟子·离娄上》。
⑨ 《中庸》。
⑩ 《榕坛问业》卷十一。

容。这说明黄道周和其他理学家一样，企图贯通天人，想从本体论中寻求封建道德合理性的依据。不过，这样他就违背了自己在自然观上不信天命鬼神而重客观自然规律的观点，陷入了理学家思诚、立诚的窠臼。

黄道周认为，从根本上讲天命之性是至善的。他根据《周易》"继之者善，成之者性"的观点，把天赋的"善性"看作是万物的根源。他说：

> 宇宙圣贤总是善念做起，这个善念在天为明命，则日不已；在人为至诚，则日无息。无息不已，正是恒处。故《易》曰继善成性。[①]

> 《易》云："继之者善，成之者性"，善继天地，性成万物。继天立极，是性根上事，范围曲成，是性量上事。善是万物所得以生，性是万物所得以成。[②]

他强调天命之性的"善"是绝对的、永恒的，因为"性是天命，生是物质，物质虽雕，天命不死"。黄道周反对宋代理学家把"性"分为"天命之性"（或称"天地之性"）和"气质之性"，以及他们企图从先天气禀的不同中去寻找由"善"变"恶"的根源。他坚持天性皆善，认为人之所以变"恶"或"愚"，皆是后天的习染不同所致。此即其所谓"皆是习，岂是性"。他说：

> 气有清浊，质有敏钝，自是气质，何关性上事。如火以炎上为性，光者是气，其丽于木而有明暗、有青赤、有燥湿，是质，岂是性？水以润下为性，流者是气，其丽于土而有轻重、有晶淖、有甘苦，是质，岂是性？[③]

在黄道周看来，"猿静、狙躁、猫义、鼠贪、鸢直、羔驯、雁序、雉介，此皆是质上事，不关性事"[④]。黄道周从天性皆善的观点出发，认为即使像桀、纣这样残暴昏庸的君主，其本性"其初亦近于尧、舜，此处便是性善"。正因为人的天性皆善，即使古代贤君如尧、舜者，也决不能说他

① 《榕坛问业》卷十四。
② 《榕坛问业》卷十。
③ 《榕坛问业》卷十七。
④ 《榕坛问业》卷十。

们"无禹、皋护持，必至于桀、纣也"。这是由于"继善成性，是天命合人的道理；继志述事，是人道合天的道理"。黄道周说：

> 学者一切以周、孔为师，参稽于《学》《庸》，沈浸于《语》《孟》，得其间十行、百行，自做得善人。①

就是说，要贯通天人，继善成性，就不会被恶习所染而由"善"变为"恶"。黄道周如此强调天性皆善，其目的就是上引黄宗羲所说的"深辩宋儒气质之性之非"。

附：黄道周著作简介

《石斋十二书》196 卷　明洪思编。含《易象正》等 12 种、《黄子录》、《黄子外录》、《黄子讲问》及经解等。

《黄道周所著书三种》　清道光五年（1825 年）刊，藏台湾"中央研究院"历史语言研究所。

《明黄道周集》　日本东京大学东洋文献中心编。

《乾坤正气集·黄石斋先生集》16 卷　清姚莹等辑校。清道光十八年（1838 年）泾县潘氏付刊。清同治五年（1868 年）印行。

《黄漳浦集》50 卷年谱 2 卷　别称《漳浦黄忠公全集》。清陈寿祺编。除《黄石斋未刻稿》外，黄道周的诗文几乎全部收入。文 815 篇，诗 702 首，词 1 首。并作详细校勘。旧排本出版情况不详。台湾大通书局于 1987 年出版《黄漳浦文选》6 卷（《台湾文献丛刊》第 8 辑）。

《黄石斋未刊稿》1 卷　清吕留良编。在郑振铎编《玄览堂丛书》中。

---

① 《黄漳浦集》卷三〇，《子静直指》。

第七章　清代初期福建朱子学

一　清初朱子学的复兴

清代的学术思想大致可以分为三个时期：清初朱学与王学之争，朱学占上风，朱子学复兴；清中季乾嘉时期汉学与宋学（主要是朱子学）之争，汉学占上风，考据学复兴；清末西学（新学）与中学（旧学，主要是朱子学）之争，这期间朱子学的传衍已接近尾声，只是在咸同之际，一度出现回光返照的所谓"中兴"。

1644 年，清军入关，打败了刚占领北京推翻明朝的李自成农民起义军，以北京为首都建立起大清帝国。清朝从入关至公元 1911 年灭亡，有 268 年之久。清初至雍正年间（1723—1735），历经顺治、康熙、雍正三朝，将近一个世纪，称为初期，是其巩固和发展时期。本章就是论述这个时期的福建朱子学。

清政府慑于广大汉族及其他民族的反抗，采取了不少减轻人民负担的措施，如实行明朝废而不行的"一条鞭法"，农民只纳一项地税，税率也比较轻，其他各项明朝所实行的苛捐杂税，全部豁免。特别是，由于明末农民大起义和军阀混战，冲击了各种地主庄园，使农民又有机会和土地结合，产生了大批自耕农和中小地主，缓和了地主和农民的一些矛盾。这就促进了农业生产的恢复和发展。

清代的社会经济，是农业和家庭手工业相结合的自然经济。清政府由于害怕沿海人民和海外通气进行反抗，采取严格的闭关政策。明代已经开始发生的工场手工业和海外贸易，在清初没有得到发展，初期的资本主义萌芽遭到窒息。中国资本主义的发展被阻断了。

清政府在文化教育和学术思想领域实行高压和利诱并用的政策。他们禁锢一切自由思想。连王阳明的"致良知"也被认为有点危险，遭到禁止。对于流露民族思想的知识分子，大兴文字狱，并株连到不少人。最著名的是吕留良狱。吕留良是著名的朱子学家，著书阐明民族大义，提出"华夷之辨"大于"君臣之伦"，实际上是不承认清政府为合法的中国统治者。当时清朝统治者认为，要统治中国，就要用儒家思想；要用儒家思想，就必须用程朱理学，但又害怕程朱理学中的民族大义。因此就借着吕留良案，大兴文字狱，妄图扼杀程朱理学中的民族思想，把程朱理学作为他们统治各族人民的思想工具。同时，设立博学鸿词科来招揽明朝遗留下来的名士，除黄宗羲、顾炎武、傅山、李颙、万斯同等人，其他大部分应诏。清政府恢复明代八股取士，招揽热衷于功名利禄的知识分子，使其醉心于学而优则仕；大规模编纂书籍，既可以拉拢知识分子，又可以修书扬名。

例如，康熙二十三年（1690 年）开始编纂《大清会典》，历康熙、雍正、乾隆、嘉庆、光绪五朝共 2000 多卷；康熙五十年（1711 年），编成《佩文韵府》444 卷；康熙五十二年（1713 年），编纂《渊鉴类函》450 卷、《朱子全书》66 卷；康熙五十四年（1715 年），编辑《性理精义》12 卷；康熙五十五年（1716 年），编辑《康熙字典》42 卷；康熙五十八年（1719 年）开始编纂、雍正四年（1726 年）成书的《骈字类编》240 卷；雍正四年（1726 年），编成《古今图书集成》1 万卷等。乾隆三十八年（1773 年）开馆纂修《四库全书》，共收书 3460 余种……从而使一些学者忙于编纂无暇于政治，达到了清初思想意识领域的相对稳定。

清朝统治者总结元朝以来的统治经验，认识到朱子学是最好的思想武器。清朝从建国至末年德宗光绪三十一年（1905 年），仍沿用元明以朱熹所定"四书"及其注释为国家考试和学校教育的基本课本。清圣祖康熙皇帝说：

朱夫子集大成而继千百年绝传之学，开愚蒙而立亿万世一定之规。①

这就是说，朱子学是最正统的儒学，是治国安民的主导思想。因此，康熙皇帝强调要把以朱学为代表的理学贯穿于实际生活中，提出"凡所贵道学者，必在身体力行，见诸实事，非徒托之空言"。他又说：

> 日用常行，无非此理，自有理学名目，彼此辩论，朕见言行不相符者甚多。终日讲理学，而所行之事，全与其言悖谬，岂可谓之理学？若口虽不讲，而行事皆与道理吻合，此即真理学也。②

康熙皇帝自谓，他从八岁开始就精心研究朱熹所注《大学》《中庸》，愉快并终身研读儒家经典。他在位 61 年，殿召名儒讲经，有时讲经还在上朝以前，始则隔日一讲，后则每日俱讲，甚至盛夏和在西南叛变时亦讲习不辍。自谓"读书五十载，只认得朱子一生所作何事"。在康熙十年（1671 年），他派两程后裔为"五经"筵席。康熙二十四年（1685 年），周敦颐后裔亦复如是。他谓数十年来得宋儒之实据，远胜于从前汉唐诸儒。康熙五十一年（1712 年），以朱子有功圣道，特进木主于十哲之下，升朱熹配祀孔庙十哲之列（以往只把朱熹放在孔庙两廊）。康熙五十三年（1714 年）和五十四年（1715 年），先后谕敕李光地编纂《朱子全书》《性理精义》《周易折中》等，阐明性理，颁行全国，以广流传，此外，还编纂《理学真伪论》《孝经衍义》《诗经传说汇纂》《书经传说汇纂》《春秋传说汇纂》《性理精蕴》等，用朱子学统一天下言论和思想。康熙皇帝对不同的朱子学派曲躬包容，都予以肯定。清人陈庚焕谓"我圣祖仁皇帝，表章发明朱子之学，转益尊显，折中垂法，且永永无斁"③。清人蓝鼎元说：

> 圣祖仁皇帝（按即康熙）升朱子从祀于孔门十哲之班，尊宗极至，千载无匹。学者知尊朱子，而一以居敬穷理为宗，内外本未交相培养，虽日挞而求其为陆王之学不可得矣，而佛老之悖谬昭彰，

①　《圣祖仁皇帝御制文》第四集卷二十一，《朱子全书序》。
②　《大清圣祖仁皇帝实录》卷一百十五、卷一百十二。
③　《惕园初稿·闽学源流说》。

三尺童子能知之，其不为所惑又无足论也。^①

清人昭梿亦说：

> 仁皇（按即康熙）夙好程朱，深谈性理……虽宿儒耆学，莫能窥测……尝出《理学真伪论》以试词林。又刊定《性理大全》《朱子全书》等书。特命朱子配祠十哲之列。故当时宋学昌明。世多醇儒耆学，风俗醇厚，非后所能及也。^②

由于康熙皇帝对朱熹"最为尊崇，天下士子莫不奉为准绳"^③。在康熙皇帝大力提倡下，清初乃朱子学之天下。它控制了社会意识的各个领域。

清初朱子学之盛行，也是中国学术思想发展的必然结果。清初朱子学的复兴，可以说是对王学的反动。前面讲到，明中叶以后，王阳明学说盛行，使朱子学衰落。王阳明学说与佛教禅宗直接结合，其末流极端空疏和诞妄。他们以禅宗所谓"不立文字""明心见性""顿悟成佛"为指导，提出"何必读书，然后为学""满街皆是圣人""放下屠刀，立地可以成佛"等。他们蔑视礼法和经典，夸大主观的作用，成为狂禅。清陆陇其说：

> 王氏之学遍天下，几以为圣人复起，而古先圣贤下学上达之遗法，灭裂无余。学术坏而风俗随之。其弊也，至于荡轶礼法，蔑视伦常，天下之人，恣睢横肆，不复自安于规矩绳墨之内，而百病交作……至于启、祯（按即天启和崇祯，1621—1644）之际，风俗愈坏，礼义扫地，以至于不可收拾。其所从来，非一日矣。^④

清顾炎武亦说：

> 今之学者，偶有所窥，则欲尽废先儒之说而出其上。不学，则借"一贯"之言，以文其陋；无行，则逃之性命之乡，以使人不

---

① 《棉阳学准》卷五，《道学源流》。
② 《啸亭杂录》卷一，《崇理学》。
③ 《高宗纯皇帝实录》，卷一百五十一。
④ 《三鱼堂文集》卷二，《学术辩》上。

可诘。①

这是说王阳明学说在明末清初学术界的恶劣影响。明末清初的一些学者大都把明朝的灭亡归罪于王学末流的腐败学风。顾炎武又说：

> 以一人而易天下，其流风至于百有余年之久者，古有之矣。……其在于今，则王伯安（按王守仁）之良知是也。②

清人李元度亦说：

> 论者谓明之亡，不亡于朋党，不亡于寇盗，而亡于学术。意以此归狱阳明。③

上面提到的陆陇其谓"愚以为明之天下，不亡于寇盗，不亡于朋党，而亡于学术"④，因此，清初大多数学者感到王学非抛弃不可。王学盛而复衰，朱学衰而复盛，是势所必然。

另一方面，由于"明之季年，王学末流滉洋恣肆或流为狂禅"⑤。维护自由、荡轶礼法、不满强权的思想家和反清志士俱多为王学的崇拜者。自程朱理学与陆王心学对抗以来，在朝者懂得扬程朱而抑陆王，诚属最佳策略之运用。因此，清初扶朱抑王，宣扬朱学胜于王学，是当时统治阶级所需要的。

清初全国著名朱学家辈出，东有陆陇其（字稼书，浙江平湖人）、陆世仪（字道威，号桴亭，江苏太仓人）、张履祥（字考夫，号念芝，浙江桐乡人），中有李颙（字中孚，号二曲，陕西周至人）、张伯行（字孝先，号敬庵，河南仪封人）、汤斌（字孔伯，河南睢县人），北有孙奇逢（字启泰，河北容城人），南有李光地、蔡世远、蓝鼎元、童能灵（皆为福建人），等等。

清初朱子学者有的以董仲舒的"罢黜百家，独尊儒术"自拟，提出要罢黜朱子学以外的一切学说，独宗朱子学。陆陇其说：

---

① 《日知录》卷十八，《朱子晚年定论》。
② 《日知录》卷十八，《朱子晚年定论》。
③ 《国朝先正事略》卷三十，《彭南畇先生事略》。
④ 《三鱼堂文集》卷二，《学术辨》上。
⑤ 《惕园初稿·闽学源流说》。

今之论学者无他，亦宗朱子而已。宗朱子为正学，不宗朱子即非正学。董子云："诸不在六艺之科，孔子之术者，皆绝其道，勿使并进，然后统纪可一，而法度可明。"今有不宗朱子者，亦当绝其道，勿使并进，然后统纪可一，而法度可明。今有不宗朱子者，亦当绝其道。①

钱林说："专以朱子为宗，异于朱子即谓为异端。"② 陆世仪攻击王学不遗余力，其卫道之精神最炽，实为朱学之干城。清代学者唐鉴说，陆世仪为学"以格致诚正修齐治平为程，以居敬穷理、省察克治为工夫。谓只一提敬字，便觉此身举止动作如在明镜中"③。清代学者张伯行说："或以陆子为朱子后一人，则余不敢知。然其于内圣外王之道，六经、四子、周程张朱之书，思之辨之，既已有素，不可谓非正学之干城也。"④

汤斌被称为一代最完美的朱子学家。清代学者方苞在《请以汤斌从祀文庙及熊赐履郭琇入贤良祠札子》中谓："汤斌实学躬行，与陇其相匹；而立朝大节，则尤彰显。故五十年来，学者号称汤陆。或谓其讲学之书虽宗朱子，而亦间取陆王。"⑤ 汤斌学宗朱子，又能吸取陆王的优点来发展朱子学。

李光地一尊朱子学。论学以志、敬、知、行为序，又好治经术，于历数亦精。其学问所向与朱子同。

李颙虽说尊奉王学，但却反对王学的空疏风尚。他主张"取二程、朱子及康斋（吴与弼）、敬轩（薛瑄）、泾野、整庵（罗钦顺）之书玩索，以尽践履之功"⑥。李颙教人切己反躬，其学与陆王心学迥异，而与程朱理学相吻合。他虽出阳明学，实为朱子学。

孙奇逢初宗陆王，晚倾慕朱熹理学，潜心于宋朝濂洛诸儒。孙奇逢的门人魏连陆、耿介、张沐，颜元的门人李恕谷，皆笃守其师说，趋向

---

① 《学案小识》卷一，《传道学案·平湖陆先生》。
② ［清］钱林：《文献徵存录》卷一，《陆陇其》。
③ 《学案小识》卷二，《传道学案·太仓陆先生》。
④ 《思辨录辑要》序。
⑤ 《望溪先生集外集》卷二。
⑥ ［清］李元度：《国朝先正事略》卷二十七，《李二曲先生事略》。

朱子学。张履祥开始向刘宗周问学，倾向于王学，其后宗程朱。王夫之虽反对理学，但他也称颂朱熹。张尔岐好谈理学，兼治经术，其学以程朱为宗。当时大官僚而兼以程朱理学著名者，除汤斌、李光地、张伯行外，还有魏象枢（刑部尚书）、魏裔介（大学士）、熊赐履（大学士）等人。由上可知，清初朱子学极为盛行，清初学者尊奉朱子学的，十有八九。

随着清初全国朱子学乘明末王学衰落而兴起的趋势，福建学者几乎百分之百尊崇朱子学。清初福建朱子学与全国相比，尤为盛行。究其原因大致有三个。一是由于朝廷对福建特别大力提倡。康熙皇帝每与福建朱子学者李光地谈《易》，辄至子夜，诸侍从皆枕以待。乾隆皇帝称福建为理学之乡。康熙朝有个巡抚叫德舒，他在奏议中说："闽省人民，往往创立会名，联合声势，刊伪印，散伪札，妄悖猖狂，蛊惑人心。"这就是说，朝廷之所以要表彰福建朱子学者，是在于箝制福建人民的反抗。二是由于张伯行的大力提倡。河南仪封人张伯行平生笃信朱子学，来福建任巡抚后不遗余力提倡朱子学，极力表彰福建朱子学家，在福建编辑出版了大量朱子学者著作，大约有几十种，如《濂洛关闽书》十九卷，并立鳌峰书院等作为宣扬朱子学的阵地，聘请著名福建朱子学家作院主和教授，培养了大批福建朱子学者。清人陈庚焕说：

> 仪封（按张伯行）抚闽倡兴实学，九郡（按清时福建分为福宁、福州、兴化、泉州、漳州、汀州、建州、延平、邵武九府）之士翕然向风。[①]

可见，张伯行在福建推广朱子学，其影响是深远的。三是福建是朱子学的故乡，有阐扬朱子学的传统。陈庚焕又说：

> 自宋以来，闽士蔚兴，与中州埒。道南一脉，远绍洙峰（泗），举濂洛关之统悉荟萃于闽。至今天下之士宗闽学焉。[②]

这就是说，南宋以来，福建朱子学（闽学）集中了濂关之学精华，它有

---

① 《惕园初稿·闽学源流说》。
② 《惕园初稿·拟重修福州文庙碑》。

雄厚的理论基础和大量坚定的学者。因此，"澜倒风靡而闽谨守绳墨，鲜有濡迹"①，"至今天下之士宗闽学焉"，说明当时福建朱子学影响了全国，为全国理学所宗。

清初福建朱子学者为了复兴朱子学，纠正明中叶以来王阳明学派给学术界所造成的流弊，特别重视下列几个方面：第一，读书。自王阳明倡导致良知，学者蔑视读书，其末流养成束书不观和游谈无根的习气。福建朱子学者反对这种学风，深以不读书为耻，特别是读古代圣贤之书，认为读圣贤书是格物致知的第一要义。他们提出"经学即理学"，非常重视古本经典。例如，李光地不同意朱熹改本《大学》和增加《大学格物传》，而仍用古本《大学》。由于他们大力提倡读圣贤书，当时福建有知识的人，以至村塾蒙师，无一不读朱熹的《四书章句集注》等著作。有许多人通过读圣贤书达到仕宦的目的。当然也有不少朱子学者淡于仕进。第二，敦实。他们反对王学轻忽践履和空疏不实，反对言行不一和不讲求经济民事，注重躬行，为官强调事功和政绩，颇能关心国计民生，特别强调道德实践和修身。他们不是空谈心性的假道学者，一些隐居者大多利于乡里。他们不是为做学问而做学问，是为政治而做学问，或者是为清朝政府服务，或者是为反对清朝政府。像蓝鼎元、蔡世远、李光地等人，最喜欢谈论古今成败、地理阨塞和其他典章制度。他们注重反身切己之教。李光地劝人注重日用寻常。詹明章（字莪士，海澄人）、李梦箕（字季豹，连城人），一以朱熹教导为准，隐居自乐不求闻达，困难中仍精进为学。他们动则绳以理法，而使那些不修小节、不矜细行、有私无公的人望而生畏。第三，卫道。他们大都以卫道者自居。他们只承认程朱理学是正统，视汉学为破碎，认定陆王心学为异端和狂禅，因而坚决反对王学而卫护朱学。他们把反对程朱理学看成是大逆不道。宁说周孔错，不说程朱非。蔡世远等人协助张伯行刊行程朱著作，就是出于卫道。还有郑文炳（字慕斯，莆田人）、何瀚（字君济，闽县人）、蓝鼎元、童能灵等，皆以卫道自命。但是，这派有些人往往计功名，有违背朱熹重道德修养的精神。第四，尚节义。他们耿直敢言，为官能廉正不阿，

①　《惕园初稿·闽学源流说》。

遇事以礼。第五，传道。他们极力把朱子学传遍福建各地，以至全国各地，如童能灵在闽西、郑文炳在兴化、陈绰在闽东、蔡日光在闽南、林赞龙在闽中、金荣镐在闽北，他们在省内各地传播朱子学，使朱子学从未有这样深入的传播。在外省传播朱子学的福建朱子学者，如龚景瀚在关中各地，李光地在京师和直隶河南各地，蔡世远在江浙，蓝鼎元在广东、台湾，吴应麟在江西，阮旻锡在河南、山东，林嗣环在海南岛，黄志璋在广西、两湖，林之浚在云南、贵州，朱兆纲在山西、安徽，吴鸿锡在四川，他们使朱子学传遍全国各地。福建朱子学者在省内外传播朱子学是为当时的社会服务，不是空谈。总之，福建朱子学者的这些情况，形成了他们弃虚尚实的学术特点。

此外，清初福建朱子学还有两种倾向。一是多数学者只阐发、证明前人的旧说，没有发明新意，从而使福建朱子学日趋衰落。二是也有一部分学者基于王学的冲击，深深感到拘于前人的旧说不能适应新的形势。他们思想比较解放，敢于改动宋元明朱子学者的守旧观点，认为朱熹讲的话、做的事不一定都对，有些是错误的；那些与朱熹言行相违背的不一定都是异端，有些还是正确的。因此，清初一些福建朱子学者的观点与朱熹的说法不合。如清代朱学家雷铉所说的："即尊守朱子之学者，亦有以知止二节合听讼节，为格物传不待补之云。"① 他们大都以朱熹的《格物补传》为非，而赞同王阳明"《大学》复古本说"。他们认为，朱熹以《大学》的总纲（第一章）为经，以下诸章为传，是不对的；说《大学》的经是孔子之意，而曾子述之；其传十章，则曾子之意而门人记之，实属武断；朱熹调整《大学》章次并补格物致知传，近乎臆造，等等。这说明，有些福建朱子学者不完全守朱熹之旧，而是有些创新的。

清初福建最主要的朱子学者是谁？清代学者陈庚焕认为是蔡世远、蓝鼎元。他说：

> 虽求其毅然自任，如蔡梁村（世远）、兰鹿洲（鼎元）诸公，固不多见，而老师宿儒闻其风者，类多敦厚端谨，重名检耻佻薄耳目

---

① 《经笥堂文钞》卷下，《严州试院与诸生论格致传义》。

濡染数十年之衰，亦足见闽风之近古，而闽学之未始不可兴矣。①

清代著名学者梁启超认为是李光地、蔡世远。他说：

> 福建，朱晦翁侨寓地也，宋以来称闽学焉。……康熙间，则安溪李晋卿（光地），善伺人主意，以程朱道统自任，亦治礼学、历算等，以此跻高位，而世亦以大儒称之。……雍正间，则漳浦蔡闻之（世远），亦以程朱学闻于时。②

梁启超对李光地有偏见，所谓"善伺人主意""以此跻高位"，但是并不完全抹杀他的学术成就。

清代学者雷铉认为是李光地、蔡世远、童能灵。他说：

> 吾闽自有宋诸大儒，后代有传人，明中叶如陈剩夫、蔡虚斋确守朱子，以津梁后学。……以朱子为学考，益知寒泉（能灵）之学得所指归矣。③

根据上述学者的看法，检阅清初福建朱子学者的著作，我们以李光地、蔡世远、蓝鼎元、童能灵的思想为代表进行论述。

二　李光地

（一）生平和业绩

李光地，字晋卿，号厚庵，别号榕村，学者称厚庵先生，又称榕村先生，福建安溪人。李光地是朱熹老师李侗的后代，其上祖自延平（南平）迁至安溪。李光地生于明朝崇祯十五年（1642年），卒于清康熙五十七年（1718年）。康熙九年（1670年）进士。殿试拟第一，以制策一字错误，置第五。试诏令第一，选吉常时，诏诸翰林各献所学。李光地

---

① 《惕园初稿·闽学源流说》。
② 《梁启超全集》第7册，《近代学风之地理分布》，北京出版社1999年版，第427页。
③ 《经筍堂文钞》卷下，《童寒泉墓志铭》。

进《河洛图说》，复拔第一。李光地历官翰林院庶吉士、乡试同考官，侍读学士、内阁学士、礼部侍郎、掌院学士、经筵讲官、方略馆总裁、通政司通政使、兵部侍郎、直隶巡抚、吏部尚书、文渊阁大学士、一统志馆总裁。

以往人们对李光地评价不好。全祖望说，他出卖朋友陈梦雷以求官；父亲死了贪做官不肯奔丧；临死有个妍头所生的儿子来承受家产。钱穆说："然光地实小人，富贵煊赫，不足掩其丑，全谢山（祖望）称'其初年卖友、中年夺情、暮年则居然以外妇之子来归，足称三案。'"① 梁启超谓光地"善伺人主意"，"以此跻高位"②，"贪作官"③。陈梦雷说，李光地在耿精忠叛乱时，主动从逆；把陈的请清兵进攻之策据为己有；不仅匿其真象，还暗中加罪于陈。④

这些加于李光地头上的不白之冤应该给予"平反"。第一，卖友，无此事。"梦雷以附逆逮京师，下狱论斩。光地乃疏陈两次密约状，梦雷得减死戍奉天。"⑤ 第二，贪作官不肯奔丧，不符合事实。其父死，已归奔丧；其母死，"奔丧不许，在京守制"⑥，"继请假九个月，过家治丧，不允"。⑦ 皇帝不准他回籍奔丧，不能怪他，并且以国事为重，无可指责。第三，所谓养妍头，更是捕风捉影。李光地平生生活检点，并无声色之好。第四，所谓陈梦雷劝李光地不要从耿，并将耿之虚实和请清兵进攻之策告李，而事后李匿其真相并加罪于陈，是陈梦雷诬告。事实是，"（康熙）十二年（1673年），耿精忠反……精忠遣人招之，（光地）力拒。"李光地了解到耿之虚实和向清朝献策，并非出自陈梦雷。而陈梦雷为了洗刷自己的罪过和复官，打击别人抬高自己。我们不能据陈梦雷一面之词而贬低李光地。康熙皇帝始终信任李光地，说明陈梦雷讲的并非真实。第五，所谓"善伺人主意""以此跻高位"。李光地并非一副奴隶

---

① 钱穆：《中国近三百年学术史》（一），联经出版事业公司1998年版，第331页。
② 《梁启超全集》第7册，《近代学风之地理分布》，北京出版社1999年版，第4273页。
③ 梁启超：《中国近三百年学术史》，中国书籍出版社2020年版，第112页。
④ ［清］陈梦雷：《松鹤山房文集》卷一《劾李光地疏》、卷十二《与李光地绝交书》。
⑤ 《清史稿》列传四十九，《李光地》。
⑥ 《文贞公年谱》卷上。
⑦ ［清］李清馥：《榕村谱录合考》。

相。李光地以程朱道统自任，不是迎合康熙，而是出仕前已定的学术方向。"（李光地）父兆庆，笃嗜正学……购六经、性理、蒙、存诸书，以课光地。（光地）讲诵数年，充然有得，敛衣冠，谨坐起，非程朱不敢言。"① 李光地当大官是靠他的才学和勤勤恳恳工作，而不是迎合康熙皇帝得来的。

李光地帮助康熙皇帝平定了耿精忠、郑经等人的封建割据，收复了台湾，实现了国家统一；采取了有利的政策，促进了国家的繁荣和发展。康熙应该肯定，协助康熙的李光地也要肯定。

李光地品学兼优、业绩显著。少无声色之好，衣食裁取粗给，经年不奏丝竹，门馆寂寥，无有私谒。从政十余年，公诚懋著，矢念不欺。他在督学时，考核旗籍，不徇私情。他说："黉序之名额，学臣所司，非学臣所有也，视所司若所有而辄徇情以邀私好者，负歌之极也。"② 李光地曾疏劾云南布政使张霖假设诏旨，贩鬻私盐，得银百六十余万两，结果朝廷把张霖论斩。李光地为政廉洁，并与贪官污吏作斗争。因此，同列多忌之者。

李光地关心民瘼，在任直隶巡抚时，皇帝经常出游其地，扈从嚣沸，民苦供亿，他请从宽减损以纾民力。当时，漳河、子牙河、永定河等水患严重，他数疏皇帝拨款治理；亲勘原委，督定工程，一年即见成效，为民造福。他建议放松海禁，使沿海万民更生。

李光地爱惜人才，扶植善类。《狱中杂记》的作者、桐城贡士方苞，"坐戴名世狱论死，上（康熙帝）偶言及侍郎汪彬卒后谁能作古文者，光地曰：'惟戴名世案内方苞能。'苞得释，召入南书房"③。江宁知府陈鹏年忤总督阿山，坐事论重辟，李光地言其诬，鹏年遂内召。巡抚张伯行被总督噶礼诬告解官，李光地疏通，诏罢噶礼，复张伯行官。翰林院庶吉士徐元梦被株连论死，李光地举其才，得释。被李光地救拔和扶植之人，并非私党，有的还是反对他的。他这样做不是谋私，而是为了培植国本。他自入词馆至登宰辅（宰相），推举和救拔的人才有：朱轼、杨名

---

① 乾隆《泉州府志》卷四十五，《国朝列传·李光地》。

② 《文贞公年谱》卷上。

③ 《清史稿》列传四十九，《李光地》。

时、陆陇其、赵申乔、张伯行、刘炎、陈鹏年、文志鲸、方苞、冉观祖、徐元梦、陈瑸、徐用锡、魏廷珍、李绂、蔡世远、张昺、张瑗、梅文鼎、惠士奇、秦道然、王兰生、何焯、庄享阳、刘谦，皆为名士。

李光地热爱家乡，凡是有益于民的事业，他都竭力赞助。他出钱修通漳平至安溪大道。他请假在籍时，修复泉州学府、安溪考亭书院，兴建榕阴书堂，提供资金，为之制订规约，亲自课训弟子。乡中有困难者，他都尽力帮助。经常向省、府、县官建议，做好家乡之事。李光地对福建，特别是闽南经济文化的发展起了一定的作用。

李光地重视教育事业。他曾访谒过江西铅山鹅湖书院、福建武夷仁智书院等，分别为之纪文、赋诗。他当地方官时，拨款修建学堂，选拔优秀教学人士，闲暇亲临讲学，追随请教者甚多，曾助许多人士在学术上获得成就，也培养了不少知识分子。故有谓："本朝（按指康熙朝）诸名公，称善育材者，必以公为首焉。"[1] 清初著名的福建朱子学家蔡世远就是李光地的学生。蔡世远谓李光地"嘉惠后学诚宏且远"[2]。

李光地力学过人，虚心请教，知识渊博。他5岁入学，10岁能写诗作文，12岁读群经，18岁著《性理》，19岁著《四书解》，20岁著《周易解》，21岁著《谱太极通书相表里图》，24岁著《历象要义》，33岁著《洪范解》《卜书补义》。29岁殿试时，富鸿基称其"忠诚君子天下才"。38岁任内阁学士。此职主于赞画枢机，分裁文献。李光地好学至老益笃。曾问音学于顾炎武，问历算于梅文鼎，皆尽其要。与人论学，有一言之合，即改己说而从之。尝自言为学，初入馆，与德子谔、徐善长相切磋，学乃一变；中岁得杨宾实、张长吏，学又一变；至晚岁，学问又进。李光地学精博，以朱子为依归而不拘门户之见。他深究天人之际，熟悉经义性理，旁及历算、图书、象数、乐律、韵谱以至道术、兵符，得其蕴奥。

由于李光地有好的品质、学问和政绩，所以康熙皇帝对他的恩遇比诸臣更隆。康熙帝谕大学士等曰："李光地自任直隶巡抚以来，每年雨水

---

① 《国朝文录·二林居》卷二。
② 《二希堂文集》卷一，《四书朱子全义序》。

调顺，五谷丰登，官吏兵民无不心服。"李光地死时，康熙帝在热河，闻之深为悯悼，谕部臣曰：

> 李光地久任讲幄，简任纶扉，谨慎清勤，始终如一。且学问渊博，研究经籍，讲求象数，虚心请益。知之最真，无有如朕者，知朕亦无有过于李光地者。①

李光地深得康熙之信任，可见其业绩之显著。

（二）为复兴朱子学而努力及其学术方法论

李光地是朱熹的崇拜者，有谓"安溪学博而精，以朱子为依归"②。李光地说："孔子之生东迁，朱子之在南渡，天盖付以斯道，而时不逢。"③ 把朱子与孔子相提并论，认为朱子即当今之孔子。因此，人们认为，李光地是清初主持"正学"的中坚人物。清唐鉴说：

> 安溪李先生光地……谭经讲学，一以朱子为宗。其所以学朱子者，曰诚，曰志敬，曰知行。④

李光地说："若大义一惟程朱是据。"⑤ 他把各家学说与朱子学作了对比，得出朱子学高明无比的结论。他说："程朱二子生于千数百年之后。……二氏（按指佛道）之道寝息，而孔子之道渐著。"⑥ 他又说：

> 朱子之门，守章句，践规矩，故其学于诸家为无弊也。象山之学，见之者慈湖，闻之者姚江；由其言，"六经"不作可也，文、武之道尽矣，虽后有贤圣而焉师乎？⑦

李光地为清初理学名臣。他一生致力于朱子学，为在清朝振兴朱子学作了不懈的努力。

---

① 《清耆献类徵选编》卷五上。
② 徐世昌等：《清儒学案》卷四十，《安溪学案》上。
③ 《榕村集》卷十，《进读书笔录及论说序记杂文序》。
④ 《学案小识》卷六，《守道学案·安溪李先生》。
⑤ 《榕村集》卷十，《大学古本私记序》。
⑥ 《榕村集》卷十，《中庸章段序》。
⑦ 《榕村集》卷一，《诸儒》。

李光地积极向朝廷推荐朱子学。早在康熙十九年（1680 年），李光地假满由籍返都，帝问他在家作文若干。他回答说：

> 臣（按李光地）……近不敢背于程朱，远不敢违于孔孟。诵师说而守章句，佩服儒者，屏弃异端。①

康熙二十五年（1686 年），李光地被授为翰林院掌院学士和值经筵兼充日讲起居注官，经常和康熙皇帝研究朱子学。他劝康熙皇帝大兴朱子学。特别是在康熙四十四年（1705 年）后，李光地影响康熙皇帝更深，史称日召入殿切磨性理，君臣相得。康熙尝谓"知光地莫若朕，知朕亦莫若光地"。据记载：

> 左右圣祖（按指康熙皇帝）者孝感（按指熊赐履）、安溪（按指李光地），后先相继……而资赞助者，安溪为独多。②

李光地在编纂《朱子全书》过程中，每卷稿成，进呈御裁，相互商议。李光地说：

> 臣熊赐履、李光地谨奏：本月十五日，蒙皇上发回《朱子全书》首册次册凡四本。臣等祗受捧读……仰见皇上览阅精详，无微不到。臣等虽校雠数十过，不能及也。所有校毕第三册，相应一并呈进。内有论祭祀神示一目，臣等切思上篇既有祭祀祖考神示，则此篇之意已包之矣。……仅拟改为杂论祭祀鬼神，未知可否？旁贴浮签，统候圣裁。③

李光地进呈康熙皇帝的类似札子有数十篇。查考台北广学社出版古香斋《朱子全书》目录，其类目次第，康熙皇帝有从李光地之说者，亦有不从其说者。君臣这样深入地商议朱子学问题，足见李光地影响康熙皇帝之深。

正因为李光地在朱子学上影响康熙皇帝至深，于康熙五十二年（1713 年）、五十四年（1715 年）先后谕敕李光地编纂清代巨著《朱子全

---

① 《榕村集》卷十，《进读书笔记及论说序记杂文序》。
② 以上见《清儒学案》卷四十，《安溪学案》上。
③ 《榕村集》卷二十八，《进〈朱子全书〉第三册并请改祭祀神示目札子》。

书》《性理精义》。此两书在一系列大部头典籍中较为晚出。其他典籍的编纂皆非一人，而反映清初统治思想的《性理精义》的编纂只委命李光地。此亦见李光地之朱子学思想在康熙皇帝眼中的地位。

李光地根据康熙皇帝提倡程朱理学的宗旨，摘录《朱子语类》140 卷和《朱子文集》100 卷中的精华，以类排比，分成 19 门，成《朱子大全》66 卷。依李光地意，是书名为《大全》，乃因朱熹一生之微言大义皆备于此。是书编成后，用"御纂"的名义颁行全国。《性理精义》乃是赓续《全书》而作，是在明人胡广等编纂的《性理大全》的基础上选录、增益而成的。康熙皇帝在《性理精义》序文中有谓：《性理大全》择焉不精，乃命李光地省其品目，撮其体要。《性理精义》共 12 卷，卷一是周敦颐的《太极图说》《通书》，卷二选录张载的《西铭》《正蒙》，卷三选录邵雍的《皇极经世》，卷四选朱熹的《易学启蒙》，卷五选录朱熹的《家礼》，卷六选录蔡元定的《律吕新书》，卷七、卷八辑录为学之方，卷九辑录论性命，卷十辑录论理气，卷十一、卷十二辑录论治道。全书篇幅为《性理大全》的八分之一。在《性理大全》中，朱熹的地位已经显要，因而采取朱熹的言论比其他理学家多。而在《性理精义》中采取朱熹的言论比其他理学家更多，如为学、性命、理气、治道等部分都十分明显地表现出来。[①] 在《性理大全》中，朱熹两个门人蔡元定的《律吕新书》、蔡沈的《洪范皇极内篇》都被选录；而在《性理精义》中则只保留前者。其取舍理由是前者能代表朱熹的观点，后者成书于朱熹死后，与朱熹的观点多所不合。十分明显，李光地所编纂的《性理精义》是以朱熹的思想为线索的。这一方面反映出朱子学在清初的崇高地位，另一方面也有力地说明李光地倾慕朱熹，为在清朝振兴朱子学而努力。

李光地虽主朱子学，但是又不像一般朱子学者那样墨守门户之见，一味指责他人的学说或学派为非，否认别家的学术成果。李光地提出一个很有价值的见解，即认为在学术理论上不论哪家，有错误要批评，有优点要学习。他说：

> 其题程说，何也？曰以其为夫子之言也。夫徒以言出夫子而不

---

① 《性理精义》卷七，《学类》一。

敢疑之也，又乌能信？①

李光地不同意"元明以来诸儒谨守朱说"②，认为朱子之言不能无疑。他对程朱理学和陆王心学持比较客观的公允态度。

李光地对朱子学笃信而时有不同。李光地的易论极为有名，他最有学术成就的著作是《周易折中》。这部大部头的著作是受康熙皇帝之命而撰写的。在这部书中，他对汉宋以来的诸家易论之优兼收并容，不病异同，而一切支离幻渺之说咸斥不录，成一家之言。他与朱熹在易论上颇有出入。他指出，朱熹否认王弼不应该调整《周易》经传次序的合理性而复古本经传是不对的。他遵从王弼所调整的《周易》经传，不用朱本《周易》。但是，他又认为，自己对《周易》的解释与朱熹是一致的。李光地说：

> 《易》言理是也。然本画卦系辞之初，则主于卜筮以明民，非如他书直阐其理，直述其事者也。③

李光地这种说法与朱熹易说完全一致。他认为，朱熹有功于《易》卜筮说。他的易论与朱熹易论有异而无背，只是发其所未备。李光地于《尚书》重考证，不据理悬揣，较符合朱熹实事求是的治学观点。李光地对《诗经》见解与朱熹差不多，不主训诂名物，而主涵泳，文句得其美刺之旨而止。

李光地不同意朱熹认为《大学》错乱而需要加以调整、更改，特别是不同意朱熹认为《大学》格物致知有经无传，而为《大学》补传；《大学》中格物致知有传，不需要为它补传。他认为，《大学》宜复古本，古本《大学》无误。他还认为，《大学》宜以"知本"为格物第一义。他不同意朱熹把《大学》中的格物之格训为"至极"、物训为"事"，认为格物应训为"知本"。在他看来，所谓"物有本末"，贵于格之而知其本，本"天下国家也，自身也"。但是，李光地承认朱熹对《大学》内容解释

---

① 《榕村集》卷八，《尊朱要旨》。
② 《榕村集》卷十，《大学古本私记序》。
③ 《周易通论》卷一，《易教》。

的正确性，认为是"圣人复起，不能易也"①。

李光地对陆王心学总的说来持否定态度，但亦有部分肯定。李光地说："陆子静只在吾道上说得过些；王阳明方可谓之诐淫邪遁；子静只是贤知之过。……明儒无及宋儒者，即姚江亦不如象山远甚。"② 李光地对陆象山有尊重之意，而对王阳明则批评更多，但也有所肯定。他说：

> 姚江之言曰：《大学》只是诚意，诚意之至，便是至善。《中庸》只是诚身，诚身之至，便是至诚。愚谓王氏此言，虽曾（参）、思（子思）复生，必有取焉。然他言说不能发明此指，而多为淆乱。其言明德新民也，则以亲民为明德功夫。其言致知诚意也，则以格物为诚意功夫。夫以格物为诚意功夫，似乎未悖也，然以为善去恶为格物，则谬矣。其谬之谬者，曰：无善无恶心之体。此则于圣门传授全失宜乎？其学大弊而不可支也。③

李光地认为，《大学》"象山所造高明"，"余姚王氏古本之复其号则善"④，可以做他的老师。但是，李光地不同意陆王对《大学》内容的解释。像李光地这样的敢于对陆王学派的合理因素加以肯定，敢于指出朱熹学说的错误，在福建朱子学者中还是少见的。

李光地认为，他在某些观点上虽与朱熹有些不同看法，但这些看法只是小的枝节问题，至于根本的观点则是一致的。因为，朱子之学得其大者为孔孟之传，这个根本立场是不能背离的。李光地的根本立场是站在朱熹一边，在此基础上调节朱子学派与其他学说的矛盾。

（三）哲学思想

李光地的思想涉及许多方面。他恪奉朱子学，研求经术义理，尤深究天人性命之精微，以及兵、农、礼、乐之经纬。他于律吕、音韵、历算等，亦被称为有得。

---

① 《榕村集》卷二十九，《覆发闽韵谱式样札子》。
② 《榕村语录》卷二十。
③ 《榕村集》卷六，《初夏录一·大学篇》。
④ 《榕村集》卷十，《大学古本私记序》。

李光地和朱熹一样，认为理是世界的本原。当时，有人提出朱熹理气先后说是把理气一物析为二物，是对理的界说不明确。李光地认为这种看法是不对的，不能对朱熹之说有怀疑，"虽无时，不得不有先后。知此谓之知道，明此谓之明理"。李光地说："朱子之论理气也，曰理先气后。"① 在李光地看来，天地间都可归结为理气，理是主要的，气是理的作用或表现。

李光地反对陆王学派把理和心等同起来，认为"心之即理"是陆王之弊。他谆谆于心理之辩。他说："象山谓'即心即理'，故其论《太极图说》也，谓阴阳便是形而上者，此则几微毫忽之差，而其究卒如凿枘之不相入也。近日姚江之学，其根源亦如此，故平生于心理二字往往混而为一。"② 他又说：

> 王说之病，其源在"心之即理"，故其体察之也，体察夫心之妙也，不体察夫理之实也。心之妙在于虚，虚之极，至于无。故谓无善无恶心之本，此其本旨也。其所谓心自仁义，心自恻隐善恶辞让是非，是文之以孔孟之言，非其本趣也。是故遗书史，略文字，扫除记诵见闻，以是为非，心尔，非道尔。夫书史文字，记诵见闻，不可去也；书史文字无非道也，记诵见闻无非心也。③

李光地反对陆王把心与理等同起来，并不否认心的作用。李光地对心的作用作了充分的肯定。他说："气者，理之所乘也，无非心也。"④ 在这里，李光地又说到心对气的重要作用。十分显然，李光地的哲学体系是吸取了心学派的某些因素的。李光地还通过理和气的关系，把理和天、命、道、太极联系起来。李光地说：

> 气也者，何也？阴阳、动静、明晦、出入、浮沉、升降、清浊、融结盈乎天地之间。……是故皋陶谓之天，伊尹谓之命。刘子谓之

---

① 《榕村集》卷八，《尊朱要旨》。
② 《榕村集》卷七，《初夏录二·通书篇》。
③ 《榕村集》卷八，《尊朱要旨》。
④ 《榕村集》卷六，《初夏录一·孟子篇》。

天地神。孔子谓之道、谓之太极。程子、朱子谓之理。①

李光地认为，理和天、命、道、太极具有相同的意义，都是世界万物的主宰或本原。在李光地看来，天地间理和气是紧密地联系在一起的。理是气之本，没有无理之气；气是理之用，没有无气之理。气运而不息，穷则变，变则通，从而出现世界上形形色色的事物。李光地认为，由于气在不停地变化，因而气有偏有中正。气不偏而中正即理之全，气偏而不正（中）则理之不全。李光地说：

> 阴阳之气有中偏，故有亏全。阳有精粗，故有清浊；阴有粹驳，故有邪正。有精之精者，精之粗者，粹之粹者，粹之驳者，有多寡也，故又有厚薄亏全者。全体之中偏也，清浊、邪正一体之中偏也，厚薄中者之中偏也。②

在这里，李光地讲了由于阴阳二气有精粗、粹驳、多寡，因此产生气之正（中）偏的各种情况。李光地又说：

> 理统其全，气据其偏。全乎理者中气也，过乎中、不及乎中，则谓之偏气，杂糅不齐之气而理不受焉。理者，当然也，过焉、不及焉，可谓之当然乎？③

中国传统的儒家思想贵中，认为只有中才能有常，即具有永久性。李光地认为理于气之所以尚全而恶偏，是因为理全为善，从而仁义礼智信五常之性具备。凡人本来皆具五常之性，只是因为气偏而五常之性不显。李光地说：

> 气之推移有中偏，故有精粗，有粹驳。夫非无仁也，得仁之偏者也，仁之驳者也，则不知其为仁也；夫非无义也，得义之偏者也，义之粗者也，则不知其为义也。中则合仁与义，抑且粹然仁矣，粹然义矣。降而中（等）人焉，偏于仁，不足于义，非仁之至也。偏于义不足于仁非义之至也。降而庸恶（下等人）焉，岂无所谓爱。

---

① 《榕村集》卷八，《尊朱要旨》。
② 《榕村集》卷八，《尊朱要旨》。
③ 《榕村集》卷八，《尊朱要旨》。

> 不得谓之仁，是无义也，并与仁而失之者也。岂无所谓果，不得谓
> 之义，是无仁也，并与义而失之者也。降而禽兽焉，岂能无所贪，
> 而去仁也远矣，岂能无所决，而去义也远矣。①

这就是说，人与物之别，人们等级之别，全在于气之偏正和理之中正。
理本身是无差别的，理之有别是气之偏正表现。"人之五性偏则万事瓛"，
瓛即毁坏。李光地说："万事瓛，非理性本然也，气之偏者为之也。理则
全而不偏，惟中者近之，故论道者贵中。"② 人是理与气相结合的产物。
得气不过亦无不及即不偏谓之中。中则理之全，五常之性具备。因此，
儒家最为推崇适中、中庸，认为"中庸之为德也，其至矣乎"③，即中庸
是最高的道德，因为它具备了仁义礼智信五常之性。

人具备五常之性，就是人的本性都是善的，只是有时掩于气之偏，
才有所不善。李光地说：

> 或曰：气则既偏矣，于性善乎何有？曰：人受天地之中以生，
> 虽其偏之极矣。而理未始不全赋焉，而性未始不全具焉。特其掩于
> 气之偏，故微而不能自达，或感而动，或学而明，或困而觉，然后
> 微渺之端绪可得而见焉。要皆其所本有，而非其所本无也。……若
> 物则不然，得气之偏者甚矣，甚则缺于理而蔽于性。……虽然其偏
> 不能自反者，人则制之；其美不能自达者，人则遂之。收其利，远
> 其害，于以当理而若性一也。……能尽人之性，则能尽物之性，赞
> 化育而与天地参矣。④

在李光地看来，陆王学派由于把心和理等同起来，排除理和气的关系，
从而得出心无善恶的结论。李光地指出，王阳明"于心理二字往往混而
为一……晚岁遂有心无善恶之说"。李光地认为，人是理与气生，不管气
之偏正，"而理未始不全赋焉，而性未始不全具焉"，有时"掩于气之偏，
故微而不能自达"，"要皆其所本有，而非其所本无也"。这就是说，人的

---

① 《榕村集》卷八，《尊朱要旨》。
② 《榕村集》卷八，《尊朱要旨》。
③ 《论语·述而》。
④ 《榕村集》卷八，《尊朱要旨》。

本性是善的，尽管一时显现不出来，但经过努力可以人人为善。人本性是善还是无善恶，是朱学和王学争论的根本问题之一。李光地说："象山之学，亦言志，亦言敬，亦言讲明，亦言践履，所谓与朱子异者，心性之辩耳。"①

李光地认为，陆王学派的"心无善恶"说就是根源于其"心即理"的理论，因此"心性之辩"是朱子与陆王两家的根本分歧所在。

由上可见，李光地的人性论就是建立在其理气之偏正说之上的。"喻诸五常焉，有仁有义有信有智，不相无之谓性。"因此，他认为，陆王学派的"心即性"是异端邪说。"人心惟危，果心之即性，则何危之有与即心即性，异氏（禅学）之言也。……心不与性合也"。②

接着，李光地根据朱熹的天命之性和气质之性的观点，分析了陆王学派所说的心之无善恶问题。李光地说：

> 知心性之说，则知天命、气质之说。何以故？曰：知人则知天。夫性无不善，而及夫心焉，则过也，不及也，杂糅不齐，于是乎善恶生焉；天命无不善，而及夫气焉，则过也，不及也，杂糅不齐，于是乎善恶生焉。③

在这里，李光地继承和发展了朱熹的人性论。他和朱熹一样，认为由于人体现了理或天命，才懂得仁义礼智信，而人的本性是善的，这就是仁义礼智信的理（或天命）体现在人身上，因而"知人则知天"。理体现在人身上时要同人所禀受的气相结合，就构成为人的所谓气质之性。在朱熹那里，认为气有清浊，"禀得精英之气，便为圣为贤"，"禀得衰颓薄浊者，便为愚不肖"④。在李光地这里，禀得气有偏正（中），而"善恶生焉"；禀得气有过或不及，杂糅不齐，从而天命之性（理）亦过或不及（不全），"于是乎善恶生焉"。显然，李光地对朱熹的人性论进行了修改，估计到了气质之性对天命之性的作用，强调了后天的社会活动对人本性

---

① 《榕村集》卷七，《初夏录二·通书篇》。
② 《榕村集》卷八，《尊朱要旨》。
③ 《榕村集》卷八，《尊朱要旨》。
④ 《朱子语类》卷四，《人物之性气质之性》。

的影响。

李光地基于其人性论观点，提出自己关于认知、修养的观点。李光地生平论学要旨以志、敬、知、行为序。他说：

> 立志所以植其本也，居敬所以持其志也，穷理所以致其知也，躬行所以蹈其实也。……四事者一时并用，非今日此而明日彼。故欲行而不知，则怅怅然其何之？求知而不敬，则心昏然不能须臾；敬而非志，则又安得所谓日强之效也。且志而非敬，则此志何以常存？敬而非知，则措其心于空虚之地；知而非行，则理皆非在我而无实矣。然四者虽相须并进，而其序既有先后，则得效亦有难易浅深。故夫子曰"吾十有五而志于学"，志已立矣；"三十而立"，盖敬始成也；自"不惑"、"知命"、"耳顺"，而知始精；又至"从心不踰矩"，而行始熟。先儒以为因其似以自名，为学者立法是已。古学校之教亦然，始视离经辨志，观其志之如何也；继视敬业乐群，察其能敬与否也；又视其博习亲师，论学取友，则知其学问思辨之日新，卒乃知类通达，强立不返，则知其力行之有成矣。然则此四者循环迭用，日月有日月之功，终身有终身之验，圣人有圣人之效，学者有学者之益。虽一日服行之朝暮之间，亦可以旋变。又如志于道，亦立志之谓也；据于德，亦持志之谓也，依于仁者，真知允蹈乎天理之中；游于艺，则义精仁熟之事也。[1]

李光地这段论述是对朱熹居敬穷理之说的阐发，在《榕村语录》中此类论述甚多。李光地之所以一再强调志、敬、知、行的次序，是为校正明中叶以来颇滋流弊的王阳明知行合一说。李光地强调知先行后，指示学者以此为用功之要，知在行前，而知之先，又需有志、敬工夫。志、敬、知、行四个环节是紧密地联系在一起的，而立志是为学的开端和根本。他说："立志以端其本。至于能静，则心不为物动；能安则心不为物危。"[2] 在李光地看来，为学要先有奋斗目标。这种预先树立为学的奋斗目标，就是所谓立志。李光地的这种观点，实际上是说认识必须以一定

---

① 《榕村集》卷六，《初夏录一·诚明篇》。
② 《榕村集》卷六，《初夏录一·大学篇》。

的世界观作为指导。这种观点是有合理因素的。李光地说：

> 朱子谓致知不以敬，则昏昧纷扰而无以察理义之归；力行不以
> 敬，则颓坠放肆而无以践理义之实。然则敬与知行混而为一。……
> 大抵敬义知行，如目视足履，一时并用，有此则有彼。初无独任之
> 时，敬虽稍先于义，知虽稍先于行，然正如目之于足，几微毫发
> 之间。①

"敬"是讲精力要集中，并要时时警惕，一定要按所立之志致知力行。敬
贯穿于知行的始终，志和敬是联系在一起的。在知行过程中具有重要
意义。

对于知和行的关系，李光地反复强调要坚持朱熹的先知后行说。李
光地说："朱子之学曰知先行后。……知行之序，性命之理，不可易也。"
又说：

> 朱子曰：知者，学之始；行者，学之终；主敬者，学之所以成
> 始成终。……知行兼之矣。……有敬与行对，而知在其中；有敬与
> 知对，而行在其中。②

在这里，李光地明确讲要知先行后、知始行终，这种次序是不可改易的。
此外，他还强调知之诚。"体天地万物之性于身者，诚之至也。"所谓
"体天地万物之性于身"，就是把事之道、心之性、天之命体之于身。他
说："诚者，实也。在事之谓道，在心之谓性，在上天之载之谓命。"李
光地认为，"体天地之性而能尽事理精微之极者，圣人也"。这就是孔子
所教导的"通古今之谊，知天知人以善其道"③。

李光地认为，知人自身的本性是最根本的知。因此，他把朱子以穷
理知至改为"知本"知至。他说：

> 何谓知至？知本之谓也。……身者本也。……所谓诚其意者，
> 至此谓知本。……欲诚其意，所以先致其知也。……程朱以穷理言

---

①　《榕村集》卷六，《初夏录一·中庸篇》。

②　《榕村集》卷八，《尊朱要旨》。

③　《榕村集》卷六，《初夏录一·大学篇》。

格物致知，盖其重也。今第以知本当之，可乎？曰夫穷理而至于知本，然后其理穷，致知而至于知本，然后其知至。曰朱子言知至者，全体大用无不明。今第曰近道而已，何也？曰小知则已近大知，则弥近知之至，则将与道为一矣。朱子所言极至之地。……性者，善而已矣，物之性犹人之性，人之性犹我之性，知其性善之同，而尽之之本在我，此所以为知性明善也，此所以为知本也。①

李光地这段论述不仅修改了朱子的穷理知至，还对"知至"的内容提出了新的界说。朱熹认为"知至"即"全体大用无不明"，而李光地则认为知至为"近道而已"。所谓"近道"，即"小知则已近大知，则弥近知之至，则将与道为一"。显然，李光地和朱熹的说法是有矛盾的。但是，李光地却说他与朱熹是一致的，即所谓"穷理而至于知本，然后其理穷；致知而至于知本，然后其知至"。李光地关于知本的思想，含有浓厚的主观唯心主义因素。这说明以朱熹为代表的客观唯心主义思想体系，明中叶以来在陆王心学的冲击下，有倾向主观唯心主义的趋势。李光地又说：

理义充于心，而沛然其无所疑，浩然其无所畏，即欲以事物摇惑之而不能。……学问之道无他，求其放心而已，此操存涵养之要也。……所谓心者皆仁义之心尔……失其本心也，良心也。本心也，即仁义之心也。……求其放心，非体验无以发其端，非充广无以尽其实，非操存涵养亦无以为体验充广之地也。操存涵养，体验充广，皆学问之道，皆所以求其已放仁义之心而已。②

在这里，李光地把学问之道归结为"求其已放仁义之心而已"，几乎是在复述孟子的主观唯心主义的认识论。所谓"求放心"，就是寻求失去了的仁义之心。这样，认识也就成了向内追求自我道德完善的神秘过程，排除了对客观物质世界的认识。不仅如此，李光地还进一步认为义理根于心，心生物即生义理。他说：

义理者，心之所固有，而心能生之物也。心固生物，然不以其

---

① 《榕村集》卷六，《初夏录一·大学篇》。
② 《榕村集》卷六，《初夏录一·孟子篇》。

所固有者而充之、长之，未有能生者也。①

李光地认为，只要正心诚意就可以治国平天下。他说："究极事物以致其知。……知至然后能诚意，以正心修身而家国天下不可得而治也。"②

总之，在李光地的认识论中，把耳目感官和心的作用分割开来，他要求人心只能用于反省思考，达到存心养性就行了。李光地承认有生而知之者，如说"皇上生知"③。由此可见，其认识论是先验论的。

此外，对于社会历史，李光地认为，天生蒸民，有物有则，此则是常而不会变的。他所说的永恒不变的则，是指封建社会人的伦理道德关系。他说："三代之学，皆所以明人伦也"④，"圣人之教，所以见人极，而万世不能易者"⑤。李光地把封建制度看成是永恒不变的。这是极端错误的。

附：李光地著作简介

《周易通论》4 卷　是书总论易理，以下各自为篇。一、二卷发明上下经大旨；三、四卷则发明系辞、说卦、序卦、杂卦义，冠以易本、易教 2 篇，次及卦爻象传、时位德应、河图洛书，以及占筮挂揲。正变环互，无不条析其意，而推明其所以然。融会贯通，卓然成一家之说。此书要旨，以消息盈虚观天道而修人事。

《周易观象》12 卷　是书用《周易》注疏本，与朱熹用《周易》古本不同。此书各卷皆发明易理，兼证以易象，而于易数则略。非是解释象辞，实为注释全经。其大旨虽与程朱两家颇有出入，而大旨则发明程朱之说；虽与程朱有异同，而无背触。

《尚书七篇解义》1 卷　是书仅解《尧典》《舜典》《大禹谟》《皋陶》《益稷》《禹贡》《洪范》7 篇。系未完稿。它不以训诂见长，而以解义见著。此书与朱熹见解有所不同，不以古文《尚书》为伪，认为古文《尚

---

① 《榕村集》卷六，《初夏录一·孟子篇》。
② 《榕村集》卷六，《初夏录一·大学篇》。
③ 《榕村集》卷三十二，《答魏君碧壬振声》。
④ 《榕村集》卷十，《礼学四际约言序》。
⑤ 《榕村集》卷十，《中庸章段序》。

书》被孔安国所增删，又为东汉以后诸儒纂改。此书对《尚书》中的地名作了考证，不像其他理学家那样据理悬揣。

《洪范说》2卷 是书用天道（世界观）、人道（社会观）解释《洪范》。李光地认为，《洪范》之书，文虽少而与四圣之易并传。《洪范》中讲的，是治国平天下之大法。

《诗所》8卷 是书大旨不主于训诂名物，而于推求诗意。其推求诗意又主于涵泳文句，得其美刺之旨而止。亦不旁征事迹，必求其人以实之。其所诠释多能得兴观群怨之旨。

《朱子礼纂》5卷 此书取《朱子文集》和《朱子语类》中说礼之言以类纂辑，附以己说，分为总论、冠婚、丧、祭、杂仪五目，此书虽遗漏许多朱熹说理之言，但是把朱熹零星说礼之言，整理成秩然有理，符合朱熹的思想，便于学者使用。

《春秋毁余》4卷 李光地于康熙四十一年（1702年）著《春秋稿》十卷。康熙四十五年（1706年），随康熙南巡，住在河北保定官署，因失火《春秋稿》烧掉一大半。李光地死后，其孙掇拾余稿之可读者，纂辑成此书。

《大学古本说》1卷 说明李光地使用和注释《大学》一书之所以不用朱子本而用汉代郑玄注古本，是因为郑氏古本文从理得，而且突出知本、诚身义为《大学》枢要。此免于与众目混淆、为陆王之徒所利用。

《中庸章段》1卷 说明他使用和注释的《中庸》不用朱子本，亦不用郑玄注古本。他把《中庸》分为12章，联属其文，使节次分明，大旨则与朱子本无异。

《中庸余论》1卷 阐发《中庸》之精义。

《中庸四记》1卷 从不同角度上说明《中庸》首章之旨。李光地认为，《中庸》首章最难懂，只有弄懂此章，才能明白全书，以至于"四书"。

《读论语札记》2卷《读孟子札记》2卷 系其随所见即札记之文，阐发"论孟"各章之要旨，大体解释与朱熹相同而有发挥。每章举经首句标明某章，然后解释本章之大旨，发前人之所未发者多多。

《注解正蒙》2卷 是书疏通证明并多有阐发张载未发之意，又于先儒互异之处辨别是非，使读者晓然不疑；并改正当时流传本《正蒙》之错误。李光地此书是明以来诸家注释《正蒙》的最善本。

《古乐经传》5卷　是书取《周礼·大司乐》以下二十官为经，以《乐礼》为之记，又有附乐经、乐记，统为5卷。

《榕村韵书》5卷　阐述五音生生之法。

《韵笺》3卷　阐述音节传换、古今、南北地方字音之异。

《离骚经注》1卷《九歌注》1卷　根据王逸本注，所注皆推寻文意以疏通其旨，颇为简要。

《参同契章句》3卷　论证《参同契》为魏伯阳所撰。此书注释分为《周易参同契》2卷和《周易三相类》1卷，两书各分上中下篇，又于书后各列"炉火说"1篇。

《阴符经注》1卷　系注释《阴符经》之难句。李光地之注释较李筌注为顺。他不以为此书为李筌所伪撰。

《握奇经注》1卷　握奇即兵法尚奇之意。此书阐述行兵布阵之法。《周易》八卦（乾坤艮巽震兑离坎）配八阵（天地风云龙虎鸟蛇）。李光地注释通俗易懂。此注释可见李光地之军事思想。

《韩子粹言》2卷　摘录韩愈之发于理，济于事者之文章，加以己意说明，编辑成书。

《古文精藻》2卷　系李光地提督顺天学政时选录的，以教诲乡曲诸生，使其不求尽古文之变。

《大司乐释义》2卷　系解说《周官·大司乐》及其论说，阐明乐理。此书以经文为主，以《史记》《汉书》《淮南子》诸说为辅。

《榕村讲授》3卷　此书分为3编，上编载周、张、二程、朱子所著；中编为董仲舒、扬雄、王通、韩愈及邵雍、胡宏所著；下编为贾谊、匡衡、刘向、谷永、刘歆、班固、诸葛亮、欧阳修、宋祁、王安石、曾巩、陆九渊、真德秀所著。多取其足以发圣贤之理者，大抵皆儒家之意，对于扬雄、谷永、刘歆诸人，不以人废言。此书为应科举之文，以诱掖初学者之书。

《星历考原》6卷　分象数考原、年神方位、月事谷神、月事凶神、日时总表、用事宜忌等之目。此书在《四库全书·子部·术数类》中。

《榕村语录》30卷　是编为其门人徐用锡及其孙清植所辑。其中有李光地所自记者，有子弟门人所记者，各注于诸条之后，冠以经书总论。论"四书"者共8卷，论《易》、《书》、《诗》、"三礼"、《春秋》、《孝经》者共9卷，论六子诸儒及诸子道统者共3卷，论史者1卷，论历代人物者1卷，论学者2卷，论性命理气者2卷，论治道者2卷，论诗文者2卷，书末附韵学。从此语录中可看出，李光地之学来源于朱熹，而能心知其意、得所变通、不拘泥于门户之见。其诂经兼取汉唐之说，论学亦酌采陆王之义，而于其是非得失，则辨之甚明。

《榕村续语录》20卷　黄家鼎录。体例仿《语录》前编，全是未编入《全集》之光地言论，其中论本朝（按即康熙）人物、本朝时事数卷，此可备史料，多为见闻，很有学术价值。

《榕村全集》40卷　全系诗文札记之类。是集：《观澜录》1卷，《经书笔记》《读书笔录》共1卷，《春秋大义》《春秋随笔》共1卷，《尚书句读》1卷，《周官笔记》1卷，《初夏录》2卷，《尊朱要旨》1卷，《象数拾遗》《景行摘编》共1卷，文25卷，诗5卷，赋1卷。虽总题曰全集，而不包括其所有之诗文、所注诸书及语录等。是集说经之篇甚多，而皆以阐明义理为主，其他诗文亦是阐述道理之言。李光地之诗文不雕琢而自工，皆有物之言。

《榕村续集》7卷　系辑录《全集》未录之诗文。

《榕村别集》5卷　此书为杂家著作，卷一为音韵辨疑，卷二为鼎符，卷三为纳甲，卷四为星命本要，卷五为招徕伪党告谕及公牒戒约等。

《卜书补义》1卷　此书不合蔡沈之说，而合真西山之说。

《等韵便览》1卷　此书根据顾炎武音学，摘字之习用者依等韵字母编为便览。它发展了顾氏音韵学，以收声厘韵，以五声切众音。

《李文贞公全集》150卷　乾隆元年（1736年）李清植刊，嘉庆六年（1801年）补刊。包括《榕村全书》40卷，诗8卷，《大学古本说》《中庸余记》《中庸章段》《离骚经解》《九歌注》《参同契章句》《阴符经注》《孝经注》《握奇经订本》《榕村字画辨讹》《二程子外书纂》《韩子粹言》等各1卷，《读论语札记》《读孟子札记》《周易观象大旨》《洪范说》《二程子遗书纂》《尚书解义》《正蒙注》《古文精藻》等各2卷，《周易通论》4卷，《古乐经传》《榕村别集》《朱子礼纂》《朱子语类》各5卷，《榕村讲授》3卷，《榕村制义》4集4卷，《榕村语录》30卷，《周易观象》12卷。

《榕村全书》197卷　清道光九年（1829年），李维迪刊本，包括《大学古本说》《中庸章段》《中庸余记》《中庸四记》《孝经全注》《握奇经注》《阴符经注》《离骚注》《九歌注》《参同契注》《历象本要》《韩子粹言》《泰山脉络记》《二程子外书纂》《性理》《榕村字画辨讹》等各1卷，《读论语札记》《读孟子札记》《周易观象大旨》《尚书解义》《洪范说》《正蒙注》《二程子遗书纂》《古文精藻》《程墨前选》等各2卷，《榕村讲授》3卷，《春秋毁余》《榕村制义》等各4卷，《古乐经传》《朱子语类四纂》《朱子礼纂》《榕村韵书》《易义前选》等各5卷，《名文前选》6卷，《四书解义》《诗所》各8卷，《榕村诗选》9卷，《用易观象》12卷，《榕村全集》40卷续集7卷别集5卷。《榕村全书》比《李文贞公全集》多47卷，其中包括：《中庸四记》《历象本要》《性理》等各1卷，《程墨前选》2卷，《春秋毁余》4卷，《易义前选》5卷，《名文前选》6卷，《四书解义》8卷，《榕村诗选》9卷，《榕村续集》7卷别集5卷。

《李光地日讲春秋解义》64卷　清乾隆二年（1737年），张廷玉等奉敕编。武英殿刻本。

《李文贞公三种前选》13卷　清道光十年（1831年），李维迪重校刻本。其中包括：《程墨》2卷、《名文》2卷、《易义》5卷。

《周易直解》13卷　国家图书馆藏嘉庆九年（1804年）南城梅氏刻本。

《李厚庵（光地）先生稿》4卷　杨名时、文志鲸同编。国家图书馆藏康熙五十三年（1714年）金谷园刻本。

李光地参与编撰的著作200多卷，其中有：

《四书六经解说》33卷

《周易析中》23卷

《音韵阐微》18卷

《月令辑要》25卷

《朱子全书》66卷

《性理精义》12卷

《星历考原》6卷

《诗经传说》11 卷

《春秋传说》15 卷

《篆字经文》1 卷

三　蔡世远

（一）生平

蔡世远，字闻之，因世居梁村，别号扪斋，学者称梁村先生或扪斋先生，福建漳浦人。生于清康熙二十一年（1682 年），卒于雍正十一年（1733 年）。康熙四十四年（1705 年），蔡世远举于乡；康熙四十八年（1709 年），成进士。历官改庶吉士、礼部右侍郎、分校乡会试、经筵讲官、文武殿试读卷、校阅文艺各差使等。蔡世远为官颇能关心百姓疾苦。他改庶吉士时，从京城请假回乡探亲，至浙江闻家乡漳州饥甚，便大发恻隐之心，乃告贷乡人在浙者，并劝捐输买米数千石，请浙江巡抚弛口禁，先由海运归平粜。[①]　其时，漳浦常被海盗侵扰，蔡世远在籍练乡兵以卫之。总督满保入台湾平乱，蔡世远与其友好，致书请求戒将士毋妄杀人；及平复，再致书，请求选贤任能治台，奖励垦荒，加强民兵合作以防日本、荷兰等国入侵，满保总督从之。清代台湾之治，蔡世远有一定的贡献。

蔡世远祖辈有朱子学研究的传统。始祖蔡元鼎以朱子学著名于世。六祖蔡大壮尝得朱子学家周瑛主敬穷理之传。五祖蔡宗禹亦是朱子学家。父亲蔡璧学宗朱子，曾为福建罗源县教谕，后主讲于全国第一流的福州鳌峰书院，传播朱子学不遗余力。蔡世远少承家学，接受朱子学教育，稍长，受业于朱子学家张伯行。因此，蔡世远的朱子学思想根深蒂固。蔡世远博览经史，读书务求心得，敦践履别义利，终归修身齐家治国平天下；发为文章，直抒胸臆，一出于心，旨要于诚。蔡世远立志要在学

---

① 　清光绪《漳浦县志·人物·蔡世远传》。

问和事业上为国贡献，特命其所居之室为"二希堂"，以时时提醒自己为此奋斗终身。他自记曰：

> 学问未敢望朱文公，庶几真希元乎？事业未敢望诸葛武侯，庶几其范希文乎？[①]

"二希"，意以真希元、范希文之学治事业。

蔡世远积极从事教育事业。他曾接替其父主讲于数百年来以传授朱子学而著名的福州鳌峰书院。他为学生立约，告以为学、修身、待人之方，教书又教人。他说：

> 以循序体察为致知之方，以敦本立诚为力行之要……与人言必以上一等人为的……成就者甚众。[②]

"以上一等人为的"，其意为：一指要尊敬人，如对待长辈那样；二指要向品德比自己高的人学习。蔡世远办学十分强调品德和事业教育：对教师"严加别择，察其品行之贤否以为去留，则教易施而得人之效速"；对学生"以激其向道之心"，"所重似不在举业"。[③] 蔡世远认为，俗儒溺时文，希富贵，不自计树之，此至为鄙陋，无足以论；读书只供作文，讲学不务躬行，皆为可耻。他讲学近而引之身心，发言处世皆竭诚而致行。他教育学生要以立志为始，以复性为归，一以朱子为准。他联系实际，深悯世俗之汩没于势利，或溺于辞章，其高明者又为王阳明顿悟之学所误。他大声疾呼，如救焚拯溺。他极力鼓励学者奋发有为，为国立功。蔡世远传播朱子学不遗余力。蔡世远讲学，听者恒千百人，为国家培养许多人才。

蔡世远在其他场合也极注意品德和事业教育。如他请假回家期间，"遵行古礼，训饬族人，激劝交至，是亦施于有政之意也"[④]。

---

① 转引自［清］雷鋐：《二希堂文集》提要。
② 见［清］张廷玉：《澄怀园文存》卷十一，《蔡公神道碑铭》。
③ 《正谊堂文集》卷六，《与蔡闻之》。
④ 《正谊堂文集》卷六，《与蔡闻之》。

(二) 以诚义为主体的志气论

蔡世远是一个有理想、有气节、为人正直、为社会做了好事的人。和蔡世远同时的蓝鼎元说:

> 梁村 (世远) ……其行,则天性孝友,族党籍籍然称之;意气磊落,胸中无城府;见义若嗜欲,不顾前后;……位置高固,不徒以文人自命者。……评论古今人物,揭其可法可师可憎可骂之状,梁村不尽发之文不止……其学行超卓。……梁村虽闭户家居,不肯向人妄投一刺。[①]

"不肯向人妄投一刺",就是今天所讲的不走"后门"。有人称其"忠信正直,诚足以达其言,诚足以致其志"[②]。时人称其学必先义利之辨,自少自志未尝一言欺人,为官俸禄之外未尝受人一钱。清唐鉴说:

> 先生 (按指蔡世远) 穷理精密,律身谨言,识量深宏,节操坚定。退而居家,进而在朝,所行皆有益于人之事,所言皆有益于人之言。[③]

以上这些对蔡世远的评论显然是言过其实。但是,应该肯定,蔡世远是封建士大夫中节操志气比较高尚的一个。蔡世远曾参与御纂《性理精义》,并以经术学行之士辅导诸太子,是乾隆皇帝的老师,有功于朝廷,深得皇帝的信任。乾隆皇帝曾御制怀旧诗赠之,称为"闻之先生"。但是,蔡世远并不就此机会谋取高官厚禄。例如,蔡世远以父死回籍逾假还都,刚好新令翰林科道假满逾期休至。有人劝他向吏部说明,以谋爵位。蔡世远说:"吾闻古者受爵而让,未闻投牒以自申也。况吾实以假归,焉可诬乎?"[④] 此可见蔡世远品德高尚,不慕升官发财。

蔡世远认为,一个人要有正气和节操,要有向上奋发的精神。他说:

---

① 《鹿洲初集》卷四,《蔡梁村扣斋初集序》。

② [清] 方苞:《望溪先生文集》卷十,《礼部侍郎蔡公墓志铭》。

③ 《学案小识》卷五,《翼道学案·漳浦蔡先生》。

④ 转引自郑贞文:《闽贤事略初稿·蔡世远事略》。

血气之气不可有，义理之气不可无。……见理明而浩然之气胜也。……世之学者苟能不慑于卑贱，收其心，养其气，于以入圣贤之奥不难矣。①

"浩然之气"是战国时孟子的用语，谓"我善养吾浩然之气"②，指的是一种主观的精神作用。南宋爱国者文天祥的诗谓"天地有正气，杂然赋流行……于人曰浩然，沛乎塞苍冥"③。蔡世远和文天祥一样，用"浩然之气"来说明人的一种正直向上的高尚道德品质。

蔡世远指出，一个人要有远大的志向，要立志为国为民作出贡献。蔡世远的勉己励人之言曰：

必勉之使为天下所不可少之人，匪徒为天下所不可少之人，又当为一代所不可少之人；匪徒为一代所不可少之人，又当为千百代所不可少之人。志锐守坚，捐其所甚利，而追其所必至，自然日进于高明，臻于光大。④

"志锐守坚，捐其所甚利，而追其所必至"，就是人要树立大志向，要有个奋斗目标；为了国家（"天下"）利益，不计较个人得失，勇往直前，要有不达到目的决不罢休的牺牲精神。蔡世远又说：

年富力强，何事不可为？只直捷要学圣人。夫求为博雅，则限于资；荣显富厚，则限于命；惟直捷要学圣人，可以操之自我。眼前立大志向，定大规模，随所读之书，身体心验，随所行之事，迁善改过，开其学识，使益宏裕，养其德器，使益坚定。⑤

蔡世远认为，圣人远大高深，要成为圣人不容易，但学圣人的所作所为是必须的。蔡世远提出"取朱子北溪之书体究实践不遗余力，则亦朱子"⑥。

---

① 《二希堂文集》卷一，《居业录序》。
② 《孟子·公孙丑上》。
③ ［宋］文天祥：《文山集》卷二十，《正气歌》。
④ 《二希堂文集》卷八，《与雷贯一》。
⑤ 《二希堂文集》卷八，《寄宁化五峰诸生》。
⑥ 《二希堂文集》卷八，《寄宁化五峰诸生》。

蔡世远认为，立志要以诚义为主体。他强调为人要忠信不欺，"若有一念不实，不但鬼神不可欺，天下后世更不可欺也"①。他认为，"澄本清源，惟在义利一关。此最得之。义即天理，利则人欲，当认得透彻，断得斩截"②。蔡世远又说：

> 今世之病，大半在于势利，词章其后焉者也，禅学又其后焉者也。士子束发受书，凡父所以教其子，师所以教其弟者，不过以拾科第取利禄为急务，身心性命有如外物，甚或攀缘趋附，以为进身之阶，幸而得志，则以持禄固位肥身保家为长策，其有能卓然自立成一家之言，以垂不朽者有几人哉？③

在蔡世远看来，势利之心最坏，此类人无一好处，比心学、禅学等异端者更坏，他们人品学术之差，有误天下后人。

（三）躬行复性说

蔡世远学宗朱熹，深醇平实。他把朱子学看作孔孟之学，认为"朱子之学不明而'四书'之意亦因以晦"④。清代著名的朱子学家张伯行谓蔡世远"以倡明绝学为己任"，就是说蔡世远的思想与孔、孟、程、朱是一脉相承的。张伯行在给蔡世远的信中说："今日正学不明，能身任斯道以绍承家学者，非年兄昆仲而谁！"⑤ 蔡世远的学说以立志为始，以孝悌为基，以读书穷理体察克己躬行为要。蔡世远把朱子学看成是有用之学。他指出，不能说理学家只会空谈性命，无益于国，如果使程朱得大用，宋朝可大兴；南宋指朱熹为伪学，国家就衰落。朱子学家鲁斋之在元，略见施用，有经邦定国之功。明朝一尊朱子学，成化、弘治（1465—1505）之际，风俗淳茂，国以富强；后人不尊朱子学，学术漓而政纪亦坏。

由于蔡世远强调学以致用，他的学说以复性为宗旨，强调道德实践。

---

① 《学案小识》卷五，《翼道学案·漳浦蔡先生》。
② 《二希堂文集》卷八，《寄宁化五峰诸生》。
③ 《二希堂文集》卷一，《学规类编序》。
④ 《二希堂文集》卷一，《四书朱子全义序》。
⑤ 《正谊堂文集》卷六，《答蔡闻之》。

他认为，为学是使人使已"复其性之本然"而已。所谓复性，就是要恢复自己的天赋本性。蔡世远提出复性之要有三个方面。他说：

其要有三：曰主敬，曰穷理，曰力行。不主敬，则无私之体何以澄之；不穷理，则天下古今当然之则何以考之；不力行，则所谓道听涂说而已，何由有以复其性之本然哉。①

在蔡世远看来，在这三个方面中主敬最为要紧。"学者苟能纯主敬之功，穷理力行，以复其性之本然"②。蔡世远又说：

程子论学之切，莫要于主敬，曰主一之谓敬，无适之谓一；又曰只整齐严肃，则心便一，一则自无非僻之干。然此际加功最难。过于矜持，则苦而难久；稍宽缓，又便怠弛。惟立志既坚，躬行又力。用谢氏（按指谢佐良）心常惺惺之法，常自提撕敛束，自然坐立不至放佚，心体不至昏怠。以此穷理，心极清明；以此克己，气极勇决。更日加涵养，自然德成而学就。所谓彻始彻终工夫也。③

在这里，蔡世远把程朱的主敬释为"立志既坚""彻始彻终工夫"，是比较通俗切题的。在蔡世远看来，树立了坚强的志向，再在自己的行动中始终贯彻这种志向，"常自提撕敛束"，就能达到"复性"的目的。他说："学者患于无志，有志矣又苦不能笃实，笃实矣又苦不能晓事。"④ 蔡世远以力行为贵。在他看来，有了志向没付之于行，是毫无意义的。蔡世远又说：

不加体察躬行之功，徒夸闳博雕镂之用，先儒之所羞称也。言不能以足志，文不能以行远，亦大雅之所弗尚也。……名之曰雅正者，其辞雅其理正也。⑤

蔡世远提出，"《朱子全书》……有无限道理……读时句句切己，行事时

---

① 《二希堂文集》卷一，《学规类编序》。
② 《二希堂文集》卷一，《学规类编序》。
③ 《二希堂文集》卷八，《寄宁化五峰诸生》。
④ 《二希堂文集》卷八，《与雷贯一》。
⑤ 《二希堂文集》卷一，《古文雅正序》。

刻刻对照耳"①。"凡讲学不在辨别异同，贵能自得师，知得一事便行一事。"② 当然，蔡世远所讲的"行"，是践履封建伦理道德。他曾谓"文虽佳，非有关于修身经世之大者不录也"③。因此，蔡世远十分欣赏朱熹的《家礼》，认为"文公《家礼》最切日用，未有学道之人而不行礼者，此时得行即行，不可有待也"④。因此，蔡世远针对闽中习俗相沿失礼之处，作《家礼辑要》，以供学者履行。

对于蔡世远的学说，他的学生雷铉有全面的评述，雷铉说：

> 吾师漳浦蔡文勤公，由剩夫、北溪而步趋朱子者也。每言朱子之道大而能博学者，未能遍观而尽识，然其要不外居敬以立其本，穷理以致其知，返躬以践其实而已矣。人苟不自甘流俗，奋然以圣贤为必可学而至，实用力于此三言焉。如履康庄大道，以登堂而入室，自不为岐途曲径所眩惑。⑤

清人蓝鼎元亦谓蔡世远"上自濂、洛、关、闽，下逮许（衡）、薛（瑄）、胡（居仁）、罗（钦顺），梁村皆有以得其要"⑥。清李元度曰：

> 先生之文，溯源于"六经"，阐发周、程、朱、张之理，而运以韩、柳、欧、苏之法度。所谓蕴之为德行，行之为事业，发之为文章者，吾于先生见之。……今先生教人必先之以格致诚正之功，天人危微之判，而后继之以文。⑦

蔡世远评论文章是思想为第一、艺术为第二。他曾谓："文虽佳，非有关于修身经世之大者不录也。……《战国策》者，多机知（智）害道之言也，荀、韩、庄、列不载者，斥异学也。"⑧ 蔡世远在文学方面也是强调躬行的。

---

① 《二希堂文集》卷八，《寄宁化五峰诸生》。
② 《二希堂文集》卷八，《与李巨来同年》。
③ 《二希堂文集·古文雅正序》。
④ 转引自《学案小识》卷五，《翼道学案·漳浦蔡先生》。
⑤ 《经笥堂文钞》卷上，《漳平县朱子祠记》。
⑥ 《鹿洲初集》卷四，《蔡梁村扣斋初集序》。
⑦ ［清］李元度：《国朝先正事略》卷十四，《蔡文勤公事略》。
⑧ 《二希堂文集》卷一，《古文雅正序》。

由于蔡世远处于清代中叶乾嘉汉学兴盛的前夕，在蔡世远的思想中已经反映出重视汉学的一些观点。例如，蔡世远说：

> 传经亦所以存道。……汉儒有传经之功，宋儒有体道之实。……轻汉儒者以为徒事训诂而少躬行心得之功，不知代经秦火，汉儒收拾于灰烬之余，赓续衍绎，圣人遗经赖以不坠，汉朝得收尊经之效……汉儒之功其可掩乎？[①]

蔡世远认为，对汉儒和汉学不能一笔抹煞，"汉儒有传经之功"，"汉儒得收尊经之效"。由于汉儒对先秦经典"赓续衍绎，遗经赖以不坠"。蔡世远的这种经学观点是值得重视的。

附：蔡世远著作简介

《朱子家礼辑要》1 卷　卷首自序云："我闽承文公遗泽，又际礼教修明之日，臣庶率由禀遵，顾穷乡僻壤间有不见全书狃于习尚者，是故备考成书，辑其简要，以合乡俗之易行而省其无益之繁费。"

《二希堂文集》12 卷　包括卷首 1 卷、序 4 卷、传 1 卷，论说书 2 卷、志铭行状 1 卷、祭文祀文 1 卷、杂著 1 卷。是集共收文 171 篇，篇篇皆是阐述圣贤道理。是集不以文艺为专门，所言多研究心性之学，理醇词正，吐属渊雅。

《古文雅正》14 卷　此书系评选历代古文，自汉至元 330 余篇，是选采自名家文集、二十一史、汉魏丛书文选以及历代名臣奏议等。此书选文原则是：文虽佳，非有关于修身经世之大者不录，言虽切而体裁不美备者亦之录；其事则可法可传，其文则可歌可诵，然后录之；不录《战国策》之文，因其多机智害道之言也；异端荀（子）、韩（非）、庄（子）、列（子）之文亦不录。此书在《四库全书·集部·总集类》中。

《合族家规》1 卷

《先儒遗书汇编》5 卷

《性理精要》3 卷

---

① 《二希堂文集》卷一，《历代名儒传序》。

《扣斋初集》6 卷

以上 4 部书都是阐发程朱思想的，曾经印行过，清道光年间还存在，至今不见，有待将来发现。

《历代名儒传》8 卷

《历代循吏传》1 卷

《历代名臣传》35 卷续编 5 卷。

以上三书与朱轼合辑，在《朱文端公藏书》中。

四 蓝鼎元

（一）生平及其朱子学特点

蓝鼎元，字玉霖，别字任庵，号鹿洲，学者称鹿洲先生，福建漳浦人。一说生于清康熙十四年（1675 年），一说生于康熙十九年（1680 年），卒于雍正十一年（1733 年）。雍正元年（1723 年），科举拔贡。历官广东普宁知县、潮阳知县、广州知府、内阁一统志馆编修等。

蓝鼎元一生经历曲折，这对其思想和行为有深刻的影响。他少孤家贫，依寡母恃女红度日，市番薯种菜以为糜；读书山中，月携白盐一罐作菜，没有蔬菜和肉食，同学揶揄，作《白盐赋》以自励。后来，蓝鼎元在谢绝巡抚张伯行召用时对自己的家庭说得十分感慨。他在给张伯行的信中说：

> 某幼丧父，赖祖父母及寡母辛苦提携以至今日。大公今年八十有九，大母年八十有二，日薄西山，此境岂能多得？又某有弟已长而未婚，有妹已长而未嫁；加以先君之枢历多年，所未归于土，每当苦凄风，肝肠寸裂。自侍执事以来，细观先儒之书，窃闻圣贤之道，其最切者父慈子孝兄友弟恭。今也有九旬之祖父母、垂白之寡母，而不能养，有久停之枢，而不能葬，有愆期之弟、妹，而不能婚嫁。自逃于八百里之外，以博丰衣鲜食，纵使学问财力推倒一时，执事亦何取于此等人，而歘进之于斯道耶？某虽不肖，颇知义利之

辨，岂肯妄受人怜，有所希冀？今征召再三，恐不知所以违命之故，将责以自暴自弃之罪，故敢布其愚衷，惟执事谅鉴焉。①

这段话可以反映出蓝鼎元家庭的一般情况，也可以反映出蓝鼎元的思想品质：在困难的情况下乐于行孔孟之道，重义而轻利。蓝鼎元未应张伯行的征召后，在家11年；其间因家乡经常闹饥荒，加上官吏横行，剥削无度，使得他家及其他劳动人家生活艰苦，曾作《饭乡记》加以揭露。他在17岁时，至厦门观海，并泛舟循福建沿海而北，至浙江舟山群岛，又乘风返南，沿南澳、海门而归。自谓此行得到许多见识，极为有益。

蓝鼎元为官清廉，有谓之包公复生。他出任广东普宁及潮阳知县、广州知府时，经常出巡所辖各地，奖励生产，察民疾苦。此二县一府以前积累讼案甚多，蓝鼎元一一加以调查，从速办理积案，纠正冤案；惩办罪犯主谋之尤者，对于小犯或胁从者则反复加以开导，使其改过自新。人称其治狱严而峻，翕然悦服。蓝鼎元因办案正直无私，得罪了上级贪官污吏，后来被诬告革职回乡。蓝鼎元曾随福建总督郝玉麟入台湾平乱，并参与治理台湾规划，指出台湾之隐患将是日本、荷兰，提醒台湾当局密切注意。他的爱国之心和卓越的见识是极可贵的。

蓝鼎元的家庭有朱子学传统，曾祖父蓝毅叟、祖父蓝继善、父亲蓝赋，皆博学多识，笃信程朱理学。蓝鼎元自幼承受家教，博览诸子百家，究心性理之学。后居家奉养祖父母、寡母11年，杜门读书，凡理气心性、礼乐、名物、韬略行阵等诸问题无不探求。蓝鼎元从政期间，官余与诸生切究学问，海内外之山川风土，各民族之生活习俗，特别是东南海疆，都十分熟悉。雍正三年（1725年），蓝鼎元献所作《青海平定雅》3篇、《河清颂》4篇，一时名噪天下。蓝鼎元雅意著述，风云月露不上染其笔端，而见忠义节义必记录之。清人旷敏本说：

> 鹿洲经济之儒，文章之匠也，其志存乎世道人心，其心系乎生民社稷。……予读《棉阳学准》，幸濂洛真儒犹在今日，知鹿洲之自任斯道者重也。②

---

① 《鹿洲初集》卷一，《上张大中丞书》。
② 《鹿洲初集》卷首，旷敏本《序》。

蓝鼎元一心向往程朱理学，一有闲暇即读程朱及朱子学派黄榦、陈淳、真德秀、蔡清、陈真晟、林希元等人的著作，沉潜玩味，反复不厌。蓝鼎元以朱子之学为的，以第一等人物为期。他说，朱子"继孔孟之薪传，开后人之聋瞆"①，圣贤之道"备于朱子"②。他又说：

> 程朱之功尤为大备，千秋正学，至此如日月中天。学者不崇尚程朱，则邹鲁之戾人也。③

蓝鼎元对朱子推崇备至，他的学术是醇正的朱子学。他说：

> 为治而不本"六经"，必流为刑名法术，杂霸小补之治；为学而不本"六经"，必流为异端邪说，支离固陋之学。故自古今以来，名为儒者，无不以穷经为要。……说经之家，汉儒为最，至宋而指归乃定。④

蓝鼎元认为，由程朱而溯至孔孟，"六经"是为治为学之本。汉儒有传经之功，宋儒有传道之实，两者皆不可否定。蓝鼎元和蔡世远一样，已具有某些崇汉学尚考证的学风。

对于蓝鼎元的事功和学问，学者有好的评论。清代著名朱子学家张伯行任福建巡抚时编纂程朱学派各家著作，蔡世远推荐蓝鼎元编辑。张伯行说："蓝鼎元确然有守，毅然有力，经世良才，吾道之羽翼也。"⑤ 真是推许备至，由此可知时人对蓝鼎元的一般看法。

（二）世界观

蓝鼎元和其他朱子学家一样，认为天地间充满着理和气。无理天之不能产生，无气天地不能运行。"天地之间理与气焉尽之矣。无理不生，无气不行。""天地万物，一理一气，至诚感通，如影随形。"⑥ 理和气如

---

① 《棉阳学准》卷一，《同人规约》。
② 《鹿洲初集》卷四，《杨龟山先生文集序》。
③ 《棉阳学准》卷一，《同人规约》。
④ 《鹿洲初集》卷十四，《经学考》。
⑤ 《二希堂文集·上张巡抚书》。
⑥ 《棉阳学准》卷四，《闲存录》。

形影，是不能离开的，理气是紧密地结合在一起的。蓝鼎元提出理产生天地万物，又承认理和气如形和影一样同时存在，因此蓝鼎元的世界观含有一些二元论的因素。

正是由于蓝鼎元把理看作和气一样存在于天地民物之中，而提出道在人伦日用之间。他认为："圣贤之道，原非高远，不外纲常伦纪日用常行之事。"① 他说：

> 道非高远，即在人伦日用之间，臣忠子孝，兄友弟恭，夫妇居室，朋侪洽比，一举一动皆有当然不易之则，夫谁能出吾道之范围乎？饥而食，渴而饮，人人皆然也；而食当所食，饮所当饮，即道也。异学以窈冥、昏默、虚空、影响言道，似人生纲常伦纪之外，别有凭虚仿佛之一物，是以终日言道而无可捉摸，言悟道而归于惝恍善乎？……道者，日用事物当行之理，皆性之德，而具于心，无物不有，无时不然。……圣贤未尝难学，人人皆可以勉而能，而特不许浮伪者之矫托于其间。若外谈仁义而势利，若烈火之焚心，貌似笃诚而胸怀若鬼蜮之变幻。此等为吾道之害，有甚于释老异端。②

从蓝鼎元谓"道者，日用事物当行之理"可知，他的道和理的含义基本上是一致的，具有规律和本质的意义。蓝鼎元在讲到理和历数的关系时，就是讲理是历数之理，犹如上引道是日用事物当行之理一样。蓝鼎元说：

> 历有理有数，古今明历数不少，而明历理者极难。朱子亦曰："历不能无差。今之学历者，但知历法，不知历理。"盖舍理以求数，虽穷极微秒，必有不能尽合者。君子用历，亦究其理而已。数学灵台（按官名）掌之，非有大人之事者所暇及也。③

此段最后两句的意思是说，治理国家在于政教，所以要知理；数学则是专门家的事，不是执政者之事。蓝鼎元在这段中所讲的理，和上面引文中的道具有相同的含义。

---

① 《棉阳学准》卷一，《同人规约》。
② 《鹿洲初集》卷六，《送谢古梅大史还闽序》。
③ 《鹿洲初集》卷十四，《历代历法考》。

由于气和理一样充满于天地之间；气分阴阳，因而阴和阳满于天地之间。蓝鼎元说："天地之间阴与阳焉尽之矣，无一物而无阴阳，亦无一事而无阴阳。"又说：

> 阴阳有盛衰无绝续也。……物极必反也，分阴分阳，程子所谓天地万物之理无独必有对也。①

蓝鼎元把阴阳对立统一和转化的关系运用于分析具体事物，认为矛盾一方会克治另一方，扶正必须去邪，"天下之祸常发于细微而困于所忽"。蓝鼎元说：

> 稂莠不除，反害嘉禾。……治心去私克己而后天真复焉……治国屏邪远佞而后正士昌焉。……虎狼在野，凡人操戈而遂之；蜂虿入袖，壮夫为之动色。天下之祸常发于细微而困于所忽，可不慎与。②

蓝鼎元这里所讲的是统治经验的总结，是比较深刻的，含有一定的辩证法的思想。

在蓝鼎元的世界观中还含有天人感应论的成分。他在给蓝荆璞的信中说：

> 舟中起雷本非灾异，乃此舟竖桅时桅井不净所致耳。……君子遇灾而惧……鄙意雷者，震也。震东方也，震动震叠，皆非安静，恐东方有兵事将劳吾兄。是故舟中起雷，乃威震东方，声闻四海之象。兄其建勋业于台湾乎？③

在这里，蓝鼎元一方面正确地指出了"舟中起雷本非灾异，乃此舟竖桅时桅井不净所致耳"；另一方面，为了鼓励蓝荆璞治台事业，又宣传天人感应论，所谓"君子遇灾而惧"，是先验论。蓝鼎元又说：

> 圣王用民必顺，故天不爱其道，地不爱其宝，人不爱其情，是

---

① 《棉阳学准》卷四，《闲存录》。
② 《鹿渊初集》卷十，《除庭草记》。
③ 《鹿洲初集》卷二，《与荆璞家兄论舟中起雷书》。

以膏露、醴泉、器车、图马、凤麟、龟龙之瑞……圣王能修礼以达义，体信以达顺，此顺之实也。可知天瑞之来必由人事，礼义信顺即为稀世之嘉祥，惟其有之，是以应之。自古及今未有无其实而能征其应者。……天下太平，符瑞来至者，以王者承天顺理。①

蓝鼎元由天人感应论得如"承天顺理"，从而陷入宿命论。

（三）禁欲主义的认识论

蓝鼎元运用他的天地民物是理气相结合的观点来说明人性问题。他认为"仁义礼智信为吾性中所自具之理"。例如，蓝鼎元对仁的看法，他说：

仁者，生人之理也。此理与生俱来，岂容一日去之。一日不仁，则生理灭绝，纵使幸生亦不可谓之人。②

在蓝鼎元看来，人由于有了理，才具有仁、义、礼、智、信等道德品质；人由于有了气，才能够语言动作和思考营为。由于仁、义、礼、智、信等这种理是天赋予人的，所以叫天命之理；理体现在人身上时，要同人所禀受的气相结合，构成人的气质之性。以天命之性和气质之性为基础，蓝鼎元提出人心和道心、天理和人欲的关系问题。蓝鼎元认为，心的本体，是先天具有的，没有受到物欲牵累的，即天命之性，是理的体现，没有不善的，所以感物而动便产生合乎天理的仁、义、礼、智、信等道德行为，便是道心；感物而动受到物欲的牵累便产生不道德的行为，便是人心。蓝鼎元说：

何为人心虚灵？知觉者是也；何谓道心所以主宰？此虚灵知觉之义理是也。朱子曰："如人知饥渴寒暖，此人心也；恻隐羞恶，此道心也。"又曰："如喜怒，人心也；喜所当喜，怒所当怒，道心也。"③

蓝鼎元认为，道心和人心的界限就在于：人的思考动作是满足于"饥渴

① 《鹿洲初集》卷四，《河清颂序》。
② 《棉阳学准》卷四，《闲存录》。
③ 《棉阳学准》卷三，《闲存录》。

寒暖"等欲望，还是服从于仁、义、礼、智等天理。"天即理也。理在吾心，不假外求，暗室屋漏事事无愧于天"。这样，蓝鼎元又提天理和人欲的问题。蓝鼎元说：

> 自然而然者为天理，私意而为者为人欲。理欲之别则公私二字尽之。故朱子曰："饮食之间，亦有天理人欲焉。"则以饮食者天理也，欲求美味人欲也。①

蓝鼎元把天理和人欲的区别归结为公与私，是对程朱"天理、人欲"含义的通俗解释。不过，蓝鼎元所讲公与私的含义与今天所讲的是不同的，如谓"忠者天下大公之道"。蓝鼎元又说：

> 忠之一字乃学者大本领，所以异于人者。故事君必忠，一出言而必思忠，为人谋不敢不忠，凡使在己之心无一毫之不尽也。……朱子曰："忠者天下大达之道，恕所以行之也?"②

蓝鼎元认为："圣贤不肖之分，天理人欲而已矣。循天理则日进乎高明，徇人欲则日沦乎污下。"因此，蓝鼎元反复说明人们必须"存天理，去人欲"。他说：

> 存天理遏人欲，入圣之门也。学者循是而求之，时时处处实用其存养省察之功，使人欲净尽天理流行，是亦圣人而已矣。③
> 天理存则人欲亡，人欲胜则天理灭。朱子所谓未有天理人欲夹杂者。学者须于此处休认省察之，自然当然之天理，则存守而勿失，自私自利之人欲，则遏绝而不留。④

十分显然，蓝鼎元的这些说教的中心目的就是要维护封建宗法等级制度。因为"圣贤之道……其最切者不外人伦日用之间，父慈子孝，兄友弟恭；皆是道也"⑤，人们只要按照孝、悌、忠、信和仁、义、礼、智等纲常伦

---

① 《棉阳学准》卷一，《同人规约》。
② 《棉阳学准》卷一，《同人规约》。
③ 《棉阳学准》卷四，《闲存录》。
④ 《棉阳学准》卷一，《同人规约》。
⑤ 《鹿洲初集》卷一，《上张大中丞书》。

理各安其分，就是符合天理。这就是理学家常常讲的"饿死事小，失节事大"。

为了存天理，去人欲，蓝鼎元提出"克己复礼，克己则无欲而静，复礼则循礼而安"。在蓝鼎元看来，这种克己复礼工夫，就是所谓"主敬"，"主敬则天理常存而人欲不能入"。蓝鼎元又说：

> 内圣外王之学不外一敬……主敬则天理常存而人欲不能入……朱子曰："儒者之学，大要以穷理为先。"此言居敬中实事，而吾道异端所以判也。异学求心而不求理，是以其流为清静寂灭。圣学格物穷理以致其知，是以泛应曲当至于从心所欲不逾矩。故知居敬穷理，圣贤彻始彻终之实旨也。居敬以立其本，穷理以致其知，有交修并进而无先后者也。居敬则此心有主，必穷理以充之；穷理则此心有物，必居敬以纯之。敬至而穷理始精，理明而居敬愈固，二者缺一不可，而分为两事者非也。①

蓝鼎元的认识论是以主敬为核心的。他把"穷理"看成是"居敬中实事"，"主敬则天理常存，人欲不能入"；他把主敬看成是"吾道异端所以判"，即相互区别的标志。而且，他对主敬在穷理中之所以具有重要作用也做了多方面的进一步说明。

蓝鼎元认为，"居敬则此心有主"。所谓"此心有主"，就是使"身心不敢放纵"，或者能"收放心"，把心中已散失的仁义礼智寻找回来。蓝鼎元说：

> 朱子曰："敬，止是整齐收敛，使身心不敢放纵而已矣。"世人看得敬字太拘苦，如擎拳曲跽、摄心坐禅，皆非所谓敬。②

蓝鼎元特别强调，主敬与佛教的"摄心坐禅"有原则不同。佛教的坐禅是一种修行方法，是通过静坐敛心，"寂冥昏默"，达到脱离世俗的超脱境界，主敬是"随时随处以天理为准绳，无须臾之敢忽，无一毫之敢肆"，就是主一，即以天理为一。蓝鼎元说：

---

① 《棉阳学准》卷四，《闲存录》。
② 《棉阳学准》卷一，《同人规约》。

居敬非幻冥昏默，如异端坐禅入定之谓也。随时随处以天理为
准绳，无斯须之敢忽，无一毫之敢肆，静而处暗室屋漏之中，罔弗
敬也；动而应天下国家之务，罔弗敬也。[①]

在蓝鼎元看来，主敬或主一，就是"静而处暗室屋漏之中"，"动而应天
下国家之务"，都要以天理为一。蓝鼎元还指出，"学莫大乎涵养。常存
义理之心，使邪僻不得而入，视听言动无非礼"，就是事事时时都要以天
理为一，都要谨慎地遵守封建道德原则，符合做人的标准。对于"居敬
则此心有主"，蓝鼎元和清初福建其他朱子学家一样，特别强调"养浩然
之气"。[②] 蓝鼎元、蔡世远等福建朱子学者处于清初异族压迫的形势下，
他们大都主张要"养浩然之气"，为人要正直和有民族气节，这种思想是
值得肯定的。

蓝鼎元认为，"居敬以立其本"。所谓"立其本"，就是主敬是圣学之
要，它能立"万事之根本"，蓝鼎元说："敬之一字，为一心之主宰，万
事之根本，圣学彻始彻终之要。有志入道者，其必自兹始。"在蓝鼎元看
来，读圣贤书的过程中只有贯穿主敬，即"句句反求诸己"，才能"立其
本"。蓝鼎元说："读圣贤书当句句反求诸己，思我必能行之，思我必如
何而后可以行之，切实体验方为有得。"他说：

学者立志圣贤，则一举一动自不敢与圣贤相违背，日积月累，
由粗而精，由勉强而自然，何圣贤之不可几及哉！……义利之介，
人生大闲，圣凡分途，实由于此。……学者先于此地，见之明，守
之固，然后可与言圣贤之学。[③]

这就是说，要学以致用，知行结合，处处以圣贤言论相对照，不相违背。
这就是蓝鼎元特别强调的在读书穷理中"彻始彻终"贯穿主敬或主一。
在这里所谓"日积月累，由粗而精，自勉强而自然"，是蓝鼎元对知行过
程的很好的说明，蓝鼎元又说：

---

① 《棉阳学准》卷四，《闲存录》。

② 《棉阳学准》卷一，《同人规约》。

③ 《棉阳学准》卷一，《同人规约》。

> 居敬则此心有主，必穷理以充之；穷理必此心有物，必居敬以
> 纯之。敬至而穷理始精，理明而居敬愈固。①

"心有物，必居敬以纯之"，就是理性认识对感觉材料要进行去粗取精、去伪存真的加工整理过程。这个过程就是"实用其力于身心性命之地，察识体验于人伦日用之间，以圣贤之绝业转移世道人心"②。蓝鼎元又说：

> 身心性命非空谈也，所以端其本而裕其末，清其源而洁其流也。
> 明此者谓之明体，达此者谓之达用。体明而后用达，故君子常勉
> 勉焉。③

蓝鼎元把主敬归结为知和行的过程，再用本和末、体和用来说明知和行的关系。十分明显，蓝鼎元和朱熹一样，是主张先知后行的，认为在认识上道理明白了，就会指导人们去行动。这是先验论。

对于体察和实行圣人之道，蓝鼎元特别强调要"诚"，认为"作圣之功以存诚为第一事"④。蓝鼎元说："惟诚可以生明，惟勤可以补拙。其遇事，一以忠信为主，不然苟且务外以徇人。深求乎理之所以然，而静其所当然。"在蓝鼎元看来，之所以"惟诚可以生明"，就是因为诚可以"深求乎理之所以然"。蓝鼎元说：

> 诚，实而已矣。真实无妄，则尽乎诚之义矣。……所谓诚，止
> 欲人事。事皆实，无为虚假，无为伪妄。……不敢欺己，不敢欺人
> 之意耳。……无妄之谓诚，不欺其次矣。无妄便是诚者，天之道；
> 不欺便是诚者，人之道。⑤

"诚"，原是一种道德观念，指的是一种完善无缺的"至善"的精神境界。战国时期的子思把"诚"说成是世界本体、万物的创造者。理学家把高不可攀的"诚"拉到人间，强调"存诚以致其实"。蓝鼎元说：

---

① 《棉阳学准》卷四，《闲存录》。
② 《鹿洲初集》卷四，《杨龟山先生文集序》。
③ 《棉阳学准》卷四，《闲存录》。
④ 《棉阳学准》卷一，《同人规约》。
⑤ 《棉阳学准》卷一，《同人规约》。

> 朱子之学……以《大学》为入道之序。居敬以立其本，穷理以
> 致其知，克己以灭其私，存诚以致其实，所以集周程（按即理学）
> 之大成，绍鲁邹（按即孔孟之道）之嫡统，前圣后贤之道该括
> 全备。①

在这里，蓝鼎元把居敬穷理、克己存诚并提，把"诚"看成是朱熹思想
体系的最后一个阶段，即道德实践。同时，蓝鼎元在这里也对朱子学作
了高度的概括。

（四）社会政治思想

蓝鼎元的历史观是唯心论的，他把历史的演变和社会的治乱归结为
气数天命。蓝鼎元说：

> （汉）光武似有可为，惜其时真儒不出，此亦气数之薄也。昭烈
> （刘备）得孔明，是可与有为之主，而又得真儒相辅者，惜乎天不
> 祚汉。②

蓝鼎元所谓的"气数"，是指气运、命运、天命，来源于朱熹。朱熹认
为，自然和社会的事物"若木生于山，取之，或贵而为栋梁，或贱而为
厕料，皆其生时所禀气数如此定了"③。一切都由"气数"决定。蓝鼎元
讲的"气数"，是一种宿命论。

在蓝鼎元的社会历史观中也有一些合理的见解。第一，蓝鼎元认为，
施政必须仁爱，顺其欲而除其害，他说："夫仁莫大于爱民，爱民莫若顺
其欲而除其害。"蓝鼎元这里讲的"爱民莫若顺其欲"与上面引用他的
"存天理，去人欲"是有些不一致的。他认为，不顺其欲就会引起被压迫
者的反抗。他说："苗瑶壮黎均属朝廷赤子，当与汉民一例轸恤教化。"
不要歧视少数民族，应把少数民族的人民和汉族人民一样加以"仁爱"。
蓝鼎元的这种民族平等的思想，在民族压迫十分严重的封建社会，是难
能可贵的。第二，提出教育"莫先于明正学"。蓝鼎元说：

---

① 《棉阳学准》卷五，《道学源流》。
② 《棉阳学准》卷四，《闲存录》。
③ 《朱子语类》卷四。

> 科举之学固是人生不可少之一端，虽孔孟生于今日，不能不应科举。但以科举文章遂尽一生之事业则……渺乎小耳。[1]

蓝鼎元把应科举作为人的一生事业，是当时的思想水平。他提出教育必须以"化民成俗""兴贤育才"为宗旨。蓝鼎元说：

> 欲正风俗必先正人心，息邪说距诐行。贤才不可多得，当培养而玉成之。然则化民成俗之方，兴贤育才之道，莫先于明正学。[2]

在蓝鼎元看来，通过明正学（孔孟之道），正人心，正风俗，"息邪说距诐行"，从而达到天下太平。这是当时教育为政治服务的教育思想。第三，立法必诚必信。言必践，禁必伸，讼必自达其情，执法铁面无私。蓝鼎元说：

> 立法之初必诚必信。凡文告号令必实在可行者方出之，无朝三而暮四。言必践，禁必伸，万万不可移易。……听讼时平心霁色，使村哑期艾咸得自达其情。得情时铁面霸威，使狡猾财势俱无所施其巧。[3]

在君主专制的封建社会中，所谓法必诚必信，是不可能的，广大被压迫人民根本就没必伸的机会。第四，主张对外开放，又提出严防资本主义国家的侵略。蓝鼎元说：

> 南洋诸番不能为害，宜大开禁网，听民贸易，以海外之有余补内地之不足。此岂容缓须更哉。昔闽抚密陈疑洋商卖船与番，或载米接济异域，恐将来为中国患。……书生坐井观天之见。……统计天下海岛诸番，惟红毛（指英吉利、法兰西）、西洋（指荷兰）、日本三者可虑耳。[4]

蓝鼎元的这种对外开放的思想是难能可贵的。当时的清朝统治者害怕汉族人民和海外通气进行反抗，采取严格的闭关政策，从而使中国初期资

---

[1] 《棉阳学准》卷一，《同人规约》。
[2] 《鹿洲初集》卷十，《棉阳书院碑记》。
[3] 《鹿洲初集》卷二，《与吴观察论治台湾事宜书》。
[4] 《鹿洲初集》卷三，《论南洋事宜书》。

本主义的发展中断了。蓝鼎元似乎看出了这个问题，指出要把中外贸易和资本主义的侵略区别开来。蓝鼎元所谓"听民贸易，以海外之有余补内地之不足""载米接济异域"等，都是爱国主义和国际主义的思想。

（五）对"异端之学"的批判

蓝鼎元以朱子学为准，辟陆王，斥佛老。蓝鼎元的门户之见极深，他视异己学说如仇敌，势不两立，提出"（有人）与吾道为敌，诋诽程朱……诸生既知濂洛关闽之旨趣，不为释老异端金溪（按指陆九渊）姚江（按王阳明）所摇惑"。蓝鼎元说：

> 异端之学，贼吾道者也。故君子辟之，非好立门户、树帜角争，实恐一入迷途，终身不可救药。况千秋道统，明晦绝续，所关甚大，不得不为防闲，即孟子所谓予岂好辩，予不得已也。……佛老之为异端，三尺儿童皆知之，而尊奉信从乃出于高明之士，则明知而故犯之也。……今则有阳儒阴释之学，近似乱真。窃圣贤之名，以阐释迦、达摩之宗旨。……俑作始于金溪而盛于姚江。……姚江事业，素所欣慕；讲学之差，无能护短。①

蓝鼎元以维护孔孟程朱一脉相承的"千秋道统"为己任，认为"所关甚大"，必须"立门户、树帜角争"。蓝鼎元所谓异端之学，就是指陆王心学和佛老空寂之说。

蓝鼎元比较深刻地揭示出朱陆争辩的实质，认为朱熹主居敬穷理、身体力行，因而是重践履的实学，陆九渊主虚静养神、病传注诵习，因而是不假修为的空寂之学。蓝鼎元说：

> 朱子之学，居敬以立其本，穷理以致其知，身体力行以践其实。自学者视之，若不胜其劳者。而象山专务虚静，完养精神，病传注诵习之支离，以为不立文字、不假修为可以造道入德。②

蓝鼎元的这种说法比前人深刻得多。但是，蓝鼎元却不懂得，陆九渊认

---

① 《棉阳学准》卷一，《同人规约》。
② 《棉阳学准》卷三，《闲存录》。

为"心即理"，以心为本体，是属于先验论的；朱熹认为"性即理"，以理为本体，是属于理气论的。当然，它们是相通的，并无本质的区别。

对于王阳明的文章事业，蓝鼎元谓他少年时曾十分倾慕，甚至愿作其私淑弟子；后来研究了王阳明的"良知"说，知其违反圣贤之说，于是便归依程朱。蓝鼎元说：

> （吾）少时，读阳明用兵平贼之文，心窃慕之，恨不得生同时，犹愿居私淑之列。闻前辈有辟之者，则怫然曰："文章事业如阳明，岂可轻议。"后闻良知之说，始疑圣贤之学，似不如是。反求之程朱。①

"良知"说是王阳明的主要哲学命题，认为"良知"这种不学而能、不虑而知的天赋道德意识就是天理，人们只要除去私欲蒙蔽，依照"良知"做法，便自然合乎封建制度所要求的道德标准。蓝鼎元认为，王阳明这种"良知"说是与圣贤格物穷理、致知力行相对立的，因而是必须反对的。

在人心和道心的问题上，蓝鼎元特别分析了程朱理学和陆王心学的区别。蓝鼎元说：

> 孟子之先立其大，曰："心之官则思，思则得之，不思则不得也。"陆氏则曰："不可思也，心不可泊于一事也。"……象山假孟子以欺人。②

在这里，蓝鼎元正确地指出了陆九渊和孟子关于心的不同内涵。在孟子看来，人之心是思维器官，因此"思则得之，不思则不得也"。在陆九渊看来，心是道，是理，是宇宙，没有什么东西在心之外，因此认识就是认识本心、自存本心，心"不可思也，心不可泊于一事也"；如果心对外物进行思维，那就破坏了他的主观唯心论的哲学体系。蓝鼎元根据对陆九渊和孟子关于心的内涵的不同理解，提出程朱是以道心为人心的心学，陆王是以养人心而去道心的心学，二者根本不同，名同实异。蓝鼎元说：

---

① 《鹿洲全集》卷三，《闲存录》。
② 《鹿洲全集》卷三，《闲存录》。

圣贤所以别于异端，其惟心学乎！人心惟危，道心惟微，千载心学之祖也。圣贤以道心为人心之主。异学养人心而弃其道心。故虽皆以心学为名，而是非邪正，相似而实不同者在此。①

在蓝鼎元看来，"主于义理者惟恐义理不明……故必读书穷理以致其知。……主于知觉者，则止欲全其知觉，惟恐心泊一事，思一理或扰其昭灵寂静之神。……象山之瞑目静坐，收拾精神，白沙之虚灵万象，阳明之良知，皆误以人心为道心者也"②。他说：

> 或曰：陆子言心本于孟子，陆子言求心本于孟子求放心，可以为异学乎？曰：否！孟子所言仁义之心也；陆子所言昭昭灵灵之心也。孟子求放心，必曰学问之道是教人读书穷理主敬求仁者也。陆子以闭目静坐为求放心，是教人屏事物、绝思虑、废语言文字意见，即心是道，明心见性者也。言似同而旨不同。③

在这里，蓝鼎元指责陆王心学为"明心见性"的禅学。其实，在人心和道心的问题上，孔孟程朱和陆王没有很大的区别，他们都是为论证"存天理，去人欲"为目的。而蓝鼎元却认为，程朱和陆王的对立是绝对的，在二者的对立间"无中立之理"。他说：

> 按禅学乱儒之罪，当以象山为造意，阳明为凶手。……凡学者欲调停朱陆，皆阳朱而阴陆者也。谓阳明有合于朱子，皆宗王而背朱者也。是非无中立之理。④

"谓阳明有合于朱子"，是指王阳明《朱子晚年定论》谓朱陆早异晚同，由此说明王阳明与朱熹晚年所定论的观点相同。所以，蓝鼎元认为，凡谓阳明合于朱子的观点的"皆宗王而背朱"。蓝鼎元所谓程朱和陆王势不两立，其实并非如此，他们争论的是谁更能维持封建社会的安定，是争思想统治权。

---

① 《棉阳学准》卷三，《闲存录》。
② 《棉阳学准》卷三，《闲存录》。
③ 《棉阳学准》卷三，《闲存录》。
④ 《棉阳学准》卷三，《闲存录》。

蓝鼎元攻击佛老亦不遗余力。他认为,佛教违反封建伦理纲常关系。他曾动员僧尼还俗。蓝鼎元说:

> 男欲婚女欲嫁,虽在圣贤必不能易。……文王发政必先鳏寡,内无怨女,外无旷夫,斯盛王之治尔!士君子居宰相之位,则必思燮理阴阳;任民牧之,官则必图移风易俗,岂得以为迂远而不切事情哉![①]

蓝鼎元在任潮阳知县期间,看到其地原祀文丞相(天祥)的大忠祠佛像堂皇,即骂僧人潜移佛像踞占忠臣宅,亟命撤去,复把文丞相像移入中堂。

附:蓝鼎元著作简介

《东征集》6卷 前五卷系镇压台湾朱一贵起义事时,代其兄(平台统帅)所作的公牍、书、檄;第六卷共7篇,记述台湾山川险要,极为精确。原作100多篇,此集中只选60篇。

《平台纪略》1卷 系记康熙六十年(1721年)四月至雍正元年(1723年)、雍正四年(1726年)镇压台湾朱一贵起义事。

《棉阳学准》5卷 是蓝鼎元的主要哲学著作,论述理学、理学发展史、程朱与陆王学说的区别、对古代儒家经传的解释等。

《鹿洲初集》20卷 为其友旷敏本所编。集中有论闽、粤、黔诸省形势、征剿台湾事宣、表彰忠孝节烈、论直隶水利等。有关于世道人心、生民社稷、形势要害、士马强弱、海洋情状等文,书中所记录大都符合实际。

《鹿洲公案》2卷 系其处理刑事民事案件时偶记。记述其任广东普宁、潮阳知县时所闻断奇案24则。书中反映出蓝鼎元断狱神明,似有包公遗风。

《修史试笔》2卷 蓝鼎元欲修《宋史》,以此试笔。选择唐至五代突出的忠节经济名臣房玄龄、杜如晦、王朴等三十六人,为之立传,其中附有评论。

《鹿洲奏疏》1卷 系其任广州知府时之作,共6篇。首篇为履历条

---

① 《鹿洲初集》卷一,《与友人论浙尼书》。

奏，其余 5 篇皆其陈条所见。

《女学》6 卷　系采辑经义诸子百家及《烈女传》《女诫》诸书，依《周礼》妇学之法，开章总括其要，后以妇德、妇言、妇容、妇功为四编，又于每编中分章别类，每章引书后加以解释，依朱熹《小学》体例间缀论断。

《鹿洲文录》3 卷　系未编入其他著作中的书信序跋之文的汇编。

《潮州海防记》1 卷　记述潮州山川险要、沿海防务等。

《琼州记》1 卷　记述海南岛的山川海防、民情风俗等。

《平台湾生番记》1 卷　记述台湾山川险要、防务等。

《边省苗蛮事宜记》1 卷　现存于《小方壶舆地丛钞》中。

《南洋事宜记》1 卷　曾出过单行本，后没有编入《全集》中。现存于《小方壶舆地丛钞》中。

《历代名臣传》35 卷　参与编辑。

《鹿洲全集》43 卷　包括上列诸文。蒋炳钊、王钿点校本，上下册，厦门大学出版社 1995 年版。

五　童能灵

（一）学历及其朱陆早同晚异说

童能灵，字龙俦，号寒泉，福建连城人。生于清康熙二十二年（1683 年），卒于乾隆十年（1745 年）。童能灵家境贫寒，淡薄世荣，德行高尚，化及乡人者甚多。童能灵聪明好学，博闻强记。早年贡生，游学于福州鳌峰书院、泉州莲花峰，中年居崇安武夷山下讲学著述，应邀主讲于漳州芝山书院，卒祀乡贤祠。[①]清童祖创说：

> （能灵）为诸生四十余年，屡辞鸿博之荐，叠举优行未赴成均，一惟优游泉石，坐卧书林。迹其生平，仔肩道义。结茅东郊，访学

---

① 以上见《汀州府志·人物》。

鳌峰，历游武夷，卒业冠豸山。默契道体，贯穿诸儒，穷尽物理而归宗性命。居恒著述，指不胜屈，大都生前自刻行世。①

童能灵家有理学传统，其先人多以理学名世，二世、七世、十世祖均为明理学家。其父以朱子学为宗，学识渊博。童能灵的学问出自家传，他读书博闻强记，精于经术性理，尤嗜朱子学；立言能综罗百家，贯穿诸儒，皆从苦心力索而得。清卢欣松说：

> （寒泉）先生之学，不趋时，不近名，一惟心性是求，恪守闽洛，根据图书（按即《河图》《洛书》）。凡天象之精，岁法之密，乐律之微，伦常之实，无不于河洛数中默识心通，兼综条贯而知其当然，且得其自然，而悉其所以然，而"易卦""范畴"（按即《周易》卦象，《洪范》九畴）亦于先儒成说后自有领会。②

童能灵在很多方面阐发了朱熹的思想。例如，他用《河图》《洛书》解释《易》《大学》《中庸》《论语》等，用天人合一观点论说伦常纪纲，皆能发前人所未发。清代著名学者雷鋐说："（寒泉）以朱子……所指归矣。……其（著作）精神与古经传相凭依，如入洞壑，所造日深以邃。"③

童能灵的学说是醇正的朱子学。童能灵认为，朱熹的学说是和孔子的学说一脉相承的，他说：

> 子朱子之学，博文约礼，两造其极，而有以集诸儒之大成焉？……后之学孔子者舍朱子其谁适焉？朱子既殁，学者奉为准绳。……学者将由朱子以达于孔氏。④

童能灵对朱熹学说的这种看法，是朱子学者的一般看法。童能灵为学"守程朱家法不逾尺寸"⑤，是清代前期有代表性的朱子学家。

童能灵朱子学思想的一个重要方面是"严辨朱陆同异"⑥。他一反王

---

① [清]童能灵：《冠豸山堂文集》卷二，童祖创《附识》。

② [清]卢欣松：《冠豸山堂文集跋》。

③ 《经笥堂文钞》卷下，《童寒泉墓志铭》。

④ 《子朱子为学次第考·自序》。

⑤ 《学案小识》卷九，《守道学案·连城童先生》。

⑥ 《经笥堂文钞》卷下，《童寒泉墓志铭》。

阳明《朱子晚年定论》，认为朱陆早同晚异。童能灵说：

> （朱子）二十八岁为许顺之作《存斋记》，专说求心之学焉。三十二岁《答汪尚书书》，自谓驰心空妙之域者十余年。三十五岁《答何京叔书》，谓因其良心发善之端猛省提撕，使心不昧，是做工夫底本领，又一书论鸢飞鱼跃，曰："日用之间，现此体之流行无间断处，有下工夫处。"……四十四岁，门人廖子晦记其所闻曰："二三年前，犹自见得鹘突，近年方看得分晓，是岁《太极图解义》成，盖自此始有定论，而不复如前之屡悔矣。"①

童能灵对朱熹的这些看法是比较符合实际的。他还正确地阐明了程朱理学和陆王心学的演变过程。童能灵说：

> 朱子之学，近主周程而远宗孔孟。……陆子之学，虽亟称孔孟而实内主禅宗。……明初学者皆墨守朱说，中叶王氏出，宗陆而毁朱，天下靡然从之，自正（德）嘉（靖）迄于天（启）崇（祯）之末，朱子之学几于晦矣。我朝崇尚正学，尤表章朱子，圣祖（按即康熙）之世御纂《全书》，升配十哲，示天下趋向。由是阐明者日益众，而人心学术皆定于一焉。②

这里童能灵所讲的"明初学者皆墨守朱说"，明中期以至末年学者"宗陆（王）毁朱"，清代前期"人心学术"皆以朱学为准，都是十分确切的。

（二）本体论中的朴素辩证法和无鬼神思想

童能灵说："太极非动静阴阳也，其所以有动静而生阴阳者，则太极之为也"，他是把太极作为产生天地万物的本原的。童能灵又说：

> 冲漠无朕，初无动静阴阳之可言，而动静阴阳之理已悉具于其中，此无极之所以为太极而非沦于无也。夫动静者，机也；阴阳者，气也。太极具动静阴阳之理而冲漠无朕，则超然无气机之可言也。③

---

① 《冠豸山堂文集》卷二，《朱陆渊源考》。
② 《冠豸山堂文集》卷二，《朱陆渊源考》。
③ 《冠豸山堂文集》卷一，《太极辨微》。

"冲""漠"是虚、空的意思;"无朕"指没有征兆。这就是说,在"冲漠无朕"的时候,太极"无动静阴阳之可言,而动静阴阳之理已悉具于其中,此无极之所以为太极而非沦于无也"。在童能灵看来,这个先于天地万物的"太极"是虚无的"无极",之所以不能说它是"无",就是因为它有动静阴阳之理具于其中。这就是童能灵本体论的出发点。童能灵的本体论包含有丰富的辩证法思想。

由于太极具动静阴阳之理,因而太极就是理。童能灵和朱熹一样,认为太极即是理,"太极即(动静)阴阳之理"。

> 天地古今一动一静常定而不易者,太极为之则也……太极者理之一而不分……不分之理即此分之理。就其分者统之,则固浑然一理耳。……太极所以必分之实,其理虽一,其分则殊者。……太极之为理,诚不外至实至正者而已。[①]

童能灵认为,太极是理之未分状态,是"浑然一理"。但是,"万理皆起于未发之前,即所谓谓之中者,则一理之具万分明矣"。这就是说,太极是动静阴阳之平衡状态(中),是万理的未发之前。

> 一中必具两焉,乃动静阴阳之所以一而两、两而一者也。一中具两,而两中之一又各具两焉,此万殊之所以各具一太极也。……人之所以过推太极为神妙者,以其在天地之先也。[②]

在这里,童能灵明确提出太极在天地之先,是产生天地的本原,并且提出"一而两、两而一""两中之一又各具两"的深刻的辩证法思想。童能灵这里的"一"是指太极、理;"二"是指动静阴阳。他用"一而两、两而一"的观点分析太极、理产生天地万物并非无中生有、虚中生实。童能灵说:

> 惟分之为二,然后可定于一矣。世间有无、虚实、寂感之类,但知有之生于无,即知无之非无矣;知实之生于虚,则知虚之非虚矣;知感之生于寂,即知寂之非寂矣。若谓即无即有、即虚即实、

---

① 《冠豸山堂文集》卷一,《太极辨微》。
② 《子朱子为学次第考》。

即寂即感，既不分为二，亦不得极于一，是颠顸（按意为不明事理）之见，谓之无知可也。①

童能灵用"一而两、两而一"的思想解释"有无、虚实、寂感"的关系，含有比较深刻的矛盾双方相互依存、相互包含的朴素辩证法思想。既然有生于无，那么无必然和有紧密地联系在一起，"即知无之非无"，无之中有有，因而天地万物的本体太极、理并非完全是虚无的。虚与实、寂与感也是一样。如果把有、无、虚、实、寂、感孤立起来看，"既不分为二，亦不得极于一"，认为有与无、虚与实、寂与感不是相互依存、相互包含的，那是颠顸之见。童能灵又说：

理一分殊，有全体之理，有一分之理，有千分万分之一之理。如人物之所受于天者是也。天人固一理，然不能无大小多寡之不同也。故曰所得之理既尽，则是物亦尽而无有也。……理为万物之根柢矣。②

"理为万物之根柢"，就是理为万物的本体。

总之，太极、理是童能灵哲学的最高范畴，是产生天地万物的本体。

那么，理（太极）是怎样产生天地万物的呢？童能灵认为，理（太极）是通过气产生天地万物的，即"天之中在地……地含天之中气，以胎孕万物"③；"阴阳者，气也"④，"气之分阴分阳分五行，又递万物"。

气之所以聚而生（人或物），则理为之也。……理寓于气者，气实生于理也。……理即气之所以然也，故理为气之主焉。……气之分阴分阳而分为五行，又递分万物不相夺伦者气。……何以有此节次耶？是皆有理焉为之主也。……气不自生亦不自行，皆理之为之也。……自人言之，五脏、五官、五事之属森然不乱，而万人如出一辙者……是理为之也。⑤

---

① 《冠豸山堂文集》卷一，《中天河洛》。
② 《冠豸山堂文集》卷二，《答清流伍鹤声》。
③ 《乐律古义·候中气于地》。
④ 《冠豸山堂文集》卷一，《太极辨微》。
⑤ ［清］童能灵：《理学疑问》卷二，《性》。

由此，童能灵提出"天地之间止此理气二者而已，此即古今学术之辨所由分也"的深刻见解。理和气的关系，实际上就是精神和物质的关系这个哲学的基本问题。在中国哲学史上，各个时期的哲学家对理与气的关系问题做了不同的回答，从而决定了他们的哲学思想的不同派别。童能灵明确指出，"理为气之主"，"理则气之所以然"，"气实生于理"。童能灵又说：

> 以理言之，则为当然之则，所谓有物必有则是也。其具于人心，即在人之则而为性者也。人者天地之生而万物之灵，故其性无所不绾，所谓万物备于我者，非独备其影象也，即万物之所以为物者绾于此焉，其为体也，浑然一理而万分具足。凡天地之道，圣人之蕴，措之为礼乐、刑政，垂之为《诗》《书》《易》象者，皆是理之所蟠际，即皆是性之所充周，而日用彝伦、视听言动之间，须臾而离之，则是自失其则而不诚无物矣。是以圣人之教必使择之精而执之固，有以完其所以为性者焉。此其学固非可以一朝顿悟而一悟无余者矣。……以气言之，则气之粗者凝而为形，其精爽则为心，心之精爽至于神明。故其体虚而无物，其用灵而不测。方其未用也，寂然而虚；及其既用也，亦寂然而虚。……以心为理，此势必眩于心而一于虚寂之见。①

"以心为理，此势必眩于心而一于虚寂之见""其学固非可以一朝顿悟而一悟无余者矣"两句，是批判陆王心学的。童能灵认为，朱陆分歧的焦点在于以物则为理还是以心为理。陆王以心为理必崇尚佛教的虚寂说，流为顿悟之学。理是气（物）当然之则，是人之性，因而"其为体也，浑然一理而万分具足"；气是理派生的，"气粗者凝而为形，其精爽则为心"。因此，童能灵是主张理先气后的。

对于理和气的相互关系，童能灵作了详细的分析，充分地表现出了其朴素的辩证法思想，是其哲学思想中最有价值的部分。在童能灵看来，理之所以能生气，就是因为"理有动静"，即理本身包含有动静阴阳两个方面，因而理能为天地万物运动的根源。童能灵说："理有动静……一体

---

① 《冠豸山堂文集》卷二，《朱陆渊源考》。

一用，一静一动，即一阴一阳之谓道，而不可以偏废也。若周子主静之说，则即程子所谓不翕聚不能发散者。朱子谓其势特重耳，非谓理但有静而无动也。"所谓朱熹重"势"，就是朱熹强调动静平衡状态，并不是主张"理但有静而无动"。童能灵认为，动与静是一体一用的关系。他说：

> 理与气本是二物。理在动静之中，本不倚于动静，但理又实为所以有动静者耳。……动极必复静，静极必有动，何也？行于动之中者实，而实无不正也，则自有定体焉。虽主于动，自不偏于动，而动极复静也。方其未静，而静之理已具于动之中，静之机亦已伏于动之中矣。立于静之中者正，而正无不实也，则自有发用焉。虽主于静，自不倚于静，而静极复动。方其未动，而动之理已具于静之中，动之机亦已伏于静之中矣。盖以机言之，一动一静固相为体用也；以理言之，实藏于正，正显于实，原有体用相含之妙焉。体用相含者理之生生不息。然即其相含之中，则动静之机自有所不容已焉。①

在童能灵看来，理和动静的关系，是理"不倚于动静"，但理却是动静的根源。童能灵关于动静关系的见解发前人所未发，超过了先秦诸子的有关论述。第一，动静无偏。在中国哲学史上，包括朱子学者在内，对于动静关系，一般都夸大静的作用，甚至把静看作是万物的本性，认为天地万物由静而动，最后又复归于静，从而得出静是绝对的、动是相对的，陷入形而上学的循环论（如《老子》第十六章）。在这里，童能灵提出"动极必复静，静极必复动"的命题，认为"静之机已伏于动之中""动之机亦已伏于静之中"。童能灵虽未得出动是绝对的、静是相对的科学辩证法结论，但却比静是绝对的、动是相对的形而上学循环论大大前进了一步。第二，一动一静相为体用。在中国哲学史上，魏晋玄学家王弼，通过动静关系论证"以无为本"，得出"崇本息末"即静体动用的结论。在这里，童能灵提出"一动一静固相为体用"，认为动静体用有"相含之

---

① 《冠豸山堂文集》卷一，《太极辨微》。

妙"。童能灵也讲过"体立于静之中，用行于动之中，动静虽一机，而无两立之时；则体用虽一理，亦无全见之理也"①。不过，这是从"动静虽一机，而无两立之时"的动静相长的意义上，为说明"体用相含者理之生生不息"而发的，从而得出了动静之机（即原因）是绝对的、无限的这一辩证法结论。

前面讲到，童能灵所谓动静，是指阴阳二气之动静。由于动静阴阳无偏而相长，形成四时，从而便万物生生不息，人物进退不断。童能灵说：

> 立天之道曰阴与阳，而阴阳之象莫备于易（按此易可理解为理）。东方之卦曰震，阳轧于阴而动也，雷乃发声，农事方兴，于时为春，是为东作也；西方之卦曰兑，阳敛于阴而悦也，雷乃收声，百谷用成，于时为秋，其方在西，是曰西成也；南方之卦为离，阴丽于内，阳极于外，而阳德方亨，变化云为，于时为夏，其方在南，是谓南讹也；北方之卦曰坎，阳陷于阴，阴包于阳，而阴阳互宅交易推通，于时为冬，其方在北，是谓朔易也。凡此一阴一阳之道，流行而为四时者，对待而为四方，而万物始终焉，人事进退焉。②

在这里，童能灵用《周易》中的四个卦来说明自然界春夏秋冬四时的更替，是神秘主义的；但是，他根据四时的更替来说明天地万物发生和人事进退的过程，其中有合理的因素。童能灵又说：

> 《论语》曰："吾道一以贯之。"窃尝思，所谓一贯者……浑然一理也，故其散而万殊，虽各有头面变化不同，所谓浑然全体者未始不贯于其中焉。尝观于天，四时行焉，春生、夏长、秋收、冬藏，浑然全岁也。所生之物虽飞潜动植，灵蠢万象，而莫不各有生焉、长焉、收焉、藏焉之全体贯于其中。非生非长，此物无自而来矣；非收非藏，此物亦无自而成也。而理不可见，数可推矣。……一部《周易》皆所以展太极（理）之底蕴也。其显而在人者，则心具五

---

① 《冠豸山堂文集》卷一，《太极辨微》。
② 《冠豸山堂文集》卷一，《作讹成易论》。

常。……天下之理虽其变万端，要不出五常之理也。①

这里，"理不可见，数可推矣"中的"数"，是指根据四时变化的规律，推知出一定的道理。"天下之理虽其变万端，要不出五常之理也"中的"天下"，是指社会。总之，理是通过动静阴阳二气产生天地万物和社会人事的。

在童能灵看来，理通过动静阴阳二气产生出天地万物，理和天地万物是理一分殊的关系。理一分殊说本来是宋代理学家从佛教华严宗那里借用过来的，他们提出"一即一切，一切则一"的命题，认为特殊事物的理和作为事物本原的理是一样具足的，把一般和个别等同起来，陷入形而上学的泥坑。童能灵似乎看出了理一分殊中的这种弊病。他在论述理一分殊中，具有明显的一般个别的辩证法观点。上段引用的童能灵关于"飞潜动植、灵蠢万象"具体事物莫不各有生、长、收、藏等共性贯穿于其中，就是对一般与个别辩证关系的很好的说明。童能灵又说：

> 一理之中有分殊在，而其分之殊处适以成其为一理，不到一处，此物亦未得成也。且如，仁者人也。仁中固具有义、礼、智、信，而不见得仁即义、礼、智、信；皆无其源不谓之识人理也，不遍观义、礼、智、信，又不谓之识仁矣。须是就义、礼、智、信中皆见得仁，方知义、礼、智、信之为一，而仁之所以为人在是矣。②

在这里，童能灵不仅讲到个别包括一般，还讲到一般之中存在着个别（"一理之中有分殊在"）。他还以仁与义、礼、智、信的关系为例说明一般与个别的关系。对仁与义、礼、智、信的具体内容我们撇开不讲，就其以此分析一般与个别的关系是有辩证法因素的。在童能灵看来，"仁中固具有义、礼、智、信"，"不偏观义、礼、智、信，又不谓之识仁"。这就是说，一般存在于个别之中，是通过个别表现出来的；"仁即义、礼、智、信"，即一般是个别。说一般等于个别是不对的，一般只能是个别的一个部分或本质方面，不能是个别的全部。这种错误观点是其以理产生

---

① 《冠豸山堂文集》卷一，《河洛论语一贯》。
② 《冠豸山堂文集》卷一，《中天河洛》。

天地万物的本体论决定的。尽管如此，童能灵的理一分殊论比其他朱子学家的"一即一切，一切即一"观点前进了一大步。此外，童能灵还以元亨利贞与人由生至死的关系等来说明理一分殊。他说：

> 天下之理，虽毫发之间亦自万分具足。朱子曰："一卦一爻之中又自有阴阳五行许多道理。"又曰："元亨利贞，一岁有这四段，一日有这四段，即至一息之间也有这四段。"由此观之，则人之万分具足也明矣。盖竖言之，则一息亦具足；横言之，则一物各具足。此人之所以无歉于天地也。物得其偏而人得其全。圣人则又得其清明纯厚而为全之全者；所以极其理之全量便与天地参也。然与天地参处亦只是功业耳。究之天地在而圣人已不复见矣，安能常在不灭乎？此最是明白处，不容妄生疑虑也。且理有横而具足者便当就横看之，竖而具足者便当就竖看之，以其分之不同也。故元亨利贞四德虽生而已具，然自生至死，其间流行处又自当分为四段也。分为四段，则人之有生而必有死者，可见皆理之为之也，大抵人生三十以前是元亨主事，三十以后是利贞主事，至于六十则甲子一周而复从上元起矣。故十五以前为元而属仁。如孺子知觉未开，而生意醇气自然可爱。十五以后渐渐亨了属礼，始能入大学而教之以礼。又十五年至三十以后，则为利主事而属义，此时发强刚毅无事不可为。到四十五以后则渐渐是贞主事而属智。故气味收敛退藏而于事理则愈减，于意气则愈减，不复少壮之毫举矣。六十以后或得气之厚者，则又从贞下起元，此时，虽历练老成而意思又觉醇厚温柔，有孺子之象而为元为仁焉，由此又进亦只此理渐渐运行。[①]

在这一大段中，童能灵力图说明一分（具体事物）之理是具足全（本）体之理，无大小多寡之不同，错误地把个别和一般等同起来。在童能灵看来，理贯穿于天地万物之中，"天以气聚为象，象之凝为形，而天理之自然具于其中矣"[②]，即理是天地万物的共同的东西，或者说天地万物有共性理。这种观点是有辩证法因素的。此外，童能灵还提出万殊（具体

---

① 《冠豸山堂文集》卷二，《答清流伍鹤声》。
② 《冠豸山堂文集》卷二，《拟重修汀州府志序例》。

事物）的差别也是矛盾，即谓"天下之一理同则一，别则对也"①，认识到差别就是矛盾，是十分深刻的思想。

在童能灵的本体论中关于无鬼神的思想也是比较深刻的。童能灵的无鬼神思想在朱子学家中最为完备。第一，生死乃气之凝散，鬼神是根本不存在的。童能灵认为，"气之粗者凝而为形，其精爽则为心，心之精爽至于神明"②。童能灵说："造化之妙乃生理不穷，阴阳之气无一息不生。性其常生，故死者必散；惟其必散，故生者不息。天地之间只有生气迫塞，必无陈腐留宿之气。"有生必有死，死者气散，无有不散之气。在这里，童能灵用生死是对立统一的辩证法观点来论证无鬼神。他认为，因为常生，故必有死散；因为死散，故生者不停。只有生而无其气之必散或者相反，人类就不可能常存，世界就失去平衡。因此，鬼神是根本不存在的。童能灵说：

> 鬼神真在何处宅托，若有宅托之处，则……造化生生之妙生理生气何处空缺，独容此一点不化之魂魄乎？③

鬼神没有宅托之处，就是鬼神根本是不存在的。第二，祭祀祖先是尽报本之礼，并非确认魂魄不散。童能灵说：

> 死者魂魄断无不散，则祭祀之礼无乃虚文，而子孙亦只是不忘其先，姑以尽吾心耳，又只是子孙有是报本之礼，而未必真有祖宗之气耳。④

第三，有鬼神论是为佛家轮回说张目。童能灵说：

> 若容得许多死者之魂魄常在以享其子孙祭祀，则天地竟是陈腐之物，而轮回之说亦不得尽訾其妄矣。⑤

童能灵把有鬼神论和轮回说联系在一起是对的，是对南朝范缜"神灭论"

---

① 《冠豸山堂文集》卷一，《五伦说》。
② 《冠豸山堂文集》卷二，《朱陆渊源考》。
③ 《冠豸山堂文集》卷一，《祭祀鬼神说》。
④ 《冠豸山堂文集》卷一，《祭祀鬼神说》。
⑤ 《冠豸山堂文集》卷一，《祭祀鬼神说》。

的进一步阐发。不过，童能灵的观点是简单的逻辑推论，和范缜的《神灭论》比较起来是无力的。

（三）以人为中心的"三才"统一说和伦理思想

童能灵基于其理是天地万物本原的思想，进一步提出这种先于天地万物之理"无出于图（河图）、书（洛书）之外者"①。童能灵根据古代《河图》《洛书》的传说编造出一套天、地、人的图式，用以推测自然界和人类社会的变化。按照童能灵的解释，《河图》《洛书》体现了天、地、人三才（亦作材）的统一。"三才"原出于《周易·系辞下》："有天道焉，有人道焉，有地道焉，兼三才而两立之。"童能灵把《河图》《洛书》与"三才"附合在一起，是对朱熹"图书"说的创新解释，是其以前的朱子学者所未有的观点。

童能灵认为，"河图最小一层为天，次内为地，中数为人。天包地，地包人，人为天地心"，因此人能体现天。童能灵进一步解释说：

> 天之数叁为三十（按河图外层数是三十），地之数两为二五（按河图次内层数是二个五），人兼叁两而得三五焉（按河图内层为三个五，兼有天数之三、地数之五）。以南北二五具地之两，而统于中一五，具天之叁也。盖人在天地之中兼天地之理，而为天地之心，见于此矣。人为天地之心，此天命人心所以不二也。天之视听在民也，其求在我者，则君子畏天命。②

由此可见，在童能灵的理学思想体系中，具有浓厚的象数学观点。他在讲到"易"时，曾提出理、数、象综合说。童能灵说："易有理焉，有数焉，有象焉。理无体，以象数为体，是故舍象数而谈虚理非易也，理有分殊而数著，数有奇偶而象分。一数具一象，如形之取影。"③ 童能灵的这些说法是符合朱熹易学思想的。童能灵认为，在理、数、象的关系中贯穿了数，是以数为基础的。他说：

---

① 《周易剩义·序》。
② 《冠豸山堂文集》卷一，《中天河洛》。
③ 《周易剩义·序》。

> 既有易之数，自有易之序，既有易之序，自有十二辰之分，此不易之理也。今所为按序而分者，特每辰有各得之分而以其分言之耳。假令无各得之分，则寒暑应无节候，而生物无渐次，每日所生只应得此数也，何以成造化乎？今分布于每辰，既可见造律之本，亦即可以证易道之范围天地，而天行果不出于易理也。①

童能灵的易理是通过一系列的数（序也是数）来造化天地万物的。童能灵把从客观事物的数量关系中抽象出来的数绝对化和神秘化，把数看成是易理创造天地万物不可缺少的。童能灵是具有象数学特点的朱子学家。

童能灵在解释了河图的天、地、人三层之后，又以每层中的点数附会《大学》的三纲八目，以说明人应有道德修养。他说：

> 河图具《大学》纲领条目。……图之中五，内蕴五常，外该五伦……此明明德之道也；其旁二五……彼此相对而回抱中五，与之为一……此则新民之道也；至于合并中五，二五为三五，则中五得二五而通；二五得中五为归，此又明德新民俱止于至善之道也。凡此图之中数三五即《大学》三纲领所寓。外八数则为八条目之旨矣……一在北为物。一物必具一理……凡格物必格其所以一（理）处……二在南为知。知之必是与非为二。……三在左……虽一役二以成三，而意之所起与意之所役及意之所周而止处，皆……毋自欺也（诚意）。四在右，其数方……静之本体也（正心）。……六具上下前后左右……上有父母焉，中有兄弟焉，下有妻孥焉，修之者必于此等（修身）。……七具上下前后左右，而身主其间……一家之亲，父母兄弟妻子而已，齐家者必于是。……八具四方四维，而不自主于中者（治国）……九具四方四维，而自主于中者，九州之内共一主，此为天下之共主也（平天下）。②

《大学》的三纲领：明明德即修明天赋的德性；亲民即管好臣民百姓；止于至善即达到最完全的程度。八条目是：格物、致知、诚意、正心、修

---

① 《乐律古义·积数》。
② 《冠豸山堂文集》卷一，《中天河洛》。

身、齐家、治国、平天下。三纲八目都是讲道德修养的事。童能灵附会河图的点数，要人们按三纲五常那一套去修养，为"九州之内共一主"即君主服务。这也说明童能灵的朱子学具有象数学的特点。

此外，童能灵还用《河图》《洛书》解释人的心性问题。他说：

> 河图为洛书之源。洛书之中五，本于河图也。在河图，则中五为天，为性之五常；在洛书，则中五为地中之天，为心具五常也。性者，太极也；心者，皇极也。太极无极，而皇极有体也。此为易范之源，而五音从此出焉。夫音生于气，气生于机。而机也者心也（自注：机为心本。见朱子解太极及《阴符经考异》），性具心中，心动而喜怒哀乐之情见焉。所谓五音之起，由人心生也。心静而为性，则未发之中寂然不动，所谓人生而静者也，然静而无静，而五音存焉矣。①

童能灵和朱熹一样，认为性即理（"性者，太极也"），性是心的本体（"心者，皇极也……皇极有体也"）；心包涵性（"性具心中"）。皇（本意为帝王）意为大，极意为标准。古代帝王以为所施之政至正且中，可为法式，故称为皇极。童能灵说：

> 性固是理，即须看得理之在人最为亲切，方见其为人之性也。盖人之生，气聚而生也。气之所以聚而生，则理为之也。②

所谓"理之在人最为亲切"，就是人不可脱离理。童能灵又说：

> 性固是天理，然必就人生所禀言之，乃见性之所以得名也。不然何以不即谓天理，必别之曰性耶？谓之性，则如云水性寒火性热之性。盖人但知有此生则有此性，不知须有此性始有此生也，如水则必须有寒之性方凝而成水，火则必须有热之性方发而成火，人则必须有生之性方有此生而为人也，生之性即仁也，水之性寒，火之性热，人之性仁，皆一例也。③

---

① 《乐律古义·五音源于河图包洛书》。
② 《理学疑问》卷二，《性》。
③ 《理学疑问》卷二，《性》。

"生之性即仁也"意为仁、义、礼、智四端是人天生的本性。在童能灵看来，人通过尽量发挥心中恻隐、羞恶、辞让、是非之心（善端），就能得知先天固有的仁、义、礼、智四端本性；"情即恻隐四端"。童能灵说：

> 以恻隐属哀，以羞恶属怒，此处犹可通融看也。至于论辞让是非之心则失其条理矣。……孟子所谓四端者，盖谓有此理则有此端，无此理必无此端。端之云者……其为念最初而其发甚微也；惟其最初，故不大著现而微见端倪也。若转一后念便须著现而不得为之端也。①

童能灵引孟子的所谓"四端者，盖谓有此理则有此端，无此理必无此端"，就是认为仁、义、礼、智四端本性是人们生而固有的。童能灵说："践形尽性尽伦只是一以贯之，如事亲事君，是伦在此，即性在此，而四体之用亦只在此。"②"四体"即四肢。童能灵这段话颇为重要，是其对朱熹伦理哲学的精辟概括。

童能灵由四端进而论到五常，又把五常分属五伦。他特别撰写《五伦说》。清陈庚焕说：

> 童氏《五伦说》，以仁、义、礼、智、信分属五伦，亦有条理。然性是浑沦一个，即一伦中莫不皆备；不独一伦，即任举一事，五者亦相须而成也。故心贵虚，不可着一物，有偏着，则性被窒塞，何以能泛应曲当。③

那么，童能灵是怎样把五常分属五伦的呢？他是用仁、义、礼、智、信五常对应解释父子、君臣、夫妇、长幼、朋友，从而得出五伦的。童能灵说：

> 五伦本于五常也，盖五常有仁，仁之道生，生然后有父子焉；五常有义，义之道肃，肃然后有君臣焉；五常有礼，礼之道序，序然后有长幼焉；五常有智，智之道别，别然后有夫妇焉；五常有信，

---

① 《理学疑问》卷四，《情》。
② 《冠豸山堂文集》卷二，《格致录》。
③ 《惕园遗集·约语追记》。

信者人心之所由孚也，有信然后有朋友之交焉。①

五伦之首者为"父子仁"，因此童能灵特别对仁作了研究。童能灵和朱熹一样，释仁为"爱之理"。他说：

> 朱子……曰仁者爱之理。……必须将爱字与理字析开看，如何是爱？如何是理？然后合拢看爱字中如何见得有理，理字中如何见得有爱，方为确解耳。盖大凡谓之理，便只是当然之则，至中至正者而已……使人不敢逾越。……爱乃根于是理而发。……理则至公，故视万物为一体，自然无所不爱也。不知论仁须先论爱一层，然后到无所不变一层。②

童能灵对朱熹"仁者爱之理"的分析比前人深刻，多发前人所未发。

童能灵把五伦看作是儒家伦理哲学的中心。他认为，五伦概括了社会关系的各个方面，如果五伦不明，则"无父无君之说行"。无父无君在封建社会是最大逆不道的。童能灵说：

> 五伦贯天人而该大道之全也。此之不察，则无父无君之说行。……仁、义、礼、智、信，而为天下之大本者也。③

所谓"天下之大本"，是指五伦为社会的根本。此外，童能灵还提出"以理言之，则五常即五行之性，五伦亦即五行之道"。童能灵用他的理一分殊来论证五伦之间的相互关系。童能灵说："五常，理一而分殊焉。五伦者分之殊而理自一，是故五者不相离。……五伦之道交相错也，所宜随在而各尽也，然而其分自殊焉，各有所主也，不可以相易。"他说：

> 五伦之道相值而相成。……其道必相值也，分必相维也，事必相通也。……日用之间所接皆五伦之人，所事皆五伦之事，所言皆五伦之言，是故当读五伦之书，以求尽五伦之道。……人由五伦而生，由五伦而立者也。④

---

① 《冠豸山堂文集》卷一，《五伦说》
② 《理学疑问》卷三，《仁》。
③ 《冠豸山堂文集》卷一，《五伦说》。
④ 《冠豸山堂文集》卷一，《五伦说》。

童能灵先把世界观归结为伦理学，是其理一分殊论的实质。童能灵进而把五伦扩大到天地万物。童能灵说：

> 五伦通于万物。……天地不出于五伦之外，其细也。万物咸归于五伦之中，何者？伦之分而五也，理一而分殊为之也。夫天地人物无二理也，而岂有二伦乎！……君臣者以相统而为伦也，父子者以相生而为伦也，长幼者以相次而为伦也，夫妇者以相配而为伦也，朋友者以相交而为伦者。天下之物无不相统、相生、相次、相配而相交者也，则无不有其为君臣者焉，为父子者焉，为长幼者焉，为夫妇为朋友者焉。……虎狼之父子，蜂蚁之君臣，雎鸠之夫妇……麻之有牝牡、竹之有雌雄也，此夫妇之伦也；木果之相传也以核焉，此父子之伦也；梓木生于山而众木皆向之，此君臣之伦也。[①]

童能灵把五伦由社会扩展至自然界的动植物各个领域，认为五伦也是自然界的根本关系，从而进一步说明五伦是社会关系的根本。用社会伦理关系论证自然现象，是中国儒学思想的一个特点。

（四）由心到心的认识论

在人性论上，童能灵以心之本体为性，尽心即知性；在认识论上，童能灵认心为物，即心为思维器官，它能认识万物。

> 心虽气之精爽。其精爽之至通极于性……性即理也，理寓于心……又须知心之为物，只是气之精爽。……自是至精而通极于性，故知其性者便尽其心。性上见得一分，心之神明又开得一分也。[②]

童能灵谓心能妙（或俱）众理，并非说是众理在人心中，心即理，而是说心有认识众理的能力。童能灵关于心的界说与陆王心学有原则的不同，他们之间的界限是十分清楚的。童能灵又说：

> 心者气之精爽，盖只是气也。气之粗者凝而为形，其精爽则为心。气之精爽自能摄气，此心所以宰乎一身也。且既曰精爽，则亦

---

① 《冠豸山堂文集》卷一，《五伦说》。
② 《理学疑问》卷一，《心》。

无气之迹，而妙于气矣，顾只是气之精爽，非形而上之理也（自注：精爽犹言精灵也，精之至极则自是灵明，故爽亦只是精之妙处。精字实爽字。虚爽字亦只是完得精字也）。……朱子气之精爽一言，便须断为形而下之器也。[①]

朱熹从未明确把心看成一物。陈淳曾把心说成是一物，但其分析十分含糊。其他朱子学者多不论心。童能灵明确认心为物，断心为"形而下之器"，心是认识器官。实发前人之未发，是对朱子学的重大发展。

不仅如此，童能灵还对心的认识事物的能力作了论证，提出"心者，人之神明"，充分肯定了心有认识事物的能动作用。童能灵把心的认识作用归结为三个方面。他说：

所谓神明之妙，有三焉：一曰神速，不疾而速，不行而至也；一曰神通，贯幽明，通远近，无所隔碍也；一曰神变，应事接物，变化不测也，然惟通故速，速也是通。只是神通神变二者而已。通与变是其神处，而明在其中矣。[②]

童能灵这里归纳的三条心的作用，可以分为两个层次，第三点类似今天讲的感性认识；第一、第二点类似今天讲的理性认识。这两个层次是由浅入深、由表及里的发展过程。童能灵是主张认识事物的本质（义理）是要经过逐层深入的。童能灵又说："吾人致思义理，须历许多层数，或略去一层，即于其中曲折处未尽，异时伏下疑根，终作此理障碍。"[③]

童能灵认为，认识事物如果不逐层深入，"或略去一层"，"异时伏下疑根"即以后会出问题的。童能灵的这种观点是深刻的。对于认识第一个层次，即所谓感性认识，童能灵强调格物，亲自接触事物。他认为，"物必格而后明，伦必定而后尽"[④]。当然，童能灵所谓"物"，不是客观事物，而是封建伦理道德关系。对于认识的第二个层次，即所谓理性认识，童能灵强调主敬。由于和外界的接触，获得大量的感觉认识，因而

---

① 《理学疑问》卷一，《心》。
② 《理学疑问》卷一，《心》。
③ 《理学疑问》卷一，《心》。
④ 《子朱子为学次第考》。

"心不得纯一，杂扰之念驱去复来"。

那么，用什么办法来解决呢？童能灵强调主敬。他说："此心不得纯一，杂扰之念驱去复来，而求所以治之之方……须是穷理主敬久之，则自然纯一矣。"[①] 这里并不是说童能灵只主张在理性认识中才主敬。他和其他朱子学者一样，认为主敬贯穿于整个格物穷理致知过程中，不过在理性认识中主敬更为主要。童能灵又说：

> 尹（和靖）氏之论敬，谓心中不容一物。谢（上蔡）氏之论敬，为常惺惺法。此皆说得透露有精神，但少费力耳。程子曰整齐严肃则心便一，一则无非僻之干，其言平正而二家之说皆函盖焉。何也？心若一时自不容一物而常惺惺也。且程子从整齐严肃说来便有把握，只须将容貌言语上有形象处整顿收敛得来，自然心已一也。若单从心上用力而求其不容一物而常惺惺，便未免太劳苦拘迫而难于持久，且或反致别生病痛而不自知者，此不可不察也。大抵朱子雅言亦是如此。然此一处亦足以见程子之言甚似孔子也。[②]

童能灵还特别提出要进行判断，即分清是与非，才能达到真知。他说："知之必是与非为二。……分是非即致知。"[③] 童能灵提出的"分是非即致知"的命题是深刻的。认识的目的就是要对认识对象得出肯定（是）或否定（非）的结论。童能灵认识到判断这种思维形式是理性认识所必须的阶段，这是其认识论中的合理成分。不过，童能灵不懂得，判断所得出的是或非不一定就是真实的，检验判断真假的标准只能是实践。

童能灵的认识论是以心为中心的。他以心为出发点，最后归结为治心，是从心到心的先验论。

> 心者万化之源，由心而著之于身，则为言行；由心而施之于事，则为政教。故古人之学必先有以治其心。治心之道奈何？曰：必欲其清，而不欲其浊也；欲其定而不欲其扰也。……无欲则无贪，无贪则无妄，无妄则神明之地澄然得其本体之常，而静亦清，动亦清；

---

① 《冠豸山堂文集》卷二，《答平和曾为谦》。
② 《冠豸山堂文集》卷二，《答长乐郑一志》。
③ 《冠豸山堂文集》卷一，《中天河洛》。

静亦定，动亦定。……由是内以检其身而枢机不失；外以施诸事而政教旁达焉。此澄心之功也。[①]

童能灵这里所谓无欲——无贪——无妄——神明，就是由心（主观）到心（主观）的过程。

附：童能灵著作简介

《乐律古义》2 卷　是书阐述《洛书》为五音之本，《河图》为五音之源；《河图》圆而为气，《洛书》方而为体。五音者气也，气凝为体，体以气聚，然后声音出。此书认为蔡元定的《律吕新书》延《淮南子》《汉书》旧说，误以亥为黄钟之实，其所约寸分厘丝忽之法，其数合于《史记·律书》，是正确的。此书是根据它推究源委以成，补充和发展了朱熹关于乐律的观点。

《子朱子为学次第考》3 卷　是编考朱子为学之次第，分年记载而于讲学诸书各加按语，以推阐辩论之。此书宗旨扬朱子以抑陆王，辨王阳明《朱子晚年定论》之谬，明陆王之为禅学，明朱子为正学。攻击陆王不遗余力。

《理学疑问》4 卷　首卷言心，二卷言性，三卷言仁，四卷言情。其论心曰："气之精爽为神明，精明之渣滓为气，气之渣滓为形。心其精而形气其渣滓。"其论性曰："气质中亦有义理。"其论仁曰："仁须理会为爱之理，未发之爱是为爱之本体，而得名之曰仁。"其论情曰："思虑是心之用，而情行其中。"又谓《孟子》四端为逆触吾性而发者，其情属阴；《中庸》喜怒哀乐顺吾性而发者，其情属阳。此书是作者读程朱理学著作的心得体会，当时随读随作，后经过十余年日用体验闻有所见，又辄自札记，经整理而成篇。

《冠豸山堂文集》3 卷　包括文 65 篇、诗 68 首。其中著名者有：《五伦说》《河洛中天》《大学中庸说》《朱陆渊源考》《洪范剩义》《太极辨微》等。

《周易剩义》2 卷　此书说明《易》之理，"易"有数有象。理无体，

[①]　《冠豸山堂文集》卷二，《澄心堂碑记》。

以象数为体，故不能舍象而谈理；画卦本于《河图》《洛书》之中数为太极，外八数为八卦，因此天下之理无有出于《河图》《洛书》之外；发挥朱熹《易本义》思想，具体解释《周易》六十四卦。其中说"河图"之中数三、五配《大学》三纲领八条目，牵强附会；论《易》附于术数，是朱熹所谓的《易》外别传者也。

以上各书皆出过单行本。

《留村礼意分释分节分说》3 卷　首卷为分释，二卷为分节，三卷为分说，皆是注释其父的著作《留村礼意》。

《冠豸山堂全集》27 卷附录 1 卷　童能灵卒后，其子把他的全部著作（即上述著作）合编为《冠豸山堂全集》。书名因其筑室于冠豸山下潜心探讨致知诚意之学二十余年而得。清光绪二十三年（1897 年）福建连城童氏家族用木活字排印。此书现存极少，福建省图书馆和连城文化馆有此书，福建师范大学图书馆有抄本。

第八章　清代中期福建朱子学

一　清代中期汉学盛行和福建朱子学者墨守朱子学残局

清代至高宗乾隆（1736—1795）、仁宗嘉庆（1796—1820）年间，盛极转衰，史称中期，即所谓乾嘉时代。清代中期亦将近有一个世纪。本章就是论述清代中期的福建朱子学。

清朝至嘉庆时代，人口急剧增加。乾隆六年（1741 年），全国人口仅14341 万，至宣宗道光二十一年（1841 年）全国人口 41345 万，100 年间增加了 3 倍。[①] 人口的增长是这时经济发展的结果。但是，人口急剧增加的同时，地主和富豪也加紧大量兼并土地。时人杨锡绂谓"田之归于富户者大约十之五六"。[②] 乾隆五十一年（1786 年）的上谕说：

> 据毕沅奏，豫省连岁不登，凡有恒产之家，往往变卖糊口。近更有于青黄不接之时，将转瞬成熟麦地贱价准卖，山西等处富户，闻风赴豫，举放利债，借此准折地亩……乃山西等处豪强富户，越境放债，贱准地亩……是富者日益其富，贫者日见其贫。及遇丰年，辗转增价售卖，而中州元气竟为隔省豪强兼并侵剥，灾区气象何由得复旧观，将来豫省贫民日见流徒，田产皆为晋民所有，成何事体！[③]

---

① 参见谭丕模：《清代思想史纲》，岳麓书社 2011 年版，第 65 页。
② ［清］贺长龄辑《皇朝经世文编》卷三十九，杨锡绂《陈明米贵之由疏》。
③ 《大清十朝圣训》，北京燕山出版社 1998 年版，第 1466 页。

这里讲的是山西和河南的情况。其实，全国是一样的。时人钱维城说：

> 富者田连阡陌，而贫者或无立锥。农夫受其田而耕之，役使如奴隶；豪商大贾挟其金钱，买贱卖贵，子母相权，岁入或数万金……今以一家而有数千万家之产，则以一家而致失业者数千百家也。①

由此，乾嘉时代农民破产、土地高度集中的情况可见一斑。同时，贪官污吏横行霸道，变本加厉。这样，急剧增加的农民又失去土地，沦为佃农而衣食无着，使农民和地主的矛盾日益尖锐。以福建为例，当时佃农抗租斗争十分激烈。据时人德福所记载：

> 闽人业主、佃户，并无情意浃洽，彼此视为仇仇。佃户以抗租为长技。收割之时，恃强求减，田主往乡畏其凶横，勉强依从；待佃户入城市，则拘禁于家，令其补完田租，始行放回，否则任意凌虐，佃户自顾孤掌，畏其势力，愆怒还租。窥业主下乡收租，佃户亦纠合众佃，成群相攒殴，或灌以秽物，恃众报复，相竟抗赖，颗粒不给。以至业、佃互相讦讼，经年不休。宁化县为尤甚，往往酿成人命。②

当时农民起义不断，如嘉庆元年（1796 年）河南白莲教起义、嘉庆十七年（1812 年）北方数省天理教起义。福建的农民起义更为频繁和广泛，计有乾隆八年（1743 年）福建古田、闽清等地黄天瑞、罗惠能等起义，乾隆十三年（1748 年）福建瓯宁志官斋组织起义和福建宁化罗教组织拒捕夺犯斗争，乾隆十七年（1752 年）福建漳州以蔡荣祖为首的起义，乾隆三十四年（1769 年）福建古田、屏南肖日安等组织起义，乾隆三十五年（1770 年）福建诏安以蔡乌强、李阿闵为首的起义，乾隆三十六年（1771 年）福建龙溪王天送等起义，乾隆五十二年（1787 年）福州、漳浦天地会响应台湾林爽文起义的斗争，乾隆五十七年（1792 年）福建泉州天地会反清斗争等。如果说清代初期的农民起义多在"反清复明"的

---

① 《皇朝经世文编》卷十一，钱维城《养民论》。
② ［清］德福：《闽政领要》卷中，《民风好尚》。

口号下进行，那么清代中期的农民起义却是在"官逼民反"的口号下进行的，斗争的矛头对准整个地主统治阶层。

前面讲到，清代初期对外采取严格的闭关政策，使中国资本主义的萌芽中断了。到了乾嘉时代，由于外国资本主义国家强大势力叩打中国的大门，中国封建制度内部资本主义因素又在滋长。首先是农业生产富农经营方式的出现，即富农从地主手中承佃土地而转佃给农民。其次，商人的势力发展甚快。这样，地主与农民的矛盾和地主与商人的矛盾交织在一起，社会矛盾复杂和尖锐。于是，统治阶级为了巩固原有的统治地位而进一步加强封建专制统治，并且极力寻找新的统治思想。

另一方面的趋势和上述情况相辅而行。西方资本主义国家已进入产业革命时期，他们不允许中国这个庞大的商品市场"闭关自守"和自己发展资本主义，他们使用军舰重炮和商品"重炮"，加上满汉贵族、官僚、地主、商人所需要的鸦片"重炮"，一起向"天朝"闭关自守的大门轰击，以便西方资本主义势力逐渐伸到中国沿海，甚至内地。早在康熙二十四年（1685年），英国东印度公司与广东官吏订立了在广州自由通商的合同，中国方面成立了13个公行管理对外商的贸易。处于东南沿海的福建，更受海盗式的外国资本主义的侵扰，陷入更加沉重的中外反动势力的剥削和统治之下。

因此，在乾嘉时代，统治者在思想文化领域中进一步采取高压政策，残酷的文字狱不断发生。一些学者为了回避申论历史和接触现实，只好在故纸堆里讨生活，致力于经籍上的考据，继承汉儒只搞文物训诂的学风，出现汉学的复兴，形成了所谓汉学学派，或称考据学派。近人王缁尘说：

> 满清异族，入主中华，大兴文字之狱，士大夫对于义理政治皆喋若寒蝉。清廷复大开博学鸿祠科，收罗英俊之士，而所谓汉学者，遂由此而言生焉。[1]

在王缁尘看来，"盖所谓汉学者，屏弃宋明人理学之思潮，而反之于两汉

---

① ［清］王缁尘：《汉学师承记·评序》。

经术，因以立名者也"①。"汉学"是相对"宋学"而言的。"汉学"是作
为"宋学"的对立面而称谓的。"宋学"是宋明理学的总称，主要是指程
朱理学。程朱理学统治中国思想界已达五百多年，明显地暴露出它的武
断和空疏。尽管清代初期政府大力提倡程朱理学，但到了乾嘉时代，弱
点更加暴露，它的权威日趋失坠。例如，毛奇龄作《四书改错》，敢于大
胆批判朱熹的《四书章句集注》。他说：

> 四书无一不错……然且日读四书，日读四书注，而就其注义以
> 作八比，又无一不错。……真所谓聚九州四海之铁，铸不成此
> 错矣！②

本来，"四书"和朱熹的《四书章句集注》是法定的教科书，是经典，是
神圣不可侵犯的，现在毛奇龄却敢于怀疑，甚至批判，确实是大胆勇敢。
这种精神是根源于当时的社会现实的。新的时代要求人们摆脱旧的传统
思想的束缚，要求人们考虑新的问题。当时一些学者认为，程朱理学束
缚人的思想，朱子学者皆是守旧势利之徒。由宋学回到汉学在一定程度
上是思想解放的表现。宋儒的学术思想也确实存在致命弱点，他们说经
猜度臆说，没有把经书中的名物典制搞清楚，因而学者们必须寻找新的
学术方法。宋学固然主观穿凿，是替封建主义服务的学术；汉学也有附
会曲解，同样也是为封建主义服务的。当时的社会条件还没有成熟到可
以突破封建思想的羁绊，仍旧是在封建主义经学的老框框里兜圈子。应
该指出，离开宋学又回到汉学，表明思想学术走上了新的歧路。

　　乾嘉时代的汉学有吴派和皖派之分。"吴派源于惠周口、惠士奇，而
集成于惠栋，所谓祖孙三代皆为经师，最称名贵焉。承其流者则为钱大
昕、王鸣盛、江声、汪中、俞萧客诸氏，此为此派之中心人物。皖派得
源于江永，成于戴震；承其流者则有金榜、孔广森、凌廷堪、段玉裁、
王念孙引之父子，以及清末之俞樾、孙诒让诸氏，皆为中心人物。是两
派者皆远宗顾（炎武）、闫（若琚）二氏也。而黄宗羲氏一派则流衍于浙
东；继黄而起者有万斯大、万斯同兄弟。以后则全祖望、邵廷宋、邵晋

---

　　①　《汉学师承记·评序》。

　　②　［清］毛奇龄：《四书改错》卷一。

涵、章学诚诸氏为中心人物。此派于经学、小学以外，兼治史学，亦稍参以义理之说，如宋元明诸《学案》，即出于此派之手也。以非纯粹的汉学家"①。乾嘉时代汉学极为盛行，真可谓如火如荼。对于其学术流弊和学术价值，王缁尘亦有较深刻的说明。他说：

> 至于流弊，亦可约言焉。盖以崇拜汉人之故，凡汉人之残词片语，皆视同瑰宝，而等汉人以外之经说如粪土，是则只问汉不汉，不论其义理之是非也。……然则汉学之价值究竟如何？曰：汉学家精研训诂，将久晦于古音古义复明于世，而以古代之名物制度，亦多在考证，使后之得由之以通二千年前难解之古书；其于经典小学所用之心力，固大有功于学术者也。夫然，又安可以轻视之哉！②

这就是说，汉学在整理古籍上作出了巨大贡献。它重实证，强调客观的、具体的研究，反对空谈和附会经说，方法比较精密，态度比较严谨。他们以极大的功力对古代文献进行了细致的爬梳，剔去了两千多年来对古代经籍的不少歪曲、误解，弄清了句读训诂，为清理和总结我国丰富的历史文化遗产打下了坚实的基础。通过他们的治学，形成了小学、校勘、目录、辑佚等这些研究古代历史文化不可缺少的方法。近人章太炎把考据学概括为"审名实，重佐证，戒妄牵，守凡例，断情感，汰华辞"六大特点，是非常确切的。

在乾嘉时代，由于汉学几成一尊之局，朱子学自然衰落。清代著名的福建朱子学家阴承方说：

> 今去朱子五百余年，士皆沉溺括帖之中，求其矢志圣学者，虽千万人无一二焉。义理之不明非一日矣。③

就福建朱子学而论亦是如此。清代著名的福建朱子学家陈庚焕说：

> （乾嘉以来，闽学）流风余韵，浸以销歇，间有诵法朱子者，或迂阔而无当，或浮慕而失真，甚或踣行孔语，身败而名裂，于是同

---

① 《汉学师承记·评序》。
② 《汉学师承记·评序》。
③ 《阴静夫方先生遗文》卷下，《近思录集注序》。

巷之间，以学相诟病，学者闻见既狭，溺声利者，务靓记为词章，矜奇嗜博之士，则或沿西河（按指汉学家毛奇龄）之余风以攻击朱子为能事，而闽学微焉。[①]

当时全国第一流的学者大都治汉学，离开朱子学，因而朱子学在全国来说极为低沉。当然，这并不是说当时朱子学完全断绝。其实，当时尊程朱者大有人在。这可以从几个方面看。首先，一些汉学家未尝完全薄程朱，他们中不少人门户之见并不太严，对朱熹学说评价采取比较客观的态度。清人皮锡瑞说：

> 雍（正）、乾（隆）以后，古书渐出，经义大明。惠（栋）、戴（震）诸儒，为汉学大宗，已尽弃宋诠，独标汉帜矣。惠周惕子士奇，孙栋，三世传经。栋所造尤邃，著《周易述》《古文尚书考》《春秋补注》《九经古义》等书。论者拟之汉儒，在何邵公、服子慎之间。而惠氏红豆山斋楹帖云："六经宗孔孟，百行法程朱。"是惠氏之学未尝薄宋儒也。戴震著《毛郑诗考正》《考工记图》《孟子字义疏证》《仪礼正误》《尔雅文字考》，兼通历算声韵，其学本出江永，称永学自汉经师康成后，罕其俦四。永尝注朱子《近思录》；所著《礼经纲目》，亦本朱子《仪礼经传通解》。戴震作《原善》《孟子字义疏证》，虽与朱子说经抵牾，亦只是争辨一理字。《毛郑诗考正》尝采朱子说。段玉裁受学于震，议以震配享朱子祠。又跋朱子《小学》云："或谓汉人言小学谓六书，非朱子所云，此言尤悖。夫言各有当；汉人之小学，一艺也；朱子之小学，蒙养之全功也。"段以极精小学之人，而不以汉人小学薄朱子《小学》。是江、戴、段之学未尝薄宋儒也。宋儒之经说虽不合于古义，而宋儒之学行实不愧于古人。且其析理之精，多有独得之处。故惠、江、戴、段为汉学帜志，皆不敢将宋儒抹煞。[②]

其次，一些理学家从卫道的立场出发，对汉学进行批判。姚鼐（字姬传，

---

① 《惕园初稿·闽学源流说》。
② ［清］皮锡瑞：《经学历史·经学复盛时代》。

安徽桐城人）攻击戴震说：

> 戴东原言考证岂不佳，而欲言义理，以夺洛，闽之席，可谓愚妄不自量之甚矣！……不读宋儒之书，故考索虽或广博，而心胸常不免猥鄙，行事常不免乖谬。①

在这里，姚鼐对戴震不只是学术之争，还进行人身攻击。最后，初期今文经学（公羊学）援引理学，在客观上维护了理学。在乾嘉时代，经学中的今文学派应运而起。他们根据西汉今文学派用《春秋公羊传》或《春秋穀梁传》的"微言大义"借题发挥的学风，议论时政，便产生了所谓公羊学（今文经学）。今文经学家企图以阐扬"公羊学"中的专制主义和改制思想，为巩固地主阶级旧有的统治秩序作论证，不分古今，混淆汉宋。初期的今文经学家，如庄存与（字方耕，江苏武进人）等人，提出汉学和宋学兼容并包，在经学中引入程朱理学。例如，庄存与在《春秋正辞·奉天辞》中引用二程的话，论证《春秋》，谓"人理灭矣，天运乖矣，阴阳失序，岁功不成矣，故不具四时"。这是用程朱理学解释天人感应论。理学和公羊学的结合，使今文经学增添了新的内容，这也为理学的继续存在找到了一条出路。

福建是朱子学的故乡，其后学是连绵不绝的。在汉学几成一尊之局的乾嘉时代，福建朱子学者仍死守朱子学残局。当时著名的福建朱子学家雷鋐仍坚持"朱子于天下古今事理无不精究而详说之，故三代以下可折中于朱子"。此外，陈庚焕、孟超然等仍然以朱子学为主体，与汉学家针锋相对。当时的福建朱子学者认为，程朱理学与孔孟之道无二，程朱说经比汉儒说经得精深之旨为多，程朱是儒家正学，欲学孔孟必学程朱，汉学家攻击程朱空言穷理，启后学空疏之陋，有一定道理，但程朱后学是实学，实用于道德修养和经世致用；程朱理学强调名、节、检身，动绳以理法，比汉儒不修小节、不矜细行、得已宽便其私要好得多，经学家只注意名物训诂及种种干枯的考据，有支离琐碎之弊，不若程朱注重理义和经世，等等。不过，乾嘉时代的福建朱子学者亦受汉学的影响，

---

① ［清］姚鼐：《惜抱轩尺牍》，《与陈硕士》。

吸收汉学的某些积极因素。他们不空谈心性，大都在宋学的范围内兼采汉学。他们多从事考订整理程朱著作，把程朱理学和考据学结合起来。雷鋐、阴承方、孟超然、陈庚焕等都是主张用考证的方法研究程朱著作和其他儒学经典的。他们反对宋儒变更经文、增损字句的做法。乾嘉时代的福建朱子学者虽然没有多大创新，但他们死守朱子学残局，对朱子学进一步发展起了承上启下的作用，在朱子学的发展史上具有一定作用。

在乾嘉时代，福建朱子学者主要有雷鋐、阴承方、孟超然、陈庚焕等。

二　雷鋐

（一）生平、学术特点及其对程朱理学、陆王心学的评说

雷鋐，字贯一，号翠庭，学者称翠庭先生，福建宁化人。生于清康熙三十六年（1697 年），卒于乾隆二十五年（1760 年）。雍正十一年（1733 年）进士。历官通政司通政使、提学浙江学政等。

雷鋐为官颇为清廉，他曾提出"爱民生即所以为国计，不可分为两途"① 的施政方针。他针对当时吏治的腐败，认为做官要依理而行、克己爱民才行："使有官君子咸知警惕磨厉，则大纲小纪自然就理。先儒云，道学政治不可使出于二，盖治天下国家而不先自治其心，则必不能无私，而爱憎取舍必不能大公而至正。"②

雷鋐认为，国家的经济措施要根据社会的具体情况而订，不要生搬硬套历史上的旧制。如关于屯田，雷鋐说：

> 今日言拨兵屯田，此书生纸上之谈也。然则赵充国、诸葛公非与！曰：汉时近古，文帝开孝弟力田之科，率农以礼义，无事则驱之为农，有事则调之为兵。唐府兵之法犹然。自府兵之法坏，兵农

---

① 《经笥堂文钞》卷上，《与周抚军书》。
② 《经笥堂文钞》卷上，《复陈榕门前辈》。

分为二。……儒生议者往往援汉唐故事以责恕。呼呼！是何其不识时务也。……自宋元而明以迄今，兵农之分益久，各习其力而不相通……田终不可屯矣。[1]

雷铉这种要根据实际情况制订经济措施的思想是有合理因素的，应该加以肯定。

雷铉的父亲雷鸣高笃信朱子学，雷铉自幼承受家学，穷究义理。年十七肄业于福州鳌峰书院，受学于著名的福建朱子学家蔡世远，"得造道入德之方"[2]。雷铉关于其在鳌峰书院跟蔡世远学习的情况，曾说：

> 铉窃自念少汩于俗学，自至鳌峰，从漳浦（蔡）先生游，乃知吾儒自有身心切要之务，推而暨之家国天下，古圣贤教人之法不外乎此！[3]

雷铉为蔡门高弟，李光地的再传弟子。后来雷铉至京都应考，主考官为宰相朱某，与之熟悉，但是雷铉"不投公卿一刺（按即不走后门），以陆平湖不敢见魏蔚州为比"[4]。他依靠自己的学问中进士，宰相评之为践履笃实，才识明通力，著名的桐城派古文家方苞称之为第一流人物。[5] 雷铉是一个品学兼优的学者，他曾说过要做一个有道德有学问的人才有意义。雷铉说：

> 愧感人生百年瞬息间事，不特富贵如烂漫春花随开随落，即诗文传世，亦只好音过耳，唯不怨不尤不愧不怍，方寸自有乐境，且一息亦足千古矣。[6]

对于雷铉的道德学问，清唐鉴说：

> （雷铉）生平出处，按之固已无一不合于道。所谓文章，则皆本其躬行所得者，而慰唁问答，解惑条指，发德辨奸，析事类情。以

---

① 《经笥堂文钞》卷下，《屯田说》。
② 《学案小识》卷五，《翼道学案·宁化雷先生》。
③ 《经笥堂文钞》卷上，《竹山精舍记》。
④ 《学案小识》卷五，《翼道学案·宁化雷先生》。
⑤ 见［清］朱梅崖：《梅崖居士文集》卷十七，《经笥堂文集序》。
⑥ 《经笥堂文钞》卷上，《答朱梅崖》。

综王道之要，以会天命之精。斯言盖尽其大略云。①

梁启超说："闽之学者（治朱子学），以安溪李光地，宁化雷铉为最。""汀州雷翠庭铉则继李（光地）、蔡（世远）治程朱理学。"② 雷铉是清代中期朱子学的名家。

雷铉深入研究李光地所编辑的《性理精义》，以其中的为学之方、立志存养、省察居敬穷理、致知力行为准绳，反身之切务，一以朱子学为宗。他提出："学者必从（胡敬斋）《居业录》入门，则途径分明，工夫切实。……敬斋先生似伊川。朱子谓学者必先学伊川，即此意也。"③ 雷铉特别强调为学要以躬行为本，讲求道德实践。雷铉把理学（道学）称为实学。他说："其志超然于富贵利达之外，其讲明践履探原握要，历贫贱患难死生而如一。此之谓实学也。……按实而求之即道学也，岂别有一艰深不可造之境哉！所患者志不立而苟安流俗耳。"④ 他又说：

> 讲学之书，先儒备矣，惟在心体而身验之。……孩提知爱，稍长知敬，此孟子指出人之本心所固有，使知察识而扩充。……不致知力行、日积月累，如何能践形尽性！……朱子之心虚公广大，所以为百世儒宗。……读书则实究其理，行己则实践其迹，念念向前，不轻自恕而已矣。⑤

清人朱梅崖对雷铉的学术有概括的说明。朱梅崖说：

> 公之学，以躬行为主，以仁为归，以敬义为堂户，以人情事势为权衡，以"六经"为食饵，以文艺为绅佩，以奖引天下之士为藩墙，而于邪正之界、流渐之溃析之尤精，防之尤豫。大要宗朱文公，而以薛文清、陆清献二公之书为谱牒。⑥

朱梅崖对雷铉学说的评说反映出雷铉的学术特点。雷铉为学重经义，辨

---

① 《学案小识》卷五，《翼道学案·宁化雷先生》。
② 梁启超：《近代学风之地理的分布》。
③ 《经筃堂文钞》卷上，《胡敬斋先生文集居业录合刊序》。
④ 《经筃堂文钞》卷下，《东林书院示诸生》。
⑤ 《经筃堂文钞》卷下，《鹅湖诗说》。
⑥ 《梅崖居士文集》卷十七，《经筃堂文集序》。

析学术源流，强调道德践履，一以朱子学为归。

雷铉认为，秦汉以后孔孟之道失传千余年，至朱熹再兴，"朱子倡明绝学，天下英杰萃于一门"[①]，因此"朱子之道与孔孟同揆，朱子之功与河岳并永"。[②]雷铉说："自汉唐来学术纷拏，赖濂洛数大贤开其蔀而辟其途，然后道学之统绝而复续，至子朱子辨之精、行之勇、守之严，其功比于孟子之崇王斥霸，辨杨墨，发明性善养气，殆所谓先后一揆者矣，其驳同甫三代汉唐之论，所以破功利也；指象山为明心见性之归，所以防异端也。"[③]雷铉又说：

> 六百年来，朱子之书，学者靡不习之。……昔姚江宗主象山……不足窥朱子之门户……不复知朱子大本大原之所在。……朱子之尊德性，道问学，敬义夹持，下学上达，所以为万世儒宗者，其秘旨奥蕴胥在是矣……急思与多士振兴正学。[④]

雷铉认为，"天下有正学斯有正人，盖天理所恃以常存，世道所赖以不坠者也"[⑤]。人杰地灵，"昔吾闽僻在边徼，至唐而文学渐兴，至宋而理学特盛，是则山川风气岂不有借于人耶"[⑥]？在雷铉看来，福建在文化上由落后变成昌盛是因朱熹提倡孔孟之道的结果。雷铉说：

> 天下事岂不在人哉？……以朱子之学赞有明一代之治运。……山川风气曷分厚薄，在乎人而已。昔何以盛，今何以衰，则学与不学故也。[⑦]

雷铉正确地认识到朱子学是当时治理国家的最好工具。"山川风气曷分厚薄在乎人而已"一语，是很有价值的。

在雷铉的时代，程朱理学和陆王心学是相互对立的。雷铉视陆王心学为禅学，但是又说陆王人品事功卓然千古，不能抹杀。雷铉说：

---

① 《经笥堂文钞》卷上，《与长汀赵邑侯书》。
② 《经笥堂文钞》卷上，《漳平县朱子祠记》。
③ 《经笥堂文钞》卷上，《竹山精舍记》。
④ 《经笥堂文钞》卷上，《朱子圣学考略节要序》。
⑤ 《经笥堂文钞》卷上，《张清恪公年谱序》。
⑥ 《经笥堂文钞》卷上，《竹山精舍记》。
⑦ 《经笥堂文钞》卷上，《重修浦江县学记》。

世目象山为禅学，以象山教人闭目静坐不读书者，非也。《象山语录》多近禅，然未尝言不读书，亦罕［言］静坐。……其《文集》中并静坐二字无之。……（其）与傅圣谟云：已知者，力行以终之；未知者，学问思辨以求之。此与朱子教人无以异。……象山谓有子之言为支离，为私智杜撰；言子贡非能知颜子。又云：宰我、子贡、有若智足以知圣人，若责以大智望之，以真知圣人，非其任也。尤可怪者，言子羔曾子皆为夫子所喜，于二人中尤属意子羔，不幸前夫子而死。按《左传》，哀公十五年孔子闻卫乱曰：柴也其来，由也死矣。明年夏四月己丑，孔子卒。子羔后孔子而死不待言，安有博学、审问、慎思、明辨者，卤莽灭裂至此哉！盖象山所自得在心即理。以此直接颜曾。视子贡以下诸贤皆所不足。夫心即理，不必有人心道心之分，达摩所谓直指人心见性成佛也。惟其然逐信心自是，凭臆武断，无所顾忌。其与张辅之云：吾有知乎哉！此理岂容有知哉（意即理在心中，不必向外认识）！答杨敬仲云：未尝用力而旧习释然，此真善用力者也。……（其）与似清云：何处转不得法轮，何人续不得慧命。宜乎！傅子渊猖狂放肆诗偈类释子，象山最属意。……论古人贵择善而从，象山义利之辨终身服膺可也，然其气质果于自用；其学问，知理一而不析乎分之殊，遂起凌虚驾空之弊。其论子羔生死尚可颠倒，又何怪阳明辑《朱子晚年定论》，颠倒年之早晚哉！①

不少朱子学者认为，陆象山不读书穷理，静坐如禅。雷鋐指出，这种传统批判是不符合实际的，是从表面看问题。雷鋐根据陆象山的著述，肯定其合理处。雷鋐指出，陆象山和王阳明相比，王阳明错误较多。

阳明之书，凡象山之合乎圣学者，则力反之；象山之近乎禅学者，则力张之。愚作《象山禅学考》，象山之学既举其端矣，至阳明则直曰：佛氏之本来面目即圣门所谓良知；又云：无所住而生其心，佛氏曾有是言，未为非也；又云：道一而已，仁者见之谓之仁，智

---

① 《经笥堂文钞》卷下，《象山禅学考》。

者见之谓之智，释氏之所以为释，老氏之所以为老，百姓之日用而不知，皆是道也，曾有二乎！此皆象山所未敢明目张胆言之者，然其根原则自象山以心即理为心学。故阳明亦曰心即理也。学者学此心也，求者求此心也。①

在雷铉看来，王阳明"凡象山之合乎圣学者，则尽反之；象山之近乎禅学者，则力张之"，即王阳明发展了陆象山学说的弱点。王阳明和陆象山共同的根本错误在于"心即理"。雷铉指出，要把批判陆象山、王阳明的学术错误和肯定他们人品事功区分开来。雷铉说：

> 或曰象山、阳明人品事功壁立万仞，后人岂易攀跻。愚曰：释迦、达摩皆绝大力量人，子视为泥塑木雕已乎？②

（二）性、心、情统一的思想

雷铉在朱熹和其他朱子学者的人性论的基础上，进一步论证了性、心、情的统一，有独到之处，发前人所未发。

在中国哲学史上，关于人的本性问题，孔子主张"性相近，习相远"，"唯上智与下愚不移"③；孟子主张"性本善"，仁、义、礼、智等道德观念为人所固有，"人皆可以为尧舜"④。显然，孔子与孟子的观点是有所不同的，孟子比孔子更重视后天的道德修养。雷铉却认为孔孟的人性论观点是一致的。雷铉说：

> 孔子性相近之言，实万世言性之宗旨；孟子性善之言，正是相近之实际。相近者，善之相近也。以万物为一体者，尧舜之仁也。今人乍见孺子入井而怵惕恻隐，可谓不与尧舜之仁相近乎！故曰性善也，扩而充之，人皆可以为尧舜也。必待扩充之力者，气质有不同也。孟子言性与孔子无二旨也。⑤

---

① 《经笥堂文钞》卷下，《阳明禅学考》。
② 《经笥堂文钞》卷下，《阳明禅学考》。
③ 《论语·阳货》。
④ 《孟子·告子下》。
⑤ ［清］雷铉：《读书偶记》卷二。

在《孟子·告子上》里有这样一个故事：齐王坐在堂上，见堂下有人牵牛去宰，便说放了它吧，不忍心看它那恐惧发抖的样子；孟子由此得出恻隐、羞恶、辞让、是非是人的天赋道德观念，只要人把自己的天赋道德观念加以"扩而充之，人皆可以为尧舜"。

那么，怎样扩充呢？雷鋐提出变化气禀问题。由此，雷鋐论述了人性的来源问题。上引孔子"性相近，习相远"、孟子"性本善"，以及荀子"性本恶"等，对人性来源都未说清楚。雷鋐根据《周易》和《中庸》的有关论述，提出性来源于阴阳之道。雷鋐基于《易·系辞传》"一阴一阳之谓道，继之者善也，成之者性也"的说法，指出：

> 《易》之为易，交易变易尽之矣。……有交易而后有变易。如人之夫妇交，而后生男女也。……易有太极，是生两仪，两仪生四象，四象生八卦……泛指天理之理。……唯有理斯有气有象有数，未有无理而生象数者。……周子太极动而生阳，静而生阴，正见理能生气。①

在雷鋐看来，"五行之生也各一其性。……此乃《易》学之大纲领。……五行之气不同，故人之五性乘乎气亦有不同，而太极之理无不具"②。

> 　　言性命之书无过《中庸》。……天以阴阳五行化生万物，气以成形而理赋焉。……人得秀而最灵，形生神发，五性感动而善恶分。……（人）性道虽同，而气禀或异，故不能无过不及之差也。③

雷鋐所谓"有理（太极）斯有气"，"五行之气不同，故人之五性乘乎气亦有不同"，"五性感动而善恶分"。这是说理是性之来源；性之来源虽同（"性道虽同"），但由于人的"气禀或异"，即有"过或不及之差"，便有"善恶分"。人天生具有恻隐、羞恶、辞让、是非"四端"本性，是至善的；但由于人气禀有正（无过或不及）、偏（过或不及），便有"善恶分"。雷鋐说：

---

① 《经笥堂文钞》卷下，《答诸生问毛西河语》。
② 《经笥堂文钞》卷下，《杭州试院示诸生》。
③ 《经笥堂文钞》卷下，《湖州试院与诸生论太极图说通书》。

　　直指仁、义、礼、智为人性，实发自孟子。盖《易·文言》言君子中庸，言至圣未尝统言人之性也。孟子就此指出人性之所以善，更指出恻隐、羞恶、辞让、是非之四端。真乃凿破混沌，开辟屯蒙，发前圣所未发。而养气之义犹次之。至加一信字为五常。五常二字见《乐记》。五常为仁、义、礼、智、信，见董子《贤良策》，又见《白虎通》。五常配乎五行，确不可易。信贯乎仁义礼智之中，故端只可言四。至于静中无端可寻。或遂求之虚寂，谓无善无恶心之体，不知天地之元气不息，人生之生理不灭。心如谷种，仁则其生之性。谷种中自具为苗为穗为实之理，待其发而后见；不待其发而后知，此仁所以包乎义、礼、智也。乃不仁之人自戕其生理，并丧乎义、礼、智者，则气禀既杂，物欲乘之，天理、人欲判焉而相反。天理、人欲亦见《乐记》。人化物也者，灭天理而穷人欲者也。其语甚精而密。此皆初学所耳闻目见多忽而不察，故令诸生致思焉，更反身用力而自得之，庶不滔于不仁之归也夫！①

雷铉认为，在仁、义、礼、智、信五常中，仁是最为根本的。"仁则其生之性"，仁"包乎义、礼、智"；不仁之人，"气禀既杂，物欲乘之，天理人欲判焉而相反"。因此，诸生致思、力行的就是"不蹈于不仁"。雷铉强调："治天下不外庆赏刑威，一根于喜怒哀乐，仁育义正，与天命呼吸相通，有天德乃可行王道，不如此皆苟焉而已。"② 雷铉此处关于"天理、人欲"出于《乐记》的说明是很好的，值得注意。

　　此外，雷铉还讲到仁是孝之至。

　　事亲如事天。……事天如事亲。……孝本乎人性，孝之德未尽，实性之理未明。此即所谓天地之性人为贵。人之行莫大于孝也。……孝即仁之实，仁乃孝之至。……夫能充孝之量，爱亲者不敢恶于人；敬亲者不敢慢于人。至事天明，事地察，通神明而光四海，则民胞物与有外此者乎？……不愧屋漏，存心养性，非立身行道之实功

---

① 《经笥堂文钞》卷下，《金坛试院示诸生》。
② 《经笥堂文钞》卷上，《真西山读书记序》。

乎。……孝，此乃人生之命脉，亲亲而仁民，仁民而爱物。①

在雷铉看来，孝和仁的关系，实际就是三纲和五常的关系。雷铉用孝把三纲和五常统一起来，以至于"存心养性""仁民而爱物""民胞物与"全在乎孝，孝乃是"立身行道之实功""人生之命脉"。就儒家孝、仁学说的发展来说，雷铉的这些见解有独到之处，实发前人所未发。雷铉把孝、仁和"民胞物与"联系起来，要求爱一切人如爱父母同胞手足一样，并进一步扩大到"视天下无一物非我"②。雷铉的这些见解具有一定程度的同情人民疾苦的思想。

雷铉和朱熹一样，认为天命之性和气质之性是道心和人心相对应的范畴，有时它们是可以互相顶替的。

> 道心即性也。人心之正者，道心为之主，即性宰乎气也；人心之偏者，道心之有蔽，即性汨于气而失焉者也。非道心为一心，人心又为一心也。如饮食男女之欲，人心也，而道存焉；知道存，即道心也。不知其为道，而肆焉，则危者愈危，微者愈微矣，故必道心为主，人心听命也。是知谓心即性者，非也。离心性而二之者，亦非也。③

雷铉基于朱熹的"道心生于天理"④、"道心"则"性命之正"⑤ 的命题，得出"道心即性"的结论。雷铉认为，人只有一心，道心、人心只是一心，并非二心，在人心中存在着道心，"如饮食男女之欲，人心也，而道存焉"。雷铉比较看重人们所必需的生活欲望。

> 人心之灵莫不有知乎……因其已知之理而益穷之乎。夫人心之灵莫切于孩提知爱、稍长知敬，即此爱敬之心推致而扩充之，则仁之实事亲是也，义之实从兄是也。且夫无欲害人之心，无穿窬之心，是人心莫不有知者也。充之则仁与义不可胜用。谓非推致其本心之

① 《经筍堂文钞》卷下，《台州试院与诸生论孝经西铭》。
② 《正蒙·大心篇》。
③ 《读书偶记》卷二。
④ 《朱子语类》卷六十二，《中庸章句序》。
⑤ 《晦庵集》卷七十六，《中庸章句序》。

明，以措之躬而施诸事乎。①

雷铉所谓"人心之灵莫不有知"有两个方面的含义。一是指人心有认识事物的能力，即"因其已知之理而益穷之"，推及未知之理；一是指人心之本性，即先天地具有仁、义等人伦道德。在朱熹那里，认为"人心是形气之私"②，即人心是人欲。雷铉关于人心、道心关系的解释，比程朱强调人心必须服从道心、道心必须战胜人心的观点前进了一步。

雷铉由性、心进而讲到情。情是指人的喜、怒、哀、乐等情感或心理作用。一般认为，天理是心之性，性即仁、义、礼、智；性之发则为情，即恻隐、羞恶、辞让、是非之情。雷铉说：

> 前者问诸生：情一也，《中庸》以喜、怒、哀、乐言；《孟子》则以恻隐、羞恶、辞让、是非言。其不同何也？……今更与诸生言之：《中庸》之言浑而该，《孟子》之言析而明。夫未发之中、已发之和，非必大贤以上始有之。此言性情之德以明道不可离之意，是就人人所有者言，人人皆有未发之中，已发之和，特不能操存省察以致之耳。夫未发之中包仁、义、礼、智之性，已发之和即该恻隐、羞恶、辞让、是非之情。所谓知皆扩而充之，即是致中和。致字之注脚，操存省察乃能扩而充之，省察所以知扩充，操存又先一层，是愈说愈密耳。孟子因当时人利欲锢蔽已深，只就四端扩充上指点，未说到未发之中。他日言存其心养其性，则该之矣。夫喜、怒、哀、乐似兼人心、道心，《孟子》四端则专以道心之发见言。然而《中庸》不重言喜、怒、哀、乐也。言喜、怒、哀、乐之未发耳，言喜、怒、哀、乐之中节耳。未发之中全是道心，中节则人心无非道心矣。且中节则喜、怒、哀、乐无非恻隐、羞恶、辞让、是非之心可知矣。③

《礼记·中庸》中有谓"喜、怒、哀、乐之未发谓之中，发而皆中节谓之和。中也者，天下之大本也；和也者，天下之达道也。致中和，天地位

---

① 《经笥堂文钞》卷下，《严州试院与诸生论格致传义》。
② 《朱子语类》卷六十二，《中庸章句序》。
③ 《经笥堂文钞》卷下，《江宁试院示诸生》。

焉，万物育焉"。就是认为人在喜、怒、哀、乐未发之前有一种精神实体，它是天下的根本，操存、省察了它，人就达到了圣人的境界，天下也就可以得到治理了。这种操存、省察"未发之中""已发之和"的问题，本来是宋朝理学家程颢、杨时、罗从彦、李侗一脉相传的指诀。后来，理学家们讨论过操存、省察的先后问题。朱熹早年主张先省察，后操存，即人应该先在自己的思想中找寻善的苗头，然后紧紧抓住，加以培养扩充；后来他又主张："人自有未发时，此处便合存养，岂可必待发而后察，察而后存耶？"① 即认为人在喜、怒、哀、乐诸情"未发"时就要操存，不能等待"已发"时再去省察。上引雷铉这一大段，除坚持朱熹的观点外，还指出操存、省察是逐步深入（"愈说愈密"）的过程；喜、怒、哀、乐兼人心、道心，"未发之中全是道心，中节则人心无非道心矣，且中节则喜、怒、哀、乐无非恻隐、羞恶、辞让、是非之心"，把"未发""已发"与道心、人心联系起来。

（三）修养认识论

雷铉的认识论是内心的道德修养论。雷铉认为，认识（"致知"）就是通过格物、诚意、正心、修身而达到齐家、治国、平天下的目的。雷铉说：

> 致知之要当知至善之所在，如父止于慈，子止于孝之类。……格物者格此身心意以及天下国家之物。致知者，知所以诚意、正心、修身以齐家、治国、平天下而已矣。而知与意尤为交关切要处，即意中可好可恶之物，格之而知其当好当恶，务决去而求必得之，则诚意之功也，夫岂有两时两事之可分哉！②

致知是和诚意分不开的，或者说致知是诚意之功。在朱熹那里，格物之物还包括一些自然之物；而雷铉却认为，"格物者格此身心诚意以及天下国家之物，致知者知所以诚意正心修身以齐家治国平天下而已矣"，有较多先验的认识论成分。雷铉又说：

---

① 《晦庵集》卷三十二，《答张钦夫》。
② 《经笥堂文钞》卷下，《严州试院与诸生论格致传义》。

明伦敬身，所谓立教者教此而已。夫人一身，内而心术之微，外而威仪之著，衣服饮食之节，是即诚正修之地也。五伦之亲，义序别信，则齐家治国平天下之道已在是矣，格此谓之格物，知此谓之致知。①

这就是说，格物致知即在人伦物理。在雷铉看来，"齐家、治国、平天下之道"并不是指社会经济问题，而是指"五伦之亲，义序别信"，这就是要格之"物"，这就是认识的对象。这些"物"、认识对象早就先天地存在于人的内心之中了。十分显然，雷铉的认识论是内省论。雷铉基于其格五伦之物的观点，提出认识（"致知"）就是恢复人心中先天具有的三纲五常之性。他认为，"朱子之论格物，即孟子之言知性"，"天下无性外之物"。②

人伦庶物之理皆具于心，非有出于性分之外，而不能无气拘而物蔽。圣经贤传皆载此理，以开牖后人之心思，即是以穷理验之日用行事之实，则知心与理无内外之隔，吾心之知自贯乎人伦庶物而无显微之间。彼泛骛以求知，固易失于支离；凭臆想以求知，更易入于冥悟。若使此心憧扰不宁，又何以为致知之地哉！程子云："致知在乎所养。"朱子云："非存心无以致知。"③

雷铉认为，人伦物理皆具于自心，"非有出于性（心）分之外"者，但是有"气拘（禀）而物蔽"，只要存心养性，使心中所固有之人伦物理不为外物所蔽，或者除物蔽使心中所固有之人伦物理恢复出来，就是认识。

因此，雷铉提出复性说。

复性在于循理，循理在于尽分（按指人的本分）……忠之理无穷，而吾有分内当尽之忠。随在尽分则理得，而性无亏矣。格物者，格此；力行者，行此。④

---

① 《经笥堂文钞》卷上，《小学纂注序》。
② 《读书偶记》卷二。
③ 《经笥堂文钞》卷上，《知行存养论》。
④ 《读书偶记》卷二。

在"复性尽分"问题上，雷鋐特别强调立诚。"天命人心之根体认真切笃挚，即古人立诚之学"①。雷鋐说："若夫明诚两进，敬义交立，此则复性之要道，养浩然之气之全功也。"②雷鋐把"诚"看成是"克平"心中的"寇乱之本"③。所谓诚，就是真心诚意地在任何情况下都要遵循着社会的道德准则。

对于格物致知，雷鋐特别强调学者须"知行并进"，学用结合，学是为了用。雷鋐说：

> 古之学者未有不知行并进者也。不离乎日用饮食、纲常民物，则曰下学。不创为新奇诡异、幽深元渺，则曰正学。自孔孟至程朱逮明之薛（瑄）、胡（居仁）一脉相传，如世系之有大宗小宗，其他旁门异趋，分之为庶孽；假之为螟蛉而已矣。……学者辨阳儒阴释，必从贱乞墦羞龙（垄）断始（按即先要有羞耻之心）。④

> 学以躬行蹈道为务，岂曰吾徒知之而已哉！世固有与之语先王之道，泛论人物之是非得失，井然不淆。其措之躬则遗且悖矣。此能知而不能行，究非真知也。语先王之道，泛论人物之是非得失，井然而不淆者，其知尚未昧也。措之躬则遗且悖焉，是其知已有物以蔽之也。使就其井然不淆者推而致之，不为外物之所蔽，其本体之明，自不可得而昏。⑤

在雷鋐看来，学是为了用，知和行是紧密地联系在一起的。知而不行之所以非真知，就是因为还会被外物所蔽；真知之所以依赖于行，就是因为在行中才能真正排除物蔽，从而达到真知。雷鋐关于知行关系的见解，就其理论思维本身来讲，是有深度的，是有合理因素的。雷鋐以服毒药事实为例，进一步说明行不能先于知，行先于知是不可能的。

> 行先于知者，非也。……非先问津而识途，则适越而北辕矣。……

① 《经笥堂文钞》卷上，《与蔡巨源》。

② 《经笥堂文钞》卷上，《竹山精舍记》。

③ 《经笥堂文钞》卷上，《陆宣公全集笺注序》。

④ 《经笥堂文钞》卷上，《陆平湖年谱序》。

⑤ 《经笥堂文钞》卷上，《知行存养论》。

毒药之必不可食，穿窬之必不可为。必食毒药为穿窬而后知其不可，则晚矣。然则何为而有先行后知之说，盖有激于俗学，口耳占毕仁义道德，人人言之而无能真知而允蹈之故也。且知行亦非截然分先后。陈北溪谓如目视足履最切当。人岂有目不视而能履者哉，亦岂有坐视数千里外而后履者哉。……就一事而观之，则知之为先，行之为后无可疑者。而合夫知之浅深，行之大小而言，则必先成乎小而后驯致乎大。[①]

在这里，雷铉主要讲了两点：第一，行不能先于知，"先行后知之说"是俗学，是未有很好的理论分析；知行不能截然分为先后，如陈淳以目视足履明之至为切当。第二，所谓知行不分先后，是从知行的过程（"浅深"）上讲的；就某一具体事物的知行来讲，"知之为先，行之为后无可疑者"。雷铉的这种分析是深刻的。从知行的过程（"浅深"）讲，知行不分先后，它们是相互促进的。雷铉提出"知之真，故行之果"[②]"学其真知实践力严慎独之功"[③] 相结合。

雷铉还用敬、义来分析知行关系。雷铉认为，"唤起真心，敬以直内之要也；每截断私念，义以方外之本也"[④]。所谓"截断思念"，就是完全排除物蔽，言行皆依理而行。

雷铉特别分析了敬，认为"敬"就是持重、专一、警惕，就是把身心都集中到封建伦理纲常上。雷铉说："一刻不持重便害德性，一刻不专一便荒本业，一刻不警惕便堕晏安。"[⑤]雷铉认为，"敬则欲寡而理明，寡之又寡以至于无，则静虚动直而圣可学"[⑥]。这就是说，敬而一以至于静虚，则内外不分，达到知行融合的最高境界。雷铉说：

惟循理则无内外精粗之判，不必舍外而求内，亦不至遗内而逐外。……其要惟是敬以直内，义以方外；学者用力惟是敬以胜怠、

① 《经笥堂文钞》卷下，《绍兴试院与诸生论知行先后说》。
② 《经笥堂文钞》卷上，《林次崖先生文集序》。
③ 《经笥堂文钞》卷上，《刘蕺山先生遗集序》。
④ 《读书偶记》卷一。
⑤ 《读书偶记》卷一。
⑥ 《经笥堂文钞》卷下，《湖州试院与诸生论太极图说通书》。

义以胜欲。……譬之用药，岂必和平，务在对症，积热之病，必须凉剂，要自各有得力处。①

雷鋐在这里提到的所谓"循理"，就是上面讲到的在静坐中体认喜、怒、哀、乐未发时之气象。"敬以胜怠"，就是通过敬（专一）使身心永远不怠地集中于封建的伦理纲常上；"义以胜欲"，宽是通过义（依理而行）使行为遵循封建的伦理纲常。雷鋐说："人心无形，出入不定，须就规矩绳墨上守定，使自内外帖然按此。"② 此即"敬以胜怠，义以胜欲"之意。

附：雷鋐著作简介

《读书偶记》3卷　是书为其读"五经"心得体会和与师友讨论"五经"言论之汇集。大旨以朱熹为宗，但不争竞门户。他批评陆王学术错误，而持论温平。他认为，对陆王不能全盘否定，其砥节砺行以之针砭卑鄙俗夫的言行，可为百世之师。此书论《易》，多本同乡李光地之说；论《礼》，多本其师方苞之论。

《经筜堂文钞》2卷　清道光十四年（1834年），福建宁化县署本。书中有《闻见偶录》《读书偶记》选录，其余为书信、序跋之类。著名古文学家朱仕琇作序，推崇备至。

《闻见偶录》1卷　民国雷彭铅印本。

《校士偶存》1卷　宁化县文化馆有旧抄本。

《自耻录》1卷　福建省图书馆有旧抄本。

《励志杂录》1卷　在《留垞丛刻》中。

《经筜堂集》35卷　自订文稿，卒后其子印行。印数极少，宁化县文化馆有此书。

《翠庭诗集》4卷

---

① 《经筜堂文钞》卷上，《答蔡葛山》。
② 《读书偶记》卷一。

三 阴承方

（一）学历及其对朱子学的概述

阴承方，字静夫，号克斋，福建宁化人。生于清康熙五十四年（1715 年），卒于乾隆五十六年（1791 年）。阴承方是清代中期福建著名的朱学家，一生"以传道为本"[①]，以朱子为宗，教人以实学（按即道德实践之学），其要在慎独。[②] 阴承方曾简述自己的生平：

> 余生平为学兢兢，以狷介自守落其千金之产，以至于窭；为制义又不肯随时俯仰，以至于穷。世俗往往鄙夷而讪笑之。[③]

对于阴承方的人品学问，学者评价较高。清阴明松说："其（静夫）学问纯粹，品行敦笃。雷翠庭、朱梅崖、伊云林诸贤（按三人皆著名朱子学家）皆折节友之。……其遗文四卷……皆阐明经义、培植人心之言。"[④]
清伊秉绶说：

> 阴静夫先生……少孤而慧，藉祖养教，博极群书……有国士之目，弱冠究心性之学，刻志厉行，言动一于礼法……操心纯，践履笃。……有问学者，先教以《小学》《近思录》，士竞习举子业不能从。精医学，求必往视。[⑤]

阴承方认为，朱熹的学说是集孔孟周程道统之大成，是天下万世儒者之的鹄。他说："（孔）夫子以圣学承尧舜以来道统，得天理民彝之正也。孟子没而学不传，至周程乃复属，而朱子集其大成焉。""夫子之教，本末始终具于《论语》、'学庸'（按指《大学》《中庸》）、'十翼'（按指

---

① ［清］阴承方：《阴静夫先生遗文》卷上，《续师说》。
② 《阴静夫先生遗文》卷上，伊秉绶《序》。
③ 《阴静夫先生遗文》卷下，《谢节母家传》。
④ 《阴静夫先生遗文》卷下，明松《跋》。
⑤ 《阴静夫先生遗文》卷上，伊秉绶《序》。

《易传》），而注释，折衷实赖朱子。"① 又说：

> 朱子之学远宗孔孟、近扩周程，而集诸儒之大成。不独乡邦后
> 学当奉为模范，实天下万世儒者之的鹄也。②

阴承方把朱熹概括的认识论和道德修养论的四句话看成是朱子学的核心，是朱熹和陆象山分歧之本质所在。

> 夫朱之教，居敬以立其本，穷理以致其知，反躬以践其实，克
> 己以灭其私；则于理之当然所以然无不明，而于情之或过或不及无
> 不克矣。陆氏之教，谓持敬为杜撰，存诚为有考，只存一字自可使
> 人明得此理，即是主宰则随其心之所存皆自以为明，而于过与不及
> 不复审矣。③

阴承方比较正确地揭示了朱陆分歧本质之所在。阴承方认为，朱熹的这四句话概括了圣贤之学，"千古圣贤之学不越此者"。在阴承方看来，"学所以为圣贤也"，如果不能叫人做圣贤，那就称不上一种学问。他说："余之学固世俗以为赘疣者也。世俗之学能为时文以取科举即莫不自以为至矣，安问其外复有所谓学哉？"④

在阴承方看来，专教以取科第的世俗之学不能算学问。就其看出当时科举考试的弊病来说，阴承方的这种说法是对的。福建朱子学者大多数是主张改革科举考试制度的。

（二）由"立本"到"笃行"的体认思想体系

阴承方基于上引他关于圣贤之学（朱子学）即居敬立本、穷理致知、反躬践实、克己灭私的思想，在其著作中较多地论述了道德践履问题。阴承方提出由"立本"到"笃行"的体认论。他说："主敬存诚以立其本，读书穷理以致其知，集义扩充以笃其行，省察克治以防其失。"⑤ 阴

---

① 《阴静夫先生遗文》卷下，《松溪县学记》。
② 《阴静夫先生遗文》卷上，《书李生传后》。
③ 《阴静夫先生遗文》卷上，《书李生传后》。
④ 《阴静夫先生遗文》卷下，《送伊子墨卿会试序》。
⑤ 《阴静夫先生遗文》卷下，《松溪县学记》。

承方这四句话充实和发展了上引朱熹的四句话，前后相继、紧密相连，可以说是阴承方思想体系的总概括。

1. 主敬存诚以立其本

阴承方和其他朱子学者一样，把性和理等同起来，即人所具有的仁、义、礼、智等本性是天理在人身上的体现；通过主敬存诚使天理常存而不为私欲所蔽。阴承方说：

> 朱子谓主一是专一。无事则湛然安静而不骛于动，有事则随事应变而不及于他。其义灼然明矣。今《四书明辨录》乃云：一字是一个天理，凡事主于天理而无私欲之适是之谓敬。事则设有数事于此，皆是天理。心方主于此事亦无妨遽适于彼事乎？将意绪纷纭主宰无定，何能照察事之条理曲折而合于理乎？其为害于敬事之实功者甚矣。盖虽数事并至，亦必权其缓急轻重者，急者重者在所先，缓者轻者在所后，应毕一事又及一事，身在于此，心亦在此，时时照察，然后所应各中其节，可云此皆天理，而杂然乱应哉。[①]

在这里，阴承方提出两个值得注意的思想：第一，所云"凡事主于天理而无私欲之适是之谓敬"，"身在此，心亦在此"，是对主敬、存诚的言简意赅的解释。第二，提出主敬存诚也要有重点，要有轻重缓急，逐步深入，应毕一事再及一事。这些说法都有一定的合理因素。

阴承方进一步指出人心具万理，"敬是此心"[②]，心为主宰者，因此主敬关键是治心。"治心"是多数福建朱子学学者的主张。前面讲到，明代前期著名福建朱子学家陈真晟曾把程朱理学概括为治心之学，并著《心学图说》。阴承方的心学是和陈真晟的"心学图"一脉相承的。阴承方说：

> 人之所以主宰一身发挥万变者，心而已矣。盖自天降生民莫不予之以仁、义、礼、智之性，即莫不有虚灵不昧之心以载之。方其静也，寂然不动浑然在中，而万事万物之理莫不森然而毕具；及其

---

① 《阴静夫先生遗文》卷上，《主一元适论》。
② 《阴静夫先生遗文》卷上，《读陆稼书先生读朱随笔》。

感通，则平接构孚伦类，动金石、格鬼神、弥纶天地、贯彻古今，而罔有遗焉：此乃人人之所同，神圣无增，庸愚无减，而罕有能充其量者，则不明治心之功故耳。夫有心而不治，则驰骛飞扬，俄顷之间且不觉其身之所在。视不见，听不闻，食不知味矣，况于万变之事乎？甚至不火而热，不冰而寒，动静云为俱成幻妄，所谓不诚无物也，是则虽具人形究与禽兽何异哉！[1]

阴承方把人心叫作"虚灵不昧之心"。他认为，人"莫不有虚灵不昧之心"，此心载以先天赋予的仁、义、礼、智之性。心性在静时，寂然毕具万事万物之理；而其感通时，则表现为人的各种伦理道德行为和"动金石、格鬼神、弥纶天地，贯彻古今"认识行为。值得注意的是，阴承方把心性的这种特点看成是"人人相同"，圣凡等一，否定了圣贤和庸愚的心性差别。在阴承方看来，因为心性具有无限威力，如果不治心，任其"驰骛飞扬"，虽具人形究与禽兽无异。

阴承方写了一篇很有名的体认朱子学的文章（其文亦似朱子），对于如何治心，他提出"收其放心，养其德性。……主一无适，使其心常存，事至物来提撕警觉，渐循其则"[2]。把主敬和收放心联系起来论证治心问题，阴承方有独到之处，值得注意。

在主敬和收放心的问题上，阴承方用敬与礼的关系来说明。他认为，主敬就是使身心集中于礼上，"使人之言动视听一于礼"，就能"不汩其性，不放其心"，否则就会"汩其性而放其心"。由于人心所固有的先验的道德范畴仁、义、礼、智被物欲所诱惑、放逸、散失，必须寻找回来。求其放心，就必须把敬与礼结合起来。阴承方说：

夫礼者，其本在于养人之性，而其用在于言动视听之间，使人之言动视听一于礼，则安有汩其性而放其心哉！不汩其性不放其心，则凡起居出入、吉凶哀乐以寄其言动视听者，益按节合度而无所背。此显微无间、体用一原、内外一致之理也。……因其已经之物而穷其理。……张子以礼，程子主敬……互相备而交相发也。所谓敬者

① 《阴静夫先生遗文》卷下，《重刻治心录序》。
② 《阴静夫先生遗文》卷上，《礼敬策》。

主一而已。程子谓外整齐严肃则心自一，今使其外自不睹不闻之时，以及言动视听之见于出入起居，吉凶哀乐之际者，不敢参差废弛，则其心必不至憧憧往来朋从尔，思而常惺惺矣，即所谓知礼成性者也。张子之教固不外于程子，而程子之旨亦可以该乎张子矣。天下未有心不主敬，驰骛飞扬不觉躯壳所在，而其事犹能合礼者；亦未有外不合礼，跛倚睇视莫定虚灵所乡（向），而其内犹能主敬者；未有心能主敬，而犹听其事之舛错者；亦未有外能合礼而不本于内之收敛者，二夫子之言又安得歧而二之乎？①

"知礼成性"应该是阴承方对理学心性论的很好的概括。阴承方把"知礼成性"看成是显微无间，体用一原，内外一致之理，是符合理学的世界观和道德修养论、知和行相统一的思想的。阴承方还谓，"以学者之用力言之，则礼者由用以溯体，即显以通微，制外以养中，其事明而切；敬者举体以该用，由微以达显，主内以摄外，其事简而精"②。在阴承方看来，达到体用一原、显微无间、内外一致的境界，是以礼为基础的。

2. 读书穷理以致其知

福建朱子学家一般都把读书看作是格物穷理的第一要义。阴承方认为，"主敬存诚以立其本"，要通过"读书穷理以致其知"。主敬存诚如果不读书穷理，只能流为禅家的静坐暗修，达不到治心立本目的。阴承方批评陆象山忽视读穷理。他说：

> 详于涵养践履而略于穷理读书，其宗旨盖于陆象山。……穷理是细碎积累工夫，涵养是主宰本原工夫。……不穷理不可涵养。……明心体、默识本体，亦必穷理而后至，不然将理欲何以判耶！……程朱为吾儒正宗，不敢有他途之归……尊信程朱也。③

阴承方认为，读书如果没有明确的目的，也达不到读书穷理以至治心立本，因为治心立本并不容易。阴承方说：

---

① 《阴静夫先生遗文》卷上，《礼敬策》。
② 《阴静夫先生遗文》卷上，《礼敬策》。
③ 《阴静夫先生遗文》卷上，《读汤潜庵先生集》。

自是以来，能治其心者仍寡。读书者但取辞华以供时文之用，故于义理之实漠然若与其心无相关也。且"五经""四书"旨意散见各出，互有详略，初学骤难画一，虽《大学》《中庸》首尾完具而义理精深，文辞简奥，非杰出之姿莫能探讨。①

在阴承方看来，读书学习的目的在于做圣贤，从而达到治心立本。他说："读书穷理以致其知。……凡平日属文与乎应试皆发其身心所自得而不为空言。处则以此修己而教家，出则以此泽民而报国，庶几克全天理民彝（按指人伦道德）。"②

阴承方这里所谓"凡平日属文与乎应试皆发其身心所自得而不为空言"，是较为深刻的。"不为空言"，就是读书要做到真正理解，学以致用，要表现在既的道德践履和从政行为上。阴承方还说：

圣贤之学一而已，若大路然，不难知也，不难行也。……世俗读圣贤之言往往盈耳充腹，而求其见之于行，则如捕风系影然夫何故乎？良由志不立耳，夫志不立，则虽知理之当循又以为不循亦无害也，虽知私之当去又以为不去亦无妨也……子朱子有言……志不立无着力处，诚哉！笃切之至训也。③

这就是说，所谓立志，就是知理循理，落实到行为上。阴承方这种通过读圣贤之书而达到立志的说法是新颖的，有合理因素。阴承方和其他朱子学者一样，非常强调立志，认为立志是读书求学的关键。此外，阴承方还用为文要有正确的指导思想和材料来说明读书穷理、读书致知立志的问题。

为文当立本储材。本不立则义蕴不纯，无以蓄理之原；材不储则波澜不广，无以尽事之变。立本必以五经、四书与宋五子（书）为主，储材则诸史百子及诸家之集皆是也。故储材当优游渐渍随其日力之所至，不能急迫，惟立本不可不急耳。先将经书五子潜心精

①　《阴静夫先生遗文》卷下，《重刻治心录序》。
②　《阴静夫先生遗文》卷下，《松溪县学记》。
③　《阴静夫先生遗文》卷下，《送吴子涵碧游浙序》。

究，身体力行，无稍间断则本立矣。于是而发之于文，议论则是非取舍之咸宜，叙事则详略轻重之悉当。……虽波澜未广无害其为载道之文，及其积而至于广焉，则所谓既有寒木又发春花，即为天地间至文矣。①

在这段话中阴承方讲了一个重要思想，即为文的阶级性原则。"文以载道"是朱子学家非常强调的命题。他们反对那些不反映封建道德的种种议论和著述。

3. 集义扩充以笃其行

阴承方是主张知行一致的，反对行与言相违背。读圣贤书就要行圣贤事，按照圣贤书上所讲的严格要求自己，表现在自己的言论和行动之中。

若夫小人儒，貌圣贤之貌，言圣贤之言，而制行则相反焉。依托朱子则诋陆王，依托陆王则诋朱子，及声闻既驰、富贵既得，弃其所依托如土龙刍狗焉。呜呼！此无忌惮之尤者也。②

我们撇开阴承方所讲的"圣贤之言"的具体内容不讲，就其对那些学不致用、言行不一、理论上不坚定的人的描绘应该说是深刻的。阴承方的这种思想，是历代福建朱子学家的一贯主张。在日常生活中，像阴承方描绘的那样的政治理论上的"风派"是不乏其人的，应以这里阴承方所讲的作为借鉴。

阴承方所谓"笃其行"，并不都是指伦理道德践履，也包括治兵、治民、天文、地理、卜医、农圃、水利、算术等"当时之重务"。福建朱子学家大都关心教化，也关心世务。阴承方说：

凡事之关于民生日用者，虽纤琐赜繁，要皆道之所寓，而世务所不能缺，初非无用空言可比也。……圣人之经原以载先王之道，自天地、鬼神之大以至卜医、农圃之微靡有遗缺，学者果能心通其义则于世务直举而措之耳。……治民、治兵之类固皆当世之重务，

① 《阴静夫先生遗文》卷下，《答王廷有书》。
② 《阴静夫先生遗文》卷上，《学颜子之所学论》。

而水利、算数之纤琐赜繁又民生日用所难缺者；诚有以自擅于其间，何尝无补于斯世。①

这就是说，凡关民生日用者，从大到小，都是学者所践履笃行的内容。阴承方这里所说的"能心通其义则于世务直举而措之"，就是所谓"集义扩充"，即学习圣贤之道要积累和全面理解，并在言论和行动中有所发挥。

4. 省察克治以防其失

在阴承方看来，"省察"即儒家讲的致察或察识，就是人应该在自己的思想中找寻善的苗头；"克治以防其失"，就是约束自己在任何情况下都要遵循圣贤所制定的伦理道德，以防其万一究忽。这也就是阴承方所讲的"圣贤之学在于主敬穷理以致其中和"。阴承方说：

> 学所以学为圣贤也。圣贤之学在于主敬穷理以致其中和焉。方其静也，事物未接、寂然不动，无偏无倚而知觉不昧，五性浑然，三才（按指天地人）万物之理莫不毕备，则为有以致其中矣。及其动也，思虑始萌，七情乍发，应夫君臣父子夫妇昆弟朋友之伦，见乎视听言貌衣食居游之际，临乎富贵贫贱、造次颠沛之间，莫不一一中其节而无稍紊焉，则为有以致其和矣。然而此非因循茍苒所可几也，必常戒惧慎独，无事则心存于中，有事则心存于事，暇则精研乎经史子集，疑则质问于师友仁贤，其切于身心家国者慎思明辨而无纤芥之淆，克己力行而无毫毛之伪，然后中和可致也，其用力之方，则子朱子答林伯和陈师德书揭其枢要（按指枢要在于慎独）矣。②

阴承方这里所谓"致中和"，就是指，人性本于天，当其没有表现出喜、怒、哀、乐时叫作"中"，表现出来而恰如其分叫作"和"；对伦理道德"克己力行而无毫毛之伪，然后中和可致"。达到致中和，即言行适理，静时万理具备，动时凡事合理，亦即一切符合于伦理道德。阴承方认为，

---

① 《阴静夫先生遗文》卷上，《经义治事策》。
② 《阴静夫先生遗文》卷下，《送伊子墨卿会试序》。

其用力之方和枢要是慎独，即使在闲居独处的时候也要能谨慎遵守伦理道德原则。阴承方这段对"戒惧慎独"和"致中和"的解释是通俗和全面的，值得注意。阴承方进一步说：

> 尝窃论之，浑举中庸则包中和之义，自当兼言（按指兼无过不及，不偏不倚二义解），若未发之中状性之德，亦但无偏无倚耳。一有偏倚即为已发，尚何待过不及之可指乎！中之道既为即事即物至当之理，即已倚于事物不得复为无偏无倚矣。①

在这里，阴承方用中庸解释"中和"。他认为，"中和"之义包括在中庸之中，"中和"境界就是无过不及、不偏不倚，一有偏倚即有过或不及，中庸就是指行事完全符合伦理道德而不偏离正轨。阴承方特别强调，理本身是无偏倚的，实际事物则多少有偏倚而不纯粹。阴承方还曾谓："中字一般道理，以此状性之体段则为未发之中，以此形道则为无过不及之中耳。"这就是说，事物的本性（理）是适中的，而表现出来的则有不中，因此平时做到中庸并不容易。阴承方又说：

> 解执中专言无过不及……反之于身，不睹不闻之前戒惧愈严，隐微幽独之际省察愈密，思虑未萌而知觉不昧，事物既接而品节不差。……此而为朱门授受之旨矣，此乃学问之枢要。②

这里是讲在思想方法上如何做到中庸。阴承方认为，做到中庸的枢要是"慎独"，即"隐微幽独之际省察愈密"。

阴承方认为，戒惧慎独的思想修养以认识论为基础，先认识理才谈得上思想修养，即穷理才能修身。

> 不从天理自然发出便是私欲。……自然从容中道方纯是道心也。……见得此理而存养下功处，与所谓纯是道心者盖有间矣。然既察本原，则自此可加精一之功而进夫纯耳。……先识义理蹊径……非象山悟得本体之谓也。③

---

① 《阴静夫先生遗文》卷上，《读陆稼书先生读朱随笔》。
② 《阴静夫先生遗文》卷上，《读陆稼书先生读朱随笔》。
③ 《阴静夫先生遗文》卷上，《读陆稼书先生读朱随笔》。

阴承方这里所谓"象山悟得本体"，是指陆王心学把知当作行的知行合一论。把知当作行，就是把主一无适、戒惧慎独的行事方法和存理去欲的思想混为一谈。阴承方说：

> 谋时心一于谋，战时心一于战。无非主一也。若夫存理遏欲，乃平时分别确守，何待至临事始云尔也。……阳明《传习录》云：好色则心在好色上，好货则心在好货上，可以为主一乎？此说盖承袭其意，是即阳明之徒也。[①]

阴承方认为，主一无适、戒惧慎独是树立存理去欲思想境界的一种手段。

附：阴承方著作简介

《丧仪述》2 卷　阐发朱熹关于丧祭两礼的观点。是书征引经文，以朱熹的观点为宋旨，论述历代丧仪变迁，以纠正时弊。

《阴静夫先生遗文》2 卷　系阴承方卒后 10 余年，其门人伊秉绶搜集其文 30 余篇编辑而成，其中有论文、书信、序跋之类，皆是研究心性之作，宗主朱熹。

四　孟超然

（一）生平和学术特点

孟超然，字朝举，号瓶庵，福建闽县（今福州闽侯）人。生于清雍正九年（1731 年），卒于嘉庆二年（1797 年）。乾隆二十四年（1759 年）乡试第一，次年登第进士。历官翰林院庶吉士、吏部郎中、广西典试、顺天乡试同考官、四川督学等。

孟超然从政廉正不阿，遇士有礼。他督学四川时，以蜀民父子兄弟

[①]　《阴静夫先生遗文》卷上，《主一无适论》。

异居者众，曾作《厚俗论》以箴其失。后来蜀民为之立"去思碑"。其他任职，亦政绩显著。[①]

孟超然在从政过程中，其主导思想比较守旧。在孟超然的时代，摆脱程朱理学传统思想束缚的要求已很激烈，孟超然从维护朱子学出发，激烈攻击历史上的王安石变法。

> 王介甫祸宋当时及后世。……王安石轻用己私，纷更法令，弃诚而怀诈，兴利而忘义，尚功而悖道。人但知安石废祖宗法令，不知其并与祖宗之道废之也。……安石学术之不善尤甚至于政事。政事害人才，学术害人心。《三经》《学说》诬诋圣人，破碎大道，非一端也。……奸回（邪）误国者……安石、吕惠卿、蔡京、秦桧也。[②]

说王安石变法弃诚而怀诈、兴利而忘义、尚功而悖道，是朱熹以来的守旧派理学家一致的观点。孟超然特别指出，王安石不只是变祖宗之法，更严重的是废祖宗之道；并对王安石进行人身攻击，把王安石视同蔡京、秦桧等。

孟超然自幼笃信程朱理学。他在 42 岁时以亲老辞官归隐，杜门不出，不与人事，潜心读书。后来巡抚徐嗣曾延请其主讲于福州鳌峰书院。孟超然在书院终日与门人谈经论艺。他立教以诚，鼓励自奋，从学者众，以至舍几不能客，一时称盛，培养了不少知识分子。清代著名的经学家陈寿祺就是其门人。陈寿祺说：

> 蔡文勤（按蔡世远）倡正学于鳌峰，学士靡然向风，高足宁化雷翠庭先生得其传。……先生（按指孟超然）之学乃诚比肩文勤诸贤无愧色也。[③]

孟超然卒后入祀鳌峰书院名师祠，长期为学徒所纪念。

孟超然博览群书，对书中所述之事并作细腻考察。他曾谓："志书之

---

① 《清史稿》卷四百八十六，《孟超然传》。
② ［清］孟超然：《亦园亭全集》，《瓜棚避暑录》卷上。以下所引孟超然的著作，均出自《亦园亭全集》，不再注明。
③ 《孟氏八录跋》。

谬误不可胜举。……《福建通志》：卢一诚字诚之，万历八年进士，历南
京户部郎，出知湖州；新建王守仁招入社讲学，谢不往，曰吾不能口诵
程朱而心叛之也。岂有万历八年进士而王阳明招入社讲学之理？"① 孟超
然读书极为认真，每读一书必有极精辟的批语。时人陈庚焕说：

> 先生家藏书，丹铅殆遍。笔其所见所疑，纸尾眉间蝇头间错，
> 多发芮人所未发，有补于世教。所批《明儒学案》，识者谓其于正
> 学、杂学之辨，剖析秋毫，尤有功于斯道。盖先生所可传者尚不独
> 遗书八录已也。②

在陈庚焕看来，"先生家居手不释卷，著述不轻示人。一介不苟，而好行
其德，绝口不自言。……其所著多发前人所未发。"③

孟超然虽"于学无所不窥，而以朱子为归宿"④。在孟超然的著述中，
极力推崇朱熹的思想。谓"《朱子全集》其精深博大，不可以涉猎竟
也"⑤。

> 近日与里中诸君往来谈谑颇欢，然议论之次，与仆异者有二端。
> 其一多不喜宋儒，其一多鄙薄八股也。……八股取士，士童而习之，
> 以取科名登仕籍，乃既得之后，辄目为敲门砖毋乃不可。至于宋儒
> 又何可轻议！……宋儒之训诂岂必千虑无一失，然而王制也；即今
> 之为新说者岂必千虑无一得，然而非王制也。先生所是著为令，士
> 安得倡异说于王制之外乎？⑥

> 李于鳞云："视古修词宁失诸理。"夫理失则词何用修。以此提
> 唱天下士可乎？当时尚摹拟秦汉，故菲薄宋人。近之学者又不知秦
> 汉唐宋之文为何物，而随声附和者亦以宋学为不足，为呜乎？其益
> 可叹也已。⑦

---

① 《瓜棚避暑录》卷下。
② ［清］陈庚焕：《惕园全集·日记》。
③ 《惕园初稿·孟瓶庵先生遗事》。
④ ［清］陈若霖：《瓶庵先生遗书序》。
⑤ 《晚闻录序》。
⑥ 《瓜棚避暑录》卷下。
⑦ 《瓜棚避暑录》卷下。

孟超然视八股取士为登仕籍的"敲门砖",是很正确的。孟超然面对当时汉学盛行的风气,极力维护宋学的学术地位。孟超然认为,宋学在某些支节上可能有所失,但是它是"王制",是先王之道,是正统的孔孟之道,而汉学("新学")非王制。这是宋学和汉学根本区别之所在。其实,汉学也是宣扬王制,它注释的经书都是儒家经典。宋学和汉学的区别不在王制,而在治学方法之不同。十分显然,在这里孟超然是从门户之见出发的。

(二) 不信星命堪舆之说的世界观

孟超然基于其"阴阳自然之理也""天地一元之气只有水火木金土"①的世界观,提出"人之贵贱寿夭系于天(按指自然之理),贤愚系于人(按指事在人为),固无关预于葬",不是天命决定的。孟超然认为星命堪舆之说的要害在于不相信人的作为。孟超然说:"不求之心而求之相,不卜之行而卜之命,不要之德而要之葬,疑则惑,惑则昏。"②

孟超然的这种事在人为的思想是可贵的。其实,那些迷信邪说是经不住实践检验的,一经实践其原形即毕露。孟超然所撰述的《诚是录》《丧礼辑略》等数篇,就是为破除星命堪舆家的风水迷信思想的,是孟超然思想中有价值的部分,值得重视。

孟超然对人的所谓命运进行了新的解释。他反对星命学家的宿命论,提出"不伐其天机"的"安命之说",即认为顺其天理自然即是命。

> 其由于定命者不可强,而世之所谓可强而致者,余又有所不能。此则余之所谓命也。熊公子善星命之学……余未尝以星命请公子为推。……余固不必推也。不见市者乎? 日中以后其赢缩大略可观矣。淡然泊然于世无营,饥则食,饱则嬉,不伐其天倪,此亦安命之说也。③

在孟超然看来,客观事物有一定的发展规律,如做生意者每日"赢缩大

---

① 《瓜棚避暑录》卷上。
② 《诚是录》。
③ 《瓶庵居士文钞》卷三,《书熊公子星命册后》。

略可睹"。所谓"不伐其天机",就是不要违反天时地利,遵循其发展规律。

孟超然认为,"阴阳家立邪说以惑众为世患","举世惑而信之"。孟超然说:"今人葬不厚于古,而拘于阴阳禁忌则甚焉。……今之葬书乃相山川冈亩之形势,考岁月日时之支干,以为子孙贵贱贫富寿夭贤愚皆系焉,非此地非此时不可葬也。举世惑而信之。"孟超然强调,"不葬其亲者惑于堪舆家言,然未知其祸之烈",其危害就在于把子孙贵贱、贫富、寿夭、贤愚皆系于葬地上,因而使之失其主观努力。孟超然因为堪舆阴阳家惑世太深,曾"奏乞焚天下葬书"。

> 丧家尤甚。顷为谏官,尝奏乞焚下葬书。当时执政莫以为意。今兹著论(按指其著《诚是录》)诸篇,庶俾后之子孙葬必以时。①

在以神权为统治支柱的封建专制时代,叫朝廷焚葬书是根本不可能的。这也一定程度反映出孟超然为学术献身的思想。

孟超然认为,朱熹是反对风水迷信的。孟超然说:

> 福建江西之明地理者以为朱子笃信堪舆,不知韦斋公之葬始或未善,则不得不迁(按指朱熹改葬父墓)。而孝宗山陵用台史言,则明置之迫狭之所、水石沙砾之中,为人臣子于此心诚有所不安者,岂笃信葬师之谓乎(按指朱熹上疏极言不宜专用台史之说)?《尧山堂外纪》载:朱子为同安主簿日,民以有力得人善地者,索笔题云:此地不灵是无地理;此地若灵是无天理。②

对于两次迁韦斋墓、上书言孝宗山陵问题以及《尧山堂外纪》记载等是否因朱熹笃信堪舆,可以具体分析,但是,在朱熹思想中,相信堪舆星命还是比较严重的,如为妻子刘氏和自己选择墓地等。这里,孟超然是从门户之见出发的。

孟超然还用实际例子说明风水迷信之说是无稽之谈。特别是,他举出晋代大堪舆卜筮家郭璞为王敦占卜不吉被杀,更是有力的证据。孟超

---

① 《诚是录》。
② 《诚是录》。

然说：

> 天下之言葬者皆宗郭璞。……吴雄不问葬地而三世廷尉，赵兴不恤忌讳而三叶司隶，陈伯敬动则忌禁而终于被杀。此说亦足以破流俗之拘挛矣。①

孟超然用正反两个方面的事实来说风水迷信不可信，还是比较有力的。

孟超然带头破除迷信，破陋俗。他曾谓，我家"葬未尝以一言询阴阳家，迄今无他故。吾尝疾阴阳家立邪说以惑众为世患，于丧家尤甚"②。孟超然又说：

> （其父死）去俗惑，初终不设乐师醮，不以僧道送灵舆，饭舍时不易吉服，死三日不以僧道报亡，七七不作佛事，不祭冥王，朔奠不改晦日不设酒，三年内不赴酒食之会，不贺人喜庆事，凡此者皆反俗所为。③

孟超然以父丧破时俗，其目的是使人们"欲知葬具之不必厚，视吾祖；欲知葬书之不足信，视吾家"④。孟超然的这种做法和思想是值得肯定的。

孟超然指出，破除风水迷信是为了加强伦理道德修养。"濂浦林氏……三世五尚书……子孙数传俱谨守名节，不附权贵，簪缨累代。谁曰不宜？若使如严分宜（嵩）父子揽权纳贿，江西杨廖葬师如林，能使之不倾覆乎？呜乎！观此亦可以悟矣。"⑤ 因此，孟超然提出只要一切举动"合乎理"就可以了。孟超然对"早晚于祖宗神明前再拜焚香"也做了说明，认为是"收摄心之法"，"心境一收摄，觉吾身无不当敬之事"⑥。

（三）内省体验的认识论

孟超然的认识论和其他朱子学者的认识论一样，是内省体验论。他

---

① 《诚是录》。
② 《诚是录》。
③ 《丧礼辑略序》。
④ 《诚是录》。
⑤ 《诚是录》。
⑥ 《瓜棚避暑录》卷上。

认为，众理先天地具于人的心中。"人具七尺之躯，除了此山之理，便无可贵。"① 心中所具之理，即恻隐、羞恶、辞让、是非四端本性。孟超然说："是非之心人皆有之，反是者为失其本心。庄周之非尧舜犹为寓言，嵇康之薄汤武亦有微指。……李贽之讥濂洛、近代毛奇龄之薄司马欧阳周程张朱，皆可谓之失其本心者也。"② 因此，在孟超然看来，所谓认识，包括两个方面的内容。一是存心，就是使心不要失散。孟超然说：

> 圣贤之学惟以存心为本。心存故一，一故能通。通者澄然莹澈，广大光明，而群妄自然退，视听言动一循乎理，好恶用舍各中乎节。③

在孟超然看来，"暇时速须敛身心，或正容端坐，或思泳义理。事物之来，随事省察，务令动静有节，作止有常，毋使放逸。则内外本末交相浸灌，而大本可立，众理易明矣。此外别无着处。"④ 这就是说，人之先天固有的仁、义、礼、智道德本性，因有外界"物欲"所诱惑，有放逸、散失的可能，必须存心、守心。

二是收放心。孟超然用《易经》复卦解释"收放心"，提出"思复知其在《易》损益二卦之象"⑤，就是把散失的道德之心收复回来，使之符合天理。孟超然还提出"乾（卦）以畅，无咎；震（卦）以恐，致福"⑥，"爱道者以虚心为本"⑦ 等，以说明把散失、放逸的仁、义、礼、智道德之心寻找回来。

对于如何达到存心和收放心的目的，孟超然提出主敬致知穷理。他认为，主敬致知穷理的过程就是存心和收放的过程。

> 主敬者存心之要，而致知者进学之功，二者交相发焉，则知日

---

① 《求复录》。
② 《瓜棚避暑录》卷上。
③ 《求复录》。
④ 《晚闻录》。
⑤ 《克省录序》。
⑥ 《瓜棚避暑录》卷上。
⑦ 《求复录》。

益明，守日益固，而旧习之非，将日改月化于冥冥之中矣。①

孟超然的"主敬致知，谨之于细微杂乱之域，而养之于虚间静说之中"②。他说：

> 日用之间以庄敬为主……由此益加穷理之功，以圣贤之言为必可信，以古人之事为必可行。③

孟超然认为，主敬为存心之要，致知为收放心（进学）之功，二者交发使用，则天理于心益固。在孟超然看来，这种主敬致知穷理的过程，是细微虚静、潜移默化的过程。

在孟超然的认识论中提出不少合理的有价值的思想。第一，孟超然认为，认识要接触实际。他提出"体贴人情即是体认天理""境遇中千头万绪皆是磨炼德性之资"等。第二，孟超然认为，要学习和思考。孟超然主张"学须博乃可精"。孟超然曾提出为学四戒。其曰：

> 专守一家言者，隘也；泛涉而无归宿者，滥也；出言不知拣择者，秽也；务为夸大者，妄也。去此四病乃可以言诗言文。④

孟超然所概括的隘、滥、秽、妄四字学戒，确为至言，值得借鉴。孟超然提出静思的认识论。他说："学须静也，才须学也；非学无以广才，非静无以成学。"他说：

> 读书寻思推究者为可畏。……读书只怕不寻思，盖义理精深，惟寻思用意为可以得之。⑤

孟超然这种把寻思、推究看作是读书学习的关键，认为"义理精深，惟寻思用意为可以得之"，是有合理因素的。第三，孟超然认为，认识要无偏见。他说："学者正欲胸中廓然大公明白四达，方于致知穷理有得力

---

① 《晚闻录》。
② 《求复录》。
③ 《晚闻录》。
④ 《瓜棚避暑录》卷上。
⑤ 《求是录》。

处。"① "胸中廓然大公明白四达"，就是思想上没有偏见，就是在认识事物时没有成见。第四，孟超然认为，认识有个逐步深入和深化的过程，因此要持之以恒。他说："《易》曰积善；《孟子》曰集义。集也，积也，从分寸而至于寻丈，从铢两而至于钧石也。"② 他说：

> 今日记一事，明日记一事，久则自然贯穿；今日辨一理，明日辨一理，久则自然浃洽；今日行一难事，明日行一难事，久则自然坚固，涣然冰释，怡然顺理，久自得之，非偶然也。③

在这里，孟超然讲了认识和修养要积累，要有量变和质变的过程。第五，孟超然认为，要躬行于应事接物之际。孟超然说：

> 须以圣贤之言默证此心，而时时省察于应事接物之际。④

孟超然强调，"学者当有躬行之实，不当有讲学之名。"⑤ 在躬行中，孟超然特别强调要"慎独"。他认为："慎独，除邪之根也。"⑥

（四）以惩忿窒欲、迁善改过和变化气质为宗旨的道德修养论

孟超然基于其世界观和认识论，提出通过惩忿窒欲、迁善改过而变化气质的道德修养论。对于孟超然的这种道德修养论，清人唐鉴有所叙述。他说：

> 嘉庆年间，修《儒林传》，其门人上史馆书曰：先生之学以惩忿窒欲、迁善改过，为修身立命之门，异于章句小师。尝曰：变化气质，当学吕成公（按指吕泾野），刻意自责，当学吴聘君（按指吴与弼）。又曰：谈性命，则前儒之书已详，不如归诸践履；博见闻，则

---

① 《晚闻录》。
② 《瓜棚避暑录》卷上。
③ 《求复录》。
④ 《焚香录》。
⑤ 《瓜棚避暑录》卷上。
⑥ 《求复录》。

将衰之年无及，不如返诸身心。①

孟超然论述并践履了他提出的这种道德修养论。

孟超然和其他福建朱子学家一样，认为道德修养的根本问题是治心，治心之要是"惩忿窒欲、迁善改过八个字"。孟超然说：

> 惩忿窒欲、迁善改过八个字，是为学之要。所以修身立命者全在此。近分为四门备载先儒之语，时时观览可以治心。②

孟超然认为："学治心之法，以惩忿窒欲为事，或冀持之，久久可以完养。"③

孟超然认为，"治心""究养"就是治本，"从事于惩忿窒欲、迁善改过之事……以培壅本根，澄清正本，为异时发挥事业之地益光大而光明矣"。在孟超然看来治本就是变化气质；对照圣贤教导，有过必改，就是变化气质。

> 吕成公（按指吕泾野）少下急，一日诵《论语》，躬身厚而薄责于人。平时忿懥，涣然冰释。朱子尝曰：学如伯恭（按指吕祖谦），方是能变化气质。④

孟超然这里所讲的转变下急（躁急）性格，就是变化气质。人的本性（仁、义、礼、智）虽然都是天理的体现，但天理要和人的气质相结合，必须使气禀由泽浊变化清明，愚不肖即为智贤。"躬自厚而薄责于人"，就是对己严，待人宽；自己严格履行伦理道德，以身作则，有利于影响别人。这即是道德修养的提高，气质的变化。

孟超然的这种通过惩忿窒欲、迁善改过变化气质的道德修养论，是与其世界观和认识论联系在一起的。孟超然以《周易》剥复两卦和损益两卦所包含的"阴阳消长之机"加以论证，他说：

> 《易》言阴阳消长之机莫著于剥复（两卦）。《系辞》曰复以自知

---

① 《学案小识》卷九，《守道学案·闽县孟先生》。
② 《焚香录》。
③ 《瓶庵居士文钞》卷二，《答郑云门书》。
④ 《求复录》。

而不远之复，惟颜子能之；其次则困心衡虑为频复之厉最下迷复凶矣。……吾不有自知者存耶？其往者或以为缘尘变灭然，吾不得而忘也；其来者或以为委心任运然，吾不得而听也。吾自知之思复知其在《易》损益二卦之象。《象》曰山泽之象深下增高有损道焉，君子则以惩忿窒欲矣；风雷之象奋发疾速有益道焉，君子则以迁善改过矣。惩窒迁改惟日不足，其于复也或庶几乎！①

孟超然把这种"阴阳自然之理"②用于道德修养上，就得出惩忿窒欲、迁善改过的命题。"惩窒迁改惟日不足"，反复下去，就可达到变化气质的目的。

孟超然认为，变化气质就是以天理战胜人欲。孟超然提倡思想斗争（"心境不宁"），提倡天理、人欲在思想上交战。

　　梅崖曰：此正是理欲交战故不宁。纯乎天理者最乐，纯乎人欲者亦最乐。君欲循理而未能去欲，是以不宁也。③

孟超然是要求达到"纯乎天理之乐"的。在孟超然看来，理欲不能同时存在，"欲循理而未能去欲"，是以心境"不宁"。

　　人之牵然而动皆欲也，惕然而虑皆理也。欲动而虑止，则得失之分而安危存亡治乱之机也。④

在这里，孟超然用动、虑来区分欲、理，并提出"欲动而虑止"，"安危存亡治乱之机"，把所谓人欲看作如洪水猛兽。孟超然所谓"人之牵然而动"，实际上是指人民起来造反，因而对统治者来说是"存亡治乱之机"。

至于"纯乎天理"的道德境界，孟超然提出"仁体事而无不在，故道德统贯以仁"⑤的命题。这就是说，"纯乎天理"的境界在道德行为上主要表现为仁。孟超然还提出仁和孝的关系，认为仁中有孝，只是未发露出来。他说：

---

① 《克省录序》。
② 《瓜棚避暑录》卷上。
③ 《瓜棚避暑录》卷下。
④ 《求复录》。
⑤ 《焚香录》。

天下无性外之物，岂性外别有一物名孝弟乎？但方在性中，即但见仁义礼智四者而已。仁便包摄孝弟在其中，但未发出来，未有孝弟之名耳，非孝弟与仁各是一物，性中只有仁而无孝弟也，犹天地一元之气只有水火木金土，言水而不曰江河淮济，言木而不曰梧槚槭棘（枣），非有彼而无此也。①

在这里，孟超然论证性与仁、孝的关系中，包含了一般和个别的辩证法思想。孟超然认为，性是从仁（包括孝弟）、义、礼、智中概括而来的一般（共性），犹如气是从水、火、木、金、土和木是从梧、槚、槭、棘中概括出来的一般（共性）一样。但是，孟超然所讲的仁、义、礼、智是天理在人身上的体现（人性），因而他所讲的性和仁、义、礼、智的一般和个别的关系，是无稽之谈。

孟超然由仁、孝推及爱，提出"正宜养其慈祥之心"的广爱论。孟超然说："宋仁宗宫中便溺必避虫蚁，曹武惠王彬冬月不许修垣，恐发蛰以伤生命也。故一君一臣享禄位最久。……有位者犹戒（杀生），则无位而恣贪饕戕物命者，其罪过可知也。"他说：

飞禽走兽之与人，形性虽殊而喜聚恶散、贪生畏死，其情则与人同，故离群则向人悲鸣。临庖则向人哀号，为人者既忍而不之顾，反怒其鸣号者有矣，胡不返己以思之！物之有望于人，犹人之有望于天也。物之鸣号有诉于人，而人不之恤，则人之处患难死亡困苦之际，乃欲仰首叫号求天之恤耶？！②

福建朱子学者大都没有提出把爱作为道德修养的一个重要内容。孟超然提出广爱论，认为，要爱人和一切有生命的东西。他讲的宋仁宗、王彬不杀生"享禄位最久"，是因果报应论。

孟超然对于他的道德修养论，是身体力行、以身作则的。孟超然的学生陈寿祺谓其有"笃实行道之功""其学以省克寡过为本"③。孟超然曾发愤惩忿窒欲、迁善改过，做个道德完善的人。

---

① 《瓜棚避暑录》卷上。
② 《广爱录》。
③ 《孟氏八录跋》。

> 余思想始发愤，人生忧患，惩忿窒欲、迁善改过。何事不从苦中来，岂有初来论学便得乐境者！①

孟超然认为，道德修养不要贪图快乐，要苦修。孟超然说："仆响日所谓未尝闻道者，知其无可如何而不能安之数命。……近年始稍有知识……见古人常以义理磨炼其身心而所谓动心忍性者，非苟然也。"②

> 每日检点身心则过自少。……惩忿窒欲、迁善改过八个字是为学之要。……早晚于祖宗神前再拜焚香，亦是收摄身心一法。……就圣贤着实用功处求之，如克己复礼，致谨于视听言动之间，久之自然纯熟。③

孟超然在这里讲了宗法和修养的关系。据记载，孟超然是言行一致的。孟超然德性温粹，内行淳备，暗然真修，其笃实端严为远近所信。其家居托病杜门名刺不入公府。孟超然不贪钱财，曾有人请他向其门人、当时福建臬使王庆长说情办事，愿送十万银，他拒绝，并批评请情者。

孟超然极端鄙视那些言清行浊、言过其实的伪君子。例如，孟超然在讲到湛甘泉时说：

> 湛甘泉讲学当时以为儒宗，又享眉寿。余最恨其晚年序严分宜文集云：知天之所以为天，文王之所以为文，则知钤山之文矣。以八十岁老尚书献媚同年宰辅至于此极！近读嘉靖十一年冯子仁恩应诏上疏备指大臣邪正中云：礼部左侍郎湛若水聚徒讲学素行未合人心，则知为侍郎日已不免人訾议矣。甘泉论学以随处体认天理为言，吾不知其所言是何天理也？……明儒讲道学者余最不喜此人。④

此亦可从反面看出孟超然品德高尚。

总之，在朱子学家中，甚至在历代理学家中，孟超然论道德修养并身体力行最为充分。

---

① 《瓜棚避暑录》卷上。
② 《瓶庵居士文钞》卷二，《答郑云门官赞书》。
③ 《焚香录》。
④ 《瓜棚避暑录》卷下。

（五）对其他学说的批判和吸收

孟超然站在朱子学的立场上对其他学说进行了批判。他认为，对其他学说不能诟骂，应该以理服人，那就必须首先弄明朱子学的本原在于天理。

> 异端害正，固君子所当辟。然须是吾学既明，洞见大本达道之全体，然后据天理以开有我之心，因彼非以察吾道之正。如孟子论养气而及告子义外之非，因夷子而发天理一本之大。此岂徒攻彼之失而已哉！所以推明吾学之极致本原，亦可谓无余蕴矣。如此，然后能距杨墨，而列于圣贤之徒。不然诐诐相訾，以喧气争胜负，是未免于前辈自敝之讥也。①

孟超然的这种议论具有比较深刻的方法论意义。批判对方理论错误，就是认定自己的理论正确，是以自己的理论批判对方的理论，因此必须首先弄明白自己的理论主要内容是怎样的。

孟超然对于王阳明学派各个学者的思想特点作了归纳，指出其极弊是把佛学当成圣学。

> 王文成曰致良知，而其徒罗近溪易之曰赤子良心，聂双江曰归寂，季彭山曰主宰，黄绾曰艮止，王心斋曰百姓日用，他若耿天台曰常知，李见罗曰止修，耿楚倥曰不容己，唐一庵曰讨真心，胡庐山曰无念，湛甘泉曰随处体认天理。各家皆有语录，不可胜纪。要之陈白沙静中养出端倪，为王氏之先驱。而焦弱侯、李贽之佛学即圣学，亦王门之极流弊也。②

孟超然认为，尽管王学学者的思想各有特点，但他们不读书、不务实学、反对宋学（朱子学），是其共同的；特别是，"其后生小子束书不读，高心空腹，及稍有涉猎者，皆能道听途说，以宋学不足言。亦可羞也。"③

---

① 《晚闻录》。
② 《瓜棚避暑录》卷下。
③ 《叙古千文题后》。

其实，孟超然说陆王学者"束书不读"，也是不妥当的。我们在上面讲雷铉时，雷铉曾指出世人曰"象山教人静坐不读书者，非也"，并用实际例子说明了这个问题。

对于佛教，孟超然认为，佛教思想与道德修养无关。孟超然以自己的亲身体会说明这个问题。他说："有甲午哀痛之后，觉得万境皆空；自去年病困之后，觉得万缘皆淡，今思之，空空淡淡如何可了吾事，须是刻意补过，努力为善始得耳。"这就是说，佛教思想不能使人达到封建地主阶级所要求的思想境界。孟超然不反对研究佛理，但要防止受其所惑。他说：

> 余观杨龟山先生集，为人作墓志，多称其晚通佛理，则知大勋德、大道学俱不免于旁通禅教，然其人皆有根柢本领，故知之不惑。明世士大夫不过剽窃绪余，于此道实亦无所见也。[①]

孟超然在这里讲了一个重要的方法论问题，即对于敌对学说也要研究它、懂得它，研究、懂得并不就是相信它，而且是为了更好地批判它和不为其所惑。此外，吸收敌对学说中的某些因素也不等于接受其教义。孟超然说：

> 二程子仁及禽鱼。如是余尝劝人戒杀，而人多以为外氏之教。夫二程子岂皈依佛教者乎？至于高谈道学而不免饕餮之饥者，亦可以鉴矣。[②]

上节讲到的孟超然的戒杀广爱说，应该说是其吸收了佛教的思想的，但并不等于他相信佛教。孟超然认为，佛教的主要问题是灵魂不灭说。在孟超然看来，在灵魂不灭问题上，庄子是佛氏的先驱。

> 庄子《养生主》篇末云：指穷于为薪火传也，不知其尽也。言薪虽尽，火自传无有尽时也。盖人已死，则此生尽矣，而不知有不死者在也。所谓形往而神存也。《楞严经》佛告波斯匿王：大王，汝面虽皱而此见精性未曾皱，皱者为变，不皱非变；变者受灭，彼不

---

① 《瓜棚避暑录》卷上。
② 《广爱录》。

变者之元无生灭云。……庄子诚佛氏之先驱也。^①

这就是说，佛学和道家（庄子属道家）的世界观是一致的。两汉之际的桓谭曾用烛火喻形神，有力地打击了谶纬迷信和讲求长生不老的神仙方术，但其烛火之喻却被后来佛教徒钻了空子，他们用烛尽火传证明人死后可以转世，精神是不死的。南朝无神论者范缜看到了这个问题，用刀刃喻形神，避免了烛火之喻的缺点。孟超然把佛教的神不灭论和庄子的薪火说联系起来，就是基于以烛尽火传证明人死后可以转世的精神不死的观点的。尽管孟超然把佛教的神不灭论和庄子的薪火说联系起来不一定确切，但其企图从中国传统思想中寻找佛教某些思想的理论根源却是有合理因素的。佛教本来是外来的宗教，它之所以能在中国扎根成长，就是因为它与中国的传统思想相结合，特别是隋唐之后的禅宗，成为中国社会上层建筑的一部分。

孟超然对道家也是采取批判和吸取态度。孟超然反对道家的长生不老之说。他说："御史李虚中……好道士说，能以水银为黄金，服之冀不死。……受药法服之，下血死。余不知服食说自何世起，杀人不可计，而世慕为之，益至此其惑也。"^② 以水银（汞）为黄金是不可能的，服之长生不死更是无稽之谈。孟超然对此还有点科学态度，认为这是欺骗人的。但是，对道家的一些思想，孟超然也有所吸取。一是对道家的重道德修养加以肯定和效法。

> 以陶靖节、范文正、司马文正为法，而以内省不疚，日新无穷为乐，此其坚苦之思，澹泊之志，一游息而不忘，学古人进德老而益懋，岂徒览止足之分，如老氏所云哉！^③

他认为，"时时具爱物之念，事事存惜福之思，使后人可继而已。……一曰慈，二曰俭，虽本老氏之言，未必非瞿昙宗旨也。"^④ 在这里，孟超然肯定了道家的艰苦、澹泊、爱物、惜福的思想。二是吸收了五代道教学

---

① 《瓜棚避暑录》卷上。
② 《瓜棚避暑录》卷下。
③ 《瓶庵居士文钞》卷一，《亦园亭记》。
④ 《瓶庵居士文钞》卷二，《与陈子荣书》。

者谭峭关于动物都有五伦的思想。孟超然复述谭峭的话说：

> 夫禽兽之于他，何异？有巢穴之居，有夫妇之配，有父子之性，有生死之情。乌反哺，仁也；隼悯胎，义也；蜂有君，礼也，羊跪乳，智也；雉不再接，信也。孰究其道，万物之中，五常百行无所不有也。①

孟超然和谭峭一样，把三纲五常赋予普遍意义，认为禽兽也有五常。这种观点，几乎是朱熹以来的福建朱子学者的普遍观点。②

孟超然认为，一切异端学说，有个共同的调子，那就是都宣扬善恶虚无。孟超然以先秦的告子、庄子和唐朝禅宗创始人慧能为例来说明这个问题。

> 告子云：不得于言勿求诸心，不得于心勿求诸气。庄周云：过而不悔。三十三祖慧能云：汝若欲知心，要但一切善恶都莫思量，自然得入清净。此真一鼻孔出气也。③

在这里，孟超然所引用的告子、庄子、慧能的观点，都是基于否定人性善和宣扬善恶虚无论。

附：孟超然著作简介

《孟氏八录》14卷　其中包括：《丧礼辑录》2卷，纂集《礼经》和荀子、司马光、二程之丧礼言论以及朱熹《家礼》摘录，以为正闽俗居丧之失；《诚是录》1卷，取孟子"掩之诚是"之义，辑唐以来言葬者之言，说明葬其亲者，惑堪舆家言而招速祸；《焚香录》1卷，记检身慎独之实；《求复录》4卷，取《易》复卦之义，归之《易》损益二卦之象传，采先儒之格言析惩忿窒欲迁善改过四类；《晚闻录》1卷，辑朱熹与友朋弟子问答，以资规诲人们道德；《广爱录》1卷，取孟子仁民爱物之义，辑古今放生诫杀故事，教人不要恣贪饕而戕物命；《家诫录》2卷，录

---

① 《广爱录》。
② 参见高令印：《谭峭在唐宋哲学发展中的地位》，载《福建论坛》1984年第4期。
③ 《瓜棚避暑录》卷上。

《弟子职》和马援诫兄子书、诸葛亮诫子书、陶渊明与子疏以及史传子集中有所告诫子弟之诗文;《瓜棚避暑录》2卷,杂考经史,结合乡邦轶事,辩论事理,以培养人之德性。《孟氏八录》为清嘉庆二十年(1815年)锓版。亦园亭存板,首有游光绎、陈若霖序,后有陈寿祺跋。

《瓶庵居士诗文钞》8卷　是集为诗钞4卷、文钞4卷。其诗有中唐风味,各体皆流利自如,七言律诗尤其工稳,似得力于朱熹而逊其深厚;其文亦特具深造,取多用宏,有自得之诣。《使粤日记》2卷。是书是其于乾隆三十年(1765年)典试广西时,从北京到广西桂林,沿途所见风土人情行事之详细记录。

《使蜀日记》5卷　是书是孟超然于乾隆三十三年(1768年)督学四川时所作。卷一记由北京到成都驿程,卷二为历试嘉、叙、沪、渝、夔州之情状,卷三为历试通州、顺庆、保宁、潼川、龙安等处之情状,卷四为历试邛、雅、宁远各州之情状,卷五记由成都到蜀省各地沿途见闻及考据。此书记述之精确详尽前人不及。此书为其门人陈寿祺、冯缙所校刊,末有冯缙跋一篇说明此书大旨。

《亦园亭全集》29卷　清仁宗嘉庆二十年(1815年)刊本。其中包括:《孟氏八录》14卷、《使粤日记》2卷、《使蜀日记》5卷、《瓶庵居士诗文钞》8卷。

《瓶庵先生遗书》15卷　其中包括:《孟氏八录选》12卷、《使粤日记选》1卷、《使蜀日记选》1卷、《古文和近体诗选》1卷。

五　陈庚焕

(一)学行及其思想体系

陈庚焕,字道由,号惕园,福建长乐人,世居福州鳌峰坊。生于清乾隆二十二年(1757年),卒于嘉庆二十五年(1820年),享年63岁。

陈庚焕"幼年承家学，立志即希古贤儒，操行敦笃，充养和粹"①。所谓"幼年承家学"，主要是其母的教导。据记载：

> 母夙尝儆之曰：朱子之书不可不读，然汝终日把在手里何益？朱子一生作多少事，汝事至难断而诚不足动人，虽朱子之言背诵如流与汝何与？后贡士（按指庚焕）投徒尝述以勉后生。②

陈庚焕早年主要是"读《朱子全书》《性理大全》，心有感奋，遂专务实践，不徒事文艺之学"③；后来，就学于福州鳌峰书院，专门研究张伯行所刊印的程朱理学著作。清陈宗英说："先生读书鳌峰藏书楼（按当时闽省最大图书馆），检张清恪（伯行）公所刊先儒书籍，精心研究，旁及天文、地理、乐律、兵刑、水利、河防、农桑、方技诸家言，无不博览节钞，所最深喜者，则二程与朱子之书。"④ 陈宗英又说：

> 陈庚焕……其为学专以程朱为宗，著有《问学赘说》等篇皆足以明性道，尤精史学……兼通天文地志之说。居家教学主于身心切己，洵为学者所宗。⑤

清代乾嘉以后，西方自然科学传入中国，促使当时许多学者研究自然科学。陈庚焕写了《地球考》（上中下）、《南北极赤道考》、《云汉考》等5篇论文。这也说明他不是空谈心性的，也是关心世事的。

陈庚焕文章行谊卓然，为闽中文献学者所钦。清余潜士说：

> 惕园先生之文，文之有本者也。先生之学以学为人……其为文也，言以足志，文以足言，盖悉本其为人者发，而为文大要主于开悟人心，维持风教，挽薄以还淳，阐幽而辨惑。……先生学甚博，尤笃信乎宋贤五子之书，暗然修省务实学而耻为空言，与生徒谈经论史，随事诱掖，必使亲切体认诸其身。……先生尝谓吾……道在

---

① ［清］余潜士：《惕园全集序》。
② 《惕园全集·乡贤事实》。以下陈庚焕著作，除特别说明，均出自《惕园全集》，不再注明。
③ 《乡贤事实》。
④ 《惕园全集序》。
⑤ 《乡贤事实》。

人生日用之常，伦纪之昭列，事物之应接。①

在陈宗英看来，"先生读孔孟之书，绍程朱之统，集诸大儒而折中之，不空谈性理，不驰骛文辞，经明而行修，学纯而养粹"②。

余潜士、陈宗英认为，陈庚焕之学集孔孟、程朱诸大儒之说而折中之，"不空言心性"，"亲切体认诸其身"，"以学为人"，因之"学纯而养粹"。余、陈所概括的陈庚焕学说的这些特点，也是大多数福建朱子学者的一般特点。

陈庚焕著《性道图》《果核喻性》《五伦说》，显示出其朱子学思想的特点。他用通俗易懂的形式，以"行修"为线索，把朱子学的主要范畴贯穿起来，形成了一种以"行修"为特点的理学范畴体系。陈庚焕说：

> 天人一理。天人一气。天，道所从出。命，天之所赋。性，心之所具。道，日用事物当行之理。理，在物为理。义，处事为义。德，行道有得于心。道之大原出于天。天有阴阳五行之理，乃有阴阳五行之气。天以阴阳五行化生万物，气以成形，理亦赋焉。性即理也。人物各循其性之自然，则其日用事物之间莫不各有当行之路。天，譬如朝廷。命，譬如敕命。性，譬如敕内所载职掌。情，譬如官吏施行。道，譬如照敕施行各有法律。理，譬如事事皆有成例。义，譬如照律例断案。德，譬如老吏律例烂熟胸中，不用检案。③

由此可见，陈庚焕的思想体系为天命→性情→道理→义德。这就是说，天命具于人心为性，性之发为情，发而符合事物道理（中节），则表现为处事有义，对人有德。这是道德型的唯心主义思想体系。对天、命、性等，陈庚焕又进一步用一核和千万亿核之关系加以说明。

> 果树之……千枝万叶……一核所由生……千万亿核者皆彼一核所由生乎。然则初种之核，其犹所谓天地之心乎？其犹所谓仁者天地生物之心，而人得以生者乎？一核之各具一生理，性也；一核之

---

① ［清］余潜士：《惕园全集序》。

② ［清］陈宗英：《惕园先生行述》。

③ 《性道图》。

生理而散赋于千亿万核者，命也。千万亿核之生理皆原于此一核者，命之出于天者也。……圣人之尽其性而驯致于参天地赞化育者也。①

这就是说，理由天命赋予生物是性（生生之理即为性），性具而万物以至无穷，圣人能尽物之性。这里是讲理一分殊问题。最后一句是陈庚焕的生而知之论。

陈庚焕的世界观是为其政治论服务的。他明确指出，维护皇权就是维护天命，从而天下人才安居乐业，有好日子过。

天下的人多得很，人生一世事情也说不尽，只有五伦两简字可以包括。朝廷是简天，大家戴着天，才得好好的过日子。若不是靠着王法，那些横行霸道的人都要强抢强夺，不要说田房衣物等件保不住，就是父母兄弟妻子也不能相保了。所以君臣这一伦是第一件最要紧的，有了这一件才有那四件。普天下不论做官不做官，通是朝廷的臣子，大家都要依着朝廷的规矩法度，不要违条犯法，好好地做人，这才算顺了天。②

这段话把陈庚焕思想体系的阶级本质暴露无遗了。在陈庚焕时代，中国封建制度已经到了最后阶段，最后一个封建王朝的统治基础已经动摇，中国即将进入近代。在这种历史条件下，陈庚焕还宣扬已被历代先进思想家批判得遍体鳞伤的天命论，反映了中国封建地主阶级守旧派对自己历史命运的恐惧心理。

（二）天道、理气说

陈庚焕哲学的最高范畴是天，认为"天，道之所由出"，"道之原出于天"，"天，譬如朝廷"③。陈庚焕又说：

夫道散殊天地之间，万变而不可究诘，疑若至纷且赜不可以骤通矣。然其大原之出于天。沿委溯源，由源达委，则不啻如川之流，

---

① 《惕园初稿》卷一，《果核喻性》。
② 《五伦说》。
③ 《性道图》。

脉络分明，分合千万里，而其始本无不通也。①

陈庚焕认为，天是最原始的本原，天产生道，天通过"道散万殊天（按此处为自然之天，非本原之天）地之间"，"道，日用事物当行之理"，"道，譬如（官吏）照敕施行各有法律"②；天与天地中万殊（各种不同事物）之间的脉络、分合如川之流，就是道，因而天与道的关系是源与委（端末）的关系。

陈庚焕在讲到天和理的关系时，一方面，他把天和理等同起来，认为天即理，天之主宰即理气之主宰。陈庚焕说："天。天即理也。一气运行，以生物为心。帝。天之主宰曰帝，即理气之主宰。"另一方面，陈庚焕认为天理存在于事物之中，"在物为理"③，"一草一木具有至理"④，"理，譬如事事皆有成例"⑤。

由上可见，在陈庚焕看来，道、理或合之为道理，是指天地万物的规定、法则或规律，"其大源之出于天"。

陈庚焕所谓天之主宰即理气之主宰，就是"天有阴阳五行之理，乃有阴阳五行之气；天以阴阳五行衍化生万物，气以成形，理亦赋焉"，即天是通过阴阳五行之气的道理来化生天地万物的。对于阴阳五行化生天地万物的过程，陈庚焕作了详细的论述。

> 阴，气静为阴；阳，气动为阳。阴，顺；阳，健。静极复动，动而生阳；动极而静，静而生阴。阳，元（生物之始）、亨（生物之通）；阴，利（生物之遂）、贞（生物之正而固）。木，其气发生不息。火，其气盛长分明。土，其气敦厚坚实，贯五行，分主四季。金，其气收敛斩截。水，其气流通澄定。⑥

尽管陈庚焕的这些说法是不科学的，但他通过动和静、健和顺、元亨和利贞的对立统一关系把阴阳和五行联串起来，企图用气之发生（木）、盛

---

① 《无思而无不通为圣人论》。
② 《性道图》。
③ 《性道图》。
④ 《惕园全集·说莲下》。
⑤ 《性道图》。
⑥ 《性道图》

长（火）、收敛（金）、流通（水）和形成（土）来说明事物的产生和发展过程，含有一定的合理因素，具有某些辩证法成分。陈庚焕认为，"天人一理，天人一气"①。这就是说，自然界（天）和社会（人）都是天（本原之天）通过阴阳五行之气化生的。对于自然界（天）的化生情况，陈庚焕说：

> 鸟兽草木虽与我不同类……而其始则固天地一气之所生，而其现在尤是天地一气之所贯，则自天地视之亦岂有二体哉！②

陈庚焕特别论述了人类社会的化生过程。他用五行附会五方、五时，从而得出五行即五德，社会上的伦理道德关系"其大原之出于天"。陈庚焕说：

> 木，东方，春，仁（蔼然仁民爱物之心），恻隐。火，南方，夏，礼（秩然上下亲疏之序），恭敬辞让。土、中央，夏季，信（实仁实礼实义实智）。金，西方，秋，义（肃然收敛裁决之宜），羞恶。水，北方，冬，智（肃然辨别谋画之识），是非。③

如果说陈庚焕用阴阳五行之气来说明自然万物化生的过程还有一定的合理因素和辩证法成分的话，那么他用阴阳五行之气附会五德则全是无稽之谈，没有任何价值。

陈庚焕认为，天地万物既有统一性，又有差别性，其统一性在于它的理气性，其差别性在于它得理气之偏塞或正通。陈庚焕说：

> 天之生物一气而已，天之降命一理而已。气以成形，理以成性。性之理无形（按指为何物未定），即随，形气而中寓：因此一气之中，得其偏且塞，而性亦因偏且塞者，则为物；得其正且通，而性亦得以正而通者，则为人。④

在这里，陈庚焕讲了千差万别的世界万物是统一的，其统一基础是理气，

---

① 《性道图》。
② 《惕园初稿》卷一，《一体近譬》。
③ 《性道图》。
④ 《气禀说》。

理气贯穿于世界万物之中。不过，陈庚焕的这些说法不是新东西，都是
朱子学家的老调重弹。

（三）以好善为中心的认识论

陈庚焕认为，就像"天之帝（理）主乎万物"一样，人之心（大脑）
主乎人体"少有痛痒，此心无不立觉也"；"一念之动，即上帝（理）临
汝"。这就是说，主体有认识客体的能力，世界是可知的。陈庚焕说：

> 顿悟之见果不足恃也。夫人生动静皆在天地一气中，天之帝主
> 乎万物，譬则人之心主乎百体也。人属于天，譬则百体之皮肉属于
> 心。少有痛痒，此心无不立觉也。人之心与天之心本无一息不相通，
> 则一念之动，即上帝临汝，固无待日月照临，始足有惊也。然众人
> 之心鲜知天人之合一，至于对青天而不惧，则几于无忌惮矣，况与
> 有闻于天人合一之理者乎！①

陈庚焕这里所谓"天人合一之理"，不是汉人董仲舒式的天人感应论，是
指主观能认识客观，主观和客观是可以相一致的。

这里必须特别说明的是，陈庚焕所说的人心的认识对象天心（天命
之理），主要的并不是天地万物，而是善与不善。在陈庚焕看来，行谓认
识，就是认识道德的善与不善。

> 天下大矣，天下之事难知难行者众矣，而孟子以好善一言蔽
> 之。……人所以当大任成大功，未有不由此者也。盖善量之无穷，
> 而不可以一端竟也。……人无论智愚贤不肖，莫不各有所知，各有
> 所能，即莫不各有所善。天下之善散在天下之人，以一人之耳目心
> 思求之，诚有所不足，合天下之耳目心思以共求之，曷尝不有余。②

尽管陈庚焕把认识的范围限制在认识善，但是陈庚焕提出求善必须"合
天下之耳目心思以共求之"，就其抽象思维来说是有合理因素的。

陈庚焕提出认识首先必须清虚其心。"清其心，毋以欲汩之；虚其

---

① 《识警》。
② 《惕园初稿》卷一，《好善优于天下论》。

心，毋以己与之。"① 陈庚焕清虚其心的思想，具有两个方面的意义。第
一，要保持心的洁净。有洁净的心才会有正确的认识。所谓洁净的心，
就是认识不要带着成见，不要先入为主。陈庚焕说：

> 心者神明之舍。……明命之赫然，于是乎在上帝之临汝，于是
> 乎式凭亦至严而不可亵矣。人于像设龛几之旁，未有敢加以污秽之
> 物者，诚知其不可亵也。乃于神明所舍，顾使猥鄙之念憧憧往来，
> 亵天之明，毋乃实甚。②

这就是说，认识不要带着成见，不要一味守旧，要根据实际情况进行认
识。陈庚焕所说"神明之舍"不能有"猥鄙之念憧憧往来"，是比较深刻
的。在陈庚焕看来，"儒生俗吏不识时务；识时务者在乎俊杰。……稽以
益求事理之明哲。……居以博观时务之令通。"③ 在这里，陈庚焕提出
"识时务""博观时务"等，就是对事物的看法要随时变迁而不断改变，
不能以老眼光看新事物，一味守旧。

　　第二，主静、主敬要适当，不能偏着于静或着意矜持。陈庚焕说：

> 心本虚灵不可执滞。要常主静，若偏着静，则事物之条有不能
> 顺应矣；要常主敬，若着意矜持，则蹐跼不宁而心反乱矣。④

陈庚焕强调："运用之妙，存乎一心。必时时提掇光明，勿使滞，亦勿使
放，不滞不放，则不偏矣。"⑤ 陈庚焕对主静、主敬有新的见解。陈庚焕
吸取道家的"虚"而剔弃其"无"，认为人心虚而实有，而不是虚而空
无。北宋理学家周敦颐曾在其《太极图说》中提出，未有天地之前的
"无极"是静的，因而人的天性是静的和无欲的。由此，理学家用主静来
保持人的无欲天性。陈庚焕认为，人心有认识事物的能力，不能人为地
控制人心对事物的认识（"心本虚灵不可执滞"）；要常主静，但不能
"偏着于静"，如果"偏着于静"，就不能吸取新的东西（"事物之条有不

---

① 《问学赘说》。
② 《故纸随笔》。
③ 《赣说赠黄道容》。
④ 《约语追记》。
⑤ 《约语补录》。

能顺应矣"）；要常主敬，但不能"着意矜持"，即一味回避外物引诱，那就违反人的理性，使"心反乱矣"。因此，陈庚焕提出要达到"勿使滞，亦勿使放，不滞不放，则不偏"的主静、主敬境界。

> 人心方寸之中，空洞无物，而生意盎然中满。静则仁、义、礼、智、信五性悉涵此生意之中；动则恻隐、辞让、羞恶、是非之四端悉根此生意而发，推之亲亲、仁民、爱物，极之齐家、治国、平天下，厥施不穷，莫不本此虚中之生意，则与是核之芽于虚，不正同欤！老子有云：三十辐共一毂，当其无有车之用，此为形而下之器。言者信然矣，若夫形而上之道，则其无也，其虚也；其虚也，其实理之所由中涵也。然则仁之虚也，直不滞于有耳，而岂沦于无哉！①

陈庚焕这段话是对朱子学主静、主敬之说的绝好阐释，充实和发展了朱子学，是对理学的一个贡献。

陈庚焕和其他朱子学者一样，认为认识事物离不开读书，读书是格物致知穷理的第一要义。

> 读书此事至易至难存乎人，非他人所能强也。果能如此开发聪明，长养才识，将来何事不可为；且目前亦可借以养心养生，可以不入匪僻，不生疾病，其为益又岂仅一端而已哉！②

陈庚焕认为，"读书要须反之身心、日用行事间，便可充广才识，将来便可大有为。"③"念书看书就要把书上说的道理……就自己身上对照，件件这样看，天天这样看，看来看去，看得透亮……那偏私利欲的意见自然遮他不了。"④"学必见待道理平易切实只在眼前，读书日用事亲从兄说话做事之间触处都是，庶不至有所粘滞板执坠入窠臼。"⑤

陈庚焕关于学以致用、把读书与道德修养结合起来的论述，都是有

---

① 《虚仁李说》。
② 《与长子钟曦书》。
③ 《书与从孙文龄》。
④ 《谈五常》。
⑤ 转引自［清］陈宗英：《惕园全集序》。

一定的合理因素的。陈庚焕还曾谓"学曰以实心体验理，行实事"①，是对读书学习的很好的概括。

在陈庚焕的认识论中，特别强调要善于向众人学习，要向有经验的人学习。陈庚焕通俗易懂地说明了直接经验和间接经验的问题，提出学习间接经验的极端重要性。陈庚焕说："天下虽至大，其事变不可纪极。然而秦人善言秦，越人善言越，习于山者善言山，习于海者善言海，事无论隐显难易，人无论智愚贤不肖，莫不各有所知，各有所能。"他说：

> 人不患不知，不患不能。患易视天下之善而自用之心胜。自谓己知，自谓己能，而不乐取人之所知所能，则虽有知者能者朝夕其侧，且不得一吐所知，一效所能矣，况其远焉者乎？……独以一人之耳目心思悬揣臆度以尝无穷之变，不待智者而后知，其难矣！古之当大任成大功者则不然。彼盖真知天下之善未易穷，必不敢以一己之意见与之也。故其聪明才智虽度越天下，而虚怀屈己以从天下之善，反若一无所知，一无所能者其乐取于人。虽厮养走卒，妇人孺子，无不获自尽也。……合天下之智以为智，合天下之能以为能，是天下之善不必吾知而无不知，不必吾能而无不能矣，则天下之理与事知之，处之又岂有毫发之不当哉！②

在这里，陈庚焕提出不少值得重视的思想：第一，由于人们所处的时代和社会实践经验不同，"人无论智愚贤不肖，莫不各有所知，各有所能"，因此都是学习的对象和老师。第二，学习的最大之"患"在于"易视天下之善而自用之心胜"，即眼高手低、自高自大，因为这样就不可能"乐取人之所知所能"，就固步自封了。第三，要有"聪明才智虽度越天下，而虚怀屈己从天下之善，反若一无所知，一无所能"的精神向人学习。第四，要"合天下之智以为智，合天下之能以为能"。陈庚焕提出的这些思想，我们今天还是可以借鉴的。

对知和行、学和用的关系，陈庚焕讲得更为深刻。第一，知和行、学和用相比，行、用更为重要。陈庚焕认为，"学必求有用，无用之学，

---

① 转引自陈宗英：《惕园全集序》。
② 《惕园初稿》卷一，《好善优于天下论》。

非学也"①。陈庚焕把"无用之学"看成是"非学",是较为深刻的。陈庚焕又说:"学也者将以修己教人、明道而经世也。理学之弊失之迂,心学之弊失之偏,文学之弊失之浮与杂。其究也,则皆失之伪,殊途同归均于无用,非徒无益而又害之。"陈庚焕把理学、心学和文学分别概括为迂、偏、浮杂,值得重视。他把不能修己教人、明道经世的无用之学看成是伪学,不仅无益,而且有害。陈庚焕还把"不行而言"或者"言而不行"看成是"大言"(唱戏),如优、伶,"如僧转经",是"学之贼""学之弃"。陈庚焕说:

> 善学者得其意循序而致力焉,知行并进。……非知之艰、行之维艰,申公有言:为政不在多言,顾力行何如耳!论政固尔,学亦宜焉。否则不行而言,色取如优,大言如伶,譬彼穿窬,学之贼也;言而不行,如奴守财,如僧转经,譬彼道听,学之弃也。②

第二,践履不完全仅是道德实践,还包含有事功实践之内容。要经世和修身并重。陈庚焕:"学须见诸实事。若作官者必征诸实政。居高位而不能进贤、退不肖,为民兴利除弊,空谈学术性命,无益也;日用伦物之间事实行之,方是实学。"③ 他说:

> 所谓经世,盖只是求其有用也。书生虽未有经世事。然经世之本在身,源在心,其端在一家一乡。读书而以之诚自治其身心,抵之以料理一家一乡之事,各得其理,方为有用。④

第三,强调行、用要贯彻认识过程的各个环节。陈庚焕说:

> 以实心读圣贤之书必返躬以体其实,以是心权天下之理必随时以处其中。言道言教必本人伦而不为高论,言敬言静必切日用而不为空谈,毋事门户必折中于圣人,毋事安排必徐候其自得。如是以为学,则有体有用而无差,如是以为教,则易知易从而无弊。如是

---

① 《约语追记》。
② 《问学赘说》。
③ 《约语追记》。
④ 《与余耕邨茂才潜士书》。

以为文，则明经之文足以适用。①

第四，特别强调行之以诚。陈庚焕说："孔门之论学，必归诸人伦之大，行必尽诚。"②陈庚焕又说：

> 学贵能行。朱子一生作多少事？汝事至不能断，而诚不足以动人。虽朱之书日把在手里，何益？③

陈庚焕特别强调"行必诚"，体现在自己身上。方志有谓"庚焕……学务实践，以程朱为宗，每日言动必簿记以时时省察"④。

（四）尽心、知性、知天、事天的人性论和伦理道德思想

陈庚焕在先秦孔孟认识论和心性说的基础上，进一步用心性解释天，给天以道德属性。

> 孔子所谓博学、审问、慎思、明辨、笃行。……《大学》所谓格物、致知、诚意、正心、修身。孟子所谓知性、尽心、存心、养性，所谓博学详说而反说约。孰非欲人辨其气禀之杂以全其所受之正者哉！⑤

陈庚焕从天人合一的神秘论出发，把世界观、认识论、人性论统一在其伦理道德论之上。

陈庚焕对心作了通俗的解释。前面讲到，陈庚焕把心看作是"神明之舍"。所谓"神明之舍"，"譬如官府衙门"⑥；而"心之神明，譬则舍中之主人翁也"⑦。陈庚焕又说：

> 是神明者，固天之所降，而人所以与天通，所谓人为天地之心

---

① 《问学赘说》。
② 《永福余而遂七十寿序》。
③ 《与余耕邨才潜士书》。
④ 《福建通志·儒林传》。
⑤ 《气禀说》。
⑥ 《性道图》。
⑦ 《尽心近譬》。

者也。①

在陈庚焕看来，所谓"神明"，就是指人的聪明才智、人的认识和体验事物的能力，这种能力是与生俱有的；因为人有这种能力，所以在宇宙的三大组成部分天、地、人中，人为核心。

人心中之"主人翁"具有聪明才智，而它这种聪明才智表现在什么地方呢？陈庚焕认为，其表现在具有仁、义、礼、智、信五常之性上，而五常之性是天命所授予的理，即天理。天理（五常）是"舍（心）中"之"主人翁"（神明）的"祖父"所给予的，是供其应万事之用的。对天、理、心、神明、五常之间的关系，陈庚焕有一段十分形象生动的说明。他说：

> 程子曰心者，神明之舍。然则心之神明，譬则舍中之主人翁也；性者心所具之理，譬者舍中之器物也；天者理之所从出，譬者舍中器物本祖父所留贻也。心之所具之理，譬则主人翁之收其百器万物也；其以众理应万事，譬则以百器百物供百事之用也。②

对于"神明之舍"（心）中的"器物"五常（天理），陈庚焕用十分通俗易懂的形式作了详细的论述，在某些问题上发前人所未发，发展了朱子学的人性论。

陈庚焕认为，人心中所固有之天理仁、义、礼、智、信五常是做人的规矩，一举一动都能遵循此规矩才是人，否则就不是人。也就是说，天理五常是人之所以为人的标志，是人的本质，是人与物的根本界限。陈庚焕说：

> 天理良心，是做人的种子，做事的根子。……大家心上本来都有这个天理，故此碰着没理的事，自家心上然打不过。……世上的事千头万绪都有个道理，其实只在该不该上分别。……一举一动都有简规矩，依着规矩才像简人。要晓得这礼节规矩都是天地自然的道理，本来排定，并不是古来制礼的圣人自己诌出来强派人依着

---

① 《故纸随笔》。
② 《尽心近譬》。

他。……天然排定，一定要依着。①

陈庚焕强调，"人之有至性者鲜不修洁而有礼；物亦有然。……礼乐之兴，实由天作地制，非人所能强为也。彼老庄之以礼为忠信之薄，起人性之伪者，其亦不达礼乐之本矣。"②

陈庚焕对五常中每一常都作了解释。清人陈宗英谓："先生言性，曰浑然全体；言仁，曰天理良心；言义，曰随时处中；言礼，曰一定的规矩；言智，曰本来光明的真面目；言信，曰诚是四者。"③ 在五常中，陈庚焕最重视仁，他把仁看作是天理良心。陈庚焕又说：

> 所谓天理良心者，仁也。……今夫人一言之失，一行之愆，口虽不自言，其心未有不隐隐不自安者也。此隐隐不自安者非他……性之仁也。是心之施，则蔼然四达而不匮者，仁之爱也；有是心而秩然不紊者，礼之序也；有是心而截然有制者，义之宜也；有是心而灵觉不昧者，智之别也；有是心而诚确无伪者，信之实也。分言之则有五，合言之则统于一仁。以此理之自然出于天，是之谓天理。以此心之蔼然具此理，是之谓良心。④

在这里，陈庚焕对天理良心作了解释。陈庚焕认为，首先是心之仁，然后才有礼、义、智、信，故五常"合言之则统一于仁"；五常之理原出于天，故叫做天理，"以此心之蔼然具此理，是之谓良心"。陈庚焕又说：

> 仁，天地生物之心，而人得以生者。仁统言心之德，统四端兼万善。仁礼义智。仁，偏言爱之理，恻隐，亲亲，仁民，爱物。礼，天理节文，人事仪则，恭敬辞让。义，心之制事之宜，羞恶。智，是非。⑤

陈庚焕还对仁中的亲亲、仁民、爱物的内容作了具体说明。陈庚焕说：

---

① 《谈常》。
② 《说大下》。
③ 《惕园集序》。
④ 《惕园初稿》卷一，《仁说浅言》。
⑤ 《性道图》。

亲亲：孝子父母，友于兄弟，睦于宗族，姻于亲戚。仁民：任于朋友，临于乡里，保护良民，矜恤穷民，启迪愚民，惩创莠民。爱物：爱养以培之，撙节以用之，恻隐之心施于见闻之所及。①

总之，陈庚焕把仁看成是五常中最根本的，"统四端，兼万善"。他用仁把五常、四端贯穿起来，形成他的伦理道德思想体系。

既然人们与生俱有的五常本性都是一样的，那么为什么有贤愚智不肖呢？陈庚焕认为，这是由于人们的气质有昏明薄厚弱强之不同。这就要讲到人的气质之性和天命之性了。陈庚焕把人和物都是由理气合成的比做如糖和米屑合成糖果一样。糖之性甜，似理之性善，糖胜米屑则味甜，犹理胜气则禀赋之质好。陈庚焕说：

糖果为节物所首重。……余观是物而明气质之性焉。盖糖，性也；米屑，气也。炊屑成粿，气以形成也。合糖于屑，气形成而理亦赋焉者也。既出于甑，则见米屑所成而不复见糖。气有质而理无形，道心之微也。糖之本甜犹性本善。既杂于屑，则不能自全。其天味之完否？一因乎屑，气质之性有所囿人心之危也。糖与屑相济则甜美，赋质之纯者也。屑胜糖则味减，赋质之偏者也。……质美者无亏，尧舜性之者也……克治气质以复其初。……拘于气质，克治不力而漓其性。……殉于气质，自暴自弃而贼其性。②

人之生也，既同得此正且通之气矣，而其质之所禀，昏明厚薄强弱之不齐，其等级差次至不可以数计，则又何也？盖即同此正且通之气，而其发也始必厚而力（自注：俗所谓气头），及其长也必薄而力减（自注：俗所谓气尾），其精而上浮者必清而明，其粗而下沉者必浊而昏（自注：俗所谓底面），固有不能齐者矣。又况所谓昏明厚薄强弱者，又复相盈相摩滚同混合于流行消息之中，其纷错杂糅又安可以究洁，惟圣人之生于纷错杂糅之中独值其精粹不错者而禀之，自圣人而下则皆随其所值之纷错杂糅而各禀以为质。则其昏明

———————————

① 《性道图》。
② 《糖粿喻气质之性》。

厚薄强弱之参错木齐又何足怪哉！①

在这后一大段中，陈庚焕讲了两个值得注意的问题。一是用理气来解释人的同一性和差别性。二是指出人有等级差别的原因：第一，其气之发生作用的时间先后不同；第二，其气之精粗不同；第三，其气之互相摩擦运动的结果或精粹或杂糅不同。对此，陈庚焕还有一段精彩的比喻。陈庚焕说：

> 心，譬如官府衙门。心统性情。性具众理，譬如官府有是敕，敕内开载，事事皆其职掌。情应万事，譬如官府奉此敕，照敕行事，事事皆得施行。气质，譬如官之才调。气质有昏明厚薄强弱。昏，如官糊涂。明，如官晓事。厚，如官有心。薄，如官无情。强，如官出力。弱，如官畏事。②

陈庚焕这段话形象地说明了人之气质昏明厚薄弱强的具体情况。理学家用所谓气质划分人的智力贤愚和能力的强弱是无稽之谈，是毫无根据的。正因为理学家的气质论是无稽之谈和毫无根据的，所以一些理学家的气质论都是使人难于理解的。在这里，陈庚焕用比喻的方式把人的气质说清楚了，使人懂得了，应该说这是陈庚焕对朱子学的一个贡献。顺便说及，用通俗易懂的形式阐明理学，便于人们接受，从而强化理学的社会作用，这是福建朱子学者的一个共同特点。

陈庚焕进一步从人伦关系上划分圣人、贤人、众人、小人。他以五常之中的仁为例，其曰：

> 圣人所以圣，循乎此不忍之心（按即仁心，下同），无待勉强者也；贤人所以贤，全乎此不忍之心，无或亏蔽者也；众人所以终为众人，虽有此不忍之心，而狃于己私，牵于习俗，自谓不能者也；小人所以流为小人，非无此不忍之心，而梏于利欲，习于残忍，遂至于无复有萌焉者也。③

---

① 《气裹说》。
② 《性道图》。
③ 《惕园初稿》卷一，《仁说浅言》。

人得天地的灵气，肚子里本来都是明白的……有了私心，那个心就偏了。……人的灵性全在这一点心窍子里头……充满古今万事万物的道理。……这个心，不止圣贤是这样，经古来今，人人的心也都是这样。为的是，众人的心全被那利欲偏私的意见在中间拦住把持着。①

陈庚焕把其所谓众人、小人的利欲偏私归之于"人心作主，道心无权"。陈庚焕说："心不能与理为一，人心作主，道心无权。此是为气所性，习所染，故从天理本然上发者少，从私欲上发者多。"② 在陈庚焕看来，心和理一致为道心，心和理不一致为人心。因此，存道心去人心就是存天理去人欲。

陈庚焕提出先认识天理，然后以天理去剖析道心和人心，变化气质，使道心常存，人心听命，依理而行，具备五常之德。

学者即此寓于气中之理，辨其孰为受命于天、不杂于气之道心（自注：仁义礼智信之本心是也），孰为性杂于气，写形俱生之人心（自注：耳目口鼻四肢之欲心是也）。辨之必审，是之谓惟精；养其理道之本心，使无少放逸而或动于血气。范其情欲之人心，使无少纵肆而害其本心。持之必坚，是之谓惟一。③

陈庚焕这里所谓"养其理道之本心"，就是使道心常存（即"无少放逸"）；所谓"范其情欲之心"，就是使人心听命（即"无纵肆"）；所谓"惟精""惟一"，就是要体会和懂得人心、道心这种精微的道理，并在自己的行为中存道心去人心、存天理去人欲。

去人欲而存天理就是事天，遵循天理五常之德。陈庚焕提出畏天、循理、待人三个方面为事天之要。陈庚焕说："畏天：天生我为人，要我循道理；无理逆天心，那得天心喜。……循理：既做读书人，如何不循理。……待人：待人当如何？近情与近理，要诀只一言，将心比心耳。"④

---

① 《谈五常》。
② 《约语追记》。
③ 《气禀说》。
④ 《童子撮谈》。

他说：

> 待人谦下，处事和平，事事要体贴人情。随时检点，有错误便改正；随事留心，有疑难便商量。谨以持之，慎以出之，淡泊宁静以处之，读书好问以广之。①

陈庚焕之所以把待人也作为事天之要，就是因为"人事尽，始可以言天"②，事人即为事天。

综上所述，陈庚焕尽心、知性、知天、事天的命题，就是发挥人心中以仁为核心的五常之性，就认识了人的本性；认识了人的本性，也就认识了天理；保存人的本心，培养人的本性，就是事天、畏天、循理、待人，是事天的最好形式。对尽心、知性、知天、事天，陈庚焕还有一段通俗的综合说明。

> 尽其心云者，主人翁于一家之事，知之无不明，处之无不当也。知其性云者，主人翁于一家之百器百物，莫不遍考其所藏，尽识其为用也；必尝遍考尽识于其家之所有，然后能时出所有供百用而无阙，而人主人翁之职乃尽矣，此尽心所以必在于知性也。既遍考尽识于其家之所有，则是器是物所从来，皆有以知其为祖父所留贻，而非傥来外假，不甚爱惜之物矣，此知性所以既可以知天也。……养其性者，顺而不害，则器物之收、藏取用必如法者也，夫如是则所谓小心翼翼昭事上帝者也。……寅清祗畏（按即敬惕）如临在上，非所以事天乎？③

由此可见，陈庚焕把心、性、天结合为一体，把世界观更加伦理化了，使朱子学更能为统治阶级的政治服务。

另外，陈庚焕还把这种心、性、天三者结合为一体的思想概括为"道之体用"，即知和行的问题。上面提到的陈庚焕讲的惟精和惟一，就是知和行。陈庚焕说：

---

① 《书与从孙文龄》。
② 《与陈茂坚书》。
③ 《尽心近譬》。

道之体用。穷理养心，使此理常明，此心常存，方寸之中纯是天理，都无人欲，活活泼泼、不偏不滞者，道之体也；及至举念、说话、做事都从此活活泼泼不偏不滞的心里发出来，便自然有简好的道理，再不至差了念头，说错做错，这便是道之用。……体既不明，用何由达。①

在陈庚焕看来，"道之体用"就是道的本体和作用。尽心、知性、知天、言性、言理，使心中"纯是天理，都无人欲"，就是道之体；"举念、说话，做事"都遵循天理五常，就是道之用。陈庚焕认为，分析道之体用极端重要，"体用二字剖析精明，故得其旨皆不蹈虚谈性命之讥，亦不流穿凿支离之弊"②。不过，在体和用之中，陈庚焕把用看得更为重要。陈庚焕说：

程朱以后性理之书备矣，学者粗涉其书即可拾其唾余。言性言理都不难。剖析精微惟五伦二字，必要认得实理，切实行到恰好地步，善乎！汤文正公汤斌有言：开口说太极不准，切实行五伦不易。③

反对空谈性理，把抽象的性理拉到人们的日常生活中来，强调用五常之德的践履体现性理，这是包括陈庚焕在内的清代福建朱子学者的共同特点。

（五）调和论的学术方法及其对各种学派的评说

在陈庚焕所处的清代中期，中国封建专制制度的基础已开始动摇，封建社会已到了它的最后阶段，其精神支柱程朱理学的弊病更加明显地暴露出来，和其相对立的汉学盛行起来。尽管汉学不敢接触当前实际，但它主张"通经致用"，推崇汉儒的朴实学风，有些类似近代的科学方法。这种时代的学术特点，在陈庚焕的学术思想里突出地反映出来。在清代福建朱子学者中，陈庚焕是最不持门户之见的一个。陈庚焕"学宗

---

① 《与余耕邨茂才潜士书》。
② 转引自陈宗英：《惕园先生行述》。
③ 《约语补录》。

濂洛关闽亦不狃门户"①，兼采各家之长，调和各个学派的矛盾。陈庚焕说："臣愚愿明诏中外，博征通儒，讨论诸家之说，采其精要合经意者，著为正义。其他说有可通义别有属者，亦颇存录以广见闻。"② 他说：

> 古今无二道，则天下无二学。……夫道若大路，殊途同归，归于一诚。学焉者，不外辨义利，端趋向，诚自治其心身，求有补于当世而已。……黄石斋（道周）有言：拾级循情可至堂室，高者不造顶无归，深者不眩崖警坠，由其道百世无弊，必元晦（朱熹）也；汤潜庵（斌）有言：欲求孔孟之道，而不由程朱，犹航断港绝潢而望至于海。夫忠端（道周谥号）不訾王学，而文正（汤斌谥号）瓣香实自文成，乃其持论如是，君子之言也。……立教者主子明道，故辨之者严；依附者主于取名，故争之也激。学者当从是以识渊源，勿错是以立门户。必如斯言，庶有志者知所依归，无蹈讲学家之流弊。③

陈庚焕主张要正确对待不同学派，要给予实事求是的评价，不能因门户而攻击对方，就像明代黄道周、清代汤斌尊阳明学而不否定朱子学一样。陈庚焕提出对古人之说要抱致疑态度，如果"尊古人之说，不问当否，一概不敢致疑，印定眼目，随声附和；自谓信古，实诬古人"④。陈庚焕关于"尽信古实诬古"的学术思想是较深刻的。因此，陈庚焕提出"不阿""不诋"学术方法，谓"阿前贤则愚，诋前贤则妄"⑤。

陈庚焕论学大旨是尊信程朱，但他对程朱之学也持历史的和分析的态度。一方面，要尊信朱子学的大旨，坚持朱子学的立场，不能随时潮全盘否认朱子学。陈庚焕说：

> 朱子所传亦岂有他哉！固即孔子博文约礼之教，博学、审问、慎思、明辨、笃行之学，非一家之私言也。虽其诂经或未必尽周

---

① 《乡贤事实》。
② 《拟汉徐防论五经章句疏》。
③ 《闽学源流说》。
④ 《故纸随笔》。
⑤ 《惕园全集·乡贤事实》。

……然朱子固尝自言，己所著述岁岁修改。易箦之先，丹铅未已，不封于旧见。日新而能迁，此正所以为朱子也。道者，天下之公。阿前贤则愚，诋前贤则妄，又何足投间抵隙、病吾朱子哉！①

在陈庚焕看来，之所以要坚持朱子学的大旨，就是因为朱子学是正学，是真正的孔孟之道；欲学孔孟必由朱子，否则就学不到孔孟之道。程朱的功劳就在于恢复孔孟的真正面目。陈庚焕说：

孔孟既远，斯道所寄不越言语文字之间，面异端曲学争鸣而薄蚀之，自汉唐数大儒而外，灼见贤圣之心者盖鲜矣。谈道者，如披沙见金，如碔砆之乱玉；求道者，如坠云雾，如立九达之衢，怅怅莫知所从适也。程朱出而摧陷廓清，爬梳别抉以尽去其蔀障。如呼寐使觉，如追迷途者使之返，势不得不大声疾呼，广譬而审道之故，其言理特详。……所以揭知行之要，示进学之方。②

自有宋盛时海滨四先生（按指北宋陈烈、陈襄、周希孟、郑穆）以躬行复古、倡率闽士，闽之学者盛持中州，艳称者至方之邹鲁。及龟山杨时载道而南，三传至朱子，于是濂洛之学宗传所属，实专在闽。自时厥后，渊源所渐遍于天下。……凡以濂洛之学有任者莫不渊源于朱子。虽中更阳明之龃龉，近为西河（按毛奇龄）所龁，终无得而蚀。③

陈庚焕强调，尊信朱子学不是墨守朱熹言论，朱子学要不断发展。陈庚焕认为，死守朱熹之说者不是真正的朱子学家，是不符合朱熹本意的。

朱子之书未必无一字不错，易箦以前删改不辍，未尝封于旧见。读其书，阙疑可也。如必搜其未及删改者以为口实，存心已不忠厚，其学术大概可知，即其一生事业亦大概可知。④

---

① 《闽学源流说》。
② 《问学赘说》。
③ 《闽学源流说》。
④ 《约语补录》。

陈庚焕指出，朱熹自谓《四书或问》无暇修改，与后来说的都不相应；其他经说多出于 40 岁以前，与晚年《语类》《文集》所论亦多不同，易篑以前犹删改不掇，则未及改者容亦众多。理惟其是正，不必墨守朱熹一经。[1]

这就是说，朱熹的早年著作有的不成熟，与其晚年著作多有不同，不必作为至论；就是其晚年著作，临死前还在修改，说明也不是一字无错。在陈庚焕看来，朱熹的不少说法不一定妥当，如朱熹的妇女守节论即"非先王之礼"。"吾闽妇女习闻贞烈之事，竞耻为不贞不烈者，亦廉耻之风所渐摩者厚耳。然谓女子已许字即为夫妇，夫死女必守节必死殉，非先王之礼也。"[2]

陈庚焕进一步指出，不仅朱熹的学说本身有不少问题，朱熹的后学问题更多。这是因为，程朱之学是孔子之学，程朱能严格遵循孔子，而朱熹后学则流为"浮慕程朱而不溯源于孔子"。

> 自宋元以来谈理学者必宗程朱。……然尊程朱者众矣，求其真能心程朱之心、行程朱之行……者，代不数觏（音够，遇见），是非无故；夫程朱学孔子者也，浮慕程朱而不溯源于孔子则其学隘而私矣。[3]

陈庚焕特别是朱子学末流，把程朱早年未定之说以及其道听途说或其听之而记不精，皆以程朱至论加以附会，以至"依附假托以为名"，挂羊头卖狗肉，使程朱之学失去了威信，糟蹋了程朱学说。这就是陈庚焕所说的"不善学者，执末遗本，徇名忘实"。陈庚焕说：

> 不善学者，执末遗本，徇名忘实……又或并其初年未定之论（自注：朱子《集注》《文集》《语类》中本有未定之论，非如阳明所指也），与所谓记录（按指程朱与门弟子问答记录）之不精者，亦必一切附会而不衰，于是遂使程朱之说，反若迂拙而不厌于人心，至夫依附假托以为名者，则又所谓衒玉卖石、跖行孔语，其流弊尤不

---

① 《书陈一斋先生谬言意言册后》。
② 《约语补录》.
③ 《问学赘说》。

可究诘，而理学之名遂为天下裂，士之奇杰有志者盖深耻之，遂多
为象山、阳明之说所中而心学盛焉！①

在陈庚焕看来，正是由于程朱末流糟蹋了程朱学说，"理学之名遂为天下
裂"，使陆王心学乘虚而入。陈庚焕把陆王心学盛行、程朱理学衰落归之
于朱熹后学没有真正遵循程朱之学，有一定道理。首先从自身找问题，
严于律己，是对的。任何问题的发生，都是由于内外因结合造成的。当
然，心学一时盛行、理学一时衰落有其深刻的社会历史根源。像陈庚焕
这样的朱子学家，看出"理学之名遂为天下裂"，程朱理学在社会上没有
市场，已到穷途末路，应该说还是比较有远见的。

陈庚焕提出尊程朱、排陆王，必须学好程朱之学，而对陆王之学也
要有正确分析，不能据门户一味骂陆王。

尊程朱者不反其本，徒嚚然陆王之是攻。学非足以窥程朱之藩
篱而欲以撄陆王之锋得乎哉？……（陆王）二先生疾诸儒之理障，
务使学者屏除意见，以自得心理之同而措诸事业，则实有大过人者，
阳明之气焰功烈震耀千古，求之后儒尤罕伦比，士之高明者既激于
俗学之陋，安得不折而入之，然其矫枉过正，因噎废食，牵其性真，
矜其心得，自许太高，自信太过，使学者骛于高远无所据依，而不
屑范于中道以酿末流之祸，实有难为贤者讳者。②

明王文成公（按王阳明）志节勋业之盛震烁古今，泰山北斗之
仰，有心者百代同之矣。然其讲学右陆绌朱，近达摩之传衣，类宗
杲所授记，至盛推达摩慧能，而谓尧舜万镒孔子九千镒，其他见于
言语文字之间者初未尝自掩讳，读其全集当自知之，无待缕陈
也。……文成诸公……直求之心……尽由于顿悟。③

陈庚焕提出要批判阳明学者造谣中伤、毫无根据地攻击程朱之学。
陈庚焕说：

①　《问学赘说》。
②　《问学赘说》。
③　《读明儒学案偶记下》。

　　昔闻阳明先生格庭竹之理七日致病，而疑之夫程子格物之说。……
先生之言顾若此，每乃以身示法俾学者知程子之说果不足信欤！厥后罗
近溪先生自云，昔读薛文清公书，人当扫去万超万灭之虑。……扫除之
匝月而病作几毙。……近溪之为是说也，每亦以身示法，俾天下后世
知程朱之徒其学术足以杀人；如是而洪水猛兽之喻，于是益信欤!?[①]

　　陈庚焕看来，王阳明格庭竹之理七日致病，罗近溪扫去万起万灭之虑匝
月几死，以此证明程朱格物之说不能"以身示法"而为非，是恶意攻击
程朱学说。这是造成后世谓程朱以理杀人、视程朱理学为洪水猛兽的根
本原因，是王学造谣惑众所引起的。

　　清代初期的朱子学家尊宋（学）而绌汉（学），清代中期汉学家尊汉
（学）而绌宋（学）。陈庚焕认为，两者都不对，都违背朱熹之意，都不
符朱子学的思想，都是从门户之见出发的。陈庚焕说："朱子称汉儒之
功，而多主其说。此公心也。然汉儒于知道处，实不无可议；要不以相
掩可也。后世尊宋者必绌汉，尊汉者必诋宋，则诚是私意矣。"[②] 又说：

　　　　从来经生家好为聚讼，不独汉世为然。近世儒者右汉儒者必摈
　　宋，尊宋儒者必绌汉，二者交讥也。夫网罗废坠，撷拾义训俾先圣
　　遗文不归湮灭，汉儒之功诚不可诬；而阐发奥蕴，独得其真俾群圣
　　心传灿然复明于千载之下，则宋儒之功尤不可掩。宋儒所心得固汉
　　儒所未窥，而汉儒所专精戏宋儒所不暇，各有所长，亦有所矩，宗
　　其所是，讲其所疑，无不可者。[③]

在这里，陈庚焕关于汉儒、宋儒的学术特点和学术成就的分析是比较符
合实际情况的。特别是，陈庚焕提出"各有所长，亦有所短；宗其所是，
讲其所疑"的原则，是比较科学的治学方法。

　　陈庚焕基于其调和论的学术观点，认为理学、心学、文学是一致的；
理是最根本的，而心和文是表现理的。陈庚焕提出"理学、心学门户朋

---

① 《阳明格竹子近溪扫万虑辨》。
② 《书陈一斋先生谬言意言册后》。
③ 《拟汉徐访论五经章句疏序》。

分，互持而不相下，皆非"①。

黄廷玉有下列一段记载陈庚焕自述中关于理学、心学、文学的见解：

> 一日有以理学、心学、文学三说质者。尝曰：夫学一而已。理具于心征诸事而载诸文，无二理也。学者即经史之文以穷理，反而求诸吾心，实而见诸行事，发为文章，无非是理，无二学也。自实学不明乃有遗心与事以求理者，有外理与事以指心者；有徒托理以为文，而无与于心与事者；有专就文以言文，不顾理之所安心之所是者：皆学之失也。救是失惟在一诚，诚立则心存。以是心读圣贤之书，必返躬以体其实；此是心权天下之理，必随时以处其中。言道言教必本人伦而不为高论，言敬言静必切日用而不为空谈，毋争门户必折中于圣人，毋事安排徐候其自得。如是以为学，则有体有用而无差。如是以为教，则易知易从而无弊。如是以为文，则明经之文足以适用，论史之文足以达变，谈道之文足以觉世，有韵之文足以言志，即制举之文亦足以不庋于时而无背于道，坐言起行即经世之用，亦不外是矣。诚如是以为学，则何陋于言文？何病于言理？何讳于言心？又何三者之别哉？②

陈庚焕认为，学一而已。人们把理学、心学、文学三者分开，是学之流失。他主张用理学把理学、心学、文学统一起来。

附：陈庚焕著作简介

《童子摭谈》1卷　系教幼童语，每句五言，因事触物，所述浅近易知、切实易行的人伦道德、读书处事之理。此是其卒后刊行的首部书。陈庚焕生前未曾刊行自己的著作。他曾说："古人传文多由身后搜辑。"陈庚焕卒后其门人及其子孙刊行其著作。

《易堂德稳录》6卷　此书专为记述江西易堂九子而作，博采九家著作，分门别类，归纳而成。

《惕园初稿》17卷　此为陈庚焕自订文稿。陈卒后，其门人林祖瑜、

---

① 《问学赘说》。
② 黄廷玉：《闽中文献录·陈庚焕条》

余潜士于清咸丰元年（1851 年），以假聚珍板印数百部行世。

《尊闻录》1 卷　福建省图书馆有旧钞本。

《于麓塾谭》1 卷　福建省图书馆有旧钞本。

《五经补义》1 卷　福建省图书馆有旧钞本。

《二十二史图说》1 卷　福建省图书馆有旧钞本。

《师门瓣香录》3 卷　福建省图书馆有旧钞本。

《约语追记》1 卷

《约语补录》1 卷

《庄岳谈》1 卷

《谬言意言附识》1 卷

《北窗随笔》1 卷

《富德随笔》1 卷

《地球考》3 卷

《南北极赤道考》1 卷

《云汉考》1 卷

《崇德同心录》3 卷

《惕园丛书》100 卷　系编辑陈庚焕平日所录群书百余种以自怡者。

《惕园全集》30 卷　此为后人编辑的陈庚焕的绝大部分著作。清咸丰元年（1851 年）刊本，其中包括：《惕园初稿》17 卷、《惕园诗稿》2 卷、《书札仅存》3 卷、《庄岳谈》2 卷、《童子摭谈》1 卷、《谬言意言附识》1卷、《日记仅存》1 卷、《故纸随笔》1 卷、《约语追记》1 卷、《约语补录》1 卷。

《惕园初稿》2 卷　在《国朝文录初稿》中。

第九章　清代末期和民国初年福建朱子学

一　清代末期和民国初年学术思想大势和福建学者
在公羊学、西学及朱子学上的分野

清代自道光（1821—1850）、咸丰（1851—1861）以后，进入衰败时期，史称末期。道光二十年（1840 年）的鸦片战争，使中国进入半封建半殖民地社会，是中国近代史的开端。此后又经咸丰、同治（1862—1874）、光绪（1875—1908）三朝，至溥仪宣统三年（1911 年）辛亥革命，推翻清王朝建立中华民国，清代末期将近有一个世纪。本章就是论述清代后期和民国初年的福建朱子学。

前面讲到，清代中期中国资本主义的萌芽又活跃起来，但仍然是封建社会，封建统治还是较为稳固的。到了道光年间，清王朝百孔千疮，国势江河日下。政治腐败，军备废弛，财政支绌。官吏贪污成风，赋税日益加重，高利贷剥削极为猖狂。官僚、地主、豪富兼并土地更为严重，大量农民破产流亡，农民反抗斗争更加频繁。整个清王朝的封建统治基础已经开始动摇，中国封建社会已到了它的最后阶段。就在这时，西方帝国主义列强妄图把中国变成它们的商品市场和原料基地的野心受到清政府的闭关政策和中国自然经济的顽强抵抗，它们决定以毒品鸦片来打开中国的大门，输入中国的鸦片急速增加。鸦片"毒中国之人，而又竭中国之财"①。烟毒

---

① ［清］黄爵滋：《敬陈六事疏》。见丁守和等主编《中国历代奏议大典》，哈尔滨出版社 1994 年版，第 418 页。

泛滥激起了中国人民的普遍愤怒和强烈反抗。在统治阶级中，以福建侯官人林则徐为首的一派，从封建王朝的长远利益出发，主张严禁鸦片。道光皇帝鉴于"兵弱银荒"的危机，委派林则徐为钦差大臣，前往广州查禁鸦片。英国资产阶级用武力保护其鸦片走私，便发生了1840年6月开始的中英鸦片战争。道光皇帝在投降派"防民甚于防寇"论的影响下，决定向英国妥协，将林则徐革职，派琦善、奕山、奕经处理对英战争和交涉。结果，清军先后在广东、福建等地溃败。于是，1842年8月，清政府向英国屈辱投降，同英国签订了中国历史上第一个不平等条约《南京条约》。从此，中国进入近代，中国社会的主要矛盾除原来的农民和地主矛盾之外，又增加了外国侵略者同中华民族的矛盾，中国沦为半封建半殖民地社会，中国人民开始进行反帝反封建的双重革命。经过近百年的革命斗争，终于于1911年推翻了清王朝的封建统治，建立了中华民国。辛亥革命失败后，中国依然处于封建主义、帝国主义的压迫之下，反帝国主义、反封建的革命任务并没有完成。中国人民在中国共产党的领导下开展了新民主主义的革命斗争。

　　基于上述中国的社会历史，中国近代的思想斗争是以新学和旧学、西学与中学的形式展开的。毛泽东说：

　　　　在"五四"以前，中国文化战线上的斗争，是资产阶级的新文化和封建阶级的旧文化的斗争。在"五四"以前，学校与科举之争，新学与旧学之争，西学与中学之争，都带着这种性质。[①]

在这里，毛泽东肯定了这个时期新学和旧学、西学和中学斗争的性质是资产阶级新文化和封建阶级旧文化的斗争。

　　前面讲到，以朱熹为代表的理学是宋元明以至清初历代王朝占统治地位的官方哲学；到了清代中期，鉴于朝廷"文网"（文字狱）太密，一些学者不敢触及现实问题导致所谓"乾嘉考据学"（汉学）盛行，压倒理学（宋学），结果在学术界便逐渐形成了一种脱离实际、知古不知今的坏学风。因为这个学风有利于封建统治，得到了朝廷的支持和提倡。清代

---

　　①　毛泽东：《新民主主义论》。《毛泽东选集》第2卷，人民出版社1991年版，第696页。

中期在思想文化领域中是宋学和汉学占统治地位，是一片"万马齐喑"的沉寂气氛。鸦片战争后，严重的社会危机、民族灾难和人民群众反封建、反侵略的斗争，特别是 1851 年至 1864 年的太平天国运动几乎推翻了清王朝，以及西方资产阶级各种学说逐渐输入中国，对当时中国的思想文化产生了深刻的影响。近人梁启超说：

> "鸦片战役"以后，志士扼腕切齿，引为大辱奇戚，思所以自湔拔；经世致用观念之复活，炎炎不可抑。又海禁既开，所谓"西学"者逐渐输入；始则工艺，次则政制。学者若生息于漆室之中，不知室外更何所有；忽穴一牖外窥，则粲然者皆昔所未睹也；还顾室中，则皆沉黑积秽。于是对外求索之欲日炽，对内厌弃之情日烈。欲破壁以自拔于此黑暗，不得不先对于旧政治而试奋斗；于是以其极幼稚之"西学"智识，与清初启蒙期所谓"经世之学"者相结合，别树一派，向于正统派公然举叛旗矣。此则清学分裂之主要原因也。①

这就是说，在鸦片战争"大辱奇戚"的刺激下，经世致用之学复盛，并与刚传入中国的西学相结合，构成为上引毛泽东所说的代表新兴资产阶级利益的新文化，与原有的封建阶级的旧文化相对抗。其代表人物就是从封建统治阶级中分化出来的一部分较为开明的官僚和知识分子，如林则徐、龚自珍、魏源、康有为、章太炎等。他们在政治上要求改革弊政和抵抗侵略，在思想上反对宋学、汉学空谈性理、厚古薄今、脱离实际。为了给自己的思想披上合法的中国传统外衣，其中一些人便利用"今文经学"作为工具。产生于西汉的今文经学，把《春秋公羊传》（今文经）的经义和当时的谶纬迷信相结合，牵强附会地任意解释经书的内容，为新兴的封建统治者服务，是当时的主流学派。今文经学又称为公羊学。清代今文经学派主要利用公羊学中的专制主义和改制思想，借题发挥，议论时政。康有为、梁启超以今文经学为工具宣传变法维新主张。于是，清代后期今文经学大兴。清代后期和民国初年出现的新学和旧学、西学和中学之争，实际上是今文经学和宋学（程朱理学）、汉学（古文经

---

①　梁启超：《清代学术概论》，东方出版社 2012 年版，第 62 页。

学）之争。当时属于程朱学派的方东树、唐鉴、倭仁、曾国藩、辜鸿铭等，都是旧学、中学中的主要人物。从整个清代后期的思想文化界来说，今文经学（公羊学）占据时代思潮的主流。程朱理学不振，应该说已到了它的末日，但由于出现倭仁、曾国藩等"理学名臣"，曾出现所谓"咸同（即咸丰同治年间）理学中兴"。在清代后期和民国初年，朱子学是为封建守旧派和买办地主资产阶级服务的。

在清代后期和民国初年，朱子学始终没有断绝。它顽强地存在着，并在社会上发挥重大作用，尽管它是社会思想发展的逆流。一般来说，在近代中国，辛亥革命前统治阶级的官方哲学仍然是程朱理学，辛亥革命后官方的统治思想在变化中，程朱理学仍然起着重要作用。因此，在整个近代中国朱子学仍然具有广泛的深刻的影响。

在近代中国，统治者仍然把朱子学视为有效的精神支柱。清光绪皇帝亦像历代皇帝一样，十分推崇朱子学。光绪皇帝十分清楚地认识到，朱子学是巩固和加强封建统治的最好的工具。就是辛亥革命后，一些守旧派为复辟君主专制，还掀起数次尊奉孔孟、程朱的浪潮。

同时，有不少官僚和学者极力宣扬朱子学。他们维护朱子学的权威，反对汉学、公羊学。当时最有名的为方东树、唐鉴、倭仁、曾国藩、张之洞、胡林翼、左宗棠、罗泽南等人。方东树是安徽桐城人，桐城学派的代表人物。方东树与龚自珍约属同一时期，但方东树死在龚自珍之后十年。方东树自谓"见人著书凡与朱子为难者，辄恚恨，以为人性何以若是弊也"[1]。因此，"道光初，其焰（按指汉学）尤炽，先生忧之，乃著《汉学商兑》，辨析其非"[2]。道光年间，公羊学虽然兴盛起来，而汉学还有很大势力。方东树批判的虽然是汉学，但他是以程朱理学的卫道者面目出现的，是重新提倡朱子学，因而方东树的言论在当时发生了重大影响，方东树说：

> 宋代程朱诸子出，始因其文字以求圣人之心，而有以得于其精

---

[1]　［清］方东树：《汉学商兑》三序。转引自朱维铮：《中国经学史十讲》，中信出版社 2019 年版，第 183 页。

[2]　［清］苏惇元：《仪卫方先生传》。见［清］方东树：《仪卫轩文集》。

微之际。语之无疵，行之无弊，然后周公、孔子之真体大用如拨云雾而睹日月。由今而论，汉儒朱儒之功，并为先圣所攸。赖有精粗而无轩轾，盖时代使然也。①

方东树在其《汉学商兑》中指出汉学六大缺点，特别对汉学家所谓"由训诂以通义理"的观点进行了批判，谓"今汉学者，全舍义理而求之左验，以专门训诂为尽得圣道之传，所以蔽也"②。方东树的《汉学商兑》，时人梁启超评之为"清代一极有价值之书"，正值汉学"炙手可热之时，奋然与抗，亦一种革命事业也"。"后此治汉学者颇欲调和汉宋，如阮元著《性命古训》、陈澧著《汉儒通义》，谓汉儒亦言理学，其《东塾读书记》中有朱子一卷，谓朱子亦言考证，盖颇受此书之反响"③。甚至有谓方东树的《汉学商兑》"书出（汉学）遂渐熄"④。果然，汉学在此不久以后就一落千丈，被公羊学所代替。方东树还著有《书林扬觯》，主张恢复程朱理学。在汉学和公羊学盛行、朱子学衰落时期，方东树推尊程朱理学，对维护朱子学起了重要作用，在朱子学史上占有重要地位。

唐鉴是湖南善化人，官至江宁布政使。他"生平学宗朱子，笃信谨守，无稍依违"⑤。他著《学案小识》，编造清代理学道统，是清代后期朱子学的重要代表。唐鉴说：

千古一程子、朱子而已矣，此数圣人数贤人者，天以之成其天，地以之成其地，人以之成其人。天地不变，此数圣人数贤人不变也；此数圣人数贤人不变，天地终古不变也。⑥

唐鉴还广招学徒，传播朱子学；倭仁、曾国藩、关廷栋等都曾登门问教，连咸丰皇帝也数次召他"赴阁进对"。倭仁是蒙古正红旗人，官至大学士。倭仁以程朱理学的卫道者自居，极力反对新学、西学。他说：

---

① 《汉学商兑·重序》。
② 《汉学商兑》卷中之下。
③ 梁启超：《清代学术概论》，东方出版社2012年版，第59—60页。
④ 苏惇元：《仪卫方先生传》。
⑤ 《清史稿》卷四百八十，《唐鉴传》。
⑥ 《学案小识》卷末，《学案后序》。

立国之道，尚礼义不尚权谋；根本之图，在人心不在技艺。①

倭仁反对洋务派设同文馆和学习西方自然科学知识，成为守旧派的首领之一，著有《倭仁端公遗书》数卷。

曾国藩是湖南湘乡人，官至两江和直隶总督，因镇压太平天国革命有功，被朝廷封侯。他以孔孟程朱的正统继承者自命，极力鼓吹朱熹"存天理、去人欲"，为摇摇欲坠的清王朝"挽回厌乱之天心"②。

张之洞是河北南陂人，官至山西巡抚、两江总督，为清代买办地主资产阶级的代表。张之洞提出"读书宗汉学，制行宗朱子""我朝列圣，尤尊孔孟程朱，屏黜异端""中学为体，西学为用"③ 等，以维护清王朝的专制统治。

在清代后期和民国初年的福建，新旧思想的论争亦十分激烈。一方面，以陈寿祺（闽侯人）、陈乔枞（闽侯人）、郭尚先（莆田人）、严复（闽侯人）、曾克耑（福州人）等为代表，治公羊学、西学，反对程朱理学。陈寿祺、陈乔枞父子治西汉今文辑佚之学，以著名的福州鳌峰书院和浙江诂经精舍为据点，登台授徒，著书立说。他们著有《五经异义疏证》《尚书大传定本》《今文尚书遗说考》等，宣扬公羊学，有功于今文经学，唯物主义成分较多。郭尚先官至侍讲学士，治经世有为之学，学问渊博；与林则徐为莫逆之交，议论时弊，要求改革国内政治，反对外国侵略；主张对外开放，学习西方科学技术，增强国力；哲学上反对天人感应论和鬼神说，提出物无有不对，具有唯物主义倾向和辩证法因素。他著有《增默庵文集》八卷。严复是中国第一个介绍西方学术思想和政治制度的学者，是西学、新学的主要人物。他宣扬达尔文"生存竞争""自然淘汰"的观点，激发当时中国人挽救民族危亡的爱国意识，并向清王朝提出变法维新的要求。他提出为学要有实和用，斥责朱子学、汉学为无实、无用之学，并批判洋务派"中学为体、西学为用"的主张。其著有《侯官严氏丛刊》《严译名著丛刊》等。曾克耑接受严复的政治思

----

① 转引自蒋廷黻：《中国近代史》，中国言实出版社 2020 年版，第 61 页。

② 《曾国藩全集》（书信 1），岳麓书社 1990 年版，第 119 页。

③ ［清］张之洞：《劝学篇》。

想，反对程朱理学，著有《颂橘庐丛稿》《曾氏家学》等。

另一方面，以刘存仁（闽县人）、林春溥（闽县人）、陈庆镛（晋江人）、郑星驷（福州人）、辜鸿铭（厦门同安人）等为代表，坚持程朱理学，反对西学、新学，成为守旧派、洋务派的理论代表。例如，郑星驷在学术上极力推崇孔孟程朱，著《崇孔辟邪录》，此外，还治汉学，著《尚书一贯录》《春秋传分图便览》等。他在政治上属于封建顽固派，但他爱国爱家乡，家乡人爱戴他，怀念他。其著作汇编为一百余万字的《郑星驷著述》（福建省图书馆有其手抄本）。林春溥授翰林院编修，后主讲于著名的福州鳌峰书院十九年。林春溥著《春秋经传比事》《四书拾遗》《孔子世家补考》《孔门师弟年表》《孟子列纂补证》《孟子后书补证》《开辟传疑》《古书拾遗》《开卷偶得》等，汇辑为《竹柏山房丛书》。林春溥学术以宋学为主，兼治汉学，析经性命义理和训诂考据并重，力图把宋学和汉学结合起来。他认为，朱熹学说虽集诸儒之大成，并未到顶点，后人又把朱熹学说发展了。如朱熹的《四书章句集注》，"实萃汉唐以来儒之菁华，故其书行而旧说尽废。……然圣贤之言精微广大，无所不包，绎之有不尽之。……义理无穷而后说常胜，势固然也"①。因此，他认为朱子学必须创新才行。这是近代福建朱子学者的一大特点。林春溥提出"元黄既判未有人而先有物"②的命题。林春溥又说：

> 有天地然后有万物，有万物然后有男女……（人）有血气情欲以相接则必争。故愚者常待命于智，而弱者常求庇于强，其智而强者因得合其群而指挥之，如是者盖往往而聚，遂各据其方，各长其世，和相安，怒相并，大小分合又各就其胜己者而听命焉，时则有大国小国而莫统于一。……后世必统九州制六合而后为皇帝。③

尽管林春溥这里讲的国家的形成、社会矛盾的产生是不科学的，但是他认为社会国家的出现不是天意，也不是圣人之意，而是自然发展的过程，社会是不断进步的，是有合理因素的。

---

① ［清］林春溥：《四书拾遗》自序。
② ［清］林春溥：《开辟传疑》序论。
③ 《开辟传疑》序论。

另外，民国著名的艺术家、佛学家李叔同（僧名弘一，浙江平湖人），中年出家后有 14 年的时间居住在福建，宣扬程朱理学，倡复朱熹文物。1933 年底，他在晋江草庵寺为寺内朱熹墨迹"勇猛精进"横匾加边题："岁次癸酉，与传贯法师同住草庵度岁，书此以为遗念。" 1935 年春，他在泉州开元寺温陵养老院恢复了两项朱熹遗迹：一是补书开元寺门口原朱熹墨迹对联，即"此地古称佛国，满街都是圣人"，并题"寺门旧有此联，朱文公撰，久失，为朴书之。戊寅春，沙门一音书。佛弟子叶慧眼重刻"。二是补题温陵养老院中"过化亭"匾额，并题说：

> 泉郡素称海滨邹鲁，朱文公尝于东北高埠建亭种竹，讲学其中，岁久倾圮。明嘉靖间，通判陈公重筑斯亭，题曰过化，后亦毁于兵燹。尔者叶居士青眼，欲复古迹，请书亭额补焉。余昔在俗，潜心理学，独尊程朱，今来温陵；补题过化，何莫非胜缘耶？逊国后二十四年，岁在乙亥。沙门一音书，时年五十有六。①

李叔同在福建宣扬程朱理学和倡复朱熹文物，对民国年间福建朱子学有一定的影响。

清代后期和民国初年福建朱子学主要以刘存仁、陈庆镛、辜鸿铭为代表，下面加以论述。

二　刘存仁

（一）生平及其对一些学说的评说

刘存仁，字炯甫，又字念葊，晚号蘧园，福建闽县（今福州闽侯县）人。生于清嘉庆七年（1802 年），卒于光绪三年（1877 年），享年 76 岁。道光二十九年（1849 年）举人。曾入林则徐幕府，为林所信任。历官甘肃渭源、永昌、平罗等县知县，甘肃秦州、直隶州知府，甘肃令。晚年

---

① 以上均据实地考察。

被聘为福州道南书院院长。

刘存仁是清代著名的经学家陈寿祺的门人。刘存仁一生笃信程朱之学,特别是在主持以宣扬朱子学为其职志的福州道南书院期间,朱子学思想臻至成熟。

刘存仁站在程朱理学的立场上,对古今学术进行了评述,认为宋代学术最为昌明。

> 宋世理学昌明,大儒辈出,《语录》《性理》诸编,圣学之阶梯,大道之途径,躬行实践以求义理则甚精,以求经济则甚实,明体达用厥功懋矣。①

刘存仁认为,理学在宋代并不是空疏不实之学,而是"以求经济则甚实,明体达用厥功懋"。刘存仁提出"道(按即理学)外无儒,儒外无道"②的观点,认为"通经学古"、治理学的人才是真正的学者,才是真正的儒学。

> 元史臣之撰宋史,始以道学儒学等俞为二传。后之言程朱之学者空疏无据,不复以通经学古为务,于是谈复古者用是为诟病,以考订为是,以训诂为功,其甚者欲尽废程朱而宋汉,穿凿附会,琐细驳杂,而学愈晦,不知道外无儒,儒外无道。③

在刘存仁看来,当时治汉学(考据学)的人是程朱理学末流,也是程朱之学者。由此也可看出刘存仁的门户之见并不严。刘存仁从经世致用观点出发,对古今学术提出一些较为客观的看法。刘存仁的学术观点具有折中调和论的特点。刘存仁说:

> 汉学宋学两家互为胜负,其实门户之见未融,逞私心而轨于公道者也。汉承天学之后,递禀师承,其学者笃信师说,训诂相传莫敢同异。其弊也:杂之以纤纬,乱之以怪僻。……宋世名儒辈出,摆落杂芜,独标精蕴,于圣人之旨为近,要之,汉学自有根柢,不

---

① 《屺云楼全集·劝学刍言》。
② 《屺云楼文钞》卷三,《上督学李铁梅阁学书》。
③ 《屺云楼全集·劝学刍言》。

得以浅陋讥之；宋学俱有精微，不得以空疏目之。故吾谓今日学者贵通汉宋之邮而得其要领。依声附影、随俗转移，无当也。①

刘存仁这里所谓汉学，是指汉代的经学，不是指清代的汉学。刘存仁这种观点是比较符合实际的、公允的。刘存仁认为，清代的汉学（考据学）与汉代的经学是不同的，不能混为一谈；汉代经学"训诂相传莫敢相异"、"根柢"深，清代汉学"猎词华以博取利名""以荣辱为欣戚"。刘存仁说：

今世之学猎词华以博取科名尔，而于心身性命之理、人伦日用之常置而不讲。……名心一炽，驰逐纷华。得志则利禄汩没，失意则英华销损。以外来之荣辱为欣戚，于德性毫无所补。②

刘存仁这里所谓"外来之荣辱"，是与心内"性命之理"相对讲的。刘存仁把科名、利禄、失意等称为"外来之荣辱"，把性命、道德之修养看成是内心反省功夫。因此，刘存仁激烈反对当时不讲道德实践的科举考试教育制度。刘存仁认为，科举制度的根本弱点是促使学者"熏心富贵"，为"势利"而学，"不讲身体力行圣贤之理"，因此科举制度"未见其与道合者"。刘存仁说：

昔胡文定教授苏湖，设经义、治事两斋，当时因以学成者甚众。今日之庠序子弟即异日之公卿，可不讲求所学？……俗学之害道者二：曰利举，曰文词。利举溺于势利、文词函于名声。然溺于文词者，若能深探其本，犹足以见道；利举则熏心富贵，未见其与道合者也。③

刘存仁认为，孔孟之道"教人吃紧为人处，不外践履笃实"④。不尚"践履笃实"的学问，都是害道之俗学。刘存仁和其他朱子学者一样，是非常重视道德实践的。

---

① 《屺云楼全集·劝学刍言》。
② 《屺云楼文钞》卷二，《与姚懋勤书》。
③ 《屺云楼全集·劝学刍言》。
④ 《屺云楼文钞》卷二，《与姚懋勤书》。

刘存仁对陆王学说不持门户之见，不因人废言。南宋时，在朱熹和陆九渊鹅湖之会上，朱曾指责陆为学"易简"，即不做格物读书穷理工夫而直接体验"心即理"。此后历代朱子学者大都坚持朱对陆的这种观点。刘存仁却肯定了"易简"功夫的合理性。

> 天地之道，易简而已矣。易则易知，简则易从。易知则有亲，易从则有功；有亲则可久，有功则可大；可久则贤人之德，可大则贤人之业。易简而天下之理得矣。[①]

刘存仁认为，天地的运动变化就是易简，通过易简方法"天下之理得矣"。刘存仁对王阳明的主静说亦作了肯定，认为是符合程子的动静之理的。

> 始悟程子静亦定、动亦定之理。嗣读阳明先生答伦彦式书发挥透切。其书云：循理之谓静，从欲之谓动。循理焉，虽酬酢万变皆静也，濂溪所谓主静无欲之谓也。[②]

周程认为，在未有天地之前的"无极"是静的，因而人的天性应该是"静"的和"无欲"的。王阳明认为，静不是不动，循理无欲即谓静。只要是循理，"酬酢万变"亦谓之静。在刘存仁看来，王阳明的这种观点是和周敦颐的"主静无欲"一致的。

刘存仁提出"学所以成德"的史论相结合的学术标准。这种标准是能经世致用的，是能够为当前的社会现实服务的。

> 学所以成德。……经以阐性命之精微，史以观古今之成败，舍经史以求弋获，势必不能。[③]

刘存仁把经看成是能够"阐性命之精微"的，即认为经是具有哲学意义的；史是总结"古今之成败"的，即认为是可以借鉴的。刘存仁的这种观点是合理的，而且是深刻的。刘存仁看重经史，就是因为经史能为当前现实服务。

---

① 《屺云楼全集·劝学刍言》。
② 《屺云楼文钞》卷八，《惕恐录杂记二十三则》。
③ 《屺云楼文钞》卷二，《文会规约序》。

（二）哲学思想和政治思想

在刘存仁的世界观中，天、性、理三个范畴具有相同意义。他认为，"道之大原出于天，天则性，性即理也"①，因此天、性、理是一致的。刘存仁又说："道之大原出于天。终日言性言理，而大原不知所以出，可乎哉！"② 刘存仁这里讲的就是对北宋程颐所讲"心即性也，在天为命，在人为性"的解释。性、理的大原是天，那么天是怎样的呢？刘存仁说：

> 天何言哉？四时仃苟，白物生苟，大以无心而成化也。③

由此可见，刘存仁的天具有一些客观物质的性质。刘存仁把天看成是客观事物变化的现象。"天以无心而成化"，天是自然而然的，它是没有意志的。天既如此，天理寓于事物之中，即为事物之性。刘存仁所谓天即理、理即性，就是天、性、理统一于事物之中。

对于道，刘存仁也是力图到事物中去寻找。他认为，道存在于人伦日用和诸文之中。刘存仁说："道者何？日用所常行契、所敬敷之五教，尧舜……孔子相传之心法也，看来似高远，其实平庸，乃人伦日用所共由之道也。"④ 他又说：

> 道寄诸文。文者贯道之器，道与器二而一者也；制义代圣贤立言，必词依乎质，义当乎理，充实完满而无一毫之亏。……用推道器合一之旨以质夫世之知言者。⑤

在这里，刘存仁把文章看成是载道（义、理）的器具（质）。刘存仁的文是指"代圣贤立言"和"世之知言者"，即正确的文章。他认为，这样的文章是载道（义、理）的器具（质），是道（义、理）得以表现出来所依赖的质（器具）。刘存仁的这种说法是有合理因素的，是与马克思主义关于语言（包括文字）是思维外壳、是思维工具的观点相接近的。

---

① 《屺云楼文钞》卷八，《惕恐录杂记二十三则》。
② 《屺云楼全集·劝学刍言》。
③ 《屺云楼全集·劝学刍言》。
④ 《屺云楼文钞》卷三，《立志说示次泉六弟》。
⑤ 《屺云楼文钞》卷一，《刘石湖制义跋》。

上面论述的刘存仁的天、理、道，是其关于世界本原的范畴。对于世界万物是怎样从这些本原中产生出来的，刘存仁提出"食色性也，阴阳理也。氤氲化醇，万物化生"的观点。

> 二气流行，寒暑循环。一气贯注，天地得之以立心，人物得之以立命。维精维一，允执厥中，一言而万理毕。……天地间人情物理，纷纭蕃变，理一以贯之。①

刘存仁认为，阴阳"二气流行，寒暑循环"的过程，就是自然界（天地）和社会（人）产生的过程。刘存仁借用孔子《论语·尧曰》中所说的"惟精惟一，允执厥中"来说明世界万物产生的情况。这就是说，阴阳二气流行、循环产生天地万物的道理是非常微妙的，这种精和惟一的道理就是合乎中庸（不偏不倚）的要求，即"天地间万事万化无不本诸中和"②。本来，"惟精惟一"是指"人心惟危、道心惟微"③，即人心物欲危险和道心伦常微妙；"允执厥中"是指应该体会这种微妙和唯一的道理，使自己的言行符合中庸（不偏不倚）。原意是讲体察伦理道德问题，刘存仁把它解释成事物的产生、变化和状态，具有较多的唯物主义成分。

对于人能否认识天地万物，刘存仁作了肯定的回答。刘存仁认为，主观与客观是会发生感应的，"夫感者物也，所以感之者，吾心之神也"；"心气和平，则事理亦通达矣"。刘存仁说："凡事有一定道理。所谓方也，必此心清明，于道理上见得圆满充实，无一毫之欠缺，而后折中至当。顺事恕放，故曰知者不惑。"他又说：

> 人心惟思为最虚最灵，万籁俱寂，胚胎未形，腾九天而入九渊，神妙变化，不可方物，思路绝而风云通，思之思之，鬼神亦将来告知，而沉于人乎？《管子·内业篇》云：思之而不通，鬼神将通之，非鬼神之力也，精气之报也。故大而化之谓圣，圣而不可知之谓神。神者妙万物而为言者也。穷神知化。德之盛也。是以鼓之舞之以尽神。故曰神而明之者存乎人。又曰知几其神。当其寂然不动。感而

---

① 《屺云楼全集·劝学卮言》。
② 《屺云楼全集·劝学卮言》。
③ 《尚书·大禹谟》。

遂通，非天下之至神、孰能与于此。夫感者物也，所以感之者，吾心之神也。神与神遇而情生焉，有不知其情生文、文生情也。……学道之悟机，文章之化境尽在是矣，非真积日久，未能一旦豁然贯通。①

在这里，刘存仁讲到人心惟思，它要依赖由胚胎发展而来的物质器官，猜到了人的思维要有物质基础。在这两段中，刘存仁详细讲了主观是能认识客观的。由于主观能认识客观，刘存仁提出"精神一到，何事不成"？"天下事无不可为"。②

刘存仁把读书看作是认识事理的重要手段，极力主张"多读古书，且熟读古书，实心体验，虚心印证以圣贤之理，内证心德，外酌人情"③。刘存仁又说："能谨身循理……便是读书真种子。……调神莫如。明理，内体清明，自能勿药有喜。"④

朱子曰：勿看杂书，恐分精力；勿说闲话，恐废光阴。……余谓无当于身心性命者，均谓之杂书，不特稗官野乘也；不切于伦常日用者，均谓之闲话，不特街谈巷议也。⑤

刘存仁把读书的目的看作是学习身心性命问题和明确伦理关系，因此读书只能读圣贤之书，一切无关身心性命和伦常日用者都不要读，读之既分精力又废光阴。在读书问题上，刘存仁还特别强调"以治生为急"。

先儒有言，读书以治生为急，讲学家多忽之而不知平易近情，极有至理。……《孝经》云：谨身节用以养父母，有味哉。⑥

刘存仁把维持人们生命和工作的物质生活需要即所谓人欲也包括在"伦常日用"中，故谓"读书以治生为急"。刘存仁此论应为切实之言，非一般理学家之空谈心性、伦常。刘存仁说：

① 《屺云楼全集·劝学刍言》
② 《屺云楼全集·劝学刍言》。
③ 《屺云楼全集·劝学刍言》。
④ 《屺云楼文钞》卷一，《考舅氏沈钝夫先生书》。
⑤ 《屺云楼全集·劝学刍言》。
⑥ 《屺云楼全集·劝学刍言》。

　　　　贫虽非病，贫亦何尝不废学！以有用之精神，消磨于无名之浮
　　费。……夫治生非鸡鸣而起孳孳为利之谓也。……经理失宜，一旦
　　骤落，何所恃而不恐。……俯仰自给，而后乘暇日以读书，几见治
　　生之为累哉。……安贫节用，治生之说也。治字极有经济，节字极
　　有裁制，行而宜之之谓义。唯读书明理之君子能知之。……大抵人
　　各有生，无贵无贱，各安其分，即各治其生。……居家多一分节用，
　　便少一分劳心。告学者曰：为学浅一分世故，便深一分天机。利用
　　以安身，崇德以广业，二者不相庚而相成矣。故曰治生为急。①

在这里，尽管刘存仁提出人们要安于现状，"人各有生，无贵无贱，各安
其分，即各治其生"。但是，刘存仁认为，如果人们起码的物质生活需要
不能维持，就不能保证为学，修养都是空话，"贫虽非病，贫亦何尝不废
学！"刘存仁要求"安贫节用""居家多一分节用"，要求经理得宜即据自
己的实际情况安排自己的物质生活。此外，刘存仁还提出"为学浅一分
世故，便深一分天机"，亦是有合理成分的。

　　其次，刘存仁在读书识理上还提出养心、养生。刘存仁把"从习静
始，从主敬入"看作是养心之"功"。在刘存仁看来，主敬就是"接人以
和"。"接人以和"则"宅心以虚"，即心中全是天理而无人欲。刘存仁把
心中没有邪念物欲看成是虚。他说：

　　　　养心莫妙于观理，日取圣贤格言浸灌涵濡，始知明教自有乐地，
　　美在其中。……其功从习静始，从主敬入。……息心观理，可以通
　　万物之情变，……持己以敬，接人以和，宅心以虚。②

刘存仁强调："只是敬字好。余读朱子，提一敬字，醒人工夫极有把
握。……静以养一心之身，动以观万物之变。"刘存仁说：

　　　　学者以养生为第一义，精神强固，则志虑清明。《孟子》山木章
　　可体会也。③

---

① 《屺云楼全集·劝学刍言》。
② 《屺云楼文钞》卷二，《送五弟晓农之福清序》。
③ 《屺云楼全集·劝学刍言》。

显然，刘存仁的养生与其治生的含义是不同的。所谓养生，就是要有为道的坚强意志（"精神强固"），志坚则思虑清明。思虑清明就是"宅心以虚"，心中全是天理。在这里，刘存仁是吸收了道家思想的。

刘存仁认为，行难，必须在"窒碍难行处见得道理圆满充实，方是理足"。这种说法是对的，刘存仁又说：

> 人生不如意事十常八九，何能事事称意，必于窒碍难行处见得道理圆满充实，方是理足。……应事接物到恰好最难。孔子之从心不逾矩，朱子不偏不倚之谓中。[1]

在这里，刘存仁似有知易行难的思想。在他看来，就是依理而行，"应事接物到恰好最难"；达到"从心不逾矩""不偏不倚"的中和境界，就是应事接物恰到好处。

刘存仁承认古之圣贤是先知先觉的，有"扶世翼教""担荷宇宙之责"。

> 上之圣经贤传，先知觉后知，先觉觉后觉，有维持风教、担荷宇宙之责，不忍一夫之失所，大声疾呼，偕之中道，赞助元化，保合太和，用以扶世翼教，使之家喻户晓焉，所谓圣为天口也。[2]

在这里，刘存仁的认识论和历史观是先验。他把圣贤看成是"天口"，是依天命教化人的，因而圣贤对人们是"偕之中道，赞助元化，保合太和"，即人们完全是圣贤培育起来的。在这里，刘存仁就把我们前面叙述的他的认识论的一点合理成分完全取消了。

刘存仁基于其养心、养生的命题，提出"养生先养心，养心莫善于寡欲"，把认识论和人性论结合起来。在他看来，因为"凡人受气各有所偏"，要达到养心寡欲，就必须变化气质。

> 学者莫妙于涵养，必是变化气质处，昔人谓十年读书十年养气，又曰半日读书半日静坐。养莫如静，而静非顽空寂守之谓也。[3]

---

[1] 《屺云楼全集·劝学刍言》。

[2] 《屺云楼全集·劝学刍言》。

[3] 《屺云楼全集·劝学刍言》。

刘存仁认为，读书和静坐就能变化气质。刘存仁又说：

> 静坐，盖静则收敛见得道理出。……静中看喜怒哀乐未发时气象，晨起夜阑幽斋独坐，一尘不染，群动未萌。仅仅此一刻是一人欲净尽，天理流行处。细会便知。①

在这里，刘存仁提出一个重要思想，即把"静中看喜怒哀乐未发时气象"的精神境界叫"人欲净尽，天理流动处"，而不是指物质生活的需求。

在变化气质问题上，刘存仁特别强调存心养气。在刘存仁看来，存心为道心，道心发之气为道气，道气即为勇气。刘存仁说："存诸心者为道心，则发诸气为道气。……孟子养气之说。……人固当存其心，亦不可不致养其气。大将提百万之师，一鼓作气，置之死地而后生，试之危地而后存，气足以胜之也。"他说：

> 道义而塞天地，其本归于不慊则馁。说理充实圆满，即放之则弥六合，卷之则退藏于密之意。……千古之忠臣志士孝子悌孙义夫节妇皆一气所弥纶鼓荡，亘万世，横四海，以维持不坏。②

在这里，刘存仁所谓气虽似气节之气，但他比之道义，是忠臣志士的勇气，"弥纶鼓荡，亘万世，横四海"，是无所畏惧的。在近代，地处沿海的福建，深受外国帝国主义列强的欺侮，更加激发起人民的爱国热忱。因此，这时的福建人特别强调要有勇气、志气，福建侯官人林则徐就是其佼佼者。清代福建朱子学者大都提倡志气、勇气，就是基于这种时代精神。

刘存仁的政治思想是基于其哲学思想的。刘存仁在哲学上提倡养气、要有勇气，在政治上他强调要坚决反对帝国主义的侵略。他特别强调要重视人民，要兵民联成一气才有力量。他说："兵与民亦联为一气，迨至兵与民合，而气愈旺守愈固，外匪闻风而胆落，此不战而屈人之上策也。"③ 刘存仁反对清政府对外国侵略者容忍的不抵抗主义。他说：

---

① 《屺云楼全集·劝学刍言》。
② 《屺云楼全集·劝学刍言》。
③ 《屺云楼文钞》卷四，《复倪粹卿书》。

张九公九世同居，召对日书百忍字以进，后世传为美谈。……余窃谓忍字不如公字好。……宋南渡之后，委靡不振，甘心含忍，国日以蹙，坐守东南半壁，遣使屈服……邦国珍瘁。忍之为害大矣！①

这里就是暗示清政府对外国侵略者太容忍。刘存仁以南宋对金的容忍为例，来说明忍害之大，以激发广大人民和清政府中的爱国官员对帝国主义的侵略要坚决抵抗，决不容忍。

同时，刘存仁还提出一些变法主张和加强边防的军事措施。当时社会需要变革，刘存仁虽属守旧派也看出一些问题，如其谓"有权在权者所由适于变通之路也。……天地之道。穷则变，变则通。"② 加强边防的军事措施也要变革，他说："龚海峰先生坚壁清野议诚有可采。但南北异宜变通，利用古书犹古方对症下药，知加减变通者为良医。"③

附：刘存仁著作简介

《诗经口义》2 卷　此书分上下卷。上卷为《小宛》解，下卷为《常棣》解。《小宛》《常棣》为《诗经·小雅》中篇名，讲的是君臣父子兄弟之间的人伦道德关系。在这里，刘存仁从人性善的观点出发论述封建纲常名教。

《笃旧集》18 卷　清咸丰九年（1859 年）兰州刻本。此书是书信集。他与陈寿祺、何履亨等 85 人来往之文字，皆由自己抄录成篇。

《屺云楼诗话》6 卷　此书系评论陆游、吴兰雪等人的诗。刘存仁的性情和遭遇与陆游等人相近，故有此诗话。

《重刻闽县忠义孝悌传》（辑）2 卷　此书系与王宾、王植芬合编闽县忠义孝悌祠所增祀者，自唐张招讨至明郑孝子等 20 余人之传。

《劝学刍言》4 卷　论述如何以自爱之道爱士。

《刘炯甫杂记》1 卷附家书 1 卷　福建省图书馆有清咸丰稿本。

---

① 《屺云楼全集·劝学刍言》。
② 《屺云楼文钞》卷五，《权说》。
③ 《屺云楼文钞》卷四，《复倪粹卿书》。

《易学钩元》1 卷

《课儿粹语》1 卷

《归田课孙录》1 卷

《宦海风涛集》2 卷

《自选年谱》1 卷

《家谱》1 卷

《论肯綮》1 卷

《岊云楼全集》46 卷　清光绪四年（1878 年）刊本。其中包括《诗经口义》2 卷、《劝学刍言》4 卷、《岊云楼文钞》8 卷、《岊云楼诗话》4 卷、《岊云楼诗选》初集卷 2 集 8 卷 3 集 12 卷。其文钞所录诸文体皆有，除碑志、传记、序、书札等言事外，大都自道甘苦，凄婉沉痛之情。盖由其自少至老、备尝艰苦、抑郁之气借此宣泄，真情迸溢。其诗皆以年代排比，温雅和平，合乎诗人忠厚之旨。其三集归田结草，尤多感慨身世之作。盖当其仕宦边疆，浮沉于戎马之中，两子皆殁，屋亦易主，老妻与稚孙困于饥寒，特借诗以浇胸中垒块。其诗妥帖排比，皆乾嘉诸老旧法，三集优胜。其《诗经口义》《劝学刍言》皆为晚年讲学之作，盖亦有慨于身世之故，贯穿经解，写其伤心，所谓引而进之于道。

三　陈庆镛

（一）生平和学术特点

陈庆镛，字乾翔，号颂南，学者称颂南先生。福建泉州人。生于清乾隆六十年（1795 年），卒于咸丰八年（1858 年）。道光十二年（1832 年）进士，历官户部主事给事中、翰林庶吉士、监察御史等。

陈庆镛极重视经世致用，他为政留心经济，不汲汲为仕，凡军实之所储，度支之所出，边备之所防，河渠漕挽之所疏浚，输讲画条贯物得要略而后止。陈庆镛具有强烈的爱国主义精神，平生极注重平夷之策，反对外国侵略者。他曾向朝廷提出御寇之策。

盛京之奉天，直隶之天津，江苏之崇明，浙之定海，闽之厦门、福州，粤之虎门，山东之登州，各备战船十只或二十只堵截要害，以俟其来者而应之，所向披靡。①

陈庆镛屡次上疏建议朝廷在台湾加强武备，防止和抵抗英国等帝国主义者侵略。

陈庆镛坚决反对外国侵略者干涉中国的内政。他对卖国投降官吏深恶痛绝。曾谓"海疆多事以来，自总督、将军以至州县丞倅，禽骇兽奔"②。陈庆镛不顾个人安危，上疏批评朝廷起用已治罪的皇亲卖国贼琦善、奕经、文蔚等人是刑赏失措，致使皇帝复革琦善等人的官职，令其闭门思过。于是，陈庆镛"直声震海内"③。他以正直敢言名世。

陈庆镛为学主张汉学和宋学并重。他以朱子学为宗，服膺宋儒，而又精研汉学，覃心考据于声韵文字之学。其治经务求实事求是。他曾自题"六经宗孔孟，百行学程朱"的楹语。陈庆镛的门人何秋涛说：

先生精研汉学，而服膺宋儒。尝谓："汉宋之学，其要皆主于明经致用，其归皆务于希圣希贤。他人视为二，吾直见为一也。"惟斯数言，实后学之准的。④

何秋涛的这段评论是符合陈庆镛的学术实际的。陈庆镛认为，汉学、宋学的共同点都主张明经致用，都推崇圣贤。

汉人多讲阴阳，而宋人则专主理数。《易》旨无穷，当合汉宋而通之，无门户之见，乃可以言《易》系，言六爻，发挥旁通。……言象言数较不如言理为密。……理为主，象次之，数次之。⑤

陈庆镛所谓"汉人多讲阴阳"，是指西汉董仲舒一派的"天人感应论"。天人感应论通过歪曲先秦阴阳五行学说，用阴阳五行把天与人沟通起来。陈庆镛认为，《周易》的思想是极其丰富的，宋儒专讲《周易》中的理是

---

① ［清］陈庆镛：《籀经堂类稿》卷十二，《苏鳌石亦佳室诗文钞序》。
② 《清史稿》卷三十八。
③ 民国《福建通志》总卷三十八。
④ 《籀经堂类稿》，何秋涛《序》。
⑤ 《籀经堂类稿》卷十二，《蒋慕生易说引》。

不全面的，应吸取汉儒关于《易》象、数的观点。陈庆镛这种反对门户之见的治学方法是有可取之处的。

陈庆镛是个朱子学家。但是其学问却博杂，其于诸子百家无所不窥。陈庆镛提出对各种学说都应该兼收并蓄。他说：

> 学为有用之文，则又本之《易》以导其源，本之《书》以充其识，本之《诗》以博其趣，本之《礼》以究其精微，本之《春秋》以考其得失，本之马、班、范、陈以助其波澜出入，本之管、韩、庄、列以极其苯荨奥窔。①

陈庆镛认为，凡是有用之文都应该学习。他举出《易》《诗》《礼》《春秋》以及司马迁、班固、范晔、陈寿、管子、韩非、庄子、列子等诸子之书，都要学习。

对陈庆镛的人品性格、学问事功和启迪后学的情况，其门人龚显曾有一段较详细的记述，其曰：

> 吾师陈颂南先生……诵谏草者，咸舌挢不得下，海内名俊，想风望采，躧履投刺，争以一瞻颜色为幸者，曷盖无虚。先生植品既高，文章学问，又足牢笼百氏，震动时贤。于是有阮文达公元孙，先生经世为之师；何先生绍基、魏先生源、张先生穆、苗先生夔、赵先生振祚、朱先生琦、梅先生曾亮诸君子为之友；何先生秋涛为之徒，相与抵刷精思，切劘道谊，学益懋，品益高，而名亦益显。然后知执一卷奏议以重先生者，其不足以概先生而僾先生也。②

何绍基、魏源、何秋涛等是近代著名的学者，皆为陈庆镛的友徒，由此可知陈庆镛在当时学术界的地位。

（二）哲学思想和政治思想

陈庆镛对于世界的本原问题没有明确的论述，由其谓"天命元鸟降而生商，娥简狄吞乳子生契……刘媪汉太上皇之妻感赤龙而生高祖……圣乎

---

① 《籀经堂类稿》卷十二，《彭中山无近名斋文钞序》。

② 《籀经堂类稿》，龚显《序》。

则感生之说，不必以有父无父泥之"① 可知，他是相信天命的，是有天命论思想的。

在陈庆镛的哲学思想中最有特色的是器识论。陈庆镛所谓"识"有世界观之意，是为学为文的指导思想。陈庆镛强调，"夫士先器识而后文艺，无其识，其词不足以达识。苟足以达矣，而或谓过高之论，或限以一丘一壑拘于墟而不足以观河海之大也，局于量而不足以仰泰山之高也，又何以称于其后及久而传不衰。"② 他说：

> 读叙谱状叔寿兄诸文，得其所以立爱之道焉；读赠言劝友慎交诸文，得其所以交游之道焉；读论经论史论子诸文，得其所以为学之道焉；读议兵议律议法、议钞弊、论海道诸文，得其所以行政之道焉。夫士先器识而后文艺，非其学之大不能见乎道之原也，非其识之高不能达乎政之本。有其学有其识，宜出而膺司牧之职慰苍生之望矣。③

陈庆镛在这里提出的"先器识而后文艺"的命题是很深刻的。陈庆镛认为，学者首先要有一定的世界观、一定的理论为指导，这样写出来的文章才能"达识"，即具有高的思想境界；"见乎道之大原""达乎政之本""称于其后及久而不衰"，才能不流于就事论事、经不起时代的考验。陈庆镛还特别强调，"有其学有其识，宜出而膺司牧之职慰苍生之望"，就是见其文和其才知其所能而为众望所归。陈庆镛的这些议论表明他主张文艺要把思想摆在第一位，艺术摆在第二位。

陈庆镛以"器识"为中心，进一步提出明、论、辨以及精、广、妄、疏等为学诸范畴。他说：

> 识足以达时事之宜，明足以破千古之蔀，论足以剪繁芜之失，辨足以息群喙之鸣，然后驰骤纵横，必求于是而后止。故治经贵精力也，……治史贵广也，读未数行辄评骘，失之妄，读一史未及他

---

① 《籀经堂类稿》卷四，《生民首章鲁毛异同解》。
② 《籀经堂类稿》卷十一，《郑云麓先生文集序》。
③ 《籀经堂类稿》卷十二，《彭中山无近名斋文钞序》。

史，特下断失之疏。①

在为学中，陈庆镛认为，有"识"才能为当前服务，有"明"才能破千古之蔽（蔀），有"论"才能找出发展规律，有"辨"才能胜于别人，"识""明""论""辨"都具备了，就能"驰骤纵横"、得心应手了；"治经贵精""失之妄"，"治史贵广""失之疏"。陈庆镛这种对为学之德和为学之方的概括是深刻的。

陈庆镛认为，学者如果没有"器识"，为学既"不能入"亦"不能出"。"不能入"和"不能出"是学之大患。陈庆镛说：

> 凡学之患，患于不能入，尤患于不能出。丛籍鳞次，手翻翻不辍，一辍辄遗，即偶有一二得心，而于古人回穴奥窔终莫能晰，饾饤耳食，如是者不能入。又或累昔贤往事，钩稽条弗，谓某也醇、某也肆、某郅雀……及执笔为之绚博……质之昔贤往事龃龉不相合，如是者不能出。②

在陈庆镛看来，所谓"不能入"就是"手翻翻不辍，一辍辍遗"，一点也学不到手；即使偶然有一点心得，也不能分析，而且一耳进一耳出，很快就会忘掉。所谓"不能出"，就是学了不能用，虽讲得头头是道，均与原意不合；特别是眼高手低，自己不会执笔为文。这种对为学之患的刻画真是绘声绘色。

陈庆镛特别强调，为学处世都要务实，他名自己的书屋为"实事求是斋"。他提出要随实应化，不能虚浮，不可拘泥于前人古人之言。"圣人不凝滞于物而能与世推移"③。陈庆镛说："参伍错综，惟变所适，不可以孔子之言泥周公之言，更不可以周公之言泥文王之言。"④

> 列子谓燕人而长于楚者，老而归于燕，过齐鲁之城社，或给以为燕也，愀然变容；过冢墓以为先人之陇也，泣然流涕。及真见燕之城社庐墓悲心反减。今世之大家勋阀往往援疏族之贵者显者联为谱系，

---

① 《籀经堂类稿》卷十二，《吕西邨类稿序》。
② 《籀经堂类稿》卷十二，《吕西邨类稿序》。
③ 《籀经堂类稿》卷十二，《鳌峰载笔图题辞》。
④ 《籀经堂类稿》卷十一，《苏紫溪易经儿说序》。

傅会成书，相与叙及，辄曰我伯叔兄弟也，而于其真伯叔兄弟漠然概不相关，是何异燕人之见绐者据以为真，而为有识者所窃笑哉。①

陈庆镛所举的《列子》等的例子，就是强调务实，反对浮夸之言。尽管这些例子是非常幼稚可笑的，但它说明了一个认识论问题即实事求是，从实际出发的问题。

陈庆镛把圣贤之道归结为仁、义、礼、智、信五伦，五伦具即为道心，并对五伦作了言简意赅的解释。陈庆镛对五伦和道心的解释有点独出心裁，值得注意。他说：

> 圣贤之道无他，付诸心之谓仁，施诸当之谓义，止诸节之谓礼，达诸事之谓知，践诸实之谓信，全而合之之谓道心。得乎道之谓德。圣人之所为，不过君臣、父子、夫妇、昆弟、朋友，日用易知易从之事，如是焉已。众人之所为，亦不过君臣、父子、夫妇、昆弟、朋友与日用易知易从之事，如是焉已。孟子曰：圣人，人伦之至也。又曰：人皆可以为尧舜。尧舜与人同耳，尧舜无难知难从之事，而人卒不如尧、不如舜者，道在迩而求诸远，事在易而求诸难，于是卤莽灭裂之言盈天下，张道益炽而离道益岐。②

陈庆镛认为，圣人和众人之所为是一样的，皆为"君臣、父子、昆弟、朋友与日用易知易从之事"，因此尧舜与人同耳。尽管这种"人皆可以为尧舜"的思想古已有之，但陈庆镛这里是为说明"道在迩而求诸远，事在易而求诸难"，是有现实意义的。陈庆镛提出要从自己日常生活和周围具体事物做起，就能达到所要求的思想境界。陈庆镛曾谓："儒有有闻过相规，见善相示，余常持此以论交。"③

陈庆镛曾建议朝廷要重视知识分子，是很有远见的。他认为，士为四民（士农工商）之首，得士心才能得民心。陈庆镛说：

> 三代之得天下也，得其民也；得其民者，得其心也。得民心莫

① 《籀经堂类稿》卷十二，《福州郭氏族谱序》。
② 《籀经堂类稿》卷十一，《郭榴山易易录序》。
③ 《籀经堂类稿》卷十二，《张石洲烟雨归耕图引》。

先于得士心，士为四民之首，士心一失，则民心亦从而散矣。①

此外，陈庆镛还提出环境影响人才的问题。

> 吾闽固山水奥区，漳（州府）又环山抱海，瑰奇之气，士生其
> 间者故多欱奇历碌，往往能以文章寿之其世，垂之无穷。②

陈庆镛这种观点是环境决定论。

附：陈庆镛著作简介

《齐侯罍铭通释》2 卷　杭州西泠印社有聚珍本。此为考证扬州阮相国芸台存器及苏州曹氏存器之铭文，详订其制度、地域、系族、音韵，与文昭朱氏茗堂吴氏子苾所考颇异。因陈庆镛于经谊小学咸辟奥窔，宜其对此恒精眇独至。此书于清德宗光绪三十二年（1906 年）刊行。

《籀经堂钟鼎文释题跋尾》1 卷

《说文释文校本古籀》1 卷

《三家诗考》2 卷

《籀经堂类稿》24 卷附考 2 卷　此书为门人何秋涛所编，陈荣仁重编。清光绪九年（1883 年）刊本。是集为论策奏疏 3 卷、后说 2 卷、赋 2 卷、古今体诗 3 卷、序跋考铭等 7 卷、钟鼎考 1 卷，余均为传记墓志祭文等。是集诗赋杂文共 317 篇。其文章朴懋渊古，晚而益进。尤长于考证，金石、声音、文学之学皆精。

四　辜鸿铭

（一）生平和思想演变

辜鸿铭其人，字鸿铭，名汤生，别号汉滨读易者等，福建厦门同安

---

①《籀经堂类稿》卷二，《奏议》。

②《籀经堂类稿》卷十一，《郑云麓先生文集序》。

白礁（今属龙海）人。① 生于清咸丰七年（1857 年），卒于民国十七年（1928 年），享年 71 岁。

辜鸿铭出生于马来亚。幼年学习于英国，21 岁时在英国得文学硕士学位。后入德国莱比锡大学学工科，得土木工程学文凭。23 岁时到新加坡任职。他遍游英、德、法、意、奥诸国，通其政艺。他心向祖国，热爱中华文物，30 岁时回国。张之洞、周馥皆奇其才，历委办议约浚浦等事。后又为清朝外务部员外郎、郎中，擢左丞等。五四运动前后，辜鸿铭任北京大学教授，是当时北大维护中国封建文化和伦理道德、维护程朱理学的代表人物，在思想上是保皇的，但没有参加保皇活动的行动；袁世凯洪宪帝制、溥仪宣统复辟均被邀请而未参加。五四新文化运动时期，他身穿蓝袍子、红缎马褂，梳着一条又白又细的长辫子，时人称他为奇人怪杰，思想极端保守。对于五四运动虽不支持，也不反对；对于北洋军阀镇压五四运动，他是反对的。辜鸿铭曾应日本聘请讲东方文化，在日本数年，做了大量的中日文化交流工作。

辜鸿铭对帝国主义侵略者横行中国极为愤慨，在八国联军进犯北京时，他用英文撰写《尊王篇》，指责帝国主义的罪行。他反对帝国主义侵略者干涉中国内政，认为"中国人民之所以与西人为难，其中至重大之事，盖因西人欲干预内政"②。

辜鸿铭回国后致力于程朱理学的研究。《清史稿》本传说：

> （辜鸿铭）穷"四书""五经"之奥，兼涉群籍，爽然曰："道在是矣！"乃译"四子"书（按即"四书"），述春秋大义及礼制诸书。西人见之，始叹中国学理之精，争起传译。鸿铭论学，以正谊明道为归。尝谓：欧美主强权，务其外者也；中国主礼教，修其内者也。又谓：近人欲以欧美政学变中国是乱中国也。异日世界之争必烈，微中国礼教不能弭此祸也。③

---

① 详见拙著：《辜鸿铭与中西文化》，福建人民出版社 2008 年版，第 1—9 页。
② 《〈尊王篇〉释疑解祸论》，《辜鸿铭文集》，海南出版社 1996 年版，下册第 226 页。以下不体现版本，只注明页码。
③ 《清史稿》卷四十八，《列传·辜鸿铭》。

辜鸿铭的思想大大落后于社会形势。在新文化运动时期，他还满口孔孟程朱、春秋大义。在近代中国的思想史上，辜鸿铭是个典型的守旧派。

对于辜鸿铭的生平事迹和学术思想，近代著名学者罗振玉说：

> 我国有醇儒曰辜鸿铭外部，其早岁游学欧洲列邦。博通别国方言及其政学，其声誉已藉甚。及返国，则反而求之我"六经"子史，爽然曰："道固在是，无待旁求。"于是沉酣寝馈其中……及庚子都门乱作，乘舆播迁，国事危急，君乃以欧文撰《尊王篇》……甲午战后，海内士夫愤于积弱，竞谋变法以致强，相见辄抵掌论天下事，汲汲如饮狂药。而君则独静谧，言必则古昔，称先王……日以欧文倡导纲常名教……乃知天之生君，将以为卫道之干城，警世之木铎。[①]

辜鸿铭出生于国外，青年时代受教育和遍涉于西方先进国家，精通西方国家的自然科学和社会科学。但是，中年返国以后却沉酣寝馈程朱理学，言必则古昔称先王，反对资产阶级的变法改良，反对资产阶级革命，倡导儒家的纲常名教。

辜鸿铭学博中西，足迹遍天下，在国外曾荣获博士头衔达 13 次之多，精通 10 多国语言文字，为国争光，驰誉国际；又毅然舍弃国外的优裕生活，返回祖国，撰写大量政论文章，批驳外国帝国主义对中国的侵略；深入研究中国文化，著述多种，用外文翻译我国古籍多种，把中华文化介绍于外国，于中西文化交流贡献很大。

（二）政治哲学思想

辜鸿铭关于哲学本体论问题的直接论述不多，多是在政论和中西学比较论中讲到，亦可从中窥见其哲学思想之一斑。辜鸿铭说：

> 夫人固知敬天，亦不为〔不〕善矣。……夫敬天之礼，岂有不

---

① 《读易草堂文集序》，《辜鸿铭文集》，下册第 211—212 页。

重哉……至于不畏天，……可谓之小人之无忌惮也。①

辜鸿铭认为，自然和社会的事物由天主宰，人要敬天。辜鸿铭的"敬天"思想是儒家的天命论，是和历代福建朱子学家们的敬天思想一脉相传的。一般认为，盈于天地之间者皆物，其所以为物者，皆得于天之所赋，而非人之所能为。

在认识论上，辜鸿铭把学和道区别开来，主张学非道。

　　学，闻见也，非道也。然非学无以见道。昔颜子有言曰："夫子博我以文，约我以礼。"②

辜鸿铭关于"非学无以见道"的命题是有合理因素的。他认为，中国古代诗文都是有关"纲常伦理"的，"凡以诗之为教"，"足以感发人之善心"。辜鸿铭说：

　　袁简斋谓诗论体裁，不论纲常伦理，殊非笃论。诗固必论体裁，然岂无关纲常伦理乎？惟诗贵有理趣，而忌作理语耳。近日士人教弟子读文读诗，惟期子弟能文能诗，此于诗教一道，已乖孔子"迩之事父、远之事君"之意……次青先生谓："凡以诗之为教，'温柔敦厚'，其善者足以感发人之善心……"此皆阅历甘苦之语也。此编庶几其于先生诗教之义，或不甚背戾乎？③

这是程朱理学家的"文以载道"思想。

辜鸿铭的时代，正是帝国主义列强的侵略压迫促使中国人寻求变法图强的时代。在革新派和守旧派激烈论争的过程中，辜鸿铭基本上是站在守旧派一边的。他把西学和中学进行对比研究后，所得出的结论是孔孟程朱之学胜于西方之学。因此，他认为，"近人欲以欧美政学变中国，是乱中国也……异日列强竞争必烈。微中国礼教不能弭此祸也"④。由此，辜鸿铭提出自己的对内对外的政治思想理论纲领。他说：

---

① 《广学解》，《辜鸿铭文集》，下册第232—233页。
② 《广学解》，《辜鸿铭文集》，下册第585页。
③ 《〈蒙养弦歌〉序》，《辜鸿铭文集》，下册第235页。
④ 罗振玉：《外务部左丞辜君传》，《辜鸿铭文集》，下册第585页。

内政宜申成宪，以存纲纪而固邦本；外事宜定规制，以责功实而振国势。[①]

辜鸿铭的全部著述大都是围绕着他的这种政治思想理论纲领的。

辜鸿铭认为，当时中国的根本问题是内政不修。当时中国危难的原因确实是由于"外患之所迫""内政之不修"两个方面造成的。他把"内政之不修"看成是主要原因。那么，修什么样的内政呢？辜鸿铭说：

近日献荣陈事者，皆以为中国处今日之时势，若不变通旧制，则无以立国。然草野之愚以为，国之所以不立者，或由外患之所迫，或由内政之不修。独是外患之忧，犹可以为计；若内政不修，则未有能立国者也。[②]

在辜鸿铭看来，当时中国的根本问题是三纲五常废弛，修内政就是振兴三纲五常。他把三纲五常看成是立国的根本。

辜鸿铭进一步论证了为什么要以三纲五常为立国之本的问题。辜鸿铭认为，五常之先为仁、义，仁、义即立国之本。

仁以爱人，义以断事，发挥而光大之，庸讵不足使世界改恶迁善，而息争解纷耶！吾故曰："当兹有史以来最危乱之世，中国能修明君子之道，见利而思义，非特足以自救，且足以救世界之文明。"[③]

愚意谓《春秋》尊王之旨，要在明义利之分，而本乎忠恕之教。义利之分明，故中国之士知君臣之相属以义也，非以利也；忠恕之教行，故中国士人知责己而不责人，责人犹不可，况家国有艰难，而敢以责其君父乎！[④]

不仅如此，辜鸿铭还讲到"以孝治天下"。

……康党之言，以为皇太后训政不合中国向来国制，其实此事

---

① 《上德宗景皇帝条陈时事书》，《辜鸿铭文集》，下册第213页。
② 《上德宗景皇帝条陈时事书》，《辜鸿铭文集》，下册第213页。
③ 《义利辨》，《辜鸿铭文集》，下册第229—230页。
④ 《上湖广总督张书》，《辜鸿铭文集》，下册第221页。

无所窒碍。中国本以孝治天下，皇上自请训政，乃名正言顺之举。①

像慈禧太后这样顽固专权误国，国人皆骂，而辜鸿铭却说是"以孝治天下""名正言顺之举"。

辜鸿铭强调，中国不能变法，"今制度若屡更易，则纲纪必损，纲纪既损，邦本必坏，邦本既坏，又何以能立国耶？……王安石用事……徒事变法，而致纲纪紊乱，宋祚以亡。"② 在辜鸿铭看来，变法会导致国家的灭亡。

辜鸿铭还进一步反驳新学、西学派的一些观点。他认为，新学、西学派所提出来的一些变法主张不是什么新鲜东西，中国古已有之，都是不切实用的。

第一，关于议院问题。辜鸿铭说：

> ……范蠡去越，耕于海畔，致产数千万，齐人遂举以为相。此犹西洋今日公举富人入议院、秉国政之事也。③

辜鸿铭认为，西方的议院制度，使国主无权，因而会使天下大乱，"世界末日"到来。

> 西洋自议院盛，国主遂比诸牱羊，政皆由国人也。孔子曰："天下有道，庶人不议。"信哉！……西洋之乱，于斯已极。④

在辜鸿铭看来，问题的关键并不在于人民有没有权，而是在于国家是否遵循正确的道路。当然，辜鸿铭所谓"道"，是指三纲五常之道，是指孔孟程朱之道。

第二，关于报馆问题。辜鸿铭说：

> 至于战国游说之士创立权谋之说，争论时事，此则犹今日西洋士人开报馆、论时事之风也。当时孔子忧民心之无所系，故作《春

① 《〈尊王篇〉释疑解祸论》，《辜鸿铭文集》，下册第223页。
② 《上德宗景皇帝条陈时事书》，《辜鸿铭文集》，下册第213—214页。
③ 《上湖广总督张书》，《辜鸿铭文集》，下册第220页。
④ 《西洋议院考略》，《辜鸿铭文集》，上册第444页。

秋》明尊主之旨。①

辜鸿铭尽管肯定中国战国游说之士似今日西方之报馆；但是认为，它在当时就起着极坏的作用，是"创立谋权之说争论时事"，"使民心无所系"。至于西方的所谓报馆，其社会作用就更坏。辜鸿铭说：

> 窃恐中国士人开报馆论时事之风渐盛，其势必至无知好事之辈创立异说，以惑乱民心，甚至奸民借此诽谤朝廷，要挟官长，种种辩言乱政，流弊将不可以收拾。②

因此，辜鸿铭认为，西方的报馆制更不适合于中国，中国只适合尊王之义。

> 自是中国尊王之义存。故自春秋至今日二千余年，虽有治乱，然政体未闻有立民主之国，而士习亦未闻有开报馆之事，此殆中国之民所赖以存至于今日也。③

辜鸿铭的这种反对立报馆开民风与当时严复等人的观点相对抗，双方发生激烈论争。

辜鸿铭认为，西学不适合中国国情，不适合中国民族性格特点。第一，西人之考物和中国之格物不同。辜鸿铭说：

> 西人之谓考物，即吾儒之谓格物也。……然吾儒格物必言天下国家，而不言阴阳五行者，其亦有深意存焉。《易传》言圣人制器以前民利用，此则谓教之以相生相养之道也。然吾圣人有忧天下之深，故其于阴阳五行之学，言之略而不详，其于制器利民之术，亦言其然而不言其所以然，盖恐后世之人有窃其术，以为不义，而不善学其学，以为天下乱者矣。故《传》曰："作易者，其有忧患乎！"今西人考物制器，皆本乎其智术之学，其智术之学皆出乎其礼教之不正。呜呼，其不正之为祸，岂有极哉！其始曰敬天，其终也势必至于不畏天。盖今西人之所以用其制器之术者，皆可谓之小人之无忌

---

① 《上湖广总督张书》，《辜鸿铭文集》，下册第220页。
② 《上湖广总督张书》，《辜鸿铭文集》，下册第221页。
③ 《上湖广总督张书》，《辜鸿铭文集》，下册第221页。

惮也。已而其所以得布此术于天下者，固言欲济民利用，然其实则智者欲得之以行其权利之术，愚者欲得之以肆其纵欲之心，是皆得以暴物为用。……西人之学，其礼教则以凶德为正，其行政则以权利为率，其制器则以暴物为用，是其学之为害亦甚矣。[1]

在辜鸿铭看来，西方人主权势，中国人重礼教；"欧美主强权，务其外也；中国主礼教，修其内也"，因此西人之学不适合于中国。第二，西方人先利后义和中国人先义后利之不同。辜鸿铭说：

　　西人所欲输入吾国者，皆战争之原也。我国之文明与欧洲之文明异，欧洲之文明及其学说，在使人先利而后义；中国之文明及其学说，在使人先义而后利。……目前所恃以御侮而救亡者，独有以德服人之一理而已。……列强以竞利之故，互相吞噬，穷极其残暴不仁之武力，而环顾世界中犹有一国焉，其人口四百兆，独能以君子之道自处而并欲以君子之道待人，未有不内愧于心，而敬之重之者。夫至敬之重之，而又从而侮之，此为事理之所必无，可断言也。我国御侮救亡之道，舍此岂有他哉。[2]

辜鸿铭这种不讲实力，只讲以德服人的说教，是儒家空谈心性的典型。辜鸿铭还曾谓"自来两国相争，衅端多由彼此猜忌，不能深原其本意，以致兵连祸结"[3]，就是认为两国之间的战争是由于没有信义引起的。辜鸿铭又说：

　　一切交涉，惟当以义为断，无诈无虞，自然信孚而交固。……我国自孔子以来，自有真实切用之国际法在，其言曰："以礼让为国。"又曰："远人不服，则修文德以来之。"又曰："师出必以名。"……孔子曰："君子喻于义，小人喻于利。"窃谓以小人之道谋国，虽强不久；以君子之道治国，虽弱不亡。[4]

---

① 《广学解》，《辜鸿铭文集》，下册第 233 页。
② 《义利辨》，《辜鸿铭文集》，下册第 229 页。
③ 《〈尊王篇〉释疑解祸论》，《辜鸿铭文集》，下册第 222 页。
④ 《义利辨》，《辜鸿铭文集》，下册第 227—228 页。

这是辜鸿铭前期的思想，当时他对帝国主义者的侵略本性的认识是极其肤浅的。辜鸿铭后期思想与此有很大的不同，对帝国主义者也是深恶痛绝的。

第三，西方人和中国人在政刑上有很大的不同。辜鸿铭说：

> 西人政刑之病，亦本乎其礼教之弊，其书多言智术，而不言道德，专重势利，而不言义理。尝见西人《万国公法》一书，其首篇曰：粤自造物，降衷人之秉性，莫不自具应享之权利。夫其所谓权利者，势也。……以权利相衡，以定其名分也。权利之所在，则曰贤者，则曰君子；权利之所不在，则曰愚者，则曰不肖。夫如此而为天下，其亦危矣。……今西人之论治天下，其言皆多类此。故曰西人之政刑，有不足法也。①

第四，西方人多言敬天和中国人多言敬人之不同。辜鸿铭说：

> 今西人之学，其道固有不足法，而其学又不可不知也。……西人礼教之书，多言敬天，而不言敬人。夫人固知敬天，亦不为［不］善矣。《（礼）记》曰："郊社之礼，所以事上帝也；宗庙之礼，所以祀乎其先也。"此二礼之所以分者，盖商人知重敬天，而不知重敬人也。……此与今西人之乱俗，岂有小异哉！故周之兴，周公定礼乐，必分郊社与宗庙之礼，分之者所以并重之也，并重之者，所以重敬人之礼也。夫敬天之礼，岂有不重哉，惟知重敬天，而不知重敬人，此凡所谓为夷狄之教者皆是也。而吾圣人周孔所为恶夫夷狄之教者，谓其必至于伪也，谓其必至于凶也，谓其易于为天下乱也。盖人徒知敬天，其用于事则必尚力，重势而不崇德，不知敬人则必不重人伦，不重人伦则上下无以分，上下不分，则天下之乱其能已哉！彼耶稣曰："爱人。"释氏曰："爱物。"夫爱人爱物而不知爱亲，此岂非率天下之人以为伪乎！故《礼经》曰："不亲亲之德之谓凶德也。"此则西人礼教之不足也。②

---

① 《广学解》，《辜鸿铭文集》，下册第232—233页。
② 《广学解》，《辜鸿铭文集》，下册第232页。

上面介绍的是辜鸿铭关于中西学说比较的四个方面。辜鸿铭认为，这种比较是非常必要的，只有通过比较才能看出中学之优、西学之劣。"我不知西人之学，亦无以知吾周孔之道之大且极矣！"①

由上可见，辜鸿铭是坚持旧学、中学的顽固派。辜鸿铭的时代是剧烈变革的时代，他提出要以不变应万变，"恃天地不变之正气""剂人之万变"。辜鸿铭说：

> 或问于余曰："世变剧矣，关怀时局能无抱莫大之殷忧乎！欧西各国智术日益巧，制造日益精……一旦协以谋，吾何恃而不恐？"余曰："恃天地不变之正气而已……'天地间有两事焉亘古不变，而最足以发人深省，愈思而愈令人生畏敬之心者，日月星辰流行绝无舛错，此不变之在天者；芸芸万众莫不知义之所在，宁死而不敢犯，此不变在人者。'是即所谓天地不变之正气也。是即所谓道也。何谓道？曰：君臣、父子、夫妇、昆弟、朋友而已。何以行此道？曰：忠与义而已……芸芸万众，宁死而不敢犯之忠义也，是即所谓道也。……我中国既有此道，即有此天地不变之正气，吾何为而恐乎！……以吾之不变剂人之万变。②

在辜鸿铭看来，三纲五常之道不能变，此道与天"亘古不变"，因此天不变道亦不变。尽管"欧西各国智术日益巧，制造日益精"，也不能变道而学之。

尽管辜鸿铭提出"以吾之不变剂人之万变"，但时代的巨变不可抗拒，使得像辜鸿铭这样的顽固守旧派也不得不有时讲几句"变"，如辜鸿铭曾谓"凡西法之有益于国计民生者，莫不欲次第仿行，至其事有所不便者，则屏之不用"③。至于哪些可以仿行，辜鸿铭却没有具体说明。不过，辜鸿铭也提出一些改革弊政的措施。一是提出以"清静无扰"治国。辜鸿铭说：

> ……清静无扰为经国之大体……当此民生凋敝之时，凡百设施，

---

①　《广学解》，《辜鸿铭文集》，下册第 233 页。
②　《〈正气集〉序》，《辜鸿铭文集》，下册第 236—237 页。
③　《〈尊王篇〉释疑解祸论》，《辜鸿铭文集》，下册第 223 页。

当以与民无扰为主，务去其害人者而已。……重伤民生，适足以致内乱。①

在动荡的近代中国，叫人民"清静无扰"是根本不可能的，或者说这种主张是为忧虑清王朝的统治基础根本动摇而发的。但是，辜鸿铭看到"当时民生凋敝"，不能"重伤民生"，应"务去其害人者"，这是应该肯定的。二是提出行政要有定制。辜鸿铭说：

夫制度者，所以辅立纲纪也。盖凡所以经邦治国，定之者谓之制，行之者谓之政。行政若无定制，则人人可以行其私意，若既有定制，则虽人君亦未便专行己意，故制度者非特以条理庶事，亦所以杜绝人欲，杜绝人欲即所以存纲纪也。②

辜鸿铭提出行政要有定制的目的，是防止"人人可以行其私意"，而且"人君亦未便专行己意"。在这里，实际上辜鸿铭又有君主立宪之意。三是提出要重用人才和加强道德教育。辜鸿铭说：

诚欲为君子之国，惟当勤修内政，加意人才，登用俊良，廓清积弊，使一切措施厘然当于人心，在朝在野，人人知礼让而重道德……忠信以为甲胄，礼义以为干橹，干城之固，莫善于此。③

在辜鸿铭看来，朝廷重用了俊良，人们的道德修养提高了，国家就强大起来。辜鸿铭认不清清王朝行将死亡，即使用了俊良和加强了道德教育，也无法挽救它的死亡。

辜鸿铭固守孔孟程朱理学，是无法阻挡历史车轮前进的。

（三）最早提出和论述宋明新儒学

辜鸿铭认为，"中国文明开始于夏代，发展于商代，全盛于周代。"而这三个阶段，分别以物质、道德及心和形而上学、知（智）为核心内涵。他说：

---

① 《上德宗景皇帝条陈时事书》，《辜鸿铭文集》，下册第215—217页。
② 《上德宗景皇帝条陈时事书》，《辜鸿铭文集》，下册第213页。
③ 《义利辨》，《辜鸿铭文集》，下册第229页。

据我的研究，中国的夏代，像西方的古埃及一样，是物质文明发展的时期。在夏代，正如我们大家都知道的，出了一个名叫禹的皇帝，他在兴修水利上获得成功，由此可以看出，当时有着相当发达的物质文明。在这时的埃及，则修建了金字塔和运河。再看看那个时代的绘画，就可以更加明了那个时代物质文明发达的程度。那以后，在商代，中国文明在道德以及心的方面，在形而上学的方面得到了相当的发展。周朝主要发展知的方面。与此相同的是，在西方，犹太文明也在道德上得到发展，耶稣的《圣经》就是这个时代的产物。这本经典主要谈道德问题而很少论及智的问题，待到古希腊文明时代，智的文化得到相当的发展。巧合的是，在中国此时的周朝，智的方面的发展也完成了第一阶段。……中国文明在进化的第一阶段——周代走向了完备，但这时的文明就像花朵那样，开蕾之后，就逐渐枯萎了。周代文明凋落的征兆就在于特别重视知的方面。通俗的说法就是重脑而不重视心，就是人们只注重知事而忽视行事。如果拿现代中国和日本相比较的话，中国人只是口头饶舌，而懒得去做，日本人是口头上不怎么说，但却认真地付诸行动。因此诸君不仅要知，而且还要去行动。日本人不仅口头上讲武士道，在实际行动上，也行武士道。①

在辜鸿铭看来，中国文化发展的第一阶段即先秦时期，此时期中国文化已经成熟了。春秋战国时期，由于重知而凋落。

在战国之后，中国文化"朝着两个方向发展，一方面是老、庄学说的兴起，另一方面是礼仪的进步。即便现在的中国也是这样，学者称不上真正的学者，而是读诗文的艺人，一个劲地吵嚷不休。所谓'礼'就是艺术，它不仅仅限于西方人通常所理解的艺术只包括绘画、雕刻一类，还包括行为的艺术，活动的艺术"。②

辜鸿铭所说的礼，不完全是指仁义礼智信五德中之礼，而是其中的部分内涵，是指礼仪，为人处事的艺术，如今日讲对人要有礼貌。他认

---

① 《中国文明的历史发展》，《辜鸿铭文集》，下册第295—296页。
② 《中国文明的历史发展》，《辜鸿铭文集》，下册第296页。

为，只强调礼仪其流弊即孔子所说的"礼云礼云，玉帛云乎哉"①。他认为跳舞是西洋人一种很要紧的礼仪，很像我们中国古代的进退左右的（跪拜）礼仪一般。辜鸿铭又说：

> 为了校正中国文明过于向知和礼仪方面发展的偏向，为了挽救中国文明，孔子想了不少办法，但都没有能成功。……孔子只留下了一幅建设一个文明大厦的蓝图，那就是《六经》。因为有这《六经》，我们就可以按原来的式样，重建文明的家园。但是，目前在这方面，我们有负于孔子的重托。②

> 由于人们注意的重点转到智的方面，因而就出现了很多学者，由于这些人没有什么教养，所以可以称之为"乱道之儒"。经这些乱道之儒、政治贩子、说客等辈的捣乱，最终毁灭了中国文明。最先认识到这些人是国家大害的人是秦始皇。秦始皇在看到他们的危害之后，就断然实行"焚书坑儒"。不过，我如果生活在那个时代，或许也是被坑的一个。秦始皇认为，当时的社会既不需要文化，也不需要学者，它需要的是法律。因此，他重用法家，依靠法律维持的文明并没有持续多久。因为秦始皇以官吏取代学者，就使他的事业归于失败，因此秦朝的统治不过二世就垮台了。有意思的是，秦始皇使分崩离析的中国合而为一。而恰好此时，欧洲兴起的马其顿帝国将分裂混乱的希腊统一起来，但这个马其顿帝国也只经历了腓力二世和亚历山大一世，不过两代人就灭亡了。③

辜鸿铭进一步指出，汉高祖以武力征服了天下，而后又想用武力来治理天下。当时的一位大学者谏议汉高祖，治理这样一个大帝国，必须借助道德的力量，也就是文化的力量，以文教化。汉高祖听从并实施了这位学者的建议，从而使一度在中国大地上消失的文明又重新回到中国。西汉的学者又把孔子留下的蓝图重新进行整理。由此，"我认为汉代的中国可以同欧洲罗马时代相提并论，与欧洲罗马帝国分为东西罗马的同时，

---

① 《中国文明的历史发展》，《辜鸿铭文集》，下册第 296 页。
② 《中国文明的历史发展》，《辜鸿铭文集》，下册第 297 页。
③ 《中国文明的历史发展》，《辜鸿铭文集》，下册第 297 页。

中国的汉代也分为东汉、西汉两个时代"①。汉初最为兴盛的学问是"黄老学派"，同西方此时的斯多噶学派相对应。这派思想有一个缺陷，那就是它是教人们"无为"的，而不是教人们应该怎样做事。之所以如此，主要还是由于时人不能真正理解孔子思想的缘故。于是就导致了儒者和侠士的大量出现。这种情况在司马迁的《史记》里得到了反映。后世把这些儒者称为"乱道之儒"。在西汉，孔子思想成为中国社会的正统思想，中国文化又有了转机。但是，东汉时代，"人们对'知'的东西是不闻不问，却在'心'的方面下了很多功夫"。辜鸿铭说：

> 为了弥补这个缺陷，便有了佛教哲学的兴起，因为佛教恰恰就在此时传入了中国。佛教所带来的"知"的东西，同孔子思想中"仁"的方面相结合，形成了一种新的思想，它使得中国进入了一个浪漫的时代，即三国时代。佛教给中国文明增添了不少色彩，但同时也招致了混乱。中国社会的政治就因此走向了堕落，从而为少数民族入侵提供了机会，以后就有了"五胡乱华"。这同现代中国被五个大国欺凌是同样的。而欧洲的古罗马也是被五个蛮族集团灭亡的。很有意思，历史竟如此地相似。②

辜鸿铭把"五胡乱华"之后的六朝、隋唐看成如西方的文艺复兴时代，中国出现文化的繁荣。"唐代的文化是相当美丽、纤巧的。但也由于它太美丽、稚弱，所以它容易染上虫子，而这些虫子就开始了毁灭它的过程。那虫子就是'文弱之病'。它导致了社会的堕落，尤其在男女关系方面非常混乱，甚至宫廷内出现了很多丑闻。以美人而闻名的杨贵妃就是这个时代的产物。因为这个杨贵妃，中国历史就进入了暂时的分裂时期。"③

接下来是宋明理学。辜鸿铭已称此为"新儒学运动"，并且肯定此运动是从唐朝韩愈开始的。他深刻指出：

> 为挽救流于文弱的中国文明，出现了推崇真正的孔子学说的学派，即"宋代儒学"，同欧洲相比，汉代儒学相当于古罗马的旧教，

---

① 《中国文明的历史发展》，《辜鸿铭文集》，下册第 298 页。
② 《中国文明的历史发展》，《辜鸿铭文集》，下册第 299—300 页。
③ 《中国文明的历史发展》，《辜鸿铭文集》，下册第 300 页。

而宋代儒学则类似新教。众所周知，在欧洲出现了马丁·路德，经他的手创立了新教派，在中国起路德作用的是韩愈。由他发起了"新儒学"运动。韩愈虽然生在唐代，但从他的行为思想来考察，他应是宋代人。宋代的学者弥补了唐代文化的缺陷，努力地使中国文化趋于完美。为此，他们吸收了不少佛教的东西。大家都知道，佛教是个有严密体系、有深刻内涵的宗教，它像药引一样可以治疗唐代社会的疾病。因此当中国社会出现不正常时，人们就皈依佛教，因而，到宋代时，由于佛教势力的扩张，中国文化就显得过于狭隘了。现代中国文明也同这时一样，同样地陷入了困境。那个时候，中国文明停滞主要由于佛教思想加入了中国的思想领域。因此，前不久，泰戈尔先生打算将印度的哲学传给中国时，我是表示反对的。宋代若同欧洲比较，是一个清教派兴起的时代。中国出现了朱子学派，朱子是个伟大的学者，可以说是韩愈以后的大儒。朱子试图改变宋代儒学眼光狭窄的现状，使其能宽容万物，精深博大。后来，明代的王阳明也有这个想法，不过，朱子主张必须完全地按孔子所说的办，有些近于盲目地教人服从孔子的学说。王阳明不然，他主张依"良知"即常识去确定自己的行动，尔后去遵从孔子的教义。听说日本学者不像中国学者那样固执，我觉得很了不起。朱子的学说是"学而不思"，而王阳明的则是"思而不学"，日本的年轻人最好是先学而后思，既不要遵从王阳明的思想，也不要听信朱子的学说，中国现在面临的问题是怎样从儒学的束缚中走出来。①

把宋明理学称为"新儒学"，在近代恐怕辜鸿铭最早，而且他把新儒学运动之始追溯至唐朝韩愈，是很确切的。在这里，他对新儒学的思维方法的基本点也讲到了，即以儒学为主干吸取佛学中适用的东西。新儒学主要指朱子学，也提到阳明学。辜鸿铭说：

> 在唐朝时代，中国的文明如同盛开的鲜花，繁盛到了顶点。后来到元朝，由于蒙古人的入侵，中国人中大约有一半被蒙古化了，

---

① 《中国文明的历史发展》，《辜鸿铭文集》，下册第300—301页。

接受了蒙古人粗野肮脏的东西。在今日中国，真正继承了中国文明
精华的只有浙江和江苏两个省份，所以如此，主要是由蒙古入侵的
时候，宋朝皇帝同一帮贵族逃到浙江的杭州，这就使得纯粹的中国
文明在这两个省内得到了保存。①

辜鸿铭这里讲的北宋末年以后的中国文明问题，指出两点：一是由于文
化比较落后的少数民族南侵，中国文明的重心由北方往南方转移，在南
方江浙一带形成新的中国文明的重心。二是中国新的文明的重心，就是
以朱熹为代表的朱子学在闽浙赣之武夷山一带形成及其传衍和发展。这
后一点辜鸿铭虽未十分明确地表达出来，其意思是有的。这种观点今天
看来是常识，而在辜鸿铭时代却是新观点，它指出了中国文化学术的发
展方向。

　　在宋明新儒学之后是现代的新儒学，主要是由辜鸿铭之后的熊十力、
牟宗三等建立起来的。对此，辜鸿铭当时已预示出现代新儒学的一般特
点。他说：

　　　　中国现在面临的问题是怎样从儒学的束缚中走出来。我认为可
　　以依靠同西方文明的交流来解决这个问题。这倒是东西方文明互相
　　接触所带来的一大好处。仅仅靠学讲外国话，住帝国旅馆，跳跳舞
　　是无法领会西方文明的。诸君不要只学其表面的东西，而要领会它
　　的本质，想真正地登入文化的殿堂是相当不易的，而且不存在捷径。
　　我个人或许知识浅陋，没有资格这样说，但我还是衷心希望诸君能
　　继续我的事业，加深拓宽自己的学问，为世界文明的发展做出
　　贡献。②

在这里，辜鸿铭深刻指出，引进西学以解决当今中国文化的困惑，正是
现代新儒学的核心问题。笔者在 2003 年出版的著作《简明中国哲学通
史》之《现代新儒学》一节中，首个介绍辜鸿铭。我所讲的是现代新儒
学，而不是现代新儒家。"学"具有多元性，把辜鸿铭列为现代新儒学是

---

　　①　《中国文明的复兴与日本》，《辜鸿铭文集》，下册第 276 页。
　　②　《中国文明的历史发展》，《辜鸿铭文集》，下册第 301 页。

无可非议的。

上述辜鸿铭的中国文化发展的三大阶段说，跟今天学界大多数学者的观点基本是一致的。特别是辜鸿铭认为，汉唐文化没有呈现出中国文化的本质，其繁荣是虚假的。这种观点是非常深刻的。在中国文化史上，唐宋并称，一般认为这两个时代发展的水平最高。而就这两个时代来说，唐代的文学艺术、典章制度和国力居于当时世界之首，外国人称中国为唐，称中国人为唐人；而宋人心态柔弱，国力不强，逐步屈服于金人，最后退居东南一隅而灭亡。[①] 其实，就中国文化的实质而论，唐朝后的五代十国，"篡弑相寻"[②]，内奸贰臣、无廉耻之士特别多；而南宋朝廷在大势已去之时，仍出现像文天祥、张士杰等众多伟大的民族英雄和爱国志士。这与其前的唐、宋分别传承下的文化意识所造就的文化素质不无关系。现代权威的史学家陈寅恪、邓广铭等谓"华夏民族之文化，历数千载之演进，造极于赵宋之世"[③]，宋代文化"在中国整个封建社会历史时期内，也可说是空前绝后的"[④]。可见，上述辜鸿铭的观点可以说是抓住了中国文化的最深层意蕴，是陈、邓观点之源。

（四）"良民宗教"

儒、佛、道是中国传统文化的主要内容，被称为三教。佛、道是典型的宗教。那么儒教是否是宗教意义上的宗教呢？这个问题，至今学界还在论争中。一些学者认为，儒家是宗教，是跟基督教、佛教等一样的宗教。辜鸿铭把儒家称为孔教，认为它是"良民宗教"。但是，他所说的"良民宗教"，跟当今有些学者所说儒家是宗教的含义是根本不同的。论述良民宗教问题，辜鸿铭是从征服和控制情欲上说起的。他认为一切文明都起源于对自然的征服，即通过征服和控制自然界可怕的物质力量，使人类免受其害。

---

① 参见黄仁宇：《中国大历史》，生活·读书·新知三联书店1997年版，第127—135页。

② 《新五代史》卷六一，《吴世家》。

③ 陈寅恪：《邓广铭〈宋史职官志考正〉序》，《金明馆丛稿二编》，上海古籍出版社1980年版，第245页。

④ 邓广铭：《谈谈有关宋史研究的几个问题》，载《社会科学战线》1986年第2期。

　　　　在这个世界上，除了自然力，还存在有一种较自然力更可怕的
　　力量，那就是蕴藏于人心的情欲。自然界的物质力量对人类所能造
　　成的伤害，是没法与人类情欲所造成的伤害相比的。毫无疑问，如
　　果这一力量——人类情欲——不予以调控的话，那么不仅无所谓文
　　明存在之可言，而且人类的生存也是不可能的。[①]

辜鸿铭认为，人类心中所蕴藏的情欲是最为可怕的力量，如果不予以调
控，不仅无所谓文明存在，而且人类的生存也是不可能的。人类文明是
围绕着征服和控制"情欲"而演进和形成的。在人类文明发展过程中，
形成征服和控制"情欲"的两种方式，即用物质力量或用道德力量，这
便产生了不同的宗教。

辜鸿铭论述了人类征服和控制"情欲"的历史。

　　　　在人类社会的始初阶段，人们不得不利用物质力量来压抑和克
　　制其内心的情欲，这样，原始人群就不得不受制于纯粹的物质力量。
　　但随着文明的进步，人类逐渐发现，在征服和控制情欲方面，还有
　　一种比物质力量更加强大和更加有效的力量名之曰道德力。[②]

在辜鸿铭看来，欧洲先是用物质力量征服和控制情欲；为了进一步征服
和控制"情欲"，又产生了基督教。欧洲早期用物质力量征服和控制情欲
是很成功的，所有其他民族皆没有达到他们那么高的物质文明。

辜鸿铭进一步指出，用物质力量只能压抑和克服情欲，不能从根本
上解决问题。真正能有效调控情欲的是道德力，叫作道德力量。但是，
因为各个地区民族的历史文化传统的差异，其道德力量是有所不同的。
就欧洲来说，过去是基督教。辜鸿铭说：

　　　　在过去的欧洲，这种曾有效地征服和控制人们情欲的道德力是
　　基督教。可如今这场血腥的战争已超越了它，它似乎已经表明，基
　　督教作为一种道德力量已然失去了效用。因缺乏一种有效的道德力
　　去控制和约束人们的情欲，于是欧洲人民又不得不重新采用物质力

---

① 《中国人的精神·导论·良民宗教》，见《辜鸿铭文集》，下册第19—20页。
② 《中国人的精神·导论·良民宗教》，见《辜鸿铭文集》，下册第20页。

量来维持社会秩序，恰如卡莱尔一语所道破的，目前的欧洲"是混乱加上一条来福枪"。这种为维持秩序而对物质力量的利用，导致了军国主义。实际上，在今日欧洲，军国主义是必要的，因为它缺乏一种有效的道德力量。可是，军国主义导致战争，而战争就意味着破坏和毁灭，这样，欧洲人民便被逼迫到了这样的绝境：如果他们要摆脱军国主义，混乱就将破坏他们的文明，假如他们要持续军国主义，那么他们的文明又将经由战争的浪费和毁灭而走向崩溃。然而，英国人说他们正决心打倒普鲁士的军国主义，基齐勒勋爵（Kitchner）相信他以三百万训练有素的军队是能够捣碎普鲁士军国主义的。可是，在我看来，即使普鲁士军国主义真的就这样捣碎了，那么继之而起的不过是另一个军国主义——我们又不得不予以捣碎的英国军国主义罢了。而这样似乎就没有办法能摆脱此种恶性循环。①

这样，欧洲就陷入了物质力量——道德力量——物质力量的"恶性循环"，即美国爱默生所说的"以枪易枪"，陷入了"绝境"。由此看来，欧洲人调控情欲，又从道德力量回归物质力量。而现在的物质力量与早期的物质力量不同，用现在的物质力量调控情欲等于"以枪易枪"，产生军国主义。辜鸿铭说：

> 欧洲人民如果真的想推倒军国主义，那么他们就只能以一种行动方式，即用爱默生所说的不以枪易枪，而只能以爱和正义的法则去做——实际上，就是诉诸道德力量。拥有一种有效的道德力量，军国主义就会变得没有必要从而自行消亡。可是问题在于，现在基督教作为一种道德力量已丧失其效用，在这种情况下，欧洲人民何处寻找这种取代军国主义的新的有效的道德力量呢？②

这就是说，西方根本没有能制服情欲的那种道德力量。西方文明本身不解决自身的问题。

---

① 《中国人的精神·导论·良民宗教》，《辜鸿铭文集》，下册第 20—21 页。
② 《中国人的精神·导论·良民宗教》，《辜鸿铭文集》，下册第 21 页。

　　于是，西方人把视线转向东方，到中国文明中寻找这种道德力量。这种道德力量就是"良民宗教"。辜鸿铭说：

> 　　我相信，欧洲人民会在中国——在中国的文明里找到它。中国文明中的这种使军国主义失去必要性的道德力量，便是"良民宗教"。可是，人们会问我："在中国不也存在战争吗?"的确，在中国是存在战争的，不过自从二千五百年以前孔子的时代开始，我们中国人就没有发生过像今天在欧洲所看到的那种军国主义。在中国，战争是一种意外事故（accident），可是在欧洲，战争则是一种必需（necessity）。我们中国人是会打仗的，但是我们并不指望生活在战争中。实际上，在我看来，欧洲国家最不能让人容忍的一件事，并不在于他们有如此多的战争，而在于他们每个人都总担心其邻居一旦强大到一定程度，就要来抢夺他和谋害他。因此他自己便赶紧武装起来或者雇佣一个武装警察来保护他。这样，压在欧洲人民身上的便不是如此多的战争，而是不断地武装自己的需要，一种必须利用物质力量来保护他们自己的绝对的需要。①

　　在辜鸿铭看来，欧洲人为摆脱这种"绝境"，只有运用中国的"良民宗教"——一种使军国主义失去必要性的道德力量。辜鸿铭这里所说的"需要"就是"情欲"。这种"情欲"，只能用中国的"良民宗教"——道德力量来调控。

　　辜鸿铭指出，中国文明的这种道德力量，即所谓"良民宗教"，就是公理和正义，它高于物质力量，它能使人们无条件地服从道德责任感。辜鸿铭特别强调："如果你能让全世界都承认公理和正义为一种高于物质力的力量及道德责任感为人们必须服从的东西，那么，利用物质力量维持社会秩序就会变得没有必要，而这个世界也就不会有什么军国主义了。"② 在这里，辜鸿铭把道德力量——良民宗教的内涵界定为公理和正义。

　　辜鸿铭进一步指出，这种公理与正义就是人之本性中所具有的善。

---

① 《中国人的精神·导论·良民宗教》，《辜鸿铭文集》，下册第21页。
② 《中国人的精神·导论·良民宗教》，《辜鸿铭文集》，下册第22页。

"首先使人类确信公理和正义的功效，使他们确信公理和正义乃是一种力量，实际上，就是使他们相信善的力量。然而你将怎么实现这一点呢？好，我告诉你：要做到这一点，中国的良民宗教，在每个小孩刚能识字的时候，就教给他一句话：'人之初，性本善。'"① 因此，我们中国人有良民宗教，所以每个人都并不感到有用物质力量来保护自身的必要。他甚至于都不用警察或用类似警察这种物质力量来维护他自己的利益。在中国，一个人受他邻居的正义感的保护，受他同事出于道德义务感的自觉自愿的保护。辜鸿铭说：

> 今日欧洲文明的基本谬误，正根源于对于人性的错误认识，即根源于人性本恶的观念，因为这种错误的观念，欧洲的整个社会结构总要依赖于武力来维系。在欧洲，人们赖以维持社会秩序的有两样东西。一是宗教，再是法律，换言之，欧洲人民所以就范于秩序，主要依靠对上帝的敬畏和对法律的畏惧。这里畏惧本身就含有使用强权的意思。而为了保持对上帝的敬畏，欧洲人民不得不养活一大批奢侈而又游手好闲之辈名曰教士，不说别的，仅就其所意味着的巨大的奢侈而言，它最终就足以变成欧洲人民不堪忍受的重累。实际上，三十年宗教战争，就是欧洲人民意欲摆脱教士的举动。在摆脱通过敬畏上帝来维持秩序的教士之后，欧洲人民又试图通过畏惧法律来维持社会秩序，可是，要保持对法律的畏惧，欧洲人又不得不养活另一个更加奢侈浪费和游手好闲的阶层名曰军警。现在，欧洲人民又开始发现用军警来维持秩序，甚至于比用教士还具灾难性。事实上，正如同在三十年战争中欧洲人民想要摆脱教士一样，在目前的这场战争中，欧洲人民真正要做的，是要摆脱军警。可是，如果欧洲人民欲意摆脱军警，那么摆在他们面前的选择，要么就是重新招回教士以唤起人们对上帝的敬畏，要么就是去寻找另一种别的东西，像敬畏上帝和畏惧法律一样，帮助其维持社会秩序。②

在这里，欧洲人又陷入了"恶性循环"：敬畏上帝——养活教士——畏惧

---

① 《中国人的精神·导论·良民宗教》，《辜鸿铭文集》，下册第22页。
② 《中国人的精神·导论·良民宗教》，《辜鸿铭文集》，下册第22—23页。

法律——养活军警——招回教士，问题始终不能解决。

在辜鸿铭看来，其根本原因，就是欧洲人认为人性本恶，而中国人则认为人性本善。

> 因为他（中国文明）拥有欧洲人民战后重建新文明的奥秘。而这种新文明的奥秘就是我所谓良民宗教。这种良民宗教的第一条原则，是要相信人性本身是善的；相信善的力量；相信美国人爱默生所说的爱和正义的法则之力量与效用。可是，什么是爱的法则呢？良民宗教教导人们，爱的法则就是要爱你的父母。那么，什么又是正义的法则呢？良民宗教告诫人们，正义的法则就是要真实、可信、忠诚；每个妇人必须无私地绝对地忠诚其丈夫，每个男人必须无私地绝对地忠诚其君主、国王或皇帝。在此，我想最后指出，这种良民宗教的最高责任，就是忠诚之责任（Duty of Loyalty），忠诚，不仅表现在行事上，而且蕴藏于内心，或如丁尼生所言："尊崇国王，仿佛国王就是他们的良心，良心就是他们的国王，打倒异教徒，捍卫救世主。"①

在这里，辜鸿铭的逻辑是，由公理和正义就能相信善的力量，善即是人的本性，由善就能本能地爱而呈现最高的道德责任感。东方文明断定人类本性善，就是承认人有内在的超越。而欧洲文明是断定人性是恶的，所以整个社会秩序要用武力来维系，具体讲就是依赖外在的宗教和法律、警察。这是不可能解决问题的，只有中国的"良民宗教"才行。他说：

> 中国的此种良民宗教，是一种不需教士和军警就能保证全国秩序的宗教。事实证明，由于拥有这种良民宗教，广大的中国人民，这个人口即使不比整个欧洲大陆人口众多，至少也和其不相上下的民族，在实际上和实践上，没有教士和军警，却始终保持着和平与秩序。凡是生活在中国的人都知道，那些教士和军警，在帮助维持公共秩序方面只起极其不明显的、微不足道的作用。在中国，只有

---

① 《中国人的精神·导论·良民宗教》，《辜鸿铭文集》，下册第25—26页。

最愚昧无知的阶层才需要教士，只有那最邪恶的罪犯阶层才需要军警。①

辜鸿铭强调，要唤起欧美人民注意，值此文明濒临破产的关头，在中国这儿，却存有一笔无法估价的、迄今为止不容置疑的文明财富。这笔财富不是该国的贸易、铁路，也不是该国的矿藏金银铁或煤之类。这笔文明的宝藏，正是中国人——那拥有"良民宗教"且尚未遭到毁灭的真正的中国人。"这真正的中国人，我说，他是一笔文明的财富，是因为他作为一个人，只花销这个世界极少或几乎不花费什么，就能规规矩矩就身秩序。"辜鸿铭还警告那些欧美人，不要去毁坏这笔文明的财宝，不要去改变和糟蹋那真正的中国人，不要"把他变成一种欧美人，也就是说，将其变成一种需要教士和兵警才能就身秩序的人"。"然而，从另一方面想，如果能通过某种途径或手段，来改变欧美式的人，将欧美人变作不需要教士和兵警便能就身秩序的真正的中国人，那么可以预料，世界将为此而摆脱一种多么沉重的负担。"②

辜鸿铭认为，孔教与佛教、基督教的思想体系是根本不同的。首先，孔教的"教"跟宗教的"教"的含义不一样。他在《呐喊·现代教育与战争》中说：

……在欧美所有的基督教国家里出现了教堂和学校、宗教和教育分道扬镳的局面。这种区别，即宗教和教育的非自然的分离，实际上成为今天欧洲民众精神上混乱状态的根源。而中国则不同。在此我想指出，中国文明中最其特性的一点就是，教育宗教与宗教教育不是截然分开的。中国的"教"字指的是授课、教育，同时也是宗教的名称。换言之，在中国，学校即教堂，教堂即学校。可是在欧洲，正如我说过的那样，宗教是宗教，教育是教育，教堂是教堂，学校是学校。事实上，对于教育与宗教的非自然分离，并没有什么特别的规定。就我所知，大不列颠的法律今天甚至连在国家资助的学校里阅读基督教圣经也禁止。法国人走得更远。在公学里，国家

① 《中国人的精神·导论·良民宗教》，《辜鸿铭文集》，下册第24页。
② 《中国人的精神·导论·良民宗教》，《辜鸿铭文集》，下册第24—25页。

不但禁止讲授基督教，而且为了自己的需要，在公学里甚至又创造了一种名之曰"伦理"教的新宗教。①

在中国，宗教教育和学校教育是一致的，都是讲"终极关怀"，提高人们道德责任感，做正义和公正的事。教育人们做事要有高尚的动机，要有责任心。辜鸿铭在《中国人的精神》中说：

> ……"名分大义"。我将其译为有关名誉与责任的重大原则。儒教与其他宗教的本质区别也正在于此。在中文里，"教"也常用来指代别的宗教，如佛教、伊斯兰教和基督教。但是儒学则称为名教——名誉的宗教。孔子教诲中的另一个词是"君子之道"，理雅各将其译为"上等人的行为方式"。它最接近于欧洲人语言中的道德法则——照字面直译为君子法。实际上，孔子全部的哲学体系和道德教诲可以归纳为一句，即"君子之道"。孔子将这一思想编纂成典并使之成为宗教——国教。国教中最重要的思想就是"名分大义"——关于名誉与责任的原则——或许可以称之为"名誉大法典"。孔子在国教中教导人们，君子之道、人的廉耻感不仅是一个国家，而且是所有社会和文明的合理的、永久的、绝对的基础，除此之外，别无其他。我想诸位，甚至那些认为政治毫无道德可言的人也会承认，廉耻感对于人类社会是多么的重要。但是，我不知诸位是否都知道，为了使社会的每一部分都得以运转，廉耻感不仅是重要的，而且是绝对必要的。正如谚语所说："窃贼亦有廉耻之心。"人丧失了廉耻，所有的社会与文明就会在倾刻间崩溃。②

在辜鸿铭看来，"名分大义"是儒教与其他宗教本质区别之一。与此相联系的，他认为另一个重大区别，是儒教为社会的宗教或国教；而其他宗教，则是个人的宗教或称教堂宗教。辜鸿铭继续写道：

> 实际上，儒教与欧洲人心目中的宗教如基督教、佛教之间真正的不同在于：一个是个人的宗教或称教堂宗教，另一个则是社会的

---

① 《呐喊·现代教育与战争》，《辜鸿铭文集》，上册第497—498页。
② 《中国人的精神》，《辜鸿铭文集》，下册第45—46页。

宗教或称国教。我说孔子对中华民族最大的贡献，是给予了人们真正的国家观念。孔子正是为了赋予人们真正的国家观念而创立了儒教。在欧洲，政治成了一门科学，而在中国，自孔子以来，政治则成为一种宗教。简言之，孔子对中华民族最大的贡献，即在于他给了人们一个社会宗教或称为国教。孔子的宗教思想反映在他晚年的一部著作中，书名为《春秋》。之所以如此取名，是因为该书揭示了国家治乱的根源——道德。国家的兴衰就仿佛季节中春与秋的变化。……在这部书中，孔子描述了腐败的国家、衰弱的文明所带来的苦难与不幸；指出问题的根源在于人们没有一个正确的国家观念，对自己的责任没有正确的认识——他们不懂得个人应该服从国家、忠于君主。①

辜鸿铭讲这些话的目的，是说儒教是国教，是政教合一的。国家通过教育，把以孔子为代表的儒家思想传授给人们，使之知"名分大义"，有廉耻，有道德责任感，思想行为就会符合正义和公道，国家社会就有秩序。辜鸿铭说：

在欧洲，国家和教会是两个分离的机构，而在中国则合而为一。在欧洲，教会负责人民的道德，国家则主要负责维持秩序。而在中国，国家既要负责人民的道德，又要负责维持秩序，二者兼管。欧洲的教会得以促进人民道德的权威本源，是上帝；而在中国，国家得以促进人民道德的权威本源，是皇帝。因此，在欧洲，如果你破坏和取消了对上帝存在的信仰，维持民众的道德即便不是不可能，也将是困难的。同样，在中国，如果你攻击和取消了人民对皇帝的尊崇，你就等于破坏了中国人民的道德赖以存在的整个结构——事实上你破坏了中国宗教，它不是超越尘世的神道教，而是一种人间教，一种以中华帝国大清王朝为天堂，以皇帝为上帝——上帝的代理人的宗教。一旦破坏了这种宗教，你在中国要保持民众的道德，哪怕是一般水平的道德，也是不可能的。正是由于这个原因，我认

---

① 《中国人的精神》，《辜鸿铭文集》，下册第44页。

为在中国对皇帝的忠诚是一种宗教，可以说，它是儒家国教（State religion）的基石，与欧洲的教会宗教（Church religion）区别开来。正如在欧洲，殉道者因为信仰基督——上帝之子而万死不辞一样，在中国，殉道者则宁愿万死，也不放弃对于君主——天子和天使的忠诚。这一点从中国历史上可以得到证明。[①]

辜鸿铭特别指出，孔教，也就是中国宗教，它不是超越尘世的神道教，而是一种人间宗教，以国家为天堂，以皇帝为上帝。这种中国宗教就是要使民众有道，所以叫作"良民宗教"。而佛教、基督教则是超越尘世的神道教。

相反的，欧洲政教分离，国家的学校教育离开宗教教育，其教育必然脱离道德，为军国主义服务，如对人们的爱国主义教育的问题。辜鸿铭说：

> ……现代学校里所教授的爱国主义的宗教。这种宗教在欧洲许多国家中已排挤了基督教。现代学校、现代教育对爱国主义都传授了些什么呢？现代教育教导说，爱国主义意味着，作为一个好的国家的好公民，每个人应完成自己的义务，应对自己的国王或皇帝效忠，应遵守法律，应按照自己的能力而不超出自己的可能生活，应偿还债务，应成为父母的孝子，应洁身自好，应早成家立业。[②]

辜鸿铭还说，"爱国主义不过是指为选举权呐喊，为本国政府鼓舌"，"维护祖国的声望"，不管是正义、公正还是相反。"如果可能的话在任何情况下以体面的方式，攫取利益，为本国人民争取贸易及别的特权。现代教育最后还指出，爱国主义就是摇旗呐喊，抓住任何机会，高举火把参加游行。事实上，爱国主义就是不论你到什么地方都要高举祖国的大旗。简而言之，从现代教育的意义上讲，就是高扬祖国的大旗，大谈热爱与赞美本民族人民。"[③] 辜鸿铭进一步指出：

---

① 《中国牛津运动故事·雅各宾主义的中国》，《辜鸿铭文集》，上册第288—289页。
② 《呐喊·现代教育与战争》，《辜鸿铭文集》，上册第499页。
③ 《呐喊·现代教育与战争》，《辜鸿铭文集》，上册第499页。

　　"孝悌者也者，其为仁之本与？（人生之本为孝悌）"在我看来，
这也正是孔子的学说与其它大的宗教思想体系或真正的宗教如佛教
和基督教的根本区别之所在。佛教和基督教的宗旨之一，是教导人
们怎样成为一个好人。而孔子的学说则更进一步，教导人们：怎样
成为一个好的社会公民。佛教和基督教告诉人们，如果人们想成为
一名好人，一名上帝之子，人们只需思索灵魂的状态及对上帝的义
务，而不必思考现实世界。作为另一种学说的儒教认为，为了保持
良好的心境，思考灵魂的状态是很有必要的，但同时还必须思考上
帝把人类置于其间的人世，以根据上帝的意愿完成其功业。如果人
们希望对上帝尽义务，那么同时也必须对人类尽义务，即孝悌之义
务。事实上，本来意义上的宗教，如佛教和基督教是告诉人们，当
人们作为公民居于斯世时，就不能成为好人。因此要想成为好人就
要下决心离开现实世界，不再做一个公民。换言之，本来意义上的
宗教如佛教和基督教是一种为人们谋划怎样隐迹于山林荒野，以及
为那些在北戴河避暑的小屋里，不干别事，只对其灵魂之状态和对
上帝之义务进行思索的人设立的宗教。孔子学说的精义却与此大相
径庭。如果人们乐意，可以称之为宗教，也可以称之为道德体系，
它告诉人们作为公民应如何生活，即是为那些卡莱尔说的"要纳税，
付租金和有烦恼"的人所设的宗教。一言以蔽之，人们可以称这种
孔教为一种良民宗教。①

辜鸿铭把佛教徒避世修行看作是享乐。而"良民宗教"孔教，"不是一种
享乐的宗教。正因为它不是为那种狂热的圣徒而存在的，因此它也不是
那些命运的宠儿的宗教，作为这种宗教的教徒，是不可能在北戴河的避
暑小屋安逸地度日的。我想在这里指出的是，遵循孔教的教义准则去生
活要比遵循佛教和基督教的教义要难得多。如果想成为一名好的僧侣或
基督徒，只需剃度，穿上袈裟，住进寺院或到北戴河去，静思其灵魂状
态和对上帝之义务就行了。可是要想成为一名好的孔教的弟子，就不仅
要思索其灵魂状态和对上帝的义务，还要考虑对于人类的义务。要确实履

---

① 《呐喊·孔教研究之二》，《辜鸿铭文集》，上册第540页。

行其责任、善行和彬彬之礼，要像对待岳母似地对待共和国总统。简而言之，儒教——孔子的学说，就是孝悌之宗教，它不是一种享乐的宗教。"①

在辜鸿铭看来，"良民宗教"是中国的希望，是人类的榜样。辜鸿铭继续说：

> 中国的希望，在于麦嘉温博士说的中国人内心那种对于权威的尊崇，在于良民宗教！尽管我们在最近的两年半中经历了急剧的动荡，有着一个除了搜刮钱财、挥霍、发布条令和不断许愿之外，其实什么也没做的政府，但是在这样一个泱泱大国里，和平与秩序仍然被人民遵循。仅此一点便令外国人大为惊异。面对这些事实，我们应该感谢的不是像许多外国人所想象的，是袁世凯的敏锐智慧或他的某位臣卒，而是中国的民众还没有丢掉他们内心对于权威的尊崇和良民宗教。简而言之，中国今日的希望不是袁世凯，而是孔子的良民宗教。在本文的开头，我引用过孔子的一位弟子的话，你们可以从中找到这种良民宗教的简明解释，并可将其要点归纳如下：首先，和平、秩序与安宁乃至国家本身的存在，不是依赖于法律和宪法，而是仰赖于中国的每个臣民都尽自己最大的努力，去过一种真正虔诚的生活，或时髦地说，一种道德的生活；其次，孝弟应作为道德生活或虔诚生活之本；再次，良民宗教的秘密是人们尽义务而不是争权利。人们不对权威表现出不信任和怀疑，而表现出对它的尊崇。孟子用一句话概括了这种良民宗教："爱其亲，畏其上，世永昌。"②

在这里，辜鸿铭把"良民宗教"解释得非常清楚，就是道德生活，而道德生活核心是孝悌。《论语·学而》曰："其为人也孝弟而好犯上者，鲜矣！"朱熹注曰："善事父母为孝，善事兄长为弟。"③儒家认为，为人能做到"孝悌"，就不会犯上；不犯上，就不会发生逆理乱常之事。这样，社会秩序就会安定和谐。辜鸿铭所说的权威，就是指圣贤。尊崇权威，就是尊崇圣贤，就是向圣贤学习，人人可以为尧舜。

---

① 《呐喊·孔教研究之二》，《辜鸿铭文集》，上册第 541 页。
② 《呐喊·孔教研究之二》，《辜鸿铭文集》，上册第 545—546 页。
③ 《四书章句集注》，《论语集注》卷一。

　　辜鸿铭把"良民宗教"之道德责任感看成是中国文化的精髓，"它构成中国文明设计下的人类行为和社会秩序的基础"。对于这种道德责任感，辜鸿铭说：

　　　　外国领事退还了钱，不是因为有任何外在的压力迫使他们这样做，也不是因为他们这样做能从中得到任何好处，而是因为这样做才对，不这样做即错，（也就是说），他们这样做是出于那种对正确和错误的意识，那种道德责任感。因此，道德行为就是受（追求）正确的自由意志驱使、出自纯粹的道德责任感的行为。道德，就是对道德责任感的公认和服从。正是人类的这种道德责任感，不仅使得文明、而且使得人类社会的存在成为可能。①

这种道德责任感就是今天新儒家学者所讲的"终极关怀"。在儒家看来，一个人即使财产很多，那是身外之物，他的内心还会空虚；唯一能克服内心空虚的，是自己内在的方寸之地树立生命的意义和价值。这就是辜鸿铭所说的"道德责任感"。现代人谈论道德伦理问题，往往是非此即彼，非彼即此，或者归为外在的党派、神祇。儒家认为，这种道德责任感是发自自己内心的生命力，是人之所以为人的生命呈现。这种道德责任感到科学、宗教或政治、经济里去找是寻找不到的，只能求诸己，即孔子所说的"为仁由己"②。

　　辜鸿铭认为，正是人类的这种道德责任感，不仅使得文明，而且使得人类社会的存在成为可能。如果每个人都无视人类无所不在的这种道德责任感，那么他所寄生的那个社会将是一种什么状态！那个社会，哪怕只存在一个时辰或一瞬都是不可想象的。另一方面，如果每个人都能完满地按照这种道德责任感来行事，那么他所在的那个社会将是一个完美无缺的社会，它不仅不需要警察，甚至连一切政府都不必要存在。因此，辜鸿铭认为中国文明是一个道德的、真正的文明。他说：

　　　　我认为中国文明是一个道德的、真正的文明。首先，它不仅公

————————

① 《英译〈中庸〉序》，见《辜鸿铭文集》，下册第510页。
② 《论语·颜渊》。

认这种道德责任感，将其作为社会秩序的根本基础，而且还把使人们完满的获得这种道德责任感作为唯一的目标；因而在社会秩序、教育方法、统治方式和所有社会设施中都贯彻这一目标，旨在教育人们获得这种道德责任感；所有的那些习俗、风尚和娱乐，都只是通过激励和规划使人们容易服从这种道德责任感。简而言之，在人类朝着他们进步的方向上面，中国文明树立了一种理想的目标，它不是要限制每个人的快乐，而是限制自我放纵，使每个人都得到幸福，"致中和，天地位焉，万物育焉。"[①]

辜鸿铭认为，尽管当时中国陷于政治混乱和濒临饥饿，但是政府的工作仍在运行，人民仍然守法。这种内在的力量就是"来自于中国人民强大的道德责任感"[②]。

辜鸿铭的结论是，中国人民的这种强大的道德责任感"从中国文明中来。因此，我认为中国文明是一个奇妙的成功"[③]。

附：辜鸿铭著作简介

《张文襄幕府纪闻》上下卷　在《清人说荟初集》中。

《读易草堂文集》内外篇

《蒙养弦歌》（英文本）1 册

《辜鸿铭文集》　冯天瑜标点。岳麓书社 1985 年出版。

《辜鸿铭文集》上下册　黄兴焘等译。海南出版社 1996 年出版。能看到的辜鸿铭中外文（外文已译成中文）著述都收入此书内，似是全集。

① 《英译〈中庸〉序》，《辜鸿铭文集》，下册第 511 页。
② 《英译〈中庸〉序》，《辜鸿铭文集》，下册第 512 页。
③ 《英译〈中庸〉序》，《辜鸿铭文集》，下册第 512 页。

结 束 语

　　朱熹是中国宋代理学的集大成者，朱子学是中国后期封建社会政治、法律、道德、艺术、教育等上层建筑各个领域的指导原则，国家的正宗思想；同时对日本、朝鲜和东南亚一些国家的思想文化有深刻的影响，已是世界性学说。这个在历史上发挥巨大作用的朱子学原是由地域性的学派闽学，即福建朱子学，发展和壮大起来的。当朱子学超出福建范围成为巩固封建统治秩序的强大精神支柱并具有世界意义之后，人们却忽视它在其故乡福建的发展情况。其实，南宋以至民国，福建朱子学代代相传，在完善和充实朱子学的思想体系上起了重要作用，对中国哲学作出了巨大贡献，在省内外以至国外发生了巨大影响。

一　福建朱子学是福建文化的主流，
促进了福建学术文化的兴盛

　　中国是一个疆域广阔、人口众多的国家。中国各地居民所处自然环境、民族特点和社会历史的差异，造成了中国各地区的思想文化的不同特点和发展水平的不平衡。福建地处中国东南沿海，离全国的政治、经济和文化中心较远，与中原地区相比，原是十分落后的。春秋时，越人的一支——闽越族散居在今福建北部和浙江南部一带。据《周礼·夏官司马》记载，"叔熊居濮如蛮，后子从分为七种，故称七闽"。此时当地居民处于断发文身崖葬的阶段，而中原已出现《诗经》这样不朽的作品，足见当时闽中与中原文化上的差异悬殊。据记载，秦始皇二十六年（公元前221年）置闽中郡。汉高祖封闽越国，另设县治，隶属会稽郡；相传越王勾践的后裔无诸受封为闽越王，治东冶（今福州）。① 南朝陈武帝永定年间（557—559）置闽州。唐玄宗开元二十一年（733 年）置福建经略使，首次出现"福建"名称；唐代宗大历十二年（777 年）称古闽中或闽。此前，今福建区域或属扬州、江州、东扬州，或称建安、晋安等。南宋时，福建行政单位有一府，即建宁府；二军，即邵武军、兴化军；五州，即南剑州、福州、泉州、漳州、汀州。府、军、州合之称为八闽。元惠宗至正十六年（1356 年）才设立福建省。"闽"字是门字内加虫字。在汉代许慎的《说文解字》里，闽字不是放在门部，而是放在虫部，意为此地多虫，即野兽多、不开化。唐朝人还视闽为瘴疠地、蛮夷之邦。唐朝以前到福建任职的官员多出于贬谪。② 中国的科举制度是从隋朝开始的，至唐朝全国普遍。但是，当时闽人由于读书人少，应科举考试的人屈指可数，以致中原人耻笑闽人未知学。唐中宗神龙元年（705 年）登第的长溪（今福安）人薛令之，是福建第一个进士。唐昭宗天祐四年（907 年）的进士——晋江人欧阳詹说：

> 某代居闽越，自闽至于吴，则绝（无）同乡之人矣！自吴至于楚，则绝（无）同方之人矣！过宋由郑逾周到秦，朝无一命之亲，路无回眸之旧。③

说明当时福建文化落后，北上宦游之士极少。就是到北宋初年，北方人还视闽、浙等地"南人"文化水平低。如当时福建南安人刘昌言，虽官至同知枢密院地位，同僚耻笑他语带闽腔。④ 福建的文化与全国文化的形势相比，不能不承认落后了一大截。

福建至宋代，文化迅速昌盛起来，超迈而走上全国的步伐。宋洪迈说：当时福建"冠带诗书，翕然大肆；人才之盛，遂甲于天下"，被称为"海滨邹鲁"，大有咄咄逼人、骎骎凌驾于中原之势。⑤ 究其原因，除了两宋中州士人再次大量南迁、中国政治经济重心南移、闽地商品经济发达、

---

① 《史记》卷一百一十四，《东越列传》。
② 以上参见［清］段玉裁：《说文解字注》，中州古籍出版社 2006 年版，第 673 页。
③ ［唐］欧阳詹：《欧阳行周文集》卷八，《上郑相公书》。
④ 参见朱维幹：《福建史稿》，福建教育出版社 1985 年版，上册第 247 页。
⑤ ［宋］洪迈：《容斋四笔》卷五，《饶州风俗》。

航海对外贸易繁荣等外，就是由于游酢、杨时、朱熹及其后学极力提倡和发展理学（新儒学），创立道南学、福建朱子学，极力兴办教育，培养出大批人才，才使得僻处海隅的福建文化有彻底改观的历史机遇。

当福建朱子学于宋元间成为国家的正宗思想后，它在故乡福建仍继续演变发扬光大，至清末，具有十分丰富的学术文化内容，不仅充实和发展了朱子学，并成为福建文化的核心思想。而且，福建大部分地区的文化，与闽浙赣交界武夷山一带地区的文化一起，成为继北方中原地区文化之后国家新的文化重心。

中华民族文化的一般特征，是福建文化的主体部分，而它的区域性的特点也是十分显著的，独呈异彩。以朱熹为代表的福建朱子学思想依据社会地理环境和人情世故的特点而特具超前意识，他们把福建士人的根深蒂固的学、农、商相结合的观念吸取进来，即物穷理，使其学萌生近代工商精神，成为福建文化的一大特征。南宋莆田人刘克庄说：

> 闽人务本亦知书，若不耕樵必业儒；惟有桐城南郭外，朝为原宪暮陶朱。[①]

桐城即泉州。原宪很会读书，是孔子学生中唯一的江南人。陶朱（范蠡）很会做生意，他辅助越王勾践兴越灭吴后，弃官从商而大富。在福建朱子学创始者的思想里，也反映出这种学、农、商相结合的观念。朱熹的父亲朱松，曾"下从算商之役于岭海鱼虾无人之境"贩卖。[②] "文字钱"是朱熹经济收入中的来源之一，是朱熹为人撰书文字酬劳金和"设书肆，刊印书册"。[③] 对朱熹经营刻书售书之业，张栻认为有损其名誉。[④]

在福建，重商趋利已形成一种传统观念，认为是建家立业的必要手段。福建朱子学者继承和发扬了这种观念。这种颇具近代意义的经济观念，似乎萌发得比人文发达的中原地区早了很多。包括福建朱子学学者在内的一些官僚士绅认为，"生意为求财之路，财物为养命之源，行货曰

---

① ［宋］刘克庄：《后村先生大全集》卷十二，《泉州南郭二首》。
② 《晦庵集》卷九十七，《皇考朱公行状》。
③ 见《退溪先生文集》卷十一，《答李仲久问目》。
④ ［宋］张栻：《南轩集》卷二十一，《答朱元晦秘书》。

商，居货曰贾，皆所以为财也。礼义生于富足，财也安可少哉!"① 在福建一些地方，"子弟二十尚无足观，便当弃儒就贾，次则习艺，再则农耕"。② 中国古老的"崇本抑末"观念，在福建文化中被颠倒了。这与福建朱子学的超前意识是分不开的。

由上可见，福建朱子学思想贯穿于福建文化的各个方面，是福建文化的核心部分，极大地促进了福建文化的发展。

福建至宋代文化迅速兴盛起来，推行书院制度和民间自由讲学是一个重要原因。朱子学学者大都十分重视教育事业，他们有的在朱熹有关的精舍、书院的基础上，或者自设精舍、书院，进行教育事业和学术活动，培养人才，撰述著作。他们把教育培养人才和学术研究结合起来，是闽学书院活动的一大特色。

朱熹在世时，他亲自办了多处县学、精舍、书院，有门人五六百人。今人陈荣捷在《朱熹与书院》中说：

> 朱子个人与二十四所书院有关，其中包括三所精舍。若干种类是相跨的。例如，朱子在这些书院中讲学，他也为这些书院题匾额。还有许多其他书院的关系，未记载或者隐没在地方志里。许多庙宇都建立起来祭祀他，还有许多祠堂的建立是为纪念他的来访。后来这些大多数的祠堂，都变成书院。戴铣在 1506 年所写的《朱子实纪》，他列举书院达二十八所。王先谦这位湖南大儒在 1888 年所写的一篇文章，仅湖南一处，他举书院十所。除了一所以外，所有书院都在一种或他种方式与朱子有关。至少朱子有八位门人建立书院，其中尚有门人之父与门人之孙先后承建者。又至少有七人充任堂长。还有至少有六七人在书院中讲授，其中尚有一位门人有随游者数百人。还有至少三人很有名地在推行白鹿洞学规。朱子及其门人，在推行书院制度上，在宋代较之其他社团，更为积极与活跃，那是毫无疑问的。③

---

① ［清］廖冀亨、廖鸿章：《求可堂两世遗书》卷三，《求可家训》。

② 民国《上杭县志》卷二三，雷赞明：《溪池遗训序》。

③ 台北《史学评论》，1985 年第 9 期。

陈氏所述与朱熹有关的精舍、县学、书院等数字，因其资料不足，是最低限度，已足以说明朱熹推行书院制度和民间讲学对文化的重大贡献。

众多的福建朱子学学者散居在福建各州县，创办官学和私学，以书院为据点，著书立说，登台授徒，接引后学。黄榦说："一日不讲学，则惕然常以为忧。"① 他们为历代朝廷培养出大批人才，使福建有"海滨邹鲁"之称，跟中国儒家思想的发源地山东邹县、曲阜相媲美。

朱熹推行书院制度和民间讲学活动，对福建文化的发展具有很大的促进作用。不仅朱熹及其门人所建县学、精舍、书院历代延续并扩大起来，而且纪念他们的祠堂、过化处等也大都改为书院和成为文化教育和学术研究的中心。这样，与朱熹等福建朱子学学者有关的书院或教育中心，遍布福建各州县以至乡里，形成南宋元明清时代福建全省的文化教育网。这是福建宋代以后文化兴盛的基础。尹德新等的《中国书院制度》所辑的宋代书院 60 家中，闽北占 13 家。仅建阳一地就有云谷、庐峰、云庄、瑞樟、同文、环文、潭溪、鳌峰等数家。朱熹之后，闽北书院代代相延，长盛不衰。清史贻直说：

> 六朝时，自顾野王讲授其中（按指武夷山），文学以显。至宋赵清献筑吏隐亭于三曲，其后杨文肃、胡文定昌道于此。及朱子开紫阳书院，诸大儒云从星拱，风流相继。迄元明以至于今，而闽学集濂洛关之大成，则皆讲学于此山者，而山之名遂甲于天下。②

迄朱熹开武夷精舍，四方向道者云集，诸贤儒相继星拱，如蔡氏之咏归堂、南山书屋，游氏之水云寮，熊氏之洪源书院，真氏与詹氏筑室幔亭峰。且与朱熹前后主管（武夷）冲祐观者，共 24 人，皆当时名儒。到了元朝，有杜清碧以平川结思学斋、怀友轩，授徒讲学，名闻朝野。时有陈霍童居武夷，修明闽学，从游者数百人。明清诸儒如王文成、李见罗、湛甘泉、邹东廓、唐荆川、罗念庵、黄石斋等，皆先后讲学于武夷山，为名山所托重。

---

① 《勉斋集》卷三十六，《朱子行状》。
② 乾隆《武夷山志》卷首，[清]史贻直：《武夷山志序》。

再如福州一带。朱熹说："福州之学，在东南为最盛，弟子员常数百人。"① 黄榦在福州附近的闽县办学，"弟子日盛，巴蜀、江、湖之士皆来，编礼著书，日不暇给，夜与之讲论经理，亹亹不倦"。② 在朱熹、黄榦等闽学学者的影响和带动下，福州在宋代有书院 54 所，于其后元、明、清又有很大的发展。福州每岁节既五日，各遣弟子入学。"凡乡里各有书社……龙昌期咏福州诗云：'是处人家爱读书。'程守师孟诗云：'城里人家半读书。'又云：'学校未尝虚里巷。'"③ 此是指朱熹前后，真是一幅全城为学的兴旺景象。此外，陈淳在闽南办学，"漳泉士人争师之"，波及莆田等地，也是"比屋业儒，俊造如林"。④ 这样，朱熹和门人及其后学所创之县学、精舍、书院遍布全省，南宋元明清时代福建全省形成了一个文化教育网络。

在中国古代，官学和私学相互补充，结合在一起。到朱熹活动的南宋，在异族和异教（主要是佛教）的侵蚀下，士风萎缩，教育经费困乏，公立教育事业不能解决士风衰微的问题，更不能满足社会对教育的要求，于是私学进一步就发展起来。朱熹及其后学，以武夷精舍、考亭书院、福州鳌峰书院等为中心，把教学与学术研究结合起来，教授闽学，研究闽学，恢复和发展儒学，排斥释、道异端之学，振兴民族文化。因为他们大部分为官员，所办的书院有的具有公私立学校相结合的性质。对此，韩国朱子学家李退溪说：

> 夫书院何为而设也？其不为尊贤讲道而设乎？自宋朝四书院之后，渐盛于南渡而大盛于元明之世。彼数代非无国学乡校而必更立书院者何也？国学乡校有科举法令之拘，不若书院可专于尊贤讲道之美意。故或因私立而国宠命之，或国命立之而择人教养也。若吾东方，则至当代而后始许立院，所谓因私立而国宠命者。窃仰圣朝

---

① 《晦庵集》卷八十，《福州州学经史阁记》。
② 《宋史》卷四百三十，《黄榦传》。
③ ［宋］梁克家：《淳熙三山志》卷四十，《土俗类》。
④ 《宋史》卷四百三十一，《陈淳传》。

之意，亦岂非慕数代之遗风而欲庶几，云云。①

李退溪的时代李朝相当于中国明代中叶。这是说南宋及其后的教育学校（国学乡校）具有公立和私立相结合的性质，并以此纠正科举法令之弊。朱熹等福建朱子学学者把书院由原来官家统制更多地转向民间私学为主导。这是其福建朱子学家们书院教育的一大特色。

雕版印刷是我国对世界文化的三大贡献之一。马克思说：

> 火药、指南针、印刷术——这是预告资产阶级社会到来的三大发明。火药把骑士阶层炸得粉碎，指南针打开了世界市场并建立了殖民地，而印刷术则变成新教的工具，总的来说变成科学复兴的手段，变成对精神发展创造必要前提的最强大的杠杆。②

宋代的雕版印刷业，"其精吴为最，其多闽为最，越皆次之"③。福建历史上刻版印刷业兴盛于宋代，是与朱熹和历代福建朱子学学者紧密地联系在一起的。

朱熹在书画和金石镌刻上都有很高的造诣。朱熹在任福建泉州府同安县主簿的三四年中，抛弃县官陋俗，与下层人士接近，教授从事金石镌刻者，培养工艺人才，促进了泉州雕版印刷业的发展。据考察，泉州历代雕版刻工俱出于近郊涂门的田庵村，而其祖传的刻艺为朱熹所传授。福建历史上的刻版印刷业是直接渊源于朱熹等福建朱子学学者的。④

最能说明朱熹等福建朱子学学者对刻版印刷业贡献的，是闽北刻版印刷业的兴盛。宋祝穆说："（建宁）麻沙、崇化两坊产书，号为图书之府。"⑤麻沙即今麻沙镇，崇化即今书坊乡，两地相离约7公里，离建阳县城约30公里，南宋时两地并称为刻版印刷的中心。崇化较为偏僻，交通不便，刻版印刷业不如麻沙先进发达，所以"建本"只称"麻沙本"。南宋时，麻沙的刻版印刷业全闽最盛，匠户人口当以数千计。朱熹说：

① 《拟与丰基郡守论书院事》，《增补退溪全书》，韩国成均馆大学校大东文化研究院1979年影印本，第1册第341—342页。

② 《马克思恩格斯文集》第8卷，人民出版社2009年版，第338页。

③ ［明］胡应麟：《少室山房笔丛》卷四，《经籍会通四》。

④ 参见《泉州长文史资料》，1962年9月，第7辑第75页。

⑤ ［宋］祝穆：《方舆胜览》卷十一，《建宁府》。

"建阳版本书籍行于四方者，无远不至。"当时泉州海船还把建本图书远销海外。因为建本图书在国内外享有崇高声誉，麻沙、崇化两坊便有"图书之府"的美称，还有"小邹鲁"的雅号。①

对于闽北刻版印刷业之盛，南宋刘克庄说："巍巍考亭，为宋阙里，两坊文籍大备。"宋末元初的熊禾说："文公之文，如日丽天；书坊之书，犹水行地。"这两桩盛事确实是有必然的联系的。②

闽北刻版印刷业的兴盛，主要是基于经济和政治方面的原因。但是，朱熹等学者的直接推动作用，却是不能忽视的。他们在闽北所办书院、精舍，比比皆是。除大量学徒外，还吸引众多来自各地的知名学者。由于朱熹等的影响，闽北有良好的读书风气，如建阳是"明星在天灯影烂，满城书声起夜半"。③此外，朱熹还提倡藏书，除私藏外，还在官府、书院办经史阁、小书楼等。当时建阳的同文书院，是朱熹为贮藏图书而建造的。这就给闽北的刻版印刷业提供了市场。朱熹说："学于县之学者，乃以无书可读为恨。"④可见当时刻版印刷出来的书是供不应求的。因此，当时一些书院也自己刻书出售，如建安书院刻《周易玩词》16卷；武夷精舍刻《小学》6卷，封面题曰"武夷精舍《小学》之书"。朱熹还委托蔡元定为之刊行《中庸章句》《诗经集传》；委托蔡渊刊行《魏书》《参同契》等。⑤书院刻书因不完全是为了盈利，比坊间所刻之书在印刷和校勘上质量更高。如朱熹的《韩文考异》10卷、《阴符经考异》1卷等，在被建阳的书院刻版过程中作者亲自校勘。应该说明的是，据记载，明人所谓"宋时刻本，以杭州为上，蜀本次之，福建最下。……闽建阳有书坊，出书最多，而板纸俱最滥恶，盖徒为射利计，非以传世也"，是指朱熹之后的建本图书。⑥

书院内自行刻书是闽学书院的传统。据记载，唐朝的集贤殿书院也

---

① 嘉靖《建阳县志》卷六。
② 嘉靖《建阳县志》卷五。
③ ［清］郑志路：《书灯田》。见［清］张应昌：《国朝诗铎》。
④ 《晦庵集》卷七十八，《建宁府建阳县学藏书记》。
⑤ 《晦庵续集》卷二，《答蔡季通》。
⑥ ［明］谢肇淛：《五杂俎》卷十三。

是"掌刊辑经籍"的。① 在朱熹之后的闽学书院，大量刊刻先儒遗著，如清代福州的鳌峰书院有 55 种，正谊书院有 525 种，等等。

在明嘉靖《建阳县志》里有篇《书坊书目》，列书目 382 种。从中可以看出朱熹为书坊提供了许多书稿，请其刻印，其中有《近思录》《小学》《周易本义》等。据考证，朱熹的著作在闽北刊行的很多，是首刊还是复刊难以区分，如《论孟精义》34 卷、《五朝名臣言行录》1 卷、《资治通鉴纲目》59 卷等。朱熹所编撰的《楚辞集注》，完稿后即交建阳书坊刊刻。此刻今已无从查找，但是其《文集》内有所记载，如他在《答巩仲至》中说：

> 楚词当俟面议。元本字亦不小，便以小竹纸草印一本，携以见示。此间匠者工于剪贴，若只就此订正，将来便可上板，不须再写，又生一重脱误，亦省事也。②

鉴于朱熹名重，所著书销路广，有的私自刊印。为了提高刊刻朱熹著作的质量，其师友都大力帮助。朱熹说："《诗传》中欲改数行……幸付匠者正之。便中印一纸来。《中庸》必已了矣!"③

由于朱熹等学者的大力倡导，有力地推动了福建的刻版印刷业。在南宋元明清时代，福建的刻版印刷业十分活跃，各方面刻书的很多，有官署刻、书院刻、寺院刻、书坊刻，也有家塾刻，先后出现许多刻书家，有的全家、全村、全镇以刻书为业。他们所刻印的书，在中国雕版史上占有很重要的地位，后世的藏书家们十分重视。现在，福州鼓山涌泉寺藏经阁还保存有明清民国时代的佛藏刻版，数量丰富，极为珍贵。对此，弘一法师曾有所述及：

> 昔年余游鼓山，览彼所雕法华、楞严、永嘉集等楷字万册，精妙绝伦。以书法言，亦足媲美唐宋，而雕工之巧，可称神技。虽版角有少腐阙者，亦复何伤，弥益古趣耳。又复检彼巨帙，有清初刊《华严经》及《华严疏论纂要》、憨山《梦游集》等。而《华严疏论

---

① 《新唐书》卷十八，《百官志》。
② 《晦庵集》卷六十四，《答巩仲至》第二书。
③ 《晦庵续集》卷二，《答蔡季通》。

纂要》为近代所稀见者。余因倡言印布，并以十数部赠与扶桑诸寺，乃彼邦人士获斯密宝，欢喜忭跃，遂为摄影镂版，载诸报章，布播遐迩。因是彼邦佥知震旦鼓山为庋藏佛典古版之宝窟。然鼓山经版虽驰誉于异域，而吾国犹复湮没无闻。[①]

弘一法师在鼓山所发现的《华严疏论纂要》是极其珍贵的，日本《大正新修大藏经》中未有收录。这部佛学要典得以重新流布，应归功于弘一法师。特别是，弘一法师认为，"鼓山为庋藏佛典古版之宝窟"，"以书法言，亦足媲美唐宋，而雕工之巧，可称神技"，"楷字万册，精妙绝伦"，实际上是对福建历史上的刻版图书的一种评价。鼓山的佛藏刻版技艺，是继承了建本刻版传统的，所以才能达到如此高超的水平。我们要对建本图书进行历史的全面的分析，如果只停留在上引谢肇淛等人的评价上，那是不符合历史实际的。

福建朱子学学者辈出，其著作极为丰富。据初步统计，福建朱子学学者所撰的著作有数千部、28000多卷，其中哲学著作有800多部、2000余卷。这些著作大都阐述孔孟程朱思想，发扬儒家传统和闽学精神。由于他们之中不少人不是为科举仕途而学，治学超出"四书"和朱熹《四书集注》的范围。他们视野广泛，涉猎各种儒家经典和古籍，在福建不同地区形成了不同的学风和派别，如晋江的《易》、莆田的《书》、漳浦的《诗》等，全国闻名。

福建闽学学者的思想极为丰富，提出了许多有价值的观点，为全国思想文化的发展作出贡献。

在宋元明清四朝中有三朝异族入主中原，一些具有民族气节的知识分子不愿为异族服务，退居福建隐居治学。因此，在福建朱子学学者中，除了像蔡清、林希元、李光地等部分人享有高官厚禄外，大部分隐居不仕或仕途失意，主要从事于儒家学说的研究。他们对哲学的重要范畴，如理与气、道与器、一与多、一与两、知与行、理与欲、性与情、格物致知、生生不穷等，都有不同程度的深入探讨，充实和完善了这些范畴

---

① 弘一法师：《福州鼓山庋藏经版目录序》。见《弘一大师全集》第7册，福建人民出版社1991年版，第430页。

的内容。特别是，他们扩大了儒学研究的范围，开阔了学术研究的新领域，具备了新的思想境界。例如，元朝莆田人陈旅，反对朱陆两家门户之见，主张互相取善，这对学术派别和学术观点的融合提出了方向；明朝晋江人王春复提出格物即是"亲手习其事"的命题，把理学家的体验论改造为格物致知论。[①] 他们在伦理学、人性论方面突出地发展了朱熹的思想，如黄榦的体用论、陈淳的知行论、真德秀的性情说、熊禾的全体大用论、吴海的气节论、陈真晟的心学图、蔡清的虚静论、陈琛的事在人为说、林希元的依可而行论、蔡世远的志气说、孟超然的变化气质论、陈庚焕的好善论等，大都为朱熹言而未详而详之，或为朱熹之后的新论说。

福建朱子学学者不是像一般理学家那样空谈心性，他们十分强调学以致用，强调经世治国平天下。他们为官有较好的政绩，在籍能为乡里办事，有较高的名声，为乡人所推重。

在宋元明清时代，福建学者人数亦居全国诸省之先。《宋史》中的《道学传》《儒林传》二传列福建 17 人，居全国诸省第一。明人杨应诏的《闽学源流》，记载从杨时到蔡清的福建儒学人物有 195 人。明末清初的黄宗羲等的《宋元学案》，立案哲学家共 988 人，其中福建籍有 178 人，其他省如浙江 157 人、江西 149 人、四川 142 人、湖南 141 人为较多，都比不上福建。就《宋元学案》所立 92 个学案中，福建籍学者学案有 17 个，约占五分之一，亦是全国诸省之首。清人张伯行增补《道南源委》，从杨时到黄道周，共列了 148 人。清人李清馥编《全国道学总纂》，从北宋到清道光前，共列福建儒学家 156 人。据我们初步研究，从宋朝至清末，福建有思想家 200 多人，称得上哲学家的有 80 多人。《宋史·文苑传》列福建 8 人，仅次于河南、江苏、四川、山东、江西，居第六位。《全宋词》辑录了 1000 多位词作者，福建有 77 人，仅次于浙江、江西，名列全国第三位。据王应山《闽大记》所载，宋代福建进士有 5985 人（其中南宋的是 3482 人），比唐朝的 58 人多了百余倍。《宋史》列福建居宰辅地位的有 18 人，仅次于浙江、河南，居全国第三位。从战国末至清

---

① ［明］王春复：《四书疑略》卷一。

宣统三年（1911 年），即辛亥革命推翻封建王朝止，2000 年先后从祀孔庙者共 152 人（近人郑丽生在《闽广记·孔庙从祀先儒闽人最多》中说 135 人），其中生于宋以后者只有 54 人。福建人从祀孔庙者之数，居全国各省首位。宋以后福建 13 个从祀孔庙人物是：朱熹（宋淳祐元年从祀，清康熙五十一年升祀哲位）、黄榦（清雍正二年从祀）、蔡沈（明正统二年从祀）、陈淳（清雍正二年从祀）、真德秀（明正统二年从祀）、蔡清（清雍正二年从祀）、黄道周（清道光五年从祀）、杨时（明宏明八年从祀）、游酢（清光绪十八年从祀）、罗从彦（明万历四十二年从祀）、胡安国（明正统二年从祀）、李侗（明万历四十二年从祀）、李纲（清咸丰元年从祀）。这些人都是理学家，其中朱子学家 6 人。这些人学问渊博，封建伦理道德修养高尚，事功气节为后人楷模，在籍被称为乡贤。

二　福建朱子学为理学在封建社会后期进一步发展开辟了新领域

作为控制整个国家社会意识形态的官方哲学，朱子学在政治上所起的作用越来越消极和反动，它在理论上基本是在朱熹思想体系的范围内兜圈子，没有多大新的境界可辟。但是，福建朱子学却有所不同。福建地处东南沿海，是朝廷控制较松弛的边疆。特别是，在宋元明清四朝中有三朝是非汉族入主中原，一些具有民族气节的汉族知识分子不愿为异族服务，退归福建隐居。因此，在福建朱子学者中，除了张岳、林希元、李光地等部分人享有高官厚禄外，大部分隐居不仕或仕途失意，主要从事于朱子学的研究。他们扩大了朱子学研究的范围，开辟了朱子学研究的新领域，使朱子学具备了新的思想境界。

就朱子学的思想体系而论，如果说在朱熹那里强调理是如何演化天地万物的世界图式，偏重于抽象范畴的论证，那么在其后继者福建朱子学家这里，则是强调用纲常伦理来体现理，侧重于道德修养。福建朱子学者在伦理学、人性论方面突出地、全面地发展了朱熹的学说，如黄榦的体用论、陈淳的知行论、真德秀的性情说、熊禾的全体大用论、吴海的气节论、陈真晟的心学图、蔡清的虚静论、陈琛的学以至仁和事在人为说、林希元的依可而行论、蔡世远的志气论、童能灵的"三才"统一说、阴承方的由"立体"到"笃行"的思想体系、孟超然的以惩忿窒欲迁善改过和变化气质为宗旨的道德修养论、陈庚焕的好善论等，大都为朱熹言而未详而详之，或为朱熹之后的新论说。福建朱子学不是空疏之学，不是像一般理学家那样空谈心性。他们十分强调学以致用，强调经世，治国平天下。他们为官有较好的政绩，在籍能为乡里办事，有较高的名声。

福建朱子学者中不少人不是为科举仕途而学，他们治学大都超出"四书"和朱熹《四书集注》的范围。他们视野广泛，涉猎各种经书和古籍。在福建不同地区形成了不同的学风和特点，如晋江《易》、莆田《书》、漳浦《诗》，闻名全国，其著者大部分为朱子学家。

晋江解《易》之著作，宋代有陈知柔的《易本旨》《易大传》《易图》、柯述的《否泰十有八卦义》、苏伯材的《周易解义》、蔡和的《易说》、郭缜的《易春秋解》、杨炳的《易说》、苏思恭的《易说》、吕中的《演易十图》、陈在中的《六十四卦赋》，明代有张廷芳的《易经十翼章图蕴义》、黄克复的《易备忘》、温良的《易经讲义》、李聪的《易经外义发凡剔要》、李逢期的《易经随笔》、蔡清的《易经蒙引》《太极图解》《河洛私见》、郑贤的《易说》、诸葛骏的《易经集说》、黄志清的《易说》、蔡存远的《周易正说》、陈琛的《易经通典》、项忠的《易说》、陈敦豫的《易经典引》、史于光的《易经正蒙》、邱瑗的《易说》、林文明的《易经草说》、林性之的《易经浅说》、蔡润宗的《易经正言》、黄光昇的《读易私议》、王宗澄的《易经儿说》、蔡元伟的《易经聚正》、赵建郁的《周易说》、史朝宜的《易说》、张汪的《易注》《易释》、翁尧英的《易传节解》《太极图说》、郭文焕的《易经注释》《太极图注释》《通书注释》、李贽的《九正易因》、许天琦的《易学管见》、孙振宗的《易学说约》、沈亨的《易解》《卦画图论》《太极解》、庄望槐的《系辞释言》、李士绚的《易说》、郭宗盘的《易学说海》、李廷机的《易经纂注》《易答问》、苏浚的《易经儿说》《易经心说》《易经生生篇》、林养材的《学易臆说》、何炯的《易经纪闻》、杨启新的《易林疑说》《易经蒙诠》、黄国鼎的《易经初解》、李光缙的《易经潜解》、杨瞿崃的《易经疑丛》、许凤滨的《易解》、洪猷的《周易翼义》、蒋际春的《易经记注》、李伯元的《易钵》、张维枢的《淡然斋易测》、洪启初的《易经管见》、林欲楫的《易经勺解》、林甫任的《易录》、郑之铉的《易经翼解》、林孕昌的《易史象解》《易史广占》、韦际明的《易解》、吴载鳌的《易勺》、黄润中的《易义注解》、吴韩起的《易经说》、蔡鼎的《易蔡》《周易说意》、王承标的《易经得一集》，在清代有王命岳的《杂卦牖中天》、陈迁鹤的《论易》、蔡方升的《易解参考》、丁莲的《易经萃解》、李基丰的《易经初进集解》、薛人龙的《周易说约》、谢鞏的《易经撮要》、黄国仪的《易经集说》《大象集说》《周易牖中天》《彖辞集说》《序卦集说》《说卦集说》《杂卦传集说》《易大传》《反对象义》《采集易图说》《毛春庄易说》《章本清易说》《易经全图》《天然图》《易原》、吴映的《周易会辑》、蔡澄的《大易解题纪要》《变卦图说》、庄名夏的《周易象解》《易经精说》、施世瑚的《参订陈紫峰易经浅说》、柯廷瓒的《易经发蒙》、柯廷璟的《周易解》、林滨海的《易系辞讲义》、释海印的《周易说》。

莆田解《尚书》的著作，宋代有郑济的《尚书说》、方传的《书荼氏考》、黄力行的《尚书传》、黄艾的《尚书讲义》、林洪的《禹贡节要》、方公权的《尚书审定》，明代有郑彦明的《尚书说》、林澄源的《书经讲说》。

漳浦解《诗》之著作，宋代有蔡元鼎的《诗经解》《辨类诗》、蔡藻的《诗经续解》、陈景肃的《诗疏》，明代有陈敬的《诗经讲义》、汪环的《诗经衍义》、王志道的《诗经疏》、黄道周的《诗序正》《诗撰》《诗表》、何楷的《诗经世本古义》，清代有蔡而烷的《葩选》。

在上引这些著作中，很大一部分是发挥朱子学思想的，或者与朱子学思想有关。由于他们从不同角度阐发朱子学思想，形成了不同的学派，如理学正统学派（如南宋闽县黄榦、南宋浦城真德秀、明代晋江蔡清等）、理学象数学派（如南宋建阳蔡沈、南宋莆田林光朝等）、经世致用学派（如明代晋江王春复、明代晋江李廷机、清代庄亨阳等）、心理宋汉折中学派（如元代莆田陈祈、清代晋江陈庆镛等）、三教合一学派（如元代邵武黄镇成等）。

　　在近代学者撰写的中国哲学史和有关朱熹哲学的论著中，尽管大都肯定朱子学是中国封建社会后期的正宗思想，并对朱熹的思想进行比较全面详细地论述，但对朱熹之后的朱子学发展，它在封建社会后期控制中国思想文化七八百年过程中其本身是怎样演变的，却很少论及。一般大都在论述朱熹思想之后，接下是论述反对朱子学的哲学家，没有论及朱子学家，因而看不出中国后期封建社会正统派思想朱子学的发展线索和规律。其原因是多方面的。原因之一可能是，认为就全国来说，朱子后学没有对朱子学做出重要贡献。之所以出现这种观点，就是因为缺乏对历代和各地的朱子学家进行深入的研究。我们经过对历代福建朱子学进行初步探索，逐渐认识到不少福建朱子学者对朱熹思想体系的完善和充实做出重要贡献，如南宋时陈淳、蔡沈、真德秀，元代的熊禾，明代的陈真晟、蔡清、黄道周，清代的李光地等，这些人可以考虑写进全国哲学史，以便从中寻找出中国后期封建社会正统派思想朱子学发展的线索和规律。

三　福建朱子学为省内外、
国内外学术文化交流作出了重要贡献

　　福建朱子学为省内外、国内外学术文化交流作出了重要贡献，因而它促进了福建历史上的对外开放。福建朱子学的历史证明，福建只有学术文化开放，吸收省内外、国内外的科学文化知识，福建经济才能发展，社会才能文明，科学文化才能发达，人民的生活才能提高。

　　朱子学产生于福建，但它的祖籍却是河南。福建的开发和文明，首先是由于对中原开放。由于对中原开放，一些学者把发达的中州文化带到福建，使十分落后的福建文明起来，从而经济发展起来。福建开发于汉代，其后有五种人入闽，即亡命者、流放者、避乱者、隐逸者、官吏将士。在晋代有八姓入闽，即陈、林、黄、郑、詹、丘、何、胡。福建有俗语曰："陈林半天下，黄郑（按福州方言中"郑""旦"同音，黄旦即水果）满街摆。"从东晋到五代，有王彬（王导的弟弟）任建安太守、范缜任晋安（福州）太守、李崇任晋江郡守、林禄任晋安郡守、黄元任晋江郡守、王审知任闽王，以及大学士邱祚、韩偓避闽，唐和五代有很多文人流寓福建。这些都是北方人，他们把发达的中州文化带到福建来。朱熹的远祖就是和山东的孔孟同乡，后为避祸到江南，然后又到安徽、江西，最后定居福建的。① 南宋、元、清三朝，由于异族入主中原，北方学者来闽北隐居治学的更多。现在福建不少人的远祖是河南人。据福建崇安五夫里张氏族谱所载，他们的祖先是关中大理学家张载。同时，福建的学者也到外省，把外省先进的文化带回福建来。唐宋五代禅宗大师霞浦人灵祐、长乐人怀海、建瓯人慧海、莆田人本寂、莆田人黄檗等，都到江西、浙江等地传教。五代大哲学家泉州人谭峭，就到过河南、山西等地。最有名的就是北宋建阳游酢、将乐杨时到河南洛阳拜二程为师，把理学移植至福建，后由沙县罗从彦、南平李侗、建阳朱熹等把它发展起来，形成闽学（朱子学）。

福建朱子学对中外文化交流起了重要作用。这就要涉及福建对海外开发的问题。隋时全国有两个对外开放大城市，一个是泉州，另一个是江苏扬州。宋、元、明对外开放城市泉州列为首位。由于对外国开放，朱子学等中国传统文化传至外国。明末福清隐元禅师泛海到日本，是日本黄檗宗的创始人，他把福建朱子学带到日本，对日本朱子学的兴盛起了作用。现在新加坡、马来西亚、菲律宾、越南等东南亚国家的一些佛教派别，大都是福建去的华侨僧人创始的，他们传播佛教，同时也把朱子学带到这些国家。现在，儒家思想在新加坡还很盛行。

历史证明，福建朱子学对省内外、国内外学术文化交流起了重要作用。从明代嘉靖以来，福建经济、文化发展缓慢下来，变成相对落后的一个省份，其中一个重要原因就是实行海禁，对外不开放。事实证明，福建没有对外开放，福建经济就不易繁荣，福建文化就难于发展，对福建地方哲学的提高也起了阻碍作用。

近年来，日本、朝鲜、美国和东南亚一些国家的学者对朱子学的研究极为活跃，他们成立了专门机构并撰写了大量著作，出现了很多著名

---

① 参见高令印：《朱熹籍贯由鲁至闽考》，载《齐鲁学刊》1983 年第 6 期。

的朱子学家。因此，我们必须深入研究朱子学和福建朱子学，跟国外学者进行学术文化交流，提高我们朱子学的研究水平，增进与外国的友好关系。

福建朱子学家不少为后人模范，事功气节可振兴民族精神者不少，如真德秀、熊禾、吴海、蔡清、林希元、蓝鼎元、孟超然等，以及近代的辜鸿铭、郑星驷，他们都是爱国爱乡的。福建侨胞很多，中国在外华侨有两百多万户，福建占四分之一，有五六百万人。除广大华侨外，还有台胞、港澳同胞。他们在海外都怀念家乡，渴望祖国统一，想了解家乡的贤人学哲。我们深入研究福建朱子学，对团结港、澳、台胞，促进伟大祖国的统一将起一定的作用。

朱子学是中国后期封建社会的统治思想，对它进行批判性的总结是我们马克思主义哲学史工作者的任务。新中国成立以来，对朱熹学说的研究已取得了很大的成绩。但是，还有许多工作要做，这是发展社会主义文化、提高民族理论思维水平所必需的。

后 记

《福建朱子学》于 1986 年 10 月由福建人民出版社初版，1999 年 7 月重印。这次趁福建人民出版社再版此书的机会，对全书作了较大的修改补充。本书最初撰写时，历来学者未有以"福建朱子学"为课题进行研究，书名、凡例、从大量朱熹福建后学中选取人物及其事迹思想等，无有借鉴，皆是笔者自拟。现在回头看看自己 30 多年前的作品，问题多多。这次修订增补，力图使全书结构更加完善合理，舛误错讹作了改正。内容增补约三分之一。

本书是高令印和陈其芳长期合作的成果之一。高令印，厦门大学哲学系教授，兼任朱子学会名誉会长、武夷山朱熹研究中心副理事长、全国中国哲学史学会理事、国际中国哲学会学术顾问等职。著有《朱子事迹考》《朱子学通论》《闽学志》《中国文化纲要》《中国哲学通史》《中国禅学通史》《福建理学史》等。陈其芳，生前是福建师范大学教授。研究领域为福建文化特别是朱子学。著有《朱熹的亲属》《福建朱子学》等。

本书初版后，得到国内外学者的好评。福建省人民政府社科 10 年成果展览时，本书书影曾作为宣传广告。本书获得福建省人民政府社科优秀成果奖，华东地区优秀哲学社会科学图书一等奖。

前几年，笔者应邀访问韩国光州全南大学时，韩国学者出示该书的复印本。该书尽管印过 2 版 3 次，书店却早已看不到。因此，出版这个修订本是必要的。

本书原是与友人陈其芳教授合作撰写的。陈教授不幸于 2007 年去世，已有 10 多年。今重新处理该书，对陈教授倍加怀念。谨以此书修订本深切纪念陈其芳教授！

高令印

谨识 2023 年 1 月 25 日于厦门前埔寓舍不弍室